呼和浩特经济统计年鉴

HOHHOT ECONOMIC STATISTICAL YEARBOOK

2012

（总第二十一期）

呼和浩特市统计局　编

图书在版编目（C I P）数据

呼和浩特经济统计年鉴. 2012 / 呼和浩特市统计局编
--北京 : 中国统计出版社, 2012.9

ISBN 978-7-5037-6667-1/C.2734

Ⅰ. ①呼…　Ⅱ. ①呼…　Ⅲ. ①统计资料 - 呼和浩特市 - 2012 - 年鉴
Ⅳ. ①C832.261-54

中国版本图书馆 CIP 数据核字(2012)第 202440 号

呼和浩特经济统计年鉴-2012

作　　者/呼和浩特市统计局
责任编辑/陈越月
封面设计/综合科
出版发行/中国统计出版社
通信地址/北京市西城区月坛南街 75 号　邮政编码/100826
办公地址/北京市丰台区西三环南路甲 6 号　邮政编码/100073
电　　话/邮购（010）63376909　书店（010）68783171
网　　址/http://csp.stats.gov.cn
印　　刷/郑州友联印刷有限公司
经　　销/新华书店
开　　本/880mm × 1230mm　1/16
字　　数/1212 千字
印　　张/31
版　　别/2012 年 10 月第 1 版
版　　次/2012 年 10 月第 1 次印刷
定　　价/300 元

《呼和浩特经济统计年鉴—2012》编委会

《呼和浩特经济统计年鉴—2012》编辑部

编 辑 说 明

《呼和浩特经济统计年鉴—2012》是一部具有地方特色的系列性的综合信息资料工具书。本书运用大量的统计数据和文字，全面、系统、翔实地反映了2011年呼和浩特市经济、社会发展状况。

本《年鉴》共分四部分：特载、统计资料、法规与规章和社会经济大事记。统计资料由二十二部分组成：行政区划和自然概况、综合、国民经济核算、人口、劳动力和职工工资、固定资产投资、财政税收、物价、人民生活、城市概况、农业、工业、能源消费、建筑业、运输邮电业、批发零售贸易和餐饮业、对外贸易和旅游业、金融保险、教育科技及文化事业、体育卫生及其他事业、旗县区统计资料、省会城市主要指标。每部分统计资料之后都附有主要统计指标解释。

《年鉴》中特载、法规与规章、社会经济大事记三部分由市有关部门提供；统计资料来自政府统计部门和业务部门年度统计数据。《年鉴》中综合部分的价值量指标除说明外均为当年价格，国民经济核算指标、农业总产值、工农业增加值增长速度按可比价格计算。人口部分除特别说明外，所有数据均为公安部门提供的户籍人口数。全市常住人口数据2011年底为291.2万人。对外贸易部分的数据取自海关部门。旗、县、区部分的工业、社会消费品零售总额、建筑业的相关指标，都按在地范围统计；固定资产投资，其中按国民经济行业分的投资规模及个数、新增固定资产、财务拨款和房屋建筑面积及价值表中均不含房地产开发；因工信部的制度发生变化，电信业务总量计算方法有所改变，2011年与2010年数据不可比。本《年鉴》历史资料，对个别数据进行了调整，若与往年数据不一致，概以本《年鉴》为准。部分统计资料的总计数或相对数由于单位取舍不同而产生的计算误差均未做机械调整。《年鉴》中使用的符号："空格"表示没有此项数据、数据不详或数据为零；"..."表示数据不足最小计量单位；"#"表示其中项。

《呼和浩特经济统计年鉴—2012》在编辑过程中，得到了有关部门和单位的大力支持与协助，在此谨致谢意。

《呼和浩特经济统计年鉴》

编辑部 2012年9月

目 录

第一部分 特 载

第二部分 统计资料

行政区划和自然概况

综 合

国民经济核算

人 口

劳动力和职工工资

固定资产投资

财政税收

物　价

人民生活

城市概况

农　业

工　业

能源消费

建 筑 业

运输、邮电业

批发零售贸易和餐饮业

对外贸易和旅游业

金融、信贷、保险

教育、科技及文化事业

体育、卫生及其他事业

旗、县、区统计资料

省会城市主要经济指标

第三部分　法规与规章

第四部分　社会经济大事记

CONTENTS

第一部分　特　　载

呼和浩特市政府工作报告

——2012 年 2 月 1 日在呼和浩特市第十三届人民代表大会第五次会议上

呼和浩特市人民政府代市长　秦 义

各位代表：

现在，我代表市人民政府向大会作工作报告，请予审议，并请各位政协委员和列席会议的同志们提出意见。

一、2011 年工作回顾

2011 年是我市实施“十二五”规划取得良好开局的一年。面对复杂多变的形势，全市广大干部群众坚定信心，奋力拼搏，扎实工作，首府各项事业取得新成就，较好地完成了市十三届人大四次会议确定的目标任务。

（一）国民经济在结构调整中实现平稳较快发展。全市地区生产总值突破 2000 亿元，达到 2177 亿元，比上年增长 16.7%（现价）。其中三次产业增加值分别完成 109 亿元、790 亿元和 1278 亿元，增长 19.8%、1.4%和 16.7%。全市财政总收入 285 亿元，增长 18.3%。固定资产投资 1032 亿元，增长 17.1%。社会消费品零售总额 890 亿元，增长 17.6%。城镇居民人均可支配收入 28877 元，农民人均纯收入 10038 元，增长 14.7%和 14.8%。

农业基础进一步加强。在遭受较为严重旱灾的情况下，粮食产量稳中有增，达到 125.8 万吨。新建成规模化奶牛养殖场 58 个，全市奶牛规模化养殖比例由 50%提高到 67%。新建蔬菜保护地 8642 亩，当年投入生产 3561 亩。马铃薯、肉羊等特色产业进一步发展。土地流转试点积极推进，农牧业机械化、科技化程度进一步提高，农民专业合作组织加快发展，现代农牧业发展开始加速。

工业经济稳步发展。全市规模以上工业增加值比上年增长 19.6%（现价）。乳业、电力等优势产业得到进一步巩固，石化、冶金、电子以及新能源、新材料、生物等产业加快发展。成功引进 TCL300 万台液晶电视、创维 300 万台液晶电视、赛维高纯硅及光伏应用、浩源碳纤维等一批大项目，迈出产业多元、产业升级的坚实步伐。

服务业发展取得新进展。中国移动、电信、联通三大运营商云计算数据中心项目均在我市落地。如意总部基地建设初见成效，白塔空港物流园区、盛乐现代服务业集聚区建设稳步推进。文化旅游产业蓬勃发展，昭君文化节影响力不断扩大，旅游人数、旅游收入分别比上年增长 22%和 24%。新引进民生、鄂尔多斯银行和华泰财产保险公司，全市金融机构存贷款余额分别达到 3188 亿元和 3202 亿元，分别比上年增长 19%和 27%。商贸、餐饮、住宿等传统服务业继续保持较快发展。

节能减排和环境保护扎实推进。预计全市万元 GDP 能耗降低 2.7%，化学需氧量和二氧化硫排放量分别下降 1.5 %，城区空气优良天数达到 347 天。历经六年，创建国家环保模范城市正式通过国家环保部考核验收。完成人工造林 20 万亩，封山育林 22 万亩，生态承载能力进一步增强。

一批对经济发展和结构调整有重要促进作用的基础设施项目取得较大进展。敕勒川路建成通车，呼武路复线、109 国道十七沟至清水河一级公路主体工程完工，呼市至塔布赛一级公路开工建设，呼市至杀虎口高速、109 国道十七沟至大饭铺高速、国道 209 和林至清水河段、京新高速及呼包高速改造、呼集公路改造等项目加快推进。农村公路建设取得新进展，又有 72 个行政村通上油路或水泥路。电网建设继续推进，实施 25 项 110 千伏及以上输变电工程， 5 项竣工送电。在三农、节能环保、社会事业等领域实施一大批重点项目，有效提升了我市可持续发展、协调发展水平。

（二）城乡面貌在新一轮城市改造建设中发生新的变化。我们紧紧围绕打造一流首府城市目标，按照三大板块的布局和填平补齐、完善提高的要求，实施“新亮美绿净畅”工程，推进“一街五区”新区建设，全面开展了新一轮城市改造建设。

城中村和老旧小区改造取得重要突破。共启动改造 27 个城中村，已完成动迁 1200 多万平方米，新开工安置房面积 232 万平方米，是多年来力度最大的一年。投入 2.2 亿元，对 194 个、总面积 460 万平方米的老旧小区进行了综合整治，17 万居民受益。

如意总部基地、东客站交通枢纽综合功能区、白塔空港物流园区等城市新区建设全面展开，完成了新区规划的编制，土地收储、项目引进等工作取得较大进展，新区的轮廓初步形成。城市基础设施建设扎实推进。新建续建城区主次干道 52 条，桥梁通道 17 座，多数工程当年完工。新建和改造供排水管网 133.5 公里、供热管网 70.8 公里。完成中心城区 14 条主次干道和 7 条小街巷电缆入地工程。加快发展公交事业，新增 150 台新能源公交车。

城市景观建设和街景整治取得明显成效。历时 3 年、全长 66.4 公里的环城河治理主体工程基本完工，滨河路及沿河景观工程全线推进。建成敕勒川公园、锡林公园一期工程，对 22 个公园及游园、15 处广场绿地、27 条主次干道、16 处城市重要节点实施了景观绿化和街景改造，有效改善了群众居住环境，提升了城市品位。加强城市环卫设施建设，加大清扫保洁力度，市容环境得到有效改观。

我们坚持以会促建，继续加大对小城镇建设的推动力度，各旗县所在地城镇面貌都有新变化。推进农村危房改造工程，完成危房改造 2700 户。

（三）改革开放在体制机制创新中深入推进。农村综合改革不断深化，集体林权制度改革全部完成。重点企业上市工作取得新突破，华蒙金河正式通过上市审批。文化体制改革积极推进，文化市场综合执法局挂牌成立，市属文艺院团改制工作全面启动。深入推进医药卫生体制改革，有效减轻了广大城乡居民医药负担。进一步完善以集中审批为重点的行政审批制度改革，积极推进公共资源交易体制改革，全面拓展和深化政务公开，三级公共服务体系得到进一步巩固和完善。事业单位绩效工资制度改革全面推进，新的分配激励机制初步建立。

对内对外开放进一步扩大。全年引进国内到位资金 556.6 亿元，实际利用外资 8.86 亿美元，分别比上年增长 16.8%和 5.8%。对外贸易强劲增长，全年进出口总额达到 20.2 亿美元，比上年增长 34.4%。“呼包鄂”一体化进程加快推进，与俄蒙、环渤海等国家和地区间的贸易往来更加频繁。

制定出台了促进民营经济加快发展 50 条意见，全方位加大对民营经济的引导鼓励扶持力度。个体工商户、私营企业户数分别较上年增长 12.5%和 16.6%。非公经济市场主体注册资本 766.6 亿元，增长 20.8%。落实提高增值税和营业税起征点政策，惠及近 4 万户纳税人。

（四）各项社会事业在统筹推进中全面进步。教育事业加快发展。全年重建和加固学校 60 所、38 万平方米，校安工程项目竣工率累计达到 95%。将中等职业学校和高中阶段蒙古语（朝鲜语）授课学生、高中阶段家庭经济困难学生全面纳入“两免”政策范围。全市一本、二本上线人数和上线率分别比上年提高 5%和 7%，各级各类教育办学质量均有进一步提高。

国家创新型城市试点工作全面展开，全年组织实施各级各类科技项目 117 项，新培育认定国家级高新技术企业 5 家、企业技术研发机构 28 家。奶牛性控技术、粉煤灰综合利用、脱盐乳清粉生产、通信塑料光纤等一批自主创新成果实现产业化。

城乡医疗卫生条件继续改善。搬迁后的市第一医院医疗水平稳步提升，各项管理进一步规范，门诊量和住院治疗人数明显增加。5 个旗县新建医院建筑面积全部达到 1.6 万平方米以上，有的已建成运营。社区卫生服务体系建设继续加强，新建 4 个社区卫生服务中心。政府办基层医疗机构全部实施国家基本药物制度，药品价格平均降低 22%。人均基本公共卫生服务经费标准提高到 25 元，为全市 50%的城乡居民建立了规范化电子健康档案。

文化、体育等事业加快发展。建设草原书屋 381 家，乡镇综合文化站 40 个，免费放映电影 12160 场，送戏 108 场。成功举办第十二届呼和浩特昭君文化节、首届中国少数民族文化旅游艺术节。完成了 20 户以下广播电视“村村通”工程建设任务，561 个村受益。启动实施全民健身计划，新建一批群众健身路径工程，对人民体育场、呼和浩特全民健身中心进行改造并无偿或优惠向群众开放。举办国际国内体育赛事 10 余项。在第七届全国城市运动会上，取得 1 金 3 银 3 铜的良好成绩。

社会管理得到加强。完善信访工作体制机制，组织开展信访积案化解“百日攻坚”，着力解决群众信访突出问题。推进平安首府建设，共破获刑事案件 5219 起，查处治安案件 21283 起。“六五”普法扎实展开。加强安全监管，全年较大安全事故比去年下降 66.6%。加大食药监管力度，大力开展生产、流通领域违法添加和滥用食品添加剂、“瘦肉精”等专项整治工作，努力为群众营造安全放心的食品环境。社区建设深入推进，社会组织建设和管理进一步加强。在自治区的坚强领导下，妥善处置了锡盟两起刑事案件引发的不稳定因素，有力维护了首府民族团结、社会稳定的大好局面。

人口计生、统计、人防、双拥、气象、防汛、地震、侨务、外事、老龄、残疾人、红十字、慈善、史志、档案等各项工作均取得了新成绩。

（五）人民群众从改革发展中得

到更多实惠。我们坚持富民与强市并重，不断加大民生资金投入力度，全市城乡居民普遍受益。就业形势总体稳定，全年城镇新增就业37998人，城镇登记失业率控制在3.7%。社会保障水平大幅提高。企业退休人员养老金人均每月增加227元。1.4万名“五·七”工纳入城镇企业职工基本养老保险范围。环卫工人工资由每人每月880元增加到1000元。城镇职工基本医疗保险支付比例提高8个百分点。为新型农村合作医疗保险参保农民每人补助202元，占个人筹资标准的85%以上，参保农民政策范围内住院费用报销比例达到70%以上。各项救助政策深入落实，主要社会保障救助标准全部达到或超过自治区及全国平均水平。开工建设各类保障性住房52023套，开工率128%。扶贫力度进一步加大，扶贫项目区贫困人口人均增收286元。新解决了7.5万人的安全饮水问题。年初承诺的为民办实事项目全部兑现。

过去的一年，我们在全市政府系统深入开展“转变工作作风、强化服务意识、打造一流首府机关形象”专项活动，取得明显成效。各级政府自觉接受人大依法监督、政协民主监督，认真办理人大代表议案、建议、批评、意见及政协委员提案。积极开展政风行风民主评议，重视市长热线、效能投诉热线受理工作，建立完善网络举报平台，人民群众表达诉求、监督政府的渠道进一步畅通。加强政府立法工作，提请市人大审议3部地方性法规草案，制定颁布3部政府规章和7部规范性文件。

各位代表！过去一年取得的发展成就，是自治区党委、政府和市委正确领导的结果，是全市各族干部群众顽强拼搏、共同奋斗、积极支持的结果。在此，我代表市人民政府，向全市各族干部群众，向所有关心和支持呼和浩特发展的同志们、朋友们，表示衷心的感谢和崇高的敬意！

我们也清醒地认识到，当前我市经济社会发展中还存在不少问题。一是同发达地区相比，发展不足的市情没有根本改变，加快发展的任务十分紧迫。二是产业发展还不充分，高端产业少，特别是工业实力弱，对财政的贡献增长乏力，成为国民经济的最大短板。现代服务业发展不足，农业发展方式仍较粗放。三是城市建设管理水平与一流首府城市的要求还有不小差距，城市功能还不够完善，城区人口增长、交通拥堵等问题考验着城市的承载力和管理水平。四是社会事业发展依然滞后，社会管理工作存在薄弱环节，有不少问题亟待解决。五是政府职能转变还不能完全适应经济社会发展要求，对权力的监督和约束机制还不够健全，不作为、乱作为甚至贪污腐败现象在一些领域仍程度不同地存在。我们一定要以对人民高度负责的精神，通过艰苦细致的工作和坚持不懈的努力，加快解决这些问题，让人民满意！

二、2012年工作部署

2012年是我市实施“十二五”规划承上启下的关键一年。做好今年政府工作，意义十分重大。我们的总体思路是：**认真贯彻中央及自治区经济工作会议、自治区第九次和市第十一次党代会精神，按照市委十一届二次全委会的工作部署，深入落实科学发展观，紧紧围绕“两个一流首府”奋斗目标，牢牢抓住中央促进内蒙古又好又快发展的重大政策机遇，充分发挥首府优势，把稳增长、转方式、抓改革、惠民生、促和谐有机结合起来，以项目建设、民生改善、社会管理创新为重点，全面迈出建设“繁荣、宜居、和谐、幸福”呼和浩特的新步伐，以优异成绩迎接党的十八大胜利召开。**

今年经济社会发展的主要预期目标是：地区生产总值增长14%(可比价)；规模以上工业增加值增长16%（可比价）；地方财政总收入增长16%；固定资产投资增长20%；社会消费品零售总额增长17%；城镇居民人均可支配收入和农民人均纯收入均增长12%；城镇登记失业率控制在4%以内；居民消费价格指数涨幅控制在4%左右；节能减排指标完成自治区下达任务。

综合分析，今年我们所面临的发展环境仍然较为复杂。世界经济复苏进程艰难曲折，主要经济体增长乏力。我国经济下行压力与物价上行压力并存，经济社会发展中的不确定性因素还很多，国际国内等外部环境必然会对我市产生一定的影响。但总的看，我们的发展机遇大于挑战。我市经济对外依存度较低，外部经济对我市的影响具有间接性、滞后性和局部性，我们应对与回旋的余地较大。经过多年努力，我们已形成较好的发展基础。我市的投资空间、建设空间、发展空间依然很大，经济发展总体向好的基本面没有改变。只要我们牢牢把握中央扩大内需这一战略基点，切实在中央促进内蒙古又好又快发展的政策中找机会，在国际国内产业分工调整、产业转移步伐加快中找机会，在进一步发挥首府优势中找机会，调动好各方面积极性，依托涵盖各领域的项目支撑，我们完全有信心实现今年发展目标。

今年要重点抓好九方面的工作：

（一）以项目建设为抓手，在推进产业升级中做大做强工业

我们要根据首府城市的特点和发展的要求，合理布局，妥善处理工业发展质量与总量的关系，切实做到在升级中发展，在发展中升级。现阶段，大企业少、支柱产业少、支撑力不足是我市工业发展的突出问题。我们必

须立足于依靠项目建设，推动结构调整和产业升级，尽快做大全市工业经济总量。年内实施亿元级工业项目 60 项以上，其中 10 亿元级 20 项以上，当年完成工业固定资产投资 300 亿元以上，比上年增长 30%以上。

加快培育新的支柱产业。在进一步巩固和发展乳业、电力产业的同时，通过狠抓一批大项目建设，加快推动石化、电子、建材、煤电铝一体化、煤化工升级、光伏材料等已经形成一定规模和基础的产业进一步做大做强，推动汽车制造、风电设备制造以及新材料、生物医药等先进制造业和新兴产业加速发展，切实构建多极支撑的工业体系。对中石油 500 万吨炼油、TCL 及创维两个 300 万台液晶电视、中环二期扩能、浩源碳纤维、利乐包装二期等在建大项目，要加快推动，确保如期建成、发挥效益。对北控 40 亿立方米煤制气、托电五期、托铝三期、煤炭深加工多联产、一汽大众呼和浩特基地等正在运作的大项目，要盯住不放，全力争取，力争早日获批建设。同时，再引进一批新的大型工业项目，切实形成投产一批、在建一批、引进一批、谋划一批的项目建设新局面。认真落实“一个项目、一套班子、一套方案、一抓到底”要求，建立强力高效的重大工业项目推进机制。

按照自治区沿黄沿线产业带布局，把开发区和旗县工业园区作为工业大发展的主战场，着力推进工业集中区建设。城区附近主要发展环保型、高科技型产业。实行统一规划、各旗县区共同参与、利益共享的方式，探索工业园区建设的新模式。制定和实施有利于旗县工业发展的市、县（旗）财政分成体制，把新增财力更多地向旗县倾斜，调动各旗县抓工业的积极性，形成浓厚的工业发展氛围。加快推进各园区供水、供电、供气、污水处理等基础设施建设，促进项目集群式发展、产业链条化延伸、资源循环式利用。

实施大企业培育计划，支持伊利、蒙牛集团进一步做大呼市总部的产业规模，推动两大企业向世界乳业 10 强挺进，并力争在两年内，再培育 10 户以上营业收入过百亿元企业。大力支持各类市场主体在我市投资兴业，对本土企业与中央驻呼企业、外地投资企业给予同等投资优惠政策。实施自治区中小企业成长工程，年内重点培育 75 户成长性企业。引导中小企业围绕优势特色产业抓好产业延伸、围绕骨干企业抓好协作配套，推动中小企业转型升级，促进中小企业集群化发展。

继续推进国家创新型城市试点工作，围绕乳业、生物、干细胞生命科技、绿色能源、新材料等重点产业的发展，加强国家高新技术企业培育和科技创新研发平台建设，提升企业自主创新能力和核心竞争力。积极支持金山开发区升级为国家级高新技术产业开发区，加大自治区级高新技术产业开发区培育力度，完成科技创业服务中心建设。加快优秀创新人才的培养和引进，新引进博士以上高层次科技创新创业人才 20 名。

（二）发挥首府城市新优势，加快发展现代服务业

大力推进三大云计算数据处理中心建设，做好水、电、基础设施等各项保障工作，确保项目顺利推进。三大云计算数据处理中心落户我市，将为首府现代服务业特别是高科技服务业发展奠定良好的基础，形成新的优势。我们要及早谋划，制定和实施云计算产业发展规划，从项目引进、科技创新、服务体系建设等方面实施专项政策，为产业集聚、人才集聚提供有力的政策保障，推动云计算产业向集群化发展，把我市打造成服务全国的云计算基地，占领高端服务业发展新高地。

加快发展总部经济、金融、物流、旅游等现代服务业，继续支持如意总部基地实施“退二进三”战略，打造总部经济集聚区。要在土地使用等方面实施更加有利于总部经济发展的招商政策，努力引进一批新的企业总部。抓好银行、保险、证券、信托、期货等金融机构引进工作，提升金融业发展水平。发挥紧邻煤炭富集区的优势，依托铁路网、公路网，整合现有煤炭运销企业，加快推进土左旗沙尔营、托县铁达、和林县大红城以及清水河等煤炭物流园区建设。沿交通干线，科学规划建设化工、汽贸等专业物流园区，不断完善农畜产品、五金机电、家装建材等专业市场群，逐步将我市打造成为西北地区重要的区域物流中心。推进白塔空港物流园区建设，着力打造以高端物流业和商贸流通业为主的现代服务业集聚区。进一步抓好重点旅游景区景点建设，全面提升旅游综合服务能力，改善旅游环境，扩大知名度与影响力，使我市成为国内外更多游客的旅游目的地。积极发展一日游、休闲游，满足我市居民就近休闲旅游的需求。

要面向自治区，面向各盟市，加强各类功能性服务设施建设，提升建设水平，加快发展会展经济、会务经济。加强城市新商圈的规划建设，推动服务业转型升级，更好地满足各类群体的消费需求。认真落实国家促进消费政策，进一步抓好家电下乡等促进消费政策，切实增强消费动力。

（三）突出重点，加快发展高效特色农牧业

根据我市的经济结构，我们要以促进农民增收为目标，切实加大二、

三产业反哺农业的力度，着力推进农牧业向规模化、设施化、科技化方向发展，加快建立高效特色的现代农牧业产业体系。今年要在继续落实好国家强农惠农各项政策的基础上，通过向上争取和增加市、县两级财政投入，再筹集6亿元以上资金，集中办好三件事情。

一是继续推进奶牛规模化养殖，增加奶牛存栏数量。要加大财政补贴力度，积极引导社会资金投资建设奶牛牧场，通过增加养殖者收入，增加奶牛存栏数量，实现奶源基地建设与乳品加工能力同步增长，巩固我市乳业已经形成的基础。支持奶联社等专业化养殖公司规划建设千头牧场，支持伊利、蒙牛等龙头企业规划建设万头牧场。年内全市要新建千头以上奶牛牧场11个，其中万头牧场6个。到"十二五"末，全部实现奶牛规模化养殖。

二是加大现代设施农业建设力度，扩大蔬菜保护地面积。年内按照用地集中连片、建设标准统一的原则，提高补贴标准，新建3万亩以上蔬菜保护地。通过强有力的组织引导和完善科技服务体系、市场流通体系等配套措施，有效解决农民不会种、不习惯种的问题。积极组织农民专业合作社、村集体经济组织、各类企业参与蔬菜基地建设。推进武川、清水河等地马铃薯种薯繁育工程建设，提升种薯生产能力和水平，努力打造全国性种薯繁育基地。

三是加快发展休闲观光农牧业，拓展农民增收新渠道。按照"接二产、连三产"的发展思路，创新发展方式，推动农牧业与食品加工制造业、餐饮业、旅游业一体化发展。在环城、沿河、近路的城郊地区，加快发展水果采摘、花卉种植、特色养殖，提升种养业经济效益。高标准改造建设一批富有浓郁田园风情、民族特色、地方特色和现代气息的村镇，发展"农家乐"、"乡村体验"等旅游项目，促进农民多渠道增收。

继续因地制宜加大对效益明显的肉羊、特色种植业等产业的支持扶持力度。加强农田水利建设，积极发展节水农业，完成节水灌溉面积20万亩。抓好农村危房改造、道路硬化等村容村貌整治工作，推进农村安全饮水工程和沼气工程建设。加大对贫困地区的投入，继续抓好整村推进、产业化扶贫工作，抓好以革命老区为重点的集中连片开发工作，改善贫困地区生产生活条件。

要围绕发展高效特色农牧业，加快培养造就一批懂技术、善经营、会管理的现代农业人才。推进和林格尔国家农业科技园区建设，充分发挥各类农业科技园区示范带动作用，加快良种良法推广应用。扎实抓好动物防疫工作，深入推进农牧业防灾减灾体系建设。加强土地经营权流转管理和服务，推进土地经营权规范流转。

（四）继续加大建设与改造力度，推动城市建设整体上水平

紧紧围绕打造一流首府城市目标，做到决心不变、力度不减，把"改善民生、完善功能、提升品位"作为主攻方向，全力推动首府城市建设上水平。

推进城市建设更多地向民生领域倾斜，突出抓好与群众日常生活最直接最密切的项目建设。要把加强保障性住房建设放在改善民生更加重要的位置，年内新建经济适用住房1934套，廉租房1059套、公租房1万套，改造城市棚户区（城中村）2.5万户，开工建设城中村改造回迁房640万平方米。继续加大老旧小区综合改造力度，今年改造225个以上，力争用3年时间完成城区全部老旧小区改造。年内对城区剩余67条小街巷，全部实施改造。新建40个便民市场、40个标准化专业副食品市场，规范建设18个停车场。新建4座大型垃圾转运站、20座压缩式垃圾转运站和50座水冲厕所，增加环卫机扫作业车辆。一体化推进城中村和城郊结合部环卫设施建设，有效改善城中村和城郊结合部人居环境。

进一步完善城市功能。围绕功能配套和基础设施的有效衔接，今年除续建工程外，要把一环路内急需改造的5条主次干道及地下管网设施全部改造完毕，并继续加大新区基础设施建设力度。围绕缓解交通拥堵，建设桥梁和通道26项，加快城市快速路建设，做好城市轨道交通项目的可研、设计等前期工作。在绕城高速公路外围，启动建设3个大型货运汽车卸载货场。加强供热保障能力建设，新增供热能力1000万平方米以上。加快推进长呼复线天然气工程，缓解城市供气矛盾。完成西郊垃圾场扩建和东郊垃圾场升级改造。加强公交场站建设，新增新能源公交车200辆，新增和延伸一批公交线路。今年城市改造建设工程量大、任务重，对所有道路及地下管网的改造，要进行科学安排、统筹实施，并提前向社会公告。我们要力争通过今年的改造与建设，使城市道路通行能力明显提高，各项基础保障能力明显增强。

着力提升城市建设品位。继续高标准推进如意总部基地、东客站交通枢纽综合功能区等"一街五区"建设，着力打造现代化新区。精心打造一批精品文化街区，建设一批城市标志性建筑。开展国家园林城市创建工作，启动八拜湖湿地生态公园、白塔公园等项目建设，全年新建、改造30个左右的公园和游园，并再实施一批道路绿化、景观节点改造工程。突出抓好大青山生态公园建设，切实做到高起

点规划，高水平建设，加快打造集休闲、娱乐、度假等功能为一体的大型生态公园。

要按照“小而美、小而特、小而强”的建设思路，着力推动以旗县政府所在地为重点的小城镇建设，尽快提升城镇建设水平，增强小城镇吸纳和承载人口能力，推进“一核双圈一体化”发展。今年市本级要拿出 1 亿元资金，专项支持小城镇建设，并通过召开全市小城镇建设现场会等方式，切实加大推动力度。

要用科学的规划引领城乡建设，牢固树立城市建设一盘棋思想，着力提升规划设计水平，加强城市总体规划与各专项规划的有机衔接，确保每个改造建设项目按规划执行。进一步优化城市空间布局，科学规划城市新商业网点以及学校、幼儿园、社区、医疗卫生等公共服务机构，方便群众就近满足服务需求。大力规范建设市场秩序，严厉打击未批先建行为，抓好规划的刚性落实。坚持向城市管理要形象、要品位、要秩序，强化城市综合执法管理，加快数字化城管建设，加强市容市貌、公共设施等方面的管理，营造整洁、有序、文明的城市环境，推进城市管理精细化。

（五）推进生态和基础设施建设，提高发展保障能力

加大对大青山等重点生态区的保护与治理力度，实施好国家退耕还林和天然林保护等生态建设工程，积极开展宜林荒山绿化和低效生态林改造，加强环城、环村、环路绿化，进一步抓好金盛路两侧防护林建设，不断巩固和提高国家森林城市建设成果。

全力打好节能减排攻坚战，加大对燃煤电厂、水泥生产线减排设施的改造和运行监管力度，落实好新的淘汰落后产能任务。完成新建续建污水处理厂建设任务，确保原有污水处理厂正常运行。加强土地与矿产资源管理，加大耕地保护力度，确保耕地总量不减少、质量不降低。落实最严格的水资源管理制度和新上项目水资源论证制度，促进全社会科学用水、合理用水、节约用水。严格执行环评制度，防止落后生产力转入。今年城市空气质量好于二级以上的天数要继续稳定在 340 天以上。积极应对气候变化，增强气象防灾减灾能力。

强化水利、交通、电力等基础设施建设。开工建设引黄入呼二期工程，切实提高用水保障能力。全面推进土左旗牌楼板等 6 座病险水库除险加固工程建设，实施好麻地壕大型灌区续建配套和节水改造工程，加快土左旗万家沟等 7 条中小河流治理进程，继续抓好农田水利重点县建设项目。加快推进京新高速呼市至集宁段等 5 条在建高速公路、金山至塔布赛等两条一级公路建设进度，争取开工新建武川至葛根塔拉一级、国道 110 线保合少至呼包交界处二级改一级公路以及呼和浩特至乌兰察布运煤专线。推进农村公路建设，完成 67 个行政村的通油路或水泥路工程。配合铁路部门抓好呼和浩特至张家口客运专线、呼—准—东、集包第二双线等铁路重点项目建设。继续优化地区电网结构，加强工业园区及项目区电网配套建设，全年新建 3 座 220 千伏输变电工程，7 座 110 千伏输变电工程。做好土地收储工作，优化土地供应结构，为各类重点项目建设提供有力的用地保障。

（六）推动文化繁荣发展，提高文化软实力

一流的首府城市，必须拥有底蕴深厚、特色鲜明的文化内涵，必须拥有健康向上、朝气蓬勃的精神风貌。

要以社会主义核心价值体系引领文化大发展大繁荣，切实用中国特色社会主义共同理想、以爱国主义为核心的民族精神、以改革创新为核心的时代精神来教育人民、凝聚人心，在全社会倡导知荣辱、讲正气、尽义务的良好风尚。启动“全国文明城市”创建工作，围绕实现优美环境、优良秩序、优质服务，大力开展群众性精神文明创建活动，进一步提高全社会文明程度。

加快发展公益性文化事业，完善公共文化服务体系。年内完成全部乡镇文化站和村级农家书屋建设任务，并建成全市文化信息资源共享工程。举办公益性送戏 100 场，免费放映电影 12000 场，开展文化进社区活动 200 场。继续做好图书馆、博物馆、纪念馆等公共文化服务设施和爱国主义教育基地建设，并进一步提升向社会免费开放的水平。加大对历史文化街区、优秀历史建筑及优秀民间、民俗艺术等非物质文化遗产的保护力度。

进一步培育壮大文化产业。充分利用首府地区文艺院团集中的优势，抓好文艺精品创作，推出一批展示蒙元文化、地区文化特色的精品工程。加快推进大盛魁文化创意产业园、呼和浩特文化产业园、草原豆思动漫产业基地等文化产业项目建设，推动蒙古民族特色文化与影视、动漫、出版等文化产业融合发展。继续办好昭君文化节、少数民族文化旅游艺术节，进一步提升知名度与影响力。

深入推进文化体制改革，提高文化支出占财政支出的比例，保障公共文化服务体系建设和运行。启动旗县区文化市场综合执法改革工作，加快文艺院团、影剧院转企改制，推进非时政类报刊单位改革进程。

（七）深化改革开放，增强经济社会发展动力和活力

继续推进行政审批制度改革，巩固完善三级公共服务体系，加强各级政务服务机构标准化建设。深化公共

资源交易体制改革，进一步加强监管，实现公共资源“阳光交易”全覆盖，充分发挥市场在资源配置中的基础性作用。继续引导企业建立完善现代企业制度，完善法人治理结构，加大对重点企业上市的支持力度。巩固事业单位绩效工资改革成果，健全完善激励竞争机制，进一步激发事业单位发展活力，提升公共服务水平。深化医药卫生体制改革，以和林、托克托县为试点，稳步推进公共医疗体制改革。抓好服务业综合改革试点，在土地使用、税费政策等方面加快构建有利于服务业大发展的体制机制。

加快与周边地区的战略合作，积极参与呼包银经济带和以呼包鄂为核心的自治区西部经济区建设，促进资源跨区域配置，推进重点产业和重大基础设施项目对接，提高区域合作水平。主动接受京津冀城市群辐射，扩大向沿海发达地区开放，拓展合作方式和合作领域，承接好产业、资金、技术和人才转移，在“引资”和“引智”上实现更大突破。举办好呼和浩特投资贸易洽谈会，重点瞄准世界和国内500强企业进行对接洽谈。要把招商引资的重点放在实体经济、高新技术产业、现代服务业、新能源和节能环保等领域，改进招商方式，提升招商质量。实施“走出去”战略，深化与俄罗斯、蒙古及欧洲的经贸合作。加强与国际友好城市的交流与合作，组织好“乌兰巴托市呼和浩特周”活动。今年引进国内资金要力争达到585亿元，实际利用外资93亿美元以上。

要在更大程度、更宽领域发展民营经济，切实营造平等使用生产要素、公平参与市场竞争、同等受到法律保护的体制环境。按照“非禁即入”原则，放宽投资领域，完善投资政策，切实让民营经济愿意进入、能够进入、放心进入。实施民营企业50强发展计划，集中力量扶持一批有发展前景的民营企业做大做强。努力降低投资成本、简化办事程序，在全社会鼓励创业、鼓励投资、鼓励更多的自然人成为经营者。

（八）着力保障和改善民生，推进社会建设和管理创新

坚持把促进就业作为经济社会发展的优先目标，大力发展劳动密集型产业、中小型和微型民营企业，提高就业吸纳能力。完善创业政策和服务体系，推动创业带动就业。继续做好高校毕业生特别是困难家庭高校毕业生的就业扶持，组织好大学生村官、社区服务人员选聘工作，鼓励普通高校毕业生到基层、中小企业、非公有制企业就业或自主创业。积极开发公益性岗位，重点针对零就业家庭、残疾人、低保对象、破产企业失业职工等困难群体，做好就业援助。今年市四区和旗县公益性岗位聘用人员岗位补贴分别增加200元和180元。全年城镇新增就业38万人。

进一步完善城镇职工、城镇居民和新型农村社会养老保险体系，扩大保险覆盖面。继续按国家政策提高企业退休人员养老金。将被征地农民纳入城镇企业职工基本养老保险统筹范围，享受同等养老保险待遇。提高城乡低保标准，城市低保标准市四区每人每月由380元提高到430元；农村低保标准由每人每年2200元提高到2500元。农村五保集中供养标准由每人每年4500元提高到5500元，分散供养标准由2300元提高到2600元。城镇“三无”人员集中供养标准每人每月增加500元，达到1200元；分散供养标准每人每月增加300元，达到800元。优抚事业单位收养人员生活费标准由每人每月400元提高到800元。全市环卫工人月工资增加200元，达到每人每月1200元。为80岁以上低收入高龄老人每人每月补助生活费100元。完善社会救助体系，城乡医疗最高救助额度增加5000元，提高到15000元；贫困家庭大学生救助标准由2000元增加到3000元。继续提高失业金发放标准。认真落实稳控物价政策措施，保持物价基本稳定。

顺应人民群众对首府教育的新期待，切实落实教育优先发展战略，加大教育投入，促进教育均衡发展，着力打造西部教育强市。建立健全优质教育教学资源共享机制，提高薄弱学校办学水平。继续改革完善普通高中招生管理办法,逐步消除“择校热”现象。按就近入学原则，抓好新旧城区中小学校布局规划。大力支持北京四中呼和浩特分校建设，支持自治区示范学校进一步提高教育教学质量，支持更多学校办出特色、办出水平，出名师、育英才。全面实现高中阶段免费教育。推进“中小学学校标准化建设工程”，进一步改善农村学校和城市薄弱学校办学条件。加强和改进中小学思想品德教育。重视学生体质健康，保证中小学生每天一小时校园体育活动。落实学前教育三年行动计划，加快解决“入园难”问题，今年要新建10所公办幼儿园。进一步发展职业教育，加强重点学校实训基地建设，扶持呼和浩特职业学院做大做强，促进职业教育与产业发展紧密对接。确保民族教育重点发展。加快和规范民办教育发展。加强校车安全管理，确保学生交通安全。

继续落实和完善覆盖城乡的基本医疗保障制度。深入推行国家基本药物制度，做好基层医疗机构药品集中配送工作，基层医疗机构全部实现药品零差率销售。加大对公共医疗卫生服务机构的投入，启动市妇幼保健院、市中蒙医院、市结核病防治所建设项目，确保市口腔医院、第二医院艾滋病病房楼以及剩余四个旗县医院年内

投入使用。推进基本公共卫生服务均等化，加强传染病、地方病及慢性病防治，做好精神疾病患者、老年人、儿童以及孕产妇的健康保健服务，将城乡居民规范化电子健康档案建档率提高到 60%以上，社区卫生服务城区人口覆盖率提高到 95%以上。加强基层医疗卫生机构全科医生的培养，把更多的人才、技术引向基层，提升基层医疗卫生机构服务水平。

全面做好人口工作。坚持计划生育基本国策，完善计划生育优质服务体系，稳定低生育水平，提高出生人口素质。加强流动人口服务管理，推进经常化监测、属地化管理、均等化服务，增强流动人口归属感。广泛开展全民健身活动，加强体育公共服务设施建设，构建多元化全民健身服务体系。今年要开工建设市体育中心和市游泳馆。加快发展老龄事业，推进养老机构设施建设，完善养老服务体系。切实保障妇女合法权益，加强未成年人保护，促进残疾人事业健康发展。

推动社会管理创新。把强基层、打基础作为加强社会管理创新的重要着力点，加强社区建设，大力解决社区场地不够、力量不足、功能不全等问题。完善社区服务体系，整合基层部门工作力量，打造综合服务平台，建立矛盾联调、问题联治、工作联动、平安联创的工作机制。加强和改进信访工作，建立市、县级领导干部“信访工作日”制度，加快推进市、县联合接访机制建设。加大积案化解力度，认真解决土地征用、房屋拆迁、工资拖欠、企业转制等方面信访突出问题。加强人民调解工作，充分发挥人民调解在化解民间纠纷中的重要作用。进一步强化安全监管，坚决遏制重特大安全生产事故发生。加强食品药品质量监管和责任体系建设，切实保障群众饮食用药安全。完善社会治安防控体系，探索建立巡逻防控与数字呼和浩特视频监控有机结合的联防联动机制，增强公共安全和社会治安保障能力。深入开展严打整治斗争，加大侦破案件力度，进一步增强人民群众的安全感。建立健全对灾害事故和公共安全事件的预警、应急处置体系，增强应急处置能力。加强交通管理，提升交通管理科学化、科技化水平，全面加大交通秩序整顿力度，努力创建文明、有序的交通环境。深入贯彻党的民族政策，巩固各民族共同团结进步、共同繁荣发展的大好局面。依法做好宗教事务管理工作，进一步促进宗教和谐。坚持走军地融合式发展的路子，加强国防后备力量建设，加大国防教育宣传力度，开好自治区今年在我市召开的民兵工作现场会。

（九）加强政府自身建设，努力建设人民满意的政府

面对复杂的形势和艰巨的任务，全市各级政府要进一步振奋精神，坚定信心，扎实工作，切实履行好职责，绝不辜负人民的期望。

坚持依法行政。认真执行市人大及其常委会的决议、决定，自觉报告工作和接受监督。支持市政协履行政治协商、民主监督和参政议政职能，认真听取各民主党派、工商联、无党派人士和人民团体的意见。支持人民法院、检察院依法行使职权。建立完善重大项目、重大事项决策论证、听证制度，让人民群众更广泛地参与公共事务管理，进一步提高决策的科学化、民主化水平。立足于更好地为群众解决问题，进一步加强市长热线受理工作。加强行政执法管理，促进全市各级行政执法机关严格执法、规范执法、文明执法。扎实开展“六五”普法工作，提升依法治理水平。

深入推进转变机关作风活动长效化，继续在全市各级政府部门大力推行马上办、主动办、上门办、公开办、灵活办的“五办”作风，切实为项目建设、群众创业和社会发展提供优质高效的行政服务。进一步完善对重大决策部署落实情况的监督检查机制，积极推行绩效管理，强化行政问责，着力解决行政不作为、乱作为、慢作为等问题，以作风建设的新成效推动经济社会又好又快发展。

严格落实党风廉政建设责任制，切实加强“以人为本、执政为民”的理念教育和制度建设，完善廉政风险防控机制，推进行政权力运行的程序化建设。倡导艰苦奋斗的优良传统，严格执行廉洁自律和厉行节约的有关规定。加强对政府投资项目的管理、监察和审计，继续抓好工程建设领域突出问题专项治理。深化政务公开，加大财政预算、公共资源交易、社会公益事业建设等领域的信息公开，提高政府工作的透明度。加强对行政审批、行政执法、工程招投标、土地出让、住房保障、产权交易、医药购销、政府采购等领域的监管，严肃查处违纪违法行为，树立风清气正的政府形象。

各位代表，我们的使命崇高而神圣，我们的责任重大而光荣。让我们在自治区党委、政府和市委的正确领导下，继往开来，团结奋进，开拓创新，共同开创呼和浩特更加幸福美好的明天！

呼和浩特市人民代表大会常务委员会工作报告

——2012年2月3日在呼和浩特市第十三届人民代表大会第五次会议上

呼和浩特市人大常委会主任　吴一微

各位代表：

现在，我代表市人大常委会，向大会报告工作，请予审议。

过去一年的主要工作

2011年，是深入推进“两个一流”首府建设、实现“十二五”良好开局的重要一年，也是人民代表大会制度建设和人大工作扎实推进、富有成效的一年。在年初召开的丨一届全国人大四次会议上，吴邦国委员长宣布：党的十五大提出到2010年形成中国特色社会主义法律体系的立法工作目标如期完成。随后，中共中央7号文件转发了全国人大常委会党组的报告，提出了在新的起点上进一步完善中国特色社会主义法律体系的重要任务。一年来，在市委领导下，市人大常委会把贯彻中央7号文件精神与推动全市中心工作相结合，围绕“十二五”开局，依法履行宪法和法律赋予的职权，充分发挥地方国家权力机关的作用，为保持经济平稳较快发展、推进社会主义民主法制建设、促进社会和谐稳定作出了新贡献。

一、以监督法律实施为重点，推进首府科学发展

打造一流首府城市、建设一流首府经济，是自治区党委对我市提升经济发展首位度、增强服务全区发展能力的总体要求，也是进一步加快转变经济发展方式、实现科学发展的重要任务。常委会围绕这一中心工作，在督促法律法规实施上下功夫，取得了新的成效。

开展执法检查年活动。按照《市十三届人大常委会五年工作纲要》，常委会把执法检查确定为全年工作主题，以推动法律实施为切入点，不断深化改革发展。常委会对《中华人民共和国科学技术进步法》和《内蒙古自治区科学技术进步条例》实施情况开展执法检查，听取审议了市政府关于建设国家创新型城市的报告。这也是连续第八年监督科技工作。常委会建议政府把科技作为加快转变经济发展方式的重要支撑，构筑以高科技非资源依赖型产业为主导的新型工业体系；以实施法律为推动力，保证科技进步三项费随着财政收入增长同步提高；按照全市经济发展规划，集中抓重大科技攻关，改变科技项目确定难、拨款晚、经费使用分散的现状。建设工程是百年大计，建筑质量维系着人民生命财产安全。为了加强建筑质量监管和施工队伍建设，常委会对《中华人民共和国建筑法》、《内蒙古自治区建设工程质量管理条例》、《呼和浩特市建设工程质量管理条例》进行检查，听取审议了市政府关于加强全市建筑市场管理和规范建筑市场秩序工作情况的报告，建议政府把法律实施作为关键环节，严格执行法定建设程序和工程建设强制标准，坚决查处未批先建、肢解工程、指定分包、未竣工验收便擅自投入使用等违法行为，认真解决工程结构、消防、环境等质量安全隐患，特别要提高居民住宅、校安工程和保障性住房质量，让人民群众住上放心房。值得一提的是，常委会把两个执法检查项目列入全年重点工作，举全委之力组织实施。在检查中，注重看实情、查实效，深入车间厂房，走进建设工地，既见证成绩，也审视不足，既视察优质工程，也检查不合格项目，力争掌握全面客观的情况；坚持听民声、访民意，向社会发放调查问卷693份，收集建议198条，召开专题询问会、座谈会，充分了解社会各界的看法和评价；加强舆论宣传、强化跟踪督查，提高了监督的科学化水平。通过执法检查，促进政府进一步增强依法行政意识，加大了科技投入，增设了必要的科技管理机构，加强了建筑市场和工程质量监管，使法律法规在首府经济社会发展中得到有效实施。

促进工业和旅游业发展。做大做强工业经济，补足总量规模小、产业层次不高、工业园区建设滞后的短板，是我市经济工作的重点。常委会专题视察了工业经济发展情况，听取审议了市政府有关工业运行和上半年国民经济和社会发展计划执行情况的报告，提出建议：一要抓住国务院出台《关于进一步促进内蒙古经济社会又好又快发展的若干意见》的机遇，尽快研究制定对接政策及工业发展规划，抓好项目投资、建设和储备，增强工业核心竞争力；二要整合开发区管理体制，完善服务保障体系，进一步优化投资环境；三要把好项目准入关，强化对重点行业、高能耗、高污染企业的管理，促进节能减排。旅游业是资源消耗低、就业机会多、综合效益好的产业，对拉动经济增长具有重要作用。常委会在本届内检查《呼和浩特市旅游管理条例》、推进少数民族旅游产品研发的基础上，再次视察了全市旅游产业发展情况，就完善旅游发展规划、依法保护和合理开发旅游资源、规范旅游市场秩序、提升旅游产品文化品位等提出了意见，促进旅游业提质增效。

推动生态保护与资源合理利用。生态环境、自然资源是经济社会可持续发展的重要载体。结合“三城同创”工作，常委会组织自治区和市两级人大代表第四次开展集中视察，向全社会宣传创模工作的新进展、新变化，也指出个别工程、考核指标存在的差距，推动重点部位专项整治，促进创模任务的全面完成。常委会从2004年作出关于建设节水型城市的决定以来，连续两届推动地下水保护工作。去年，以贯彻落实自治区地下水保护行动计划为契机，继续跟踪视察，重点了解引黄工程续建改造、饮用水源地保护、再生水使用等情况，听取审议了相关报告，建议市政府在地下水位下降趋势得到遏制的基础上，下决心对工业用地下水彻底整治，加快分质供水和中水回用步伐，尽快取得新的进展。

二、以改善民生为抓手，促进首府社会建设

保障和改善民生，是贯彻落实科学发展观的内在要求，是发展经济的最终目的。按照市委富民强市的总体思路，常委会认真履行职责，为维护人民群众根本利益，推动社会全面进步，作出了积极努力。

推进基本公共服务均等化。经济发展与财政水平的不断提高，为逐步改善人民生活奠定了坚实的物质基础。常委会围绕群众关注的热点问题，通过多种监督方式，推动财政支出向民生事业倾斜，让发展成果惠及更多百姓。一是对城乡医疗保险统筹开展监督，促进医保改革深入推进，保证医疗保险待遇水平逐年提高，惠及人群逐年增长。二是适应人口老龄化趋势的要求，听取审议市政府关于养老机构建设情况的报告，建议政府把拉动内需、提升就业水平与养老机构建设结合起来，完善政策措施，扶持和推动“银发经济”的发展。三是深入市四区视察“小饭桌”，邀请学校、家长、经营者、管理部门、物业公司、法律专家参加座谈会，听取各方面意见，推动政府研究准入和管理制度，开展食品、卫生、消防等方面综合整治，满足群众的现实需求。四是对上次人代会市政府承诺的保障性安居工程建设、城区老旧小区和农村危旧房改造、城市道路修缮、供热管网维修等涉及群众利益的十件实事，进行调研和督办，推进民生工程的落实。

促进城乡均衡发展。缩小城乡差距、消除贫困、实现共同富裕，是改革开放和社会主义现代化建设的重大任务。为推进新一轮扶贫开发工作，常委会深入6个乡镇调研，听取审议了全市整村推进扶贫情况报告，在肯定过去取消农业税、实施“两免一补”、科技扶贫、产业扶贫等综合扶贫开发成果的同时，建议政府适应扶贫开发新阶段的要求，强化扶贫开发与地区发展战略、部门发展规划的衔接，着力推进集中连片特殊困难地区扶贫攻坚，健全扶贫项目评估、监管机制，确立财政扶贫资金逐年增长、与其他支农资金整合使用等机制，进一步缩小城乡差距。常委会高度重视农民增收问题，在连续多年扶持马铃薯脱毒种薯和张杂谷种植之后，结合2号议案督办工作，在干旱少雨地区集中力量推广马铃薯膜下滴灌节水技术，推动政府科学规划、合理布局，给予必要的政策、资金和技术支持，引导农民转变传统种植模式，提高种植效益。

推进和谐首府建设。加强依法治市、维护社会稳定，把首府建设成为自治区首善之地，是各族群众的共同期待。常委会重点做了三方面工作：一是作出“六五”普法决议。听取审议了市政府关于“五五”普法和依法治理工作的报告，作出了深入开展法制宣传教育推进法治呼和浩特建设的决议，要求全社会贯彻依法治国基本方略，认真学习宣传宪法、民族区域自治法等法律法规，加强重点人群法制教育，形成全社会学法懂法守法用法的氛围；决议确定人均普法经费从“五五”期间的0.6元提高到1元，增强了普法保障水平。二是对司法工作开展监督。换届以来，常委会先后对民事诉讼法实施情况、刑事审判和执行工作进行检查，推动审判机制的完善和审判质量的提升。去年9月，针对打官司难、裁判不公、执行不力等社会普遍关心的问题，常委会观庭审、查案卷，深入调研民事审判工作，听取审议了市中级人民法院的报告，针对存在的问题，要求各级法院不断深化审判方式改革，强化素质作风建设，加大执行力度，进一步提高司法公信力和权威；建议各级政府将人民陪审员保障经费列入同级财政预算，保障人民陪审员制度落实到位。常委会还对职务犯罪预防、社会治安综合治理、“两院”基层基础建设等方面进行调研，推动了司法能力建设。三是高度重视信访工作。把信访工作作为密切联系人民群众、了解社情民意的重要渠道，把群众反映强烈的涉法涉诉问题作为监督议题，加大督促处理力度，为建设和谐首府作出了努力。

三、围绕常委会中心任务，做好经常性工作

常委会坚持党的领导、人民当家作主与依法治国有机统一，在坚持和完善人民代表大会制度的实践中，开拓创新，积极探索，树立了地方国家权力机关的良好形象。

（一）加强地方立法，不断提高法规质量

地方性法规是中国特色社会主义法律体系的重要组成部分，不断完善法律体系是今后地方立法的一项长期任务。常委会及时调整立法重心，更加注重法规的修改完善，更加注重经济和社会领域立法的协调发展，促进立法从管理型向服务型转变，从粗放型向精细化转变。一年来，共制定修改法规6件，已通过5件，开展立法调研8件。

积极发挥立法对改革发展稳定的保障和推动作用。围绕“十二五”发展要求，始终保持立法与改革发展决策同步，助力社会管理和科学发展。为加大生态保护力度，优化人居环境，重新启动机动车排气污染防治条例的制定工作，修订了市容环境卫生管理条例、封山育林管理办法，制定了气象条例。为保护和传承历史文化遗产，提升城市管理水平，修订了社会市面蒙汉两种文字并用管理办法，制定了地名管理条例。对社区发展、蔬菜农药残留检测、流动人口计划生育、城市房屋拆迁等方面开展了立法调研。为促进法规有效实施，对殡葬管理等5件法规制定实施细则工作进行了督办。按照全国人大常委会的要求，对7件法规中涉及行政强制措施的14个条款进行了打包清理，为规范行政行为、保护公民权益提供了法制保障。

平衡不同群体利益关系。坚持从大局出发、综合考量、尊崇民意，运用立法手段规范约束权力运行，从制度源头平衡公权与私权、不同利益主体之间的关系，营造公平正义、和谐共处的社会秩序。对于马路市场、露天烧烤、户外小广告等难点问题，认真倾听社会各界尤其是执法相对人的意见，因应社会发展需求，疏堵结合、宽严相济，规定露天烧烤摊点及其他临时经营摊点应当在城市管理部门划定的区域、时间段内经营，加大对乱设摊点和小广告张贴组织者的处罚力度，有效减少破坏城市环境、干扰百姓生活的现象，推动服务业多样化、规范化发展。在街道地名设置与管理中，强化政府的公共服务职能，明确政府管理城市应尽的职责和应当承担的公益性支出，将地名不得实行有偿冠名、地名标志设施不得附设商业广告写入法规。同时，增加了地名命名、更名批准前应当广泛征求公众意见，对地名设置不规范的现象群众有权投诉、举报的条款，体现了对民意的尊重。

积极推进科学立法民主立法。积极拓宽代表和公民参与立法的渠道，通过在报刊网络公布法规草案、召开论证会等方式，广泛征求各方面意见。加强对立法背景和重要问题研究过程的宣传介绍，为立法和法规实施营造良好的舆论氛围。加强立法工作制度建设，针对立项、起草、审议、报批各阶段的薄弱环节，出台了关于加强立法组织协调工作的意见，提出了相关质量标准，明确了参与立法各部门的责任，增强了工作合力。为了充分吸纳民意，保证群众诉求得到应有的尊重和回应，制定了向社会公开征集立法项目和立法修改建议反馈制度。适应社会发展的动态需求，建立了法规清理和立法后评估制度，妥善处理法规稳定性和变动性的矛盾。

回顾一年的立法工作，我们感到，在新的起点上不断完善中国特色社会主义法律体系，要求更高、难度更大，地方立法必须进一步加强而不能削弱。人大及其常委会应当发挥好立法主导作用，加强组织协调工作，充分运用制定、修改、废止、清理、评估等多种手段，不断提高法规针对性与可操作性，使立法更加适应实际需要、体现人民诉求、反映客观规律。

（二）加强人大监督，不断提高监督实效

常委会把监督法律、法规实施作为重要职责，创新监督方式，强化监督工作，努力维护法律尊严和权威。一年来，检查了2件法律法规的实施情况，听取审议“一府两院”14个专项工作报告，开展4项专题询问，发出审议意见书14件；对政府报送的10个规范性文件进行了备案审查；配合全国人大常委会、自治区人大常委会开展执法检查、视察和调研12项。

依法推进阳光财政。常委会听取审议了上半年预算执行和审计工作报告，审查批准了2010年决算，要求进一步完善预算编制，强化预算管理，加大审计发现问题的整改力度，为人民管好钱袋子。作出了市本级预算调整的决定，为充分发挥地方债券作用，促进城乡医疗、教育、水利及基础设施建设提供了保障。在充分调研、反复协商的基础上，将开发区预决算纳入人大监督范围。继续推动预算公开，提交人代会审查预算的部门增加到16个，并首次向社会公布。

积极改进监督方式。继续以重点项目实施方式，推进9项重点工作扎实开展。深化专项工作测评，规定了调查问卷发放数量和比例，更加重视收集基层群众、人大代表和管理相对人、专家学者的意见，夯实了监督的民意基础。询问权是法律赋予人大的一项重要监督权力。借鉴全国人大常委会的经验，常委会先后对科技进步法和建筑法实施、医保改革、财政预算执行开展了专题询问。常委会组成人员与政府部门负责人一问一答，有的放矢，不回避问题，提升了监督的针对性，成为改进工作、解决问题的又一推动力。组织新闻媒体跟踪报道视察、检查活动，及时配发专题新闻、访谈，扩大社会关注度，促进了人大监督和舆论监督的结合。加大常委会审议意见跟踪督办力度，及时通报办理情况，促进审议意见办理见到实效。

做好重大事项决定和人事任免工作。围绕改革发展稳定中的重大问题，作出13项决议决定。依法任免国家机关工作人员62人次。

回顾一年的监督工作，我们感到，中国特色社会主义法律体系的形成，总体上做到了有法可依，在此情况下，处理好有法必依、执法必严、违法必究的问题更加紧迫和突出。人大及其常委会责无旁贷，必须行使好保证宪法、法律和法规在本行政区域内得到遵守和执行的重要职权，支持和督促国家行政机关依法行政、审判机关公正司法，确保国家机关及其工作人员把人民赋予的权力真正用来为人民服务。

（三）强化服务保障，提高代表履职积极性

人大代表是国家权力机关的组成人员。常委会把为代表服务作为一项基础工作来抓，努力改进工作方式，不断提高服务水平，支持和保障代表依法履行职责、充分发挥作用。

加大议案督办力度。上次大会期间，主席团确定了四件议案。市政府承办的1号、2号两件议案，被常委会列为2011年重点项目，多次进行督办视察，并听取审议了办理情况的报告，办理初见成效。关于加强防灾减灾应急体系建设的1号议案，市政府十分重视，市长召开专题会议研究部署，成立了有关领导机构，制定了工作实施方案，于去年10月开工建设救灾物资储备库，计划今年7月全部完工。关于加大马铃薯实施膜下滴灌的2号议案，市政府结合全市发展规划，推广马铃薯膜下滴灌种植面积4.17万亩。对于两件立法议案，常委会审议通过了有关专门委员会的报告，将适时启动立法程序促进散装水泥和预拌混凝土发展，建议市政府先行出台扶持农民专业合作社的规范性文件，为制定法规积累经验。

提升建议办理水平。代表们在上次大会和闭会期间共提出200件建议，常委会将6件确定为重点督办建议。继续推进承办单位与代表“两见面”制度，组织人大代表向承办部门当面提出改进意见。完善代表建议办理评价机制，征询代表对办理结果的满意度，对不满意的7件建议要求重新办理并跟踪督办，推动建议办理从“办复”向“办成”转变。目前，代表建议已经解决或基本解决的有111件，占承办总数的55.5%，较上年的49.7%有新的提高。重点督办建议中，关于推进建设清真大寺广场项目的建议已经落实。关于加快强制隔离戒毒所建设、实施放心粮油工程、加强城区流动摊贩管理、治理整顿“小饭桌”、大力推进蔬菜专业村建设的建议已经列入计划，逐步落实。常委会将这5项列入滚动项目，在2012年继续跟踪督办。此外，对要求解决土左旗花炮厂遗留问题的建议多次调研，专门编发了领导内参反映问题，经过多方努力，市政府从市长准备金中拨付1000万元作为代表建议办理专项资金，用于爆炸物销毁，及时消除了安全隐患。

积极发挥代表作用。尊重代表的主体地位，扩大代表对常委会工作的参与，组织代表视察调研、参加培训，指导市四区人大常委会建设街道人大工委，指导乡镇人大换届选举，为代表履行职责提供了有力保障。一年来，60名代表列席了常委会会议，41名代表参加了专题培训，236名代表以联组为单位，开展了21项专题调研，提出建议84件，参加各项检查、视察、调研活动的代表958人次。代表们以对党和人民高度负责的精神，紧紧围绕全市中心工作，聚焦社会热点难点，踊跃参加各项活动，积极建言献策，展示了新时期的代表风采，涌现出一批感人事迹和先进个人，为坚持和完善人民代表大会制度、推进富民强市作出了重要贡献。为了资助贫困地区农村安全饮水工程建设，两位代表主动捐款，陆续到位2000万元，常委会跟踪督办了工程进展情况。

（四）加强常委会自身建设，提升整体工作水平

常委会坚持解放思想、求实奋进，以庆祝中国共产党成立90周年为契机，深入贯彻落实自治区党委和市委人大工作会议精神，不断加强自身建设，全面提高服务发展的能力。

中国特色社会主义法律体系的形成，是新中国成立60多年特别是改革开放30多年来，我们党领导全国各族人民建设中国特色社会主义事业的伟大成果，是我国社会主义民主法治建设史上的重要里程碑，是中国特色社会主义制度走向成熟的重要标志。常委会认真组织学习中央7号文件，深入领会社会主义法律体系形成的重大意义、基本经验，研究讨论人大工作面临的新形势新任务，为推动民主法制建设、促进首府发展增添了信心和动力。坚持转作风、改文风、整会风，制定完善执法检查工作规程、专项工作测评办法等十余项组织制度和工作制度，进一步提高了人大工作的科学化水平。不断加强调查研究，扎实做

好基本功，常委会谋划工作、理性思考的能力进一步提升，推动落实中心工作的整体能力显著增强。常委会组成人员积极深入实践，了解民情、体察民意，围绕经济社会发展和民生诉求提出建设性意见，增强了常委会决策的科学性、民主性。各专门委员会主动发挥专业性、灵活性优势，不断拓展工作触角，勇于先行先试，在完成人大各项任务的同时，推动了政府工作报告中重点工作的落实，增强了人大工作活力。

重视加强和改进人大宣传工作，深入、及时、有声有色地开展宣传报道，提高了地方人大行使职权的公开性和透明度；不断增强与社会公众的交流，推进人民群众有序政治参与，切实保障人民知情权、参与权、表达权、监督权。密切与自治区人大及兄弟省市、盟市人大常委会的交往，促进了工作交流。定期召开市旗县区人大主任联席会，加强与基层人大的联系，上下联动合力推进人大工作。把提高能力素质作为机关建设的重中之重，深入开展创先争优、爱岗敬业等活动，扎实推进效能建设和文明创建工作，进一步提高机关服务保障能力。

各位代表，以上成绩的取得，是在市委的正确领导下，常委会组成人员和人大代表共同努力的结果，也是全市各级人大、“一府两院”及各方面积极支持与配合的结果，人大常委会机关的同志们为此也付出了辛勤劳动。我代表市人大常委会，向大家表示衷心的感谢！我们也清醒地看到，工作中还有不少应当改进的地方：一是立法协调机制需要进一步落实；二是监督工作重点需要进一步突出；三是代表调研成果的转化需要进一步加强。我们将认真听取代表意见，自觉接受人民监督，继续加强和改进人大工作。

2012 年的主要任务

各位代表，2012 年是我市实施“十二五”规划、推动“两个一流”首府建设承上启下的重要一年，也是本届人大及其常委会任期的最后一年，做好今年工作，具有十分重要的意义。市人大常委会将坚持围绕中心不动摇、服务大局不松劲、履职为民不懈怠，认真贯彻党的十七届六中全会、中央经济工作会议、自治区第九次党代会、市十一次党代会精神，认真履行宪法和法律赋予的职责，以科学发展为主题，以加快转变经济发展方式为主线，以总结和推动人大工作为重点，按照稳中求进的总基调，促进首府深化改革开放，以优异成绩迎接党的十八大胜利召开。

一、进一步提高立法质量

按照年度立法计划，继续审议机动车排气污染防治条例（草案），为保护首府生态环境、维护居民健康提供保障。根据上位法变动的要求，废止流动人口计划生育、城市房屋拆迁等方面不适用的法规，维护国家法制统一。做好城镇社区建设管理等 6 个方面的立法调研，继续深入开展法规颁布后的宣传工作。全面梳理总结立法经验和成果，为今后立法工作奠定基础。

更好地发挥人大常委会的立法主导作用，落实立法协调机制，不断拓宽公众有序参与立法的方式和途径，调动各方面立法积极性。更加注重法规的修改完善，更加注重社会和文化领域立法，更加注重平衡各方面利益关系。强化统一审议，深化立法论证，增强法规的可操作性，使法规质量得到切实提高。

二、进一步增强监督实效

深入实施监督法，认真履行监督职权，保证宪法、法律和行政法规、地方性法规在本行政区域内得到遵守和执行。把贯彻市委重大决策部署、重大项目的推进、群众普遍关心的热点问题作为监督重点，抓好当年监督议题的实施，跟踪推进滚动项目的落实，进一步增强监督实效。

加强经济工作监督，促进经济社会平稳较快发展。听取审议财政决算和计划、预算执行情况及审计工作报告，审查批准 2011 年市本级财政决算。继续加大预算公开力度，深化、细化部门预决算审查,进一步提高预算编制的准确性，增强预算执行的约束力,依法推进阳光财政，提高财政资金使用效益。围绕发展奶牛规模化养殖、蔬菜基地建设、发展城市公共交通、人民防空工程建设与管理等主题开展监督，听取审议政府专项报告，支持和促进政府推进经济结构转型调整，加快重大项目建设。

加强民生工作监督，保持社会大局稳定。检查《中华人民共和国工会法》等法律法规的实施情况，听取审议全市维护妇女儿童权益、物业管理等方面的报告，听取审议市人民检察院贯彻执行《内蒙古自治区人大常委会关于加强人民检察院对诉讼活动法律监督工作决议》情况的报告。对社区建设、交通拥堵治理、全民健身、农村合作医疗、保障房建设、供热、拆迁、废弃食用油脂管理等工作进行调研。认真处理人民群众来信来访，加强信访问题的跟踪督办。

加强文化改革发展的监督，推动文化大发展大繁荣。贯彻落实党的十七届六中全会精神，抓住我市文化改革发展中的关键环节加强监督，听取审议市政府关于社会文化设施建设的报告，对《呼和浩特市民办教育促进条例》进行执法检查，开展公共财政对文化领域投入、少数民族非物质文化遗产传承与发展等专题调研，推进社会主义文化建设。

三、进一步夯实代表工作

加强和改进代表工作，支持和保障代表依法履职，充分发挥代表参与管理地方事务的作用。强化代表培训，提高代表履职能力。把办理代表议案建议作为一项法定职责，切实提高办理质量。督促市四区继续加强街道人大工委建设，推进基层代表工作。按照市委统一部署，指导旗县区人大换届工作，做好市本级人大换届有关工作，选出人民信得过、履职能力强的代表，为地方国家权力机关运行提供组织保证。

四、进一步加强自身建设

按照《市十三届人大常委会五年工作纲要》的要求，以总结和推进整体工作为重点，全面完成本届各项目标任务。以迎接党的十八大召开为契机，认真学习科学理论、宏观政策和法律知识，把思想和行动统一到中央、自治区有关精神和市委决策部署上来，增强常委会领导班子核心作用，提升常委会组成人员履职水平。充分发挥各专门委员会的作用，凝聚各方面力量，提高常委会整体工作水平。继续改进文风、会风，探索新形势下人大工作的新途径、新机制，努力推进人大工作制度化、规范化。加强党风廉政建设，自觉接受人大代表和人民群众的监督。从公共关系角度探索新时期人大宣传工作规律，更好地建立起人大与代表、代表与选民、人大常委会与社会公众舆论之间的双向关系。积极推进机关文化建设，进一步提高干部队伍素质能力，在实际工作中培养和锻炼干部，为人大干部轮岗、交流和挂职疏通渠道。拓展与自治区各盟市人大和外省市人大的交流，承办好五民族自治区首府市人大工作经验交流会第二十六次会议，圆满完成本届各项任务。

各位代表，推进新形势下的人大工作，是历史赋予我们的重任，也是全市人民的共同期望。我们一定要在中共呼和浩特市委的坚强领导下，振奋精神，开拓创新，扎实工作，为建设呼和浩特更加美好的未来而努力奋斗！

中国人民政治协商会议呼和浩特市第十一届委员会常务委员会工作报告

——2012 年 1 月 31 日在政协呼和浩特市第十一届委员会第五次会议上

张彭慧

各位委员：

我代表中国人民政治协商会议呼和浩特市第十一届委员会常务委员会，向大会报告工作，请予审议。

一、2011 年及过去几年工作的回顾

本次会议是市政协第十一届委员会最后一次全体会议。在总结 2011 年工作的同时，这里也对本届政协前几年的有关工作作一些必要的回顾。几年来，市政协常委会坚持以邓小平理论和“三个代表”重要思想为指导，深入贯彻落实科学发展观，在市委的领导和自治区政协的指导下，在市政府及社会各方面的大力支持下，深入贯彻落实《中共中央关于加强人民政协工作的意见》和胡锦涛总书记在庆祝人民政协成立 60 周年大会上的重要讲话精神，牢牢把握团结和民主两大主题，坚持把科学发展作为履行职能的第一要务，把推动发展、关注民生、促进和谐作为履行职能的重要着力点，进一步提高了政治协商、民主监督、参政议政的质量和水平。在履行职能的过程中，积极探索，开拓创新，推进了政协事业的新发展，为促进首府经济建设、政治建设、文化建设、社会建设和生态文明建设，作出了重要贡献。

（一）围绕全市经济社会发展中的重要问题，认真开展政治协商。坚持“全委会议总体协商、常委会议专题协商、主席会议重点协商、专委会对口协商”的协商议政格局，不断提升协商议政水平。

全委会议着眼于全市工作大局，围绕市委、市政府的中心工作和人民群众普遍关注的热点、难点问题，认真开展总体协商。在市政协全委会议期间，委员们在深入调查研究的基础上，围绕加快发展现代农业、加快工业经济发展、加快发展现代服务业、加快教育、文化、卫生等社会事业的发展以及完善城市功能、提升管理水平、扩大就业、抑制物价过快上涨等问题，进行热烈讨论，积极建言献策。委员大会发言质量不断提高，加强奶源基地建设促进乳业健康发展、推进首府工业化进程、促进工业园区加快发展、提升科技创新能力、加快物流业发展、提升首府城市品位、加快文化旅游产业发展、加强政府投资建设项目管理、科学保护合理利用水资源、加强食品安全检验检测体系建设、加强基层医疗卫生工作等委员大会发言引起与会人员的广泛关注。市委、市政府对政协全委会议总体协商高度重视，市委主要领导每年都出席委员发言大会，认真听取委员发言，并就全市发展形势、新一年工作思路、目标和任务等作重要讲话，对政协工作提出新的要求，使委员们很受鼓舞。每次全委会议期间，都精心组织市党政领导与各界别委员代表座谈会。委员代表就解决国际金融危机背景下中小企业融资难问题、促进金融机构对我市企业的融资支持、发展生物产业、统筹解决教育事业发展中的问题、加强社会治安工作、整合呼市地区医疗资源、保护非物质文化遗产以及解决交通拥堵等问题，提出了许多意见和建议。与会的市党政领导特别是市政府主要领导当场回应委员代表提出的意见建议，提出解决或处理问题的办法。每次全委会议后，市政协都将委员们在会议期间通过各种形式提出的意见、建议进行归纳整理，及时转送市政府，许多意见、建议得到采纳。

主席会议、常委会议精心选取市委、市政府重点推进的工作或人民群众普遍关注的问题，深入开展重点协商和专题协商。围绕保持全市经济平稳较快发展，就扶持民营企业发展问题进行专题协商。针对国际金融危机影响下部分企业效益下滑、个别企业停产或半停产的情况，提出对策建议，开展专题协商。2011 年，组织开展了工业科技服务体系建设专题调研，提出了有针对性的建议，经市政协常委会议专题协商后提交市委、市政府。围绕加大蔬菜基地建设力度、进一步提高蔬菜自给率，组织开展了我市蔬菜基地建设及蔬菜产业发展情况的调研，并在常委会议上进行了专题协商。主席会议、常委会议还对我市肉羊产业发展、设施种植业发展、现代服务业发展、民族文化产业化发展、加强食品卫生安全管理、加强城镇基本医疗保险制度建设、加快我市盐碱地改造和利用、促进学前教育发展、推进“三城同创”等问题进行了协商。市委、市政府有关领导到会听取情况和建议，有关部门负责同志列席会议，就进一步做好有关工作进行协商。市委、市政府主要领导还对一些建议报告作出批示，要求有关旗县区和市直部门认真研究，采取相应的解决措施，推进了有关方面的工作。

各专门委员会通过主席接待委员日活动、专项视察、提案督办等形式，加强了与市党政部门的对口协商，先后就建立若干现代农业核心示范区、加强蔬菜市场管理、积极推进中水回用、健全地下水资源管理机制、优先发展公交事业、解决外来务工人员子女教育、加快推进楼房墙体保暖改造工程等问题与有关部门进行对口协商，共同研究探讨解决问题或改进工作的有效措施，收到了预期的效果。

（二）以改进工作、促进发展为出发点，积极推进民主监督。几年来，市政协以建立制度、规范程序、做好民主评议政府部门工作为重点，积极开展多种形式的民主监督活动，努力使监督与协商、监督与支持有机地统一起来，促进了有关方面的工作。

为了促进政府部门转变作风、提高效率、改进工作，经市委同意，从 2008 年开始，市政协组织开展了民主评议政府部门工作，先后已对 13 个政府部门进行了民主评议。民主评议小组经过深入调查研究，在充分肯定被评议部门工作成绩的基础上，认真分析部门工作中存在的问题，提出改进工作的具体建议。被评议部门在自查的基础上，认真研究市政协的评议意见，制定改进措施，积极进行整改。各评议小组又通过调查回访等形式，追踪检查部门的整改情况，促进被评议部门改进工作。2010 年，在认真总结前两年民主评议工作的基础上，制定了《政协呼和浩特市委员会民主评议工作暂行办法》，从民主评议工作的原则和目标、对象和内容、方法和步骤、评议结果的运用等方面作出了明确规定，使市政协民主评议工作进一步走向制度化、规范化，使评议工作取得了明显的效果。比如，去年评议的市住房保障和房屋管理局，根据市政协的评议意见，提出了加强房地产市场监管、加大保障性住房建设力度、继续开展老旧小区整治改造、推进物业管理和房屋安全管理、加快房产数字信息化建设、坚持依法行政、加强作风建设、提高公共服务效能等具体整改措施，推进了全局的工作。

不断改进社情民意信息工作。召开了全市政协反映社情民意信息工作会议，规范了社情民意信息收集、编报、处理和反馈的方法和程序，使反映社情民意信息的工作机制不断完善。在此基础上，引导广大政协委员围绕全市工作大局，广泛收集、积极反映社会各界的意见和建议，不断提高社情民意信息的质量。一些社情民意信息如强化对医疗废弃物的管理、解决交通拥堵和停车难问题、高度重视地沟油回流餐桌现象、提高我市市政管理水平、进一步加强校园周边环境治理、在我市核心区域建一批精品特色文化宣传栏（文化墙）、警惕突击种树套取国家动迁补偿金现象等反映问题的信息引起了市委、市政府的高度重视，并得到了不同程度的解决。

市政协还通过开展提案跟踪督办活动、推荐委员担任司法机关和政府部门特约监督员、参加党委政府组织的调查、检查等活动，认真履行民主监督的职能。

（三）深入开展专题调研和委员视察，不断提高参政议政水平。注重科学选题、加强研究论证，努力提出具有前瞻性和可操作性的意见、建议，提高了专题调研的质量。近几年先后围绕建立农民增收的长效机制、帮助少数民族聚居村脱贫致富、加大成品粮油监管力度、加快新能源产业发展、加强城镇基本医疗保险制度建设、促进蒙医蒙药发展等内容开展了 50 多次专题调研活动，提出了许多针对性和可操作性较强的建议。2010 年提交的《关于立足首府优势发展总部经济的调研报告》，深入分析了我市发展总部经济的有利条件和不利因素，提出了我市发展总部经济的定位和发展重点，以及发展总部经济的保障措施等，分析透彻，建议中肯，是全市第一篇系统分析研究我市发展总部经济的调研报告，得到了市委、市政府及有关方面的高度重视，促进了这项工作的开展。《关于我市成品粮油质量安全和监管情况的调研报告》，事关首府群众的健康和安全，报告论据充分，提出的措施既有针对性，又有可操作性。2011 年提交的《关于呼和浩特市工业科技服务体系建设的调研报告》，在充分肯定我市工业科技服务工作取得成绩的基础上，认真查找了与先进地区存在的差距和工作中的不足，从提高我市的综合竞争能力和后续发展能力的视角出发，提出了增强科技创新意识加大工业科技创新力度、坚持政府主导引入市场机制、引进先进的管理理念和现代化的管理方式、实行产业技术联盟、建立专业化的工业科技服务体系等一些具体建议。《关于我市现代服务业发展情况的调研报告》提出了以总部经济为支撑实现首府服务业跨越式发展、走升级之路打造专业化的生产性服务业、提高服务水平发展便捷优质的社区生活服务业、强化发展基础优化现代服务业的产业环境、加强人才储备提高发展现代服务业的支撑力等建议。《关于我市体育产业发展情况的调研报告》、《关于我市蔬菜基地建设及产业发展情况的调研报告》、《关于我市采用脱硫石膏与腐植酸改良盐碱地情况的调研报告》等，市委主要领导都作出了批示，请有关部门认真研究。按照市委领导的意见，市委办公厅还将有关调研报告印发各旗县区、各部门参考。这些调研报告所提出的意见建议在推动全市有关方面的工作中发挥了重要的作用。

从认真制定计划、加强组织协调、提高视察质量方面下功夫，努力改进委员视察工作。就建设国家环保模范城、科学编制城市建设规划、缓解市区主要道路交通拥堵、促进城镇劳动力就业、加快无物业小区改造、加大公共租赁住房建设力度、加快我市养老机构建设、大力发展幼儿教育、强化我市高层建筑消防工作、加强居民饮水安全、实施好引黄入呼工程等问题，组织委员开展了专项视察活动，就进一步做好这些方面的工作与有关部门进行了深入探讨，提出了具体的意见和建议。

2010 年，市政协把围绕我市“十二五”规划编制建言献策作为一项重点工作，在举办“十二五”规划编制专题讲座、组织委员进行调研的基础上，召开了市政协“十二五”规划专题议政会，围绕我市“十二五”期间经济社会发展积极议政建言，为编制我市“十二五”规划提供了一些重要的参考意见。

（四）完善提案工作机制，发挥政协提案的重要作用。坚持把提案工作作为履行职能的全局性工作来抓，健全和完善了政府领导领办、政协领导督办、有关部门具体办理的提案办理机制。2008 年至 2011 年召开的四次全委会议期间和会后，分别收到提案 537 件、582 件、649 件、711 件，立案 508 件、539 件、589 件、666 件，每年均有明显增加。关于发展城市公共交通部分提案的落实，对促进我市公交事业发展、方便市民出行起到了积极的作用。关于对重大民生建设项目进行全方位监督管理的提案、关于加强食品药品监督检查的提案、关于推进中水回用合理利用水资源的提案、关于解决少数民族聚居村人畜饮水问题的提案、关于缓解交通拥堵问题的提案、关于出台呼市耕地“占补平衡”新政推进城市（镇）化进程的提案、关于按照市场公平原则扶持本土企业发展等提案，市政府及有关部门认真研究，积极办理。市政协认真组织围绕重点提案的专项调研、专门视察、现场协商督办活动，推动了提案的落实，促进了相关问题的解决。

（五）文史资料研究及宣传工作取得新进展，对外联系交往进一步加强。发挥文史资料“存史、资政、团结、育人”的作用，努力挖掘文史资源，提高文史资料工作的质量。编撰出版了呼和浩特文史资料第十六辑《百年历程：归绥师范学堂——呼和浩特职业学院》，呼和浩特文史资料第十七辑《呼和浩特大事记》编撰工作已全面完成，即将出版。《政协呼和浩特市第十一届委员会工作剪影》编辑工作已近尾声。加大了宣传工作力度，扩大了政协的影响，使全社会进一步提高了对我国基本政治制度和人民政协性质、地位、作用的认识，为政协工作营造了良好的舆论氛围。加强对外联谊交往，四年来共接待市外政协考察团（组） 547 批（次）、5670 人（次）。积极参加区域性政协工作联系会、协作会，加强了与兄弟地市政协的联系。2011 年成功举办了全国少数民族自治区首府市政协工作联系会第十八次会议，向各少数民族自治区首府城市和其他参会城市展示了我市近年来经济和社会发展取得的新成就，宣传了我市政协工作的新经验，得到了与会者的高度赞誉。四年来组织召开了 7 次九旗县区政协联谊会，分别以“进一步发挥委员的主体作用”、“提高专题调研质量”、“做好新形势下的提案工作”、“履行好民主监督职能”、“提高协商议政水平”为主题，进行研讨和交流，促进了政协履职水平的提升。积极配合自治区政协在我市开展调研、视察等活动，进一步密切了与上下级政协的联系。

（六）加强自身建设，不断提升政协工作的科学化水平。通过理论中心组学习会、常委会专题讲座、专题研讨会等形式，认真学习中共十七大及十七届五中、六中全会精神、胡锦涛总书记在庆祝人民政协成立 60 周年大会上的讲话精神、全区政协工作会议精神。定期举行专委会学习会，并采取以会代训的形式对全体委员进行培训。

坚持定期向市各民主党派、工商联通报工作制度和各民主党派、工商联秘书长列席市政协常委会议制度，积极支持民主党派、工商联参与政协履行职能的各项活动，充分发挥他们在政协组织中的重要作用。积极探索发挥界别作用的新形式，在市政协的经常性工作中进一步突出界别的特色，切实发挥政协界别作为扩大社会各界有序政治参与的重要渠道作用。积极探索委员履行职责的有效形式，努力为委员知情明政和发挥作用提供更多载体，使委员的主体作用得到进一步发挥。加强政协机关的思想建设、作风建设、组织建设和制度建设，努力增强和提高机关干部的全局观念、服务意识、政策水平和工作能力，提升政协工作的科学化水平。

（七）努力开拓创新，为政协委员更好地履行职能提供良好条件。几年来，市政协不断拓展思路，积极探索，围绕提高履职水平，做了许多创新性工作。

2008 年，成立了市政协理论研究会，积极开展了政协理论研究与交流。组织了纪念人民政协成立 60 周年系列活动，编辑出版了《纪念人民政协成立 60 周年论文选编》、《建言首府发展论文集》、《首府政协委员风采》等，推动了全市政协工作的深入开展。

2009 年，创刊出版了《呼和浩特政协》，到目前已出刊 17 期，为推动政协委员和政协工作者深入学习、加强研究、交流工作提供了新的平台，同时向全国政协系统及兄弟地区及时宣传了呼市政协工作和首府各项事业的新发展。

在有关方面的支持下，建立了市政协委员活动中心，较好地解决了政协委员活动场所问题，为政协委员开展多种形式的活动提供了必要的条件。

2011 年，成立了市政协书画院，举办了书画笔会和书法培训班，丰富了政协委员和机关工作人员的文化生活，使参加活动的人员进一步提高了文化艺术素养。

在对全体委员以会代训进行培训的基础上，2010 年和 2011 年分两批组织政协委员和机关工作人员共 150 余人，到全国政协干部培训中心进行了集中培训，提高了委员和机关工作人员的业务素质。

在中欧国际工商学院的支持下，引进了欧盟资助的欧中工商管理培训项目。2010 年至 2011 年，对 40 余名政协委员及经济管理人员、企业管理人员进行了培训，使接受培训的人员提高了管理素质，提高了应对全球化挑战的能力，接受资助的培训费用折合人民币 500 余万元。

扩展了政协委员“网上履职”新途径。建立了委员网上交流、议政平台，推进委员网上提交提案、反映社情民意，使政协网站成为服务委员、宣传政协工作的有效载体，体察民情、了解民意的重要窗口。

2008 年至 2011 年，连续四年在《呼和浩特日报》开设专栏，分别以“政协委员谈改革开放”、“纪念人民政协成立 60 周年”、“为‘十二五’规划献一计”、“纪念中国共产党成立 90 周年”为主题，刊登委员的纪念体会文章和促进改革发展的意见、建议，收到了良好的效果。

经市委批准，从 2008 年开始，连续四年每年对市政府 3—4 个工作部门进行民主评议，探索了政协履行民主监督职能的新形式，发挥了促进政府部门转变作风、提高效率、改进工作的积极作用。

2010 年，在总结经验的基础上，制定了《市政协委员履职考评暂行办法》，对委员履行职能的情况进行量化考核，建立了促进委员充分发挥作用的激励机制。《人民日报》、《人民政协报》、《团结报》分别用较大的篇幅介绍了我们的做法，在全国政协系统产生了一定的影响。这些创新性工作，对于委员提高自身素质和履职水平，更好地履行政治协商、民主监督、参政议政职能创造了有利条件，为政协工作再上新水平奠定了良好的基础。

各位委员、各位同志，市政协十一届一次会议以来所取得的成绩，是市委高度重视、正确领导的结果，是自治区政协关心指导的结果，是市政府和社会各方面大力支持、积极配合的结果，也是全市各级政协组织、政协各参加单位、全体政协委员和政协工作者共同努力的结果。在此，我代表市政协常委会，向所有关心、支持政协工作的各位领导和各界人士，向市政协各参加单位、各级政协委员和各级政协机关的同志们表示衷心的感谢！

回顾几年来特别是 2011 年的工作，虽然取得了一定的成绩，但也存在一些差距和不足，主要是履行职能的途径还需进一步扩展，提案、专题调研的质量还需进一步提高，委员的主体作用还需进一步发挥，专委会工作的创新力度还需进一步加大等。这些都需要我们在今后的工作实践中认真研究，不断改进。

二、2012 年的主要工作

各位委员，2012 年是实施“十二五”规划承上启下的重要一年，我们将迎来中国共产党第十八次代表大会胜利召开，同时今年也是本届政协任期的最后一年，做好今年的各项工作，非常重要。新的一年里，市政协要在中共呼和浩特市委的领导下，高举中国特色社会主义伟大旗帜，以邓小平理论、“三个代表”重要思想为指导，深入贯彻落实科学发展观，深入学习贯彻中共十七届六中全会、自治区第九次党代表大会和市第十一次党代表大会、市委十一届二次全委（扩大）会议暨全市经济工作会议精神，围绕中心，服务大局，进一步提高履行职能的水平，切实发挥政协在科学发展中的推动作用、民主决策中的参谋作用、行政效能中的监督作用、社会和谐中的促进作用，以创新的精神，务实的作风，进一步开创全市政协工作新局面，为促进我市经济社会又好又快发展作出新贡献。

（一）加强学习，统一认识,增强做好政协工作的责任感和使命感。要组织引导各级政协委员和机关干部深入学习中国特色社会主义理论和中共中央关于加强人民政协工作的新要求，始终保持政协工作坚定正确的政治方向。要认真学习、深入理解中共十七届六中全会、自治区第九次党代表大会、市第十一次党代表大会、市委十一届二次全委（扩大）会议暨全市经济工作会议精神,进一步深化对全国、全区、全市发展形势、目标任务、重大措施的认识和把握，进一步增强做好新时期人民政协工作的责任感和使命感,把智慧和力量凝聚到市委、市政府作出的决策部署和确定的目标任务上来，积极开展各种形式的履职活动，为实现全市今年的各项任务目标作出积极的贡献。

（二）围绕中心，服务大局，把推动科学发展作为履行职能的第一要务。组织和引导政协各参加单位和广大政协委员多想科学发展大事，多谋科学发展大计，努力为科学发展建睿智之言、献务实之策。要密切关注经济环境和经济运行的发展变化，围绕我市补足工业短板、加快推进工业重大项目建设，发展高端产业、努力提升首府服务业层次水平，做好首府现代农业大文章、发展高效特色农牧业，站在新的起点上提升首府城市规划建设水平等重要课题，深入开展调查研究，认真组织协商讨论，积极向市委、市政府建言献策。要深入研究国家支持内蒙古经济社会又好又快发展给我市带来的新机遇,就政策对接、项目建设、招商引资等重点问题提出意见建议。要把市委、市政府重大决策的贯彻落实作为民主监督的重要内容,在继续组织委员通过例会、视察、提案等形式实施监督的同时,有选择地对重点执法部门工作开展民主评议,提出意见建议,促使政府部门转变工作作风,提高行政效能。政协各参加单位和广大政协委员要围绕科学发展，多提交一些高水平的提案，充分发挥提案在履行职能中的重要作用。

（三）关注民生，凝心聚力，推动社会事业发展进步。充分发挥政协联系面广、包容性强的优势，积极做好协调关系、汇聚力量、建言献策、服务大局的工作，努力促进政党关系、民族关系、宗教关系、阶层关系的和谐。坚持以人为本,时刻关注民生,广辟信息来源,及时反映社情民意,及时了解、汇集、反映群众的利益诉求，协助市委、市政府协调好各方面的关系。要在改善民生和发展社会事业上多做调查研究、沟通协调和民主监督工作，围绕增加城乡居民收入、扩大就业、改善教育医疗条件、保障性住房建设与使用、控制物价、加强社会建设、创新社会管理等问题，深入开展调研、视察、评议监督等活动。认真贯彻《中共中央关于深化文化体制改革推动社会主义文化大发展大繁荣若干重大问题的决定》，积极传播先进文化，弘扬民族精神，推进社会主义核心价值体系建设。组织开展专题调研、视察活动，为推动社会主义文化大发展大繁荣献计献策。满腔热情地投身于社会主义文化建设的新高潮，积极推动和协助社会力量兴办文化事业、发展文化产业，为把我市建设成为民族文化强市作出新贡献。

（四）加强理论研究和宣传工作，努力推进政协事业的新发展。要把加强政协理论研究作为推进工作创新、提高履职水平的重要措施,通过举办座谈会、理论研讨会等多种形式,研究新时期人民政协工作的新特点、新规律和履行职能的新形式,为做好政协工作提供理论指导。要结合政协工作实际,将本届政协几年来积累的经验上升为规则和程序,进一步完善工作制度，推进履行职能的制度化、规范化和程序化建设。切实搞好政协宣传工作,使广大干部群众及社会各界及时了解政协工作情况，进一步提高对人民政协性质、地位和作用的认识,努力形成全社会重视、支持政协工作的良好氛围。继续做好文史资料征集整理和编纂工作,坚持亲历、亲见、亲闻的原则,努力挖掘和抢救重要文史资料。加强与各地政协的联系与交往，交流经验，取长补短，互相促进。

（五）继续搞好自身建设，进一步提高履职能力和水平。要努力推进人民政协理论创新、制度创新、工作创新，保持政协工作的生机和活力。要加强与民主党派、工商联和无党派人士的联系，组织好以党派名义提出提案、提交大会发言、提出意见建议等工作，充分发挥党派、团体在政协工作中的重要作用。进一步加强常委会建设,强化组织领导职能。进一步加强专委会建设,积极探索专委会工作新思路、新方式。进一步加强政协界别建设,积极探索开展界别活动的新方法、新途径。进一步加强委员队伍建设,鼓励和引导广大委员自觉学习,勇于实践,提升履行职能的能力和水平，发挥好委员在政协工作中的主体作用。进一步加强政协机关建设,着力强化机关工作人员的全局观念和服务意识,增强政协机关的政务性服务能力和统筹协调能力，努力建设政治坚定、作风优良、学识丰富、业务熟练的高素质政协干部队伍。建设学习型、服务型、创新型、和谐型政协机关。

各位委员，当前和今后一个时期，是首府发展面临的重要机遇期，也是人民政协工作大有可为的重要时期。新的形势、新的任务对人民政协工作提出了新的要求。我们要继承和发扬人民政协的优良传统，高举中国特色社会主义伟大旗帜，以邓小平理论和“三个代表”重要思想为指导，深入贯彻落实科学发展观，在中共呼和浩特市委的领导下，在市政府和社会各界的大力支持下，同心同德，奋发进取，以饱满的政治热情、昂扬的精神状态，更加富有成效地履行好政协各项职能，圆满完成本届政协担负的光荣使命，为实现首府经济社会又好又快发展，打造“两个一流”首府，推进现代化和谐首府建设作出新的更大的贡献，以优异的成绩迎接党的十八大胜利召开！

关于呼和浩特市2011年国民经济和社会发展计划执行情况与2012年国民经济和社会发展计划草案的报告

——2012年2月1日在呼和浩特市第十三届人民代表大会第五次会议上

呼和浩特市发展和改革委员会

各位代表：

受市人民政府委托，向大会提出2011年国民经济和社会发展计划执行情况、2012年国民经济和社会发展计划草案，请予审议，并请市政协各位委员和列席会议的同志们提出建议。

一、2011年国民经济和社会发展计划执行情况

过去的一年，在市委的正确领导下，面对国内外复杂的经济形势，全市坚持以科学发展观为指导，紧紧围绕市十三届人大四次会议审议通过的国民经济和社会发展计划，认真贯彻落实国家、自治区宏观调控的各项政策措施，全市经济社会总体实现又好又快发展，调结构、促转变、惠民生取得明显成效。全市主要经济社会指标执行情况如下：

——地区生产总值实现2177.26亿元，现价增长16.7%，超额完成计划任务0.7个百分点。

——规模以上工业增加值现价增长19.6%，超额完成计划任务1.6个百分点。

——地方财政总收入实现285亿元，增长18.3%，超额完成计划任务2.3个百分点。

——社会消费品零售总额实现890.05亿元，增长17.6%，完成计划任务。

——固定资产投资实现1031.68亿元，增长17.1%，完成计划任务。

——城镇居民人均可支配收入实现28877元，增长14.7%，超额完成计划任务1.7个百分点。

——农民人均纯收入实现10038元，增长14.8%，超额完成计划任务2.8个百分点。

——城镇登记失业率为3.7%，控制在年初4%目标以内。全年万元GDP能耗下降2.7%，化学需氧量、二氧化硫排放量均下降1.5%，全部完成自治区下达的计划指标任务。

——居民消费价格指数累计上涨5.5%，主要受食品价格上涨推动超出年初4%的预期目标。

从主要经济指标的运行情况看，除居民消费价格指数外，其余主要经济指标都顺利或超额完成年初下达的计划任务，实现了“十二五”顺利起步、良好开局。主要特点为：

（一）经济结构调整取得积极进展

从产业结构看，多元发展、多级支撑的现代产业体系初见成效。

一是农牧业产业化步伐加快。粮食等主要农产品稳定增产，全市农作物播种面积为676.5万亩，比上年增加0.7万亩。除清水河县、和林县和托克托县的部分旱作区域11.3万亩面积因干旱绝收外，其余都实现了丰收，全年粮食产量实现125.8万吨，比上年增加0.8万吨。农业现代化取得新进展，全市粮食作物良种率达到92%以上，高产玉米技术推广100万亩，平均每亩增产20%以上；马铃薯脱毒种薯一级种种植面积110.5万亩，助推马铃薯增产10%。新一轮“菜篮子”工程全面启动，新增蔬菜保护地面积8642亩，投入生产3561亩，全年蔬菜产量达到85.5万吨。养殖业结构和规模取得新进步，农畜产品价格的较快上涨，提高了农民从事养殖的积极性。牧业年度，牲畜总头数为450.4万头（只），增长9.45%；肉类总产量为10.3万吨，增长4.77%；奶牛规模化养殖场达到359个，规模化养殖水平为67%，比上年增加17个百分点，鲜奶产量实现430万吨，增长0.47%，中国乳都的地位得到巩固和加强。

二是工业加快发展的积极因素增多。预计规模以上工业企业实现利润75亿元，增长近10%。乳业、电力等优势特色产业稳步增长。战略性新兴产业规模不断壮大，光伏、风力并网发电装机容量分别新增4兆瓦和150兆瓦，达到9兆瓦和450兆瓦；生物发酵产能达到6万立方米，成为国内最大的生物发酵产业基地。园区集聚能力不断提高，全市沿黄沿线三大工业集中区入驻规模以上工业企业147家、实现增加值368.74

亿元，分别占规模以上工业企业的比重为55.1%和69.8%。工业发展后劲不断增强，燕京啤酒年产20万吨生产线搬迁扩能、宇嘉实业年产20万吨石油压裂支撑剂等一批工业重点项目竣工投产；赛维LDK高纯硅生产及光伏应用、京能盛乐2×35万千瓦热电联产等一批投资规模超千亿元的重大项目落地或开工。

三是服务业结构进一步优化。分行业看，主要行业增速较快，交通运输业各项指标增幅均在6%以上，银行存贷款余额较年初增长10%左右，旅游接待人数和实现收入增长均在22%以上。分产业看，总部经济初见成效，西蒙奈伦广场等22个总投资311亿元的在建拟建项目加快推进。建设银行内蒙古分行、中石化内蒙古分公司、内蒙古供销合作社等9家企事业单位自治区分支机构即将入驻如意总部基地。白塔空港物流园、盛乐服务业集聚区建设加快实施。云计算产业取得新进展，中国联通投资98亿元、中国移动投资120亿元、中国电信投资120亿元分别建设通信数据中心项目均在我市落地。

从可持续发展角度看，自主创新能力进一步增强，产业的核心竞争力不断提升；节能减排任务顺利完成，为经济发展腾出空间。

自主创新能力方面，新培育认定国家级高新技术企业5家、企业技术研发机构28家，其中内蒙古伊利乳品深加工技术中心、赛科星家畜性别技术中心均被国家发改委认定为国家地方联合工程研究中心。高端技术产业加快发展，国家863重大专项万头奶牛科技产业化示范牧场在和林县国家农业科技园区开工建设，内蒙古航天科技年产50吨F—12高强有机纤维产业化项目加紧建设。机械装备制造业改造升级取得新突破，内蒙古精诚高压绝缘子完成技改、投入生产；众环（集团）专业数控刀库、宏立达橡塑机械大规格橡胶冷喂料排气挤出机、内蒙古瑞隆EBZ160型悬臂式掘进机研制成功并实现产业化，产品技术达到国内领先水平。

节能减排方面，托克托县双河镇、和林县城关镇污水处理厂开始试运行；托克托县、武川县、清水河县垃圾处理场建设完工；完成淘汰金山特种水泥厂等落后产能企业5家；拆并整合分散锅炉房77座；对全市重点企业和行业在线监控、视频监控、工况监控三位一体的智能监控体系建设启动实施。

从城乡结构看，城镇化进程加快推进，连续四年在五个旗县召开了全市“两个文明”经验交流现场会，以会促建，五个旗县政府所在地小城镇建设取得新进步。一批覆盖城乡的交通基础设施取得较大进展，敕勒川路建成通车，呼武路复线、国道109十七沟至清水河县一级公路主体工程已完工，呼市至塔布赛一级公路开工建设，国道209和林县至清水河县段加紧建设。

（二）经济发展动力不断增强

投资、消费、进出口对经济增长的拉动力趋向协调，改革开放对经济增长的推动效应明显。

固定资产投资快速回升。全年固定资产投资完成1031.68亿元，增长17.1%，实现了自2007年以来（除2009年国家实施积极的经济刺激政策外）的最快增速。服务业投资成为固定资产投资较快增长的主要支撑，占比超过70%；农牧业投资呈快速增长态势，增速超过30%；民间投资活力增强，增速一直高于固定资产投资增速，较好地实现了由政策刺激向自主增长的有序转变。

消费需求持续旺盛。全市社会消费品零售总额实现890.05亿元，增长17.6%，稳居全区第一。家电下乡政策取得实效，全市共销售家电下乡产品35.2万台（部），销售金额7.3亿元。其中已补贴30.9万台（部）、7586.7万元，补贴兑现率87.6%。

食品消费价格持续上涨，居民消费价格总水平一直高位运行。通过认真贯彻落实国家、自治区价格调控政策，制定出台稳价安民的政策措施，我市的价格总水平一直处于自治区平均水平以下。全年居民消费价格指数累计上涨5.5%，低于自治区平均水平0.1个百分点。

进出口增长有力。在世界经济增长逐步放缓的情况下，我市对外贸易实现较大幅度增长，全市外贸进出口总额为20.2亿美元，同比增长34.4%。其中，出口额10.2亿美元、进口额10亿美元，分别增长34.9%和34%。

改革开放扎实推进。医药卫生体制改革取得积极进展，全市9个旗县区的91个政府办基层医疗卫生机构落实了基本药物制度，药品价格平均降低22%；人均基本公共卫生服务经费标准提高到25元，为全市50%的城乡居民建立了规范的电子健康档案；参加新农合人数达到95.5万人，参合率为96.91%，较上年增加5.79个百分点。行政审批改革有序推进，新取消、调整行政事业性收费项目96项；认真落实提高企业增值税和营业税起征点政策，全市个体工商户减负8483万元，个体工商户、私营企业户数分别增长12.5%和16.6%。招商引资步伐加快，共实施国内招商引资项目396项，到位资金556.6亿元；实施外资项目16项，实际利用外资8.86亿美元；上报争取国家投资项目210项，总投资27.34亿元，争取中央预算内投资4.97亿元、自治区配套资金0.53亿元。

（三）经济质量显著提升

财政收支结构进一步改善。全年地方财政总收入285亿元，增长18.3%，其中地方财政一般预算收入151亿元，增长19.5%。地方财政总支出255亿元，增长44%，其中教育、城乡社区事务、社会保障和就业、交通运输、医疗卫生、农林水事务等民生方面支出占总支出的比重为67.2%，标志我市在建设服务型政府方面迈出坚实步伐，让广大群众切实享受到了公共财政带来更多的实惠。

城乡居民收入稳定增长。全市城镇居民人均可支配收入完成28877元，增长14.7%。去年呼市本级和旗县区提高了机关事业单位津补贴标准，事业单位又实施了绩效工资，工资性收入提高成为带动城镇居民收入增长的主要原因。农民人均纯收入完成10038元，增长14.8%。促进农民收入增长的主要因素：一是农牧业稳定增产，农畜产品价格上涨，带动农民收入实现稳定增长。二是国内用工需求增加，外出务工人员增多，带动了工资性收入较快增长。据初步统计，去年我市农民人均外出从业收入实现1046元，增长52.6%。三是社会保障和各类补贴标准提高，增加了转移性收入。

（四）社会效益不断提升

较好地实现了经济发展和民生改善同步，社会事业、城市建设、民生工作得到全面加强。

社会事业得到全面发展。教育保障能力增强，校安工程全年重建和加固学校60所、38万平方米，竣工率累计达到95%，走在自治区前列。卫生事业得到加强。新建社区卫生服务中心4个，5个旗县医院建筑面积全部达到1.6万平方米以上；按照新医改要求，提高了新农合报销比例，政策范围内住院费用支付比例达到70%以上，补偿封顶线为6万元，超过了农民人均纯收入的6倍。文化事业繁荣发展。五大公共文化服务工程建设取得新成效，建成草原文化书屋381个，免费开放博物馆22家，建设综合乡镇文化站40个；文化惠民工程力度加大，免费放映电影12160场，送戏108场，完成了561个自然村的20户以下广播电视“村村通”工程建设任务。

城市宜居水平取得较大进步。一是道路通行质量不断提高。完成新建续建道路28条、桥梁通道11座、小街巷改造109条，新购置新能源公交车150台，城市道路的承载力不断增强，立体交通网络初步建立，公交路网结构不断优化。二是环境质量明显改善。建成敕勒川公园、锡林公园一期，对15处广场绿地、27条主次干道、16处城市重要节点、22个公园和游园实施了景观绿化和街景改造，全年共栽植各类树木493万株(丛)、铺设草坪、地被、草花共计233.9万平方米，绿化成果普惠于民；全市空气质量持续向好，全年优良天数达到347天。创建国家环保模范城顺利通过国家环保部考核验收。三是城市发展的协调性明显提高。新建和改造供排水管网133.5公里，历时3年、全长66.4公里的环城河治理主体工程基本完工；城中村和棚户区拆迁改造加快实施，已完成动迁1200多万平方米，新开工安置房面积232万平方米；整治改造中心城区老旧住宅小区194个、460万平方米，17万居民受益。

保障民生取得较大进展。就业再就业工作稳步推进，全年城镇新增就业37998人，城镇登记失业率3.7%。社会保障标准进一步提高，城镇企业退休人员养老金、城乡低保、五保供养等六项社会保障标准，提高幅度均在10%以上。城镇企业退休人员养老金每月增加227元，达到1656元；城市低保每月提高40元，达到380元；农村低保年均提高300元，达到2200元；五保集中和分散供养最低标准每人每年分别提高1000元和300元，达到4000元和2300元。保障性住房建设任务顺利完成，累计开工建设各类保障性住房52023套，开工率128%。农村生产生活条件持续改善，解决农村安全饮水7.5万人、改造完工农村危旧房2700户，全部完成任务；第二轮病险水库除险加固启动实施，新增农业有效灌溉面积8.34万亩、节水灌溉面积23.31万亩，全部超额完成任务；又有72个行政村通上了油路或水泥路。扶贫帮困有效实施，争取中央、自治区以工代赈投资2679万元和异地扶贫搬迁资金1000万元，异地扶贫搬迁人口2000人，又有近3万农村贫困人口脱贫，贫困人口人均增收286元。年初承诺的为民办实事工程全部完成。

在看到成绩的同时，我们也清醒地认识到，发展不足仍然是全市经济社会发展中的主要矛盾，特别是当前经济社会发展还面临一些突出的困难和问题：一是工业发展不充分影响了一产、三产的结构优化、发展壮大，特别是在以工辅农以及工业和服务业“双轮驱动”共同推动经济上发展乏力；二是投资不足，特别是工业投资的下滑，影响了我市经济的持续快速增长；三是物价上涨压力较大，特别是食品价格上涨较快，保障群众生活稳定的任务较重，四是区域统筹发展不平衡，城乡居民收入差距仍然较大。对于这些问题，我们将采取有效措施，逐步加以解决。

二、2012年国民经济和社会发展主要目标及工作措施

今年是全面落实市第十一次党代会精神的开局之年，也是实施“十二五”规划承上启下的一年，做好今年经济社会发展各项工作，对于抓住和用好重要战略机遇期，巩固全市经济企稳向好势头，以优异的成绩迎接十八大胜利召开，具有十分重要的意义。为此，我们继续以科学发展观统领全市经济社会发展，认真贯彻中央、自治区经济工作会议精神，全面落实市第十一次党代会特别是市委十一届二次全委（扩大）会暨全市经济工作会议精神，紧紧围绕科学发展这个主题和加快转变经济发展这条主线，牢牢把握稳中求进的工作总基调，以稳增长、控物价、调结构、惠民生、抓改革、促和谐为着力点，始终坚持招商第一、项目第一、工业第一，全力加大项目引进和建设力度，补齐工业短板，增强经济社会发展的协调性和可持续性。

依据统筹兼顾、规划衔接的原则，2012 年国民经济和社会发展的主要预期目标是：全市地区生产总值增长 14%（可比价）；规模以上工业增加值增长 16%（可比价）；地方财政总收入增长 16%；固定资产投资增长 20%；社会消费品零售总额增长 17%；城镇居民人均可支配收入增长 12%；农民人均纯收入增长 12%；城镇登记失业率控制在 4%以内；居民消费价格指数控制在 4%左右；节能减排指标完成自治区下达任务。

实现上述目标，需要重点做好以下工作：

（一）以招商引资为突破口，加大项目建设力度

当前，我市仍是投资拉动、项目推动型经济,抓好项目引进和建设工作是促进经济持续快速增长的最有效途径。

千方百计扩大招商引资。转变招商理念，树立抓招商就是抓发展、抓大项目就是抓科学发展的意识，以最大决心和勇气，集聚招商优势，实现项目引进大突破，切实发挥招商引资对经济发展的推动作用。转变招商方式，借助沿海发达地区产业转移的重要机遇，广泛开展重点招商、专项招商、网络招商、以商招商，充分发挥驻外招商机构的作用，着力引进建设一批具有核心带动力的大项目，继续加强与引进企业的战略投资合作，逐步实现产业延伸和产业升级。实施新的招商激励机制，将招商引资成果量化为对领导干部实绩考核的重要指标，增强自主招商的积极性和效果。力争全年引进国内资金 585 亿元，实际利用外资 9.3 亿美元。

想方设法谋划和储备项目。按照特色产业高级化、新兴产业规模化、支柱产业多元化的思路，谋划和储备一批前期工作比较成熟的项目。结合深入落实国务院《意见》及国家部委出台的配套措施，运用好差别化政策，主动加强向上对接，争取较多的储备项目进入自治区、国家的计划盘子。按照“一个项目、一套班子、一套方案、一抓到底”的要求，当前重点盯紧抓好以下项目的前期工作，推动项目业主尽早开工建设。电力方面，托电五期、和林电厂、京能盛乐热电厂、金山电厂二期、航天科技集团燃气自备电厂建设项目；生物方面，银宏干细胞项目；煤化工方面，大唐国际粉煤灰综合利用三期、北控 40 亿立方米煤制天然气、煤炭深加工多联产等项目；石油化工方面，中石油 500 万吨炼油、中海油天野化工煤代气等项目；新材料和冶金方面，内蒙古赛维多晶硅、晟纳吉光伏产业垂直一体化、晶圆芯片制造、蒙丰特钢三期等项目；装备制造业方面，雷诺尔高低压变频器、维斯塔斯二期扩能项目，以航天科工集团为重点加快金港工业装备园区建设，抓住中国汽车产业布局调整转移的重要机遇，盯紧一汽大众，加快引进乘用车项目。

全力以赴抓好续建项目。按照项目分级管理权限和职责，认真落实定人员、定责任、定时限的“三定”原则和包项目、包园区、包企业的“三包”服务，全力解决好项目建设过程中土地、水源、排污、资金等制约因素，促进项目尽快形成产能。工业方面，力争雨润食品、神舟生物辅酶 Q10 扩建、天皓水泥二期、创维和 TCL 各 300 万台液晶显示器生产等重点项目建成投产，确保抽水蓄能电站、广银铝业等项目按时序进度完成投资。基础设施方面，力争完成国道 209 线和清段、呼集二改——呼市段等公路建设项目；有序推进呼包高速四改八、京新高速呼市至集宁段、省道 101 线武川——乌兰花——葛根塔拉武川段等公路项目和呼准铁路托克托——周家湾段增建第二线、大准铁路点岱沟——二道河段增建第二线等铁路项目的建设进度；加快推进呼和浩特——张家口客运专线和呼准铁路托克托县——甲兰营复线工程的前期工作，力争年内开工建设。

竭尽所能拓展融资渠道。资金保障是项目有效实施的关键所在，我们充分发挥首府金融资源集聚的优势，努力做好项目融资工作。一是积极争取银行增加信贷额度。加大项目的宣传力度，多渠道搭建银企对接平台，创新完善信贷担保机制，增进银企互信，促成银企合作，增加对我市项目的贷款倾斜力度。二是引导和扩大民间投资。充分运用国发“新 36 条”政策措施，组织策划一批适合民间投资的、成熟度高的中小项目，提高民间投资的积极性。三是扩大企业直接融资规模。发挥好城市发展基金对城市建设的支持力度。鼓励支持优质企业通过发行企业债券、上市等形式扩大融资规模，争取蒙草抗旱、华蒙金河两家企业年内上市，帮助维多利集团、精诚绝缘子、宇航人、众环集团等 10 多家优质企业做好加快上市的准备工作。

（二）以加快工业转型升级为突破口，调整和优化产业结构

树立全市抓工业理念，形成没有工业化就没有农业现代化和服务业现代化的共识，把提升工业化水平作为转变经济发展方式的主要任务，促进三次产业协调发展。

一是扎实做好战略性新兴产业文章。结合国家大力支持发展战略性新兴产业和国家部委相继出台专项规划的机遇，尽快着手编制完善新能源、新材料、新一代电子信息和装备制造业规划，实现和国家支持政策的有效对接，促进相关行业发展壮大。加大政策资金扶持力度，设立战略性新兴产业扶持基金，提高扶持标准。并且抓住国家今年重点扶持战略性新兴产业的财税政策机遇，提前谋划，获得更多支持。鼓励相关企业建立研发机构，实现产销研一体化发展，着力突

破一批制约产业发展的核心关键技术，增强产业核心竞争力。发挥我市现有战略性新兴产业基础优势，再谋划一批壮大规模、延伸链条的新项目、好项目，通过项目建设，实现产业壮大和结构升级。

二是扎实做好沿黄沿线产业带文章。认真落实以呼包鄂为核心的西部经济区协调发展战略，以“双百亿工程”为切入点，切实提升乳业、电力、生物、冶金、化工等优势产业规模和质量，在延伸升级和转化上多做文章、狠下功夫，使我市的优势产业做大做强，提前实现新增10家营业收入超百亿元企业和3家产值超百亿元园区目标。实施好中小企业成长工程，鼓励和支持中小企业围绕重点园区、重点项目和大型企业提供配套服务，形成大中小企业协调发展的格局，进一步加快产业集群化发展。重点培育75户成长性企业；争取扶持发展1000户微型企业，实现新增就业5000人以上；重点扶持10户中小企业在科技研发、工业设计、技术咨询、信息服务、现代物流等生产性服务业领域发展。

三是扎实做好节能减排文章。巩固去年较好的节能减排成果，把建设资源节约型、环境友好型社会作为加快转变经济发展方式的重要着力点，坚持不懈地推进节能、节水和减排工作，为经济发展特别是工业发展创造条件。严格落实目标责任，开展对旗县（区）和重点企业节能减排目标完成情况的评价考核，落实奖惩措施。加强节能减排重点工程建设，力争新建、续建5个污水处理项目和1个垃圾处理项目。加大监控力度，扩大智能监控系统覆盖面。大力节约水资源，重点推进工业节水，对火电、冶金、化工、建材、食品等高用水行业实施节水技术改造，鼓励企业使用再生水和循环水，启动托县污水处理厂中水直供电厂项目，力争达到零排放。加快发展循环经济，组织实施煤矸石、粉煤灰、电石渣、脱硫石膏等大宗固体废弃物综合利用示范项目，形成上下游综合利用的循环产业链，提高资源综合利用水平。

四是扎实做好服务业综合改革文章。积极协调自治区尽快出台促进服务业综合改革的配套政策，使服务业综合改革试点工作取得实质性进展。切实发挥我市云计算、总部经济、现代物流和文化旅游产业的比较优势，大力推进服务业的高端化，提升服务业的层次和水平。云计算方面，立足电力成本、气候、区位优势，努力打造全国重要的云计算产业集聚区。当前重点做好中国移动、中国电信、中国联通云计算数据中心项目的前期准备工作，协同引进阿里巴巴、百度、腾讯等一批知名网络服务企业。总部经济方面，从总部经济具有较高的人才效益、社会效益、财税效益的认识高度入手，加快我市总部经济发展步伐，继续积极推进总部基地建设，再引进一批总部单位，提高总部基地的集聚效应和吸引力。重点加快国际金融大厦的建设，优先打造金融总部，做大做强金融业；采取更加有力的措施，把吸引总部经济作为招商引资的主攻方向，大力引进世界500强、全国500强以及国内行业100强，在我市设立地区总部或分支机构，使我市成为大企业、大集团的结算中心、营销中心。物流业方面，加快白塔物流园区、盛乐集聚区基础设施建设和功能完善，推进建材、农副产品专业市场群建设，培育一批本土物流企业，面向国内外引进一批知名物流企业，促进物流产业发展壮大。依托铁路交通节点和枢纽的区位优势，在托克托县、和林县以及乌兰察布交界等地方，加快推进土左旗沙尔营、托克托县铁达、和林县大红城等煤炭专业物流园建设。文化旅游方面，以落实十七届六中全会精神为契机，以蒙元文化、伊斯兰文化为基调，加快大盛魁文化创意产业园、呼和浩特文化产业园区和敕勒川文化产业园区建设步伐，培育一批有民族特色、品牌效应的龙头企业，通过文化产业集聚发展增强城市的影响力和吸引力，带动旅游业加快发展。

五是扎实做好现代农牧业文章。按照产业化、工业化思路发展农牧业，推进农业由资源型向效益型转变、城郊型向都市型转变，实现农民增收与城市供应有机结合，构建规模化生产、集约化经营、产业化发展的现代化农业新体系。

规模化生产。围绕“乳、肉、薯、菜”四大主导产业，多方筹措资金全力推进奶牛规模化养殖和设施农业发展，加强农产品质量安全检验检测体系建设和疫病防治，提高现代农业规模化生产水平。抓住自治区启动“奶业振兴、苜蓿发展”行动的机遇，抓紧建设一批标准化、专业化的千头级、万头级牧场，切实解决奶源供应不足的问题，努力提高伊利、蒙牛两大乳业集团本部产值的比重，年内新建千头以上奶牛牧场11个，其中万头级牧场6个，新增高产奶牛7万头以上；启动实施苜蓿种植推广计划，降低养殖业饲草成本。大力推进蔬菜基地建设，年内计划新建蔬菜保护地3.3万亩，市旗县(区)两级政府投入资金3.4亿元以上，争取“十二五”期末，我市设施农业发展到20万亩以上。

集约化经营。大力发展高效特色和休闲观光农业，组织实施农牧业良种推广项目，扩大节水灌溉面积，实现科技兴农。年内完成节水灌溉面积20万亩。以实施“四个百万工程”（高产玉米推广100万亩、节水灌溉及旱作农业综合技术集成推广100万亩、马铃薯脱毒种薯推广100万亩、蔬菜产量在2—3年达到100万吨）为切入点，扩大粮食高产创建活动的覆盖面，稳定粮食产量。

产业化发展。培育壮大农业产业

化龙头企业，增强农副产品加工转化能力；加快各类专业经济合作组织发展，提高农业组织化程度，实现小农户和大市场的有效对接，增加农业经济比较效益。

积极拓宽农民增收渠道。引导农村劳动力向非农产业和城镇有序转移，增加农民工资性收入；认真落实强农惠农政策，加大财政对“三农”的反哺力度，让农民得到更多实惠。

（三）以稳定物价为突破口，构建健康消费环境

深入开展食品药品安全专项整治、强化畜禽定点屠宰等市场监管工作，提升群众消费信心；建立健全市场价格监管和监测预警机制，制定完善《呼和浩特市价格异动事件工作应急预案》、《呼和浩特市生活必需品、重要生产资料储备管理办法和生活必需品市场供应应急预案》，做好相关价格调整工作，维护市场价格秩序；推进生活必需品储备制度的建立，新建便民市场和标准化专业副食市场各40个，确保供货渠道畅通、货源充足、价格稳定。

继续深入推进“万村千乡”、“农超对接”、“双百”市场工程和农产品批发市场升级改造工程，鼓励连锁超市、专卖店、便利店等新型流通业态延伸到农村，健全农村流通网络；重点推进中山西路原中心商圈、新华东街新中心商圈以及火车站、鼓楼、长乐宫三个次中心商圈的改造提升，完善城市流通网络；大力推动文化、节庆、租赁、网络、休闲、养老服务等消费模式，培育新的消费热点，鼓励开展以旧换新业务和开办旧货市场，引导居民形成循环消费理念；严格落实房地产调控措施，合理引导住房消费，保持房地产市场健康有序发展；积极增收减负，研究建立收入正常增长长效机制，加快金融创新，扩大居民投资渠道，提升居民整体消费能力。

（四）以小城镇建设为突破口，提高城乡一体化发展水平

保持去年拆迁和建设良好势头，再掀首府城市建设新高潮，充分发挥城市发展对经济的支撑和促进作用，实现城市建设由外延向内涵转变，由注重城区建设向城乡一体化发展转变。改造提高主次干道通行能力，发挥小街巷“微循环”作用，新建续建察哈尔大街、金丰街等道路 107 项、昭君路立交桥、昭乌达路立交桥等桥梁通道 26 项，改造核心区道路 5 条、小街巷 67 条。进一步改善生活和生态环境，用新理念打造大青山生态公园，实施园林绿化建设项目 30 项，拆并整合 10 万平方米以下的燃煤锅炉房 23 座，新增集中供热能力 1020 万平方米，新购置新能源公交车 200 台，力争全年城市质量好于二级以上的天数保持在 340 天以上。

按照“小而美”、“小而特”、“小而强”的要求和标准，加快市属旗县所在地城关镇和中心乡（镇）基础设施建设，打造卫星城镇，增强辐射带动能力，实现城乡一体化发展。一是坚持高标准规划。用开放、先进的理念编制完善县域城镇规划，严格按照规划要求，推进小城镇有序开发。二是坚持高水平建设。按照紧凑型、集约型理念布局小城镇项目，完善基础设施功能，改善小城镇的生产、生活条件，促进小城镇可持续发展。同时，加强小城镇的文化、教育、科技、卫生等公共服务事业的建设，提高公共服务均等化水平。筹备好今年的小城镇建设经验交流会，以会促建，力争 1—2 年每个旗县（区）新打造一个以上的精品小城镇。三是坚持高规格塑造。充分发挥小城镇的区位、资源优势，注重历史文化的保护、挖掘和发扬，建成一批工业带动、资源开发、旅游度假等有特色的小城镇和新城镇。

（五）以加快社会事业发展和改善民生为突破口，促进社会和谐进步

全面推进社会事业发展。优先发展教育事业。继续实施高中阶段免费普及教育，对全市中等职业学校学生和高中阶段蒙古语（朝鲜语）授课学生、高中阶段家庭经济困难学生实施“两免”（即免收学费、免费提供教科书）政策，加快落实学前教育各项规定，全面完成中小学校舍安全工程建设任务。繁荣发展文化事业。加快落实弘庆召、家庙的遗址复原和维修工作，启动盛乐古城遗址公园建设；广泛开展文化惠民活动，新建农家书屋 687 家，实施送戏下乡 100 场（次），放映电影 12000 场；努力实现我市第一套广播、第一套电视节目在市属 5 个旗县的无线全覆盖工程建设任务。加强卫生事业建设。实施县级卫生监督和农村急救体系建设项目，建设覆盖城乡的公共卫生服务体系、医疗服务体系、医疗保障体系和药品供应体系，保证新农合参合率在 90%以上，社区卫生服务城区人口覆盖率在 95%以上。

切实保障和改善民生。继续实施积极有效的就业政策，稳定和增加就业，实现城镇新增就业 3.8 万人，其中城镇失业人员实现再就业 1.9 万人、就业困难人员实现就业 4900 人，城镇登记失业率控制在 4%以内。持续提高城乡保障标准，城市低保标准市四区每人每月由 380 元提高到 430 元；农村低保标准由每年 2200 元提高到 2500 元，农村五保集中供养标准由每人每年 4500 元提高到 5500 元，分散供养标准由 2300 元提高到 2600 元，城镇“三无”人员集中供养标准由每人每月 700 元提高到 1200 元，分散供养标准由每人每月 500 元提高到 800 元，优抚事业单位收养人员生活费标准由每人每月 400 元提高到 800 元，全市环卫职工由每人每月 1000 元提高到 1200 元，为 80 岁以上低收入高龄老人每人每月补助生活费 100 元。进一步改善农村生产生活条件，完成 341.6 公里通村油路或水泥路，解决 5.4 万人的安全饮水工程，加快病险水库除险加固和农田灌溉水利设施建设。加大保障性安居工程建设力度，全年建设廉租房 1059 套、

公租房1万套、经济适用住房1934套、棚户区改造2.5万户，改造农村危房2500户，有效缓解低收入群体“住房难”、“住房差”的问题。创新社会管理，整合社区管理资源，进一步畅通群众利益诉求表达渠道，积极预防和妥善处理各类群体性事件，努力打造自治区“首善之地”，为经济发展创造稳定的社会环境。

各位代表，做好今年经济社会发展各项工作，任务艰巨，意义重大。我们决心在市委的正确领导下，在市人大、人大常委会的监督和指导下，进一步解放思想、坚定信心，克难求进、锐意进取，为全面完成年度经济社会发展的各项目标，以优异成绩迎接党的十八大胜利召开而努力！

关于呼和浩特市2011年预算执行情况和2012年预算草案的报告

——2012年2月1日在呼和浩特市第十三届人民代表大会第五次会议上

呼和浩特市财政局

各位代表：

受市人民政府的委托，现将我市2011年预算执行情况和2012年预算草案的报告提交本次人民代表大会审议，并请市政协各位委员和列席会议的同志们提出意见。

一、2011年全市预算执行情况

2011年以来，全市财税系统认真贯彻市委、市政府的各项决策部署，充分发挥财政职能作用，全力推进经济结构调整和发展方式转变，切实保障和改善民生，努力服务全市经济社会发展大局。在经济平稳较快发展的基础上，全面推进财政科学化精细化管理，全市财政预算执行情况总体良好，圆满完成了市十三届人大四次会议批准的预算任务。

（一）2011年预算收支情况

2011年全市财政总收入完成285亿元，完成预算280亿元的102%，比上年同期增加44亿元，增长18.3%。2011年全市财政总支出完成255亿元，比上年同期增加78亿元，增长44.1%。

根据自治区《关于做好2011年地方政府债券发行工作的通知》和《关于核准2011年地方政府债券资金安排使用方案的通知》要求，经市十三届人民代表大会常务委员会第二十九次会议批准，市政府2011年发行5.3亿元地方政府债券，其中安排市本级项目29184万元，安排旗县区项目23816万元，重点用于全市保障性安居工程、农业、水利、水环境治理、大气环境保护、医疗卫生、教育文化、城市建设等重点项目支出。该项资金已按照会议批准项目全部执行。

以上数据均来源于财政、税务12月报表数，决算数经上级财政审批后，依照相关规定向人大常委会做具体汇报。

（二）2011年全市预算执行和财政运行主要情况

1.实施积极财政政策，促进经济持续稳定增长

为了促进我市经济发展，提升我市整体经济实力，市政府及其财政部门认真贯彻国家自治区宏观经济政策，合理调整支出结构，发挥财政资金的政策导向和示范引导作用，促进我市经济结构战略性调整、产业合理布局和经济增长方式的转变，不断提高经济发展的质量和效益。一是积极落实各项招商引资政策，壮大我市经济发展后劲。市本级全年累计兑付城市配套费及税收返还等各类优惠政策资金198005万元，维护了政府信誉，增强了投资者信心。二是支持服务业发展。2011年全市商业服务业等事务支出19598万元，增长50%，重点支持现代物流业发展和农产品商贸流通市场、特色产品交易中心等项目建设，促进了我市综合服务功能的提升。三是积极落实国家和自治区各项企业扶持政策。全年累计争取上级各类企业扶持资金79826万元，重点对新能源、节能环保产业进行支持，为我市招商引资和企业的快速发展创造条件。加快实施重大科技专项，市本级拨付应用技术研究与开发资金1340万元，涉及59个项目，重点突出对中小企业、公共科技服务和基层科技工作的支持；市本级拨付重大科技专项资金5463万元，涉及29个项目，重点对和林县国家农业科技示范园服务平台建设、光伏材料技术研发、蒙药新产品开发、旱作节水高效种植技术研发、呼市循环经济环保产业科技示范园等高新技术产业、新能源科技企业进行了扶持。市本级继续设立中小企业担保资金300万元，发挥财政资金杠杆作用，帮助中小企业解决融资难问题，促进中小企业快速发展。四是加大政府投资力度，拉动经济平稳增长。积极争取上级财政各项基础设施建设补助资金77410万元，其中农林水基本建设资金17500万元，环境保护建设资金14144万元，教育文化建设资金4527

万元，基层医疗设施建设资金2020万元，保障性住房建设资金27401万元。与此同时，今年还取得自治区转贷地方政府债券5.3亿元，重点加大了对保障性住房、农村民生工程和农村基础设施、水利设施、医疗卫生及教育文化基础设施、重点基础设施的支持力度，有效拉动地方经济的平稳增长。

2.强化措施，严格征管，圆满完成全年收入任务

面对今年物价上涨、税收政策调整等经济运行中的不利因素所带来的实际困难，市政府及各级征管部门继续加大协调配合，积极采取有效措施，确保财政收入的稳定增长，超额完成全年财政收入任务。一是调动税务部门征收积极性，完善税收征管手段。市本级累计拨付税务事业费及各类代征手续费7937万元，积极支持税务部门改善办公条件。加强和完善税收征管措施，在推进财税库银税收收入电子缴库横向联网的基础上，推行了互联网申报纳税和个体工商批量扣税工作，大力推广机打发票，提高发票管理，进一步提高了税收征管技术水平。同时强化税收分析监控，开展税收收入预测，加大对重点税源行业和重点税源企业的监控，促进了税收收入稳定增长。二是继续加强非税收入的征管。严格执行国家、自治区的规定，从2011年1月1日起，将市本级除教育收费以外的非税收入项目全部纳入预算管理，积极推进财政票据电子化改革，加强以票管费监管工作，有效地堵塞了非税收入征管中的漏洞，确保了非税收入应收尽收。

3.加大城市基础设施投入，提升城市综合服务功能

按照“一核双圈一体化”的总体布局，适应城镇化发展趋势，市政府及其财政部门积极筹集资金，加大城市基础设施建设投入力度，加快推进城乡一体化进程，努力打造功能完善、生态宜居、充满活力的一流首府城市。一是积极筹措资金，加大对城市基础设施和市容整治的投入力度。市本级已累计下达和拨付城建资金493162万元，全面推进环城、环村、环路、环河绿化及城市市政道路桥梁通道基础设施建设、地下管网改造、垃圾场站等建设，使我市城市基础设施和市容市貌得到很大改善，城市功能得到进一步完善。二是积极清偿政府性债务。截止目前，市本级划入偿债准备金专户和已经拨付的偿债资金共计146851万元，偿还了绕城路、市医院、疾控中心、城中村及主次干道改造建设等项目贷款本息及工程欠款。积极采取措施，在有效防范和化解政府债务风险的同时，大力支持社会公共事业与城市建设同步发展。三是加快城市公共交通发展。市本级累计拨付资金25082万元，实行城市公交和出租车石油价格改革补贴，更新公交车辆、实施低票价补贴等，支持公共交通事业健康发展，满足市民出行需求。四是加大环保经费投入。市本级累计拨付资金48735万元，淘汰落后产能，加强企业污染治理，实行新能源汽车示范补贴，加强防护林体系建设，全力推进生态城市建设。

4.加大“三农”投入，促进农业发展农民增收

认真落实中央和自治区1号文件精神,财政部门把支持“三农”作为财政工作的重中之重。围绕促进农民增收，完善各项惠农惠牧政策，加强农村水利等基础设施建设，统筹城乡区域协调发展，着力促进农牧民收入水平同步增长。全市用于农林水生态建设方面的支出共计220030万元。一是确保各项惠农补贴及时到位。市本级累计发放各项惠农补助56142万元,其中粮食直补资金和农资综合直补资金24772万元，农业良种补贴资金4086万元、巩固退耕还林成果专项资金4598万元、退耕还林专项资金6722万元、草原生态奖补资金2421万元、基层动物防疫工作补助经费880万元、农机具购置补贴2190万元，农业保险保费补贴资金6444万元，“家电下乡”和“汽车摩托车下乡”财政补贴资金4029万元,惠及9个旗县区55个乡102万农民。继续推进“一卡通”工作，截止目前，“一卡通”发放范围已扩大到32类68项，有力地保障惠农补贴的及时到位。二是大力支持农业产业化发展。市本级拨付了马铃薯脱毒种薯繁育体系建设经费300万元，奶牛风险金120万元，蔬菜基地建设基金300万元，肉羊产业发展资金800万元，动物疫病防治经费300万元，推广种植张杂谷补贴经费300万元，老区建设专项资金400万元。进一步加大农业综合开发力度，争取上级资金9187万元，市本级投入500万元，改造中低产田4.26万亩，膜下滴灌节水技术推广试点0.1万亩，高标准农田示范工程建设项目2万亩。同时，加大生态建设投入力度，市本级累计拨付专项经费1029万元,用于水环境治理、防凌防汛抗旱、乌素图生态园区等。三是认真落实“一事一议”财政奖补政策。2011年我市共争取自治区“一事一议”奖补资金3766万元，市本级拨付匹配资金2000万元，重点对乡村街道硬化、小型农田水利建设、人畜饮水工程等涉及农村生产生活的建设项目进行补助。积极开展清理化解其他公益性乡村债务工作，市本级累计下达931万元用于消化旗县区乡村垫缴税费债务。

5.坚持以人为本，着力保障社会民生等重点支出

大力实施“科学发展、富民强市、构建和谐”战略，认真贯彻市委确定的各项保障和改善民生政策，继续加大对教育、社会保障和就业、保障性住房等重点领域的投入，确保民生及重点项目资金及时到位。2011年，全市教育、社会保障和就业、医疗卫生、住房保障等重点事业支出854442万元，比上年同期增长38.4%。

一是积极落实国家和自治区教育经费保障政策，建立和完善教育资助体系。对义务教育阶段学校公用经费实施补助，对普通高中及职业类学校学生实施助学金补助，逐步扩大“两免”政策实施范围，启动高中阶段免费教育，对中等职业学校学生、汉语授课高中家庭经济困难学生及蒙古语授课高中学生实行免教科书、免学费政策。2011年各类教育补助资金累计支出316947万元。市本级累计下达和拨付校安工程建设资金18467万元,全年竣工并交付使用的项目学校205所，累计开工面积133万平方米，推动了全市校安工程顺利实施及学校基础设施的改善。

二是进一步提高社会保障救助水平。全年社会保障和就业支出288092万元，比上年增加88506万元。重点增加城乡居民尤其是低收入群体的收

人。将城市和农村低保标准分别从2010年的340元/月和1900元/年，分别提高到380元/月和2200元/年，惠及人数分别为73938人和74946人。将农村五保对象集中供养标准从2010年的3000元/年提高到4500元/年，将分散供养标准从2010年的2000元/年提高到2300元/年，受益人数为6022人。将孤儿集中供养标准从2010年的700元/月提高到1200元/月、分散供养标准从2010年的500元/月提高到900元/月，使917名孤儿生活得到保障。将企业离退休职工养老金增加16%，使全市10.98万企业离退休人员人均养老金从2010年的1429元/月提高到1656元/月。市本级拨付“4050”公益性岗位补助资金3275万元，使4543人受益。进一步完善城乡社会保障制度，市本级累计拨付城镇居民养老保险和农村养老保险资金8811万元。

三是深入推进医药卫生体制改革，着力完善基本医疗保障体系。全年医疗卫生事业支出132218万元，比上年增加33965万元。提高新型农村合作医疗补助的筹资标准和报销比例，将新型农村合作医疗市级补助标准由原来的15元提高到20元，年度报销封顶线由以前的4.5万元提高到6万元，市级拨付补助资金1910万元；推动基层医疗卫生机构实施基本药物制度，完善基层医疗卫生机构财政补偿机制，市本级拨付补助资金200万元，将村卫生室工作人员补助标准提高到2400元。将基本公共卫生服务经费标准从2010年的人均20元/年提高到25元/年，市本级下达基本公共卫生服务补助配套资金452万元。市本级拨付各项医疗救助资金745万元，救助8688人次。同时市本级还拨付计划免疫接种补助经费、艾滋病防治项目匹配经费、免费婚检医学检查经费、农村改厕经费等重大公共卫生服务项目经费830万元。

四是积极推进保障性安居工程建设。全年住房保障支出117185万元，比上年增加72485万元。市本级累计下达和拨付廉租住房保障专项补助资金5347万元，为7476户发放廉租住房租赁补贴3387万元。市本级累计拨付保障性住房建设补助资金44972万元，其中廉租住房建设资金1337万元，城市棚户区改造补助资金10405万元，公共租赁住房专项补助资金33230万元。截止目前，我市各类保障性住房项目总开工率为128%，使城市低收入群体住房困难得以改善和解决。

6.全面推进财政科学化精细化管理，推动财政发展改革

一是继续深化预算管理改革。在零基预算、综合预算的基础上，不断推进部门预算编制的科学化精细化。建立健全政府预算编制体系，认真做好2012年预算编制工作。在编制市本级部门预算、政府性基金预算的基础上，试编2012年国有资本经营预算、社会保险基金预算。大力推进财政预决算公开。通过政府门户网站及报纸向社会公布市本级预决算草案及收支预算的基础上，进一步细化公开内容，以《呼和浩特市财政资讯》报为载体，加大了对市本级部门预算的公开力度。加强预算执行管理，制定了《2011年呼和浩特市本级预算执行管理办法》，重点对非税收入、政府采购、资产配置预算的执行以及预算项目的调整追加等事项进行了明确。建立预算执行通报制度，按月公布市本级各部门及各旗县区预算支出进度，加快预算支出进度。

二是继续深化国库集中收付改革。市本级完成了“市集中支付中心”向“市国库收付中心”的过渡，形成了市本级财政直接支付和授权支付相结合、财政单一账户和预算单位集中单一账户相结合、财政监督和服务相结合的国库收付（集中）体系。下发了《关于进一步加强我市国库集中支付运行机制的指导意见》，帮助和指导旗县区加快实现会计集中核算向国库集中支付制度的转轨。根据自治区财政厅要求，在全市范围内开展了财政专户的清理整顿及核查，将各类财政专户统一归口财政国库部门管理，市本级撤并财政专户53个账户。制定出台了《呼和浩特市本级国库资金支付管理办法》，规范财政资金支付管理，加强资金支付安全。

三是进一步加快“金财工程”建设。推广实施应用支撑平台，推动了市本级与自治区、旗县区、乡镇四级贯通的信息网络建设，共投入资金1430万元，各旗县区财政一体化网络平台已搭建完成，为我市财政管理及各级财政资金支付的安全、高效、快捷，提供了有力的技术支撑。

四是进一步推进非税收入收缴管理制度改革。按照财政部要求，除教育收费外，将部门预算外管理的非税收入全部纳入预算管理。严格执行中央和自治区关于取消部分行政事业性收费的要求，对涉及的96项行政事业性收费项目予以取消。建立财政票据审验领用工作程序，深入推进财政票据电子化改革。

五是加强财政资金监督管理工作。制定下发了《呼市财政局关于进一步完善制度加强财政资金监管的通知》（呼财办〔2011〕169号），内容涉及国库体系建设、预算管理、非税收入管理、资产管理、财政监督、信息建设等十个方面，对本级单位、旗县区财政就加强财政资金管理、确保资金安全有重要的指导意义。与此同时，开展了权职梳理、流程规范和风险监控工作和党风廉政建设等工作。深入推进“小金库”专项治理工作，对全市152家单位开展了重点抽查工作，检查面达到12%。对9个旗县区的蔬菜保护地建设进行了全面的、详细的检查调研，为市政府“十二五”蔬菜基地建设提供参考意见。对市属8所公立学校的义务教育保障经费、市属41家单位的会计信息质量等实施了监督检查，发现并纠正了存在的问题，为促进财政管理、提高财政资金使用效益、维护财经秩序发挥了重要作用。加强了对旗县区财政监督工作的指导，制定实施《呼和浩特市旗县区财政监督工作考核办法》，督查旗县区财务管理，督导乡镇财政所标准化建设，推进财政基础工作。

六是“抓基层、打基础”工作成效显著。市本级财政切实加大对旗县区财政基础管理工作和基层建设的指导和帮助力度，全面推进旗县区预算管理、国库收付、资产管理、政府采购、投资评审等业务管理的制度建设。加强乡镇财政建设，市政府下发了《关于进一步加强我市乡镇（街道）财政建设的指导意见》，对乡镇财政机构设置、工作职能定位及内部管理予以规范，把乡镇财政建设的各项工作落到了实处。截止目前，我市9个旗县区乡

镇财政所得以恢复和建立，县乡财政监管体系初步建立，财政监管能力不断提高，在以人为本、服务基层、服务“三农”中发挥日益重要的作用。

（三）预算超收收入安排和使用情况

超收收入主要用于教育、文化、医疗卫生、社会保障、城乡社区事务等民生领域支出，安排补充预算稳定调节基金，消化为支持公共事业和城市建设形成的政府性债务等项目。由于2011年财政收支决算尚未完成，具体使用情况待决算审批后在决算草案报告中向市人大常委会进行详细汇报。

（四）向下级财政转移支付情况

中央和自治区财政对旗县区转移支付527511万元。其中：财力性转移支付269244万元，包括：返还性转移支付22913万元，一般性转移支付246331万元，主要优先用于保障行政事业单位职工工资发放、机构正常运转、落实自治区制定的乡镇最低公用经费保障标准，以及支持“三农”、教育文化和医疗卫生等事业的发展。专项转移支付258267万元，包括：教育支出18328万元，专项用于农村义务教育、城镇低保家庭免除学杂费、补助寄宿生生活费、校安工程建设等；社会保障和就业支出28229万元，专项用于基本养老保险、城乡低保补助、城乡居民困难生活补助等；农林水事务支出70235万元，主要用于农业综合开发、现代农业生产专项资金、财政扶贫资金等；医疗卫生支出13340万元，专项用于城乡居民医疗、城乡医疗救助等；环境保护支出39890万元，专项用于巩固退耕还林、可再生能源建设、天保工程建设、污染环境治理等。

（五）本级人民代表大会关于批准预算决议的执行情况

2011年，财政部门认真贯彻执行市十三届人大四次会议批准的预算，市本级预算内支出完成1148617万元，比上年增长60.1%。其中：本级人代会批准的预算支出696374万元，除国防支出外其余项均已全部执行。具体情况是：

——一般公共服务支出59632万元，人大批准的42651万元预算已全部执行完毕。主要用于市委、政府、人大、政协、各民主党派及行使一般公共服务职能机构的人员经费、公用经费、专项业务费等事务性支出。

——国防支出4334万元，完成人大批准预算6164万元的70.3%。主要原因是人防工程易地建设费短收所致。

——公共安全支出58568万元，人大批准的46542万元预算已全部执行完毕。主要用于公、检、法人员经费、办案经费和武警、消防、交警建设经费以及重点保障、综合治理、普法经费等。

——教育支出66288万元，人大批准的41796万元预算已全部执行完毕。主要用于人员经费、市区重点学校建设和旗县区重点教育工程补助、职业教育经费、农村义务教育保障机制市本级配套经费等。

——科技支出10432万元，人大批准的7514万元预算已全部执行完毕。主要用于基础研究和科技应用开发经费等。

——文化体育与传媒支出31970万元，人大批准的16124万元预算已全部执行完毕。主要用于人员经费、迎庆文艺演出经费、文物普查、文化下乡、广播电视支出等。

——社会保障与就业支出127990万元，人大批准的98376万元预算已全部执行完毕。主要用于行政事业单位离退休人员工资、城乡低保补助、救助救济、再就业担保资金和其他社会保障及民政福利事业支出等。

——医疗卫生支出58318万元，人大批准的24384万元预算已全部执行完毕。主要用于行政事业单位医疗保险、新型农村合作医疗补助、基层医疗卫生机构财政补助、医疗机构设备购置和建设经费、离休及伤残人员医疗费等。

——环境保护支出48735万元，人大批准的7364万元预算已全部执行完毕。主要用于排污费支出、环境监测设备购置等。

——城乡社区事务支出448939万元，人大批准的132459万元预算已全部执行完毕。主要用于重点工程项目建设、道路园林维护、路灯电费、供热配套费、产权转让成本、公共交通事业补贴等。支出较大的原因为我市进一步加大城市基础设施投入，以及兑付国有产权转让成本。

——农林水事务支出50358万元，人大批准的16930万元预算已全部执行完毕。主要用于蔬菜保护地建设、农牧林产业化发展、农业综合开发、马铃薯种植、奶牛繁育示范基地建设、无规定疫病区建设等。

——交通运输支出47551万元，人大批准的17435万元预算已全部执行完毕。主要用于城乡公路工程建设及公路维护等。

——资源勘探电力信息等事务支出8755万元，人大批准的753万元预算已全部执行完毕。主要用于安全生产、中小企业发展和技术创新等。

——商业金融等事务支出10328万元，人大批准的697万元预算已全部执行完毕。主要用于服务业发展、中小企业市场开拓、标准化菜市场、旅游促销以及金融监管等。

——国土资源气象等事务支出5273万元，人大批准的3451万元预算已全部执行完毕。主要用于土地调查、国土信息建设经费、土地监察执法经费以及地震、气象等事务支出。

——住房保障支出68002万元，人大批准的15494万元预算已全部执行完毕。主要用于各单位为职工缴纳的住房公积金、新职工购房补贴、老职工一次性住房货币化补贴资金，以及保障性住房建设和补助等。

——粮油物资管理事务支出2629万元，人大批准的564万元预算已全部执行完毕。主要用于充实地方粮油储备、仓储设施维修改造等。

——其他支出40515万元，人大批准预算217676万元主要是预算安排的预留调资款、政府采购经费等项目，在具体执行过程中都要落实到有关类款中，从而增加相关类款支出数额而减少其他支出款数额。上述类款市本级支出超过年初确定的预算指标主要是由于上级下达专项和各类转移支付补助、年终超收以及从其他支出类款中分解的支出数额增加所致。

（六）上级财政补助资金的安排和使用情况

2011年，上级财政下达我市补助资金853920万元。市财政已下达旗县区527511万元，市本级执行326409万元。下达到旗县区的补助资金主要包括农林水项目资金和医疗卫生、低保补助、保障性住房建设等专项资金。市本级执行的补助资金主要是城镇居民医疗保险、低保补助救助、义务教育和中职学生“两免”资金、校安工程、城乡社区公共设施建设以及重点产业振兴和技术改造、淘汰落后产能、可再生能源建筑应用示范等专项经费。

一年来，经过全市财税干部的共同努力，我市财政收支总体运行情况良好，财政各项工作取得了新成绩。但是我们也要清醒地认识到，财政运行和工作中还存在一些不容忽视的问题。主要是：财政收支矛盾比较突出，部分基层财政运行还比较困难，城乡一体化发展任务较重，基层公共服务保障能力有待进一步增强；各项财政改革尚需进一步深化和完善，在财政资金使用的绩效和监督管理机制等方面还有待积极探索;防范和化解财政风险任务还十分艰巨。在以后的工作中，市政府将高度重视这些问题，切实采取有效措施，努力加以解决。

二、2012年预算草案

2012 年，是我市实施“十二五”规划承上启下的重要一年。安排好 2012 年的预算，做好各项财政工作，对于深入推进“十二五”规划实施，保持经济社会发展良好势头，具有十分重要的意义。综合分析 2011 年经济发展的势头及我市经济社会发展现状，考虑 2012 年财政工作面临的形势和要求，研究提出编制 2012 年预算总的指导思想是：以邓小平理论和“三个代表”重要思想为指导，以科学发展观为统领，认真贯彻落实中央和自治区经济工作会议精神，围绕 2012 年市委、市政府重点工作目标，以科学发展为主题，以加快转变经济发展方式为主线，实施积极的财政政策，进一步加强和改善财政宏观调控，促进经济增长、结构优化、地区协调和城乡统筹发展；加强财政收入管理，提高财政收入质量；进一步优化财政支出结构，继续从严控制一般性支出，继续加大财政对“三农”、教育文化、医疗卫生、社会保障和就业、保障性安居工程、节能环保等重点社会事业的投入力度，切实保障和改善民生；继续坚持“规范运行、和谐管理”的理财理念，坚持依法理财，强化财政科学化精细化管理，加强财政绩效管理，提高财政资金使用效益，促进社会经济和谐稳定发展。

（一）全市地方财政总收入预算安排情况

2012 年全市地方财政总收入预算安排 331 亿元，比 2011 年完成数 285 亿元增长 16%。其中：国税部门组织的税收收入安排 144 亿元，比 2011 完成数增长 20%；地税部门组织的税收收入安排 150 亿元，比 2011 年完成数增长 21%，综合国税和地税收入安排情况，2012 年税收收入安排 294 亿元,财政部门组织的非税收入安排 37 亿元。

（二）市本级财政预算（地方收支财力）安排情况

1.市本级财政一般预算总财力安排情况

依据地方财政总收入预算编制中提出的 2012 年总收入及收入结构、各地收入增长和上级补助收入等情况，2012 年市本级财政一般预算总财力安排 1097194 万元，其中：一般预算收入 249617 万元(税收收入 132920 万元，非税收入 116697 万元);转移性收入 842577 万元（自治区财力性补助收入 414010 万元、旗县区上解收入 428567 万元）；上年结余收入 5000 万元。旗县区上解收入 428567 万元中，包括体制上解收入 3388 万元，专项上解及其他上解收入 2917 万元，市四区及开发区税收上解收入 410262 万元，市四区及开发区教育费附加上解收入 12000 万元。

2.市本级财政一般总预算支出安排情况

根据收支平衡的原则，市本级财政预算编制原则、编制内容及编制标准，2012 年市本级财政一般总预算支出安排 1097194 万元，其中：本级一般预算支出安排 747582 万元；转移性支出安排 349612 万元（上解自治区支出 11828 万元；预下达转移支付补助市本级 60558 万元;按政策和体制规定返还和补助旗县区 277226 万元）。

3.预算外资金 22861 万元，相应安排单位支出

预算财力的具体构成与支出预算编制情况详见《2012 年市本级财政地方收支预算平衡表》、《2012 年市本级财政一般预算收入表》。

（三）市本级地方财政支出预算具体安排情况

根据 2012 年市本级预算财力，安排支出预算 770443 万元。其中：市本级一般预算支出 747582 万元，部门执收和使用的预算外支出 22861 万元(按功能科目支出情况见《2012 年市本级地方财政支出预算表》），具体支出结构安排情况如下：

基本支出预算安排共计为 192466 万元。基本支出预算包括人员经费、公用经费。其中：一般预算内财力安排的基本支出预算 192123 万元，比 2011 年预算增加 18917 万元；预算外收入安排的基本支出预算 343 万元。

项目支出预算安排合计为 577977 万元。其中：用一般预算内财力（包括上年净结余收入）安排的项目支出预算合计为 555459 万元,比 2011 年同口径预算增加 74410 万元;用执收部门收取的预算外收入安排的项目支出预算合计为 22518 万元。按政府收支分类的功能科目划分，各类支出安排情况如下：

———一般公共服务类支出安排 53972 万元(全部为预算内资金安排)，比 2011 年预算增加 11449 万元，增长 26.9%。按支出类别分：基本支出 18697 万元，项目支出 35275 万元。主要用于市委、政府、人大、政协、各民主党派及其所属一般公共服务职能机构的各项经费支出。项目主要包括计划生育事业费、税务奖励代征手续费、商贸流通业发展专项引导资金、基建审价费、企业军转干部解困资金、民族工作经费、大学生村官津补贴、人口普查经费、人大代表和政协委员活动经费等。

——国防支出 4133 万元（全部为预算内资金安排），主要是根据人防易地建设费收入相应安排的人防工程建设支出。

——公共安全支出安排 50643 万元（全部为预算内资金安排），比 2011 年同口径预算增加 5625 万元,增长 12.5%。按支出类别分：基本支出 24249 万元，项目支出 26394 万元。项目主要包括公检法司政法机关办案及执法业务经费、消防登高车辆经费、普法经费等。

——教育支出安排 73165 万元，预算内资金安排 51466 万元，比 2011 年同口径预算增加 12911 万元，增长 33.5%，预算外资金安排 21699 万元。

按支出类别分：基本支出28691万元，项目支出44474万元。预算安排达到了《教育法》中教育投入增幅高于财政经常性收入增长幅度的要求。项目主要包括校安工程建设补助经费、民族教育专项资金、落实各项教育政策配套经费、对旗县区的教育补助等。

——科学技术支出安排8940万元（全部为预算内资金安排），比2011年预算增加1426万元，增长19%。按支出类别分：基本支出861万元，项目支出8079万元。达到了国家科技进步考核指标的要求，同时达到了《科技进步法》中科技投入增幅高于经常性收入增长幅度的要求。项目主要包括支持大中型企业技术研发资金、科技局分配管理的项目经费、科普经费、农业科技研究基地建设经费等。

——文化体育与传媒支出安排16752万元，预算内资金安排16748万元，比2011年同口径预算增加7711万元，增长4.4%；预算外资金安排4万元。按支出类别分：基本支出8953万元，项目支出7799万元。项目主要包括文物保护及运行经费、文化下乡经费、传媒大厦建设经费、无线覆盖运行维护费等。

——社会保障与就业支出安排104733万元，预算内资金安排104694万元，比2011年同口径预算增加34969万元，增长50.2%。按支出类别分：基本支出42382万元，项目支出62351万元。项目主要包括城市低保市级匹配资金、农村低保市级匹配资金、农村五保户供养资金、公益性岗位补贴、企业退休人员冬季采暖补助、城镇及农村居民社会养老保险资金、城市低保家庭冬季取暖补贴、城市低保教育救助资金、70岁以上城镇居民老年生活补贴、孤儿养育补助经费等。

——医疗卫生支出安排28974万元，预算内资金安排28965万元，比2011年预算增加4978万元，增长20.8%。按支出类别分：基本支出18607万元，项目支出10367万元。项目主要包括军休干部及包干家属医疗补贴、卫生社区建设经费、农村新型合作医疗试点配套经费、公共卫生均等化服务补助、农村医疗补助、城镇居民医疗保险补贴、优抚对象医疗补助、城市医疗救助、农村改厕经费、离休人员医疗费等。

——节能环保支出安排4700万元（全部为预算内资金安排），按支出类别分：基本支出1522万元，项目支出3178万元。项目主要是排污费安排的用于环境污染治理、环境执法能力建设、环境生态监测及环境保护宣传等支出。

——城乡社区事务支出安排44839万元（全部为预算内资金安排），按支出类别分：基本支出16529万元，项目支出28310万元。项目主要包括城市维护费、垃圾处理费、环卫工人绩效工资、二环路运行经费、小城镇建设奖励经费、城中村环卫基础设施建设费等。

——农林水事务支出安排53129万元（全部为预算内资金安排），比2011年同口径预算增加37028万元。按支出类别分：基本支出10859万元，项目支出42270万元。项目主要包括现代设施农牧业建设资金、肉羊产业发展资金、奶牛基地建设资金、蔬菜基地建设资金、大青山生态建设经费、防汛及抗旱经费、林业及生态建设经费、村级“一事一议”奖补资金、饮水安全专项资金等。

——交通运输支出安排13774万元（全部为预算内资金安排），比2011年同口径预算增加2080万元。按支出类别分：基本支出3962万元，项目支出9812万元，项目主要包括公交公司运营补贴、农村公路养护及运输管理稽查经费等。

——资源勘探电力信息等事务支出安排870万元（全部为预算内资金安排）。按支出类别分：基本支出508万元，项目支出362万元。项目支出主要是安全生产监督管理局开展业务发生的支出。

——商业服务等事务支出安排946万元（全部为预算内资金安排）。按支出类别分：基本支出552万元，项目支出394万元，项目支出主要包括旅游事业支出、新农村现代流通服务网络建设费等。

——国土资源气象等事务支出3641万元（全部为预算内资金安排），按支出类别分：基本支出2036万元，项目支出1605万元。主要项目包括第二次土地调查经费、国土信息建设经费、土地监察执法经费、土地整治规划经费等。

——住房保障支出安排18623万元，预算内资金安排18623万元，比2011年同口径预算增加4601万元;预算外资金安排18万元。按支出类别分：基本支出13606万元，项目支出5017万元。基本支出主要是各单位为职工缴纳的住房公积金及新职工购房补贴等，项目支出主要是老职工一次性住房货币化补贴资金。

——粮油物资储备及金融监管等事务支出安排641万元（全部为预算内资金安排）。按支出类别分：基本支出370万元，项目支出271万元，项目主要包括充实地方粮食储备资金等。

——预备费安排14952万元，占一般预算内支出的2%，根据《预算法》的要求，按照预算支出额的1%—3%设置预备费，用于当年预算执行中的自然灾害救灾开支及其他难以预见的特殊开支。

——其他支出安排273016万元，其中：预算内资金安排271924万元，比2011年预算增加54248万元；预算外资金安排1092万元。按支出类别分：基本支出安排82万元，项目支出安排272934万元。项目主要包括预留增人增资及增加政府补贴、安排预算稳定调节基金（包括供热补贴）、政府偿债资金、旗县区转移支付资金、公共安全建设资金、社区建设及企业转置社会救助资金、非税成本性支出及征管经费、政府年度新政策兑现资金等。

（四）市本级政府性基金预算的安排情况

根据现行政府性基金政策规定，2012年市本级政府性基金收入预算安排228330万元，基金收入主要包括残疾人就业保障金收入、政府住房基金收入、国有土地使用权出让收入、国有土地收益基金收入、城市基础设施配套费收入、车辆通行费收入等。

加上预计的上年结转收入881万元，可安排的市本级政府性基金收入总量为229211万元。

按照“以收定支、专款专用”的原则，2012市本级政府性基金支出预算相应安排229211万元。基金支出重点用于土地征地和拆迁补偿、土地收购储备及整理、失地农民养老和医疗保险、农田水利建设、廉租住房建设、残疾人就业保障补助、公路建设及还贷、推进工业化项目建设及服务业引导等。

（五）开发区预算编制情况

根据《市人大常委会关于加快部门预算公开和将开发区预决算纳入市本级监督管理的意见》（呼常发〔2010〕44 号）要求，市政府下发了《呼和浩特市人民政府关于印发开发区财政预决算纳入市本级财政管理实施办法的通知》（呼政发〔2010〕79 号），市经济技术开发区根据有关文件精神，对开发区预算进行了编制和汇总。（具体情况详见参阅件《呼和浩特经济技术开发区 2012 年预算编制情况说明》）

三、坚持依法理财，强化科学管理，圆满完成 2012 年财政预算任务

（一）准确把握宏观经济形势，加快经济方式转变，继续促进经济结构调整和区域经济协调发展，全力保持经济平稳较快发展

认真贯彻国家自治区宏观经济政策，要审时度势准确把握 2012 年宏观经济形势，紧紧抓住加快首府发展的各种有利机遇，特别要抓住国务院出台促进内蒙古经济社会又好又快发展意见的机遇，立足首府实际，加快经济方式转变，合理调整支出结构，发挥财政资金的政策导向和示范引导作用，促进经济结构和区域经济的协调发展，实现首府经济平稳较快发展。

一是以投资拉动、项目拉动为抓手，着力优化政府公共投资结构。积极争取中央及自治区资金，加大对保障性住房、教育文化卫生基础设施、节能减排及战略性产业项目的支持力度，保持投资平稳增长；围绕政府 2012 年投资重点，设立推进工业化进程专项资金，着力引进大企业、大项目，培育大产业，建立健全重大工业项目机制，加快推动全市工业化进程。

二是积极落实年度内政府出台的各项促进经济发展和招商引资政策及上级要求的配套政策，提高政府诚信度。发挥政府年度新政策兑现资金的引导作用，落实好各项税费优惠政策，促进产业结构升级，大力支持第三产业和高附加值高端产业发展；积极落实结构性减税政策，实施对小型微利企业的企业所得税优惠政策，支持中小企业信用担保体系建设，促进中小企业的发展。完善各种纳税奖补政策，支持对于地方税收有较大贡献企业的发展。

三是加强科技创新和节能减排的投入。加强科技创新研发平台建设，增强科技创新能力，加快实施重大科技专项，重点支持企业进行技术研发和新产品试制，推进服务业、中小企业以及战略新兴产业的发展，促进科技成果的有效转化，切实打造我市品牌创新型企业；加大环保投入力度，加快实施重点节能工程建设，加强节能降耗资金投入的引导作用，鼓励技术节能改造，淘汰落后产能，促进循环经济发展。

四是积极支持旗县区招商引资工作，推动区域经济协调发展。支持旗县区新增重点项目的投产达效，推进开发区及工业园区建设，支持总部经济发展；加大对旗县区的转移支付力度，配合旗县区争取中央及自治区安排的投资项目资金，加强旗县区小城镇建设投入力度，有效提升城镇建设水平，推进“一核双圈”一体化发展，有序引导和带动旗县区经济发展，促进旗县区财政实力的增长，逐步实现旗县区公共服务均等化。

五是准确把握新的经济形势，夯实实体经济基础，确保财政收入应收尽收。积极应对复杂的国内外经济形势，有效克服我市将面临的新困难，以经济发展方式转变和产业结构调整为依托，紧紧围绕投资拉动和项目建设，跟踪分析与财政收入有关的主要经济指标运行情况，强化财政收入征管，杜绝跑冒滴漏，确保财政收入保质保量、应收尽收。同时，要注重财源的合理优化，提升和完善收入结构，增强财政可持续发展能力。

（二）调整财政支出结构，保证民生和社会公共事业发展需求，促进社会全面和谐进步

依据我市各项事业发展及财力可能，合理调整财政支出结构，把保障和改善民生放在更加突出的位置，进一步加大对民生领域和社会事业支持保障力度，切实解决涉及人民群众切身利益的问题，使人民群众共享改革发展成果。

一是关注民生，保证法定支出增长：1.继续增加“三农”投入。落实国家和自治区出台的各项惠农补贴政策，促进农业稳定增产和农民持续增收；全力抓好现代农业和设施农业建设，夯实“三农”发展基础，加大对奶牛养殖和奶源基地建设的补助，推进蔬菜保护基地和种薯繁育工程建设，进一步推进农牧业向规模化、设施化、科技化、特色化的现代农牧业产业方向发展；加大农业农村基础设施建设，加强农业综合生产能力建设，推进农业综合开发；深化农村综合改革，全面推进村级公益事业“一事一议”财政奖补工作。2.切实加大教育投入。推进“中小学学校标准化建设工程”，支持幼儿园建设，改善教育办学条件和环境，逐步提高教育现代化水平；支持和完善城乡义务教育保障机制，发展职业教育，全面落实高中阶段免费教育，提高高等教育质量；落实家庭经济困难学生国家资助政策，解决好困难家庭子女上学问题。3.增加科技投入，发挥重大科技项目资金的引导作用，培育我市科技研发和应用力量。4.增加民族发展资金和计划生育专项经费，促进各民族和谐发展，落实好国家计生政策。

二是完善社会保障体系，提高社会保障水平。继续提高城乡低保标准和社会养育扶助政策，落实对低收入群众及困难家庭的各项补助政策；积极推进城镇居民和新型农村社会养老保险工作，提高企业退休人员基本养老金水平，支持我市厂办大集体改革工作；支持高校毕业生、农村转移劳动力、城镇就业困难人员的职业培训和就业工作。

三是支持深化医药卫生体制改革。积极落实新型农村合作医疗和城镇居民基本医疗保险财政补助政策，支持公立医院改革试点，加大城乡医疗救助投入力度，健全城乡公共卫生服务经费保障机制。

四是加大基础设施建设。积极筹集资金，继续加大城市基础设施建设的投入力度，重点关注涉及民生领域的地下管网、桥梁、通道、环卫设施、垃圾场站、园林绿化等建设项目，完善城市功能，增强各项基础保障能力，提升城市建设品位。继续推进保障性安居工

程建设，加大对公共租赁住房和廉租住房建设、棚户区改造、农村危房改造等补助力度，切实把保障性住房建设放在改善民生更加重要的位置。

五是促进文化事业发展，增加城乡文化建设资金投入，支持惠民演出等群众性文化活动的开展，推动全市文化大发展、大繁荣。

六是积极兑现国家、自治区和市政府出台的调资政策，支持事业单位绩效工资制度改革，积极兑现事业单位绩效工资；落实市政府 2012 年重点民生项目中涉及对低收入人群的各项增收政策，不断提高城镇居民收入水平；支持旗县区加快兑现涉及个人补贴政策，缩小旗县区之间及旗县区与市级之间的差距，促进社会和谐发展。

七是积极支持社会管理创新，强化社会基层基础工作。加强社区建设及社区救助的投入力度，继续完善社区服务功能，为提高社区社会救助能力创造条件；设立公共安全建设资金，及时有效地解决各种治安突出问题，切实加强社会秩序和公共安全建设能力，增强人民群众安全感，积极维护社会稳定。

（三）切实提高财政管理水平，强化财政科学化、精细化管理，确保完成年度预算任务

要认真贯彻中央十七届六中全会和中央及自治区经济工作会议精神，深化财税制度改革，进一步完善公共财政体系建设。

一是继续完善预算管理制度。细化项目预算编制，推进项目库建设和项目预算的滚动管理。尝试专项资金绩效评价，继续建立和完善预算编制与执行、结转和结余资金的管理。健全政府预算体系，进一步细化政府性基金预算的编制，加快推进国有资本经营预算和社会保险基金预算的编制。切实加强财政支出执行管理，严格控制“三公经费”支出，不断提高支出预算执行的均衡性和有效性，确保资金安全、规范、高效使用。

二是继续深化国库集中收付制度改革，在市本级和旗县区全面完善国库集中收付制度，继续加大公务卡推行力度，进一步提高公务卡消费占公务支出的比重。扩大财税库银横向联网电子缴税纳税人范围，完善基础管理工作。

三是继续深化政府采购制度改革。加大对政府集中采购目录以及公开招投标执行情况的监督检查力度，规范政府采购行为。

四是积极推进预算公开。继续做好财政总预算、总决算公开工作，积极推进部门预算公开，落实好部门预决算公开工作的主体责任，鼓励部门细化预算公开内容。深入推进基层财政专项支出预算公开。严格按照上级财政部门要求，做好“三公经费”公开的准备。

五是继续强化政府性债务管理，建立健全政府性债务台账，加强政府性贷款项目的申报和确认审核工作，掌握政府债务规模，化解债务风险，维护政府信誉。

六是继续深入推进旗县区完善各项财政基础管理工作和乡镇财政建设，强化县乡财政就地就近监管职责，提高县乡财政管理水平。

七是强化财政监督及自身建设。建立健全覆盖所有政府性资金和财政运行全过程的监督机制，完善财政监督信息披露和公告制度。强化内部审计工作，促进财政工作的规范性。继续加强干部教育培训工作，开展各类财政业务专项培训工作，全面提高干部业务能力和素质。

2012 年国际国内环境依然错综复杂，面对经济发展中有关财税政策及突发事件对我市经济发展的不利影响，做好 2012 年财政工作，对促进全市经济平稳较快发展，具有重要意义。我们一定要坚持科学发展观，坚决贯彻落实国家和自治区经济政策，振奋精神，增强信心，鼓足干劲，踏实工作，努力完成 2012 年各项财政工作任务。

呼和浩特市 2011 年国民经济和社会发展统计公报

呼和浩特市统计局

（2012 年 3 月 30 日）

2011 年，是我市实施“十二五”规划取得良好开局的一年，面对复杂多变的形势，市委、市政府以转变发展方式为主线，以调整、优化产业结构为重点，采取了一系列切实可行的政策措施，立足实际，经济运行呈现全面增长，运行质量得到进一步提升，社会发展也取得了明显的进步。

一、综合

2011 年，全市实现地区生产总值 2177.26 亿元，按可比价格计算，比上年增长 11.3%。分三次产业看:第一产业完成增加值 109.44 亿元，比上年增长 5.1%；第二产业完成增加值 789.99 亿元，比上年增长 10.7%；第三产业完成增加值 1277.83 亿元，比上年增长 12.2%。三次产业结构之比为 5.0：36.3：58.7，产业结构进一步优化。

2011 年，我市城市居民消费价格总指数达 105.5，比上年同期上扬 5.5 个百分点。八大类指数中仅交通和通信下降 0.8%；其余七大类全部上涨：食品上涨 14.3%，居住上涨 2.3%，烟酒及用品上涨 3.1%，衣着上涨 3.7%，家庭设备用品及维修服务上涨 0.5%，医疗保健及个人用品上涨 3.5%，娱乐教育文化用品及服务上涨 2.7%。农村生活消费品价格总指数达 107.8，比上年上扬 7.8 个百分点。分项目看，食品、衣着、家庭设备及用品、医疗保健、文教娱乐用品、住房类和服务项目类分别比上年上涨 14.1%、5.5%、4.0%、16.3%、1.6%、5.4%、3.2%；仅交通类下降 0.7%。农业生产资料价格总水平比上年上涨 18.9%。

年末全市城镇单位从业人员 32.46 万人，比上年末增加 0.96 万人。其中，国有单位从业人员 21.87 万人，增加 0.72 万人；城镇集体单位从业人员 0.97 万人，减少 0.03 万人；其他各种经济类型从业人员 9.61 万人，增加 0.24 万人。全年城镇新增就业人员 37900 人，安排下岗失业人员再就业 20197 人，其中，安排就业困难对象再就业 5372 人。城镇登记失业率控制在 3.7%。

全年地方财政收入实现 285.22 亿元，比上年增长 18.1%。其中一般预算收入 151.43 亿元，比上年增长 19.5%；上划中央税收收入 110.59 亿元，比上年增长 14.5%；上划自治区收入 23.20 亿元，比上年增长 27.9%。地方财政支出累计完成 255.39 亿元，比上年增长 44.1%。支出重点主要是：教育支出 31.69 亿元，比上年增长 15.4%；社会保障和就业支出 28.81 亿元，比上年增长 44.3%；医疗卫生支出 13.22 亿元，比上年增长 34.6%；城乡社区事务支出 67.24 亿元，比上年增长 107.8%；交通运输支出 8.61 亿元，比上年增长 58.4%。财政支出更加贴近民生。

二、农业

全年农作物播种面积 445.34 千公顷，比上年略有增长，其中粮食播种面积 323.33 千公顷，比上年增长 0.6%。全年粮食产量 117.50 万吨，比上年增长 1.2%。在粮食作物中，玉米播种面积 146.76 千公顷，比上年增长 3.9%，产量 87.80 万吨，比上年下降 6.2%；马铃薯播种面积 92.94 千公顷，比上年下降 0.7%，产量 21.52 万吨，比上年增长 47.8%；油料播种面积 53.63 千公顷，比上年增长 4.3%，产量 5.09 万吨，比上年增长 44.7%。

全市年末家畜存栏 264.08 万头（只），比上年增长 0.9%。其中，大牲畜存栏 76.01 万头，比上年略有下降。小畜存栏 158.83 万只，比上年增长 1.7%；生猪存栏 29.24 万口，与上年相比持平。全年肉类总产量 10.18 万吨，比上年增长 2.8%；禽蛋产量 3.13 万吨，比上年增长 4.3%。

全年荒山荒（沙）地造林面积达 26.00 千公顷，其中，人工造林 11.33 千公顷，无林地和疏林地新封 14.67 千公顷。年末实有封山（沙）育林面积 213.45 千公顷，四旁（零星）植树 300 万株。当年苗木产量 0.80 亿株。

三、工业

2011 年，全市规模以上工业增加值比上年增长 11.4%，实现了平稳增长。

分轻重工业看，轻工业快于重工业，轻工业增长 12.0%，重工业增长 10.7%。

分经济类型看，外商及港澳台投资、国有、股份合作企业增长较快，累计增速分别达 13.6%、17.4% 和 56.5%。集体企业则下降 15.2%。值得一提的是私营企业增长 24.2%，比全部规模以上工业增加值增速快了 12.8 个百分点，充分彰显了我市私营经济发展的蓬勃活力。

从产品产量看，累计增长最快的有风力发电量增长 2.3 倍、耐火材料制品增长 2.8 倍、多晶硅增长 1.2 倍、单晶硅增长 1.3 倍、纸制品增长 1.1 倍、烧碱增长 97.7%。

全市 270 家规模以上工业企业实现利税 172.70 亿元，比上年增长 18.1%；盈亏相抵后利润总额 91.05 亿元，比上年增长 20.2%。

四、固定资产投资

2011 年，全市完成固定资产投资 1031.68 亿元，比上年增长 17.1%，较上年同期增速加快 4.4 个百分点，实现了固定资产投资的加快增长。从三次产业看，第一产业完成 68.36 亿元，比上年增长 33.9%；第二产业完成 236.99 亿元，比上年下降 8.1%；其中工业完成 227.53 亿元，比上年下降 9.0%；第三产业完成 726.33 亿元，比上年增长 26.9%。

从投资主体看，非国有投资和国有投资并驾齐驱，全年非国有投资完成 553.13 亿元，比上年增长 16.6%；国有投资完成 478.55 亿元，比上年增长 17.6%。

从投资结构看，全市房地产开发投资全年完成 344.49 亿元，比上年增长 35.4%，占全市固定资产投资完成额的 33.4%，较上年又提高了 5.0 个百分点，对全市固定资产投资增长的贡献率达 59.9%，拉动全市投资增长 10.2 个百分点。

五、国内贸易和对外经济

2011 年全市实现社会消费品零售总额 890.05 亿元，比上年增长 17.6%。

分城乡看，城镇消费市场仍占主导地位，乡村消费市场潜力巨大。城镇消费品零售总额 813.05 亿元，比上年增长 17.6%，占全市消费品零售总额的 91.3%。乡村消费品零售额 76.99 亿元，比上年增长 18.5%，占全市消费品零售总额的 8.7%，农村人口不断减少，收入较低，销售渠道不畅是造成这一现象的原因。但也说明，相对于农村人口规模来说，农村消费还很低，农村消费市场还有巨大的发展潜力。

分行业看，零售业总量最大，批发业增长最快。批发业实现零售额166.04亿元，比上年增长34.1%；零售业实现637.41亿元，比上年增长17.0%，占全市消费品零售额的71.6%。

全年海关进出口总额达到202456万美元，比上年增长34.4%。其中，进口总额100086万美元，比上年增长34.0%；出口总额102370万美元,比上年增长34.9%。

全年引进外方资金88559万美元，比上年增长5.8%。引进区内外资金556.60亿元，其中区内资金220.28亿元，区外资金336.32亿元，分别比上年增长5.0%和26.0%。

六、交通和邮电

全年公路货运量9989万吨，比上年增长23.1%，公路货运周转量339.27亿吨公里，比上年增长24.0%；公路客运量1766万人，比上年增长10.0%，公路客运周转量44.83亿人公里，比上年增长10.5%。

全年邮电业务总量39.74亿元，比上年下降17.2%。其中，邮政业务总量2.14亿元，比上年下降13.8%；电信业务总量37.60亿元，比上年下降17.4%。本地网固定电话用户71.5万户，其中城市电话用户68.4万户，乡村电话用户3.1万户；年末移动电话330.0万户，年末全市固定及移动电话用户总数达401.5万户，比上年末增加55.0万户。全市互联网络用户达36.1万户。

七、金融和保险业

2011年底，全市金融机构人民币存款余额为3188.22亿元，比上年末增长18.9%。其中单位存款余额为1805.92亿元，比上年末增长24.4%；个人存款1059.67亿元，比上年末增长14.2%；财政性存款278.89亿元，比上年末增长11.1%。在国家实施从紧货币政策的大环境下，全市金融机构各项贷款余额3201.82亿元，比上年末增长27.1%，增速较2009年下降8.8个百分点，较2010年下降0.9个百分点。其中短期贷款695.71亿元，比上年末增长41.9%；中长期贷款2479.19亿元，比上年末增长23.4%。随着人民收入水平的不断提高和消费意识逐步改变，个人贷款也实现了高速增长，12月底个人贷款达414.6亿元，比上年末的增长速度高达44.6%，比全部贷款增速快17.5个百分点。

全市保费收入40.90亿元，比上年增长10.1%。其中，财产险保费收入19.43亿元，比上年增长39.0%；人身险保费收入21.46亿元，比上年下降7.3%。全市保险业务赔款与给付支出12.21亿元，比上年增长29.0%。其中，财产险保险业务赔款支出7.80亿元，比上年增长34.5%；人身险保险业务赔款支出4.41亿元，比上年增长14.3%。

八、科学技术和教育

2011年全市高度重视科技进步，市财政投入科技经费1340万元，比上年增长34.0%，争取国家及自治区支持资金3952万元，项目76项。年内专利申请量1452件，授权专利876件。安排重大科技专项经费5513万元。

2011年末全市共有普通高校23所、成人高校1所、中等职业教育学校65所、普通中学122所、小学341所、幼儿园204所。年内普通高校招收学生6.47万人，比上年下降3.6%，毕业学生5.33万人，比上年下降2.0%；年末在校学生22.23万人，比上年增长3.4%。普通中学招收学生5.29万人，比上年下降0.8%，毕业学生5.04万人，比上年增长3.3%，年末在校学生15.54万人，比上年下降0.8%。小学招收学生3.10万人，比上年增长15.2%，毕业学生3.00万人，比上年下降6.0%，年末小学在校学生17.69万人，比上年下降0.3%。年末在园幼儿人数为4.20万人，比上年增长21.0%。

九、文化、卫生和体育

全市共拥有艺术表演团体13个，文化馆11个，公共图书馆10个，博物馆5个，广播电台2座，广播综合人口覆盖率98.54%。另外，全市还有电视台2座，有线电视用户5.49万户，电视综合人口覆盖率94.87%。

年末全市共有各类卫生机构1815个。其中医院62个。医院拥有病床10721张。全市共有专业卫生技术人员17005人，其中，执业医师及助理执业医师7049人。

全市有体育场10个，体育馆7个，游泳池20个。

十、环境保护

2011年末全市环境保护系统共有职工701人，环境监测人员156人。全市自然保护区7个，面积达2668.54平方公里。已建成的生态示范区6个，面积达2751.36平方公里。全年城区空气质量优良天数达到347天，饮用水源地水质23项，指标监测合格率100%。城市环境综合整治定量考核成绩全区排名第一。

十一、人口与人民生活和社会保障

2011年，全市常住人口为291.19万人，比上年增加3.83万人。其中，城镇人口为185.74万人，乡村人口为105.45万人。全年出生人口为2.55万人，出生率为8.81‰；死亡人口为1.24万人，死亡率为4.29‰；自然增长率为4.52‰。城镇人口比重达63.79%，比上年提高1.3个百分点。

城镇居民人均可支配收入达28877元，比上年增长14.7%。农民人均纯收入10038元，比上年增长14.8%。在收入增长的同时，居民的消费水平不断提高，消费层次进一步提升。城镇居民人均消费性支出19106元，比上年增长14.9%；农民人均生活消费性支出7090元，比上年增长28.3%。

年末全市城镇职工基本养老保险参统人数达到37.0 万人，比上年末减少0.3万人；参加失业保险职工39.54万人，比上年末增加0.04万人。全年参加基本医疗保险的城镇职工46.66万人，比上年末增加3.27万人；参加基本医疗保险的城镇居民53.1万人，比上年末增加0.4万人。生育保险29.75万人，比上年末增加4.0万人。

城镇居民享受最低生活保障人数73927人，发放低保资金29155.4万元；农村居民享受最低生活保障人数71188人，发放低保资金12737.2万元。

注：1.本公报指标数均为快报数。

2.因工信部的制度变化，电信业务总量计算方法有所改变，所以2011年与2010年数据不可比。

内蒙古自治区2011年国民经济和社会发展统计公报

内蒙古自治区统计局

（2012年2月29日）

2011年，面对复杂多变的国内外环境，全区各族人民在自治区党委、政府的正确领导下，以邓小平理论和“三个代表”重要思想为指导，深入贯彻落实科学发展观，积极推进经济发展方式转变和经济结构调整，经济社会总体保持了良好的发展态势。全年经济增速继续在较高位上运行，物价过快上涨势头开始得以遏制，富民强区进程加速推进。经济的稳定性、自主增长性、市场化程度都有明显提高，实现了“十二五”的良好开局。

一、综合

初步核算，全区实现生产总值14246.11亿元，按可比价格计算，比上年增长14.3%。其中，第一产业增加值1304.91亿元，增长5.8%；第二产业增加值8092.07亿元，增长17.8%；第三产业增加值4849.13亿元，增长11%。第一产业对经济增长的贡献率为3.8%，第二产业对经济增长的贡献率为68.3%，第三产业对经济增长的贡献率为27.9%。人均生产总值达到57515元，增长13.8%，按年均汇率计算折合为8905美元。全区生产总值中一、二、三次产业比例为9.2∶56.8∶34。

全年居民消费价格总水平比上年上涨5.6%。分城乡看，城市上涨5.5%，农村牧区上涨5.7%。分类别看，八大类全部呈现上涨局面，其中食品类价格上涨13.7%，烟酒及用品类价格上涨2.9%，医疗保健及个人用品类价格上涨2.3%，居住类价格上涨4.7%。从生产者角度看，工业生产者购进价格指数和工业生产者出厂价格指数分别比上年上涨6.1%和7.8%。固定资产投资价格上涨6.3%，农产品生产价格上涨12.8%。

2011年末全区就业人员1243.71万人，比上年末增加59.18万人，增长5%。其中，城镇就业人员511.47万人，比上年末增加46.42万人，增长9.9%。城镇私营个体就业人员254.71万人，比上年末增加38.71万人，增长17.9%。年末城镇登记失业率为3.8%，比上年末下降0.1个百分点。全年实现失业人员再就业人数为12.09万人。

全年完成地方财政总收入2261.81亿元，其中地方财政一般预算收入1356.67亿元，分别比上年增长30.1%和26.8%。全年地方财政支出2989.21亿元，比上年增长31.5%。2011年，公共与民生领域仍然是支出的重点。其中，一般公共服务支出304.53亿元，比上年增长19.6%；社会保障和就业支出363.97亿元，增长24.5%；医疗卫生支出164.59亿元，增长36.3%；教育支出390.69亿元，增长21.3%。

经济运行中还面临着经济增长下行和物价上涨双重压力，特别是经济社会发展中的一些深层次矛盾和制约因素突出地表现在：调结构、转方式的任务依然繁重；基础设施条件不适应发展需要；民生和社会建设还比较薄弱；生态保护和建设任务艰巨。

二、农业

全年农作物总播种面积712.95万公顷，比上年增长1.8%。其中，粮食作物播种面积556.15万公顷，比上年增长1.1%。全年粮食总产量2387.51万吨，比上年增长10.6%；油料产量140.53万吨，增长9.7%；甜菜产量157.72万吨，下降2%；蔬菜产量1440.17万吨，增长6.6%；水果（含果用瓜）产量301.45万吨，增长8.4%。

牧业年度全区牲畜存栏头数达10762万头（只），比上年同期下降0.3%；牲畜总增6474.7万头（只），牲畜总增率达60.2%。牧业年度良种及改良种大牲畜和羊总头数9025.2万头(只)，比重为94.8%。全年肉类总产量237.5万吨，比上年下降0.5%。其中，猪牛羊肉产量分别达到71.34万吨、49.73万吨和87.24万吨，分别比上年下降0.7%、持平和下降2.2%。牛奶产量908.2万吨，增长0.3%；山羊绒产量7644吨，下降5.7%；禽蛋产量52.52万吨，增长4.2%；水产品产量12.29万吨，增长8%。

林业全年完成营造林面积 73.2 万公顷。其中，人工造林 33.5 万公顷，飞播造林 11.4 万公顷，封山育林 28.3 万公顷。全年完成退耕还林和荒山荒地造林面积 4 万公顷，完成天然林资源保护工程造林面积 8.7 万公顷，完成京津风沙源治理工程造林面积 40.8 万公顷，完成“三北”防护林五期工程造林面积 12.5 万公顷，完成幼林抚育（作业）面积 59.9 万公顷。年末全区森林面积 2366.4 万公顷，森林覆盖率达 20%。全年实现林业产业产值 217.5 亿元。

2011 年末全区农牧业机械总动力 3172.7 万千瓦，比上年增长 4.6%；排灌机电井数量 37.56 万眼，增长 1.6%；农田有效灌溉面积 307.24 万公顷，比上年增长 1.5%；全年农村牧区用电量 52.3 亿千瓦时，增长 8%；化肥施用量（按折纯）176.94 万吨，下降 0.2%。

三、工业和建筑业

全年全部工业增加值 7158.94 亿元，比上年增长 18.2%。其中，规模以上工业企业增加值比上年增长 19%。在规模以上工业企业中，国有及国有控股企业增加值增长 12.6%，集体企业增加值增长 41.1%，股份合作企业增加值增长 98.5%，股份制企业增加值增长 19.3%，外商及港澳台投资企业增加值增长 12.1%，其它经济类型企业增加值增长 19.1%。在规模以上工业企业中，轻工业增加值增长 12%；重工业增加值增长 20.5%。

从工业产品产量看，全区原煤产量达 9.79 亿吨，比上年增长 25.1%；发电量达到 2970.52 亿千瓦小时，增长 16.8%，其中，风力发电量 258.53 亿千瓦小时，增长 29.7%；钢材产量为 1417.32 万吨，增长 10.9%；载货汽车为 30944 辆，下降 17.3%；其他主要工业产品产量均有不同程度增长和下降。全年规模以上工业品出口交货值达 227.17 亿元，比上年增长 16.8%。

2011 年，全区规模以上工业企业主营业务收入 17632.84 亿元，比上年增长 34.4%；实现利润 1835.16 亿元，比上年增长 50.8%，其中，国有及国有控股企业实现利润 590.54 亿元，比上年增长 47.1%；规模以上工业亏损企业亏损额 45.61 亿元，比上年下降 18.3 %。全年规模以上工业企业产品销售率 97.9%，比上年提高 0.3 个百分点。

全年建筑业增加值 933.13 亿元，比上年增长 15.2%。全区具有建筑业资质等级的建筑施工企业 884 个；施工企业房屋建筑施工面积 9421.86 万平方米，比上年增长 24.3%；竣工房屋面积 3773.88 万平方米，下降 0.8%；房屋建筑竣工率 40.1%。全年具有建筑业资质等级的建筑企业实现利润 115.4 亿元，比上年增长 39.6%；实现税金 55.34 亿元，比上年增长 15.1%。

四、固定资产投资

全年全社会固定资产投资总额 10900.1 亿元，比上年增长 21.5%。其中，城乡 50 万元以上项目完成固定资产投资 10787.9 亿元，增长 21.5%。从投资主体看，国有经济单位投资 3698.97 亿元，增长 9.8%；集体单位投资 124.16 亿元，增长 14.2%；个体投资 144.39 亿元，增长 36.9%；其他经济类型单位投资 6932.58 亿元，增长 28.7%。按项目隶属关系分，地方项目完成投资 10084.7 亿元，增长 25.4%；中央项目完成投资 815.4 亿元，下降 12.6%。

在全区固定资产投资中，第一产业投资 549.94 亿元，增长 23.2%；第二产业投资 5156.94 亿元，增长 16.1%，其中，工业投资 5035.2 亿元，增长 16.2%；第三产业投资 5193.22 亿元，增长 27.2%。从城乡看，城镇固定资产投资 10612.4 亿元，比上年增长 21.5%，其中，城镇房地产开发投资 1650.02 亿元，比上年增长 47.3%；在城镇房地产开发投资中，经济适用房投资 51.93 亿元，增长 32.8%。农村牧区固定资产投资 287.7 亿元，增长 20.6%，其中，非农户投资 175.5 亿元，增长 19.2%。从主要行业投资看，电力、燃气及水的生产和供应业投资 1159.83 亿元，下降 14.2%；交通运输、仓储及邮政业投资 1021.76 亿元，下降 2%；水利、环境和公共设施管理业投资 887.96 亿元，增长 35%；教育投资 181.48 亿元，增长 20%；卫生、社会保障和社会福利业投资 67.88 亿元，增长 23.2%。

全年新开工项目 12410 个，比上年增长 22.7%；在建项目投资总规模 27492.79 亿元，比上年增长 24.4%。城镇住宅施工面积 13209.92 万平方米，比上年增长 34.3%；城镇住宅竣工面积 2762.64 万平方米，比上年增长 11.7%。商品房竣工面积 2453.11 万平方米，比上年增长 6.8%；商品房销售面积 3620.12 万平方米，增长 18.4%。

五、国内贸易

全年社会消费品零售总额 3936.61 亿元，比上年增长 18%。从经营单位所在地看，城镇实现社会消费品零售额 3439.92 亿元，占社会消费品零售总额的 87.4%，增长 17.9%；乡村消费品零售额 496.69 亿元，增长 18.3%。从限额以上批发零售贸易企业情况看，限额以上粮食、食品、饮料、烟酒类完成零售额 136.3 亿元，比上年增长 22.3%；汽车类完成零售额 346.4 亿元，增长 18.8%。

消费品市场与去年相比出现新情况：一是乡村市场消费增长在“提速”，快于城市，高于城镇增速 0.4 个百分点。二是从商品类别看，往年的消费热点——汽车类，虽零售总额突破了 300 亿元，但增速较平缓，低于近些年增速，而石油及制品零售额增长较快，达到 566.1 亿元，增长 45.1%。

六、对外经济

全年海关进出口总额 119.39 亿美元，比上年增长 39.1%。其中，出口总额 46.87 亿美元，增长 40.6%；进口总额 72.52 亿美元，增长 38.2%。从主要贸易方式看，一般贸易进出口额达 57.85 亿美元，占进出口总额的 48.5%，比上年增长 42.3%；加工贸易进出口额达 9.5 亿美元，占进出口总额的 8%，比上年增长 5.6%。

全年实际使用外商直接投资额 38.38 亿美元，比上年增长 13.4%。年内全区在工商部门注册的外商投资企业 3601 家，比上年减少 92 家。新批准外商投资企业数 73 个，比上年增加 2 家企业。

七、交通、邮电和旅游业

全年各种运输方式完成货运量 15.67 亿吨，比上年增长 18.5%。其中，铁路 5.3 亿吨，增长 12.8%；公路 10.37 亿吨，增长 21.7%。全年各种运输方式完成货物周转量 4353 亿吨公里，比上年增长 10.2%。其中，铁路 1626 亿吨公里，下降 3.6%；公路 2737 亿吨公里，增长 21.1%。全年各种运输方式完成客运量 25963.8 万人，增长 8.3%。其中，铁路4156.8万人，增长0.5%；公路21807万人，增长 9.9%。全年各种运输方式完成旅客周转量 409.2 亿人公里，比上年增长 5.7%。其中，铁路 168.2 亿人公里，下降 0.4%；公路 241 亿人公里，增长 10.5%。年末民用汽车保有量 490.9 万辆，比上年增长 1.1 倍。其中，私人轿车保有量 150.64 万辆，增长 31.8%。

全年邮电业务总量（2010 年不变价）254.46 亿元，比上年增长 27.3%。其中，电信业务总量 244.5 亿元，增长 30.1%；邮政业务总量 9.96 亿元，下降 16.3%。年末（本地电话）局用交换机总容量 638 万门，下降 10.3%。年末本地网固定电话用户 380 万户，下降 8.2%。年末移动电话用户 2310 万户，增长 13.6%。全区电话普及率（包括固定和移动电话）达到 108.9 部/百人，增长 7.7%。年末全区互联网络用户 1501 万户，增长 18.1%。

全年实现旅游总收入 889.55 亿元，比上年增长 21.4%。接待入境旅游人数 151.52 万人次，增长 6.1%；旅游外汇收入 6.71 亿美元，增长 11.5%。国内旅游人数 5177.95 万人次，比上年增长 15.6%；国内旅游收入 847.28 亿元，增长 22.3%。

八、金融、证券和保险业

年末全区金融机构人民币存款余额 12063.72 亿元，全年新增存款 1768.81 亿元，比上年末增长 17.4%。其中，单位存款余额 5797.88 亿元，比上年末增加 774.14 亿元；个人存款余额 5431.1 亿元，比上年末增加 825.39 亿元。年末全区金融机构人民币贷款余额 9727.7 亿元，全年新增贷款 1866.18 亿元，比上年末增长 23.6%。其中，短期贷款余额 3567.3 亿元，比上年末增加 916.38 亿，元，增长 33.8%；中长期贷款余额 6070.41 亿元，比上年末增加 933.49 亿元，增长 18.2%；个人消费贷款余额 1152.81 亿元，比上年末增加 318.7 亿元，增长 38.2%。

2011 年，全区证券机构布局逐步趋于合理，证券公司开户数和交易额均较快增，长。辖区两家法人证券公司股民开户数为 63.43 万户，比上年末增长 15.4%，证券交易额为 4280.74 亿元，比上，年减少 578.42 亿元。

2011 年，全区保险机构 1765 家，保险营销员 6.37 万人。全年保险业实现保费收入 229.78 亿元，比上年增长 15.6%。全年保险业累计赔付支出 71.22 亿元，增长 19.8%。农业保险稳步推进，全年全区农业保险实现保费收入 17 亿元，累计赔付支出 10.1 亿元，268.7 万户次农牧户受益，充分发挥了支农惠农作用。

九、教育和科学技术

年末全区共有普通高等学校 47 所，比上年增加 3 所；全年招收学生 11.52 万人，比上年下降 1.1%；年末在校学生 38.44 万人，比上年末增长 3.5%，其中，少数民族在校学生 10.25 万人，在少数民族在校学生中有蒙古族 8.8 万人，分别比上年增长 2.2%和 0.1%；全年毕业学生 9.59 万人，增长 1.3%。年末全区有研究生培养单位 9 个，全年招收研究生 5548 人，比上年增长 7.4%；年末在校研究生 15316 人，比上年末增长 9.7%，其中，少数民族在校研究生 4609 人，在少数民族在校研究生中有蒙古族研究生 4055 人，分别增长 2.3%和 0.9%。年末有中等职业教育学校 283 所，招收学生 10.59 万人，比上年下降 14.7%；年末在校学生 30.79 万人，比上年末下降 8%，其中，少数民族在校学生 7.02 万人，下降 8%；全年毕业学生 9.13 万人，增长 7%。年末有普通高中 279 所，全年招收学生 16.97 万人，比上年增长 2 %；年末在校学生 49.35 万人，比上年末下降 1.2%，其中，少数民族学生 13.81 万人，少数民族学生中有蒙古族学生 12.35 万人；全年毕业学生 17.34 万人，下降 0.8%。年末有初中学校 808 所，全年招收学生 25.66 万人，比上年下降 5.1%；年末在校学生 79.14 万人，比上年末下降 2.9%，其中，少数民族学生 19.17 万人，少数民族学生中有蒙古族学生 17.11 万人；全年毕业学生 25.99 万人，比上年下降 4%。全区初中阶段毛入学率 113.14%，比上年提高 6.9 个百分点。年末有小学 2613 所，全年招收学生 24.64 万人，比上年增长 11.1%；年末在校学生 140.53 万人，比上年末下降 1.8%；年末毕业学生 25.49 万人，比上年下降 5.5%。全年小学适龄儿童入学率 99.96%，比上年下降 0.03 个百分点。全区幼儿园在园人数 44.82 万人，比上年增长 17.7%。

全年共取得重大科技成果 536 项，其中，基础理论成果 92 项，应用技术成果 440 项，软科学成果 4 项。全年专利申请 3841 项，授权专利 2262 项，分别比上年增长 31.9%和 7.9%。年内共签订各类技术合同数 3437 个，比上年增长 15.9%。合同成交金额 73.43 亿元，比上年下降 15.5%。

年末全区拥有产品质量检验机构 806 个，比上年增加 77 个，比上年增长 10.6%。其中国家检测中心 5 个，比上年增加 1 个。拥有产品质量认证机构 3 个，比上年增加 2 个。

十、文化、卫生和体育

年末全区有艺术事业机构 155 个，从业人员 6461 人，比上年增长 4.3%；艺术表演团体 123 个，其中乌兰牧骑 75 个。现拥有文化馆 103 座，公共图书馆 113 座，博物馆 56 座，档案馆 146 座，已开放各类档案 175 万卷。年末全区拥有广播电台 13 座，中短波广播发射台和转播台 57 座，广播人口覆盖率 97.4%；拥有电视台 14 座，全部电视转播发射台 1268 座，电视人口覆盖率 96.2%；年末全区有线电视用户 317.25 万户，比上年增长 1.1%。自治区和盟市两级全年出版报纸 27050 万份，其中蒙文版 940.8 万份；出版各类期刊 1437 万册，其中蒙文版 142.1 万册；出版图书 6069 万册，其中蒙文版 1146 万册。

年末全区共有卫生机构 22845 个，其中，医院 491 个，农村牧区卫生院 1326 个，疾病预防控制机构 121 个，妇幼卫生机构 117 个，专科疾病防治院（所）50 个。年末全区医疗卫生单位拥有病床 10.57 万张，比上年增长 8.1%，其中，医院拥有病床 7.29 万张，乡镇卫生院拥有病床 1.69 万张，妇幼卫生机构拥有病床 0.29 万张。年末全区拥有卫生技术人员 13.17 万人，比上年末增长 4.7%，其中,医院拥有 7.42 万人,乡镇卫生院拥有 1.77 万人,疾病预防控制机构拥有 0.48 万人,妇幼卫生机构拥有 0.49 万人。执业医师、助理医师 5.78 万人，注册护士 4.25 万人，分别比上年增长 2.7%和 11.2%。农村牧区卫生事业不断加强，拥有农村牧区村卫生室 1.43 万个，拥有乡村医生和卫生员 2 万人。

年内全区体育健儿在国内外重大竞赛中获奖牌 199 枚。其中，国外获奖牌 36 枚，国内获奖牌 163 枚。

十一、环境保护

全区确定的自然保护区 185 个。其中，国家级自然保护区 25 个，自治区级自然保护区 59 个。自然保护区面积 1381.42 万公顷，其中国家级自然保护区面积 408.14 万公顷，比上年增长 6.2%。全区监测的 15 个城市空气质量达到二级标准的 13 个，达到三级标准的 2 个。

十二、人口、人民生活和社会保障

2011 年，全区常住人口为 2481.71 万人，比上年增加 9.51 万人。其中，城镇人口为 1405.24 万人，乡村人口为 1076.47 万人。全年出生人口为 22.14 万人，出生率为 8.9‰；死亡人口为 13.45 万人，死亡率为 5.4‰；自然增长率为 3.5‰。城镇化率达到 56.6%，比上年提高 1.1 个百分点。

全年城镇居民人均可支配收入 20408 元，比上年增加 2710 元，增长 15.3%。从收入构成看，工资性收入为 14779 元，增长 17.2%；财产性和转移性收入 4791 元，增长 15.8%。城镇居民人均消费性支出 15878 元，增长 13.5%。城镇居民家庭恩格尔系数为 31.3%，比上年提高 1.2 个百分点。全年农牧民人均纯收入 6642 元，比上年增加 1112 元，增长 20.1%。从收入构成看，工资性收入 1311 元，增长 26.4%；家庭经营性收入 4218 元，增长 14.9%；转移性和财产性收入 1113 元,增长 35.3%。农牧民人均生活消费支出 5508 元，增长 23.5%。农村牧区居民家庭恩格尔系数为 37.5%。城乡居民每百户主要耐用品拥有量除城镇居民中彩色电视拥有量出现下降外，其他产品拥有量均实现不同程度增长。

中华人民共和国 2011 年国民经济和社会发展统计公报[1]

中华人民共和国国家统计局

（2012 年 2 月 22 日）

2011 年，面对复杂严峻的国内外环境，全国各族人民在党中央、国务院的正确领导下，坚持以邓小平理论和“三个代表”重要思想为指导，坚持以科学发展为主题、以加快转变经济发展方式为主线，全面贯彻落实加强和改善宏观调控的各项政策措施，国民经济保持平稳较快发展，各项社会事业取得新的进步，实现了“十二五”时期良好开局。

一、综合

初步核算,全年国内生产总值[2]471564 亿元，比上年增长 9.2%。其中，第一产业增加值 47712 亿元，增长 4.5%；第二产业增加值 220592 亿元，增长 10.6%；第三产业增加值 203260 亿元，增长 8.9%。第一产业增加值占国内生产总值的比重为 10.1%，第二产业增加值比重为 46.8%，第三产业增加值比重为 43.1%。

全年居民消费价格比上年上涨 5.4%，其中食品价格上涨 11.8%。固定资产投资价格上涨 6.6%。工业生产者出厂价格上涨 6.0%。工业生产者购进价格上涨 9.1%。农产品生产价格[3]上涨 16.5%。

70 个大中城市新建商品住宅销售价格月环比下降的城市个数逐步增加。12 月份，70 个大中城市中，环比价格下降的城市为 52 个，比 1 月份增加 49 个。

年末全国就业人员 76420 万人，其中城镇就业人员 35914 万人。全年城镇新增就业 1221 万人。年末城镇登记失业率为 4.1%，与上年末持平。全年农民工[4]总量为 25278 万人，比上年增长 4.4%。其中，外出农民工 15863 万人，增长 3.4%；本地农民工 9415 万人，增长 5.9%。

年末国家外汇储备 31811 亿美元，比上年末增加 3338 亿美元。年末人民币汇率为 1 美元兑 6.3009 元人民币，比上年末升值 5.1%。

全年公共财政收入[5]103740 亿元，比上年增加 20639 亿元，增长 24.8%；其中税收收入 89720 亿元，增加 16510 亿元，增长 22.6%。

二、农业

全年粮食种植面积 11057 万公顷，比上年增加 70 万公顷；棉花种植面积 504 万公顷，增加 19 万公顷；油料种植面积 1379 万公顷，减少 10 万公顷；糖料种植面积 195 万公顷，增加 4 万公顷。

全年粮食产量 57121 万吨，比上年增加 2473 万吨，增产 4.5%。其中，夏粮产量 12627 万吨，增产 2.5%；早稻产量 3276 万吨，增产 4.5%；秋粮产量 41218 万吨，增产 5.1%。

全年棉花产量 660 万吨，比上年增产 10.7%。油料产量 3279 万吨，增产 1.5%。糖料产量 12520 万吨，增产 4.3%。烤烟产量 287 万吨，增产 5.1%。茶叶产量 162 万吨，增产 9.9%。

全年肉类总产量 7957 万吨，比上年增长 0.4%。其中，猪肉产量 5053 万吨，下降 0.4%；牛肉产量 648 万吨，下降 0.9%；羊肉产量 393 万吨，下降 1.4%。年末生猪存栏 46767 万头，增长 0.7%；生猪出栏 66170 万头，下降

0.8%。禽蛋产量2811万吨，增长1.8%。牛奶产量3656万吨，增长2.2%。

全年水产品产量5600万吨，比上年增长4.2%。其中，养殖水产品产量4026万吨，增长5.2%；捕捞水产品产量1574万吨，增长1.9%。

全年木材产量7272万立方米，比上年下降10.1%。

全年新增有效灌溉面积181万公顷，新增节水灌溉面积221万公顷。

三、工业和建筑业

全年全部工业增加值188572亿元，比上年增长10.7%。规模以上工业增加值[6]增长13.9%。在规模以上工业中，国有及国有控股企业增长9.9%；集体企业增长9.3%，股份制企业增长15.8%，外商及港澳台商投资企业增长10.4%；私营企业增长19.5%。轻工业增长13.0%，重工业增长14.3%。

全年规模以上工业中，农副食品加工业增加值比上年增长14.1%，纺织业增长8.3%，通用设备制造业增长17.4%，专用设备制造业增长19.8%，交通运输设备制造业增长12.0%，通信设备、计算机及其他电子设备制造业增长15.9%，电气机械及器材制造业增长14.5%。六大高耗能行业[7]增加值比上年增长12.3%，其中，非金属矿物制品业增长18.4%，化学原料及化学制品制造业增长14.7%，有色金属冶炼及压延加工业增长13.6%，黑色金属冶炼及压延加工业增长9.7%，电力、热力的生产和供应业增长10.1%，石油加工、炼焦及核燃料加工业增长7.6%。高技术制造业增加值比上年增长16.5%。

全年规模以上工业企业实现利润54544亿元，比上年增长25.4%。

全年全社会建筑业增加值32020亿元，比上年增长10.0%。全国具有资质等级的总承包和专业承包建筑业企业实现利润4241亿元，增长24.4%，其中国有及国有控股企业1172亿元，增长36.0%。

四、固定资产投资

全年全社会固定资产投资[8]311022亿元，比上年增长23.6%，扣除价格因素，实际增长15.9%。其中，固定资产投资（不含农户）301933亿元，增长23.8%；农户投资9089亿元，增长15.3%。东部地区投资[9]130319亿元，比上年增长20.1%；中部地区投资70783亿元，增长27.5%；西部地区投资71849亿元，增长28.7%；东北地区投资32687亿元，增长30.4%。

在固定资产投资（不含农户）中，第一产业投资6792亿元，比上年增长25.0%；第二产业投资132263亿元，增长27.3%；第三产业投资162877亿元，增长21.1%。

全年房地产开发投资61740亿元，比上年增长27.9%。其中，住宅投资44308亿元，增长30.2%；办公楼投资2544亿元，增长40.7%；商业营业用房投资7370亿元，增长30.5%。

全年新开工建设城镇保障性安居工程住房1043万套（户），基本建成城镇保障性安居工程住房432万套。

五、国内贸易

全年社会消费品零售总额183919亿元，比上年增长17.1%，扣除价格因素，实际增长11.6%。按经营地统计[10]，城镇消费品零售额159552亿元，增长17.2%；乡村消费品零售额24367亿元，增长16.7%。按消费形态统计，商品零售额163284亿元，增长17.2%；餐饮收入额20635亿元，增长16.9%。

在限额以上企业商品零售额中，汽车类零售额比上年增长14.6%，粮油类增长29.1%，肉禽蛋类增长27.6%，服装类增长25.1%，日用品类增长24.1%，文化办公用品类增长27.6%，通讯器材类增长27.5%，化妆品类增长18.7%，金银珠宝类增长42.1%，中西药品类增长21.5%，家用电器和音像器材类增长21.6%，家具类增长32.8%，建筑及装潢材料类增长30.1%。

六、对外经济

全年货物进出口总额36421亿美元，比上年增长22.5%。其中，出口18986亿美元，增长20.3%；进口17435亿美元，增长24.9%。进出口差额（出口减进口）1551亿美元，比上年减少264亿美元。

全年非金融领域新批外商直接投资企业27712家，比上年增长1.1%。实际使用外商直接投资金额1160亿美元，增长9.7%。

全年非金融类对外直接投资额601亿美元，比上年增长1.8%。

全年对外承包工程业务完成营业额1034亿美元，比上年增长12.2%；对外劳务合作派出各类劳务人员45.2万人，增加4.1万人。

七、交通、邮电和旅游

全年货物运输总量369亿吨，比上年增长13.7%。货物运输周转量159014亿吨公里，增长12.1%。

全年规模以上港口完成货物吞吐量90.7亿吨，比上年增长11.9%，其中外贸货物吞吐量27.5亿吨，增长10.8%。规模以上港口集装箱吞吐量16231万标准箱，增长11.4%。

年末全国民用汽车保有量达到10578万辆（包括三轮汽车和低速货车1228万辆），比上年末增长16.4%，其中私人汽车保有量7872万辆，增长20.4%。民用轿车保有量4962万辆，增长23.2%，其中私人轿车4322万辆，增长25.5%。

全年完成邮电业务总量[11]13379亿元，比上年增长16.5%。其中，邮政业务总量1608亿元，增长25.0%；电信业务总量11772亿元，增长15.5%。全年局用交换机容量减少3070万门，总容量43467万门；新增移动电话交换机容量[12]20406万户，达到170691万户。年末固定电话用户28512万户。其中，城市电话用户19110万户，农村电话用户9402万户。新增移动电话用户12725万户，年末达到98625万户，其中3G移动电话用户[13]12842万户。年末全国固定及移动电话用户总数达到127137万户，比上年末增加11802万户。电话普及率达到94.9部/百人。互联网上网人数5.13亿人，互联网普及率达到38.3%。

全年国内出游人数26.4亿人次，比上年增长13.2%；国内旅游收入19306亿元，增长23.6%。入境旅游人数13542万人次，增长1.2%。其中，外国人2711万人次，增长3.8%；香港、澳门和台湾同胞10831万人次，增长0.6%。在入境旅游者中，过夜旅游者5758万人次，增长3.4%。国际旅游外汇收入485亿美元，增长5.8%。国内居民出境人数7025万人次，增长22.4%。其中因私出境6412万人次，增长24.5%，占出境人数的91.3%。

八、金融

年末广义货币供应量（M2）余额为85.2万亿元，比上年末增长13.6%；狭义货币供应量（M1）余额为29.0万亿元，增长7.9%；流通中现金（M0）余额为5.1万亿元，增长13.8%。

年末全部金融机构本外币各项存款余额82.7万亿元，比年初增加9.9万亿元,其中人民币各项存款余额80.9万亿元，增加9.6万亿元。全部金融机构本外币各项贷款余额 58.2 万亿元，增加 7.9 万亿元，其中人民币各项贷款余额 54.8 万亿元，增加 7.5 万亿元。

全年农村金融合作机构（农村信用社、农村合作银行、农村商业银行）人民币贷款余额 66778 亿元，比年初增加 10012 亿元。全部金融机构人民币消费贷款余额 88717 亿元，增加 14803 亿元。其中，个人短期消费贷款余额 13555 亿元，增加 3965 亿元；个人中长期消费贷款余额 75162 亿元，增加 10838 亿元。

全年上市公司通过境内市场累计筹资 6780 亿元，比上年减少 3495 亿元。其中，首次公开发行 A 股 282 只，筹资 2825 亿元，减少 2058 亿元；A 股再筹资（包括配股、公开增发、非公开增发、认股权证）筹资 2248 亿元，减少 1824 亿元；上市公司通过发行可转债、可分离债、公司债筹资 1707 亿元，增加 387 亿元。全年公开发行创业板股票 128 只，筹资 791 亿元。

全年发行非上市公司企业（公司）债券 3485 亿元，比上年减少 142 亿元。企业发行短期融资券 8029 亿元，增加 1287 亿元；中期票据 7270 亿元，增加 2346 亿元。

全年保险公司原保险保费收入[14]14339 亿元，比上年增长[15]10.5%，其中寿险业务原保险保费收入 8696 亿元；健康险和意外伤害险业务原保险保费收入 1025 亿元；财产险业务原保险保费收入 4618 亿元。支付各类赔款及给付 3929 亿元，其中寿险业务给付 1301 亿元；健康险和意外伤害险赔款及给付 441 亿元；财产险业务赔款 2187 亿元。

九、教育、科学技术和文化

全年研究生教育招生 56.0 万人，在学研究生 164.6 万人，毕业生 43.0 万人。普通高等教育本专科招生 681.5 万人，在校生 2308.5 万人，毕业生 608.2 万人。各类中等职业教育招生 808.9 万人，在校生 2196.6 万人，毕业生 662.7 万人。全国普通高中招生 850.8 万人，在校生 2454.8 万人，毕业生 787.7 万人。全国初中招生 1634.7 万人，在校生 5066.8 万人，毕业生 1736.7 万人。普通小学招生 1736.8 万人，在校生 9926.4 万人，毕业生 1662.8 万人。特殊教育招生 6.4 万人，在校生 39.9 万人，毕业生 4.4 万人。幼儿园在园幼儿 3424.4 万人。

全年研究与试验发展（R&D）经费支出 8610 亿元，比上年增长 21.9%，占国内生产总值的 1.83%，其中基础研究经费 396 亿元。全年国家安排了 952 项科技支撑计划课题，524 项“863”计划课题。累计建设国家工程研究中心 130 个，国家工程实验室 119 个。累计建设国家地方联合工程研究中心 101 个，国家地方联合工程实验室 116 个。国家认定企业技术中心达到 793 家。省级企业技术中心达到 6824 家。实施新兴产业创投计划，累计支持设立 61 家创业投资企业，投资创业企业 108 家。全年受理境内外专利申请 163.3 万件，其中境内申请 147.9 万件，占 90.5%。受理境内外发明专利申请 52.6 万件，其中境内申请 40.4 万件，占 76.7%。全年授予专利权 96.1 万件，其中境内授权 86.4 万件，占 89.9%。授予发明专利权 17.2 万件，其中境内授权 10.6 万件，占 61.5%。截至年底，有效专利 274.0 万件，其中境内有效专利 220.2 万件，占 80.4%；有效发明专利 69.7 万件，其中境内有效发明专利 31.8 万件，占 45.7%。全年共签订技术合同 25.6 万项，技术合同成交金额 4763.6 亿元，比上年增长 21.9%。全年成功发射卫星 19 次。天宫一号目标飞行器和神舟八号飞船成功发射并实现空中交会对接。载人深潜器“蛟龙”号成功完成 5000 米海试。

年末全国共有产品检测实验室 25669 个，其中国家检测中心 476 个。全国现有产品质量、体系认证机构 174 个，已累计完成对 83549 个企业的产品认证。全国共有法定计量技术机构 3740 个，全年强制检定计量器具 6179 万台（件）。全年制定、修订国家标准 1993 项，其中新制定 1559 项。全年中央气象台和省级气象台共发布气象预警信号 4034 次，警报 4337 次。全国共有地震台站 1480 个，地震监测台网 32 个。全国共有海洋观测站 74 个。测绘地理信息部门公开出版地图 2103 种。

年末全国文化系统共有艺术表演团体 2481 个，博物馆 2571 个，全国共有公共图书馆 2925 个，文化馆 3276 个。广播电台 197 座，电视台 213 座，广播电视台 2153 座，教育电视台 44 个。有线电视用户 20152 万户，有线数字电视用户 11455 万户。年末广播节目综合人口覆盖率为 97.1%；电视节目综合人口覆盖率为 97.8%。全年生产电视剧 469 部 14939 集，动画电视 261444 分钟。全年生产故事影片 558 部，科教、纪录、动画和特种影片[16]131 部。出版各类报纸 467 亿份，各类期刊 33 亿册，图书 77 亿册（张）。年末全国共有档案馆 4107 个，已开放各类档案 10376 万卷（件）。

全年运动员在 24 个大项中获得 138 个世界冠军，共有 4 人 1 队 8 次创 8 项世界纪录。

十、卫生和社会服务

年末全国共有医疗卫生机构 953432 个，其中医院 21638 个，乡镇卫生院 37374 个，社区卫生服务中心（站）32812 个，诊所（卫生所、医务室）177754 个，村卫生室 659596 个，疾病预防控制中心 3499 个，卫生监督所（中心）3005 个。卫生技术人员 620 万人，其中执业医师和执业助理医师 251 万人，注册护士 224 万人。医疗卫生机构床位 515 万张，其中医院 368 万张，乡镇卫生院 103 万张。全年甲、乙类法定报告传染病发病人数 323.8 万例，报告死亡 15264 人；报告传染病发病率 241.44/10 万，死亡率 1.14/10 万。

年末全国共有各类提供住宿的社会服务机构[17]4.5 万个，床位 367.2 万张，收养救助各类人员 279.6 万人。其中，农村养老服务机构 3.2 万个，床位 232.6 万张，收养各类人员 182.8 万人。各类社区服务设施 14.8 万个，其中，社区服务中心 1.4 万个，社区服务站 4.9 万个。年末 2276.8 万城市居民得到政府最低生活保障，比上年末减少 33.7 万人；5313.5 万农村居民得到政府最低生活保障，增加 99.5 万人；552.0 万农村居民得到政府五保救济[18]，减少 4.3 万人。全年救助城市医疗困难群众 711.4 万人次，救助农村医疗困难群众 1558.1 万人次；资助 1276.5 万城镇困难群众参加城镇医疗保险，资助 4544.3 万农村困难群众参加新型农村合作医疗。

十一、人口、人民生活和社会保障

年末全国大陆总人口为 134735 万人，比上年末增加 644 万人，其中城镇人口为 69079 万人，占总人口比重首次超过 50%，达到 51.3%。全年出生人口 1604 万人，出生率为 11.93‰；死亡人口 960 万人，死亡率为 7.14‰；自然增长率为 4.79‰。出生人口性别比为

117.78。全国人户分离的人口[19]为2.71亿人，其中流动人口[20]为2.30亿人。

全年农村居民人均纯收入6977元，比上年增长17.9%，扣除价格因素，实际增长11.4%；农村居民人均纯收入中位数[21]为6194元，增长19.1%。城镇居民人均可支配收入21810元，比上年增长14.1%，扣除价格因素，实际增长8.4%；城镇居民人均可支配收入中位数为19118元，增长13.5%。农村居民食品消费支出占消费总支出的比重为40.4%，城镇为36.3%。

年末全国参加城镇职工基本养老保险人数28392万人，比上年末增加2685万人。其中，参保职工21574万人，参保离退休人员6819万人。参加城镇基本医疗保险的人数47291万人，增加4028万人。其中，参加城镇职工基本医疗保险[22]人数25226万人，参加城镇居民基本医疗保险人数22066万人。参加城镇基本医疗保险的农民工4641万人，增加58万人。参加失业保险的人数14317万人，增加941万人。参加工伤保险的人数17689万人，增加1528万人，其中参加工伤保险的农民工6837万人，增加537万人。参加生育保险的人数13880万人，增加1544万人。截至9月底，2646个县（市、区）开展了新型农村合作医疗工作，新型农村合作医疗参合率97.5%；新型农村合作医疗基金支出总额为1114亿元，受益8.4亿人次。全国列入国家新型农村社会养老保险试点地区参保人数32643万人。年末全国领取失业保险金人数为197万人。2011年，国家将农村扶贫标准提高到年人均纯收入2300元（2010年不变价），按照新标准，年末农村扶贫对象为12238万人。

十二、资源、环境和安全生产

全年全国国有建设用地供应总量[23]58.8万公顷，比上年增长37.2%。其中，工矿仓储用地19.3万公顷，增长26.2%；房地产用地[24]16.7万公顷，增长9.2%；基础设施等其他用地22.8万公顷，增长86.1%。

全年水资源总量24022亿立方米。全年平均降水量567毫米。年末全国422座大型水库蓄水总量1956亿立方米，比上年末少蓄水69亿立方米。全年总用水量6080亿立方米，比上年增长1.0%。其中，生活用水增长2.5%，工业用水增长0.9%，农业用水增长0.8%，生态补水下降4.0%。万元国内生产总值用水量[25]139立方米，比上年下降7.3%。万元工业增加值用水量82立方米，下降8.9%。人均用水量452立方米，增长0.4%。

全年完成造林面积614万公顷，其中人工造林414万公顷。林业重点工程完成造林面积311万公顷，占全部造林面积的50.7%。截至年底，自然保护区达到2640个，其中国家级自然保护区335个。新增水土流失治理面积3.9万平方公里，新增实施水土流失地区封育保护面积2.8万平方公里。截至年底，已确权集体林地面积为17333万公顷，其中发放林权证的面积为15100万公顷。

全年平均气温为9.3℃，共有7个台风登陆。

初步核算，全年能源消费总量34.8亿吨标准煤，比上年增长7.0%。煤炭消费量增长9.7%；原油消费量增长2.7%；天然气消费量增长12.0%；电力消费量增长11.7%。全国万元国内生产总值能耗下降2.01%。主要原材料消费[26]中，钢材消费量8.4亿吨，增长9.0%；精炼铜消费量786万吨，增长5.2%；电解铝消费量1724万吨，增长12.1%；乙烯消费量1528万吨，增长7.5%；水泥消费量20.7亿吨，增长11.2%。

七大水系的398个水质监测断面中，Ⅰ～Ⅲ类水质断面比例占56.3%，比上年提高0.3个百分点；劣Ⅴ类水质断面比例占15.3%，下降2.0个百分点。七大水系水质总体上保持稳定。

近岸海域301个海水水质监测点中，达到国家一、二类海水水质标准的监测点占62.8%，三类海水占12.0%，四类、劣四类海水占25.2%。

在监测的330个城市中，有293个城市空气质量达到二级以上（含二级）标准，占监测城市数的88.8%；有33个城市为三级，占10.0%；有4个城市为劣三级，占1.2%。在监测的316个城市中，城市区域声环境质量好的城市占5.1%，较好的占72.8%，轻度污染的占21.5%，中度污染的占0.6%。

年末城市污水处理厂日处理能力达11255万立方米，比上年末增长7.8%；城市污水处理率达到82.6%，提高0.3个百分点。集中供热面积45.6亿平方米，增长4.6%。建成区绿地率达到34.7%，提高0.2个百分点。

全年各类自然灾害造成直接经济损失3096亿元，比上年下降42.0%。全年农作物受灾面积3247万公顷，下降13.2%，其中绝收289万公顷，下降40.5%。全年因洪涝、滑坡和泥石流灾害造成直接经济损失1260亿元，下降64.0%。全年因旱灾造成直接经济损失928亿元，增长22.6%。全年因低温冷冻和雪灾造成直接经济损失290亿元，下降8.9%。全年因海洋灾害造成直接经济损失60.5亿元，下降54.4%。全年累计发生赤潮面积1145平方公里，下降89.5%。全年大陆地区共发生5级以上地震17次，成灾15次，造成直接经济损失60.1亿元。全年共发生森林火灾5550起，下降28.1%。

全年各类生产安全事故共死亡75572人，比上年下降5.0%。亿元国内生产总值生产安全事故死亡人数为0.173人，下降13.9%；工矿商贸企业就业人员10万人生产安全事故死亡人数为1.88人，下降11.7%；道路交通万车死亡人数为2.8人，下降12.5%；煤矿百万吨死亡人数为0.564人，下降24.7%。

注释：

[1]本公报中数据均为初步统计数。各项统计数据均未包括香港特别行政区、澳门特别行政区和台湾省。部分数据因四舍五入的原因，存在着与分项合计不等的情况。

[2]国内生产总值、各产业增加值绝对数按现价计算，增长速度按不变价格计算。

[3]农产品生产价格是指农产品生产者直接出售其产品时的价格。

[4]年度农民工数量包括年内在本乡镇以外从业6个月以上的外出农民工和在本乡镇内从事非农产业6个月以上的本地农民工两部分。

[5]公共财政收入是指政府凭借国家政治权力，以社会管理者身份筹集以税收为主体的财政收入，与以往年份财政收入指标口径一致。

[6]从2011年开始，纳入规模以上工业统计范围的工业企业起点标准从年主营业务收入500万元提高到2000万元。

[7]六大高耗能行业分别为：化学原料及化学制品制造业、非金属矿物制品业、黑色金属冶炼及压延加工业、

有色金属冶炼及压延加工业、石油加工炼焦及核燃料加工业、电力热力的生产和供应业。

[8]从2011年开始，固定资产投资统计的起点标准从计划总投资50万元提高到500万元，因此2011年全社会固定资产投资绝对数与2010年不可比，但比上年增速是按可比口径计算的。与此同时，月度投资统计制度将统计范围从城镇扩大到城镇和农村企事业组织，并定义为“固定资产投资（不含农户）”。

[9]固定资产投资按东部、中部、西部和东北地区计算的合计数据小于全国数据，是因为有部分跨地区的投资未计算在地区数据中。其中，东部地区是指北京、天津、河北、上海、江苏、浙江、福建、山东、广东和海南10省市；中部地区是指山西、安徽、江西、河南、湖北和湖南6省；西部地区是指内蒙古、广西、重庆、四川、贵州、云南、西藏、陕西、甘肃、青海、宁夏和新疆12省（区、市）；东北地区是指辽宁、吉林和黑龙江3省。

[10]从2010年起，社会消费品零售总额统计采用新的分组，即将经营单位所在地分组由“市”、“县”、“县以下”改为“城镇”、“乡村”；取消按行业分组，新设按“商品零售额”和“餐饮收入额”两种消费形态的分组。

[11]邮电业务总量按2010年不变价格计算，2001年至2010年按照2000年不变价格计算，因此2011年邮电业务总量绝对数与2010年不可比，但比上年增速是按可比口径计算的。

[12]移动电话交换机容量是指移动电话交换机根据一定话务模型和交换机处理能力计算出来的最大同时服务用户的数量。

[13]3G是指第三代蜂窝移动通信系统（3rd-generation，简称3G），3G移动电话用户是指报告期末在计费系统拥有使用信息、占用3G网络资源的在网用户。

[14]原保险保费收入是指保险企业确认的原保险合同保费收入。

[15]原保险保费收入同比增速是按照行业2011年全面实施《企业会计准则解释第2号》后的口径测算。

[16]特种影片是指那些采用与常规影院放映在技术、设备、节目方面不同的电影展示方式，如巨幕电影、立体电影、立体特效（4D）电影、动感电影、球幕电影等。

[17]提供住宿的社会服务机构除收养性机构外，还包括救助类机构、社区类机构以及军休所、军供站等机构。

[18]农村五保救济是指老年、残疾和未满16周岁的村民，无劳动能力、无生活来源又无法定赡养、抚养、扶养义务人，或者其法定赡养、抚养、扶养义务人无赡养、抚养、扶养能力的村民，在吃、穿、住、医、葬方面得到的生活照顾和物质帮助。

[19]人户分离的人口是指居住地与户口登记地所在的乡镇街道不一致且离开户口登记地半年以上的人口。

[20]流动人口是指人户分离人口中不包括市辖区内人户分离的人口。市辖区内人户分离的人口是指一个直辖市或地级市所辖区内和区与区之间，居住地和户口登记地不在同一乡镇街道的人口。

[21]人均收入中位数是指将所有调查户按人均收入水平从低到高顺序排列，处于最中间位置的调查户的人均收入。

[22]城镇职工基本医疗保险人数包括参保职工和参保退休人员。城镇居民基本医疗保险的参保对象是不属于城镇职工基本医疗保险覆盖范围的城镇非从业人员。

[23]国有建设用地供应总量是指报告期市、县人民政府根据年度土地供应计划依法以出让、划拨、租赁等方式将国有建设用地使用权提供给单位或个人使用的国有建设用地总量。

[24]房地产用地是指商服用地和住宅用地的总和。

[25]万元国内生产总值用水量、万元工业增加值用水量和万元国内生产总值能耗按2010年不变价格计算，2006年至2010年按照2005年不变价格计算，因此2011年绝对数与2010年不可比，但比上年增速是按可比口径计算的。

[26]主要原材料消费量是指表观消费量，即产品产量加上产品净进口量（进口－出口），没有包括库存变动。

资料来源：本公报中城镇新增就业、登记失业率、社会保障数据来自人力资源社会保障部；外汇储备和汇率数据来自外汇局；财政数据来自财政部；水产品产量数据来自农业部；木材产量、林业、森林火灾数据来自林业局；灌溉面积、水资源数据来自水利部；新增发电机组容量、新增220千伏及以上变电设备数据来自中电联；新建铁路投产里程、增建铁路复线投产里程、电气化铁路投产里程、铁路运输数据来自铁道部；新建公路、港口万吨级码头泊位新增吞吐能力、公路运输、水运、港口货物吞吐量数据来自交通运输部；新增光缆线路长度、新增数字蜂窝移动电话交换机容量、电话用户、上网人数等通信数据来自工业和信息化部；保障性住房、城市污水处理、集中供热面积、建成区绿地率来自住房城乡建设部；货物进出口数据来自海关总署；外商直接投资、对外直接投资、对外承包工程、对外劳务合作等数据来自商务部；民航数据来自民航局；管道数据来自中石油、中石化；民用汽车数据来自公安部；邮政业务总量数据来自邮政局；旅游数据来自旅游局、公安部；货币金融数据来自人民银行；上市公司数据来自证监会；企业债券、国家工程研究中心、企业技术中心、新兴产业创投等数据来自发展改革委；保险业数据来自保监会；教育数据来自教育部；安排科技计划课题、技术合同等数据来自科技部；专利数据来自知识产权局；发射卫星数据来自国防科工局；质量检验、国家标准制定修订数据来自质检总局；气象预警、平均气温、登陆台风数据来自气象局；地震数据来自地震局；测绘数据来自测绘局；海洋观测站、海洋灾害造成直接经济损失、发生赤潮面积来自海洋局；艺术表演团体、博物馆、公共图书馆、文化馆数据来自文化部；广播、电视、电影数据来自广电总局；报纸、期刊、图书数据来自新闻出版总署；档案数据来自档案局；体育数据来自体育总局；卫生、新农合数据来自卫生部；社会服务、低保和五保救济数据、各类自然灾害造成直接经济损失、农作物受灾面积、洪涝滑坡和泥石流灾害造成直接经济损失、旱灾造成直接经济损失、低温冷冻和雪灾造成直接经济损失来自民政部；国有建设用地供应数据来自国土资源部；环境监测数据来自环境保护部；安全生产数据来自安全监管总局；其他数据均来自国家统计局。

第二部分　统计资料

行政区划和自然概况

1-1 行 政 区 划

单位：个

项目	乡	镇	街道办事处	社区居委会	村民委员会
全市	**20**	**25**	**31**	**236**	**1009**
市区		6	31	193	222
新城区		1	8	46	26
回民区		1	7	42	19
玉泉区		1	8	41	54
赛罕区		3	8	64	123
旗县	20	19		43	787
土左旗	4	5		13	321
托县		5		11	120
和林县	5	3		10	150
清水河县	5	3		4	103
武川县	6	3		5	93

1-2 土 地 面 积

单位：平方公里

项目	指标值	构成（%）	项目	指标值	构成（%）
总面积	**17224.0**	**100.0**	**按行政区划分**		
按地形分			市区	2054.0	11.9
平原	5278.9	30.6	#建城区	174.0	1.0
丘陵	6475.5	37.6	土左旗	2712.0	15.8
山地	5233.7	30.4	托县	1313.0	7.6
沙丘	44.5	0.3	和林县	3401.0	19.7
其他	191.4	1.1	清水河县	2859.0	16.6
			武川县	4885.0	28.4

1-3 人口密度

项目	土地面积（平方公里）	人口数（人）	人口密度（人/平方公里）
全市	**17224**	**2322563**	**135**
市区	2054	1235700	602
旗县	15170	1097556	72
土左旗	2712	367036	135
托县	1313	207109	158
和林县	3401	200397	59
清水河县	2859	147007	51
武川县	4885	176007	36

1-4 河流、湖泊

项目	主河流长度（公里）	面积（千公顷）	项目	主河流长度（公里）	面积（千公顷）
河流			宝贝河	66.0	
黄河	102.5		茶房河	49.0	
乌素图河	22.0		清水河	70.0	
抢盘河	87.6		克力沟河	36.8	
大黑河	114.4		榆树后河	35.1	
小黑河	55.5		卯独庆河	49.6	
哈拉沁河	17.0		壕赖河	15.6	
什拉乌素河	72.1		塔布河	53.0	
民号河	48.0		中后河	49.9	
浑河	111.0		巴拉干河	18.9	
古力半河	44.0		**湖泊**		
马厂河	37.0		哈素海		3.0

1-5 气象资料（一）

月份	气温（℃）			降水日数（天）	降水量（毫米）	日最大降水量（毫米）	日照时数（小时）
	平均	最高	最低				
全年	**7.6**	**14.1**	**1.9**	**68**	**187.0**	**38.4**	**2890.5**
一月	-14.3	-8.0	-19.4	1	0.5	0.5	226.4
二月	-3.8	2.7	-8.8	5	14.9	13.5	198.8
三月	-0.2	6.9	-6.6		0.0	0.0	292.6
四月	9.2	16.5	2.4	4	4.1	2.2	282.2
五月	15.1	22.1	7.7	7	8.5	3.4	285.2
六月	22.7	29.2	16.0	6	26.0	22.3	279.2
七月	22.9	29.5	16.7	12	28.4	5.4	254.2
八月	23.0	29.3	17.2	8	20.7	13.8	285.5
九月	15.0	21.9	9.5	6	18.2	8.9	246.3
十月	9.0	15.9	3.5	7	9.6	3.2	196.1
十一月	1.2	6.0	-2.4	7	54.1	38.4	158.5
十二月	-8.9	-3.2	-13.2	5	2.0	0.6	185.5

1-6 气象资料（二）

地区	最高气温		最低气温		最大风速		初霜日	终霜日	无霜日（天）
	极值（℃）	日期	极值（℃）	日期	极值（米/秒）	日期			
市区	34.5	8月9日	-24.1	1月6日	11.2	5月28日	9月26日	4月11日	167
土左旗	33.6	6月16日	-23.3	1月18日	13.1	4月17日	9月28日	4月3日	177
托县	34.8	8月3日	-22.2	1月1日	9.6	6月8日	9月26日	4月27日	151
和林县	34.2	8月8日	-24.3	1月18日	11.4	4月17日	9月26日	4月11日	167
清水河县	33.5	7月23日	-23.8	1月6日	12.9	7月26日	9月27日	5月6日	143
武川县	31.8	8月8日	-28.8	1月5日	14.9	4月30日	9月22日	3月24日	181

主要统计指标解释

行政区划 国家为进行分级管理而划分的地方。根据宪法规定，我国行政区划是全国分为省、自治区、直辖市；省、自治区分为自治州、县、自治县、市；县、自治县分为乡、镇。直辖市和较大的市分为区、县。自治州分为县、自治县、市。省下设的地区、县下设的区以及市属区下设的街道办事处都是它们上一级的派出机构。

土地面积 指某一国家或某一地区所辖范围内的全部地域面积。土地包括耕地、荒山、荒地、林地、草原、道路、建筑物占地、河流、湖泊、水库等。按照地形的不同，一般可分为山地、高原、盆地、平原、丘陵。地形分类因各地区特点而异。以下地形的地貌特征是：

（1）平原 地面平坦，地面坡度小于 5 度，地表组织物质以第四纪松散堆积物为主。

（2）丘陵 地面波状起伏，脉络不明显，丘顶多呈浑圆状，间有峰脊，坡度大多在25度以下，相对高度在200米以下，地表多为基岩裸露。

（3）山地 地面起伏大，线状伸延，脉络清楚，相对高度大于200米，坡度大于25度，地表切割深，多为基岩裸露。

水域面积 指内陆水域，海涂和水利设施用地的面积。包括河流、湖泊、水库、坑塘、苇地（连片生长芦苇的土地）海涂、溪沟渠道的全部面积。不包括河堤以及耕地、园地、草场内临时沟渠和末级固定的沟渠的面积。

人口密度 指一定地理（政治的、行政区域的、自然的、经济的、城乡的）范围内的人口数与相应土地面积的比值，反映一定地理范围内人口集居的稀密状况。计算公式为：

$$人口密度=\frac{某地理范围内的总人口}{某地理范围内的土地面积}$$

计算结果表明每一平方公里内有多少人口。

年平均气温 指空气日平均温度一年内的平均值。计算方法为全年逐日累计平均气温除以 365 天，或逐月累计月平均气温除以 12 个月。

年最高气温 指一年内最高的日平均气温值。

年最低气温 指一年内最低的日平均气温值。

降水量 指一定时段内，降到平地上的降水（包括液态水和固态水）所积成的水层深度，以毫米数（mm）表示。测算时，固态水（如冰、雪）要折合成液态水。

第二部分　统计资料

综　合

2-1 国民经济和社会主要指标

指　　标	单 位	2010年	2011年	2011年比2010年增长%
土地面积	平方公里	17224	17224	
城市建成区面积	平方公里	166	174	4.8
房屋建筑面积	万平方米	7907	8399	6.2
住宅建筑面积	万平方米	3753	3985	6.2
年末总人口	万人	229.6	232.3	1.2
男　　性	万人	117.5	118.7	1.0
女　　性	万人	112.1	113.6	1.3
年末总户数	户	802360	827571	3.1
# 乡村户数	户	299142	301376	0.7
出生人口	人	27225	24324	-10.7
死亡人口	人	18042	5231	-71.0
人口密度	人/平方公里	133	135	1.5
从业人员	万人	165.5	168.3	1.7
城镇从业人员	万人	71.9	88.8	23.5
国有经济	万人	21.1	21.9	3.8
城镇集体经济	万人	1.0	1.0	
其他单位合计	万人	9.4	9.6	2.1
内　　资	万人	8.6	8.8	2.3
港澳台投资经济	万人	0.3	0.3	
外商投资经济	万人	0.4	0.5	25.0
城镇私营经济	万人	24.3	27.2	11.9
城镇个体	万人	16.1	29.1	80.7
从业人员按产业分				
第一产业	万人	41.8	40.2	-3.8
第二产业	万人	50.8	52.4	3.1
第三产业	万人	72.9	75.7	3.8
在岗职工人数	万人	31.1	32.0	2.9
在岗职工人数按登记注册类型分				
国有经济	万人	21.0	21.8	3.8
城镇集体经济	万人	1.0	1.0	
其他单位合计	万人	9.0	9.3	3.3
乡村从业人员	万人	58.4	58.2	-0.3
# 农林牧渔业	万人	40.6	38.6	-4.9
农林牧渔业总产值	亿元	162.4	195.1	20.1

2-1续表1

指　　标	单 位	2010年	2011年	2011年比2010年增长%
农林牧渔业总产值指数	上年=100	105.7	120.1	
农业机械总动力	万千瓦	206.2	218.7	6.0
化肥使用量（折纯量）	万吨	10.7	11.1	3.7
农村用电量	万千瓦小时	37000	39468	6.7
有效灌溉面积	公顷	195570	196000	0.2
总播种面积	公顷	443600	445340	0.4
# 粮食作物播种面积	公顷	321350	323330	0.6
粮食总产量	万吨	116.1	117.5	1.2
油料总产量	万吨	3.5	3.9	11.4
猪肉产量	万吨	2.8	2.8	
牛肉产量	万吨	3.3	3.3	
羊肉产量	万吨	3.1	3.1	
奶类产量	万吨	305.6	307.6	0.7
规模以上工业企业单位数	个	320	267	-16.6
# 大型企业	个	6	15	150.0
中型企业	个	61	60	-1.6
小型企业	个	253	186	-26.5
规模以上工业增加值指数	上年=100	113.2	111.4	
规模以上工业资产总计	万元	13156368	15225383	15.7
规模以上工业负债总计	万元	8963572	9956331	11.1
规模以上工业主营业务收入	万元	11539656	13206673	14.4
规模以上工业企业利润总额	万元	1879576	2044018	8.7
社会消费品零售总额	万元	7585546	8900478	17.6
批零贸易业	万元	6587939	7867123	19.4
住宿和餐饮业	万元	978296	1033355	5.6
其　他	万元	19311		
批发零售贸易业批发总额	万元	17404716	22016757	26.5
批发零售贸易业零售总额	万元	6587939	7867123	19.4
限额以上批发零售贸易业销售总额	万元	6795479	8672377	27.6

2-1续表2

指　　标	单 位	2010年	2011年	2011年比2010年增长%
# 零售额	万元	3159786	4335068	37.2
海关进出口总额	万美元	150604	202456	34.4
# 出口额	万美元	75912	102370	34.9
区内资金实际到位数	万元	2096903	2202753	5.0
区外资金实际到位数	万元	2669681	3363215	26.0
外商直接投资	万美元	11340	8243	-27.3
地区生产总值	万元	18657140	21772669	11.3
第一产业	万元	913272	1094407	5.1
第二产业	万元	6789540	7899883	10.7
# 工业增加值	万元	5570516	6514298	11.9
第三产业	万元	10954328	12778379	12.2
人均地区生产总值	元	65518	75266	7.3
地区生产总值指数	上年=100	113.0	111.3	
第一产业	上年=100	104.7	105.1	
第二产业	上年=100	113.3	110.7	
# 工业增加值	上年=100	114.3	111.9	
第三产业	上年=100	113.3	112.2	
人均地区生产总值指数	上年=100	110.9	107.3	
地方财政总收入	万元	2414508	2852164	18.1
# 增 值 税	万元	98790	105672	7.0
营 业 税	万元	337244	403577	19.7
企业所得税	万元	86242	123375	43.1
地方财政支出	万元	1772800	2556680	44.2
金融机构存款余额	万元	26789189	31882180	19.0
# 单位存款	万元	14521934	18059219	24.4
居民储蓄存款余额	万元	9259156	10536835	13.8
金融机构贷款余额	万元	25199470	32018151	27.1

2-1续表3

指　标	单位	2010年	2011年	2011年比2010年增长%
#短期贷款	万元	4904067	6957129	41.9
中长期贷款	万元	20089958	24791923	23.4
其他类贷款	万元	204992	269099	31.3
职工工资总额	万元	1200455	1369546	14.1
国有经济	万元	921602	1004687	9.0
城镇集体经济	万元	31026	34808	12.2
其他单位合计	万元	247827	330050	33.2
固定资产投资	万元	8812359	10316781	17.1
#国　有	万元	4068406	4785511	17.6
商品房销售额	万元	1937134	2434559	25.7
商品房销售面积	万平方米	471.9	583.7	23.7
建筑企业单位数	个	205	178	-13.2
建筑业总产值	万元	2017592	2109222	4.5
房屋建筑施工面积	万平方米	1333.6	1403.7	5.3
房屋建筑竣工面积	万平方米	374.3	515.7	37.8
公路里程	公里	6549	6606	0.9
等级路里程	公里	6165	6238	1.2
市内公共电汽车数	辆	1622	1673	3.1
出租汽车数	辆	5568	5568	
邮电业务总量	万元	478451	397954	-16.8
城市电话用户	万户	67.3	68.4	1.7
乡村电话用户	万户	3.0	3.1	1.8
幼儿园数	所	158	204	29.1
在园儿童数	万人	3.5	4.2	20.0
学龄儿童入学率	%	100.0	100.0	
小学专任教师数	万人	1.0	0.9	-10.0
小学学校数	所	361	341	-5.5
小学在校学生数	万人	17.8	17.7	-0.6
小学招生数	万人	2.7	3.1	14.8
小学毕业生数	万人	3.2	3.0	-6.3

2-1续表4

指　　标	单 位	2010年	2011年	2011年比2010年增长%
普通中学专任教师数	万人	0.9	1.0	11.1
普通中学学校数	所	125	122	-2.4
初中在校学生数	万人	9.9	9.6	-3.0
初中招生数	万人	3.3	3.2	-3.0
初中毕业生数	万人	3.1	3.3	6.5
高中在校学生数	万人	5.8	6.0	3.4
高中招生数	万人	2.1	2.1	
高中毕业生数	万人	2.2	1.8	-18.2
中等专业学校数	所	44	48	9.1
中等专业学校在校学生数	万人	5.5	5.6	1.8
中等专业学校招生数	万人	1.8	1.4	-22.2
中等专业学校毕业生数	万人	1.2	1.6	33.3
普通高等学校数	所	22	23	4.5
普通高等学校在校学生数	万人	21.5	22.2	3.3
普通高等学校招生数	万人	6.7	6.5	-3.0
普通高等学校毕业生数	万人	5.4	5.3	-1.9
广播覆盖率	%	98.0	98.5	0.5
电视覆盖率	%	94.4	94.9	0.5
公共图书馆	个	10	10	
公共图书馆藏书量	万册	277.0	288.8	4.3
旅游人数	万人次	1311.5	1605.4	22.4
# 外国人	万人次	8.1	8.5	4.9
供水管道长度	公里	689	718	4.2
供水总量	万吨	11859	13986	17.9
# 生活用	万吨	8353	9218	10.4
用水人口	万人	148.1	161.1	8.8
液化石油气供气量	吨	7760	9996	28.8
# 生活用	吨	7760	9996	28.8
天然气供气量	吨	30623	38199	24.7
# 生活用	吨	4171	4353	4.4

2-1续表5

指　　标	单位	2010年	2011年	2011年比2010年增长%
污水排放量	万立方米	9488	11189	17.9
污水处理量	万立方米	7315	8214	12.3
排水管道长度	公里	962	1080	12.3
生活垃圾清运量	万吨	59	59	
生活垃圾无害化处理量	万吨	58	58	
公园面积	公顷	2342	2385	1.8
建成区绿化覆盖率	%	35.7	36.0	0.8
卫生机构数	个	1860	1815	-2.4
# 医院、卫生院	个	143	142	-0.7
卫生防疫站	个	12	12	
妇幼保健站	个	12	12	
卫生机构床位数	张	12675	13037	2.9
# 医院、卫生院	张	11561	11607	0.4
卫生机构人员数	人	22435	22993	2.5
医院、卫生院技术人员	人	11085	11395	2.8
# 执业医师、助理医师	人	4472	4507	0.8
注册护士	人	4595	4952	7.8
火灾事故	件	2185	2407	10.2
火灾伤亡人数	人	8	11	37.5
火灾损失金额	万元	105	178	69.5
交通事故	件	702	679	-3.3
交通受伤人数	人	715	815	14.0
交通死亡人数	人	171	133	-22.2
交通事故损失金额	万元	263	181	-31.1
城镇居民人均可支配收入	元	25174	28877	14.7
城镇居民人均消费性支出	元	16624	19106	14.9
# 食品支出	元	4983	5854	17.5
农民人均纯收入	元	8746	10038	14.8
农民人均生活消费总支出	元	5526	7090	28.3
# 食品支出	元	2061	2778	34.8

2-2 国民经济主要比例关系

单位：%

指　　标	1978年	1985年	1990年	1995年	2000年	2005年	2010年	2011年
从业人员中三次产业比例	**100**	**100**	**100**	**100**	**100**	**100**	**100**	**100**
第一产业	54.0	45.6	41.9	40.1	36.6	30.4	25.3	23.9
第二产业	24.6	27.7	27.5	28.8	27.8	29.6	30.7	31.1
第三产业	21.4	26.7	30.6	31.1	35.6	40.0	44.0	45.0
地区生产总值中三次产业比例	**100**	**100**	**100**	**100**	**100**	**100**	**100**	**100**
第一产业	21.3	21.9	17.0	16.7	11.1	6.3	4.9	5.0
第二产业	46.8	47.6	40.9	42.6	37.6	37.3	36.4	36.3
第三产业	31.9	30.5	42.1	40.7	51.3	56.4	58.7	58.7
农业总产值中农、林、牧、渔业比例	**100**	**100**	**100**	**100**	**100**	**100**	**100**	**100**
# 农　　业	61.2	63.0	66.3	57.5	54.8	31.5	28.6	27.2
林　　业	9.6	8.3	3.3	3.1	7.4	1.3	1.7	1.6
牧　　业	26.8	25.8	27.3	37.8	36.1	65.3	67.8	69.1
渔　　业	0.1	0.5	1.4	1.6	1.6	0.9	0.9	0.1
工业总产值中轻、重工业比例	**100**	**100**	**100**	**100**	**100**	**100**	**100**	**100**
轻 工 业	54.8	60.4	61.0	62.0	55.1	43.5	48.9	47.0
重 工 业	45.2	39.6	39.0	38.0	44.9	56.5	51.1	53.0
固定资产投资比例	**100**	**100**	**100**	**100**	**100**	**100**	**100**	**100**
# 房地产开发			9.1	11.8	17.1	8.5	28.9	33.4
社会消费品零售总额比例	**100**	**100**	**100**	**100**	**100**	**100**	**100**	**100**
# 批发零售贸易业	86.7	72.7	82.2	74.2	75.7	75.7	86.8	88.4
住宿和餐饮业	3.4	3.3	2.0	23.0	23.0	23.0	12.9	11.6
财政收入占地区生产总值比例	26.0	17.8	14.8	10.1	9.5	11.0	13.0	13.1

注：2005、2010年、2011年轻重工业比例为规模以上工业轻重工业比例。

2-3 国民经济和社会主要指标占内蒙比重

指标	单位	呼市	内蒙	呼市占内蒙%
年末总人口(常住人口)	万人	**291.2**	**2481.7**	**11.7**
年末在岗职工人数	万人	**32.0**	**257.2**	**12.4**
地区生产总值	亿元	**2177.3**	**14246.1**	**15.3**
第一产业	亿元	109.4	1304.9	8.4
第二产业	亿元	790.0	8092.1	9.8
#工　业	亿元	651.4	7158.9	9.1
第三产业	亿元	1277.8	4849.1	26.4
地方财政总收入	亿元	**285.2**	**2261.8**	**12.6**
财政总支出	亿元	**255.4**	**2989.2**	**8.5**
主要工业产品产量(规模以上)				
发电量	亿千瓦小时	396.8	2970.5	13.4
水泥	万吨	728.7	6396.5	11.4
化肥(按100%折纯)	万吨	26.2	126.1	20.8
烧碱	万吨	16.9	174.9	9.7
配混合饲料	万吨	52.9	496.2	10.7
服装	万件	336.4	4172.8	8.1
彩色电视机	万台	261.1	261.1	100.0
液体乳	万吨	176.4	309.7	57.0
卷烟	亿支	185.0	287.5	64.3
主要农畜产品产量和年末牲畜存栏数				
粮食	万吨	117.5	2387.5	4.9
油料	万吨	3.9	140.5	2.8
甜菜	万吨	2.6	157.7	1.6
猪牛羊肉	万吨	9.2	208.3	4.4
牛奶	万吨	307.4	908.2	33.8
禽蛋	万吨	3.1	52.6	5.9
大牲畜存栏	万头	76.0	846.5	9.0
#奶　牛	万头	70.0	275.1	25.4
羊存栏	万只	158.8	5275.9	3.0
猪存栏	万只	29.2	684.2	4.3

2-3续表

指　　标	单 位	呼 市	内 蒙	呼市占内蒙 %
全社会固定资产投资	**亿元**	**1031.7**	**10794.5**	**9.6**
#房地产开发	亿元	344.8	1623.8	21.2
运输、邮电				
公路货物周转量	亿吨公里	339.3	2737.0	12.4
公路旅客周转量	亿人公里	44.8	241.0	18.6
邮电业务总量	亿元	39.7	254.5	15.6
金　　融				
金融机构各项存款余额	亿元	3188.2	12063.7	26.4
金融机构各项贷款余额	亿元	3201.8	9727.7	32.9
社会消费品零售额	**亿元**	**890.0**	**3936.6**	**22.6**
海关进出口额	**亿美元**	**20.2**	**119.4**	**16.9**
#出 口 额	亿美元	10.2	46.9	21.7
文　　化				
艺术表演团体	个	14	123	11.4
报纸出版量	万份	14209	27050	52.5
杂志出版量	万册	1096	1437	76.3
教　　育				
普通高校在校学生数	万人	22.2	38.4	57.8
中专学校在校学生数	万人	5.6	15.0	37.4
普通中学在校学生数	万人	15.5	128.5	12.1
小学在校学生数	万人	17.7	140.5	12.6
卫　　生				
医疗卫生单位床位数	万张	1.3	10.6	12.3
卫生技术人员	万人	1.7	13.2	12.9
人民生活				
在岗职工年工资总额	亿元	137.0	1108.6	12.4
在岗职工年平均工资	元	40476	41481	
城镇居民人均可支配收入	元	28877	20408	
农民人均纯收入	元	10038	6642	
城乡居民储蓄存款余额	亿元	1053.7	5423.1	19.4

2-4 青 城 一 日

指 标	单 位	1978年	1985年	1990年	1995年	2000年	2005年	2010年	2011年
全市每天创造的财富									
地区生产总值	万元	148	389	841	2576	5476	21172	51115	59651
第一产业	万元	32	85	143	431	611	1292	2502	2998
第二产业	万元	69	185	344	1096	2057	7610	18601	21644
#工 业	万元	57	146	309	982	1792	6063	15262	17847
第三产业	万元	47	119	354	1049	2808	12269	30012	35009
工农业总产值	万元	445	892	1333	2914	6677	18830	37024	53321
工业总产值	万元	337	725	1122	2551	5679	16567	32575	47976
农业总产值	万元	108	166	211	363	998	2263	4449	5345
地方财政总收入	万元	39	69	125	120	350	1352	6615	7814
财政支出	万元	27	66	124	225	544	1976	4854	7005
粮 食	吨	677	929	1485	1934	2306	3145	3181	3219
肉 类	吨	30	39	48	129	241	304	270	279
奶 类	吨		38	84	203	642	6241	8374	8427
发 电 量	万千瓦时	84	98	110	162	266	5563	9661	10871
水 泥	吨	523	986	1044	1507	2822	4236	14347	19963
化肥（按100%折纯）	吨	60	45	57	59	549	704	833	716
服 装	万件				5	2	2	1	0.9
乳 制 品	吨				22	98	5555	4587	5157
卷 烟	箱	192	403	658	671	603	712	986	1014
电 视 机	台	3	480	1043	891	1419	6551	5599	7153
移动电话	部						2710	7562	9041

2-4续表

指 标	单 位	1978年	1985年	1990年	1995年	2000年	2005年	2010年	2011年
全市每天消费（销售）量									
社会消费品零售额	万元	94	250	456	1182	3455	8353	20729	24385
城乡居民消费总额	万元	76	223	461	1007	1749	4389	11552	13761
平均每人消费总额	元	0.5	1.3	2.5	5.2	8.4	16.6	41	48
全市每天其他经济活动									
固定资产投资额	万元	37	121	133	705	1885	11513	24143	28265
城镇新建住宅	平方米			937	1578	4383	8114	14740	11982
公路客运量	万人	0.3	0.6	1.4	2.2	5.8	10.3	4.4	4.8
公路货运量	万吨	2.0	2.1	2.5	6.9	5.8	16.8	22.2	27.4
市内公共交通客运量	万人次				12.8	11.5	46.2	123.2	93.5
进出口总额	万美元			1	10	159	292	413	555
#出 口				1	7	140	163	208	280
接待旅游者人数	人次		31	25	57	4567	10740	35933	43985
邮电业务总量	万元	1	5	11	56	324	852	1311	1090
邮寄函件	万件	2	5	4	6	6	5	3	2
居民新增储蓄额	万元		26	130	452	352	2015	4217	3500
用电量	万千瓦时				434	625	1282	3479	3930
人均生活用水	升	11	236	217	241	203	175	87.6	91.3
燃气供应量	万立方米				4.7	8.6	12.0	83.9	104.7
全市每天人口变动及婚姻									
出 生	人	73	64	110	66	86	58	75	67
死 亡	人	25	25	27	27	62	68	49	14
结 婚	对				37	24	33	59	66
离 婚	对				6	4	5	9	10

2-5 平均每人主要社会经济活动

指　　标	单　位	1978年	1985年	1990年	1995年	2000年	2005年	2010年	2011年
地区生产总值	元	347	819	1641	4844	8231	29562	65518	75266
第一产业	元	74	179	279	890	918	1805	3207	3783
第二产业	元	162	390	672	2050	3092	10626	23843	27308
#工　业	元	134	307	604	1811	2693	8466	19562	22518
第三产业	元	111	250	690	1904	4221	17132	38469	44172
工农业总产值	元	1064	1900	2641	5107	11881	32098	48415	67274
工业总产值	元	804	1545	2222	4423	9943	28241	42597	60531
农业总产值	元	259	355	418	684	1938	3857	5817	6743
地方财政总收入	元	92	148	247	227	613	2304	8651	9859
财政支出	元	65	141	245	424	953	3368	6348	8838
农牧业生产									
耕地面积	公　顷	0.3	0.2	0.2	0.2	0.3	0.2	0.2	0.2
粮　　食	千克	162	198	294	365	404	536	416	406
油　　料	千克	4	17	22	42	37	28	13	13
蔬　　菜	千克	106	83	105	195	291	209	257	250
年末大牲畜	头	0.1	0.1	0.1	0.1	0.1	0.4	0.3	0.3
#奶　牛	头						0.3	0.3	0.3
猪牛羊肉	千克	5	8	9	22	39	48	33	32
奶　　类	千克		8	17	38	121	1064	1095	1063
禽　　蛋	千克	0.6	2	4	11	15	16	11	11
主要工业产品产量									
发 电 量	千瓦小时	201	208	218	304	466	9484	12632	13477
水　　泥	千克	125	210	207	284	494	722	1877	2519
化肥（按100%折纯）	千克	14	10	11	11	96	120	105	90
服　　装	件				9	4	3	2	1
乳 制 品	千克				4	17	947	600	651
卷　　烟	箱		0.1	0.1	0.1	0.1	0.1	0.1	0.1
电 视 机	台/万人		1022	2066	1670	2485	11167	7321	9025
移动电话	部/万人						4619	9887	11407

2-5续表

指　　标	单 位	1978年	1985年	1990年	1995年	2000年	2005年	2010年	2011年
批发零售贸易、餐饮业									
社会消费品零售额	元	224	532	904	2228	6048	14240	27107	30767
固定资产投资									
固定资产投资额	元	87	257	264	1323	3300	19626	31572	35662
新增固定资产	元				767	1845	9492	24371	23879
城市建设									
城市居民日生活用水	升	11	236	217	241	203	175	87.6	91.3
城乡居民日生活用电	千瓦小时				0.2	0.3	0.8	1.3	1.4
拥有公共交通车辆	辆/万人	0.5	0.7	1.1	4.5	4.7	7.8	10	10
城市公园绿地面积	平方米	2.0	1.3	2.7	3.1	5.9	8.6	15.4	16.4
教育、卫生									
普通高校在校学生数	人/万人	46	106	113	164	325	634	750	768
中专学校在校学生数	人/万人	32	68	81	130	213	176	191	195
医院床位数	张/万人	27	32	41	35	36	37	37	37
医　生　数	人/万人				29	26	23	24	24
人民生活									
在岗职工年平均工资	元	639	1093	1750	4200	7548	19715	37685	40476
城镇居民人均可支配收入	元		775	1149	3008	5582	12150	25174	28877
城镇居民人均消费性支出	元		786	1023	2785	4613	8768	16624	19106
农民人均纯收入	元		321	574	1243	2539	4631	8746	10038
农民人均消费性支出	元		274	466	1056	1558	2767	5526	7090
城乡居民储蓄存款	元	36	228	912	3430	7291	17728	33311	36423
城镇居民住宅建筑面积	平方米				14.9	17.2	24.8	30.2	30.9
农村居民住房面积	平方米				17	20	22.6	27.3	29.2
拥有电话机	部/万人				584	2452	9557	12407	11407

2-6 国民经济和社会发

指标	单位	总量指标							
		1978年	1985年	1990年	1995年	2000年	2005年	2010年	2011年
人口									
年末总人口	万人	154.0	172.2	185.7	194.5	209.2	213.5	229.6	232.3
就业									
从业人员	万人	64.6	82.3	91.1	104.4	122.7	145.8	165.5	168.3
职工人数	万人	26.4	40.8	43.5	48.5	37.0	30.2	31.1	32.0
国民经济核算									
地区生产总值	亿元	5.4	14.2	30.7	94.0	199.9	743.7	1865.7	2177.3
第一产业	亿元	1.2	3.1	5.2	15.7	22.3	47.2	91.3	109.4
第二产业	亿元	2.5	6.8	12.6	40.0	75.1	277.8	679.0	790.0
#工业	亿元	2.1	5.3	11.3	35.8	65.4	221.3	557.1	651.4
第三产业	亿元	1.7	4.3	12.9	38.3	102.5	418.7	1095.4	1277.8
人均地区生产总值	元	347	253	1641	4844	8231	29562	65518	75266
财政									
地方财政总收入	亿元	1.4	2.5	4.6	4.4	12.8	49.3	241.5	285.2
财政支出	亿元	1.0	2.4	4.5	8.2	19.9	72.1	177.2	255.4
农牧业									
农林牧渔业从业人员	万人	34.9	37.5	38.2	41.9	43.8	43.1	40.6	38.6
农林牧渔业总产值	亿元	1.6	3.9	7.5	27.4	40.4	82.6	162.4	195.1
主要农畜产品产量									
粮食	万吨	24.7	33.9	54.2	70.6	84.2	114.8	116.1	117.5
油料	万吨	0.6	2.9	4.1	8.1	7.8	6.1	3.5	3.9
猪牛羊肉产量	吨	7997	14203	16621	42813	82125	103491	91879	91879
牛奶	吨	45	13789	30706	74025	234334	2278051	3056401	3074316
年末牲畜总头数	万头、只	137.6	127.7	152.1	181.3	188.7	199.2	261.7	264.1
大牲畜	万头	18.7	21.7	20.8	23.8	28.3	75.4	76.3	76.0
羊	万只	86.5	85.1	111.4	119.7	118.2	93.1	156.2	158.8
生猪	万口	32.4	20.8	19.9	37.7	42.2	30.7	29.2	29.2

注：2000年及以后职工人数为在岗职工人数。

展总量与速度指标

速度指标（%）										
指数(2011年比以下各年)						平均增长速度				
1978年	1990年	1995年	2000年	2005年	2010年	1979-2011	1991-1995	1996-2000	2001-2005	2006-2011
150.8	125.1	119.4	111.0	108.8	101.2	1.3	0.9	1.5	0.4	1.4
260.5	184.7	161.2	137.2	115.4	101.7	2.9	2.8	0.1	3.5	2.4
121.2	73.6	66.0	86.5	106.0	102.9	0.6	2.2	-5.3	-4.0	1.0
7824.4	2449.9	1304.2	729.2	231.9	111.3	14.1	13.4	12.3	25.8	15.0
1212.2	581.0	346.7	249.5	135.5	105.1	4.9	10.9	6.8	13.0	5.2
9120.2	2782.9	1361.6	813.6	243.0	110.7	14.7	15.4	10.9	27.3	15.9
9452.5	2910.2	1319.0	810.3	257.5	111.9	14.8	15.4	10.2	25.9	17.1
11497.5	2916.2	1487.9	778.9	236.4	112.2	15.5	14.4	13.8	26.9	15.4
4528.0	1698.1	987.2	593.2	204.9	107.3	12.2	11.5	10.8	24.4	12.7
20227.0	6268.1	6496.6	2231.6	578.5	118.1	17.5	16.0	16.1	32.3	34.0
25540.0	5650.4	3110.8	1286.0	354.2	144.1	18.3	-0.7	23.8	31.0	23.5
110.6	101.0	92.1	88.1	89.6	95.1	0.3	1.9	0.9	0.3	-1.8
12193.8	2601.3	712.0	482.9	236.2	120.1	15.7	11.4	8.4	11.2	15.4
475.7	216.8	166.4	139.5	102.4	101.2	4.8	5.4	3.6	6.4	0.4
650.0	88.6	48.1	50.0	63.9	111.4	5.8	14.6	-0.8	-4.8	-7.2
1148.9	552.8	214.6	111.9	88.8	100.0	7.7	20.8	13.9	4.7	-2.0
6831813.3	10012.1	4153.1	1311.9	135.0	100.6	40.1	19.2	25.9	57.6	5.1
191.9	173.6	145.7	140.0	132.6	100.9	2.0	3.6	0.8	1.1	4.8
406.4	365.4	319.3	268.6	100.8	99.6	4.3	2.7	3.5	21.6	0.1
183.6	142.5	132.7	134.3	170.6	101.7	1.9	1.4	-0.3	-4.6	9.3
90.1	146.7	77.5	69.2	95.1	100.0	-0.3	13.6	2.3	-6.2	-0.8

2-6续表1

指　　标	单位	总量指标							
		1978年	1985年	1990年	1995年	2000年	2005年	2010年	2011年
规模以上工业									
主要产品产量									
配、混合饲料	万吨		1.6	3.0	2.2	13.3	37.8	63.2	52.9
液体乳	万吨					11.8	198.6	156.3	176.4
卷烟	万箱	7.0	14.7	24.0	24.5	22.0	26.0	36	37
原油加工量	万吨				78.1	116.0	107.7	125.6	90.7
焦碳	万吨	13.7	15.3	15.0	15.6	16.5	26.3	60.3	53.5
化肥(折纯)	万吨	2.2	1.7	2.1	2.2	20.0	25.7	30.4	26.2
电视机	万台	0.1	17.5	38.1	32.5	51.8	239.1	204.4	261.1
发电量	亿千瓦小时	3.1	3.6	4.0	5.9	9.7	203.1	352.6	396.8
服装	万件			160	1652	754.1	565.6	413	336.4
固定资产投资									
固定资产投资总额	亿元	1.3	4.4	4.9	25.7	68.8	420.2	881.2	1031.7
房地产开发	亿元			0.4	3.0	11.8	35.9	254.4	344.5
竣工住宅面积	万平方米		37.8	36.8	58.4	160.0	296.2	538.0	437.3
国内贸易									
社会消费品零售总额	亿元	3.4	9.1	16.7	43.1	126.1	307.8	756.6	890.0
对外经济贸易									
进出口总额	万美元			199	3644	7001	106455	150604	202456
#出口总额	万美元			197	2675	5216	59411	75912	102370
运输、邮电									
公路客运量	万人	104	214	494	816	2101	3764	1605	1766
公路货运量	万吨	730	778	906	2503	2105	6131	8116	9989

速度指标（%）										
指数（2011年比以下各年）						平均增长速度				
1978年	1990年	1995年	2000年	2005年	2010年	1979-2011	1991-1995	1996-2000	2001-2005	2006-2011
	1763.3	2404.5	397.7	139.9	83.7		-6.0	43.3	23.2	5.8
			1494.9	88.8	112.9				75.9	-2.0
528.6	154.2	151.0	168.2	142.3	102.8	5.2	0.4	-2.1	3.4	6.1
		116.1	78.2	84.2	72.2			8.2	-1.5	-2.8
390.5	356.7	342.9	324.2	203.4	88.7	4.2	0.8	1.1	9.8	12.6
1190.9	1247.6	1190.9	131.0	101.9	86.2	7.8	0.9	55.5	5.1	0.3
261100.0	685.3	803.4	504.1	109.2	127.7	26.9	-3.1	9.8	35.8	1.5
12800.0	9920.0	6725.4	4090.7	195.4	112.5	15.8	8.1	10.5	83.7	11.8
	210.3	20.4	44.6	59.5	81.5		59.5	-14.5	-5.6	-8.3
79361.5	21055.1	4014.4	1499.6	245.5	117.1	22.4	48.3	16.1	43.6	16.1
	86125.0	11483.3	2919.5	959.6	135.4		56.3	32.7	24.9	45.8
	1188.3	748.8	273.3	147.6	81.3		9.7	22.3	13.1	6.7
26023.4	5345.3	2063.1	705.8	289.1	117.6	18.4	21.0	23.9	19.9	19.4
	101736.7	5555.9	2891.8	190.2	134.4		78.9	14.0	72.3	11.3
	51964.5	3826.9	1962.6	172.3	134.9		68.5	14.3	62.7	9.5
1698.1	357.5	216.4	84.1	46.9	110.0	9.0	10.6	20.8	12.4	-11.8
1368.4	1102.5	399.1	474.5	162.9	123.1	8.3	22.5	-3.4	23.8	8.5

2-6续表2

指标	单位	总量指标							
		1978年	1985年	1990年	1995年	2000年	2005年	2010年	2011年
公路旅客周转量	万人公里	7148	14823	35090	84711	219849	415628	405585	448273
公路货运周转量	万吨公里	11894	20560	24524	81959	155116	741851	2736375	3392656
邮电业务总量	万元	361	1668	3932	20315	118213	311128	478451	397954
金融保险									
金融机构各项存款	亿元	8.7	11.7	29.2	88.3	311.6	803.9	2678.9	3188.2
金融机构各项贷款	亿元	5.3	10.9	34.0	84.0	261.2	874.0	2522.5	3201.8
保费收入	万元				13877	40002	116996	371460	408959
保费支出	万元				8268	14975	21864	96532	122070
教　育									
专任教师数									
普通高校	人	2150	3791	4392	4242	5307	8553	12107	12245
中等专业学校	人	781	1892	1972	2248	1796	563	1108	1387
普通中学	人	8369	5670	6639	6234	7098	8349	9088	9858
小　学	人	9584	10521	12015	12774	11270	10348	10201	9198
在校学生数									
普通高校	万人	0.70	1.81	2.08	2.41	4.37	13.57	21.5	22.2
中等专业学校	万人	0.49	1.17	1.49	1.96	3.93	3.77	5.5	5.6
普通中学	万人	13.36	9.32	8.92	9.11	11.48	14.91	15.7	15.5
小　学	万人	20.18	19.00	19.07	20.57	20.62	18.53	17.8	17.7
卫　生									
卫生医疗机构数	个	478	632	704	597	199	199	1860	1815
医疗机构床位数	张	4188	5461	7555	7335	7441	8828	12675	13037
卫生技术人员数	人	6467	11215	12941	12028	10879	10868	16627	17005
人民生活									
城镇居民人均可支配收入	元		775	1149	3008	5354	12150	25174	28877
农牧民人均纯收入	元		321	574	1243	2539	4631	8746	10038
城乡居民储蓄存款余额	亿元	0.5	3.9	16.8	66.7	152.5	379.6	929.8	1053.7
物价总指数（上年=100）									
居民消费价格指数	%	101.0	110.0	101.8	117.6	103.0	101.5	102.6	105.5

速 度 指 标（%）										
指数（2011年比以下各年）						平 均 增 长 速 度				
1978年	1990年	1995年	2000年	2005年	2010年	1979-2011	1991-1995	1996-2000	2001-2005	2006-2011
6271.3	1277.5	529.2	203.9	107.9	110.5	13.4	19.3	21.0	13.6	1.3
28524.1	13834.0	4139.5	2187.2	457.3	124.0	18.7	27.3	13.6	36.7	28.8
110236.6	10120.9	1958.9	336.6	127.9	83.2	23.6	38.9	42.2	21.4	3.0
36646.0	10918.5	3610.6	1023.2	396.6	119.0	19.6	24.7	28.7	20.9	25.8
60411.3	9417.1	3811.7	1225.8	366.3	126.9	21.4	19.8	25.5	27.3	24.2
		2947.0	1022.3	349.5	110.1			23.6	23.9	23.2
		1476.4	815.2	558.3	126.5			12.6	7.9	33.2
569.5	278.8	288.7	230.7	143.2	101.1	5.4	-0.7	4.6	10.0	6.2
177.6	70.3	61.7	77.2	246.4	125.2	1.8	2.7	-4.4	-20.7	16.2
117.8	148.5	158.1	138.9	118.1	108.5	0.5	-1.3	2.6	3.3	2.8
96.0	76.6	72.0	81.6	88.9	90.2	-0.1	1.2	-2.5	-1.7	-2.0
3171.4	1067.3	921.2	508.0	163.6	103.3	11.0	3.0	12.7	25.4	8.6
1142.9	375.8	285.7	142.5	148.5	101.8	7.7	5.6	14.9	-0.1	6.8
116.0	173.8	170.1	135.0	104.0	98.7	0.5	0.4	4.7	5.4	0.7
87.7	92.8	86.0	85.8	95.5	99.4	-0.4	1.5	…	-2.1	-0.8
379.7	257.8	304.0	912.1	912.1	97.6	4.1	-3.2	-19.7		44.5
311.3	172.6	177.7	175.2	147.7	102.9	3.5	-0.6	0.3	3.5	6.7
263.0	131.4	141.4	156.3	156.5	102.3	3.0	-1.5	-2.0		7.8
	2513.2	960.0	539.4	237.7	114.7		21.2	12.2	17.8	15.5
	1748.8	807.6	395.4	216.8	114.8		16.7	15.4	12.8	13.8
210740.0	6272.0	1579.3	691.0	277.6	113.3	26.1	31.8	18.0	20.0	18.6
670.0	320.1	166.5	126.7	119.5	105.5	5.9	16.2	3.5	1.3	3.0

2-7 城乡居民物质文化生活主要指标

指　　标	单 位	2010年	2011年	2011年比2010年增长%
就　业				
每一农村劳动力负担人数	人	1.34	1.41	5.2
每一城镇就业者负担人数	人	2.07	1.89	-8.7
城镇登记失业率	%	3.9	3.7	-5.1
收　入				
城镇居民人均可支配收入	元	25174	28877	14.7
农民人均纯收入	元	8746	10038	14.8
在岗职工平均工资	元	37685	40476	7.4
消费水平				
居民人均消费水平	元	15125	17362	14.8
农村居民	元	1950	2541	30.3
城镇居民	元	13176	14822	12.5
储　蓄				
城乡居民储蓄存款	万元	9298074	10536835	13.3
人均储蓄	元	32436	36423	12.3
住　房				
城市人均住房建筑面积	平方米	30.2	30.9	2.3
农民人均生活用房面积	平方米	27.3	29.2	7.0
交　通				
城镇每百户拥有助力车	辆	19	29	52.6
农民每百户拥有自行车	辆	105	90	-14.3
城市每万人拥有公交车辆	辆	10	10	
文　化				
城镇每百户拥有彩色电视机	台	109	107	-1.8
农村每百户拥有电视机	台	100	100	
城镇每百户拥有电脑	台	59	65	10.2
农村每百户拥有电脑	台	7.9	11.0	39.2
每人每年有杂志	册	4.0	3.8	-5.0
每百人每天有报纸	份	13.6	13.5	-0.7
教　育				
学龄儿童入学率	%	100.0	100.0	
每万人拥有在校大学生数	人	1081	1107	2.4
卫　生				
每万人拥有医院病床	张	37	37	
每万人拥有医生数	人	24	24	

第二部分　统计资料

国 民 经 济 核 算

3-1 历年地区生产总值

（按当年价格计算）

单位：万元

年份	地区生产总值	第一产业	第二产业	#工业	第三产业	人均地区生产总值（元）
1949	4605	3497	394	221	714	73
1950	5406	3892	502	313	1012	84
1951	5771	3792	738	485	1241	83
1952	7954	5098	1041	626	1815	109
1953	10146	5931	1718	987	2497	135
1954	12872	7594	1936	1317	3342	164
1955	11973	6109	2167	1564	3697	147
1956	16141	7497	3777	2266	4867	191
1957	15379	6040	3839	2383	5500	172
1958	19783	6847	6631	4518	6305	214
1959	23339	7072	8851	6257	7416	241
1960	29051	7117	12864	9535	9070	274
1961	23125	7190	7287	6051	8648	210
1962	19682	6417	5666	4752	7599	183
1963	20519	7409	5704	4633	7406	189
1964	23376	8908	6329	5073	8139	209
1965	27249	8406	9074	6790	9769	236
1966	31691	8874	11660	8747	11157	268
1967	32462	10169	11438	8214	10855	269
1968	33849	10214	11482	9379	12153	275
1969	33554	10455	9682	7815	13417	266
1970	38264	10565	14130	12123	13569	297
1971	44163	12398	16768	14097	14997	335
1972	43465	12860	17383	14420	13222	319
1973	45734	13623	18353	15083	13758	326
1974	43673	14497	15064	11590	14112	307
1975	49036	15048	18968	15111	15020	334
1976	51289	14170	20381	15695	16738	346
1977	52964	14660	21756	16866	16548	343
1978	54124	11538	25315	20847	17271	347

3-1续表

单位：万元

年 份	地 区 生产总值	第一产业	第二产业	#工 业	第三产业	人均地区 生产总值 （元）
1979	66180	17135	30632	23773	18413	410
1980	67615	16485	33009	27971	18121	412
1981	75454	17034	36844	27860	21576	457
1982	86916	20191	40669	31329	26056	513
1983	97566	22719	45790	34318	29057	574
1984	114121	28172	49574	41703	36375	667
1985	142136	31099	67639	53232	43398	819
1986	154515	26997	71818	58480	55700	885
1987	168834	26295	78074	65893	64465	949
1988	236116	42363	96389	84587	97364	1318
1989	271744	35720	115879	104070	120145	1466
1990	306867	52205	125589	112944	129073	1641
1991	358603	61216	149392	129718	147995	1903
1992	437264	68252	186664	157696	182348	2259
1993	573852	61604	288289	250322	223959	2946
1994	792719	98619	380600	340146	313500	4019
1995	940291	157330	399959	358276	383002	4735
1996	1164757	212827	480835	431137	471095	5821
1997	1340303	214665	533801	477593	591837	6565
1998	1537446	237041	589490	522941	710915	7487
1999	1714764	218400	649451	574870	846913	8209
2000	1998711	222959	750903	654013	1024849	8231
2001	2460126	227419	905106	753411	1327601	10036
2002	3249735	289732	1177637	979479	1782366	13115
2003	4278716	366601	1543828	1235381	2368287	17085
2004	5458920	426005	1939508	1570667	3093407	21736
2005	7727600	471700	2777600	2213100	4478300	29562
2006	9267900	512600	3502400	2837700	5252900	34875
2007	11287300	621400	4155000	3462000	6510900	41836
2008	14036700	751600	5064100	4184600	8221000	51154
2009	16439926	780935	5932490	4870800	9726501	58798
2010	18657140	913272	6789540	5570516	10954328	65518
2011	21772669	1094407	7899883	6514298	12778379	75266

3-2 历年地区生产总值指数

（以上年为100）

单位：%

年 份	地区生产总值	第一产业	第二产业	#工 业	第三产业	人均地区生产总值
1949						
1950	118.3	111.9	141.1	139.4	138.2	114.8
1951	99.3	94.9	129.4	142.9	103.6	92.5
1952	141.1	138.7	146.9	133.7	146.2	134.2
1953	112.7	105.2	148.2	142.3	118.6	109.1
1954	123.3	122.6	111.3	129.7	132.9	118.5
1955	87.8	78.0	107.3	114.1	103.0	84.7
1956	134.4	125.4	171.2	144.2	131.9	129.1
1957	95.9	80.6	103.9	108.3	118.8	91.0
1958	119.2	107.4	158.8	174.2	109.6	114.9
1959	112.0	98.4	126.8	129.3	115.7	107.0
1960	119.3	96.9	142.0	147.7	120.6	108.9
1961	73.3	94.4	51.5	59.2	80.8	70.8
1962	86.4	90.1	77.8	78.3	89.0	88.4
1963	109.3	117.9	104.6	101.7	103.8	108.1
1964	116.5	121.0	113.6	100.2	113.3	113.0
1965	112.4	92.2	139.8	146.3	119.1	108.9
1966	120.2	113.7	131.8	130.4	117.5	117.3
1967	100.5	112.8	91.7	95.3	96.7	98.6
1968	108.6	102.5	111.0	114.0	113.3	106.5
1969	100.0	99.1	88.1	85.8	110.4	97.5
1970	115.0	104.0	149.1	161.0	102.8	112.7
1971	114.2	116.8	115.6	116.0	110.8	111.6
1972	96.8	100.3	103.3	102.1	87.2	93.8
1973	109.3	117.3	106.9	105.1	103.4	105.8
1974	95.7	102.5	82.1	78.5	103.5	93.6
1975	112.0	103.6	128.0	129.4	106.9	109.5
1976	105.7	98.9	108.0	106.0	111.1	104.7
1977	99.5	101.6	101.3	103.6	95.4	95.5
1978	98.5	74.6	115.3	120.3	105.2	97.7

3-2续表 单位：%

年 份	地区生产总值	第一产业	第二产业	#工 业	第三产业	人均地区生产总值
1979	117.2	122.7	122.1	118.5	106.6	113.3
1980	101.6	110.8	105.0	113.1	88.3	99.9
1981	106.1	97.7	101.8	100.0	123.0	105.4
1982	116.1	124.1	111.2	110.8	116.0	113.1
1983	113.4	108.5	110.6	111.8	121.8	113.1
1984	119.4	129.3	111.9	118.1	120.3	118.5
1985	112.4	78.3	138.4	116.7	113.4	110.9
1986	104.3	86.9	99.4	104.3	122.3	103.6
1987	102.5	91.3	107.4	111.0	101.9	100.7
1988	119.4	137.9	106.8	115.9	127.4	118.6
1989	101.8	78.2	109.7	108.4	103.9	98.4
1990	110.1	134.7	105.4	97.6	107.1	109.2
1991	106.1	106.3	105.6	111.1	106.4	105.2
1992	115.7	108.4	119.4	116.1	114.8	112.7
1993	122.5	122.2	129.3	133.0	115.3	121.8
1994	124.3	114.6	129.9	134.1	120.4	122.8
1995	105.0	103.8	96.5	95.9	115.6	104.3
1996	113.5	119.1	113.1	113.1	109.3	112.6
1997	109.5	102.3	107.1	106.7	112.1	107.4
1998	112.8	106.2	109.5	108.3	113.5	112.1
1999	111.2	95.9	110.6	110.6	118.2	109.3
2000	114.7	112.0	114.0	112.6	116.2	113.8
2001	121.0	99.0	125.3	120.8	122.7	119.7
2002	130.9	127.4	130.0	130.2	132.2	129.5
2003	125.7	118.1	125.3	121.2	127.2	124.4
2004	122.9	110.3	124.0	126.5	124.1	120.9
2005	128.6	112.1	132.3	131.0	128.6	126.5
2006	118.1	108.6	122.4	125.0	116.4	116.3
2007	118.1	103.7	119.3	122.8	118.8	116.1
2008	114.1	107.8	113.2	113.0	115.2	112.2
2009	115.9	104.3	117.2	116.0	116.1	113.7
2010	113.0	104.7	113.3	114.3	113.3	110.9
2011	111.3	105.1	110.7	111.9	112.2	107.3

3-3 地 区 生 产 总 值

（按当年价格计算）

单位：亿元

指　　标	2010年	2011年	2011年比2010年增长%
绝 对 额			
地区生产总值	1865.71	2177.27	11.3
第一产业	91.33	109.44	5.1
第二产业	678.95	789.99	10.7
工　业	557.05	651.43	11.9
建筑业	121.90	138.56	5.1
第三产业	1095.43	1277.84	12.2
交通运输、仓储和邮政业	341.68	391.23	13.0
批发和零售业	179.99	208.42	10.4
住宿和餐饮业	117.98	135.83	5.8
金融业	84.40	101.14	13.1
房地产业	48.60	58.15	11.2
营利性服务业	171.91	212.22	21.1
非营利性服务业	150.87	170.84	7.2
构　成（%）			
地区生产总值	100.00	100.00	
第一产业	4.90	5.03	
第二产业	36.39	36.28	
工　业	29.86	29.92	
建筑业	6.53	6.36	
第三产业	58.71	58.69	
人均地区生产总值（元）	65518	75266	7.3

3-4 第三产业增加值及其构成

（按当年价格计算）

单位：亿元、%

指　　标	总　　量		构　　成	
	2010年	2011年	2010年	2011年
第三产业	1095.43	1277.84	100.00	100.00
交通运输、仓储和邮政业	341.68	391.23	31.19	30.62
批发和零售业	179.99	208.42	16.43	16.31
住宿和餐饮业	117.98	135.83	10.77	10.63
金融业	84.40	101.14	7.70	7.91
房地产业	48.60	58.15	4.44	4.55
营利性服务业	171.91	212.22	15.69	16.61
信息传输计算机服务及软件业	59.91	67.39	5.47	5.27
租赁和商务服务业	31.76	40.40	2.90	3.16
居民服务和其他服务业	60.66	78.66	5.54	6.16
文化、体育和娱乐业	19.58	25.77	1.79	2.02
非营利性服务业	150.87	170.84	13.77	13.37
科学研究、技术服务和地质勘查业	24.37	25.92	2.22	2.03
水利、环境和公共设施管理业	10.48	11.21	0.96	0.88
教　　育	34.60	37.13	3.16	2.91
卫生、社会保障和社会福利业	15.21	17.01	1.39	1.33
公共管理和社会组织	66.21	79.57	6.04	6.23

3-5 按支出法计算的地区生产总值

（按当年价格计算）　　单位：万元

	2010年	2011年	2011年比2010年增长%
地区生产总值	**18657140**	**21772669**	**11.3**
最终消费	7364506	8485715	3.5
居民消费	4216332	5022724	12.7
农村居民	543485	734994	24.7
城镇居民	3672847	4287730	10.9
政府消费	3148174	3462991	4.2
资本形成总额	9782220	12098172	18.6
固定资本形成总额	9012360	10441233	11.2
存货增加	769860	1656939	205.2
货物和服务净流出	1510414	1188782	-23.4

3-6 总产出

（按当年价格计算）　　单位：万元

	2010年	2011年	2011年比2010年增长%
总 产 出	**42175553**	**49287036**	**10.7**
第一产业	1623901	1950793	5.3
第二产业	21772288	25390847	10.8
工　　业	17245737	20163440	11.9
建筑业	4526551	5227407	6.8
第三产业	18779364	21945396	11.0
交通运输仓储和邮政业	6850113	7873553	13.5
批发和零售贸易餐饮业	4109702	4729357	7.7

主要统计指标解释

生产总值 是按市场价格计算的生产总值的简称，它是一个国家或地区所有常住单位在一定时期内生产活动的最终成果。生产总值有三种表现形态，即价值形态、收入形态和产品形态。从价值形态看，它是所有常住单位在一定时期内所生产的全部货物和服务价值超过同期投入的全部非固定资产货物和服务价值的差额，即所有常住单位的增加值之和；从收入形态看，它是所有常住单位在一定时期内所创造并分配给我们常住单位和非常住单位的初次分配收入之和；从产品形态看，它是最终使用的货物和服务减去进口货物和服务。在核算中，生产总值的三种表现形态表现为三种计算方法，即生产法、收入法和支出法。三种方法分别从不同的方面反映生产总值及其构成。

总产出 是一定时期内生产的所有货物和服务的价值。它是货物和服务的全部价值，包括转移价值和新增价值两部分。总产出用生产者价格估价。

中间投入 是常住单位在生产或提供货物与服务过程中消耗和使用的所有非固定资产货物和服务价值。中间投入也称为中间消耗。计入中间投入应按生产过程中实际使用的数量计算。一般采用市场购买者价格计价。

增加值 是生产货物或提供服务过程中增加的价值，也称为追加价值，就是总产出与中间投入之间的差额。

总消费 是指常住单位在一定时期内对于货物和服务的全部最终消费，也就是常住单位为满足人们物质、文化和精神生活的需要，从本国经济领土或外国购买的货物和服务。不包括非常住居民在本国经济领土内的消费。总消费分为居民消费和社会消费。（1）居民消费是指常住居民在核算期内对于货物和服务的全部最终消费。（2）社会消费指政府部门的总产出扣除销售收入后的价值。换句话讲，就是指社会公共服务部门将其生产活动总成果提供给政府，由政府部门购买并提供给全社会享用的消费品和劳务。

总投资 是指常住单位在核算期内对固定资产和库存的投资支出合计，分为固定资产形成和库存增加两部分。（1）固定资产形成是指常住单位在核算期内购置、转入和为自用而生产的固定资产，扣除已有固定资产的销售和转出后的价值。（2）库存增加即存货变动，是指常住单位在核算期内库存实物量变动的市场价值。

当年价格 指报告期的实际价格。使用当年计算的价格数字，是为了使国民经济各项指标互相衔接，便于考察当年的社会经济效益，便于生产和流通、生产和分配、生产和消费进行经济核算和综合平衡。

按当年价格计算的价值指标，在不同年份之间进行对比时，因为已含有各年间价格变动的因素，不能确切反映实物量的增减变动。因此，必须消除价格变动因素。在计算增长速度时都使用按可比价格计算的数字。

可比价格 指在计算不同时期的价值指标时扣除了价格变动因素，而确切表示物量的变化。按可比价格计算有两种方法：一种是直接用产品产量乘其不变价格，一种是用指数法换算。

不变价格 用某一时期的同类产品的平均价格作为固定价格，来计算各时期的产品价值。随着工农业产品价格水平的变化，国家统计局先后五次制定了全国统一的工业品不变价格和农业品不变价格，从1949年到1957年使用1952年工（农）业产品不变价格，从1957年到1971年使用1957年不变价格，从1971年到1981年使用1970年不变价格，从1981年到1990年使用1980年不变价格，从1990年开始使用1990年不变价格。

第二部分　统计资料

人　　口

4-1 历年人口数据

单位：万人、‰

年 份	总人口	#男	#城镇人口	出生率	死亡率
1949	62.8	36.0	14.6	22.6	10.1
1950	66.7	38.4	15.5	23.2	9.8
1951	72.0	41.9	15.8	24.4	9.2
1952	74.0	43.2	15.7	26.3	10.3
1953	76.8	44.8	15.2	26.1	10.4
1954	80.1	46.6	16.2	38.5	12.0
1955	82.5	48.0	15.7	30.6	10.0
1956	86.9	50.8	20.5	28.2	8.6
1957	91.9	54.1	23.0	29.8	9.4
1958	93.4	54.5	23.2	26.4	8.4
1959	100.3	58.9	29.1	27.5	9.5
1960	111.9	65.7	40.2	28.4	9.1
1961	108.0	62.6	34.5	25.0	8.8
1962	107.1	61.6	31.1	34.0	10.2
1963	110.0	63.0	31.0	37.2	9.4
1964	113.8	64.8	34.4	36.7	11.8
1965	117.6	66.9	37.1	28.1	9.3
1966	119.4	67.8	37.2	23.7	8.1
1967	121.6	69.0	38.3	20.3	7.3
1968	124.7	70.4	38.5	28.0	7.2
1969	127.8	72.1	39.1	27.3	6.6
1970	130.1	72.7	39.3	27.5	7.0
1971	133.7	74.3	40.4	22.7	5.8
1972	138.5	76.4	43.6	25.6	6.8
1973	142.5	78.5	44.9	23.9	6.6
1974	145.2	80.0	45.8	25.6	6.6
1975	147.3	80.6	46.5	21.0	7.5
1976	149.4	81.7	47.2	19.4	6.3
1977	151.5	82.8	49.2	17.6	6.0
1978	154.0	83.6	51.3	17.4	5.9
1979	156.4	84.9	50.2	15.4	6.0

4-1续表 单位：万人、‰

年份	总人口	#男	#城镇人口	出生率	死亡率
1980	158.5	85.9	55.5	15.5	5.8
1981	161.8	87.5	55.0	16.3	6.0
1982	165.7	89.2	55.0	17.5	5.5
1983	166.9	89.7	57.0	13.1	5.7
1984	170.4	91.7	60.5	16.4	4.7
1985	172.2	92.4	66.2	13.6	5.3
1986	174.4	93.3	68.3	13.0	5.6
1987	177.1	94.7	70.7	13.8	4.6
1988	179.7	95.9	73.1	13.4	4.6
1989	182.7	96.7	75.5	15.3	4.3
1990	185.7	98.6	81.0	21.7	5.4
1991	187.1	99.3	82.0	11.9	4.3
1992	188.4	99.9	82.8	13.0	4.1
1993	190.3	100.7	84.3	12.3	4.0
1994	192.7	102.0	86.0	11.4	4.1
1995	194.5	102.6	87.2	12.4	5.0
1996	197.4	104.1	96.7	11.9	4.4
1997	200.4	105.5	99.1	11.6	3.9
1998	204.4	107.4	102.2	12.1	4.1
1999	207.8	109.0	100.9	10.4	3.5
2000	209.2	108.8	112.0	15.0	10.9
2001	211.8	110.0	122.1	10.5	3.0
2002	213.5	110.9	122.1	9.0	2.9
2003	213.9	111.2	133.6	7.9	2.9
2004	259.1	134.5	142.7	9.4	5.9
2005	263.7	137.0	148.3	9.5	5.0
2006	267.8	138.7	154.7	9.8	5.6
2007	271.8	140.9	160.3	10.4	5.3
2008	277.0	143.2	167.0	10.0	5.0
2009	282.2	145.9	172.1	9.8	5.1
2010	287.4	146.6	179.5	9.4	4.1
2011	291.2	148.4	185.7	8.8	4.3

注：2004年以后均为常住人口数，其余年份为户籍人口数。

4-2 街道办事处、乡镇户数与人口

单位：户、人

地区	总户数	总人口			总人口中	
		合计	男	女	非农业人口	未落常住户口人口
全市	827571	2322563	1186523	1136040	1118315	1326
市辖区	437246	1225007	614454	610553	940380	202
新城区	128464	367522	183044	184478	317257	
西街办事处	18311	59618	28782	30836	59606	
东街办事处	14102	43814	21553	22261	43795	
东风路办事处	19122	53787	26633	27154	53776	
迎新路办事处	11010	31179	15684	15495	31178	
中山东路办事处	7690	25798	12681	13117	25798	
锡林路办事处	10528	31343	15956	15387	31343	
海拉尔东路办事处	17824	53563	26971	26592	53563	
成吉思汗大街办事处	22767	51082	25729	25353	17066	
保合少镇	7110	17338	9055	8283	1132	
回民区	86753	239331	120039	119292	208543	129
糖厂路办事处	11542	32594	16494	16100	32551	
新华西街办事处	11496	34592	16905	17687	34471	
海拉尔西路办事处	11778	31723	16165	15558	31683	40
中山西路办事处	7718	25051	12275	12776	25051	
环河街办事处	12727	36057	18063	17994	35601	
通道街办事处	7578	22108	10962	11146	22098	
攸攸板镇	16406	37033	18590	18443	6931	73
钢铁路办事处	7508	20173	10585	9588	20157	16
玉泉区	78951	201257	101211	100046	150801	
兴隆巷办事处	9704	24156	12039	12117	23853	
小召办事处	10512	27181	13594	13587	27168	
长和廊办事处	7467	19156	9938	9218	18926	
大南街办事处	9899	24539	12095	12444	24538	
石东路办事处	9977	27439	13742	13697	27439	

4-2续表1

单位：户、人

地区	总户数	总人口			总人口中	
		合计	男	女	非农业人口	未落常住户口人口
西菜园办事处	7891	19219	9775	9444	10770	
鄂尔多斯路办事处	3946	9336	4907	4429	8790	
小黑河镇	14728	37989	19086	18903	4058	
昭君路办事处	4827	12242	6035	6207	5259	
赛罕区	143078	416897	210160	206737	263779	73
人民路办事处	20427	64387	31878	32509	64387	
大学西路办事处	14522	49081	24151	24930	49081	
大学东路办事处	11781	37235	18707	18528	37235	
乌兰察布东路办事处	11486	32697	16177	16520	32640	
中专路办事处	9193	26285	13226	13059	26285	
榆林镇	9074	25309	13237	12072	3155	
金河镇	14566	40129	20678	19451	6461	
黄合少镇	15472	45754	23836	21918	5017	
巴彦镇	9653	23045	12140	10905	7203	
巧报镇	18558	47847	23594	24253	27991	73
西把栅乡	8346	25128	12536	12592	4324	
旗县	390325	1097556	572069	525487	177935	1124
土左旗	120160	367036	191995	175041	48501	31
察素齐镇	32800	91948	48082	43866	38334	1
毕克齐镇	9756	26417	13718	12699	2898	
善岱镇	16663	49029	26091	22938	1366	7
白庙子镇	13914	43430	22341	21089	1378	3
台阁牧镇	9482	31274	15898	15376	1317	13
只几梁乡	13598	45076	23664	21412	1311	
沙尔沁乡	6898	21039	10783	10256	504	2
塔布赛乡	7927	27150	14565	12585	604	4
北什轴乡	9122	31673	16853	14820	789	1

4-2续表2

单位：户、人

地区	总户数	总人口			总人口中	
		合计	男	女	非农业人口	未落常住户口人口
托克托县	78848	207109	105790	101319	46938	538
双河镇	33048	79550	39941	39609	39619	85
新营子镇	18761	52236	26567	25669	3534	269
五申镇	12249	33424	17469	15955	1670	90
伍什家镇	5981	15991	8369	7622	858	58
古城镇	8809	25908	13444	12464	1257	36
和林县	75217	200397	105107	95290	29491	381
城关镇	17582	45878	23872	22006	22993	380
盛乐镇	23130	62636	32959	29677	3158	1
大红城乡	8887	25737	13344	12393	717	
羊群沟乡	3379	9050	4666	4384	252	
黑老夭乡	4582	10636	5713	4923	338	
舍必崖乡	11550	30264	16205	14059	1257	
新店子镇	6107	16196	8348	7848	776	
清水河县	54096	147007	76360	70647	22882	29
城关镇	15717	41017	21364	19653	16863	
喇嘛湾镇	5950	15418	7949	7469	1777	
宏河镇	8752	24667	12694	11973	856	5
北堡乡	5606	16459	8623	7836	412	6
窑沟乡	12018	31781	16465	15316	2512	7
韭菜庄乡	6053	17665	9265	8400	462	11
武川县	62004	176007	92817	83190	30123	145
可可以力更镇	14473	39518	20734	18784	26862	28
西乌兰不浪镇	6258	18762	9911	8851	488	15
哈乐镇	11835	32982	17398	15584	802	42
大青山乡	2800	7535	3997	3538	225	6
上秃亥乡	10621	30035	15672	14363	569	13
德胜沟乡	2542	7290	3926	3364	153	13
二份子乡	7831	24060	12649	11411	734	16
哈拉合少乡	5644	15825	8530	7295	290	12

4-3 非 农 业 人

项目	全市	市区	新城区	回民区	玉泉区
年末非农业人口	**1118315**	**940380**	**317257**	**208543**	**150801**
非农业人口增加数	**53643**	**45879**	**16255**	**5843**	**7808**
出生	9458	7854	2635	1538	1200
非农业人口迁入	28659	25061	11688	2513	2249
农业人口转非农业人口	8314	6231	1566	1678	1164
招生	974	684	85	363	52
聘用	4	1			1
投靠亲属	3127	2723	946	646	563
落户小城镇	158	158			14
投资购房	1820	1761	450	410	374
征用土地	58	58	58		
其他	2173	846	27	259	160
港澳台国外迁入	19	19	9	3	2
退出现役	695	675	315	108	55
刑满释放	14	14	7	3	2
其他	6484	6025	35		3136
非农业人口减少数	**34859**	**27823**	**9918**	**2661**	**5595**
死亡	2838	2394	782	675	420
非农业人口迁出	24428	18118	8939	1700	878
迁往港澳台国外	206	206	8	188	1
服现役	261	251	103	73	42
服刑及劳教	5	5			4
其他	7121	6849	86	25	4250

口增减情况

单位：人

赛罕区	旗县					
		土左旗	托县	和林县	清水河县	武川县
263779	**177935**	**48501**	**46938**	**29491**	**22882**	**30123**
15973	**7764**	**2089**	**1549**	**1497**	**1234**	**1395**
2481	1604	461	422	259	235	227
8611	3598	1140	765	576	629	488
1823	2083	459	331	645	346	302
184	290	100		176		14
	3	1	1			1
568	404	120	35	9	109	131
144						
527	59	17	2	11	19	10
400	1327	221	293	449	218	146
5						
197	20		2	4	11	3
2						
2854	459	29	29	13	13	375
9649	**7036**	**1980**	**1527**	**1063**	**1279**	**1187**
517	444	105	113	67	70	89
6601	6310	1833	1315	924	1158	1080
9						
33	10	2	1	1	3	3
1						
2488	272	40	98	71	48	15

4-4 人口变动情况

单位：人、‰

地区	平均人口	出生		死亡		自然增长率	迁入人口	迁出人口	机械增长率
		人口	出生率	人口	死亡率				
全市	2309066	24324	10.5	5231	2.3	8.2	40575	30107	4.5
市区	1215304	11439	9.4	3089	2.5	6.9	34624	22523	10.0
新城区	364380	3326	9.1	896	2.4	6.7	6748	3322	9.4
#成吉思汗大街办事处	49941	703	14.1	131	2.6	11.5	989	137	17.1
保合少镇	17177	234	13.6	14	0.8	12.8	137	29	6.3
回民区	238341	1932	8.1	763	3.2	4.9	4318	2029	9.6
#攸攸板镇	36900	497	13.5	96	2.6	10.9	370	78	7.9
玉泉区	199934	1794	8.9	668	3.3	5.6	6770	5255	7.6
#小黑河镇	37229	414	11.1	237	6.3	4.8	327	185	3.8
赛罕区	412649	4387	10.6	762	1.8	8.8	16788	11917	11.8
#榆林镇	25192	262	10.4	52	2.1	8.3	136	112	1.0
金河镇	39775	511	12.8	48	1.2	11.6	2174	1928	6.2
黄合少镇	45425	456	10.0	104	2.3	7.7	1435	1129	6.7
巴彦镇	23031	238	10.3	21	0.9	9.4	147	335	-8.2
巧报镇	46495	779	16.7	81	1.7	15.0	2885	481	51.7
旗县	1093763	12885	11.8	2142	2.0	9.8	5951	7584	-1.5
土左旗	365388	4258	11.6	636	1.7	9.9	1780	2383	-1.7
#察素齐镇	78237	810	10.3	173	2.2	8.1	431	824	-5.0
毕克齐镇	26347	282	10.7	121	4.6	6.1	166	212	-1.7
善岱镇	48908	500	10.2	124	2.5	7.7	132	337	-4.2
白庙子镇	43048	704	16.4	63	1.5	14.9	275	172	2.4
台阁牧镇	30981	520	16.8	31	1.0	15.8	202	116	2.8
托县	206434	2472	12.0	477	2.3	9.7	925	1217	-1.4
#双河镇	79316	906	11.4	249	3.1	8.3	488	742	-3.2
新营子镇	51946	652	12.6	108	2.1	10.5	159	134	0.5
五申镇	33368	346	10.4	33	1.0	9.4	135	184	-1.5
伍什家镇	15963	246	15.4	49	3.1	12.3	54	62	-0.5
古城镇	25842	322	12.5	38	1.5	11.0	89	95	-0.2
和林县	199374	2708	13.6	323	1.6	12.0	1507	1744	-1.2
#城关镇	45752	483	10.6	114	2.5	8.1	404	421	-0.4
盛乐镇	62194	876	14.1	66	1.1	13.0	561	485	1.2
新店子镇	16138	223	13.8	46	2.9	10.9	88	149	-3.8
清水河县	146508	1855	12.6	224	1.5	11.1	447	889	-3.0
#城关镇	40901	434	10.6	77	1.9	8.7	86	100	-0.3
喇嘛湾镇	15366	231	15.0	23	1.5	13.5	42	69	-1.8
宏河镇	24585	313	12.7	28	1.1	11.6	74	212	-5.6
武川县	176060	1592	9.0	482	2.7	6.3	1292	1351	-0.3
#可可以力更镇	39514	316	8.0	94	2.4	5.6	277	367	-2.3
西乌兰不浪镇	18749	157	8.4	28	1.5	6.9	227	125	5.4
哈乐镇	33104	301	9.1	155	4.7	4.4	74	294	-6.6

4-5 少数民族人口情况

单位：人

项目	合计	市区				旗县				
		新城区	回民区	玉泉区	赛罕区	土左旗	托　县	和林县	清水河县	武川县
少数民族人口	**310120**	**74792**	**50164**	**34328**	**73165**	**45376**	**11853**	**12886**	**1461**	**6095**
蒙古族	237011	57306	24092	27218	60376	41923	9365	11030	1146	4555
回　族	37493	5235	21031	3514	3649	1945	1160	278	96	585
满　族	28022	9828	4260	3072	7102	969	705	1407	118	561
朝鲜族	1193	462	189	124	370	21	17	4		6
达斡尔族	2775	1236	282	178	1011	42	18	7	1	
鄂伦春族	80	27	13	4	24	12				
鄂温克族	364	162	53	21	126			1	1	
壮　族	389	128	50	40	96	32	10	15	1	17
藏　族	319	36	11	21	27	80	43	35	15	51
锡伯族	157	70	21	15	51					
苗　族	345	54	23	27	58	41	78	12	18	34
土家族	334	63	29	25	105	32	23	17	12	28
彝　族	256	7	8	7	22	77	79	12	17	27
维吾尔族	69	39	4	10	11	4				1
其他少数民族	1313	139	98	52	137	198	355	68	36	230
外国人加入中国国籍										

4-6 计划生育情况

单位：人、%

项目	合计	按地区分		按民族分	
		市　区	旗　县	汉　族	少数民族
生育人数	21427	15300	6127	17117	4310
计划生育率	97.46	97.89	96.39	96.86	99.86
育龄妇女人数					
已婚育龄妇女人数	549534	386590	162944	491316	59218
领取独生子女证人数	60917	44152	16765	51225	9692
领证率	11.09	11.42	10.29	10.45	16.37
采取节育措施人数	497473	346189	151284	445804	51669
#男性绝育	725	288	437	713	12
女性绝育	80093	34195	45898	77492	2601
放置宫内节育器	317412	220691	96721	286000	31412
节育率	90.53	89.55	92.94	90.92	87.25

主要统计指标解释

人口数　指一定时点，一定地区范围内有生命的个人的总和。

年度统计的年末人口数是指每年12月31日24时的人口数。

农业人口和非农业人口　是人口按经济特征分组的主要指标。农业人口指依靠从事农业（包括林、牧、渔业）维持生活的全部人口，即包括从事农、牧、林业生产的人口以及由他们抚养的人口。非农业人口指依靠从事农业以外的职业维持生活的人口以及他们抚养的人口。在我国过去的一些统计资料中曾以是否吃国家商品粮做为划分农业人口与非农业人口的标准，人口普查时对此做了纠正。

出生率（又称粗出生率）　指在一定时期内（通常为一年）平均每千人所出生的人数的比率，一般用千分率表示。计算公式：

$$出生率=\frac{年出生人数}{年平均人数}\times 1000‰$$

出生人数是指活产婴儿，即胎儿脱离母体时（不管怀孕日数），有过呼吸或其他生命现象。

年平均人数是年初、年末人口数的平均数。

死亡率　指在一定时期内（通常为一年）一定地区的死亡人数与同期平均人数之比，一般用千分率表示。计算公式：

$$死亡率=\frac{年死亡人数}{年平均人数}\times 1000‰$$

人口自然增长率　在一定时期内（通常为一年）人口自然增加数（出生人数减死亡人数）占该时期内平均人数之比，一般用千分率表示。计算公式：

$$人口自然增长率=\frac{本年出生人数-本年死亡人数}{年平均人数}\times 1000‰$$

或：

$$人口自然增长率=人口出生率-人口死亡率$$

$$机械增长率=\frac{本年迁入人数-本年迁出人数}{年平均人数}\times 1000‰$$

或：

$$机械增长率=迁入率-迁出率$$

第二部分　统计资料

劳动力和职工工资

5-1 历年职工人数及工资

年 份	年末职工人数（人）	职工工资总额（万元）	职工平均工资（元）
1949	6579	176	268
1950	9952	265	269
1951	14140	397	286
1952	19006	665	350
1953	24468	1072	441
1954	29636	1625	556
1955	32650	1869	584
1956	47777	3072	644
1957	59078	4131	690
1958	90676	4302	586
1959	114512	6148	620
1960	143594	8375	572
1961	101562	6769	578
1962	78673	5607	640
1963	75560	5383	697
1964	84517	5773	726
1965	96932	6672	707
1966	108126	7069	681
1967	104582	7164	673
1968	103836	6957	670
1969	109893	7539	670
1970	122361	7817	655
1971	132007	7912	623
1972	140432	9060	657
1973	169712	10916	643
1974	176195	11318	648
1975	200098	12522	653
1976	219757	13974	640
1977	230865	14685	646
1978	265213	16860	639
1979	287982	19204	681

5-1续表

年 份	年末职工人数 （人）	职工工资总额 （万元）	职工平均工资 （元）
1980	303293	23005	763
1981	324513	24787	764
1982	339558	27114	815
1983	349852	28918	836
1984	368180	34576	961
1985	381099	41077	1093
1986	397821	50153	1280
1987	408913	53949	1323
1988	420795	62097	1506
1989	419369	67071	1604
1990	434017	75252	1750
1991	449426	87015	1953
1992	467663	108342	2337
1993	483638	142207	2881
1994	496661	191395	3800
1995	477370	199528	4200
1996	472391	217747	4597
1997	460086	241430	5195
1998	433662	241453	5486
1999	344395	233909	6648
2000	311265	244190	7548
2001	291748	262112	8717
2002	283168	322778	11158
2003	286669	378397	13092
2004	288177	488657	16663
2005	294293	597507	19715
2006	292050	696228	22948
2007	293742	807126	26732
2008	297348	937267	30872
2009	298707	1057177	33997
2010	310692	1200455	37685
2011	320453	1369546	40476

注：1999年以后职工均指在岗职工。在岗职工平均工资是在岗职工工资总额/在岗职工平均人数 所得。

5-2 单位从业人员和在岗职工劳动工资主要指标

指　　　标	单　位	2010年	2011年	2011年比2010年增长%
单位从业人员年末人数	**人**	**315012**	**324570**	**3.0**
# 在岗职工年末人数	人	310692	320453	3.1
国有经济单位	人	210464	218059	3.6
城镇集体经济单位	人	9916	9726	-1.9
其他各种经济类型	人	90312	92668	2.6
单位从业人员平均人数	**人**	**322870**	**342496**	**6.1**
# 在岗职工平均人数	人	318549	338357	6.2
国有经济单位	人	214119	228829	6.9
城镇集体经济单位	人	11747	10450	-11.0
其他各种经济类型	人	92683	99078	6.9
单位从业人员劳动报酬	**万元**	**1210774**	**1379388**	**13.9**
# 在岗职工工资总额	万元	1200455	1369546	14.1
国有经济单位	万元	921602	1004687	9.0
城镇集体经济单位	万元	31026	34808	12.2
其他各种经济类型	万元	247827	330050	33.2
单位从业人员平均劳动报酬	**元**	**37500**	**40275**	**7.4**
# 在岗职工平均工资	元	37685	40476	7.4
国有经济单位	元	43042	43906	2.0
城镇集体经济单位	元	26412	33309	26.1
其他各种经济类型	元	26739	33312	24.6

5-3 分行业在岗职工人数和工资

指　　标	年末人数（人）	平均人数（人）	工资总额（万元）	平均工资（元）
总　计	**320453**	**338357**	**1369546**	**40476**
农、林、牧、渔业	3741	3741	13405	35832
采矿业	433	433	1742	40233
制造业	60403	60778	198432	32649
电力、煤气及水的生产和供应业	16688	15997	70995	44380
建筑业	15940	32057	98572	30749
交通运输、仓储和邮政业	15415	16195	53497	33033
信息传输、计算机服务和软件业	9174	9161	39256	42851
批发和零售业	11341	12169	27139	22302
住宿和餐饮业	7253	7643	19117	25012
金融业	16124	16014	75300	47021
房地产业	2246	2248	8679	38608
租赁和商务服务业	8171	8688	30068	34609
科学研究、技术服务和地质勘查业	14124	14012	68598	48957
水利、环境和公共设施管理业	16081	16129	50184	31114
居民服务和其他服务业	2960	2906	4472	15389
教　育	47443	47826	243600	50935
卫生、社会保障和社会福利业	17486	17251	97445	56487
文化、体育和娱乐业	8901	8908	39695	44561
公共管理和社会组织	46529	46201	229348	49641

5-4 城乡私营和个体经济

单位：户、人

行业	私营经济			个体经济		
	户数	从业人员	#城镇	户数	从业人员	#城镇
总计	**28379**	**292557**	**271720**	**107245**	**307392**	**290803**
农、林、牧、渔业	837	10283	4847	398	1038	772
采矿业	269	1316	1162	27	246	189
制造业	1924	22573	17953	2794	5984	5762
电力、燃气及水的生产和供应业	107	752	675	2	11	11
建筑业	1126	12301	10825	76	468	122
交通运输、仓储和邮政业	891	6488	4871	11070	21743	20232
信息传输、计算机服务和软件业	1228	9315	9145	2773	5375	3207
批发和零售业	11689	120964	115595	62428	172844	164733
住宿和餐饮业	1225	26667	26490	10297	64939	62657
金融业	272	2406	2388	1	2	2
房地产业	1420	11141	10823	988	2245	2238
租赁和商务服务业	4435	44111	43641	293	675	649
科学研究、技术服务和地质勘查业	806	6405	6240	135	231	231
水利、环境和公共设施管理业	92	597	559	720	1445	1439
居民服务和其他服务业	1432	11024	10621	11795	23229	22094
教育	103	2345	2345	204	403	396
卫生、社会保障和社会福利业	43	338	317	378	824	788
文化、体育和娱乐业	189	1191	1189	363	942	909
其他行业	291	2340	2034	2503	4748	4372

5-5 国有经济单位从业

指标	单位数（个）	年末人数（人）		
		单位从业人员	#女性	#在岗职工
国有单位合计	**2558**	**218746**	**96606**	**215667**
按隶属关系分组				
中央	161	34782	16687	34235
省、自治区、直辖市	603	72449	32856	71844
地区	375	46892	17343	45145
县及县以下	1417	64589	29704	64409
其他	2	34	16	34
按企业、事业、机关分组				
企业	230	62204	25287	59447
#地方	129	33800	11750	31537
事业	1623	15195	57579	114892
#地方	1578	110678	55225	110428
机关	704	41317	13725	41298
#地方	689	39456	12929	39437
其他	1	30	15	30
农、林、牧、渔业	141	3621	1220	3621
农业	8	243	85	243
林业	19	652	187	652
畜牧业	7	170	64	170
渔业	2	18	6	18
农、林、牧、渔服务业	105	2538	878	2538
采矿业	1	20		20
有色金属矿采选业	1	20		20
制造业	21	8549	3034	8549
农副食品加工业	1	193	41	193
纺织服装、鞋、帽制造业	2	1332	1011	1332
印刷业和记录媒介的复制	5	353	171	353
医药制造业	2	620	223	620
非金属矿物制品业	2	1332	247	1332
有色金属冶炼及压延加工业	1	1832	248	1832
通用设备制造业	1	297	63	297
专用设备制造业	1	92	38	92
交通运输设备制造业	3	1910	735	1910
电气机械及器材制造业	1	20	1	20
通信设备、计算机及其他电子设备制造业	1	548	255	548
工艺品及其他制造业	1	20	1	20
电力、燃气及水的生产和供应业	18	11180	4121	10836
电力、热力的生产和供应业	10	6313	2118	5969
燃气生产和供应业	2	1941	649	1941

人员和劳动报酬

	劳动报酬和生活费（万元）		
# 劳务派遣人员	单位从业人员劳动报酬	# 在岗职工工资总额	# 劳务派遣人员工资总额
2392	**1006434**	**995312**	**9375**
211	147505	143658	2922
473	392137	386549	5179
1693	205864	204514	1213
15	260888	260550	61
	41	41	
2358	257373	247111	9298
2167	138079	131539	6394
20	543529	542757	18
	523992	523345	
14	205509	205420	59
14	196836	196747	59
	24	24	
	13286	13286	
	733	733	
	1883	1883	
	453	453	
	58	58	
	10158	10158	
	62	62	
	62	62	
	27659	27659	
	669	669	
	2918	2918	
	1003	1003	
	1691	1691	
	3674	3674	
	9321	9321	
	531	531	
	139	139	
	6363	6363	
	68	68	
	1211	1211	
	72	72	
344	47635	47064	570
344	33915	33344	570
	6242	6242	

5-5续表1

指　　标	单位数（个）	年末人数（人）		
		单位从业人员	#女性	#在岗职工
水的生产和供应业	6	2926	1354	2926
建筑业	17	9708	1893	7716
房屋和土木工程建筑业	12	7263	1339	5667
建筑安装业	4	2145	474	1849
建筑装饰业	1	300	80	200
交通运输、仓储和邮政业	43	14234	5994	14234
道路运输业	12	2156	1052	2156
城市公共交通业	10	5021	1794	5021
航空运输业	4	3324	1819	3324
仓储业	9	1349	279	1349
邮政业	8	2384	1050	2384
信息传输、计算机服务和软件业	17	9169	4785	9169
电信和其他信息传输服务业	14	9117	4756	9117
计算机服务业	1	23	12	23
软件业	2	29	17	29
批发和零售业	36	1874	586	1831
批发业	20	1528	386	1528
零售业	16	346	200	303
住宿和餐饮业	23	2796	1655	2796
住宿业	22	2701	1607	2701
餐饮业	1	95	48	95
金融业	50	4584	2923	4194
银行业	35	3378	1925	3348
证券业	2	9	6	9
保险业	12	626	496	266
其他金融活动	1	571	496	571
房地产业	31	1552	851	1544
#房地产开发经营	6	254	114	247
物业管理	2	428	387	428
房地产中介服务	1	9	2	9
租赁和商务服务业	116	5976	2295	5949
租赁业	2	14	6	14
商务服务业	114	5962	2289	5935
科学研究、技术服务和地质勘查业	169	13781	5571	13771
研究与试验发展	51	5968	2507	5958
自然科学研究与试验发展	2	8	6	8
工程和技术研究与试验发展	26	3453	1499	3446

# 劳务派遣人员	劳动报酬和生活费（万元）		
	单位从业人员劳动报酬	# 在岗职工工资总额	# 劳务派遣人员工资总额
	7478	7478	
1962	59871	51284	8512
1596	40838	39545	1293
296	15533	10719	4814
70	3500	1020	2405
	50668	50666	
	8038	8038	
	13330	13330	
	16658	16658	
	4051	4049	
	8591	8591	
	39241	39241	
	38972	38972	
	96	96	
	173	173	
43	4932	4746	186
	3644	3644	
43	1288	1102	186
	7142	7142	
	6882	6882	
	260	260	
28	18526	17607	42
25	15637	15589	37
	64	64	
3	1573	701	5
	1253	1253	
	6540	6530	
	874	865	
	1443	1443	
	34	34	
1	23545	23449	6
	65	65	
1	23481	23384	6
	66829	66806	
	28922	28898	
	34	34	
	15717	15701	

5-5续表2

指　　标	单位数（个）	年末人数（人）		
		单位从业人员	# 女性	# 在岗职工
农业科学研究与试验发展	8	1412	532	1409
医学研究与试验发展	4	461	259	461
社会人文科学研究与试验发展	11	634	211	634
专业技术服务业	80	3869	1567	3869
# 气象服务	16	546	258	546
地震服务	4	311	199	311
测绘服务	7	659	213	659
技术检测	27	789	337	789
环境监测	6	217	61	217
工程技术与规划管理	17	1256	464	1256
科技交流和推广服务业	16	440	164	440
地质勘查业	22	3504	1333	3504
水利、环境和公共设施管理业	99	13735	6536	13735
水利管理业	53	1679	652	1679
环境管理业	30	9104	4760	9104
公共设施管理业	16	2952	1124	2952
居民服务和其他服务业	17	1951	966	1951
居民服务业	15	1896	941	1896
其他服务业	2	55	25	55
教　　育	568	44978	24462	44912
# 初等教育	341	11259	6587	11233
中等教育	122	14702	7518	14686
高等教育	18	15800	8611	15776
卫生、社会保障和社会福利业	146	15660	9778	15519
卫　　生	121	15099	9533	14958
社会保障业	8	209	102	209
社会福利业	17	352	143	352
文化、体育和娱乐业	142	8844	4139	8805
新闻出版社	33	1712	778	1706
广播、电视、电影和音像业	22	3430	1588	3430
文化艺术业	69	2569	1287	2541
体　　育	16	1085	461	1080
娱 乐 业	2	48	25	48
公共管理和社会组织	903	46534	15797	46515
# 中国共产党机关	59	1953	649	1953
国家机构	772	43171	14516	43152
人民政协和民主党派	19	487	205	487
群众社团、社会团体和宗教组织	53	923	427	923

# 劳务派遣人员	劳动报酬和生活费（万元）		
	单位从业人员劳动报酬	# 在岗职工工资总额	# 劳务派遣人员工资总额
	7513	7505	
	2496	2496	
	3162	3162	
	19495	19495	
	2998	2998	
	1428	1428	
	3079	3079	
	3972	3972	
	1038	1038	
	6612	6612	
	2296	2296	
	16117	16117	
	42436	42436	
	7187	7187	
	22296	22296	
	12954	12954	
	2126	2126	
	2028	2028	
	98	98	
	235721	235537	
	53716	53653	
	74499	74479	
	92730	92629	
	91332	90999	
	89008	88675	
	849	849	
	1475	1475	
	39506	39385	
	6861	6842	
	17804	17804	
	10378	10286	
	4333	4322	
	131	131	
14	229378	229290	59
	10624	10624	
14	211639	211572	59
	2643	2622	
	4472	4472	

5-6 城镇集体单位从业

指标	单位数（个）	年末人数（人）		
		单位从业人员	#女性	#在岗职工
城镇集体单位合计	**212**	**9749**	**4225**	**9693**
企业	133	6440	2658	6389
事业	79	3309	1567	3304
农、林、牧、渔业	8	120		120
农、林、牧、渔服务业	8	120		120
制造业	23	904	467	904
农副食品加工业	1	70	40	70
纺织服装、鞋、帽制造业	3	257	206	257
造纸及纸制品业	1	53	21	53
印刷业和记录媒介的复制	11	309	125	309
化学原料及化学制品制造业	2	22	13	22
非金属矿物制品业	1	3	1	3
金属制品业	2	106	13	106
交通运输设备制造业	1	4	2	4
电气机械及器材制造业	1	80	46	80
电力、燃气及水的生产和供应业	4	151	48	151
电力、热力的生产和供应业	1	82	22	82
水的生产和供应业	3	69	26	69
建筑业	6	1901	457	1897
房屋和土木工程建筑业	5	1642	370	1638
建筑安装业	1	259	87	259

人员和劳动报酬

	劳动报酬和生活费（万元）		
# 劳务派遣人员	单位从业人员劳动报酬	# 在岗职工工资总额	# 劳务派遣人员工资总额
33	**34846**	**34773**	**35**
33	27999	27932	35
	6846	6841	
	119	119	
	119	119	
	2127	2127	
	302	302	
	449	449	
	235	235	
	709	709	
	30	30	
	32	32	
	172	172	
	6	6	
	193	193	
	351	351	
	155	155	
	196	196	
	6654	6643	
	6244	6233	
	410	410	

5-6续表

指标	单位数（个）	年末人数（人）		
		单位从业人员	#女性	#在岗职工
交通运输、仓储和邮政业	1	35		35
道路运输业	1	35		35
批发和零售业	15	424	129	424
批发业	9	227	82	227
零售业	6	197	47	197
住宿和餐饮业	8	480	276	480
住宿业	3	261	150	261
餐饮业	5	219	126	219
金融业	71	2418	1221	2371
银行业	71	2418	1221	2371
租赁和商务服务业	3	43	13	43
商务服务业	3	43	13	43
水利、环境和公共设施管理业	1	1219	570	1219
环境管理业	1	1219	570	1219
居民服务和其他服务业	3	540	270	540
居民服务业	2	50	22	50
其他服务业	1	490	248	490
教育	5	203	77	203
#中等教育	2	124	34	124
高等教育	2	70	41	70
卫生、社会保障和社会福利业	64	1311	697	1306
卫生	64	1311	697	1306

# 劳务派遣人员	劳动报酬和生活费（万元）		
	单位从业人员劳动报酬	# 在岗职工工资总额	# 劳动派遣人员工资总额
	84	84	
	84	84	
	1157	1157	
	655	655	
	502	502	
	1193	1193	
	626	626	
	568	568	
33	16136	16081	35
33	16136	16081	35
	120	120	
	120	120	
	907	907	
	907	907	
	472	472	
	82	82	
	390	390	
	995	995	
	717	717	
	256	256	
	4530	4524	
	4529	4524	

5-7 其他各种经济类型

指标	单位数（个）	年末人数（人）		
		单位从业人员	#女性	#在岗职工
其他单位合计	**378**	**96075**	**43407**	**92533**
内资	350	87913	39714	84371
股份合作	4	239	100	239
联营	6	1191	650	1191
#国有联营	5	1183	642	1183
有限责任公司	147	37964	15994	35794
#国有独资	5	1876	612	1876
股份有限公司	92	44925	20467	43573
其他	101	3594	2503	3574
港、澳、台商投资	7	2771	1036	2771
外商投资	21	5391	2657	5391
企业	294	93614	41761	90079
事业	30	1383	890	1376
民间非盈利组织	36	901	668	901
其他	18	177	88	177
采矿业	2	413	36	413
煤炭开采和洗选业	2	413	36	413
制造业	122	51005	19137	50890
农副食品加工业	10	1256	411	1254
食品制造业	21	21049	7427	21049
饮料制造业	7	1235	489	1235
烟草制品业	1	1973	705	1973
纺织业	12	5691	3085	5691
纺织服装、鞋、帽制造业	2	132	103	132
皮革、毛皮、羽毛（绒）及其制品业	1	13	5	13
木材加工及木、竹、藤、棕、草制品业	1	104	25	104
家具制造业	1	49	10	49
造纸及纸制品业	5	1259	489	1259

单位从业人员和劳动报酬

	劳动报酬和生活费（万元）		
# 劳务派遣人员	单位从业人员劳动报酬	# 在岗职工工资总额	# 劳务派遣人员工资总额
135	**338108**	**329756**	**294**
135	308811	300459	294
	1251	1251	
	3434	3434	
	3422	3422	
60	145411	140911	109
	6349	6349	
62	147264	143453	164
13	11451	11411	21
	9535	9535	
	19761	19761	
135	330395	322062	294
	5264	5245	
	1693	1693	
	756	756	
	1680	1680	
	1680	1680	
60	168746	168537	109
2	3554	3548	6
	56331	56331	
	2540	2540	
	17946	17946	
	12865	12865	
	173	173	
	22	22	
	186	186	
	100	100	
	5661	5661	

5-7续表1

指　　标	单位数（个）	年末人数（人）		
		单位从业人员	#女　性	#在岗职工
文教体育用品制造业	1	17	3	17
石油加工、炼焦及核燃料加工业	1	2000	760	2000
化学原料及化学制品制造业	13	4331	1543	4331
医药制造业	12	3558	1390	3558
塑料制品业	5	496	108	496
非金属矿物制品业	11	2303	508	2190
黑色金属冶炼及延压加工业	3	272	53	272
有色金属冶炼及压延加工业	2	247	25	247
通用设备制造业	1	2351	823	2351
专用设备制造业	3	644	111	644
交通运输设备制造业	2	475	141	475
电气机械及器材制造业	1	120	20	120
通信设备、计算机及其他电子设备制造业	4	1154	723	1154
工艺品及其他制造业	2	276	180	276
电力、燃气及水的生产和供应业	22	5357	1754	5357
电力、热力的生产和供应业	16	4442	1538	4442
燃气生产和供应业	1	4	1	4
水的生产和供应业	5	911	215	911
建 筑 业	11	4365	361	4365
房屋和土木工程建筑业	11	4365	361	4365
交通运输、仓储和邮政业	6	1146	428	1146
铁路运输业	1	62	18	62
道路运输业	2	63	15	63
城市公共交通业	2	996	386	996
装卸搬运和其他运输服务业	1	25	9	25
信息传输、计算机服务和软件业	1	5	5	5
计算机服务业	1	5	5	5
批发和零售业	20	9043	6893	9030
批 发 业	4	1862	1019	1862

	劳动报酬和生活费（万元）		
# 劳务派遣人员	单位从业人员劳动报酬	# 在岗职工工资总额	# 劳务派遣人员工资总额
	34	34	
	12728	12728	
	19003	19003	
	11656	11656	
	2200	2200	
58	6607	6403	104
	4055	4055	
	1301	1301	
	5684	5684	
	1594	1594	
	892	892	
	456	456	
	2604	2604	
	556	556	
	23010	23010	
	19707	19707	
	10	10	
	3293	3293	
	32135	32135	
	32135	32135	
	2747	2747	
	248	248	
	113	113	
	2327	2327	
	59	59	
	16	16	
	16	16	
13	21051	21030	21
	6691	6691	

5-7续表2

指　　标	单位数（个）	年末人数（人）		
		单位从业人员	#女性	#在岗职工
零售业	16	7181	5874	7168
住宿和餐饮业	19	3977	2169	3977
住宿业	12	2590	1326	2590
餐饮业	7	1387	843	1387
金融业	30	12807	7879	9492
银行业	9	5741	3650	5741
证券业	1	259	112	259
保险业	20	6807	4117	3492
房地产业	24	702	305	702
#房地产开发经营	22	467	191	467
物业管理	2	235	114	235
租赁和商务服务业	11	2178	1127	2178
商务服务业	11	2178	1127	2178
科学研究、技术服务和地质勘查业	4	389	153	353
专业技术服务业	4	389	153	353
地震服务	1	164	57	164
工程技术与规划管理	3	225	96	189
水利、环境和公共设施管理业	2	1127	564	1127
水利管理业	1	308	168	308
公共设施管理业	1	819	396	819
居民服务和其他服务业	1	469	461	413
其他服务业	1	469	461	413
教育	87	2335	1653	2328
#初等教育	19	481	290	481
中等教育	16	798	535	798
高等教育	1	90	46	83
卫生、社会保障和社会福利业	12	661	437	661
卫生	10	574	369	574
社会福利业	2	87	68	87
文化、体育和娱乐业	4	96	45	96
广播、电视、电影和音像业	2	69	25	69
文化艺术业	2	27	20	27

	劳动报酬和生活费（万元）		
# 劳务派遣人员	单位从业人员劳动报酬	# 在岗职工工资总额	# 劳务派遣人员工资总额
13	14359	14338	21
	10782	10782	
	6629	6629	
	4154	4154	
6	49275	41517	18
	27198	27198	
	1090	1090	
6	20987	13229	18
	2149	2149	
	1715	1715	
	434	434	
	6492	6492	
	6492	6492	
	1991	1793	
	1991	1793	
	712	712	
	1280	1081	
	6841	6841	
	2028	2028	
	4814	4814	
56	1874	1728	146
56	1874	1728	146
	7087	7068	
	1686	1686	
	3058	3058	
	258	239	
	1923	1923	
	1699	1699	
	224	224	
	310	310	
	200	200	
	110	110	

主要统计指标解释

单位从业人员 指各级国家机关、政党机关、社会团体及企业、事业单位中工作取得工资或其它形式的劳动报酬的全部人员。包括：在岗职工、劳务派遣人员、其他从业人员（包括民办教师以及在各单位中工作的外方人员和港澳台方人员、兼职人员、借用的外单位人员和第二职业者）。不包括：离开本单位仍保留劳动关系的职工。

在岗职工 指在本单位工作并由单位支付工资的人员，以及有工作岗位，但由于学习、病伤产假等原因暂未工作，仍由单位支付工资的人员。

城镇私营企业从业人员 指在工商行政管理部门办理登记，并领取营业执照的各类私营企业中，从事经营管理和参加生产，并取得经营收入和劳动报酬的全部人员。包括离、退休后，在私营企业从业的人员。

城镇个体劳动者 指个人参加生产劳动，生产资料和产品（或收入）归个人所有，在工商行政管理部门登记并领取“个体营业执照”的城镇劳动者。

城镇单位失业人员 指有非农业户口，在一定的劳动年龄16岁至法定退休年龄内，有劳动能力，在报告期内无业并根据劳动部《就业登记规定》在当地劳动部门登记的人员。

工资总额 （按1990年1月1日国家统计局颁布的新规定）是指各单位在一定时期内直接支付给本单位全部职工的劳动报酬总额。

工资总额的计算原则应以直接支付给职工的全部劳动报酬为根据。各单位支付给职工的劳动报酬以及其他根据有关规定支付的工资，不论是计入成本的，还是不计入成本的，不论是按国家规定列入计征奖金税项目的，还是未列入计征奖金税项目的，不论是以货币形式支付的还是以实物形式支付的，均包括在工资总额内。

（一）计时工资是指按计时工资标准（包括地区生活费补贴）和工作时间支付给个人的劳动报酬，包括；

（1）对已做工作按计时工资标准支付的工资；

（2）实行结构工资制的单位支付给职工的基础工资和职务（岗位）工资；

（3）新参加工作职工的见习工资（学徒的生活费）；

（4）运动员体育津贴。

（二）计件工资是指对已做工作按计件单价支付的劳动报酬。包括：

（1）实行超额累进计件，直接无限计件，限额计件，超定额计件等工资制按劳动部门或主管部门批准的定额和计件单价支付给个人的工资；

（2）按工作任务包干方法支付给个人的工资；

（3）按营业额提成或利润提成办法支付给个人的工资；

计件超额工资是指计件工人超过定额后所得的工资，即计件工人实得的全部计件工资减去应得的计件标准工资的数额。某些企业的工人由于从事生产的工作物等级多于本人工资等级，因而其计件标准工资多于本人标准工资，其超额工资也用全部工资减去应得计件标谁工资求得。

（三）奖金是指支付给职工的超额劳动报酬和增收节支的劳动报酬。包括：生产奖、节约奖、劳动竞赛奖、机关、事业单位的奖励工资和其它奖金。

（四）津贴和补贴是指为了补偿职工特殊或额外的劳动消耗和因其他特殊原因支付给职工的津贴，以及为了保证职工的工资水平不受物价影响支付给职工的物价补贴。

（1）津贴。包括：补偿职工特殊或额外的劳动消耗的津贴，保健性津贴，技术性津贴，年功性津贴及其他津贴。

（2）物价补贴。包括：为保证职工工资水平不受物价上涨或变动影响而支付的多种补贴。

（五）加班加点工资是指按规定支付的加班工资和加点工资。

（六）特殊情况下支付的工资。包括：

（1）根据国家法律、法规和政策规定，因病、工伤、产假、计划生育假、婚假、丧假、事假、探亲假、定期休假、停工学习、执行国家或社会义务等原因按计时工资标准或计时工资标准的一定比例支付的工资；

（2）附加工资、保留工资。

从业人员工资总额＝在岗职工工资总额＋劳务派遣人员工资总额+其他从业人员工资总额

在岗职工平均工资指在一定时期内在岗职工的平均工资的实际情况。计算公式：

$$\text{在岗职工平均工资}=\frac{\text{在岗职工工资总额}+\text{劳务派遣人员工资总额}}{\text{在岗职工平均人数}+\text{劳务派遣平均人数}}$$

平均实际工资 指平均货币工资扣除物价变动因素后的平均工资。计算公式：

$$\text{平均实际工资}=\frac{\text{平均货币工资}}{\text{职工生活费用价格指数}}$$

保险福利费用总额 在工资以外实际支付给职工和离休、退休、退职人员个人以及用于集体的劳动保险和福利费用，不包括用于职工的劳动保护费用。从企业来讲，保险福利费用不仅包括职工福利基金支出的部分，而且还包括由企业营业外支出、企业基金或利润留成、工会文教费、企业管理费支出的部分；就预算单位而言，包括由职工福利费、公务费、差额补助费等支出的部分。

第二部分　统计资料

固 定 资 产 投 资

6-1 历年固定资产投资

单位：万元

年 份	固定资产投资	年 份	固定资产投资
1949		1981	15753
1950	7	1982	23585
1951	264	1983	24278
1952	830	1984	28460
1953	2248	1985	44053
1954	1318	1986	58275
1955	1354	1987	57585
1956	3943	1988	48430
1957	3820	1989	41582
1958	7653	1990	48580
1959	11102	1991	85173
1960	13946	1992	136417
1961	2737	1993	188022
1962	1218	1994	254321
1963	1703	1995	257415
1964	2580	1996	261191
1965	6023	1997	271549
1966	7505	1998	391065
1967	2843	1999	447553
1968	3342	2000	687898
1969	3528	2001	953052
1970	7436	2002	1312557
1971	5659	2003	1880127
1972	5569	2004	2701496
1973	8343	2005	4202371
1974	9215	2006	5084256
1975	10987	2007	5822357
1976	12394	2008	6404626
1977	10075	2009	8008082
1978	13358	2010	8812359
1979	17596	2011	10316781
1980	21370		

6-2 历年房地产投资

单位：万元、万平方米

年份	房地产投资	#住宅	房屋销售面积	#住宅	房屋施工面积	#住宅	房屋竣工面积	#住宅
1990	4415	1394	3		13.1	12.4	5.3	4.8
1991	3565	2644	3.8		18.5	16.7	8.1	7.5
1992	10090	7824	5		46.5	43.8	11	9.4
1993	34173	27636	6.5		75.9	62	22	18.5
1994	27254	15303	14.3	10.4	71.6	45.8	21.5	15
1995	30342	18820	13.7	10.5	75.5	50.9	23	16.3
1996	43286	35425	25.6	22.9	98	88	34.8	31.1
1997	32448	20739	22.1	18	73.1	53.2	34.9	25.8
1998	91891	57673	29.6	25.4	135.8	111.8	44	33.6
1999	98152	75045	47.2	41.2	174.1	150	88.9	76.4
2000	117697	89920	60.6	55	200.6	169.8	111.1	97.5
2001	155431	78121	65.6	58.2	253.8	193.3	108.5	77.4
2002	244077	117709	121.3	106.3	357.1	257.3	159	121.2
2003	273982	123772	137.4	113	342	223.3	131.8	110.1
2004	324644	162839	172.6	151.7	472.9	261.3	169	116.3
2005	358634	231911	224.1	194.8	559.5	377.2	204.4	161
2006	949934	705462	215.3	193.9	996.6	765.9	168.6	141.8
2007	1298346	96477	225.9	213.3	1567.1	1256.9	216.3	199.5
2008	1770684	1394940	331.1	307.3	1787.1	1462.2	252.6	224.4
2009	1782909	1269283	375	309.1	1832.9	1452.4	456.3	369.3
2010	2543537	1926340	471.9	394.8	2461.1	1901.1	462.8	349.1
2011	3447832	2579534	583.7	518.3	3533.7	2541.4	412.1	340.5

6-3 固定资产投资完成额

单位：万元

项　　目	2010年	2011年	2011年比2010年增长%
总　计	**8812359**	**10316781**	**17.1**
按投资类型分组			
城镇固定资产投资	6260173	6825730	9.0
房地产投资	2543537	3447832	35.6
城镇以下投资	8649	43219	399.7
按登记注册类型分组			
内　资	8632699	10235174	18.6
国　有	3868631	4785511	23.7
集　体	186418	198705	6.6
其　他	4577650	5250958	14.7
港澳台投资	33310	40382	21.2
外商投资	138850	22115	-84.1
个体经营	7500	19110	154.8
按建设性质分组			
新　建	1911774	2112476	10.5
扩　建	3380335	2504871	-25.9
改　建	839733	1490640	77.5
单纯建设生活设施	2092649	3574656	70.8
迁　建	800	29700	3612.5
单纯购置	585508	604438	3.2
按隶属关系分			
中央项目	871967	962181	10.3
地方项目	7940392	9354600	17.8
#市　属	1303458	1459333	12.0
房屋面积			
施工面积（平方米）	36715150	44579673	21.4
#住　宅	22468178	28011525	24.7
竣工面积（平方米）	10793059	7471171	-30.8
#住　宅	5380257	4373324	-18.7
本年新增固定资产	6607328	6908001	4.6

6-4 按国民经济行业分投资规模及个数

单位：万元、个

行业	计划总投资	自开始建设累计完成投资	本年完成投资	项目施工个数	本年投产项目个数
总计	**15387362**	**10576914**	**6871833**	**1015**	**750**
农、林、牧、渔业	755803	725202	683558	173	161
农业	148893	148666	139214	32	32
林业	102753	95025	89838	16	12
畜牧业	262211	252611	242611	56	54
农、林、牧、渔服务业	241946	228900	211895	69	63
采矿业	399907	313037	208222	71	49
煤炭开采和洗选业	211478	209505	104690	35	33
黑色金属矿采选业	92137	45147	45147	24	12
有色金属矿采选业	87261	56700	56700	8	3
非金属矿采选业	9031	1685	1685	4	1
制造业	3241226	2541329	1400490	157	114
农副食品加工业	55435	40851	29946	17	12
食品制造业	140093	135079	59411	11	7
饮料制造业	40867	40867	30827	6	6
烟草制品业	8932	8932	8932	1	1
纺织业	43861	42861	42861	8	7
纺织服装、鞋、帽制造业	17480	17480	11150	3	3
木材加工及木、竹、藤、棕、草制	1650	1650	1650	1	1
造纸及纸制品业	85084	50651	26665	5	3
印刷业和记录媒介的复制	443	443	443	1	1
石油加工、炼焦及核燃料加工业	719027	549458	365997	1	
化学原料及化学制品制造业	790617	657632	177127	6	4
医药制造业	198940	196670	59430	8	7
化学纤维制造业	36000	21010	21010	1	
塑料制品业	30590	29367	16610	3	2
非金属矿物制品业	340631	268160	210332	44	38
黑色金属冶炼及压延加工业	159147	75060	75060	5	4
有色金属冶炼及压延加工业	67728	44325	21131	6	3
金属制品业	56752	52854	52294	7	5
通用设备制造业	89757	63297	58297	7	1
专用设备制造业	12892	9897	9897	2	1
交通运输设备制造业	45000	29493			
电气机械及器材制造业	235828	146263	92582	8	4
通信设备、计算机及其他电子设备	6665	4910	3500	1	1
仪器仪表及文化、办公用机械制造	1000	700	700	1	
废弃资源和废旧材料回收加工业	56807	53419	24638	4	3
电力、燃气及水的生产和供应业	2256761	1582365	666604	70	45
电力、热力的生产和供应业	1872740	1252430	559318	44	29
燃气生产和供应业	177164	167601	23636	5	4
水的生产和供应业	206857	162334	83650	21	12
建筑业	135308	115065	94589	14	8
房屋和土木工程建筑业	123754	103511	83035	14	8
建筑安装业	11554	11554	11554		
交通运输、仓储和邮政业	2458269	1148642	961743	75	51

6-4续表

单位：万元 、个

行业	计划总投资	自开始建设累计完成投资	本年完成投资	项目施工个数	本年投产项目个数
铁路运输业	200078	149142	143756	2	
道路运输业	2191231	955204	774891	60	43
城市公共交通业	5000	5000	5000	1	1
仓储业	47773	35296	34096	11	7
邮政业	14187	4000	4000	1	
信息传输、计算机服务和软件业	668113	591381	466211	9	5
电信和其他信息传输服务业	648113	572811	447641	8	5
软件业	20000	18570	18570	1	
批发和零售业	604142	350518	225593	29	23
批发业	213533	187919	133844	12	8
零售业	390609	162599	91749	17	15
住宿和餐饮业	107773	100273	93373	17	14
住宿业	74164	69264	69264	8	6
餐饮业	33609	31009	24109	9	8
金融业	156273	155773	114773	6	5
银行业	135078	134578	93578	4	3
证券业	18465	18465	18465	2	2
保险业	2730	2730	2730		
房地产业	1354747	433967	208046	20	12
租赁和商务服务业	195266	176346	70917	5	3
租赁业	3700	3700	3700	1	1
商务服务业	191566	172646	67217	4	2
科学研究、技术服务和地质勘查业	96656	62170	36099	6	4
研究与试验发展	30348	30348	4877	2	2
专业技术服务业	6206	4100	4100	3	2
科技交流和推广服务业	51202	18822	18222	1	
地质勘查业	8900	8900	8900		
水利、环境和公共设施管理业	1664443	1244772	914407	202	142
水利管理业	573060	502390	273737	42	30
环境管理业	94676	68618	37463	14	11
公共设施管理业	996707	673764	603207	146	101
居民服务和其他服务业	59405	54801	6204	2	1
教育	360243	294808	199604	55	40
卫生、社会保障和社会福利业	164694	78111	58954	17	10
卫生	140393	59240	48083	12	8
社会福利业	24301	18871	10871	5	2
文化、体育和娱乐业	147395	123589	52349	7	5
新闻出版业	19500	18740	5500	2	1
广播、电视、电影和音像业	97272	74246	16246	1	
文化艺术业	5790	5770	5770	1	1
体育	8863	8863	8863	2	2
娱乐业	15970	15970	15970	1	1
公共管理和社会组织	560938	484765	410097	80	58
国家机构	456092	380519	311796	55	34
群众团体、社会团体和宗教组织	2688	2688	1743	2	2
基层群众组织	102158	101558	96558	23	22

6-5 按国民经济行业分

行业	本年完成投资	按构成分			
		建筑工程	安装工程	设备工器具购置	其他费用
总计	**6871833**	**4191574**	**397473**	**1865065**	**417721**
农、林、牧、渔业	683558	545303	6803	47329	84123
农业	139214	131665	478	4906	2165
林业	89838	61693		2200	25945
畜牧业	242611	170819	4154	15417	52221
农、林、牧、渔服务业	211895	181126	2171	24806	3792
采矿业	208222	115061	13822	73183	6156
煤炭开采和洗选业	104690	84796	2762	11176	5956
黑色金属矿采选业	45147	13510	2350	29087	200
有色金属矿采选业	56700	16400	8620	31680	
非金属矿采选业	1685	355	90	1240	
制造业	1400490	548831	166755	618547	66357
农副食品加工业	29946	16506	1237	8613	3590
食品制造业	59411	29667	9793	13391	6560
饮料制造业	30827	13459	1171	16197	
烟草制品业	8932		32	8900	
纺织业	42861	7960	991	31860	2050
纺织服装、鞋、帽制造业	11150	2890	580	7680	
木材加工及木、竹、藤、棕、草制	1650	336	109	1205	
造纸及纸制品业	26665	8615	5593	12457	
印刷业和记录媒介的复制	443			443	
石油加工、炼焦及核燃料加工业	365997	102898	72600	163000	27499
化学原料及化学制品制造业	177127	33120	18443	124064	1500
医药制造业	59430	26209	8584	20134	4503
化学纤维制造业	21010	21010			
塑料制品业	16610	8672	2909	5029	
非金属矿物制品业	210332	124479	5049	75632	5172
黑色金属冶炼及压延加工业	75060	8600	10425	47235	8800
有色金属冶炼及压延加工业	21131	9224	5931	5676	300
金属制品业	52294	18161	7777	25372	984
通用设备制造业	58297	22719	5420	27703	2455
专用设备制造业	9897	2608	126	6519	644
电气机械及器材制造业	92582	76890	8825	6317	550
通信设备、计算机及其他电子设备	3500	2600	300	300	300
仪器仪表及文化、办公用机械制造	700			700	
废弃资源和废旧材料回收加工业	24638	12208	860	10120	1450
电力、燃气及水的生产和供应业	666604	361703	60296	207942	36663
电力、热力的生产和供应业	559318	292975	49484	185412	31447
燃气生产和供应业	23636	15636	3790	3770	440
水的生产和供应业	83650	53092	7022	18760	4776

投资和新增固定资产

单位：万元

按建设性质分							本年新增固定资产
新　建	扩　建	改建和技术改造	单纯建造生活设施	迁　建	恢　复	单纯购置	
2105161	**2504871**	**1497955**	**129708**	**29700**		**604438**	**5739364**
118695	536325	21954	504			6080	661059
18170	118873		504			1667	143203
20300	59854	9684					80181
58000	182211	2400					244311
22225	175387	9870				4413	193364
104515	74260	18560				10887	231932
59730	44960						176260
10700	7700	15860				10887	34637
33000	21000	2700					20600
1085	600						435
499330	370647	442015	3860	21100		63538	1097226
7736	18560	1000		100		2550	33855
17429	22582	19400					92301
	28467		2360				40467
		8932					8932
13000	11880	2688				15293	35861
1670	1800					7680	17480
		1650					1650
14005	9660					3000	41936
		443					443
		365997					
153357	23770						304632
43740	2462	13228					184690
21010							
13960						2650	25590
60635	114961	15236	1500	18000			178491
	67000	7310				750	8060
18171	2960						11050
15364	20150	300				16480	33415
10806	33615	1631				12245	21245
7897	2000						2000
83712	2980			3000		2890	35628
3500							3500
700							
12638	7800	4200					16000
135778	355755	174921				150	902465
120071	276989	162108				150	672990
4143	17600	1893					118209
11564	61166	10920					111266

6-5续表

行业	本年完成投资	按构成分			
		建筑工程	安装工程	设备工器具购置	其他费用
建筑业	94589	20720	145	73724	
房屋和土木工程建筑业	83035	20720	145	62170	
建筑安装业	11554			11554	
交通运输、仓储和邮政业	961743	817923	2583	130883	10354
铁路运输业	143756	98756		45000	
道路运输业	774891	701731	248	72203	709
城市公共交通业	5000	420		2570	2010
仓 储 业	34096	13016	2335	11110	7635
邮 政 业	4000	4000			
信息传输、计算机服务和软件业	466211	57600	117089	291522	
电信和其他信息传输服务业	447641	39030	117089	291522	
软件业	18570	18570			
批发和零售业	225593	107421	3963	79150	35059
批发业	133844	53369	3492	62869	14114
零售业	91749	54052	471	16281	20945
住宿和餐饮业	93373	47274	2448	41531	2120
住宿业	69264	34747	2448	30069	2000
餐饮业	24109	12527		11462	120
金 融 业	114773	36691	4060	73332	690
银行业	93578	24176		68712	690
证券业	18465	12515	4060	1890	
保险业	2730			2730	
房地产业	208046	171216		4700	32130
租赁和商务服务业	70917	66117	3900	700	200
租赁业	3700	2800		700	200
商务服务业	67217	63317	3900		
科学研究、技术服务和地质勘查业	36099	14303	84	20412	1300
# 科技交流和推广服务业	18222	6910		11312	
水利、环境和公共设施管理业	914407	747835	12419	28078	126075
水利管理业	273737	226288	5539	7320	34590
环境管理业	37463	19575	2710	12298	2880
公共设施管理业	603207	501972	4170	8460	88605
居民服务和其他服务业	6204	5900			304
教 育	199604	179416	1630	11459	7099
卫生、社会保障和社会福利业	58954	37375	68	21041	470
# 卫 生	48083	26674	68	21041	300
文化、体育和娱乐业	52349	31806		20443	100
新闻出版业	5500	5500			
广播、电视、电影和音像业	16246	15896		350	
文化艺术业	5770	2480		3290	
体 育	8863	7530		1333	
娱乐业	15970	400		15470	100
公共管理和社会组织	410097	279079	1408	121089	8521
国家机构	311796	183198	908	120069	7621
群众团体、社会团体和宗教组织	1743	1743			
基层群众自治组织	96558	94138	500	1020	900

单位：万元

按建设性质分							本年新增固定资产
新建	扩建	改建和技术改造	单纯建造生活设施	迁建	恢复	单纯购置	
370	18128	3443				72648	99168
370	18128	3443				61094	87614
						11554	11554
170122	161187	569184				61250	405818
94696	4060					45000	45000
41230	152087	565324				16250	344822
5000							5000
25196	5040	3860					10996
4000							
238870	165070	14730				47541	418101
220300	165070	14730				47541	418101
18570							
159293	6700	1900				57700	184252
83644	4300	1900				44000	115443
75649	2400					13700	68809
8600	15434	31894	9375			28070	78273
	11000	31594	8000			18670	57164
8600	4434	300	1375			9400	21109
29816	13515					71442	154773
20866	4000					68712	133578
8950	9515						18465
						2730	2730
169880	31120	2936	1400			2710	120269
70417		500					20170
3700							3700
66717		500					16470
12421	3466					20212	53960
6910						11312	11312
224415	533217	151975		4800			724880
51829	135688	86220					312081
17763	11900	3000		4800			43809
154823	385629	62755					368990
	6204						5900
44701	88540	40144	19300	1000		5919	156148
21900	17199	1245				18610	36198
21900	6328	1245				18610	36035
28926	3980					19443	31953
4500	1000						1000
15896						350	350
	2480					3290	5770
8530						333	8863
	500					15470	15970
67112	104124	22554	95269	2800		118238	356819
62832	69443	21354	37129	2800		118238	253173
1680	63						2688
2600	34618	1200	58140				100958

6-6 按国民经济行

行业	本年资金来源合计	上年末结余资金	本年资金来源小计	国家预算内资金	国内贷款
总计	**6342745**	**10437**	**6332308**	**139338**	**775904**
农、林、牧、渔业	419175		419175	51946	14150
农业	92719		92719	1746	
林业	61887		61887	32879	
畜牧业	161050		161050		13800
农、林、牧、渔服务业	103519		103519	17321	350
采矿业	209222		209222		16139
煤炭开采和洗选业	104690		104690		
黑色金属矿采选业	45147		45147		
有色金属矿采选业	57700		57700		16139
非金属矿采选业	1685		1685		
制造业	1550368	6330	1544038		316589
农副食品加工业	29080		29080		2000
食品制造业	95891		95891		3100
饮料制造业	14900		14900		
烟草制品业	8932		8932		
纺织业	43861		43861		
纺织服装、鞋、帽制造业	17480	6330	11150		
木材加工及木、竹、藤、棕、草制	1650		1650		
造纸及纸制品业	22950		22950		
印刷业和记录媒介的复制	443		443		
石油加工、炼焦及核燃料加工业	365997		365997		149089
化学原料及化学制品制造业	166557		166557		72800
医药制造业	191540		191540		4300
化学纤维制造业	21010		21010		
塑料制品业	19800		19800		
非金属矿物制品业	178787		178787		25300
黑色金属冶炼及压延加工业	73060		73060		40000
有色金属冶炼及压延加工业	22194		22194		
金属制品业	52415		52415		4000
通用设备制造业	60931		60931		3200
专用设备制造业	9897		9897		
电气机械及器材制造业	123855		123855		12800
通信设备、计算机及其他电子设备	3500		3500		
仪器仪表及文化、办公用机械制造	1000		1000		
废弃资源和废旧材料回收加工业	24638		24638		
电力、燃气及水的生产和供应业	600110		600110	34939	128962
电力、热力的生产和供应业	518347		518347	27269	128962
燃气的生产和供应业	18179		18179	7640	
水的生产供应业	63584		63584	30	

业分财务拨款

单位：万元

债券	利用外资		自筹资金		其他资金来源	本年各项应付款合计	工程款
		外商直接投资		单位自有资金			
	10394	9174	5136029	1271044	270643	992922	938263
			332484	50870	20595	281392	272757
			84779	6960	6194	46495	46005
			24508	3000	4500	38351	30351
			145250	21400	2000	84361	84361
			77947	19510	7901	112185	112040
			192283	11928	800		
			104690	11878			
			44347		800		
			41561				
			1685	50			
	5000	5000	1207049	180976	15400	83782	75982
			16680	5550	10400	980	980
			92791	9962		12220	12220
			13400	7000	1500	15967	15967
			8932				
			43861	9473			
			11150	6980			
			1650	1650			
	5000	5000	17950			7000	7000
			443	443			
			216908				
			93757			11070	3270
			187240	8000			
			21010				
			19800	6650			
			149987	74391	3500	34545	34545
			33060	6760		2000	2000
			22194	3894			
			48415	5782			
			57731	13261			
			9897				
			111055	12980			
			3500				
			1000				
			24638	8200			
	2294	1074	433415	62669	500	90998	84843
			361616	61588	500	61156	55001
			10539			9600	9600
	2294	1074	61260	1081		20242	20242

6-6续表

行　　业	本年资金来源合计	上年末结余资金	本年资金来源小计	国家预算内资金	国内贷款
建筑业	92129		92129	2207	
房屋和土木工程建筑业	80575		80575	2207	
建筑安装业	11554		11554		
交通运输、仓储和邮政业	725362		725362	14900	238547
铁路运输业	148200		148200		
道路运输业	528584		528584	14900	238547
城市公共交通业	5000		5000		
仓　储　业	39578		39578		
邮政业	4000		4000		
信息传输、计算机服务和软件业	467211		467211	260	
电信和其他信息传输服务业	448641		448641	260	
软件业	18570		18570		
批发和零售业	229393		229393		1800
批发　业	137644		137644		1800
零售业	91749		91749		
住宿和餐饮业	93373		93373		
住宿业	69264		69264		
餐饮业	24109		24109		
金　融　业	115273		115273		5000
银行业	94078		94078		
证券业	18465		18465		5000
保险业	2730		2730		
房地产业	191073		191073	2167	
租赁和商务服务业	141530		141530		24000
租赁业	3700		3700		
商务服务业	137830		137830		24000
科学研究、技术服务和地质勘查业	67189		67189	304	
# 科技交流和推广服务业	49312		49312		
水利、环境和公共设施管理业	784719	1607	783112	8597	29267
水利管理业	229338	1607	227731	7847	
环境管理业	38773		38773	750	11000
公共设施管理业	516608		516608		18267
居民服务和其他服务业	6204		6204	304	
教　　育	168343	2500	165843	7600	1250
卫生、社会保障和社会福利业	49577		49577	1172	
# 卫　　生	48077		48077	872	
文化、体育和娱乐业	52369		52369		
新闻出版业	5500		5500		
广播、电视、电影和音像业	16246		16246		
文化艺术业	5790		5790		
体育	8863		8863		
娱乐业	15970		15970		
公共管理和社会组织	380125		380125	14942	200
国家机构	294905		294905	13742	200
团体、社会团体和宗教组织	1680		1680		
基层群众自治组织	83540		83540	1200	

单位：万元

债　　券	利用外资		自筹资金		其他资金来源	本年各项应付款合计	
		外商直接投资		单位自有资金			工 程 款
			89922	28228		2460	2460
			78368	20474		2460	2460
			11554	7754			
			267136	139345	204779	285467	285343
			148200	100000		860	860
			70358	30740	204779	283627	283503
			5000	5000			
			39578	3605		980	980
			4000				
			466951	208240			
			448381	208240			
			18570				
			227593	78355			
			135844	45646			
			91749	32709			
	3100	3100	90273	42805			
	3100	3100	66164	33494			
			24109	9311			
			110273	4230			
			94078	1500			
			13465				
			2730	2730			
			187506	40846	1400	25704	17059
			117530	76000			
			3700				
			113830	76000			
			66885	38000			
			49312	38000			
			724029	186635	21219	136642	119684
			211265	40496	8619	46681	39150
			26903	3000	120	1400	1100
			485861	143139	12480	88561	79434
			5900				
			156993	43637		35293	35293
			45305	20070	3100	10029	10029
			44105	19070	3100	658	658
			52019	19399	350		
			5500	1000			
			15896	15896	350		
			5790				
			8863	333			
			15970	2170			
			362483	38811	2500	41155	34813
			278463	37131	2500	21774	21774
			1680	1680		6363	21
			82340			13018	13018

6-7 按国民经济行业分房屋建筑面积及价值

行业	本年施工房屋面积（平方米）	#住宅	本年竣工房屋面积（平方米）	#住宅	本年竣工房屋价值（万元）	#住宅
总计	**9260491**	**2609962**	**3421369**	**1033025**	**709848**	**183631**
农、林、牧、渔业	366317	34560	328117	34560	47556	4493
农业	93600	34560	93600	34560	16552	4493
林业	35200		10000		2700	
畜牧业	220759		207759		24965	
渔业						
农、林、牧、渔服务业	16758		16758		3339	
采矿业	100368		83400		8906	
煤炭开采和洗选业	98718		83100		8806	
黑色金属矿采选业	300		300		100	
有色金属矿采选业	1000					
非金属矿采选业	350					
制造业	1416781	40600	396854	40600	91248	4300
农副食品加工业	44179		5899		1600	
食品制造业	57900		29000		7780	
饮料制造业	116373	35600	116373	35600	18069	2800
纺织业	16400		16400		3100	
纺织服装、鞋、帽制造业	9650		9650		1599	
造纸及纸制品业	1450		1450		200	
石油加工、炼焦及核燃料加工业	500000					
化学原料及化学制品制造业	159765		51630		28889	
医药制造业	12200		12200		3367	
化学纤维制造业	11000					
非金属矿物制品业	125352	5000	122352	5000	21170	1500
黑色金属冶炼及压延加工业	17948					
金属制品业	13400		7400		1250	
通用设备制造业	114570		8000		1800	
专用设备制造业	19848		3000		450	
电气机械及器材制造业	184383		8600		1174	
通信设备、计算机及其他电子设备	3600		3600		500	
废弃资源和废旧材料回收加工业	8763		1300		300	
电力、燃气及水的生产和供应业	240944		5910		3367	
电力、热力的生产和供应业	238029		3495		2520	
水的生产和供应业	2915		2415		847	

6-7续表

行业	本年施工房屋面积（平方米）	#住宅	本年竣工房屋面积（平方米）	#住宅	本年竣工房屋价值（万元）	#住宅
交通运输、仓储和邮政业	118398		28630		2710	
道路运输业	42425		10429		1044	
城市公共交通业	3000		3000		420	
仓储业	38973		15201		1246	
邮政业	34000					
信息传输、计算机服务和软件业	138869					
电信和其他信息传输服务业	38869					
软件业	100000					
批发和零售业	1061984		130284		55639	
批发业	336507		61507		12961	
零售业	725477		68777		42678	
住宿和餐饮业	142241	23000	118641	23000	16250	1375
住宿业	69600		46000		8737	
餐饮业	72641	23000	72641	23000	7513	1375
金融业	113109		108179		63841	
银行业	113109		108179		63841	
房地产业	2044275	1752205	606490	340820	92874	49000
租赁和商务服务业	126900		40900		7770	
租赁业	2000		2000		600	
商务服务业	124900		38900		7170	
科学研究、技术服务和地质勘查业	68612	43181	64286	43181	32268	22068
研究与试验发展	59324	43181	59324	43181	29208	22068
专业技术服务业	9288		4962		3060	
水利、环境和公共设施管理业	234097	700	64348	700	13568	2100
水利管理业	5378		5378		698	
环境管理业	26650	700	25870	700	7530	2100
公共设施管理业	202069		33100		5340	
教育	1337722	71528	503131	71528	106273	9308
卫生、社会保障和社会福利业	378043		67580		14214	
卫生	271423		66570		14051	
社会福利业	106620		1010		163	
文化、体育和娱乐业	75885		25900		7123	
新闻出版业	56785		6800		1000	
文化艺术业	2000		2000		500	
体育	17100		17100		5623	
公共管理和社会组织	1295946	644188	848719	478636	146241	90987
国家机构	766789	305762	331562	152210	65133	33439
群众团体、社会团体和宗教组织	9254		9254		2495	
基层群众自治组织	519903	338426	507903	326426	78613	57548

6-8 固定资产投资新增生产能力

项　　目	单位	建设规模	本年施工规模	#本年新开工能　力	累计新增生产能力	#本年新增
原煤开采	万吨/年	60	60	60	60	60
铁矿石成品矿	万吨/年	74.5	74.5	74.5	28.5	28.5
黄　金	公斤 / 年	226	226	226	180	180
银选矿：处理原矿	吨/年	80	80	80	80	80
发电机组容量	万千瓦	210	208	18	79.9	77.9
水力发电	万千瓦	120	120			
火力发电	万千瓦	70	70		70	70
风力发电	万千瓦	19.8	17.8	17.8	9.9	9.9
其他发电	万千瓦	0.2	0.2	0.2		
输电线路长度(11万伏及以上)	公里	1.5	1.5	1.5	1.5	1.5
水　泥	万吨 / 年	1059	949	787	387	387
平板玻璃	万重量箱/年	171	171	171	11	11
白　酒	万吨/年	0.4	0.4	0.4	0.4	0.4
新建公路	公里	62.5	62.5	62.5		
#高速公路	公里	17.5	17.5	17.5		
改建公路	公里	962.2	962.2	407.7	616.5	616.5
新建独立公路桥梁	延长米	1617	1617	1617	1117	1117
	座	4	4	4	3	3
新(扩)建公路客、货运站	个	1	1	1		
	平方米	2020	2020	2020		
城市自来水供水能力	万吨 / 日	3.62	3.62	3.62	3.62	3.62
城市污水处理能力	万吨 / 日	15.03	15.03	3.53	3	3

6-9 房地产开发投资完成情况

项目	单位	2011年	项目	单位	2011年
计划总投资	万元	12340229	其　他	万元	154191
累计完成投资	万元	6724079	本年新增固定资产	万元	1291489
本年完成投资	万元	3447832	本年购置土地面积	平方米	2176578
# 配套工程投资	万元	18265	本年资金来源合计	万元	4316623
按构成分			上年末结余资金	万元	318967
建筑工程	万元	2854246	本年资金来源小计	万元	3997656
安装工程	万元	27440	国内贷款	万元	206557
设备工器具购置	万元	75938	# 银行贷款	万元	171277
其他费用	万元	490208	非银行金融机构贷款	万元	35280
# 土地购置费	万元	411388	利用外资	万元	
按工程用途分			# 外商直接投资额	万元	
住　宅	万元	2579534	自筹资金	万元	2400304
90平方米以下	万元	479260	# 自有资金	万元	1354811
140平方米以上住房	万元	476641	其他资金来源合计	万元	1390795
经济适用房	万元		# 定金及预收款	万元	824122
别墅高档公寓	万元	147092	# 个人按揭贷款	万元	484537
办 公 楼	万元	167116	本年各项应付款合计	万元	504243
商业营业用房	万元	546991	# 工 程 款	万元	244701

6-10 房地产施工、竣工房屋面积及竣工价值

单位：平方米

项目	施工面积	# 新开工	竣工面积	竣工房屋价值（万元）	商品住宅竣工套数（套）
房屋合计	**35337642**	**18392847**	**4121042**	**959871**	**29660**
住　宅	25413832	12967372	3405055	787524	29660
90平方米以下	6358711	2702335	765867	161216	9524
140平方米以上住房	4559184	2236513	771308	191923	4106
别墅高档公寓	695946	319665	62959	18544	222
办 公 楼	1581417	907458	92123	23637	
商业营业用房	5588637	3231769	454459	111520	
其　他	2753756	1286248	169405	37190	

6-11 商品房屋销售与出租情况

单位：平方米

项目	商品房销售面积	现房销售面积	期房销售面积	商品房销售额（万元）	现房销售额（万元）	期房销售额（万元）
合计	**5837055**	**3864480**	**1972575**	**2434559**	**1371708**	**1062851**
住宅	5183010	3328841	1854169	2029862	1051400	978462
90平方米以下	1277835	849321	428514	436901	277375	159526
140平方米以上住房	1511956	845051	666905	768126	279110	489016
别墅高档公寓	265584	58297	207287	241368	14447	226921
办公楼	146360	64978	81382	70777	30403	40374
商业营业用房	355101	318118	36983	271846	227872	43974
其他	152584	152543	41	62074	62033	41

6-11续表

单位：平方米

项目	空置面积	出租面积	商品住宅销售套数（套）	现房住宅销售套数（套）	期房住宅销售套数（套）
合计	**2441303**	**11622**	**44469**	**29246**	**15223**
住宅	1688941		44469	29246	15223
90平方米以下	599132		16109	10778	5331
140平方米以上住房	185072		8210	4703	3507
别墅高档公寓	269180		1125	103	1022
办公楼	230845	7512			
商业营业用房	460986	4110			
其他	60531				

6-12 房地产开发企业（单位）财务状况

项　　目	单位	2011年	项　　目	单位	2011年
年初存货	万元	2974195	销售费用	万元	32919
年初资产负债			管理费用	万元	71827
流动资产合计	万元	7428278	#税　金	万元	7584
#存　货	万元	3912262	差旅费	万元	2762
固定资产原价	万元	145088	工会经费	万元	236
累计折旧	万元	31209	财务费用	万元	47725
#本年折旧	万元	10886	#利息收入	万元	1388
资产总计	万元	8990132	#利息支出	万元	21141
负债合计	万元	7458049	营业利润	万元	-20598
所有者权益	万元	1532083	补贴收入	万元	167
#实收资本	万元	853904	营业外收入	万元	17901
损益及分配			营业外支出	万元	17266
主营业务收入	万元	1020912	利润总额	万元	-30190
土地转让收入	万元	25400	应缴所得税	万元	22221
商品房屋销售收入	万元	973524	应付职工薪酬	万元	35053
房屋出租收入	万元	14803	土地和固定资产支出	万元	337923
其他收入	万元	7186	土地购置	万元	294674
主营业务成本	万元	825951	房屋和建筑物	万元	26182
主营业务税金及附加	万元	66910	机器设备	万元	6250
其他业务收入	万元	7186	运输工具	万元	3994
其他业务利润	万元	3813	其他费用	万元	6824

主要统计指标解释

固定资产投资 固定资产投资是建造和购置固定资产的经济活动，即固定资产再生产活动。固定资产再生产过程包括固定资产更新（局部更新和全部更新）、改建、扩建、新建等活动。新的企业财务会计制度规定，固定资产局部更新的大修理作为日常生产活动的一部分，发生的大修理费用直接在成本费用中列支。按照现行投资管理体制及有关部门的规定，凡属于大修理、养护、维护性质的工程（如设备大修、建筑物的翻修和加固、农田水利工程和堤防、水库的岁修、铁路大修等）都不纳入固定资产投资管理，也不作为固定资产投资统计。

固定资产投资属于实物投资的一部分，这一点区别于金融投资。固定资产投资的目的是建造和购置固定资产，它的承担物表现为机器、设备、建筑物等固定资产。而金融投资（如股票和债券投资）则表现为金融资产的增加。

固定资产投资是国民经济再生产活动的一个重要部分。通过固定资产投资，可以扩大社会再生产的规模，提高社会生产的技术水平，调整经济结构，改变生产力的地区分布，增强国家的经济实力，提高和改善人民物质和文化生活水平。

固定资产投资额（又称固定资产投资完成额） 是以货币形式表现的在一定时期内建造和购置固定资产的工作量以及与此有关的费用的总称。没有形成工程实体的建筑材料和没有开始安装的设备，都不计算投资完成额。它是反映固定资产投资规模、结构和发展速度的综合性指标，又是观察工程进度和考核投资效果的重要依据。

房地产开发 是指各种经济类型的房地产开发公司、商品房建设公司及其他房地产开发单位统一开发的商品住宅、厂房、仓库、饭店、宾馆、度假村、写字楼、办公楼等房屋建筑物和配套的服务设施，以及土地开发工程，如道路、给水、排水、供电、供热、通讯、平整场地等工程。房地产开发统计不包括单纯的土地交易活动。房地产开发单位本身进行的固定资产投资活动，如自建自用的房屋、设备购置等，应作为基本建设，更新改造和其他投资的统计范围。

施工项目 指报告期内曾进行建筑安装施工活动的建设项目，包括报告期内新开工项目，报告期以前开工跨报告期继续施工的项目，报告期施过工并在报告期内全部建成投产或停缓建的项目。

全部建成投产项目 工业项目是指设计文件规定形成生产能力的主体工程及其相应配套的辅助设施全部建成，经负荷试运转，证明具备生产设计规定合格产品的条件，并经过验收鉴定合格或达到竣工验收标准，与生产性工程配套的生活福利设施可以满足近期正常生产的需要，正式移交生产的建设项目；非工业项目是指设计文件规定的主体工程和相应的配套工程全部建成，能够发挥设计规定的全部效益，经验收鉴定合格或达到竣工验收标准，正式移交使用的建设项目。

新增固定资产 新增固定资产（又称交付使用的固定资产），是指已经完成和购置过程，并已交付生产或使用单位的固定资产价值。

新增固定资产是表示固定资产投资成果的价值量指标，也是反映建设进度，计算固定资产投资效果的必要数据。

新增生产能力 指通过固定资产投资活动而增加设计能力或工程效益，它是用实物形态表示的固定资产投资的成果。新增生产能力的计算，是以能独立发挥生产能力或效益的单项工程（或项目）为对象，当单项工程（或项目）建成，经有关部门鉴定合格，正式移交投入生产，即可计算新增生产能力。

房屋建筑面积 房屋建筑面积，是房屋建筑勒脚以上外墙外围的水平截面面积，包括房屋建筑的有效面积和结构面积。房屋建筑面积统计指标是从实物形态上反映建设规模和建设成果的重要指标之一，也是检查工程形象进度、计算工程造价、分析投资效果、研究施工任务与施工力量和建筑材料之间平衡情况的重要依据。

房屋施工面积 是指报告期内施工的全部房屋建筑面积，包括本期新开工的面积和上期开工跨入本期继续施工的房屋面积，以及上期已停建在本期恢复施工的房屋面积。本期竣工和本期施工后又停缓建的房屋，其建筑面积仍计入本期房屋施工面积中。

第二部分　统计资料

财政税收

7-1 历年财政收入

单位：万元

年份	地方财政收入
1949	79
1952	571
1957	2645
1962	3105
1965	4686
1970	10870
1975	10405
1978	14085
1980	15031
1981	14746
1982	16406
1983	15833
1984	18657
1985	25330
1986	29937
1987	35142
1988	39802
1989	43658
1990	45494
1991	49231
1992	56061
1993	71964
1994	35081
1995	43892
1996	58789
1997	78628
1998	92559
1999	105783
2000	127755
2001	142098
2002	171859
2003	213699
2004	367323
2005	493433
2006	640226
2007	934302
2008	1583099
2009	2012371
2010	2414508
2011	2852164

注：自2008年起地方财政收入变为地方财政总收入

7-2 历年财政支出

单位：万元

年份	财政支出	#教育事业费
1949	39	4
1952	348	51
1957	1120	303
1962	1755	339
1965	1890	465
1970	2758	543
1975	6687	1230
1978	9979	1705
1980	10870	2130
1981	9643	2209
1982	12395	2614
1983	15545	2950
1984	21719	3783
1985	24093	4371
1986	35089	4854
1987	34652	5371
1988	37015	6368
1989	41333	7015
1990	45213	8455
1991	49338	8639
1992	54119	10353
1993	67803	13564
1994	74971	16198
1995	82137	17915
1996	104035	19111
1997	127972	20901
1998	153745	22891
1999	171308	25413
2000	198645	28075
2001	276059	36785
2002	360686	43884
2003	482538	53307
2004	613227	67072
2005	721234	77296
2006	922229	89846
2007	1004158	148773
2008	1331795	181912
2009	1651684	221858
2010	1772800	274673
2011	2556680	316949

7-3 财 政 收 入

单位：万元

项 目	2010年	2011年	2011年比2010年增长%
地方财政总收入	**2414508**	**2852164**	**18.1**
一般预算收入	1267616	1514253	19.5
增 值 税	98790	105672	7.0
营 业 税	337245	403577	19.7
企业所得税	86241	123377	43.1
个人所得税	50256	60691	20.8
资 源 税	1914	2324	21.4
城市维护建设税	67697	83977	24.0
房产税和固定资产投资方向调节税	39595	48904	23.5
印 花 税	20761	26809	29.1
城镇土地使用税	59438	55741	-6.2
土地增值税	48169	64354	33.6
车船使用和牌照税	9576	12751	33.2
耕地占用税和契税	69078	72597	5.1
专项收入	39006	45104	15.6
行政事业性收费收入	81976	45931	-44.0
国有资本经营收入	206975	292011	41.1
罚没收入	22804	23525	3.2
国有资源(资产)有偿使用收入	22821	30173	32.2
其他收入	5274	16735	217.3
上划中央税收收入	965489	1105887	14.5
上划自治区收入	181403	232024	27.9

7-4 财 政 支 出

单位：万元

项 目	2010年	2011年	2011年比2010年增长%
地方财政支出	**1772800**	**2556680**	**44.2**
一般公共服务	229854	286005	24.4
国 防	6773	4766	-29.6
公共安全	104709	127856	22.1
教 育	274673	316949	15.4
科学技术	19254	22286	15.7
文化体育与传媒	24886	44047	77.0
社会保障和就业	199586	287914	44.3
医疗卫生	98253	132242	34.6
环境保护	64904	99758	53.7
城乡社区事务	323620	672762	107.9
农林水事务	202601	222559	9.9
交通运输	54353	86077	58.4
工业商业金融等事务	78638	79667	1.3
国土资源	12640	11095	-12.2
住房保障支出	44700	117192	162.2
其他支出	33356	45505	36.4

7-5 税收情况

单位：万元

项目	2010年	2011年	2011年比2010年增长%
国税合计	**1173060**	**1373381**	**17.1**
增值税	576827	628976	9.0
消费税	279206	285990	2.4
个人所得税	836	343	-59.0
企业所得税	229269	331859	44.7
车辆购置税	86922	126213	45.2
地税合计	**1382829**	**1768666**	**27.9**
税收总收入合计	1046431	1277162	22.0
营业税	443903	538448	21.3
企业所得税	66333	93137	40.4
个人所得税	164531	201964	22.8
资源税	2519	3099	23.0
城镇土地使用税	59442	55740	-6.2
城市维护建设税	75201	90837	20.8
印花税	20761	26808	29.1
土地增值税	48171	64353	33.6
房产和城市房地产税	39598	48905	23.5
车船税	9576	12752	33.2
屠宰税和筵席税			
耕地占用税	27157	20341	-25.1
契税	41921	52233	24.6
教育费附加	35079	42073	19.9
地方教育附加费	11698	25699	119.7
税务部门罚没收入	541	792	46.4
其他收入		-19	
其他收入合计	336398	491504	46.1
社会保险收入	309656	457111	47.6
文化事业建设费	1774	1788	0.8
水利建设基金	15012	20016	33.3
煤炭价格调节基金	4593	6116	33.2
工会经费	2444	2790	14.2
残疾人保障基金	2919	3683	26.2

主要统计指标解释

财政收入 指国家财政参与社会产品分配所取得的收入，是实现国家职能的财力保证。财政收入所包括的内容几经变化，目前主要包括：

（1）税收收入：包括增值税、营业税、消费税、土地增值税、城市维护建设税、资源税、城镇土地使用税、印花税、固定资产投资方向调节税、房产税、个人所得税、企业所得税、车船税、车辆购置税和关税等。

（2）社会保险基金收入：包括基本养老保险基金收入、基本失业保险基金收入、基本医疗保险基金收入、工伤保险基金收入、生育保险基金收入和其他社会保险基金。

（3）非税收入：包括政府性基金收入、探矿权、采矿权使用费收入、彩票基金收入、行政事业性收费收入、公安行政事业性收费收入、罚没收入、国有资本经营收入、国有资源（资产）有偿使用收入和其他收入。

（4）贷款转贷回收本金收入：包括：国内贷款回收本金收入、国外贷款回收本金收入、国内转贷回收本金收入、国外转贷回收本金收入。

（5）债务收入：包括国内债务收入、国外债务收入。

（6）转移性收入：包括返还性收入、财力性转移支付收入、专项转移支付收入、政府性基金转移收入、彩票公益金转移收入、预算外转移收入、上年结余收入、调入资金。

财政支出 国家财政将筹集起来的资金进行分配使用，以满足经济建设和各项事业的需要，主要包括：

（1）一般公共服务：反映政府提供一般公共服务的支出。主要包括人大事务、政协事务、政府事务、共产党事务、民主党派及工商联事务、群众团体事务、国债事务、彩票事务及其他一般公共服务支出。

（2）外交：反映政府外交事务支出。包括外交行政管理、驻外机构、对外援助、国际组织、对外合作与交流、边界勘界联检等方面的支出。人大、政协、政府及所属各部门（除国家领导人、外交部门）的出国费、招待费列相关功能科目，不在本科目反映。

（3）国防：反映政府用于国防方面的支出。包括现役部队、预备役部队、民兵国防科研事业、专项工程及其它国防支出。

（4）公共安全：反映政府维护社会公共安全方面的支出。有关事务包括武装警察、公安、国家安全、检察、法院、司法行政、监狱、劳教、国家保密、缉私警察等。

（5）教育：反映政府教育事务支出。有关具体事务包括教育行政管理、学前管理、小学教育、初中教育、普通高中教育、普通高等教育、初等职业教育、中专教育、技校教育、职业高中教育、高等职业教育、广播电视教育、留学生教育、特殊教育、干部继续教育、教育机关服务等。

（6）科学技术：反映用于科学技术方面的支出。包括科学技术管理事务基础研究、应用研究、技术研究与开发、科技成果转化与扩散、科技条件与服务、社会科学、科学技术普及、科学交流与合作及其他科学技术支出。

（7）文化体育与传媒：反映政府在文化、文物、体育、广播影视、新闻出版等方面的支出。

（8）社会保障和就业：反映政府在社会保障与就业方面的支出。有关事项包括社会保障和就业管理事务、民族管理事务、财政对社会保险基金的补助、补充全国社会保障基金、行政事业单位离退休、企业改革补助、就业补助、抚恤、退役安置、社会福利、残疾人事业、城市居民最低生活保障、其他城镇社会救济、农村社会救济、自然灾害生活救助、红十字事务等。

（9）社会保险基金支出：反映政府由社会保险基金列支的各项支出，包括基本养老保险基金支出、失业保障基金支出、基本医疗保险支出、工伤保险基金支出等。特别说明：在将社会保险基金包括在内统计政府支出时，应将财政对社会保险基金的补助以及由财政承担的社会保险缴款予以扣除，以免重复计算。

（10）医疗卫生：反映政府卫生方面的支出。具体包括医疗卫生管理事务支出、医疗服务支出、医疗保障支出、疾病预防控制支出、卫生监督支出、妇幼保健支出、农村卫生支出等。

（11）环境保护：反映政府环境保护支出。具体包括：环境保护管理事务支出、环境监测与监察支出、污染治理支出、自然生态保护支出、天然林保护工程支出、退耕还林支出、风沙荒漠治理支出、退牧还草支出、已垦草原退耕还草支出等。

（12）城乡社区事务：反映政府城乡社区事务支出。具体包括：城乡社区管理事务支出、城乡社区规划与管理支出、城乡社区公共设施支出、城乡社区住宅支出、城乡社区环境卫生支出、建设市场管理与监督支出等。

（13）农林水事务：反映政府农林水事务支出。具体包括：农业支出、林业支出、水利支出、扶贫支出、农业综合开发支出等。

（14）交通运输：反映政府交通运输方面的支出。包括公路运输支出、水路运输支出、铁路运输支出、民用航空运输支出等。

（15）工业商业金融等事务：反映政府工业、商业、金融等事务支出。具体包括：采掘业支出、制造业支出、建筑业支出、电力支出、信息产业支出、旅游业支出、涉外发展支出、粮油事务支出、商业流通事务支出、物资储备支出，金融保险支出、烟草事务支出、安全生产支出、国有资产监管支出、中小企业发展支出、清洁生产支出等。

（16）其他支出：反映不能划分到上述功能科目的其他政府支出。

第二部分　统计资料

物　　价

8-1 历年各种价格指数

（以上年价格为100）

年 份	城市居民消费价格指数	城市商品零售价格指数	农村居民消费价格指数	农村生产资料价格指数
1949				
1950				
1951	124.9	127.0		
1952	104.2	104.0		
1953	103.5	103.8		
1954	103.7	103.3		
1955	101.0	101.3		
1956	102.0	102.3		
1957	99.4	99.3		
1958	100.6	100.6		
1959	102.3	100.6		
1960	101.2	101.3		
1961	121.2	123.3		
1962	99.4	99.4		
1963	92.2	91.9		
1964	96.9	97.2		
1965	99.4	99.5		
1966	100.6	100.7		
1967	100.6	100.6		
1968	99.5	99.7		
1969	100.7	100.7		
1970	99.9	99.9		
1971	100.1	100.1		
1972	99.9	99.9		
1973	100.5	100.5		
1974	100.1	100.2		
1975	99.9	100.0		
1976	100.3	100.4		
1977	99.1	100.1		
1978	101.0	101.0		
1979	102.0	102.1		

8-1续表

年　份	城市居民消费价格指数	城市商品零售价格指数	农村居民消费价格指数	农村生产资料价格指数
1980	107.9	108.5		
1981	101.1	101.0		
1982	101.9	102.0		
1983	100.8	100.8		
1984	104.8	104.8		
1985	110.0	109.3		
1986	106.6	106.5		
1987	109.7	110.2		
1988	119.5	120.6		
1989	111.7	112.1		
1990	101.8	101.3		
1991	110.6	109.3		
1992	113.3	112.2		
1993	115.6	113.9		
1994	124.4	118.1		
1995	117.6	114.3		
1996	107.6	105.0		
1997	105.1	102.8	97.55	91.48
1998	99.8	98.2	98.88	100.11
1999	102.0	98.4	96.43	97.16
2000	103.0	98.4	98.91	96.47
2001	100.4	98.9	101.26	100.36
2002	100.2	100.0	103.60	100.95
2003	102.0	100.6	107.93	100.37
2004	101.8	101.7	108.11	106.13
2005	101.5	100.9	105.46	108.04
2006	101.7	101.6	100.49	101.74
2007	103.7	102.7	107.21	104.34
2008	104.6	105.4	109.56	118.52
2009	100.1	99.9	101.32	101.20
2010	102.6	102.6	103.88	101.20
2011	105.5	104.7	108.21	113.98

8-2 城市居民消费价格指数

（以上年价格为100）

项　　目	指　数	项　　目	指　数
居民消费价格总指数	105.5	衣　着	103.7
非食品价格指数	102.3	服　装	105.2
服务项目价格指数	102.1	衣着材料	104.8
扣除鲜菜鲜果总指数	105.2	鞋 袜 帽	101.1
消费品价格指数	106.9	衣着加工服务	100.0
食　品	114.3	家庭设备用品及维修服务	100.5
粮　食	113.1	耐用消费品	100.8
淀　粉	174.2	室内装饰品	100.4
干豆类及豆制品	108.5	床上用品	101.4
油　脂	122.5	家庭日用杂品	100.0
肉禽及其制品	127.7	家庭服务及加工维修服务	100.3
蛋	116.8	医疗保健和个人用品	103.5
水 产 品	110.8	医疗保健	99.7
菜	100.8	个人用品及服务	106.7
调 味 品	115.8	交通和通讯	99.2
糖	106.4	交　通	101.0
茶及饮料	100.4	通　信	95.8
干鲜瓜果	125.8	娱乐教育文化用品及服务	102.7
糕点饼干面包	103.7	文娱用耐用消费品及服务	95.5
液体乳及乳制品	105.6	教　育	101.0
在外用膳食品	107.4	文化娱乐用品	100.3
其它食品及食品加工服务	100.2	旅游及外出	115.2
烟酒及用品	103.1	居　住	102.3
烟　草	100.0	建房及装修材料	105.4
酒	108.4	租　房	102.9
吸烟饮酒用品	103.1	自有住房	101.8
		水、电、燃料	102.9

8-3 城市商品零售价格指数

（以上年价格为100）

项　　目	指　数	项　　目	指　数
商品零售价格总指数	104.7	音像器材类	95.8
食 品 类	115.2	文化办公用品	93.1
粮　　食	113.3	日 用 品	103.8
淀　　粉	174.2	日用百货	99.6
干豆类及豆制品	108.5	日用杂品	99.3
油　　脂	122.5	洗涤用品	114.7
肉禽及其制品	127.6	其它日用品	102.6
蛋	116.8	体育娱乐用品	100.6
水 产 品	110.8	体育用品	100.0
菜	100.8	娱乐用品	101.3
调 味 品	115.8	交通、通信用品	93.6
糖	106.4	交通运输机械	96.0
干鲜瓜果	125.8	通讯器材类	88.1
糕点饼干面包	103.7	家　　具	99.5
液体乳及乳制品	105.6	化妆品类	99.2
在外用膳食品	107.8	金银珠宝类	123.8
其它食品	100.2	中西药品及医疗保健用品类	99.7
饮料、烟酒	102.8	医疗器具及用品	100.0
茶及饮料	100.4	中药材及中成药	104.3
烟　　草	100.0	西　　药	95.9
酒	108.4	保健器具及用品	100.7
服装、鞋帽类	103.3	书报杂志及电子出版物类	101.1
服　　装	105.2	教材及参考书	104.0
鞋 袜 帽	101.1	书报杂志	100.3
其　　它	100.5	电子音像制品	98.7
纺织品类	102.4	燃 料 类	110.2
衣着材料	104.7	煤炭及制品类	104.0
床上用品	101.8	石油及制品类	111.8
家用电器及音像器材	98.4	建筑材料及五金电料类	102.7
家庭设备	102.0	建筑装璜材料	103.9
文娱用耐用消费品	94.9	五金电料类	100.5

8-4 城市主要商品及服务收费平均价格

单位：元/计量单位

类别及名称	规格特征	计量单位	2011年
大　米	东北盘锦大米	千克	5.01
面　粉	大公瑞雪粉	千克	3.96
挂　面	大公雪花粉	千克	16.80
馒　头	家园一刀切馒头(每袋6个)	袋	7.00
小　米	一等	千克	7.70
淀　粉	一级	千克	13.79
土　豆	一级	千克	2.44
大　豆	一等	千克	6.83
绿　豆	一等	千克	15.54
豆　腐	一级	千克	4.50
植物油	胡麻油一级	千克	18.77
色拉油	金龙鱼纯正大豆色拉油　5升　深圳	升	12.18
动物油	猪大油一级	千克	16.98
猪　肉	鲜后坐	千克	25.87
牛　肉	鲜肉一级	千克	37.15
羊　肉	鲜肉一级	千克	47.04
白条鸡	一级	千克	15.01
鸭	活鸭.一级	千克	17.50
熟　肉	酱牛肉一级	千克	69.83
香　肠	普世火腿得利斯香肠一级　400克　内蒙古	千克	42.54
熟　鸡	不老神鸡一级	千克	42.32
酱　鸭	一级	千克	31.60
鲜鸡蛋	一级	千克	9.45
松花蛋	一级	千克	22.34
活鲤鱼	一级	千克	14.44
活鲢鱼	一级	千克	7.42
活草鱼	一级	千克	15.31
带　鱼	一级	千克	22.16
黄花鱼	一级	千克	26.88
白　虾	一级	千克	46.17
大白菜	一等	千克	1.74
洋白菜	一等	千克	2.50
菠　菜	一等	千克	4.17

8-4续表1 单位：元/计量单位

类别及名称	规格特征	计量单位	2011年
油　菜	一等	千克	3.58
芹　菜	一等	千克	2.82
韭　菜	一等	千克	5.13
黄　瓜	一等	千克	4.50
冬　瓜	一等	千克	3.27
西红柿	一等	千克	9.23
茄　子	一等	千克	4.73
萝　卜	一等	千克	2.48
胡萝卜	一等	千克	1.80
生　姜	一等	千克	6.97
豆　角	一等	千克	8.54
洋葱头	一等	千克	2.69
大　葱	一等	千克	3.08
大　蒜	一等	千克	8.60
蒜　苔	一等	千克	8.08
莲　藕	一等	千克	7.07
豆　芽	一等	千克	2.73
青　椒	一等	千克	6.11
西兰花	一等	千克	6.66
西葫芦	一等	千克	3.17
菜　花	一等	千克	4.88
香　菜	一等	千克	9.09
香　菇	一等	千克	109.51
黑木耳	一等	千克	110.81
黄花菜	一等	千克	72.98
精　盐	一级	千克	3.75
酱　油	珍极酱油黄豆　430毫升	升	5.60
醋	珍极米醋　500毫升　石家庄	升	5.60
味　精	太太乐味精　上海　100克	千克	27.17
花　椒	一级	千克	49.17
白　糖	一级	千克	8.92
红　糖	一级	千克	7.92
奶　糖	大白兔　一级	千克	43.33
巧克力制品	夹心德芙　一级　北京	千克	144.00
茶　叶	信阳毛尖　一级　河南	千克	160.00
固体饮料	果珍　500克　天津	千克	28.40

8-4续表2

单位：元/计量单位

类别及名称	规格特征	计量单位	2011年
液体饮料	雪碧 1.25L	瓶	3.68
冰激淋	蒙牛	个	1.45
苹 果	一等	千克	8.91
梨	一等	千克	5.01
芦 柑	一等	千克	6.13
香 蕉	一等	千克	5.62
弥猴桃	一等	千克	11.22
桃 子	一等	千克	8.33
西 瓜	一等	千克	4.63
葡 萄	一等	千克	12.59
红 枣	一级	千克	10.29
核 桃	一级	千克	33.58
黑瓜子	一级	千克	16.99
面 包	桃李主食面包 一级	千克	9.00
鲜 奶	伊利纯牛奶 243ML/ 袋	袋	8.24
奶 粉	伊利桶装儿童奶粉 900克	千克	129.83
奶 酪	一级	千克	50.00
国产卷烟	云烟 硬盒	盒	7.00
进口卷烟	555牌 硬盒	盒	15.00
白 酒	精呼白	瓶	8.33
啤 酒	塞北星11度 瓶装	瓶	2.92
饮酒用品	石岛水晶高脚酒杯 南京	个	25.00
男裤子	西远牌 呼市	条	309.83
男套装	报喜鸟牌男套装 呼市	套	2637.78
女裤子	西远牌 呼市	条	266.17
女套装	银狼牌套装 呼市	套	1580.00
棉花绒	幅宽110cm 营口	米	13.63
床单格布	幅宽230cm 青岛	米	30.00
装饰布	幅宽160cm 营口	米	25.00
毛 线	蒙珍牌高原雪绒毛线 鄂尔多斯	千克	222.33
洗衣机	海尔洗衣机 XQS60-828 青岛	台	2719.25
电风扇	艾美特电风扇 CFH03 广东	台	889.33

8-4续表3　　单位：元/计量单位

类 别 及 名 称	规 格 特 征	计量单位	2011年
电 冰 箱	海尔电冰箱　BCD-258WBCSF　青岛	台	6340.67
抽排油烟机	海尔抽油烟机　CXW219-D68Y　青岛	台	4680.00
空 调 器	海尔空调器 KFRD-23GW/01B(QXF) 青岛	台	5499.00
热 水 器	海尔热水器　JSQ20-RTC(12T)　青岛	台	2371.67
微 波 炉	海尔　MR-2070EGCZ　青岛	台	1148.00
电 炊 具	苏泊尔电饭煲40FZ9-85　浙江	个	1059.67
窗　帘	化纤　浙江	件	30.25
被　子	多喜爱单人被　广东	条	350.00
厨　具	华帝牌铸铁锅　广东	个	95.00
肥　皂	雕牌高级洗衣皂 126克　浙江	块	1.71
体 温 计	鱼跃牌体温计　上海	个	3.50
血 压 计	台式　凯乐牌　上海	台	65.00
甘　草	一等　内蒙	千克	47.00
党　参	一等　内蒙	千克	50.61
菊　花	一等　内蒙	千克	66.11
银　花	一等　内蒙	千克	136.94
陈　皮	一等　内蒙	千克	16.06
六味地黄丸	同仁堂	盒	9.97
板蓝根颗粒	白云山	袋	9.18
牛黄解毒片	包头	袋	0.88
感冒清热冲剂	白云山	盒	9.56
三九胃泰	三九集团	盒	7.15
吗 丁 啉	30片*MG　西安	盒	13.17
复方菱英氨茶碱	大同	盒	5.69
布洛芬颗粒	天津中美	盒	15.25
平 消 片	辽宁东方	盒	16.80
胰岛素针剂	丹麦	盒	55.43
尼莫地平片	三西	盒	1.55
妇科千金片	株洲	盒	14.50
孚　琪	北京	瓶	12.50
生 脉 饮	北京	盒	10.77
佰草集美白日霜	50g	瓶	300.00
汽　油	90*车用汽油　北京	升	6.75
固定电话机	步步高牌101固定电话　深圳	部	121.67
移动电话机	摩托罗拉A3100　天津	部	2528.33
彩色电视机	海尔　L32R3　青岛	台	2517.50
激光视盘机	步步高DL379KB　厦门	台	898.00
摄 像 机	JVC摄像机　GZ—MG630　日本	台	5945.83

8-4续表4　　　　单位：元/计量单位

类别及名称	规格特征	计量单位	2011年
照相机	佳能照相机SX200　日本	部	2040.00
音　响	爱浪音响 DT-2M 广东	台	5044.83
电　脑	联想天逸V450AT6600笔记本　北京	台	4975.00
数码相机存储卡	东芝8GB　日本	个	115.00
书　籍	红楼梦　光明日报出版社	本	25.00
报　纸	内蒙日报	份	0.80
杂　志	读者	本	4.00
樟松板材	400*5　黑龙江	立方米	1708.33
砖	建筑用砖　一砖厂　呼市	块	94.38
水　泥	乌兰牌525*　呼市	公斤	0.40
水　泥	白水泥　呼市	公斤	0.64
玻　璃	秦皇岛　普通	平方米	35.42
油　漆	灯塔牌三宝磁漆　天津	桶	292..5
水	居民用自来水（包括排污费）	吨	3.00
电	民用	度	0.43
液化石油气	液化气罐装	千克	7.48
管道燃气	天然气	立方米	1.82
精　煤	一级	百千克	68.92
取暖费		平方米	3.68
挂号费	普通(包括诊查费）	次	2.60
注射费	肌肉注射	次	1.50
检查费	CT检查	次	260.00
美　容	面部护理	次	25.83
理　发	男全活	次	15.00
驾驶证	汽车C本	个	950.00
公共汽车票	大巴	张	1.00
出租汽车	普通	公里	1.55
汽车租赁	轿车	次	280.00
飞机票	呼市---北京	人/百公里	103.00
火车票	呼市---北京　中铺　90次	人/百公里	26.00
市内电话通话费	普通（固定电话）	次/三分钟	0.20
长途电话通话费	呼市---北京　国内	分钟	0.70
信件邮寄	普通外埠	封	1.20
包裹邮寄	呼市到北京　普通	千克	1.40
托幼费	日托	月	80.00
有线电视	呼市有线费	月	26.00

8-5 农村生活消费品及服务项目价格指数

（以上年价格为100）

项　　目	指　数	项　　目	指　数
总 指 数	**108.21**	家庭设备及用品	104.46
食品类	115.01	耐用消费品	101.33
主食类	110.47	床上用品	107.67
副食类	126.47	日用杂品	106.4
蔬　菜	104.97	医疗保键	117
豆制品	110.80	中　药	132.2
油脂类	116.04	西　药	104.58
食糖类	128.58	交通类	99.51
肉禽类	136.59	文教娱乐用品	100.89
蛋　类	124.26	文艺用品	100.22
水产品	126.33	课本及报纸	101.9
调味品	110.42	住　房	104.84
其他食品	106.67	建筑材料	103.86
烟草类	100.02	水电费	103.75
酒　类	104.13	燃　料	108.21
饮料类	106.29	服务项目	102.44
干鲜食品	124.90	电讯费	101.02
糕点类	110.25	邮　费	101.29
罐头类	102.88	交通费	100.92
衣着类	111.43	理发费	105.46
服　装	111.09	学杂费	102.09
衣着材料	109.70	修理及其它服务费	103.91
鞋袜帽类	113.87	医疗保健服务	101.41
其　他	108.19	食品加工费	105.77

8-6 农业生产资料价格指数

(以上年价格为100)

项 目	2010年	2011年
总 指 数	**101.2**	**114.0**
化肥、农药、地膜	93.1	120.1
种 子	103.3	121.8
农用机械	99.3	101.5
小 农 具	103.1	102.6
产 品 畜	102.8	108.5
饲 料	105.2	113.3
燃 料	108.3	117.5
其 它	98.2	118.4

8-7 房地产价格指数

(以上年价格为100)

项 目	指 数	项 目	指 数
新建住宅	104.7	工业用地	100.7
新建商品住宅	104.9	商业营业用地	110.6
$90m^2$及以下	104.8	其他用地	101.1
90—$144m^2$	103.9	住宅租赁	109.6
$144m^2$以上	106.3	经济适用住房	100.0
二手住宅	103.2	廉租住房	100.0
$90m^2$及以下	103.4	商品住宅	109.8
90—144 m^2	103.3	普通住宅	110.0
$144m^2$以上	102.5	高档住宅	106.7
土地交易	109.2	物业服务	101.3
居住用地	108.7	经济适用住房	101.4
经济适用住房用地		商品住宅	101.7
商品住宅用地	108.7	普通住宅	101.8
普通住宅用地	108.7	高档住宅	100.0
高档住宅用地			

主要统计指标解释

物价指数 是经济指数的一种，它是用来反映计算期所销售（或购进）的全部商品价格水平比基期水平升降变动程度的相对数。通常以百分数来表示。

物价指数按其包括范围的不同，分为单项商品价格指数（或称个体物价指数）、商品类别价格指数和总指数。反映某种商品的平均价格水平的变动程度的指数，叫做单项商品价格指数；反映某一些或全部商品价格总水平变动程度的指数，叫物价类指数或物价总指数。物价指数按其所采用的基期不同，分为环比物价指数（以上一期为基期）、年距环比物价指数（以上年同期为基期）和定基物价指数（长期和固定时期比较）。按商品的种类和流通环节分，有工业品出厂价格指数、农副产品收购价格指数、批发物价指数、零售物价指数（分城市指数和农村指数）、服务项目价格指数、职工生活费用价格指数、工农业商品综合比价指数等。

零售物价指数 是工业、商业、餐饮业和其他零售企业向城乡居民、机关团体出售消费品和办公用品的报告期零售价格水平与基期价格水平对比的相对数。它是从卖方角度反映城乡零售市场商品价格的变动趋势和程度。市场商品零售价格的调整变动直接影响城乡居民的生活支出和国家财政收支，影响居民购买力和市场供需平衡，影响消费与积累的比例。因此，零售物价指数可以从一个侧面对上述经济活动进行观察和分析，为国家制定经济政策提供依据，为研究城乡流通和新国民经济核算体系提供科学依据。目前零售物价指数还是考核一个地区领导政绩的主要指标之一。

现在我们编制的零售物价指数有年距环比指数（与上年同期相比）和月距环比指数（与上月价格相比）两种。按商品类别分有：食品、饮料、烟酒、服装鞋帽、纺织品、中西药品、化妆品、书报杂志、文化体育用品、日用品、家用电器、首饰、燃料、建筑装璜材料、机电产品十四类商品的零售价格。

计算零售物价指数权数资料的来源，类权数主要依据商品流转统计各类商品零售额资料计算，具体商品权数根据典型调查资料推算。

居民消费价格指数 是度量一组代表性消费商品及服务项目价格水平随着时间而变动的相对数，反映居民家庭购买的消费品及服务价格水平的变动情况。它是宏观经济分析的决策、价格总水平监测和调控以及国民经济核算的重要指标。其按年度计算的变动率通常被用来作为反映通货膨胀（或紧缩）程度的指标。

居民消费价格包括居民用于日常生活消费的全部商品价格和服务项目价格。按商品分类有：食品、烟酒及用品、衣着、家庭设备及用品、医疗保健、交通及通讯、娱乐教育和文化用品、居住等八大类商品及服务项目价格。从消费渠道讲，既包括城乡居民从商店、工厂、集市所购买商品的价格，也包括城乡居民从餐饮业购买商品的价格。

计算居民消费价格指数的权数主要是依据住户调查中居民的实际消费构成计算，也有部分商品权数是根据典型调查资料推算的。

第二部分　统计资料

人民生活

9-1 历年城镇居民人均可支配收入及消费性支出

单位:元

年 份	城镇居民人均可支配收入	城镇居民人均消费性支出	# 食品支出
1980	409	434	228
1981	408	415	224
1982	455	433	241
1983	513	483	274
1984	604	549	288
1985	775	786	317
1986	855	851	405
1987	912	876	434
1988	972	1018	497
1989	1065	1001	539
1990	1149	1023	529
1991	1281	1202	608
1992	1544	1413	676
1993	1981	1782	796
1994	2735	2372	1058
1995	3008	2785	1325
1996	3514	3171	1429
1997	4435	3398	1452
1998	4739	3674	1548
1999	5167	4173	1613
2000	5354	4613	1623
2001	5931	4866	1701
2002	6696	5525	1922
2003	7906	6332	2172
2004	9967	7418	2532
2005	12150	8768	2960
2006	14055	9831	3227
2007	16920	11432	3615
2008	20267	13145	4129
2009	22397	14752	4356
2010	25174	16624	4983
2011	28877	19106	5854

9-2 历年农民人均纯收入及生活费支出

单位:元

年 份	农民人均纯收入	农民人均生活费支出	#食品支出
1980	142	121	
1981	222	182	
1982	266	209	
1983	276	226	
1984	322	257	
1985	321	274	
1986	313	305	
1987	327	330	
1988	393	374	
1989	461	415	
1990	574	466	
1991	619	507	
1992	723	576	
1993	846	758	
1994	999	882	
1995	1243	1056	
1996	1689	1122	660
1997	1974	1393	743
1998	2271	1341	716
1999	2387	1413	662
2000	2539	1558	693
2001	2561	1610	641
2002	2822	1610	666
2003	3169	1991	721
2004	4109	2355	962
2005	4631	2767	1100
2006	5308	3050	1153
2007	6121	3267	1250
2008	7051	3756	1500
2009	7802	4823	1778
2010	8746	5526	2061
2011	10038	7090	2778

9-3 城镇居民家庭基本情况

项　　　目	单　位	2010年	2011年	2011年比2010年增长%
调查户数	户	500	500	
家庭人口数	人	1315	1325	0.76
平均每户人口数	人	2.63	2.65	0.76
平均每户就业人数	人	1.27	1.40	10.24
国有经济单位职工人数	人	0.77	0.70	-9.09
城镇集体经济单位职工人数	人	0.02	0.06	200.00
其他各种经济类型单位职工	人	0.11	0.14	27.27
城镇个体或私营企业主人数	人	0.09	0.14	55.56
城镇个体或私营企业被雇人数	人	0.20	0.25	25.00
离退休再就业人员数	人	0.03	0.03	
平均每户就业率	%	48.29	52.83	9.40
每个就业者负担人数	人	2.07	1.89	-8.56
平均每户离退休人数	人	0.60	0.52	-13.33
家庭总收入	元	26868.51	30773.32	14.53
平均每人每年可支配收入	元	25174.15	28877.27	14.71
平均每人每年消费支出	元	16624.28	19105.91	14.93
现住房总建筑面积	平方米/人	30.16	30.87	2.35
饮水情况(合计)	%	100	100	
# 自来水	%	99.58	99.39	-0.19
用水情况(合计)	%	100.00	100.00	
# 独用自来水	%	99.79	99.65	-0.14
公用自来水	%	0.21	0.22	4.76
井、河水	%		0.13	
卫生设备(合计)	%	100.00	100.00	
# 无卫生设备	%	4.69	4.09	-12.79
有厕所浴室	%	71.20	80.79	13.47
有厕所无浴室	%	21.98	12.40	-43.59
公　　用	%	2.13	2.71	27.23
取暖设备(合计)	%	100.00	100.00	
# 无取暖设备	%			
空调设备	%			
暖　　气	%	93.11	91.80	-1.41
其　　他	%	6.89	7.77	12.77
炊用燃料使用情况(合计)	%	100.00	100.00	
# 管道煤气	%	10.79	4.74	-56.07
罐装液化石油气	%	27.92	16.72	-40.11
煤	%	7.74	6.16	-20.41
管道天然气	%	46.35	70.19	51.43
其　　他	%	1.06	2.19	106.60

9-4 城镇居民家庭平均每人每年现金收支

单位:元

项　　目	金　　额	项　　目	金　　额
期初手存现金	484.02	其他贷款	7.45
家庭总收入	30773.32	家庭总支出	25319.88
# 可支配收入	28877.27	消费性支出	19105.91
工资性收入	17718.7	购房与建房支出	999.81
经营净收入	3517.48	转移性支出	3544.06
财产性收入	1493.06	财产性支出	71.56
转移性收入	8044.09	社会保障支出	1598.55
出售财物收入	203.64	借贷支出	16002.65
出售住房收入	107.81	存入储蓄款	15511.02
出售其他物品收入	95.83	借出款	2.19
借贷收入	10896.96	归还借款	76.16
提取储蓄存款	10759.83	储蓄性保险支出	94.00
借入款	109.47	购买有价证券	1.21
收回借出款	18.11	其它投资支出	19.75
收回储蓄性保险本	1.66	归还住房贷款	173.76
兑售有价证券		归还汽车贷款	77.76
收回投资本金		归还教育贷款	11.51
住房贷款		归还其他贷款	19.47
汽车贷款		其他借贷支出	15.83
教育贷款		期末手存现金	1036.98

9-5 城镇居民家庭平均每人每年消费性支出

单位:元

项目	合计	最低10%	# 更低5%	低10%	较低20%	中间20%	较高20%	高10%	最高10%	# 更低5%
消费性支出	19105.9	8253.8	7404.6	11247.8	14912.0	16935.5	21724.2	27258.1	41529.5	57839.0
食品	5853.5	3100.0	2948.4	4289.1	4901.4	5461.5	6905.3	7326.5	10289.4	12947.6
粮食	505.3	382.4	380.6	482.3	504.8	505.7	541.4	576.1	533.2	498.9
淀粉及薯类	73.0	66.5	65.3	86.6	80.0	69.8	70.3	68.6	65.6	54.3
干豆类及豆制品	54.0	43.6	46.6	49.9	53.5	60.1	59.7	60.4	41.0	32.4
油脂类	123.2	92.7	87.8	123.6	141.4	104.2	132.9	119.6	142.8	136.1
肉类	769.0	462.2	398.2	638.4	749.4	733.5	899.9	865.9	1043.4	1176.6
禽类	114.5	74.5	63.8	100.3	96.7	119.0	137.2	141.2	136.0	144.4
蛋类	83.1	69.6	70.2	76.9	78.9	78.5	96.0	99.9	81.6	71.1
水产品类	107.2	55.3	50.0	84.9	97.6	103.7	111.8	141.9	179.0	242.5
蔬菜类	463.6	343.5	375.7	394.1	412.0	441.9	562.2	542.1	569.2	645.2
调味品	69.2	51.0	39.5	77.5	65.1	63.3	79.9	79.2	71.0	71.9
糖烟酒饮料类	817.9	311.8	255.4	504.2	695.5	703.2	880.4	896.2	2101.4	3081.5
干鲜瓜果类	563.4	316.5	305.7	398.9	449.0	550.0	678.4	773.1	886.0	1005.4
糕点、奶及奶制品	411.7	166.4	151.7	270.4	347.6	415.8	528.1	612.7	560.9	600.7
其他食品	96.6	57.2	60.7	68.1	90.3	95.5	104.6	155.3	115.8	160.9
饮食服务	1602.0	606.9	597.3	933.0	1039.6	1417.5	2022.7	2194.4	3762.4	5025.8
衣着	2440.0	871.0	848.4	1467.9	1950.4	2143.4	3229.3	3556.5	4422.2	4976.3
服装	1786.9	564.1	525.9	1032.0	1376.3	1525.5	2397.2	2682.3	3441.2	3934.7
衣着材料	16.7	2.8		20.7	15.7	37.0	10.3	13.8	4.0	3.5
鞋类	520.0	241.6	263.4	345.8	447.1	473.8	679.4	712.8	794.5	838.5
其他衣着用品	98.9	54.2	49.9	62.2	100.2	87.8	122.8	102.2	164.4	182.2
衣着加工服务费	17.5	8.2	9.3	7.3	11.1	19.4	19.6	45.4	18.1	17.5

9-5续表 单位：元

项　　目	合 计	最低10%	#更低5%	低10%	较低20%	中间20%	较高20%	高10%	最高10%	#更高5%
家庭设备用品及服务	1364.3	382.2	392.2	709.9	1035.4	1173.5	1665.2	2728.1	2418.1	3128.3
耐用消费品	662.5	81.9	109.6	273.6	434.7	480.6	818.5	1696.5	1314.9	2005.7
室内装饰品	28.7	0.4		23.8	21.0	20.5	29.6	37.8	91.4	177.0
床上用品	83.2	30.4	26.1	42.0	59.4	85.2	76.7	138.1	199.6	201.7
家庭日用杂品	500.5	257.0	251.4	344.9	500.4	506.7	568.4	759.1	555.1	617.6
家具材料	19.6	8.0		6.6	4.3	42.8	41.9	9.3	0.1	0.2
家庭服务	69.9	4.5	5.1	19.1	15.7	37.7	130.0	87.4	257.0	126.2
医疗保健	1660.0	792.4	1034.5	1007.3	1123.4	1899.4	1567.5	2917.9	3044.4	4324.9
医疗器具	8.2	14.7		13.9	0.6	5.2	10.7	7.7	12.4	12.8
保健器具	21.3	9.9	1.1	5.4	0.1	11.5	11.7	51.7	110.1	224.4
药品费	673.0	566.7	758.0	410.7	491.0	592.9	707.6	1429.0	825.8	850.0
滋补保健品	101.5	5.7		46.5	43.8	76.5	216.0	245.5	80.9	132.1
医疗费	848.6	195.0	274.7	529.5	583.9	1210.9	608.4	1168.0	1995.2	3081.9
交通和通讯	2685.9	592.5	464.5	964.0	2282.0	1885.7	2159.2	2993.5	10560.7	18865.6
交　通	1978.1	275.2	197.0	537.6	1627.3	1217.0	1385.0	1778.9	9516.2	17593.6
通　信	707.8	317.3	267.6	426.4	654.8	668.7	774.2	1214.6	1044.6	1272.1
教育文化娱乐服务	2356.4	1384.7	967.8	1342.7	1816.0	2099.7	2479.7	2830.8	5721.2	7469.6
文化娱乐用品	698.8	180.3	92.4	337.2	403.8	536.0	876.0	1077.4	1996.5	2919.0
文化娱乐服务	592.3	145.1	107.0	231.4	417.1	624.6	591.4	682.6	1786.0	1934.3
教　育	1065.3	1059.3	768.4	774.2	995.1	939.2	1012.3	1070.7	1938.7	2616.3
居　住	1806.7	920.7	595.6	1089.6	1209.8	1513.4	2439.1	2673.3	3482.6	3767.8
住　房	658.2	291.4	71.4	239.5	275.6	362.7	1092.3	1069.3	1761.7	2590.5
水电燃料及其他	1039.0	597.6	503.1	808.9	867.2	1021.1	1198.2	1378.6	1585.5	1081.4
其他商品和服务	939.2	210.2	153.2	377.2	593.7	758.9	1279.0	2231.5	1590.9	2359.0
其他商品	654.5	119.2	88.3	230.4	446.7	499.3	857.0	1670.1	1117.2	1701.1
服　务	284.7	91.1	64.9	146.7	147.1	259.5	422.0	561.5	473.7	657.9

9-6 城镇居民家庭每百户拥有耐用消费品

品　　名	单　位	2010年	2011年
摩托车	辆	9	8
助力车	辆	19	29
家用汽车	辆	15	19
洗衣机	台	101	103
电冰箱	台	105	103
彩色电视机	台	109	107
家用电脑	台	59	65
组合音响	套	13	13
摄像机	架	7	8
照相机	架	37	44
钢　琴	架	2	1
其他中高档乐器	件	5	3
微波炉	台	53	56
空调器	台	9	11
淋浴热水器	台	72	80
消毒碗柜	台	3	4
健身器材	套	5	4
固定电话	部	71	64
移动电话	部	183	209

9-7 分旗县区城镇

项　　目	单　位	新城区	回民区	玉泉区
调查户数	户	140	90	60
家庭人口数	人	357	236	162
平均每户人口数	人	2.55	2.62	2.7
平均每户就业人数	人	1.26	1.43	1.53
国有经济单位职工人数	人	0.69	0.62	0.69
城镇集体经济单位职工人数	人	0.06	0.08	0.05
其他各种经济类型单位职工	人	0.11	0.22	0.05
城镇个体或私营企业主人数	人	0.13	0.11	0.2
城镇个体或私营企业被雇人数	人	0.18	0.18	0.46
离退休再就业人员数	人	0.03	0.05	0.03
平均每户就业率	%	49.41	54.58	56.67
每个就业者负担人数	人	2.02	1.83	1.76
平均每户离退休人数	人	0.57	0.51	0.48
家庭总收入	元	34038.53	29105.22	29702.12
平均每人每年可支配收入	元	31741.09	27908.25	27083.83
平均每人每年消费性支出	元	21575.73	16471.19	19373.7
现住房总建筑面积	平方米/人	31.29	28.91	28.48
饮水情况	%	100	100	100
#自来水	%	100	98.91	100
用水情况	%	100	100	100
#独用自来水	%	100	98.91	100
公用自来水	%		1.09	
井、河水	%			
其　他	%			
卫生设备	%	100	100	100
#无卫生设备	%		2.17	
有厕所浴室	%	81.94	73.91	88.33
有厕所无浴室	%	17.36	20.65	11.67
公　用	%	0.69	3.26	
取暖设备	%	100	100	100
#空调设备	%			
暖　气	%	98.61	90.22	100
其　他	%	1.39	9.78	
炊用燃料使用情况	%	100	100	100
#管道煤气	%	4.86	15.22	
罐装液化石油气	%	11.81	16.3	10
煤	%	0.69	4.35	
管道天然气	%	80.56	63.04	88.33
其　他	%	2.08	1.09	1.67
固定电话	部/百户	70.14	47.83	63.33
移动电话	部/百户	199.31	194.57	216.67

居民家庭基本情况

赛罕区	土左旗	托　县	和林县	清水河县	武川县
110	50	50	50	50	50
288	148	148	146	163	143
2.62	2.96	2.96	2.92	3.26	2.86
1.35	1.57	1.72	1.68	1.5	1.39
0.7	1	0.66	0.88	1.06	0.52
0.07		0.1	0.04		0.06
0.14	0.12	0.28	0.1	0.06	0.04
0.09	0.13	0.3	0.24	0.28	0.02
0.24	0.24	0.36	0.11	0.06	0.63
0.03	0.02		0.02		0.05
51.53	53.04	58.11	57.53	46.01	48.6
1.94	1.89	1.72	1.74	2.17	2.06
0.64	0.42	0.13	0.24	0.34	0.33
32560.19	23044.82	24761.72	23584.21	20106.18	19000.4
30807.96	21554.79	23131.72	22358.58	19188.49	18356.85
19516.82	17465.42	15744.78	16849.25	12340.9	14226.52
32.87	33.01	30.39	29.75	23.76	30.3
100	100	100	100	100	100
100	100	94	100	100	94
100	100	100	100	100	100
100	100	98	100	100	94
					2
		2			2
					2
100	100	100	100	100	100
1.77	2	48	48	48	38
93.81	60	50	40	34	30
4.42	4	2	12	2	18
	34			16	14
100	100	100	100	100	100
98.23	66	52	52	48	58
1.77	34	48	48	52	42
100	100	100	100	100	100
0.88					
9.73	56	48	44	32	30
	36	48	52	68	66
85.84	8				
3.54		4	4		4
76.99	40	56	62	30	42
207.08	284	228	230	200	208

9-8 分旗县区城镇居民

项目	新城区	回民区	玉泉区
期初手存现金	219.67	516.67	177.45
家庭总收入	34038.53	29105.22	29702.12
可支配收入	31741.09	27908.25	27083.83
工资性收入	16911	15498.59	20953.59
经营净收入	6792.85	1783.47	2535.03
财产性收入	1406.9	4162.28	93.16
转移性收入	8927.78	7660.88	6120.34
出售财物收入	320.35	424.18	8.02
出售住房收入		424.18	
出售其他物品收入	320.35		8.02
借贷收入	22902.73	4190.79	6764.05
提取储蓄存款	22786.59	4189.09	6719.44
借入款	100.75		7.4
收回借出款	5.6	1.7	37.02
收回储蓄性保险本			
兑售有价证券			
收回投资本金			
住房贷款			
汽车贷款			
教育贷款			
其他贷款	8.4		
其它借贷收入	1.4		0.19
家庭总支出	27082.44	19890.74	25821.28
消费性支出	21575.73	16471.19	19373.7
购房与建房支出	5.6	455.56	308.48
转移性支出	3363.72	1930.54	3845.41
财产性支出	194.12	16.92	
社会保障支出	1943.28	1016.53	2293.68
借贷支出	30257.61	13810.13	10353.25
存入储蓄款	29890.61	13263.64	9788.51
借出款	2.8		
归还借款	12.62	182.14	49.36
储蓄性保险支出	56.55		140.05
购买有价证券			
其它投资支出	3.44	50.9	
归还住房贷款	103.85	252.57	251.11
归还汽车贷款	137.37		
归还教育贷款		58.96	
归还其他贷款	0.01	0.57	124.23
其他借贷支出	50.37	1.34	
期末手存现金	147.79	535.68	495.69

家庭平均每人每年现金收支

单位:元

赛罕区	土左旗	托　县	和林县	清水河县	武川县
1055.88	655.85	560.61	808.27	211.07	110.06
32560.19	23044.82	24761.72	23584.21	20106.18	19000.4
30807.96	21554.79	23131.72	22358.58	19188.49	18356.85
19137.73	16980.91	17642.85	17576	14573.46	14088.27
1827.02	1349.32	4094.73	2653.28	2906.27	395.84
565.99	163.01	727.03	537.27	88.73	326.31
11029.45	4551.58	2297.12	2817.66	2537.72	4189.99
		337.88	0.3	7.98	1.05
		337.88			
			0.3	7.98	1.05
7464.74	5337.52	3730.41	3987.82	3671.1	7293.34
7180.33	5293.6	3382.43	3951.5	3671.1	7248.59
244.57	43.92	236.49	16.43		2.8
12.12		111.49	13.69		
6.93					41.96
			6.2		
20.79					
28545.32	23698.79	22626.18	21623.8	16430.96	19572.45
19516.82	17465.42	15744.78	16849.25	12340.9	14226.52
3395.19	202.7	594.59	205.36		2097.9
4181.01	4779.02	4882.81	3684.5	3415.46	2841.34
4.51	79.92	65.01			
1447.8	1171.72	1338.99	884.68	674.6	406.68
9745.17	3879.62	5326.11	5594.41	7064.86	6635.62
9167.21	3106.06	5127.68	5363.34	6909.77	6546.46
	22.09				
60.4	33.14	185.95	103.37	6.75	69.75
176.61	263.18		111.96	123.61	19.41
5.04					
34.64		7.03		3.39	
137.14	441.24			21.35	
155.37					
7.64	13.91		15.74		
1.11		5.45			
2772.6	803.93	1438.32	1154.75	250.04	86.73

9-9 城镇居民家庭平均每人每年购买主要商品数量

单位:千克、立方米

项目	合计	最低10%	#更低5%	低10%	较低20%	中间20%	较高20%	高10%	最高10%	#更高5%
大米	20.49	17.00	17.96	18.09	22.69	19.12	21.61	22.99	20.6	19.74
面粉	22.38	21.63	19.87	23.78	23.32	22.59	20.55	21.33	23.92	19.78
食用植物油	6.71	5.61	5.18	6.62	8.1	5.99	7.13	5.56	6.82	6.59
鲜菜	108.5	91.46	94.82	100.08	102.19	102.62	122.05	122.59	123.15	140.95
猪肉	11.63	7.88	6.72	10.35	11.84	10.35	13.87	14.14	12.64	13.26
牛肉	3.21	1.88	1.72	2.71	3.76	3.15	3.21	3.03	4.48	4.25
羊肉	4.87	3.19	2.51	3.57	4.72	4.46	6.21	4.91	6.87	8.21
禽类	5.19	3.53	3.1	4.8	4.92	5.18	6.13	5.93	5.55	5.45
蛋类	8.39	7.16	7.38	7.84	7.99	8.01	9.89	9.82	7.72	6.65
鱼	3.96	2.22	2.23	3.52	4.02	3.78	4.62	4.53	4.84	5.34
白酒	2.72	1.09	0.86	3.43	2.14	3.15	2.55	2.95	4.39	5.78
鲜乳品	20.72	13.90	13.49	16.66	18.36	20.16	24.36	26.9	26.32	26.35
管道天然气	34.26	19.11	19.54	32.38	27.79	29.45	41.99	58.97	37.86	31.99

9-10 农村住户人均年内

指标	呼市	新城区	回民区	玉泉区
期内现金收入	13400.7	17409.3	17259.0	16531.5
工资性收入	3379.5	6828.9	8759.4	6551.4
家庭经营收入	8529.9	7462.2	4047.0	7665.6
财产性收入	596.5	2712.5	2320.0	593.2
转移性收入	894.9	405.7	2132.6	1721.3
非收入所得	3604.5	5734.2	20950.6	16512.8
期内现金支出	11873.2	15601.3	14884.5	16958.4
生产费用支出	4367.5	4179.3	1341.1	3936.8
税费支出	1.9			
生活消费支出	6420.3	10533.1	10653.6	12099.1
财产性支出	0.7	5.3		0.2
转移性支出	1082.7	883.7	2889.9	922.3
非消费性现金支出	1548.3	2043.0	12914.5	15209.5

9-11 城镇居民家庭平均每人每年购买主要商品金额

单位:元

项目	合计	最低10%	#更低5%	低10%	较低20%	中间20%	较高20%	高10%	最高10%	#更高5%
大米	109.65	83.79	90.33	96.58	117.59	101.4	115.73	133.19	118.58	114.02
面粉	95.8	85.98	79.2	96.87	101.3	98.41	92.51	94.62	96.4	83.97
食用植物油	122.41	91.97	87.76	122.61	140.56	103.13	132.56	117.81	142.82	136.08
鲜菜	432.93	324.88	355.27	357.81	383.71	411.77	529.31	505.41	534.71	614.66
猪肉	304.47	200.66	174.99	265.82	306.79	269.37	369.76	374.94	337.15	355.75
牛肉	115.89	65.17	62.61	99.7	134.1	112.36	117.51	109.26	165.93	163.18
羊肉	203.47	133.58	100.26	148.55	192.46	186.91	251.26	208.52	309.08	356.26
禽类	114.52	74.53	63.81	100.32	96.73	118.98	137.19	141.16	136.01	144.44
蛋类	83.08	69.62	70.19	76.89	78.9	78.54	96	99.94	81.62	71.05
鱼	78.45	42.72	42.53	70.19	74.99	75.98	87.23	94.92	109.09	115.83
白酒	247.98	49.26	34.94	125.92	164.09	209.62	232.9	186.04	994.51	1590.16
鲜乳品	149.54	90.2	81.4	111.12	129.63	148.24	171.95	217.47	196.98	210.03
管道天然气	62.5	34.78	35.56	58.95	50.62	54.1	76.53	107.45	68.95	58.25

现金收入与支出

单位:元

赛罕区	土左旗	托县	和林县	清水河县	武川县
19913.0	14406.1	13740.3	12426.0	5281.2	5041.2
4223.9	3789.3	2925.9	2528.2	1691.4	1596.2
11586.0	9853.4	9512.9	9303.5	2935.7	2843.6
2179.1	79.8	340.5	17.0	61.2	90.3
1924.0	683.6	961.0	577.4	593.0	511.1
13821.4	2367.2	1987.7	2132.0	1688.6	550.8
20646.6	10722.1	11172.7	10314.4	5777.3	6416.2
7402.4	4013.1	4935.4	4611.4	1816.5	3167.0
	6.7				
11369.2	5616.8	5518.2	4545.8	3250.5	2881.4
			16.4		
1875.1	1085.5	719.1	1140.8	710.3	367.7
2882.1	1552.8	1476.2	962.7	840.4	931.0

9-12 农民家庭

项　　目	单位	呼　市	新城区	回民区	玉泉区
调查户数	户	420	50	40	50
平均每户常住人口	人	3.2	3.0	3.2	2.9
户均整半劳动力	人	2.4	2.1	2.4	2.3
调查户常住人口	人	1349	150	128	144
# 6岁及以下	人	57	5	6	3
7—15岁	人	131	25	16	12
16—60岁	人	1053	118	105	119
60岁以上	人	108	2	1	10
调查户中在校学生人数	人	232	39	25	20
# 6—15岁人数	人	136	26	15	12
就业劳动力文化程度					
# 不识字或识字很少	人	53			2
小学程度	人	223	8	3	12
初中文化程度	人	456	44	41	50
高中文化程度	人	147	25	24	27
中专程度	人	24		5	4
大专及以上	人	52	5	10	9
劳动力就业地点					
# 乡　内	人	834	82	80	97
县内乡外	人	26			
省内县外	人	88		3	5
国内省外	人	6			2
国　外	人	1			
人均耕地面积	亩	7.4	0.1	0.2	1.7
人均生产性固定资产原值	元	8011.7	4157.4	15284.0	12338.8
人均新（购）建住房面积	平方米	1.2		1.2	3.4
人均生活用房面积	平方米	29.2	30.2	52.5	68.2
人均总收入	元	15731.3	17443.3	17298.5	17590.5
# 工资性收入	元	3390.4	6837.5	8769.5	6620.6
家庭经营性收入	元	10695.6	7386.0	4055.6	8505.8
# 农业收入	元	5065.0	727.6	141.6	2657.7
牧业收入	元	3993.6	146.9	69.6	3813.6
人均总支出	元	13683.3	15748.2	14917.7	17475.2
# 家庭经营费用支出	元	4954.5	4218.1	1351.9	3916.6
# 农业生产	元	1962.3	316.0	28.2	901.3
牧业生产	元	2211.7	98.4	40.0	2074.3
人均纯收入	元	10038.4	12750.0	13100.0	12750.0
人均生活消费支出	元	7090.2	10639.7	10675.9	12267.0
人均年末手存现金	元	1808.6	2043.8	2083.5	2664.6
人均年末债务余额	元	1620.9		1011.7	1314.9

基本情况

赛罕区	土左旗	托　县	和林县	清水河县	武川县
80	110	90	90	70	80
3.2	3.6	3.2	3.1	2.7	3.0
2.3	2.6	2.4	2.5	2.2	2.4
255	391	288	275	190	238
17	16	13	8	7	5
27	37	32	19	16	10
203	304	222	210	144	187
8	34	21	38	23	36
55	68	43	28	29	25
30	42	30	17	16	10
	14	11	33	12	12
26	71	59	61	53	42
100	125	101	80	59	94
32	41	21	26	13	29
4	11	2	4	5	5
8	10	16	15	5	6
137	217	179	192	137	185
21	9	6	2	1	1
12	43	23	21	9	
	3	1	4		2
		1			
3.3	6.5	7.2	10.2	7.9	26.6
8985.9	5583.1	12542.3	10324.2	3792.3	4471.7
3.3	0.8		1.3		
72.5	26.9	24.7	29.7	22.5	15.7
20886.4	16383.5	17094.9	15740.5	7592.9	9287.4
4223.9	3789.3	2994.3	2528.2	1691.4	1611.7
12405.6	11575.5	12730.0	12487.1	5234.4	6909.1
4878.2	5844.6	6084.1	5948.1	2860.3	4954.3
5885.0	4505.6	5300.7	6352.9	1397.6	1942.8
21347.0	12999.9	13517.6	13037.4	7412.3	8299.9
6859.8	5118.7	5611.8	6071.2	1988.7	3612.1
2788.6	1799.6	2316.9	2303.0	1172.5	2547.5
3302.6	2656.7	2734.3	3684.4	604.1	1063.0
12372.0	10880.0	10688.2	8976.1	5350.1	5355.0
11595.0	6336.8	6402.4	5323.0	4169.8	4114.5
2709.6	1400.4	594.3	1013.3	1501.4	5003.9
2392.9	1853.0	1080.5	1410.5	938.7	579.9

9-13 农民家庭人均

指标	呼市	新城区	回民区	玉泉区
生活消费支出	7090.2	10639.7	10675.9	12267.0
食品消费支出	2777.7	3381.3	3246.0	3440.7
食品消费品支出	2328.2	2564.8	2401.5	2894.7
食品消费服务性支出	449.5	816.5	844.5	546.0
# 在外饮食支出	413.0	815.5	843.5	545.5
衣着消费	584.0	1560.2	1361.9	1162.2
居住消费	1365.5	1587.2	1899.8	2567.5
居住消费品支出	909.4	503.9	1067.3	1957.3
居住消费服务性支出	456.1	1083.4	832.5	610.2
家庭设备、用品支出	308.6	514.3	649.1	584.7
家庭设备用品消费品支出	293.1	482.2	637.2	501.2
家庭设备用品服务性消费支出	15.5	32.0	11.9	83.5
医疗保健	574.5	390.6	491.9	969.6
医疗保健用品	146.6	119.5	210.4	229.6
医疗保健服务	427.8	271.1	281.5	740.0
交通通讯消费	632.2	965.3	1607.7	1837.1
文化教育、娱乐消费	636.2	1870.0	1070.3	1191.7
文化教育、娱乐用品消费	220.5	555.3	286.9	485.5
教育服务消费	301.6	903.5	409.6	482.9
文化、体育、娱乐服务消费	114.1	411.2	373.8	223.4
其他商品和服务消费	211.5	370.7	349.2	513.5
其它商品支出	135.5	263.9	238.1	345.4
其它消费服务支出	76.0	106.8	111.1	168.1

年生活消费支出

单位:元

赛罕区	土左旗	托县	和林县	清水河县	武川县
11595.0	6336.8	6402.4	5323.0	4169.8	4114.5
3395.2	2695.4	2829.4	2392.2	2172.3	2277.3
2684.1	2182.6	2634.1	2130.7	1976.2	2127.3
711.2	512.8	195.3	261.5	196.1	150.0
705.7	415.0	190.2	236.3	177.7	120.8
1151.2	413.4	501.3	297.1	268.5	270.3
2422.7	1139.9	1300.2	1043.2	528.4	640.9
1459.2	858.0	1020.8	732.7	421.7	524.1
963.6	282.0	279.4	310.5	106.7	116.8
888.5	127.0	332.7	174.8	76.4	83.1
849.2	122.8	327.7	160.5	74.5	82.5
39.3	4.1	5.0	14.3	1.9	0.5
549.9	775.6	312.0	695.6	463.7	307.2
136.1	115.3	169.4	283.1	97.5	193.1
413.8	660.3	142.5	412.5	366.2	114.1
1357.4	619.1	565.1	339.4	275.5	322.7
1376.4	433.5	426.7	281.4	312.6	160.4
504.8	162.7	140.0	97.7	86.6	36.0
539.1	206.0	271.6	146.9	153.4	108.5
332.5	64.8	15.1	36.8	72.5	15.9
453.7	132.8	135.1	99.3	72.6	52.7
255.7	95.0	117.1	27.7	41.9	33.7
198.0	37.8	18.0	71.6	30.7	18.9

9-14 农民家庭主要消费

指 标	呼市	新城区	回民区	玉泉区
谷物和薯类	155.0	83.2	59.4	135.3
豆 类	2.9	2.4	2.0	3.8
蔬菜及菜制品	52.1	77.1	67.7	78.1
豆制品	2.4	2.1	1.7	5.2
油脂类	4.9	5.3	5.4	5.4
肉禽及其制品	37.2	29.0	23.9	33.6
猪 肉	24.7	12.5	11.1	17.7
牛 肉	0.9	2.6	2.1	2.5
羊 肉	5.0	8.4	4.4	4.8
家 禽	4.1	3.2	3.1	3.2
其它肉禽及制品	2.4	2.4	3.3	5.4
蛋类及蛋制品	5.7	6.1	5.1	6.1
奶和奶制品	10.1	12.9	15.7	8.3
水产品	1.6	2.0	2.0	2.2
食 糖	1.0	0.7	0.8	1.1
酒 类	6.8	3.1	6.2	7.5
茶 叶	0.2	0.1	0.4	0.7
瓜 类	16.1	8.4	13.8	14.6
水果类	14.4	29.6	30.0	27.0
坚 果	0.8	2.6	2.7	2.6

品人均年消费量

单位:公斤

赛罕区	土左旗	托　县	和林县	清水河县	武川县
132.7	132.1	168.3	150.7	169.4	217.6
1.9	2.7	2.5	4.4	12.9	1.6
72.5	49.4	55.4	40.7	27.5	30.7
3.6	1.9	5.6	0.5	0.4	
6.4	5.2	4.6	4.4	3.9	2.9
29.0	41.4	46.3	40.6	39.6	40.9
19.0	27.2	30.4	25.7	32.3	29.2
1.3	1.0	1.2	1.4	0.2	0.8
5.2	5.4	5.6	5.6	3.0	5.8
2.8	5.3	7.0	5.9	2.7	1.8
0.7	2.5	2.2	2.0	1.4	3.3
4.9	6.6	5.9	6.7	4.3	5.2
9.0	2.7	29.8	2.2	3.5	7.6
1.2	2.2	2.5	1.6	0.8	0.8
0.9	0.7	0.8	1.4	1.1	3.2
5.9	8.2	7.1	5.8	6.9	6.0
0.3	0.3		0.2		0.4
12.6	14.2	38.8	12.6	8.4	10.6
21.1	11.7	15.2	10.1	8.8	8.7
1.6		0.5	0.6	0.1	1.3

9-15 农民家庭每百户

指　标	单位	呼　市	新城区	回民区	玉泉区
洗衣机	台	84.0	100.0	100.0	104.0
电冰箱	台	85.7	98.0	100.0	98.0
空调机	台	1.7	8.0	15.0	6.0
抽油烟机	台	27.9	76.0	75.0	74.0
吸尘器	台	1.7	14.0	2.5	14.0
微波炉	台	11.2	62.0	47.5	32.0
热水器	台	13.1	68.0	42.5	30.0
#太阳能热水器	台	1.0	12.00	5.0	2.0
自行车	辆	90.0	102.0	122.5	214.0
#电动自行车	辆	36.0	50.0	65.0	86.0
摩托车	台	51.9	10.0	7.5	26.0
汽车（生活用）	台	10.7	48.0	47.5	32.0
电话机	部	16.7	6.0	25.0	42.0
移动电话	部	181.7	240.0	262.5	242.0
#接入互联网的	部	3.6	26.0	25.0	18.0
家用计算机	台	11.0	44.0	42.5	52.0
#接入互联网的	台	3.8	4.0	30.0	26.0
彩色电视机	台	100.0	102.0	110.0	110.0
#接入有线电视网的	台	45.0	66.0	50.0	82.0
黑白电视机	台	0.5			2.0
摄像机	台	0.2			12.0
影碟机	台	23.3	50.0	22.5	66.0
照相机	架	10.5	38.0	25.0	22.0

拥有耐用消费品

赛罕区	土左旗	托　县	和林县	清水河县	武川县
95.0	91.8	87.8	67.8	50.0	78.8
97.5	83.6	95.6	91.1	74.3	60
3.8	0.9	1.1			
63.8	26.4	22.2	8.9	5.7	5
2.5		10.0			
28.8	5.5	3.3		4.3	1.3
30.0	3.6	5.6			2.5
2.5	0.9				2.5
130.0	115.5	86.7	61.1	37.1	30
68.8	21.8	55.6	21.1	7.1	2.5
40.0	64.5	62.2	66.7	28.6	73.8
37.5	7.3	7.8	1.1	1.4	
26.3	10.9	18.9	40.0	22.9	17.5
190.0	170.0	196.7	163.3	172.9	115
1.3	1.8			4.3	
36.3	10.0	7.8	5.6	2.9	
16.3	0.9	3.3	3.3		
108.8	104.5	103.3	101.1	90.0	98.8
45.0	90.0	14.4	20.0		
				1.4	
1.3	0.9			1.4	
2.5	41.8	11.1	6.7	11.4	
26.3	4.5	4.4	1.1	5.7	3.8

主要统计指标解释

城镇居民家庭就业人口 指城镇居民从事社会劳动并取得劳动报酬或经营收入的人口，就业人口包括通过国家统筹规划和指导由劳动部门介绍就业，自愿组织起来就业和自谋职业等方式，在全民所有制、集体所有制、中外合资、中外合作、外资在华独资企事业单位和私营企业单位工作或从事个体劳动的有固定性职业或临时性职业的人口。被聘用和留用的离退休人员也计入就业人口。本指标可以反映城镇居民的就业情况，是计算就业面、负担系数的重要资料。

城镇居民家庭人口 指居住在一起，经济上合在一起共同生活的家庭成员。凡计算为家庭人口的成员其全部收支都应包括在调查表中。

城镇居民家庭总收入 指调查户中生活在一起的所有家庭成员在调查期得到的工资性收入、经营性收入、财产性收入、转移性收入的总和，不包括出售财物和借贷收入。

城镇居民人均可支配收入 指调查户可用于最终消费支出和其它非义务性支出以及储蓄的总和，即居民家庭可以用来自由支配的收入。它是家庭总收入扣除经营性支出、交纳的个人所得税、个人交纳的社会保障费以及调查户的记账补贴后的收入。计算公式为：

城镇居民人均可支配收入=家庭总收入-经营性支出-交纳个人所得税-个人交纳的社会保障支出-记账补贴

城镇居民家庭总支出 指家庭除借贷支出以外的全部实际支出。包括消费性支出、经营性支出、购房建房支出、转移性支出、财产性支出、社会保障支出。

城镇居民人均消费性支出 指调查户用于本家庭日常生活的全部支出，包括食品、衣着、居住、家庭设备用品及服务、医疗保健、交通和通信、娱乐教育文化服务、其它商品和服务八大类等。包括用于赠送的商品或服务。

农民生活消费支出 指农村住户用于物质生活和精神生活方面的支出。生活消费支出包括食品支出、衣着支出、居住支出、家庭设备用品及服务支出、医疗保健支出、交通和通讯支出、文化教育娱乐用品及服务支出、其他商品和服务支出。

农民人均纯收入 指农村住户当年从各个来源得到的总收入相应地扣除所发生的费用后的收入总和。纯收入主要用于再生活投入和当年生活消费支出，也可用于储蓄和各种非义务性支出。“农民人均纯收入”是按人口平均的纯收入水平，反映的是一个地区或一个农户农村居民的平均收入水平。计算方法：

纯收入=总收入-家庭经营费用支出-税费支出-生产性固定资产折旧-赠送农村外部亲友支出

农民家庭常住人口 指全年经常在家或在家居住 6 个月以上，而且经济和生活与本户连成一体的人口。外出从业人员在外央住时间虽然在 6 个月以上，但收入主要带回家中，经济与本户连为一体，仍视为家庭常住人口；在家居住，生活和本户连成一体的国家职工、退休人员也为家庭常住人口。但是现役军人、中专及以上（走读生除外）的在校学生、以及常年在外（不包括探亲、看病等）且已有稳定的职业与居住场所的外出从业人员，不应当作家庭常住人口。家庭常住人口主要作为计算农村住户平均每人收入、消费和积累水平及分析家庭人口状况的依据。

第二部分　统计资料

城市概况

10-1 城市规模、建设用地和房屋建筑情况

项　　目	单　位	2010年	2011年
城市人口	万人	120.6	123.6
# 非农业人口	万人	92.4	94.0
城市面积	平方公里	2054	2054
# 建城区面积	平方公里	166.2	173.6
城市建设用地面积	平方公里	166.1	180.3
居住用地	平方公里	42.3	55.4
公共设施用地	平方公里	31.1	31.1
工业用地	平方公里	25.9	26.1
仓储用地	平方公里	5.9	6.4
对外交通用地	平方公里	5.9	5.9
道路广场用地	平方公里	17.4	17.4
市政公用设施用地	平方公里	4.8	4.8
绿　　地	平方公里	26.6	27.0
特殊用地	平方公里	6.2	6.2
房屋建筑面积	万平方米	7907	8399
# 住宅建筑面积	万平方米	3753	3985
人均住房建筑面积	平方米	32.7	34.3

10-2 城市公共汽车、出租汽车情况

项　　目	单　位	2010年	2011年
城市公共汽车			
年末营运车辆	辆	1622	1673
年末标准运营车辆	标台	1902	1969
营运线路网长度	公里	506	547
客运总量	万人次	44966	34142
出租汽车	辆	5568	5568

10-3 城市自来水情况

项　　目	单　位	2010年	2011年
年末综合生产能力	万立方米/日	49.7	55.3
#地 下 水	万立方米/日	29.7	35.3
年末管道长度	公里	689	718
全年供水量	万立方米	11859	13986
#生 产 用	万立方米	2990	2926
生 活 用	万立方米	8353	9218
用水人口	万人	148.1	161.1
用水户数	万户	33.2	44.0
#家庭用户	万户	27.3	23.3

10-4 城市集中供热情况

项　　目	单　位	2010年	2011年
供热能力	兆瓦	6555	7395
供热总量	万吉焦	2261	2613
供热管道长度	公里	670	768
供热面积	万平方米	6469.0	7489.0
#住　　宅	万平方米	3070.0	3500.0

10-5 城市燃气情况

项　　目	单　位	2010年	2011年
液化石油气			
储气能力	吨	4255.0	4255.0
供气总量	吨	7760	9996
# 家庭用量	吨	7760	9996
用气户数	万户	7.4	9.5
# 家庭用户	万户	7.4	9.5
用气人口	万人	22.6	28.6
天　然　气			
储气能力	万立方米	10.8	10.8
供气管道长度	公里	1350	1766
供气总量	万立方米	30623	38199
# 家庭用量	万立方米	4171	4353
用气户数	万户	36.1	40.4
# 家庭用户	万户	35.5	38.4
用气人口	万人	122.7	121.3

10-6 城市市政设施情况

项　　目	单　位	2010年	2011年
道　　路			
道路长度	公里	720	725
道路面积	万平方米	1609	1651
#人行道面积	万平方米	294	322
桥　　梁	座	55	66
# 立交桥	座	46	52
路　　灯	盏	154181	152247
排　　水			
排水管道长度	公里	962	1080
# 污水管道	公里	484	525
污水排放量	万立方米	9488	11189
污水处理厂	座	3	3
污水处理能力	万立方米/日	26	26
污水处理总量	万立方米	7315	8214
防洪堤长度	公里	129	129

10-7 城市园林、绿化情况

项　　目	单　位	2010年	2011年
绿化覆盖面积	公顷	6169	6487
# 建成区	公顷	5931	6249
园林绿地面积	公顷	5892	6129
# 建成区	公顷	5655	5891
公园绿地面积	公顷	2422	2644
公　　园	个	21	21
公园面积	公顷	2342	2385

10-8 城市市容环境卫生情况

项目	单位	2010年	2011年
道路清扫保洁面积	万平方米	2698	2064
#机械化	万平方米	569	615
清运生活垃圾	万吨	59	59
无害化处理厂（场）	座	2	1
生活垃圾无害化处理能力	吨/日	1780	1980
生活垃圾无害化处理量	万吨	57.8	57.6
清运粪便	万吨	35.4	35.5
公共厕所	座	437	475
市容环卫专用车辆	辆	251	301

10-9 城市设施水平

项目	单位	2010年	2011年
人均日生活用水量	升	87.6	91.3
用水普及率	%	95.5	99.9
燃气普及率	%	92.4	92.9
每万人拥有公交车辆	标台	10	10
人均道路面积	平方米	10.2	10.2
污水处理率	%	77.1	73.4
人均公园绿地面积	平方米	15.4	16.4
建成区绿地率	%	34.0	33.9
建成区绿化覆盖率	%	35.7	36.0
生活垃圾无害化处理率	%	97.9	98.0

主要统计指标解释

年末自来水生产能力　指年底城建部门管理的自来水厂和自备水源的社会单位取水、净化、送水、出厂输水干管等环节的实际生产能力。

年末供水管道长度　指从送水泵到用户水表之间所有管道的长度。

全年供水总量　指公用自来水厂和社会单位自备水源全年的供水总量，包括有效供水量及损失水量。

生活用水量　指居民日常生活与公共福利设施的用水量。包括饮食店、旅馆、医院、理发店、浴池、洗衣店、游泳池、商店、学校、机关、部队等单位的用水量。

城市人口用水普及率　指城市用水的非农业人口数（不包括临时人口和流动人口）与城市非农业人口总数之比。计算公式：

$$用水普及率=\frac{城市用水的非农业人口数}{城市非农业人口数}\times 100\%$$

人工煤气生产能力　指城市煤气厂制气、净化、输送等环节的综合实际生产能力。

输气管道长度　指由压缩机、鼓风机、储气罐的出口到用户煤气表之间的全部管道长度。

煤气供气总量　指售给各类用户的全部煤气量。包括工业用量、家庭用量和其他用量。

城市煤气普及率　指使用煤气（包括人工煤气、液化石油气、天然气）的城市非农业人口数（不包括临时人口和流动人口）与城市非农业人口总数之比。计算公式：

$$城市煤气普及率=\frac{城市用气的非农业人口数}{城市非农业人口总数}\times 100\%$$

城市供热能力　指热电厂、热力公司和达到标准的集中采暖锅炉房和城市输送的供热源的设计能力，即每小时向城市输送蒸汽、热水的能力。

城市供热管道长度　指热电厂、热力公司和达到标准的集中采暖锅炉房管理的集中供热热源到用户之间的全部供气、供热水的管道长度。

城市供热总量　指热电厂、热力公司和达到标准的集中采暖锅炉房全年向城市输送的全部蒸、热水量。

年底实有铺装道路长度　指除土路外，路面经过铺装宽度在3.5米以上的道路，包括高级，次高级道路和普通道路。

城市桥梁　指城市范围内，修建在河道上的桥梁和道路与道路立交、道路跨越铁路的立交桥，以及人行天桥。包括永久性桥和半永久性桥，不包括临时性桥、铁路桥、涵洞。

城市下水道总长度　指所有排水总管，干管、支管及暗渠，检查井，连接井进出水口等长度之和。

城市污水日处理能力　指污水处理厂每昼夜处理污水量的设计能力。

营运线路长度　指设置的固定营运线路长度，包括郊区营运线路长度，不包括临时行驶的线路长度。

城市园林绿地面积　指城市公共绿地、专用绿地、生产绿地、防护绿地、郊区风景名胜区的全部面积。

公共绿地　指供游览休息的各种公园，动物园、植物园、陵园以及花园、游园和供游览休息用的林荫道绿地、广场绿地。不包括一般栽植的行道树及林荫道的面积。

年末实有公共汽车　指年底可参加营运的全部车辆数，包括营运车辆数和库存查封未参加营运的车辆。不包括非营运车辆，如架线车、油罐车、货车及其他专用车辆和借入的客运车辆。

第二部分　统计资料

农　　业

11-1 历年农业主要指标

年 份	农作物播种面积（千公顷）	#粮食作物	粮食总产量（万吨）	家畜年末存栏（万头）	#奶牛	肉类总产量（吨）	牛奶产量（万吨）
1949	302.6	273.1	14.2	39.8	8.4		
1950	337.7	304.6	16.7	47.5	10.0		
1951	403.7	359.0	15.4	54.6	9.6		
1952	416.9	374.0	22.8	61.5	11.3		
1953	421.2	367.8	24.1	78.6	13.2		
1954	424.0	372.3	33.5	92.6	13.8		
1955	434.5	374.6	23.7	93.0	13.7		
1956	462.5	397.9	35.3	74.1	11.3		
1957	453.7	384.2	25.7	81.5	10.4		
1958	461.6	398.7	26.1	93.3	10.3		
1959	443.4	368.9	27.2	107.4	11.1		
1960	477.5	398.2	24.2	115.7	11.4		
1961	469.1	400.4	19.8	113.5	11.2		
1962	433.1	379.8	20.2	102.3	9.8		
1963	439.5	381.4	24.5	122.2	10.2		
1964	450.6	383.3	28.1	138.1	10.6		
1965	448.5	378.8	22.8	120.3	10.2		
1966	440.4	373.8	26.7	119.5	9.6		
1967	434.5	365.2	32.2	124.9	9.8		
1968	427.6	363.4	30.5	118.0	9.9		
1969	421.8	357.3	29.1	118.2	10.0		
1970	428.4	367.5	32.2	119.2	10.3	6450	
1971	419.3	360.3	33.6	126.9	10.0	5934	…
1972	421.9	359.1	31.8	126.0	9.8	6576	…
1973	421.6	357.4	35.5	138.3	9.4	8883	…
1974	419.8	355.1	40.9	133.5	9.1	8882	…
1975	418.1	352.7	40.5	134.9	8.7	10102	…
1976	407.6	339.6	40.3	130.9	8.3	10636	…
1977	397.3	325.5	39.2	133.9	8.3	10961	…
1978	388.9	313.2	24.7	137.6	7.9	10795	…
1979	391.1	305.5	32.7	142.9	7.8	9220	…

11-1续表

年 份	农作物播种面积（千公顷）	#粮食作物	粮食总产量（万吨）	家畜年末存栏（万头）	#奶 牛	肉类总产量（吨）	牛奶产量（万吨）
1980	390.7	300.1	28.2	149.0	8.3	9760	0.4
1981	359.9	286.2	33.5	144.5	7.4	11729	0.6
1982	367.3	289.1	33.6	141.5	7.4	11199	0.7
1983	363.3	286.7	38.3	125.6	7.5	10704	0.8
1984	367.6	276.2	45.4	122.9	7.7	12034	1.0
1985	355.3	259.4	33.9	127.7	8.1	14203	1.4
1986	352.9	261.5	26.8	134.0	8.3	14862	1.4
1987	341.1	253.0	22.4	132.6	7.4	15706	2.0
1988	347.1	253.6	37.4	145.7	7.6	13630	2.1
1989	351.5	266.7	38.8	152.2	7.9	16143	2.3
1990	354.3	272.5	54.2	152.1	8.3	17607	3.1
1991	354.6	276.6	53.4	150.0	8.4	21161	3.6
1992	356.6	274.6	59.3	148.7	8.3	25818	4.4
1993	353.9	274.7	67.0	156.5	8.9	33220	5.0
1994	348.3	259.5	71.9	168.1	10.5	40761	6.7
1995	344.6	268.2	70.6	181.3	12.2	47068	7.4
1996	343.7	275.6	93.3	195.7	14.6	59785	8.9
1997	348.6	276.5	95.1	200.8	15.5	72696	11.1
1998	349.2	279.6	95.5	208.7	16.4	80329	12.7
1999	347.7	275.1	75.8	197.7	16.5	86600	15.1
2000	406.6	289.5	84.2	188.7	18.6	87830	23.1
2001	300.0	224.4	56.4	166.5	21.4	91754	40.0
2002	375.8	251.6	84.3	156.2	27.9	93392	64.5
2003	374.1	228.3	91.8	158.7	40.4	92033	100.8
2004	389.5	241.3	115.5	179.2	57.1	102254	152.1
2005	406.7	270.8	114.8	199.2	68.7	110895	227.8
2006	428.2	311.8	117.2	210.1	62.1	74141	282.1
2007	435.8	318.8	107.4	214.2	64.0	70028	292.9
2008	441.4	316.4	119.4	245.3	70.0	80834	305.0
2009	443.3	321.3	119.5	251.3	70.0	90601	305.3
2010	443.4	321.4	116.1	261.7	70.5	98501	305.4
2011	445.4	323.3	117.5	264.1	70.0	101758	307.4

11-2 农村基本情况及农业生产条件

单位：个、户、人

项　　目	合　计	新城区	回民区	玉泉区	赛罕区	土左旗	托县	和林县	清水河县	武川县
农村基层组织情况										
乡镇个数	40	2	1	1	6	8	4	6	5	7
# 镇 个 数	24	2	1	1	5	5	4	2	2	2
村委会个数	1007	29	19	54	123	321	120	145	103	93
农村基础设施										
自来水受益村数	909	29	19	54	123	284	120	137	62	81
通汽车村数	996	29	19	54	120	315	120	143	103	93
通电话村数	1004	28	19	54	122	320	120	145	103	93
乡村人口与从业人员										
乡村户数	301376	18251	8952	14710	42226	77145	40994	40119	24593	34386
乡村人口数	1080752	48912	31253	46709	138392	297806	150529	151465	88101	127585
# 男	565879	25907	15896	24151	74731	151127	78688	79572	45749	70058
女	514873	23005	15357	22558	63661	146679	71841	71893	42352	57527
乡村劳动力资源数	656882	36165	20134	22207	87947	177905	99019	85943	50003	77559
# 男	367468	19751	11326	11767	49794	101308	53884	47251	27441	44946
女	289414	16414	8808	10440	38153	76597	45135	38692	22562	32613
乡村从业人员数	582044	35963	12806	20009	67462	158537	86146	82537	48968	69616
按性别分										
男劳动力	334962	19651	7774	13281	38938	91336	49655	45889	27485	40953
女劳动力	247082	16312	5032	6728	28524	67201	36491	36648	21483	28663
按国民经济行业分										
农林牧渔业从业人员	386223	20513	4686	13670	44800	96318	53907	65128	32596	54605
# 农业从业人员	309675	18721	4214	8970	36625	68483	41033	51304	30345	49980
牧业从业人员	76334	1792	472	4700	8138	27834	12874	13797	2251	4476
工业从业人员	39583	1789	1724	535	3162	11633	10514	2762	3500	3964
建筑业从业人员	63893	3378	1211	1509	6896	25157	9861	7272	4326	4283
交通、仓储和邮电通讯从业人员	23054	1956	366	789	1918	5998	5255	1713	4079	980
信息传输、计算机服务和软件业从业人员	3581	104	874	130	173	1289	288	121	100	502
批发与零售从业人员	32367	1603	1010	1750	4652	10171	4415	2920	2381	3465
住宿和餐饮业从业人员	17675	2221	1215	853	3240	4821	1057	1829	1492	947
其他从业人员	15668	4399	1720	773	2621	3150	849	792	494	870

注：旗县乡镇个数、镇个数不包括旗县政府所在地镇。

11-3 农林牧渔

项目	合计	新城区	回民区	玉泉区
农林牧渔业增加值	1094446.86	19835.73	4945.61	27100.49
农业增加值	345614.83	5210.14	1184.70	11972.37
林业增加值	22228.60	421.68	113.32	
牧业增加值	701283.84	13900.02	3458.69	13924.50
渔业增加值	14488.56			673.04
农林牧渔服务业增加值	10831.03	303.89	188.91	530.58

11-4 农林牧渔

项目	合计	新城区	回民区	玉泉区
农林牧渔业总产值	1950793.26	35840.32	8949.07	47062.39
农业产值	530735.30	8000.83	1819.25	18385.10
#谷物及其他作物	418842.72	5581.13	750.10	8997.05
蔬菜园艺作物	98747.85	1271.69	458.80	5690.45
水果、坚果、饮料和香料作物	9220.85	100.63	151.57	19.49
林业产值	31615.14	599.74	161.17	
林木的培育和种植	21910.35	585.04	152.22	
竹木采运	1113.80	14.70		
林 产 品	8590.98		8.95	
牧业产值	1348493.11	26728.23	6650.68	26775.31
牲畜饲养	1249350.66	21996.49	1210.07	15684.81
奶 产 品	1015007.73	19211.28	475.20	13281.84
猪的饲养	56293.14	2285.68	377.55	1393.86
渔业产值	21718.73			1008.90
农林牧渔服务业产值	18230.98	511.51	317.97	893.08

业增加值

单位：万元

赛罕区	土左旗	托县	和林县	清水河县	武川县
195594.39	353889.86	182300.15	207151.93	53629.94	49998.77
56157.20	102249.28	56079.74	45348.81	29197.34	38215.24
2044.98	5872.32	1538.67	5967.55	4417.44	1852.64
134977.63	236137.98	120346.08	151039.46	18129.82	9369.67
528.83	6305.99	3559.18	2104.26	1317.27	
1885.76	3324.29	776.48	2691.85	568.06	561.21

业总产值

单位：万元

赛罕区	土左旗	托县	和林县	清水河县	武川县
352659.28	634484.93	326360.75	376244.20	88911.51	80280.82
86236.48	157016.71	86117.54	69638.84	44836.22	58684.34
30887.63	129883.36	85764.34	63631.84	41519.75	51827.53
54568.64	19023.69	8268.87	5334.20	688.95	3442.56
285.55	7844.99	280.53	135.08	402.81	0.21
2908.52	8352.05	2188.41	8487.49	6282.81	2634.96
2754.73	2450.59	1522.26	7174.19	4713.81	2557.51
117.02	344.92			637.16	
36.77	5556.52	666.15	1313.30	931.85	77.44
259547.41	454067.83	231412.52	290432.57	34861.68	18016.87
252242.38	423269.79	215314.05	280225.51	28610.63	10796.93
237669.30	367304.19	156720.63	206257.59	8000.52	6087.18
6477.47	19024.24	9673.34	7926.43	4704.02	4430.55
792.73	9452.84	5335.30	3154.34	1974.62	
3174.14	5595.51	1306.99	4530.96	956.18	944.64

11-5 农村主要能

项目	单位	合计	新城区	回民区	玉泉区
农村用电量	万千瓦时	39468	1401	2013	1053
农用化肥施用量（按折纯法计）	吨	111231	147	129	2852
氮肥	吨	63971	45	39	2703
磷肥	吨	21267	55	21	12
钾肥	吨	6413	14	17	13
复合肥	吨	19018	33	52	122
农用塑料薄膜使用量	吨	6856	73	28	117
#地膜使用量	吨	6138	52	15	107
地膜覆盖面积	公顷	99316	1010	590	2609
农用柴油使用量	吨	35311	740	470	1618
农药使用量	吨	313	1	4	7

11-6 水果生

项目	单位	合计	新城区	回民区	玉泉区
园林水果	吨	33580	390	477	80
苹果	吨	5835	157	5	30
#红富士苹果	吨	45			
国光苹果	吨	32			
梨	吨	4616	46	3	5
#雪花梨	吨				
鸭梨	吨				
苹果梨	吨	4424	5		
葡萄	吨	3898	7	1	30
山楂	吨	58		2	
其他园林水果	吨	23129	187	469	45
年末果园合计面积	公顷	2839	146	327	14
#苹果园	公顷	716	95	37	10
梨园	公顷	214	4	11	1
葡萄园	公顷	308	15	2	3
山楂园	公顷	22		12	

源及物资消耗

赛罕区	土左旗	托县	和林县	清水河县	武川县
7368	10620	6075	7673	973	2292
10439	28299	35204	8594	11256	14311
4300	17179	23692	3407	6983	5624
2322	5535	4930	2977	1897	3518
996	696	1944	286	480	1967
2821	4889	4578	1425	1896	3202
1575	2495	736	1485	271	75
1051	2495	735	1400	209	73
12181	43661	15148	18724	3982	1410
5412	10513	5256	4318	1683	5301
56	114	62	28	10	31

产情况

赛罕区	土左旗	托县	和林县	清水河县	武川县
1200	28438	1060	503	1431	1
750	4223	139	225	305	1
		45			
		32			
100	4289	53		120	
	4289	10		120	
20	2889	868	13	70	
10	44			2	
350	19926	868	278	1006	
87	1192	203	252	611	7
63	229	67	48	160	7
3	154	6		35	
	116	130	5	37	
5	4			1	

11-7 农作物播种

项目	合计		新城区		回民区		玉泉区	
	面积	总产量	面积	总产量	面积	总产量	面积	总产量
农作物总播种面积	**6680423**		**98010**		**11787**		**73975**	
粮食作物合计	4849958	1175001000	87780	15178000	10965	3611000	58215	39352000
谷物	3170019	940932000	61785	12095000	10470	3486000	57165	39167000
小麦	481272	31919000	630	36000	345	90000	1050	263000
玉米	2201348	877974000	46500	9563000	10125	3396000	56115	38904000
谷子	62575	5866000	3570	622000				
高粱	27922	8998000	2655	502000				
莜麦	202271	4197000	2385	408000				
黍子	52380	5583000	6045	964000				
糜子	25686	2037000						
荞麦	101040	3555000						
大麦	15075	803000						
其他谷物	396902	16175000	8430	1372000				
豆类	285805	18885000	15495	651000	90	10000	300	39000
大豆	189860	12036000	12600	509000	90	10000	270	35000
绿豆	72985	4141000	810	59000				
红小豆	3365	194000						
薯类(按折粮计算)	1394134	215184000	10500	2432000	405	115000	750	146000
# 马铃薯	1394134	215184000	10500	2432000	405	115000	750	146000
油料合计	804431	38894000	3930	76580	105	17000	900	83000
# 胡麻籽	257371	11564000	3660	74000	105	17000	840	76000
油菜籽	348385	4173000	270	2580				
葵花籽	197305	23138000					60	7000
麻类合计								
# 线麻								
亚麻								
甜菜	9135	26477000						
烟叶	990	91000	525	19000				
# 烤烟								
药材	16620	2043000						
蔬菜	168501	721780100	2385	9561000	717	3871100	11410	49614000
瓜果类	56910	123992000	240	513000			150	180000
# 西瓜	39680	96407000	150	390000				
甜瓜	16325	25488000					150	18000
草莓	225	275000	90	123000				
其他农作物	773878	650463000	3150				3300	
# 青饲料	453483							

面积和产量

单位：亩、公斤

赛罕区		土左旗		托县		和林县		清水河县		武川县	
面积	总产量	面积	总产量	面积	总产量	面积	总产量	面积	总产量	面积	总产量
483239		**1223190**		**821070**		**1037487**		**939585**		**1992080**	
351319	90929000	884295	425614000	570450	241195000	781084	135809000	628080	62010000	1477770	161303000
298909	86458000	848970	415761000	458040	224893000	441965	113323000	228990	16434000	763725	29315000
11667	2431000	37185	11063000	7605	1817000					422790	16219000
278408	83797000	798675	399509000	411060	213808000	394905	111892000	162180	11286000	43380	5819000
2390	42000	330	94000	12780	2858000	21080	597000	21960	1597000	465	56000
3667	136000	9495	4635000	11280	3641000	240	6000	585	78000		
246	3000					6020	180000	5940	484000	187680	3122000
600	20000	2955	407000	9195	1790000	13890	489000	16170	1506000	3525	407000
1931	29000	330	53000	5670	979000	1780	45000	15975	931000		
						4050	114000	6180	552000	90810	2889000
										15075	803000
2777	52000	3285	460000	15315	2769000	25740	828000	44265	3473000	297090	7221000
28186	853000	15585	2152000	89640	10778000	109764	2601000	19620	810000	7125	991000
9456	251000	7590	1176000	61080	7619000	86624	1948000	12090	486000	60	2000
18320	602000	4350	486000	21930	2187000	21140	550000	6435	257000		
		270	33000	300	25000	2000	103000	795	33000		
24224	3618000	19740	7701000	22770	5524000	229355	19885000	379470	44766000	706920	130997000
24224	3618000	19740	7701000	22770	5524000	229355	19885000	379470	44766000	706920	130997000
6159	104000	108765	17473000	63030	6024771	61577	1417191	300030	9774163	259935	3924295
5869	87000	22185	2509000	6840	693000	51597	1269000	159180	6271000	7095	568000
				9705	16771	4000	22191	81570	785163	252840	3346295
290	17000	86580	14964000	46485	5315000	4880	121000	59010	2714000		
		7680	23169000	1305	2993000					150	315000
		465	72000								
		6300	938000	9300	1025000					1020	80000
78554	325663000	34680	157704000	19005	91022000	9370	45472000	3600	6789000	8780	32084000
420	1050000	26205	57925000	11535	29393000	13710	30112000	4575	4739000	75	80000
420	1050000	13170	36382000	10050	26985000	11960	27892000	3915	3678000	15	30000
		12960	21493000	1485	2408000	1100	570000	630	999000		
		75	50000					30	62000	30	40000
46787		154800		146445		171746		3300		244350	
46117		106290		53685		159266				84825	

11-8 蔬菜及特种作

<table>
<tr><th rowspan="2">项 目</th><th colspan="2">合 计</th><th colspan="2">新城区</th></tr>
<tr><th>播种面积</th><th>产 量</th><th>播种面积</th><th>产 量</th></tr>
<tr><td>**蔬菜合计**</td><td>**168501**</td><td>**721780100**</td><td>**2385**</td><td>**9561000**</td></tr>
<tr><td>叶菜类</td><td>13289</td><td>70840300</td><td>457</td><td>2212000</td></tr>
<tr><td>#菠 菜</td><td>4920</td><td>31387000</td><td>88</td><td>399000</td></tr>
<tr><td>芹 菜</td><td>6093</td><td>33143400</td><td>147</td><td>727000</td></tr>
<tr><td>油 菜</td><td>1872</td><td>5450811</td><td>172</td><td>850000</td></tr>
<tr><td>白菜类</td><td>19143</td><td>98963000</td><td>47</td><td>226000</td></tr>
<tr><td>大白菜</td><td>9941</td><td>50826000</td><td>27</td><td>129000</td></tr>
<tr><td>瓜菜类</td><td>22238</td><td>94855000</td><td>316</td><td>1422000</td></tr>
<tr><td>#黄 瓜</td><td>14600</td><td>63235000</td><td>254</td><td>1152000</td></tr>
<tr><td>块根、块茎类</td><td>38660</td><td>158251800</td><td>615</td><td>2340000</td></tr>
<tr><td>#萝 卜</td><td>5718</td><td>24382000</td><td>42</td><td>162000</td></tr>
<tr><td>胡萝卜</td><td>27187</td><td>105034000</td><td>390</td><td>1406000</td></tr>
<tr><td>生 姜</td><td>12</td><td>55800</td><td></td><td></td></tr>
<tr><td>茄果菜类</td><td>46836</td><td>177634000</td><td>350</td><td>1415000</td></tr>
<tr><td>#茄 子</td><td>19264</td><td>51817000</td><td>130</td><td>515000</td></tr>
<tr><td>辣 椒</td><td>63</td><td>269000</td><td></td><td></td></tr>
<tr><td>西红柿</td><td>25240</td><td>118099000</td><td>220</td><td>900000</td></tr>
<tr><td>葱蒜类</td><td>21703</td><td>89588000</td><td>385</td><td>1413000</td></tr>
<tr><td>#大 葱</td><td>18420</td><td>78003000</td><td>385</td><td>1413000</td></tr>
<tr><td>蒜 头</td><td>1557</td><td>5054000</td><td></td><td></td></tr>
<tr><td>菜用豆类</td><td>5994</td><td>28983000</td><td>215</td><td>533000</td></tr>
<tr><td>#四季豆</td><td>4671</td><td>26245000</td><td></td><td></td></tr>
<tr><td>豇 豆</td><td></td><td></td><td></td><td></td></tr>
<tr><td>水生菜类</td><td></td><td></td><td></td><td></td></tr>
<tr><td>#莲 藕</td><td></td><td></td><td></td><td></td></tr>
<tr><td>其它蔬菜</td><td>638</td><td>1349000</td><td></td><td></td></tr>
<tr><td>#食用菌(干鲜混合)</td><td>510</td><td>1316000</td><td></td><td></td></tr>
<tr><td>#蘑 菇(鲜品)</td><td>500</td><td>1236000</td><td></td><td></td></tr>
<tr><td>特种作物</td><td></td><td></td><td></td><td></td></tr>
<tr><td>花卉种植面积</td><td>357</td><td></td><td>9</td><td></td></tr>
<tr><td>鲜切花</td><td></td><td>24000</td><td></td><td>24000</td></tr>
<tr><td>盆栽观赏植物(包括盆景)</td><td></td><td>57000</td><td></td><td>56000</td></tr>
<tr><td>药 材</td><td>10320</td><td>994025</td><td></td><td></td></tr>
<tr><td>#甘 草</td><td></td><td></td><td></td><td></td></tr>
<tr><td>枸 杞</td><td>9300</td><td>914025</td><td></td><td></td></tr>
</table>

注：鲜切花、盆栽观赏植物（包括盆景）产量单位为支。

物生产情况

单位：亩、公斤

回民区		玉泉区		赛罕区	
播种面积	产 量	播种面积	产 量	播种面积	产 量
717	**3871100**	**11410**	**49614000**	**78554**	**325663000**
98	392300	718	2274000	6500	47940000
23	90000	163	244000	3000	27377000
42	168400	286	1653000	3000	18267000
33	133900	181	242000	500	2296000
135	828000	1562	9771000	2554	10847000
135	828000	376	1653000	1554	6671000
53	268000	1136	6610000	15000	64037000
53	268000	1012	5923000	10000	44108000
107	655800	2053	7610000	13300	42560000
60	390000	42	163000	2000	9000000
35	210000	1836	7143000	10000	29000000
12	55800				
235	1227000	3086	14324000	35200	128756000
150	760000	1017	5679000	15000	32857000
20	90000				
65	377000	1075	5214000	20200	95899000
60	3100100	2035	7726000	1500	4500000
60	310000	330	1376000	1000	3500000
		11	51000	500	1000000
		240	180000	4500	25823000
				4500	25823000
29	190000	580	1119000		
				500	1200000
				500	1200000

6

11-8续表

项目	土左旗		托县	
	播种面积	产量	播种面积	产量
蔬菜合计	**34680**	**157704000**	**19005**	**91022000**
叶菜类	2865	12031000	790	2034000
#菠菜	770	1856000	415	844000
芹菜	1692	9101000	246	929000
油菜	403	1074000	129	261000
白菜类	8013	49483000	2334	11286000
#大白菜	4376	28160000	1468	7544000
瓜菜类	3981	14623000	1012	4009000
#黄瓜	2311	7619000	595	2363000
块根、块茎类	3834	13292000	11387	59507000
#萝卜	497	1503000	33	330000
胡萝卜	3337	11789000	7704	38057000
生姜				
茄果菜类	4764	16800000	1439	5894000
#茄子	1546	4988000	494	1748000
辣椒			43	179000
西红柿	2363	9381000	902	3967000
葱蒜类	10819	50654000	1723	7180000
#大葱	10284	48131000	1606	6648000
蒜头	535	2523000	85	300000
菜用豆类	395	785000	310	1077000
#四季豆			101	342000
豇豆				
水生菜类				
#莲藕				
其它蔬菜	9		10	35000
#食用菌(干鲜混合)		36000		
#蘑菇(鲜品)		36000		
特种作物				
花卉种植面积	301		13	
鲜切花				
盆栽观赏植物(包括盆景)				
药材		913000	9300	1025
#甘草				
枸杞		913000	9300	1025

单位：亩、公斤

和林县		清水河县		武川县	
播种面积	产量	播种面积	产量	播种面积	产量
9370	**45472000**	**3600**	**6789000**	**8780**	**32084000**
620	2174000	440	810000	801	973000
130	298000	80	135000	251	144000
320	1536000	80	140000	280	622000
170	340000	14	46911	270	207000
2397	12905000	893	1606000	1208	2011000
1070	4280000	377	793000	558	768000
410	2542000	90	240000	240	1104000
240	1445000	90	240000	45	117000
3167	15565000	1256	3118000	2941	13604000
257	720000	361	718000	2426	11396000
2910	14845000	895	2400000	80	184000
1252	8181000	130	135000	380	902000
672	4700000	55	55000	200	515000
250	2000000	75	80000	90	281000
1274	3605000	697	790000	3210	13410000
959	2685000	637	700000	3159	13240000
315	920000	60	90000	51	170000
250	500000	84	85000		
		70	80000		
		10	5000		
				10	80000
28					
			1000		
				1020	80000

11-9 牲 畜

（日 历

项 目	年 初 实有头数	年 末 实有头数	年 内 增 减		
			繁殖仔畜	#成 活	购 进
牲畜总头数	2617026	2640833	2652732	2585148	469380
大牲畜和羊合计	2324584	2348391	2173230	2116749	399601
大 牲 畜	762612	760072	309088	299470	55331
牛	718388	718388	298678	289188	47735
#良种及改良种乳用牛	705138	700369	281017	271688	40300
#黑白花乳用牛	690604	677324	275165	265806	29519
马	2633	2385	811	771	217
驴	20229	18868	7596	7517	4206
骡	19946	19111	1735	1726	3097
骆 驼	1416	1320	268	268	76
羊	1561972	1588319	1864142	1817279	344270
绵 羊	1142877	1159500	1482986	1444623	275708
#小尾寒羊及改良羊	782995	772805	1131561	1115836	110117
细毛羊及改良羊	94384	93887			
半细毛羊及改良羊	66861	58650			
山 羊	419095	428819	381156	372656	68562
猪	292442	292442	479502	468399	69779

11-10 牲 畜

（牧 业

项 目	年 初 实有头数	年 末 实有头数	新 城 区	回 民 区
牲畜总头数	3624386	3779356	56232	8781
大牲畜和羊合计	3215173	3369228	44059	5724
大 牲 畜	786012	822749	12767	660
牛	730338	768031	12472	559
#良种及改良种乳用牛	693676	735052	11800	540
#黑白花乳用牛	681096	724219	11800	540
马	2679	2664	152	17
驴	27037	27466	22	40
骡	25063	23768	119	23
骆 驼	895	820	2	21
羊	2429161	2546479	31292	5064
绵 羊	1905762	2004392	25443	3094
#寒 羊	874653	1072750	11045	2165
细毛羊及改良羊	844262	307149	4358	889
半细毛羊及改良羊	162820	97071	9597	
山 羊	523399	542087	5849	1970
猪	409213	410128	12173	3057

头 数

年 度）

单位：头、只

变化情况			在年末实有头数中				
成幼畜死亡	自宰自食	出卖	能繁殖的母畜	耕役畜	种公畜	良种牲畜	改良种牲畜
62150	518539	2451137	1745870	38777	42025	1103227	1314421
49089	374323	2070421	1701550	38777	39586	968164	1168814
9354	27603	319575	519159	38777	2026	473439	203838
9165	23119	303848	505748	10925	1216	471193	190563
8610	19459	287889	487865		805		
8477	18849	280480	467210		794		
28	235	972	1216	1265	49	359	942
104	2709	10254	11659	9532	748	1765	11173
57	1484	4117		16446			
	56	384	536	609	13	122	1160
39735	346720	1750846	1182391		37560	494725	964976
28713	252163	1423580	896358		27016	316398	751403
19760	181576	1035421	643518		15471		
			48412				
			35835				
11022	94557	327266	286033		10544	178327	213573
13061	144216	380716	44320		2439	135063	145607

头 数

年 度）

单位：头、只

玉泉区	赛罕区	土左旗	托县	和林县	清水河县	武川县
50642	293177	779482	563668	869121	557245	601008
37994	245345	626435	515800	811645	500676	581550
15281	196455	277953	111457	171288	26529	10359
15010	196053	269170	106738	150900	9389	7649
15083	195878	253080	104119	144068	5149	5335
15083	195878	253080	93646	144068	5149	4975
38	121	488	110	1376	15	347
77	212	5337	3673	6320	11601	184
65	69	2201	911	12682	5524	2174
		757	25	10		5
22713	48890	348482	404343	640357	474147	571191
21017	41629	168511	356680	617949	416156	353913
5828	14928	167951	152375	382309	238839	87310
3319	9515	560	34842	235640	7026	1000
11870	10576		65028			
1696	7261	179971	47663	22408	57997	217278
12648	47832	153047	47868	57476	56569	19458

11-11 畜禽产

项目	单位	合计	新城区	回民区	玉泉区
当年出栏肉猪口数	口	357107	14100	2571	7971
当年出售和自宰的肉用牛	头	191500	1094	740	6661
#良种及改良种乳牛	头	177780	128	600	6654
当年出售和自宰的肉用羊	只	1889067	32000	3530	9915
#山　羊	只	367365	12059	356	787
当年出售和自宰的肉用驴	头	12205	22	13	7
当年出售和自宰的肉用骡	头	4360	86	25	8
当年出售和自宰的肉用马	匹	1169	62	23	2
当年出售和自宰的肉用骆驼	峰	424		13	
当年出售和自宰的家禽	万只	237	2	1	11
当年出售和自宰的家兔	万只	8.00			
当年肉类总产量	吨	101758	1930	449	1730
猪肉产量	吨	27584	1120	185	683
牛肉产量	吨	32816	197	148	662
羊肉产量	吨	31479	480	63	149
#山　羊	吨	5703	180	9	12
驴肉产量	吨	1448	3	1	1
骡肉产量	吨	556	11	3	1
马肉产量	吨	164	9	3	
骆驼肉产量	吨	77		2	
禽肉产量	吨	5033	59	15	205
兔肉产量	吨	150	7	7	7
奶类产量	吨	3075781	58216	1440	40248
#牛　奶	吨	3074316	56800	1438	40248

品　产　量

赛罕区	土左旗	托　县	和林县	清水河县	武川县
42158	119399	57039	51637	33420	28812
37994	61745	29387	45365	2681	5833
37872	56517	26710	42969	1533	4797
34826	286481	197299	648213	461312	215491
6459	127975	28619	36275	89764	65073
78	2700	2380	2123	4851	31
36	748	857	1081	982	537
72	269	39	592	1	109
	380	30			1
53	105	16	27	8	14
1	2	2	1	1	1
9993	29098	14942	25676	11101	6839
3174	9322	4740	3884	2305	2171
4749	11574	5329	8860	429	868
487	5056	3366	11344	7115	3419
90	1941	519	635	1380	937
10	305	290	269	565	4
5	95	109	139	125	68
10	38	5	84		15
	68	7			
1500	2059	403	420	150	222
14	35	36	14	19	11
720210	1113043	474911	625023	24244	18446
720210	1113043	474911	625023	24244	18399

11-11 续表

项　　目	单 位	合 计	新 城 区	回 民 区	玉 泉 区
山羊毛产量	吨	251	5	1	2
绵羊毛产量	吨	3431	64	18	34
#细羊毛	吨	564	38	15	5
半细羊毛	吨	895	20	3	23
山羊绒产量	吨	120	2	1	
蜂蜜产量	吨	310			
禽蛋产量	吨	31458	1325	130	2002
年末实有家禽	万只	231	13	1	12
#鸭	万只				
鹅	万只				
家　　兔	万只	6			
年内牛皮产量	张	191500	1094	740	6661
绵羊皮产量	张	1521702	19941	3174	9128
山羊皮产量	张	367365	12059	356	787
驼绒产量	吨	15			
出售肉类总量	吨	68637	1494	350	1232
#出售猪肉	吨	18733	895	170	349
出售牛肉	吨	23456	160	120	610
出售羊肉	吨	22317	383	54	88
出售禽肉	吨	3134	43	6	185
出售牛羊奶数量	吨	2959509	56800	1350	40041
出售羊毛数量	吨	3239	55	8	36
出售家禽只数	万只	184	2	1	8

赛罕区	土左旗	托县	和林县	清水河县	武川县
1	135	30	9	54	14
92	441	818	797	599	568
30	3	162	306	5	
62		300	487		
1	71	5	5	11	24
21		9		280	
12400	9661	1117	2178	1133	1512
95	69	7	15	8	11
1	1	2	1	1	
37994	61745	29387	45365	2681	5833
28367	158506	168682	611938	371548	150418
6459	127975	28617	36275	89764	65073
	15				
6696	21374	9736	17128	6763	3864
2117	7040	3683	2100	1638	741
3799	9305	3544	4811	294	813
200	2631	2207	9962	4738	2054
580	1514	302	255	93	156
700000	1053043	470330	600000	23153	14792
93	447	691	8	627	482
60	81	8	15	2	7

11-12 林业生

项目	单位	合计	新城区	回民区
荒山荒(沙)地造林面积	千公顷	26.00		
#人工造林	千公顷	11.33		
飞机播种	千公顷			
无林地和疏林地新封	千公顷	14.67		
按林业性质分组				
按经济成份分				
公有经济造林	千公顷	25.33		
国有经济造林	千公顷	8.00		
集体经济造林	千公顷	17.33		
非公有经济造林	千公顷	0.67		
按用途分				
#经 济 林	千公顷			
防 护 林	千公顷	26.00		
年末实有封山(沙)育林面积	千公顷	213.45	24.40	6.21
零星（四旁）植树	万株	300.00	15.00	15.00
育苗面积	公顷	382		
幼林抚育作业面积	公顷次			
成林抚育面积	千公顷	6.53	0.9	0.4
抚育改造出材量	立方米			
林木种子采集量	吨	128		
年末实有母树林面积	公顷	33		
年末实有种子园面积	公顷	99		

产情况

玉泉区	赛罕区	土左旗	托县	和林县	清水河县	武川县
		2.67	1.33	5.33	7.00	9.67
		1.33	0.67	1.33	3.00	5.00
		1.33	0.67	4.00	4.00	4.67
		2.67	1.33	5.33	7.00	9.00
		2.67		5.33		
			1.33		7.00	9.00
						0.67
		2.67	1.33	5.33	7.00	9.67
	8.55	34.55	3.07	45.18	47.91	43.60
15	20	50	35	50	50	50
	67	41	60	80	67	67
		3.20				2.00
			13	10	65	40
				33		
		76		23		

11-13 农牧业机

项目	单位	合计	新城区	回民区
农牧业机械总动力	千瓦	2187095	32595	6156
#大中型拖拉机	台	5165	66	25
	千瓦	207209	2940	1048
小型拖拉机	台	74182	1850	150
	千瓦	9280252	20785	1753
联合收获机	台	975	4	4
	千瓦	60146	272	162
农用排灌动力机械	台	22592	80	137
	千瓦	179002	860	1674
#电动机	台	21904	80	137
	千瓦	172309	860	1674
柴油机	台	688		
	千瓦	6693		
农产品初加工动力机械	台	11152	159	19
	千瓦	93922	694	91
#柴油机	台	1107		
	千瓦	9885		
电动机	台	10045	159	19
	千瓦	84037	694	91
农业机械作业量				
#机耕面积	万亩	583.89	9.6	1.2
机播面积	万亩	562.1	8.5	1.1
机收面积	万亩	213.77	1.35	0.62
拖拉机配套农具	台	141029	1440	105
#小型拖拉机配套农具	台	132138	1382	91
耕整地及种植机械				
#机引犁	部	57141	1061	26
机引耙	部	18061	375	
播种机	台	20600	183	
机动铺膜机	台	8906		

械拥有量

玉泉区	赛罕区	土左旗	托县	和林县	清水河县	武川县
70644	270878	599229	406352	361825	151059	288357
93	540	1910	1086	516	289	640
2864	19999	90961	38055	23315	7391	20636
4750	12850	14028	13001	11646	2378	13529
51691	170278	170353	182714	152410	29646	148425
9	155	493	62	79	47	122
463	8758	29401	4960	4666	3102	8362
653	1485	7979	7350	2116	965	1827
4986	15728	71589	36750	24648	8811	13956
643	1485	7979	7350	2065	802	1363
4825	15728	71589	36750	24038	6889	9956
10				51	163	464
161				610	1922	4000
225	420	4623	1931	354	2020	1401
1669	2929	34236	24560	1247	17850	10646
65			56		879	107
469			560		7888	968
160	420	4623	1875	354	1141	1294
1200	2929	34236	24000	1247	9962	9678
7	48.14	117.66	73.48	90.01	66.5	170.3
6.06	43.59	115.7	71.19	88.17	50.45	177.34
0.83	14.5	47.27	23.33	28	15	82.87
5840	16499	22891	37628	30739	3662	22225
5758	15660	20388	34750	30081	3121	20907
1811	1249	6561	23497	10472	2440	10024
1012	2015	3198	1134	7229	44	3054
405	1089	6991	5130	835	415	5552
262	2213	2217	780	2432	821	181

主要统计指标解释

乡村人口 指乡村户数内的常住人口。包括常住人口中外出的民工、工人合同工、户口在家的在外学生等，但不包括户口在家领取工资的国家职工和户口迁入农村领取国家津贴的离退休职工。

自来水受益村数 包括取水、净水、输配水三部分组成的自来水供给的，或由取水和输配水两部分组成的符合饮用卫生标准的简易自来水年末实际受益的村委会个数。

通汽车村数 指拥有乡级以上公路通过，并通达客运或货运汽车的村委会个数。

农林牧渔业总产值 指各种经济类型的农业生产单位或农户从事农业生产经济活动的总成果。包括农林牧渔业产品总量和劳务活动的总成果（即对非物质生产部门的劳务支出）两部分。

农林牧渔业商品产值 指农林牧渔业生产经营单位在一定时期内生产的以货币表现的可供商品交换的那一部分产品总量。

耕地面积 指可以用来种植农作物、经常进行耕锄的田地。除包括熟地、当年新开荒、连续撂荒未满三年的耕地和当年有休闲地（轮歇地）外，还包括以种植农作物为主并附带种植桑树、茶树、果树和其他林木的土地，以及沿海、沿湖地区已围垦利用的"海涂"、"湖田"等面积。

播种面积 指实际播种或移植有农作物的面积。凡是实际种植农作物的面积，不论种植在耕地还是非耕地上，也不论面积大小，均应统计在内。

农作物产量 在本年度内不论数量多少、耕地上与非耕地上的农作物产量，都应统计在内。

造林面积 指本年度在荒山、荒地、沙丘等一切可以造林的土地上，采用人工播种、植苗、飞机播种等方法，新植的成片乔木林和灌木林，经过检查验收，符合"造林技术规程"要求的株数，成活率达 85%以上（1986年以前成活率按 40%以上计算）的面积。四旁植树的四行以上，连续面积在一亩以上，应统计在造林面积内，但不包括补植面积、重造面积、迹地更新面积、低产林改造面积和零星植树折算面积。

造林面积按主要林种用途分为：

用材林 指为提供国民经济建设用材所造的林。

经济林 指为利用林木的果实、叶片、皮层、树漆等林产品作为工业原料或提供人民食用而营造的林，但不包括桑、果树等面积。

防护林 指为减免风、沙、水、旱等自然灾害，达到农田稳产、高产、保障工矿、水利、交通等经济建设安全所营造的林。包括水土保持林、农田防护林、沿海防护林、水源涵养林、防风固沙林、牧场防护林等。

薪炭林 指以生产燃料为目的所营造的乔木林，灌木林。

当年出栏头数 指农林牧渔业企业生产单位饲养的，已屠宰或已出售的全部牲畜头数。包括交售给国家、集市上出售以及农民自食的部分。

猪、牛、羊肉产量 指当年出栏并已屠宰的猪、牛、羊的肉产量。即屠宰后除去头蹄下水后带骨肉（即胴体重）的重量。

水产品产量 指本年度内农林牧渔业企业捕捞的水产品（包括人工养殖并捕获的水产品和捕捞的天然生长的水产品）产量。

水产品养殖面积 指人工投放鱼、虾、蟹、贝、藻等苗种并经常进行饲养管理的水面面积。

农业机械总动力 指主要用于农、林、牧、副、渔业各种动力机械的动力总和。包括耕作机械、排灌机械、收获机械、农产品加工机械、运输机械、植物保护机械、牧业机械、林业机械、渔业机械和其他农业机械［内燃机按引擎马力折成瓦（特）计算，电动机按功率折成瓦（特）计算］。

农业机械年末拥有量 指全民所有制、集体所有制农业生产单位和合作经营组织及农户在年末统计时实际拥有的各种农业机械设备数量。包括能用未用的、需要修复的（指中修、大修）、储存备用的。但已经损坏报废的、购买（或调进）而未提货的、从非农业生产单位调来临时支援的，均不包括在内。

第二部分　统计资料

工　　业

12-1 历年规模以上工业主要经济指标

单位：万元

项 目	2000年	2001年	2002年	2003年
企业数（个）	193	175	180	185
工业增加值指数(以上年为100)	120.5	131.2	139.5	143.9
工业销售产值（当年价）	964881	1227957	1650288	2383336
本年应付工资总额	61245	68555	79788	98401
全部职工年平均人数（人）	86453	80808	76590	77556
流动资产合计	724453	748083	1026191	1281923
存 货	250265	284014	307503	367989
固定资产合计	1025779	1003163	1160523	1897950
固定资产原值合计	1229705	1252068	1496253	2265782
资产总计	1832741	1867051	2333063	3438391
流动负债合计	666409	705397	798085	1000380
长期负债合计	352772	351508	546352	1007608
所有者权益合计	808589	809785	982424	1400783
主营业务收入	910462	1151058	1572339	2274891
管理费用	69028	78650	87191	134369
利润总额	18513	22997	93229	183411
亏损企业亏损额	18724	21843	22944	22480
利税总额	83988	107836	219965	359398
应交所得税	8357	7925	9914	20659
应交增值税	34896	44081	76521	113782

12-1续表1　　单位：万元

项　　目	2004年	2005年	2006年	2007年
企业数（个）	224	245	279	293
工业增加值指数(以上年为100)	141.2	131.1	129.1	126.1
工业销售产值（当年价）	3494255	4690496	6260432	8014577
本年应付工资总额	125174	177831	227939	267033
全部职工年平均人数（人）	76567	82614	87892	85884
流动资产合计	1696186	1792728	2117406	2635328
存　货	403614	544784	585005	701827
固定资产合计	2469819	3064856	3419036	3198612
固定资产原值合计	2787032	3661195	4427578	4264426
资产总计	4456639	5137818	6208229	7086474
流动负债合计	1309284	1590268	2095593	2610045
长期负债合计	1276035	1523364	1727665	1861009
所有者权益合计	1871319	1999294	2384794	2615419
主营业务收入	3403169	4431260	6074302	7764260
管理费用	129587	171610	195645	224416
利润总额	311541	368246	459317	769442
亏损企业亏损额	37456	25187	17721	13702
利税总额	542154	657157	819361	1208983
应交所得税	26943	24558	42592	52229
应交增值税	150776	182599	223612	288349

12-1续表2　　单位：万元

项　目	2008年	2009年	2010年	2011年
企业数（个）	317	337	320	267
工业增加值指数(以上年为100)	111.2	116.2	113.2	111.4
工业销售产值（当年价）	9085009	11108718	11355416	13158030
本年应付职工薪酬	324630	411209	415417	518125
全部职工年平均人数（人）	89608	93475	100574	97111
流动资产合计	3104770	3951623	4840839	6159789
存　货	740107	813404	1101838	1253156
固定资产合计	3738889	5003200	6793827	6525235
固定资产原值合计	4995607	6184361	8802655	9042239
资产总计	8252157	10623087	13156368	15225383
流动负债合计	3175095	5253909	6069513	6697016
非流动负债合计	2303971	1842414	2894059	3259315
所有者权益合计	2772800	3378850	4081334	4984739
主营业务收入	8821659	11365686	11539656	13206673
管理费用	291723	343857	427274	481881
利润总额	229422	792712	1879576	2044018
亏损企业亏损额	226919	76305	57041	97880
利税总额	709557	1632721	2850685	2985617
应交所得税	35251	42689	92201	165034
应交增值税	313878	538544	624314	578559

12-2 规模以上独立核算

项　　目	企业单位数（个）	# 亏损企业
总　　计	**267**	**58**
按登记注册类型分组		
内资企业	233	49
国有企业	15	2
中央企业	6	
地方企业	9	2
集体企业	6	2
股份合作企业	1	
有限责任公司	74	17
国有独资公司	6	3
其他有限责任公司	68	14
股份有限公司	16	3
私营企业	118	24
私营独资企业	3	
私营合伙企业	1	
私营有限责任公司	109	23
私营股份有限公司	5	1
港澳台商投资企业	12	3
合资经营企业(港或澳、台资)	7	3
合作经营企业(港或澳、台资)	1	
港澳台商独资经营企业	4	
外商投资企业	22	6
中外合资经营企业	12	5
中外合作经营企业	3	
外资企业	7	1
在总计中亏损企业	58	58
在总计中国有控股企业	51	10
在总计中轻工业	117	17
重工业	150	41
在总计中大型企业	15	2
中型企业	60	11
小型企业	186	43
微型企业	6	2

工业企业主要经济指标

单位：万元

工业销售产值（当年价）	本年应付职工薪酬	全部从业人员年平均人数（人）	流动资产合计	# 应收帐款
13158030	**518125**	**97111**	**6159790**	**1137145**
9644449	449984	78481	3911575	769696
2108108	90406	14858	783836	182224
509782	47244	4029	393263	139666
1598326	43161	10829	390573	42558
19919	2047	580	13075	2030
4695	108	129	3650	2300
3391295	121845	27072	1245486	347520
319626	23247	4023	160020	71893
3071669	98598	23049	1085466	275628
1999317	177943	16485	1201249	59074
2102169	57058	19141	654051	174734
70397	2360	584	9293	4149
21900	330	90	4134	143
1762419	52217	17718	581041	142878
247453	2152	749	59583	27564
1341424	23477	5419	873757	184139
588777	13899	3211	520381	24203
267197	2266	380	248422	116435
485450	7312	1828	104954	43501
2172156	44664	13211	1374457	183311
1227723	29990	9979	1003916	67186
66793	2727	873	35077	25737
877640	11946	2359	335465	90388
1306056	67983	12793	528478	152750
5739922	338939	42706	2687029	502242
6072690	292429	51181	3647813	479243
7085340	225696	45930	2511977	657902
4918028	207160	30243	2409608	290813
4763923	215992	38996	2610978	568329
3432383	93561	27410	1122367	272488
43695	1411	462	16837	5515

12-2续表1

项　　目	存　货	#产成品	固定资产合计
总　计	**1253156**	**607021**	**6525235**
按登记注册类型分组			
内资企业	969530	453530	5611882
国有企业	216098	48783	1365011
中央企业	132362	13309	343473
地方企业	83736	35474	1021538
集体企业	6625	2295	6310
股份合作企业	450	390	3140
有限责任公司	265999	104912	3107600
国有独资公司	8101	1503	560310
其他有限责任公司	257898	103409	2547291
股份有限公司	196154	143299	624611
私营企业	280544	152969	500403
私营独资企业	3657	872	22390
私营合伙企业	3176	3176	1166
私营有限责任公司	255099	135654	456768
私营股份有限公司	18612	13268	20079
港澳台商投资企业	107378	64414	406009
合资经营企业(港或澳、台资)	53036	24212	271226
合作经营企业(港或澳、台资)	24757	22382	6800
港澳台商独资经营企业	29585	17820	127982
外商投资企业	176248	89077	507345
中外合资经营企业	75565	54217	116808
中外合作经营企业	3416	626	37328
外资企业	97267	34234	353209
在总计中亏损企业	119594	29219	1227469
在总计中国有控股企业	530390	198064	4760238
在总计中轻工业	633167	350785	1266676
重工业	619988	256235	5258559
在总计中大型企业	224025	193664	2568165
中型企业	639962	219507	2749354
小型企业	384183	191159	1155154
微型企业	4986	2690	52562

单位：万元

固定资产原价	累计折旧	资产总计	流动负债合计	非流动负债合计
9042239	**3101078**	**15225383**	**6697016**	**3259315**
7738494	2612118	11565006	4906044	2927662
2000381	724077	2287639	845204	805001
410864	96572	759068	241117	106113
1589518	627505	1528570	604087	698888
10342	4135	21025	14897	2340
4149	1009	6970	1742	938
4050586	1220951	4951096	1861821	1804229
679928	143464	960003	472105	504616
3370658	1077487	3991092	1389716	1299613
1087510	520670	3006222	1464720	262403
579669	140034	1276703	706346	52445
32261	9871	33617	16550	69
1336	170	5300	3200	
524077	125766	1150811	651858	52112
21995	4227	86975	34737	264
581837	222712	1344920	717905	69159
407495	151978	831492	547818	49416
6800	1219	280295	45948	7467
167541	69515	233134	124139	12276
721909	266248	2315457	1073067	262494
232160	116794	1486423	705696	271094
56078	18895	72775	24702	-9500
433671	130560	756259	342669	900
1622620	432342	2404007	724925	999156
6808371	2400911	9121009	3704921	2771555
1774655	628434	6004680	3269661	392098
7267584	2472644	9220703	3427355	2867217
4161741	1684430	6190042	2769630	1764409
3430740	1020436	6328695	2607602	1235494
1393094	389932	2634699	1297833	229512
56664	6280	71948	21951	29900

12-2续表2

项　　　　目	所有者权益合计	主营业务收入	主营业务成本	主营业务税金及附加	销售费用
总　　计	**4984739**	**13206673**	**9716208**	**162621**	**657060**
按登记注册类型分组					
内资企业	3571139	9568073	7038749	148677	314025
国有企业	581286	2055335	1341818	4567	11851
中央企业	404707	505266	209340	107	4204
地方企业	176579	1550069	1132478	4460	7647
集体企业	3783	19984	17022	78	683
股份合作企业	4290	3650	2240	140	960
有限责任公司	1258690	3431397	2648233	24560	67561
国有独资公司	-16758	349860	335508	628	5726
其他有限责任公司	1275448	3081537	2312724	23932	61835
股份有限公司	1247342	1994192	1432875	111221	180325
私营企业	472271	2051551	1586553	8095	51430
私营独资企业	16999	70533	52693	15	490
私营合伙企业	2100	21900	19301	6	10
私营有限责任公司	419426	1765666	1364792	7969	49616
私营股份有限公司	33746	193452	149767	105	1313
港澳台商投资企业	539632	1484625	1097323	5386	101356
合资经营企业(港或澳、台资)	224202	618467	532208	2004	48059
合作经营企业(港或澳、台资)	226880	261867	107856		49486
港澳台商独资经营企业	88551	604291	457259	3382	3811
外商投资企业	873969	2153975	1580135	8558	241679
中外合资经营企业	508933	1212983	915529	5532	233664
中外合作经营企业	38573	66793	55498	137	2515
外资企业	326463	874199	609108	2890	5500
在总计中亏损企业	665324	1301794	1141744	106817	44286
在总计中国有控股企业	2578152	5691830	4127685	122340	191018
在总计中轻工业	2223220	6177225	4477403	22969	515148
重工业	2761520	7029448	5238804	139653	141912
在总计中大型企业	1601615	4994466	3641391	20539	358489
中型企业	2361548	4763940	3421832	111874	177254
小型企业	1001481	3400063	2614607	29789	121151
微型企业	20096	48204	38377	420	166

单位：万元

管理费用	利润总额	亏损企业亏损额	利税总额	应交所得税	应交增值税
481881	**2044018**	**97880**	**2985617**	**165034**	**578559**
344256	1506171	77093	2289861	132497	434594
52947	434230	117	733789	14691	94589
37625	56683		306909	12009	49835
15322	377547	117	426880	2682	44754
2049	-17	606	384	7	323
270	2		142		
107343	511391	63456	736958	92898	200998
3592	-27336	48348	-13390	5284	13318
103752	538727	15108	750348	87614	187679
127312	212195	4525	407273	14162	83857
53981	348218	8327	411121	10685	54801
1133	16203		19400	16	3182
160	2419		2965		540
50471	291017	8323	341839	10468	42847
2216	38579	4	46917	201	8232
33497	245197	13165	304068	19436	53485
10369	22361	13165	35843	3551	11479
14333	91045		91045	13657	
8795	131792		177180	2228	42006
104128	292649	7622	391688	13102	90480
43577	78328	7431	138865	658	55005
4171	3802		5095	766	1157
56381	210520	191	247728	11678	34319
53359	-97880	97880	46612	165	37675
206931	816984	73237	1400431	90786	260703
265560	847611	13549	1345501	44164	274633
216321	1196406	84331	1640116	120870	303926
128507	922524	5266	1175416	65428	232234
220714	609557	55977	1111366	55888	189653
130066	506867	36539	692104	43716	155430
2595	5070	99	6732	3	1242

12-3 按工业行业分的规模以上独立

项　　目	企业单位数（个）	# 亏损企业
总　计	**267**	**58**
煤炭开采和洗选业	4	
黑色金属矿采选业	12	1
非金属矿采选业	4	
农副食品加工业	21	3
食品制造业	18	1
饮料制造业	6	2
烟草制品业	1	
纺织业	19	5
纺织服装、鞋、帽制造业	5	1
家具制造业	2	
造纸及纸制品业	10	1
印刷业和记录媒介的复制	3	1
石油加工、炼焦及核燃料加工业	1	1
化学原料及化学制品制造业	18	5
医药制造业	19	1
橡胶制品业	1	
塑料制品业	10	4
非金属矿物制品业	28	9
黑色金属冶炼及压延加工业	3	2
有色金属冶炼及压延加工业	12	5
金属制品业	7	2
通用设备制造业	6	
专用设备制造业	6	3
交通运输设备制造业	2	1
电气机械及器材制造业	11	2
通信设备、计算机及其他电子设备制造业	6	1
工艺品及其他制造业	2	
电力、热力的生产和供应业	22	6
燃气生产和供应业	2	
水的生产和供应业	6	1

核算工业企业主要经济指标

单位：万元

工业销售产值（当年价）	本年应付职工薪酬	全部从业人员年平均人数（人）	流动资产合计	# 应收帐款
13158030	**518125**	**97111**	**6159790**	**1137145**
588838	4475	1349	149264	21128
62030	2557	967	12427	574
83965	1337	397	21007	2359
745972	13243	4202	197162	50962
2320663	163165	21075	2026264	129042
142682	2693	1230	50214	3988
396355	28872	1996	240351	78745
496014	16011	5557	101333	26291
22293	4852	2269	30559	6302
18676	380	153	2368	733
515224	8221	2130	121678	29523
9614	1596	402	4717	1561
564409	20789	2005	112315	200
1298562	48054	8573	773987	198662
864634	23117	5945	209528	42222
2302	556	120	1276	339
68053	3017	954	24575	8856
409342	15683	4149	167906	34404
238580	6998	1364	53624	12962
337046	13606	2484	81354	12836
56176	4261	1142	50667	23179
162453	10692	3468	123289	32437
113044	3868	1143	61716	9845
8012	873	470	31039	1409
145459	9572	2749	180151	65295
426160	4033	1610	399739	29091
70551	16710	1746	104778	42313
2749357	69646	12091	537265	218770
173932	8515	1898	119458	10537
67633	10733	3473	169782	42582

12-3续表1

项　　　目	存　货	#产成品	固定资产合计
总　　计	**1253156**	**607021**	**6525235**
煤炭开采和洗选业	22294	21847	32774
黑色金属矿采选业	4502	884	7365
非金属矿采选业	6692	4561	5383
农副食品加工业	78493	59760	137419
食品制造业	198385	160083	308289
饮料制造业	14551	8253	50496
烟草制品业	87078	4989	67932
纺织业	55776	35574	84144
纺织服装、鞋、帽制造业	19850	15466	10031
家具制造业	654	486	477
造纸及纸制品业	46550	11400	125317
印刷业和记录媒介的复制	1274	121	10755
石油加工、炼焦及核燃料加工业	15315		18353
化学原料及化学制品制造业	195644	86878	1058003
医药制造业	72408	38489	248218
橡胶制品业	920	368	761
塑料制品业	5848	2748	11156
非金属矿物制品业	64053	22205	343104
黑色金属冶炼及压延加工业	39447	17751	41064
有色金属冶炼及压延加工业	19733	8937	118732
金属制品业	13790	5676	15490
通用设备制造业	50996	23524	23119
专用设备制造业	36741	18178	32193
交通运输设备制造业	12001	5757	14499
电气机械及器材制造业	57091	17829	45374
通信设备、计算机及其他电子设备制造业	7950	2492	13444
工艺品及其他制造业	43435	7449	83130
电力、热力的生产和供应业	43716		3317589
燃气生产和供应业	29455	17153	161366
水的生产和供应业	8515	8166	139260

单位：万元

固定资产原价	累计折旧	资产合计	流动负债合计	非流动负债合计
9042239	**3101078**	**15225383**	**6697016**	**3259315**
31385	2847	293488	73374	39000
11812	5298	19792	16033	
5946	563	26394	15250	
139163	34366	343869	179202	13540
511134	226969	3282856	1927712	287031
58122	7626	118654	85572	22003
111520	43588	316955	52411	447
124999	42107	198438	83038	13485
17455	7915	47709	30593	2498
176	163	8511	3242	
139266	35328	262084	121794	13972
14025	3278	19529	6636	
76157	57803	628025	44239	186568
1480510	455948	2191286	768790	301108
335259	122732	514200	285013	21956
1459	703	2773	1267	350
14297	3489	40412	18290	386
342962	58466	535280	256077	38270
52610	11639	111617	109520	
134090	19751	456305	275350	129873
18435	4972	73158	56315	
28739	14481	158712	115325	14514
26757	5962	97943	38624	1764
23718	9725	57401	40467	5661
88201	45645	235032	216961	26297
28494	15294	425260	312056	2605
123308	42878	189444	81109	24679
4717015	1721052	3933732	1216469	2082273
192194	45222	319381	140573	40535
193034	55268	317146	125716	

12-3续表2

项目	所有者权益合计	主营业务收入	主营业务成本	主营业务税金及附加	销售费用
总计	**4984739**	**13206673**	**9716208**	**162621**	**657060**
煤炭开采和洗选业	172114	549839	366938	13903	21680
黑色金属矿采选业	3759	62030	56802	736	
非金属矿采选业	10874	83965	72109	6	338
农副食品加工业	117975	701357	538298	1629	14051
食品制造业	1065680	2313314	1674952	10901	396271
饮料制造业	11079	165179	115047	4565	10835
烟草制品业	264097	388940	123050		4149
纺织业	101351	496126	376056	713	14633
纺织服装、鞋、帽制造业	14481	42136	37411	99	1989
家具制造业	5268	19651	18209	435	605
造纸及纸制品业	120318	487510	382770	1734	7178
印刷业和记录媒介的复制	10094	9099	7101	72	103
石油加工、炼焦及核燃料加工业	397218	564405	438503	101820	317
化学原料及化学制品制造业	1025145	1327549	899545	2928	70104
医药制造业	199063	1013580	743677	1575	22802
橡胶制品业	1156	2302	1367	21	45
塑料制品业	16303	67961	63536	102	1175
非金属矿物制品业	206238	401493	315842	1770	5232
黑色金属冶炼及压延加工业	2096	220959	145597	61	18985
有色金属冶炼及压延加工业	51042	339110	265918	3632	5753
金属制品业	16843	60556	45719	425	1154
通用设备制造业	25749	134193	100127	445	3685
专用设备制造业	57080	120949	93809	315	1320
交通运输设备制造业	9273	8816	8117	13	274
电气机械及器材制造业	-4055	182566	144523	298	3469
通信设备、计算机及其他电子设备制造业	110399	429478	370049	836	37935
工艺品及其他制造业	83657	69983	59347	76	55
电力、热力的生产和供应业	616302	2689644	2056140	11771	1327
燃气生产和供应业	138273	186537	148156	1295	4251
水的生产和供应业	135867	67449	47493	447	7346

单位：万元

管理费用	利润总额	亏损企业亏损额	利税总额	应交所得税	应交增值税
481881	**2044018**	**97880**	**2985617**	**165034**	**578559**
19421	143817		225584	19203	67864
1698	1759	897	3682	24	1187
684	14567		18116		3543
15251	128101	691	147928	7229	18198
115950	268776	6954	379052	14635	99372
12524	22997	2000	37098	20	9535
26502	36150		284552	10391	48141
18414	87076	507	95014	499	7226
4001	-714	1721	164	48	778
294	461		1263	15	364
25198	72740	466	91180	8741	16705
1444	403	95	1020	144	545
23861	-3752	3752	118861		20792
72173	284131	5406	317265	21665	30204
27876	213828	496	279163	1166	63760
453	417		528	103	91
2950	450	242	1280	314	729
25937	45431	2681	70903	10344	23702
3951	49481	415	60319		10777
4973	53350	843	72536	5500	15554
3808	5844	134	7924	1202	1656
9855	22994		26292	1881	2853
3486	19103	102	23304	539	3886
2375	-1800	2028	-1381		406
17876	12972	807	16993	2404	3723
4458	17007	129	24531	961	6688
9873	1780		2454	238	575
14417	514654	67026	637761	53328	111215
6889	27159		33335	4027	4873
5292	4836	491	8898	416	3616

12-4 主要工业产品产量（规模以上）

项　　目	单　位	2010年	2011年	2011年比2010年增长%
原　煤	万吨	710.6	1076.9	51.6
发电量	万千瓦小时	3501556	3898688	11.3
铁矿石原矿	吨	1651420	2433396	47.4
面粉	万吨	0.6		-100.0
食用植物油	吨	12495	11498	-8.0
乳制品	吨	1674203	1882259	12.5
冷冻饮品	吨	258010	207491	-19.6
饮料酒	千升	55606	58703	5.6
白　酒（商品量）	千升	2236	4853	117.0
啤　酒	千升	53345	53850	1.0
软饮料	吨	1750456	1047659	-40.2
液体乳	吨	1563100	1764141	12.9
卷　烟	万箱	36	37	2.8
配混合饲料	吨	629893	529434	-16.0
电子元件	万只	120546	107176	-11.1
布	万米	9600	9900	3.1
纯化纤布	万米	9600	9900	3.1
纱	吨	18200	18100	-0.6
金属镁	吨	2353	2567	9.1
铝　材	吨	1333	492	-63.1
石墨及碳素制品	吨	796		-100.0
服　装	万件	413	336	-18.6
酱　油	吨	20580	15499	-24.7
家　具	万件	8.2	3.9	-52.4
机制纸及纸板	吨	13223	29548	123.5
焦　炭	万吨	60.3	53.5	-11.3
盐　酸(含量30%以上)	吨	47635	43606	-8.5
氢氧化纳(烧碱)	吨	85526	169063	97.7
化　肥(折纯)	吨	304043	261522	-14.0
电　石	吨	131630	114567	-13.0
合成氨	吨	345837	268261	-22.4
塑料树脂及共聚物	吨	155838	168527	8.2

12-4续表

项　　　　目	单　位	2010年	2011年	2011年比2010年增长%
中成药	吨	277	369	33.2
铁矿石原矿量	吨	1651420	2433396	47.4
水泥熟料	吨	3854199	5230629	35.7
铁合金	吨	8409	8945	6.4
水　泥	万吨	507.5	728.7	43.6
速冻米面食品	吨	4292	5448	26.9
砖	万块	8582		-100.0
香　精	吨	95		-100.0
铁合金	吨	8409	8945	6.4
纸制品	吨	83925	179475	113.9
化学药品原药	吨	282057	204963	-27.3
多色印刷品	对开色令	1712496	1706490	-0.4
改装汽车	辆	1257	162	-87.1
太阳能电池	千瓦		63389	
减速机	台	7993	9327	16.7
精甲醇	吨	158616	141790	10.6
商品混凝土	立方米	1246197	1146015	-8.0
电力变压器	千伏安	129	130	0.8
耐火材料制品	吨	43789	167841	283.3
绝缘制品	吨	291	112	-61.5
单色印刷品	令	82422	82460	0.1
混凝土机械	台	1485	866	-41.7
电视机	万台	204.4	261.1	27.8
彩色电视机	万台	204.4	261.1	27.8
风力发电机组	千瓦	228650	125800	-45.0
石脑油	万吨		1.5	
原油加工量	万吨	125.6	90.7	-27.8
汽　油	万吨	42.1	34.3	-18.5
柴　油	万吨	47.3	35.4	-25.2
燃料油	万吨	9.8	11.2	14.3
液化石油气	吨	10.9	8.3	-23.7
自来水（生产量）	万立方米	26836	26169	-2.5

主要统计指标解释

工业总产值（当年价格） 是以货币形式表现的工业企业在一定时期内生产的工业最终产品或提供工业性劳务活动的总价值量。它包括三项内容：

Ⅰ、成品价值：指企业生产并在报告期内不再进行加工，经检验包装入库的已经销售和准备销售的全部工业成品（半成品）价值合计，包括企业生产的自制设备及提供给本企业在建工程、其他非工业部门和生活福利部门等单位使用的成品价值。生产成品价值按成品实物量乘以本期产品不含销项税额的实际销售平均单价计算；会计核算中按成本价格转帐的自制设备和自产自用的成品，按成本价格计算生产成品价值。生产成品价值中不包括用订货者来料加工的成品（半成品）价值。

Ⅱ、对外加工费收入：指企业在报告期内完成的对外承做的工业品加工（包括用订货者来料加工生产）的加工费收入和对外工业品修理作业所收取的加工费收入。对外加工费收入中不包括销项税额，可根据会计制度中“产品销售收入”科目的资料取得。

对于以外加工生产为主，对外加工费收入所占比重较大的企业，如果对外加工费收入出现跨报告期支付的情况，为保证指标生产口径计算的一致性，则应将对外加工费收入按实际情况调整，记录报告期应实际收取的对外加工费收入。

Ⅲ、自制半成品、在制品期末期初差额：是指按照工业总产值的计算方法，应该计入工业总产值中的半成品、在制品期末期初差额价值。本指标的填报原则是：如果会计产品成本核算中不计算半成品、在制品成本的，则不需填报；如果会计产品成本核算中计算半成品、在制品成本，则必须填报。

工业总产值计算应遵循的原则：

（1）工业生产的原则。即凡是企业在本年内生产的最终产品和提供的劳务，均应包括在内。其中的最终产品，不管是否在本年内销售，只要是本年内生产的，就应包括在内。凡不是工业生产的产品，均不得计入工业总产值。

（2）最终产品的原则。即企业生产的成品价值必须是本企业生产的，经检验合格不需再进行任何加工的最终产品。企业对外销售的半成品也应视为最终产品计入工业总产值。而在本企业内各车间转移的半成品和在制品只能计算其期末期初差额价值。

（3）“工厂法”原则。即以法人工业企业作为一个整体计算工业总产值，是其本年内生产的最终产品和提供劳务的总价值量。

轻工业 指主要提供生活消费品和制作手工工具的工业。按其所使用的原料不同，可以分为两大类：（1）以农产品为原料的轻工业，是指直接或间接以农产品为基本原料的轻工业，主要包括食品制造、饮料制造、烟草加工、纺织、缝纫、皮革和毛皮制作、造纸以及印刷等工业；（2）以非农产品为原料的轻工业，是指以工业品为原料的轻工业，主要包括文教体育用品、化学药品制造、合成纤维制造、日用化学制品、日用玻璃制品、日用金属制品、手工工具制造、医疗器械制造、文化和办公用机械制造等工业。

重工业 是指为国民经济各部门提供物质技术基础的主要生产资料的工业。按其生产性质和产品用途，可分为下列三类：（1）采掘（伐）工业，是指对自然资源的开采，包括石油开采、煤炭开采、金属矿开采、非金属矿开采和木材采伐等工业；（2）原材料工业，指向国民经济各部门提供基本材料、动力和燃料的工业，包括金属冶炼及加工、炼焦及焦炭化学、化工原料、水泥、人造板以及电力、石油和煤炭加工等工业；（3）加工工业，是指对工业原材料进行再加工制造的工业，包括装备国民经济各部门的机械设备制造工业、金属结构、水泥制品等工业，以及为农业提供的生产资料如化肥、农药等工业。

根据上述划分原则，修理业中的重工业产品为修理作业对象的划为重工业，否则划为轻工业。

工业增加值 是工业企业在报告期内以货币形式表现的工业生产活动的最终成果。

工业增加值有两种计算方法：一是生产法，即工业总产出减去工业中间投入。其中，工业总产出是工业企业在一定时期内工业生产活动的总成果，它包括：成品生产价值，对外加工费收入和自制半成品、在产品期末期初差额价值。工业中间投入指工业企业在工业生产活动中消耗的外购物质产品和对外支付的服务费用。服务费用包括支付给物质生产部门的服务费用和支付给非物质生产部门的服务费用。二是收入法，即从收入的角度出发，根据生产要素在生产过程中应得到的收入份额计算，具体构成项目有固定资产折旧、劳动者报酬、生产税净额、营业盈余。

工业统计调查单位 分为两类：独立核算法人工业企业和工业活动单位。

独立核算法人工业企业 是指从事工业生产经营活动的单位。独立核算法人工业企业应同时具备以下条件；1.依法成立，有自己的名称、组织机构和场所，能够承担民事责任；2.独立拥有和使用资产，承担负债，有权与其他单位签订合同；3.独立核算盈亏，并能编制资产负债表。

工业活动单位 是指在一个场所从事一种或主要从事一种工业生产活动的经济单位。它包括独立核算工业企业按主营业务活动（即工业生产活动）划分的主营业务活动单位和非工业企业所属的工业生产活动单位（即原非独立核算工业生产单位）。工业活动单位，一般应同时具备以下三个条件；1.具有一个场所，从事一种或主要从事一种工业活动；2.单独组织工业生产、经营或业务活动；3.单独核算收入和支出。

资产总计 指企业拥有或控制的能以货币计量的经济资源，包括各种财产、债权和其他权利。资产按其流动性（即资产的变现能力和支付能力）划分为：流动资产、长期投资、固定资产、无形资产、递延资产和其他资产。根据会计“资产负债表”中“资产总计”项的期末数填列。

固定资产合计 指企业固定资产净值、固定资产清理、在建工程、待处理固定资产净损失所占用的资金合计。

流动资产合计 流动资产是指可以在一年或者超过一年的一个营业周期内变现或者耗用的资产，包括现金及各种存款、短期投资、应收及预付货款、存货等。流动资产的一个重要特点是它在参加生产经营时，其价值一次转移到产品成本或费用中去。

应收帐款 指企业因销售商品、产品、提供劳务等，应向购货单位或接受劳务单位收取款项。该指标根据会计“资产负债表”中“应收帐款”项的年末数填报。未执行2001年《企业会计制度》的企业，用“应收帐款净额”期末数代替。

存货 指企业在生产经营过程中为销售或者耗用而储存的各种资产。包括原材料、包装物、低值易耗品、在产品、自制半成品、产成品等。

产成品 指企业已经完成全部生产过程并已验收入库合乎标准规格和技术条件，可以按照合同规定的条件送交订货单位，或者可以作为商品对外销售的产品。企业接受外来原材料加工制造的代制品和为外单位加工修理的代修品，制造和修理完成验收入库后，视同企业的产成品。

流动资产合计 指预计在一个正常营业周期中变现、出售或耗用，主要包括存货、应收帐款等，主要为交易目的而持有，预计在资产负债表日起一年内（含一年）变现或者自资产负债日起一年内，交换其他资产或清偿负债的能力不受限制的现金或现金等价物。包括货币资金、应收票据、应收帐款、存货等项目。根据会计“资产负债表”中“流动资产合计”项目的期末余额数填报。

固定资产原价 指固定资产的成本，包括企业在购置、自行建造、安装、改建、扩建、技术改造某项固定资产时所发生的全部支出总额。根据会计“固定资产”科目的期末借方余额填报。

累计折旧 指企业在报告期末提取的历年固定资产折旧累计数。根据会计“累计折旧”科目的期末贷方余额填报。

流动负债合计 负债满足下列条件之一的应归为流动负债：（1）预计在一个正常营业周期中清偿；（2）主要为交易目的而持有；（3）自资产负债表日起一年内到期应予清偿；（4）企业无权自主地将清偿推迟至资产负债表日后一年以上。包括短期借款、应付票据、应付帐款、应付职工薪酬、应交税费等项目。根据会计“资产负债表”中“流动负债合计”项目的期末余额数填报。

非流动负债合计 指流动负债之外的负债。包括长期借款、应付债券等。根据会计“资产负债表”中“非流动负债合计”项目的期末余额数填报。

所有者权益合计 所有者权益是指企业投资人对企业净资产的所有权，包括企业所有者投入资金以及留存收益等。

营业利润 指企业从事生产经营活动所产生的利润，即主营业务利润加其他业务利润扣除管理费用、财务费用后的净额。根据会计“利润表”

中对应指标的本期累计数填列。

利润总额 指企业在生产经营过程中各种收入扣除各种耗费后的盈余，反映企业在报告期内实现的亏盈总额，包括营业利润、补贴收入、投资净收益和营业外收支净额。根据会计“利润表”中的对应指标的本期累计数填列。

主营业务收入 指企业确认的销售商品、提供劳务等主营业务的收入。根据会计“主营业务收入”科目的期末贷方余额填报。执行2006年《企业会计准则》的企业，如未设置该科目，以“营业收入”代替填报。

主营业务成本 指企业经营主要业务所发生的成本总额。根据会计“主营业务成本”科目的期末借方余额填报。执行2006年《企业会计准则》的企业，如未设置该科目，以“营业成本”代替填报。

销售费用 指企业在销售商品过程中发生的包装费、广告费等费用和为销售本企业商品而专设的销售机构的职工薪酬、业务费等经营费用。根据会计“利润表”中“销售费用”项目的本期金额数填报。

主营业务税金及附加 指企业经营主要业务应负担的营业税、消费税、城市维护建设税、教育费附加等。根据会计“主营业务税金及附加”科目的期末借方余额填报。执行2006年《企业会计准则》的企业，如未设置该科目，以“营业税金及附加”代替填报。

管理费用 指企业行政管理部门为组织和管理生产经营活动而发生的各项费用。包括工资和福利费、折旧、工会经费、业务招待费、房产税、车船使用税、土地使用税、印花税、技术转让费、无形资产摊销、职工教育经费、劳动保险费、待业保险费、研究开发费、坏帐损失以及其他管理费用。

财务费用 指企业为筹集生产经营所需资金等发生的费用。包括利息支出（减利息收入）、汇兑损失（减汇兑收益）以及相关的手续费等。

应交所得税 反映企业本年利润应交的所得税。

实现利税总额 指企业主营业务税金及附加、应交增值税和利润总额之和。

第二部分　统计资料

能源消费

13-1 单位GDP、工业增加值能耗

项　　目	计量单位	2010年	2011年	2011年比2010年增长%
地区能源消费总量	万吨标准煤	2373.85	2570.56	8.3
GDP（2005年可比价）	亿元	1610.38	1792.59	11.3
单位GDP能耗	吨标准煤/万元	1.47	1.43	-2.7
规模以上工业能源消费量	万吨标准煤	1091.3	1172.59	7.5
规模以上工业单位增加值能耗	吨标准煤/万元	3.71	3.66	-1.4
单位GDP电耗	千瓦时/万元	838.61	850.94	1.5

13-2 主要工业企业单位产品能源消耗情况

项　　目	计量单位	2010年	2011年	单位能耗降低率（%）
单位电石生产综合能耗	千克标准煤/吨	1143.53	1130.99	-1.10
单位合成氨生产综合能耗	千克标准煤/吨	1465.85	1510	3.01
火力发电标准煤耗	克标准煤/千瓦时	309.14	307.16	-0.64
炼焦工序单位能耗	千克标准煤/吨	154.13	154.81	0.44
每吨水泥熟料综合能耗	千克标准煤/吨	131.46	126.22	-3.99
每吨水泥综合能耗	千克标准煤/吨	99.92	93.3	-6.63
原油(原料油)加工单位综合能耗	千克标准油/吨	69.58	70.96	1.98

13-3 规模以上工业企业主要能源消费量

项目	原煤（吨）	焦炭（吨）	汽油（吨）	柴油（吨）	热力(百万千焦)	电力(万千瓦时)
总计	**26302941.23**	**190488.11**	**3532.55**	**13388.12**	**1268984**	**1055947.42**
按工业行业大类分						
煤炭开采和洗选业	1816		136	4275		1196
石油和天然气开采业						
黑色金属矿采选业	54					4734.07
有色金属矿采选业						
非金属矿采选业			37.1	102.7		790
其他采矿业						
农副食品加工业	239286.16		153.08	103.35	3900	36796.37
食品制造业	263500.33		814.81	1444.81	1053986	58015.52
饮料制造业	11225.3		51.99	36.89	116520	1295.21
烟草制品业	5390		44	77		1350
纺织业	23446.2		202.4	58.86	71783	6674.48
纺织服装、鞋、帽制造业	11282.9		16.2	11.9		601.19
皮革、毛皮、羽毛(绒)等						
木材加工及木、竹、藤等						
家具制造业	57		5.7	1.31		61.64
造纸及纸制品业	29948.8		140.82	149.48		7482.56
印刷业和记录媒介的复制			44	1		236.37
文教体育用品制造业						
石油加工炼焦及核燃料	29012			582		6744.14
化学原料及化学制品制造	982572.25	74329.15	165.2	849.73		250508.16
医药制造业	409228.52		106.3	416.9	10635	70836.17
化学纤维制造业						
橡胶制品业			16.75			44.5
塑料制品业	225		70.91	9.02	12160	1387.07
非金属矿物制品业	904322.65		110.57	2109.38		98220.68
黑色金属冶炼及压延		102241.56		214		51041.36
有色金属冶炼及压延	24392.54	12100	40.23	111.88		200975.8
金属制品业	476.99		63.85			1400.9
通用设备制造业	12120.8	1817.4	95.7	45.57		1502.94
专用设备制造业	3358.7		35.7	12		1948.68
交通运输设备制造业	914		12.67	25.71		456.8
电气机械及器材制造业			41.41	39.71		5929.12
通信设备、计算机及其他	186		87.42	11.82		1584.32
仪器仪表及文化、办公用						
工艺品及其他制造业	13592		57.61	125.54		1198.94
废弃资源和废旧材料回收						
电力、热力的生产和供应	22492004.91		605.54	2480.14		219092.43
燃气生产和供应业	814089		25.59	78.42		11425
水的生产和供应业	30439.18		351	14		12417

13-4 规模以上工业企业主要能源年末库存量

单位：吨

项　　目	原煤	焦炭	汽油	柴油
总　计	**1959204.24**	**20906.29**	**1.2**	**2290.95**
按工业行业大类分				
煤炭开采和洗选业				
石油和天然气开采业				
黑色金属矿采选业	15			
有色金属矿采选业				
非金属矿采选业				
其他采矿业				
农副食品加工业	88402.32		1	0.52
食品制造业	48393.89			2.41
饮料制造业	1014			
烟草制品业	1605			
纺织业	6800.8			
纺织服装、鞋、帽制造业	780			
皮革、毛皮、羽毛(绒)等				
木材加工及木、竹、藤等				
家具制造业				
造纸及纸制品业	2106.67			0.5
印刷业和记录媒介的复制				
文教体育用品制造业				
石油加工炼焦及核燃料	886			
化学原料及化学制品制造	136564.2	1276.85	0.2	48.24
医药制造业	65827			
化学纤维制造业				
橡胶制品业				
塑料制品业	45			
非金属矿物制品业	90302.8			16.32
黑色金属冶炼及压延		19629.44		45
有色金属冶炼及压延	434.13			
金属制品业				
通用设备制造业				
专用设备制造业	768			
交通运输设备制造业	85			
电气机械及器材制造业				
通信设备、计算机及其他				
仪器仪表及文化、办公用				
工艺品及其他制造业	942			
废弃资源和废旧材料回收				
电力、热力的生产和供应	1458931.43			2177.96
燃气生产和供应业	55204			
水的生产和供应业	97			

主要统计指标解释

能源消费总量 指一定时期内全市物质生产部门、非物质生产部门和生活消费的各种能源的总和，是观察能源消费水平、构成和增长速度的总量指标。能源消费总量包括原煤和原油及其制品、天然气、电力，不包括低热值燃料、生物质能和太阳能等的利用。能源消费总量分为终端能源消费量、能源加工转换损失量和损失量三部分。

能源消费总量=终端能源消费量折标准煤之和+能源加工转换投入量折标准煤之和-能源加工转换产出量折标准煤之和+能源损失量折标准煤之和

(1)终端能源消费量：指一定时期内全市生产和生活消费的各种能源在扣除了用于加工转换二次能源消费量和损失量以后的数量。

(2)能源加工转换损失量：指一定时期内全市投入加工转换的各种能源数量之和产出各种能源产品之和的差额，是观察能源在加工转换过程中损失量变化的指标。

(3)能源损失量：指一定时期内能源在输送、分配、储存过程中发生的损失和由客观原因造成的各种损失量，不包括各种气体能源放空、放散量。

一次能源生产量 是指生产一次能源的企业（单位）在报告期内将自然界现存的能源资源经过开采而产出的合格产品，如煤矿采掘的原煤，油田开采的原油，气田开采出的天然气等。

能源加工转换 能源加工与转换既有联系又有区别，两者都是将能源经过一定的工艺流程生产出新的能源产品。能源加工，一般只是能源物理形态的变化，如原油经过炼制成为汽油、煤油、柴油等石油制品；原煤经过洗选成为洗煤；炼焦煤经过高温干馏成为焦炭；煤炭经过气化成为煤气等。能源转换是能源流程中的能量形式的转换。如热电厂将煤炭、重油等投入到耗能设备中，经过复杂的工艺过程把热能转换为机械能，机械能转换为电能。

标准煤 标准煤亦称煤当量，具有统一的热值标准。我国规定每千克标准煤的热值为7000千卡。将不同品种、不同含量的能源按各种不同的热值换算成每千克热值为7000千卡的标准煤。

当量热值 当量热值又称理论热值（或实际发热值）是指某种能源一个度量单位本身所含热量。当量热值是能源统计中经常使用的一个热值概念，其热值的计算可根据试样在充氧的弹筒中（放有浸没氧弹的水的容器）完全燃烧所放出的热量（用燃烧后水温升高计算出来的）进行实测。

等价热值 等价热值也是能源统计经常使用的一个热值概念，是指加工转换产出的某种二次能源与相应投入的一次能源的当量，即获得一个度量单位的某种二次能源所消耗的以热值表示的一次能源量，也就是消耗一个度量单位的某种二次能源，就等价于消耗了以热值表示的一次能源量。因此，等价热值是个变动值，随着能源加工转换工艺的提高和能源管理工作的加强，转换损失逐渐减少，等价热值会不断降低。等价热值是对二次能源及消耗工质而言，因一次能源不存在折算问题，因此也无所谓等价热值。

$$\text{等价热值}=\frac{\text{二次能源具有的能量}}{\text{转换效率}}$$

$$\text{单位GDP能耗}=\frac{\text{地区能源消费总量}}{\text{GDP（2005年可比价）}}$$

$$\text{单位工业增加值能耗}=\frac{\text{工业企业综合能源消费总量}}{\text{工业增加值（2005年可比价）}}$$

第二部分　统计资料

建　筑　业

14-1 按经济类型分的建筑业生产情况

项目	单位	总计	内资企业	# 国有企业	股份合作公司	股份有限公司	有限责任公司
企业个数	个	178	178	6	2	9	53
# 亏损企业个数	个	23	23		1		8
签订的合同额	千元	37264090	37264090	6194233	50200	4802293	15359410
建筑业总产值	千元	21092215	21092215	2928015	34022	2489297	9431205
建筑工程产值	千元	16888534	16888534	2670118	26002	2382701	6876581
安装工程产值	千元	2956992	2956992			86765	2337030
其他产值	千元	1246689	1246689	257897	8020	19831	217594
竣工产值	千元	11122254	11122254	291785	29450	2299250	5129037
房屋建筑施工面积	平方米	14036676	14036676	150099	5956	2316311	5756723
年末自有施工机械设备							
净值	万元	901107	901107	129232	615	71539	507200
总台数	台	18827	18827	2443	43	2599	7230
总功率	千瓦	360906	360906	79960	2961	54310	136711
主要建筑材料消耗量							
钢材	吨	550379	550379	46764		69883	244599
木材	立方米	227006	227006	2693		19898	51323
水泥	吨	1674927	1674927	176901		302695	663520
从业人员情况							
计算劳动生产率的平均人数	人	134151	134151	12451	423	17527	67477
年末从业人员	人	68396	68396	7760	322	13231	23996

14-2 按国民经济行业分的建筑业生产情况

项目	单位	合计	房屋工程建筑	土木工程建筑	建筑安装	建筑装饰	其他建筑业
企业个数	个	178	89	33	34	14	8
# 亏损企业个数	个	23	8	6	2	5	2
签订的合同额	千元	37264090	22172934	13006863	1099865	498617	485811
建筑业总产值	千元	21092215	11881693	7440321	813745	474750	481706
建筑工程产值	千元	16888534	10962108	5191407	326020	368879	40120
安装工程产值	千元	2956992	190965	1924485	414944	13356	413242
其他产值	千元	1246689	728620	324429	72781	92515	28344
竣工产值	千元	11122254	7850462	2585574	596221	79027	10970
房屋建筑施工面积	平方米	14036676	13493040	210903	313630	19103	
年末自有施工机械设备							
净值	万元	901107	371273	481052	24942	23092	748
总台数	台	18827	10628	6043	2020	119	17
总功率	千瓦	360906	169807	175061	10024	5682	332
主要建筑材料消耗量							
钢材	吨	550379	415835	122321	11918	305	
木材	立方米	227006	220681	5297	814	214	
水泥	吨	1674927	1244697	389727	37538	2965	
从业人员情况							
计算劳动生产率的平均人数	人	134151	86733	39770	5040	1372	1236
年末从业人员	人	68396	40130	21474	4746	810	1236

14-3 按经济类型分的建筑业财务状况

项目	单位	总计	内资企业	# 国有企业	股份合作公司	股份有限公司	有限责任公司
企业个数	个	178	178	6	2	9	53
流动资产小计	千元	12746263	12746263	2451781	26434	1056428	5061336
# 存货	千元	2091074	2091074	644587	14923	62456	644669
固定资产合计	千元	2099498	2099498	186820	2660	152924	843270
固定资产原价	千元	3268298	3268298	428136	5108	298348	1431538
累计折旧	千元	1342860	1342860	245446	2448	145474	633077
# 本年折旧	千元	136889	136889	25819	215	10114	68221
在建工程	千元	165974	165974	4124			40569
资产合计	千元	16047721	16047721	2877450	29094	1272413	6451985
流动负债合计	千元	10601286	10601286	2153114	15260	784513	4433064
长期负债合计	千元	187812	187812	24058		32072	49864
负债合计	千元	10789098	10789098	2177172	15260	816585	4482928
所有者权益合计	千元	5258623	5258623	700278	13834	455828	1969057
# 实收资本	千元	3404988	3404988	382032	11990	359933	1365739
工程结算收入	千元	21075763	21075763	2927969	34022	2489297	9431205
工程结算税金及附加	千元	718777	718777	96009	1232	85331	319691
其他业务收入	千元	48226	48226	9402	1607		17266
管理费用	千元	889053	889053	94079	2514	53328	464669
# 税金	千元	35014	35014	3515	18	2337	19460
营业利润	千元	572193	572193	16400	-562	30352	244555
利润总额	千元	569035	569035	16056	-562	30327	241385
应付职工薪酬	千元	3107258	3107258	275590	8300	478838	1267057
亏损企业个数	个	23	23		1		8
建筑业增加值	千元	4570131	4570131	237752	2135	213465	971618

14-4 按国民经济行业分的建筑业财务状况

项目	单位	总计	房屋工程建筑	土木工程建筑	建筑安装	建筑装饰	其他建筑
企业个数	个	178	89	33	34	14	8
流动资产小计	千元	12746263	5836068	5386211	632066	522958	368960
#存货	千元	2091074	1002434	834653	171196	29428	53363
固定资产合计	千元	2099498	1089589	838367	78464	45107	47971
固定资产原价	千元	3268298	1423606	1593756	127481	50457	72998
累计折旧	千元	1342860	479783	762676	57981	16195	26225
#本年折旧	千元	136889	35248	90865	4919	2600	3257
在建工程	千元	165974	138606	7233	8332	10675	1128
资产合计	千元	16047721	7425738	6854129	719634	630752	417468
流动负债合计	千元	10601286	4677339	4845300	431243	412434	234970
长期负债合计	千元	187812	102607	83775		1430	
负债合计	千元	10789098	4779946	4929075	431243	413864	234970
所有者权益合计	千元	5258623	2645792	1925054	288391	216888	182498
#实收资本	千元	3404988	1613864	1314957	228437	178930	68800
工程结算收入	千元	21075763	11862837	7440321	816149	474750	481706
工程结算税金及附加	千元	718777	408927	246368	28928	17759	16795
其他业务收入	千元	48226	10102	24542	12518	1064	
管理费用	千元	889053	340199	406102	66358	11120	65274
#税金	千元	35014	18554	12146	3418	323	573
营业利润	千元	572193	310929	121387	39156	58482	42239
利润总额	千元	569035	308086	121365	39247	58499	41838
应付职工薪酬	千元	3107258	2122173	792724	119505	27024	45832
亏损企业个数	个	23	8	6	2	5	2
建筑业增加值	千元	4570131	2895831	1263490	195926	106188	108696

14-5 国有建筑业企业基本情况

项　　目	单　位	2010年	2011年	2011年比2010年增长%
企业个数	个	7	6	-14.3
签订的合同额	千元	5519177	6194233	12.2
建筑业总产值	千元	4380363	2928015	-33.2
建筑工程	千元	4361744	2670118	-38.8
安装工程	千元	18619		-100.0
其他工程	千元		257897	
竣工产值	千元	383781	291785	-24.0
房屋建筑施工面积	平方米	351450	150099	-57.3
年末从业人员	人	12246	7760	-36.6
工资总额	千元	509349	275590	-45.9
年末自有设备机械净值	千元	89831	129232	43.9
年末自有设备机械总台数	台	2497	2443	-2.2
年末自有设备机械总功率	千瓦	67879	79960	17.8
年末固定资产原值	千元	474997	428136	-9.9
年末固定资产净值	千元	221061	186820	-15.5
工程结算收入	千元	4379592	2927969	-33.1
实现利润（或亏损）总额	千元	42306	16056	-62.0

14-6 大中型建筑业

指　　标	单 位	合　计	内蒙古第三建筑工程公司	呼市建筑工程公司
上年结转的合同额	千元	10017628	1833068	
本年新签合同额	千元	13685953	2042904	670000
自行完成的施工产值	千元	12009135	1580836	664810
从建设单位以外承揽工程完成的产值	千元	12009135	1580836	664810
建筑业总产值	千元	12009135	1580836	664810
建筑工程	千元	9791182	1580836	664810
安装工程	千元	1895235		
其他工程	千元	322718		
竣工产值	千元	6080836	403248	403470
房屋建筑施工面积	平方米	8144752	1663712	1189140
#本年新开工	平方米	3854480	729196	660590
房屋建筑竣工面积	平方米	2693416	256780	250541
#住　　宅	平方米	1615359	108927	30584
自有机械设备年末总台数	台	8262	630	500
自有机械设备年末总功率	万千瓦	219802	13000	12000
自有机械设备净值	千元	477355	29000	20000
计算劳动生产率的平均人数	人	81440	15624	4800
实收资本合计	千元	1157097	50173	50100
流动资产年末合计	千元	6458788	363508	412430
固定资产原价	千元	1595634	67580	63910
#生产经营用	千元			
累计折旧	千元	799651	43695	19670
#本　　年	千元	63770	671	1730
流动负债合计	千元	6178302	370753	408870
长期负债合计	千元	41557		
所有者权益合计	千元	1788288	68925	61420
工程结算收入	千元	12009135	1580836	664810
工程结算成本	千元	11042181	1513281	627410
工程结算税金及附加	千元	406569	54674	22800
利润总额	千元	144089	2189	880
应交所得税	千元	35812	547	220

企业基本情况

呼市市政工程公司	内蒙古黄河辽河工程局	内蒙古公路工程局	内蒙古第二电力建筑公司	内蒙古送变电工程公司	中铁六局（集团）呼和铁建公司
40372	286820	612402	177350	50000	2635220
216603	235000	2216924	476910	2462973	294480
160905	328300	1534862	496000	1680000	1021180
160905	328300	1534862	496000	1680000	1021180
160905	328300	1534862	496000	1680000	1021180
160905	327900	1534862	330660		1021180
	400		165340	1680000	
273235	66320			928873	
	1350				
	596				
	560				
461	541	653	784	1070	1057
17793	9050	28000	22970	24890	35947
6053	13046	28453	38909	137190	48665
1104	1460	5400	2998	10120	5162
50018	60230	72425	200710	77880	172000
346249	273270	756217	547830	603630	1351356
36182	67801	97699	234240	253240	195514
29724	50100	69246	152380	116050	121359
1523	3810	170	6050	14290	17140
336217	225768	620331	555900	771960	1305824
		3934			20124
50466	65403	179130	204900	124190	275485
160905	328300	1534862	496000	1680000	1021180
149016	302640	1456346	424390	1451860	907070
5567	10637	51878	16370	55610	35026
197	573	9893	10400	20012	250
	143	2459	2600	5003	63

14-6续表

指　　标	单　位	内蒙古第二建筑工程公司	内蒙古派力建筑工程公司	内蒙古中色建筑工程总公司
上年结转的合同额	千元	953361	418812	27902
本年新签合同额	千元	2057721	97166	242187
自行完成的施工产值	千元	1511242	195730	206855
从建设单位以外承揽工程完成的产值	千元	1511242	195730	206855
建筑业总产值	千元	1511242	195730	206855
建筑工程	千元	1441916	195730	88646
安装工程	千元	49495		
其他工程	千元	19831		118209
竣工产值	千元	1671365	190205	126667
房屋建筑施工面积	平方米	1850523	378410	145499
#本年新开工	平方米	805046	72684	145499
房屋建筑竣工面积	平方米	933086	87280	69091
#住　　宅	平方米	656087	20935	5299
自有机械设备年末总台数	台	1063	135	400
自有机械设备年末总功率	万千瓦	15500	1566	15000
自有机械设备净值	千元	19062	1582	20370
计算劳动生产率的平均人数	人	12465	2000	900
实收资本合计	千元	110812	4050	65800
流动资产年末合计	千元	164833	165280	149041
固定资产原价	千元	89826	12979	64610
#生产经营用	千元			
累计折旧	千元	31992	11397	42420
#本　　年	千元	1364	720	780
流动负债合计	千元	61786	113760	91686
长期负债合计	千元	16845		
所有者权益合计	千元	165741	72950	112545
工程结算收入	千元	1511242	195730	206855
工程结算成本	千元	1429858	182010	185617
工程结算税金及附加	千元	52742	6850	7095
利润总额	千元	14828	3525	4400
应交所得税	千元	3707	88	1100

内蒙古蒙建建筑安装工程有限责任公司	内蒙古煤炭建设工程（集团）总公司	内蒙古巨华集团大华建筑安装有限公司	内蒙古地矿建设工程集团有限责任公司	呼和浩特市公路工程局有限责任公司
380470		2405870	66740	129241
851570	139688	1016830	140900	524097
804370	139688	1335960	101746	246651
804370	139688	1335960	101746	246651
804370	139688	1335960	101746	246651
759380		1335960	101746	246651
44990	139688			
649580	139688	897370	33506	297309
818913		1967802	129403	
688439		638765	113665	
490028		588290	17760	
300697		492830		
416	325	168		59
5794	885	8253		9154
22580	31582	42280		18583
7312	935	5210	1200	4750
50264	65000	65680	21955	40000
127962	179696	921960	43706	51820
36651	61685	217970	34334	61413
4781	11186	54330	1491	39830
93	7686	5650	173	1920
96082	118636	1010250	61539	28940
			654	
63750	122745	153000	23175	44463
804370	139688	1335960	101746	246651
771215	131512	1191920	92555	225481
27831	1639	46220	3490	8140
352	1385	66790	2965	5450
88	990	16700	741	1363

主要统计指标解释

建筑业 指国民经济中专门从事建筑安装工程施工的物质生产部门。建筑业生产是以工农业产品为原料，经过建筑安装活动形成各种用途的固定资产。建筑业的主要生产活动包括：（1）各种房屋，建筑物和构筑物的建造；（2）各种线路、管道和机械设备的安装；（3）原有房屋、建筑物和构筑物的修理；（4）对各种建筑物、构筑物的装饰和装修；（5）部分非标准设备的制造。

建筑施工企业 指从事房屋、构筑物建造和设备安装活动的生产单位，包括建筑安装企业和自营施工单位。建筑安装企业是指行政上有独立组织，经济上实行独立核算的企业（如建筑公司、安装公司、工程公司、工程局等）。自营施工单位是指附属于现有企业、事业或行政单位内部，主要为建造和修理本单位房屋构筑物的机构或单位。自营施工单位要同时具备下述条件：（1）对内独立核算；（2）有固定组织和施工队伍；（3）全年施工期在半年以上。

建筑业总产值 指建筑施工企业在一定时期内所完成的以货币表现的生产总量。是反映建筑业生产规模、水平和成果的综合指标。

施工产值 指建筑施工企业自行完成的按工程进度计算的建筑安装生产总值。它包括建筑工程产值，设备安装工程产值，房屋、构筑物修理产值，非标准设备制造产值。

建筑业增加值 指建筑企业在报告期内以货币表现的建筑业生产经营活动的最终成果。建筑业增加值有两种计算方法：一是生产法，即建筑业总产出减去建筑业中间消耗后的余额；二是分配法（收入法），即从收入的角度出发，根据生产要素在生产过程中应得到的收入份额计算，具体构成项目有固定资产折旧、劳动者报酬、生产税净额、营业盈余。

年末自有机械设备价值 指年末本单位自有施工机械、生产设备、运输设备价值，分别按原值和净值计算，不包括非生产用的机械设备价值。

利润总额 是指建筑施工企业在一定时期内所实现的利润。它包括工程结算利润、产品销售利润、作业销售利润、材料销售利润及其他销售利润、营业外收支差额。

工程结算收入 指本企业承包工程实现的工程价额结算收入以及向发包单位收取的除工程价款以外按规定列作营业收入的各种款项，如临时设施费、劳动保险费、施工机构调迁费等以及向发包单位收取的各种索赔款。

工程结算成本 指在报告期内与发包单位办理工程价款结算的已完工程实际成本。

工程结算税金及附加 指因从事建筑业生产活动，取得工程价款收入而按规定应交纳的营业税、城市维护建设税等以及随同营业税金一并计算交纳的教育附加等。

工程结算利润 指已结算工程实现的利润。

工程质量优良品率 这是以竣工的单位工程的房屋建筑面积作为观察对象，来衡量经过验收的已竣工工程达到优良标准的比率，比率愈大，证明企业竣工工程质量状况愈好。

产值利润率 是报告期内企业实现的利润总额占同期建筑业总产值的百分比。

竣工率 是用企业竣工的工程产值与全部完成的施工产值相比较，反映企业实际提供的产品情况。

竣工产值 是指以货币表现的建筑业生产所形成的成品的价值。一般以单位工程为对象，当该工程按照设计所规定的工程内容全部完成，达到设计规定的交工条件，经有关部门检查验收鉴定合格的单位工程价值。

第二部分　统计资料

运 输 、邮 电 业

15-1 铁 路 运 输

项 目	单 位	2010年	2011年	2011年比2010年增长%
车 站	个	8	15	87.5
营业里程（民族—陶思浩）（呼市—准格尔）	公 里	107	229	114.5
营业线路	条	2	2	
货物发送量	万 吨	1451	1497	3.1
货物到达量	万 吨	353	316	-10.5
旅客发送量	万 人	663	681	2.7

15-2 呼哈铁路及公路客运量

项 目	单 位	2010年	2011年	2011年比2010年增长%
呼哈铁路				
货 运 量	万 吨	90	84.3	-6.3
货物周转量	万吨公里	341	390.7	14.6
公路客运量				
客 运 量	万 人	1605	1766	10.0
旅客周转量	万人公里	405585	448273	10.5
公路货运量				
货 运 量	万 吨	8116	9989	23.1
货物周转量	万吨公里	2736375	3392656	24.0

15-3 机动车辆

单位：辆

项目	合计	#个人	营运	#公路客运	出租客运	货运	非营运
				按营运状态分			
合计	**525215**	**436112**	**98646**	**1320**	**5583**	**87005**	**426569**
载客	331606	287233	9172	1288	5563	13	322434
大型	4273	172	2924	1018		1	1349
中型	3810	1531	487	263			3323
小型	301267	265822	5753	7	5563	5	295515
微型	22256	19708	8			7	22248
载货	58212	29861	51808		2	50288	6404
重型	33079	15246	32247			32069	832
中型	3997	2724	3041		2	3022	956
轻型	19638	10933	15066			13743	4572
微型	1498	958	1454			1454	44
其他汽车	26914	23620	17365	12		16653	9549
摩托	88037	86450	122	20	18	79	87915
普通	83654	82113	113	20	12	78	83541
轻便	4383	4337	9		6	1	4374
挂车	20439	8947	20179			19972	260
重型	16963	6357	16867			16660	96
中型	3473	2588	3309			3309	164
轻型	3	2	3			3	
其他类型	7	1					7

15-4 公路里程

单位：公里

项目	年末公路里程	有铺装路面（高级）	简易铺装路面（次高级）	未铺装路面（中级、低级、无路面）	晴雨通车里程
总计	**6606**	**2803**	**886**	**2917**	**6095**
国道	580	502	78		580
省道	554	473	80		554
县道	858	501	314	43	851
乡道	1921	734	329	859	1806
专用公路	99	46	7	46	95
村道	2594	548	77	1969	2209

15-5 航空航线

年份	总起降架次（次）	主要机型	航线条数（条）	通航城市（个）	航空公司数量（家）
1990	1389	733、146、AN4、YN5	16	18	
1991	1821	733、146、AN4、YN5	16	19	
1992	1255	733、146、AN4、YN5	13	13	
1993	1462	733、146、AN4、YN5	11	13	
1994	1595	733、146、AN4、YN5、YN7	12	12	
1995	1751	733、146、AN4、YN5、YN7	14	14	
1996	1953	733、146、AN4、YN5、YN7	15	15	
1997	1906	733、146、AN4、YN5、YN7	15	15	
1998	1856	733、146、AN4、YN5、YN7、IL6	13	13	
1999	2873	733、146、AN4、YN7、320、IL6	15	15	
2000	3239	733、146、328、AN4、TU5、320、ERJ、IL6	17	17	8
2001	4571	733、146、D38、ERJ、320、AN4	24	24	12
2002	4341	733、146、D38、ERJ、320、AN4、CR2	24	22	14
2003	4312	733、D38、DH8、320、CR2、ERJ、AN4、738	19	19	11
2004	6505	733、D38、DH8、320、CR2、ERJ、M82、738、734、319、F100、IL6	28	27	9
2005	7950	733、734、CR2、D38、320、738、ERJ、319、M82、DH8、F100、IL6	38	32	12
2006	10341	733、734、CR2、D38、320、319、738、ERJ、F100、IL6	47	35	11
2007	12507	733、737、738、734、319、320、D38、CR2、ERJ、M90、F100、752	62	41	18
2008	26527	733、737、738、734、319、320、D38、CR2、ERJ、EM4、E90、M90	67	38	18
2009	33190	733、737、738、734、319、320、D38、CR2、ERJ、EM4、E90、M90	71	46	20
2010	43331	733、737、738、734、319、320、321、CR2、ERJ、EM4、E90、M90	81	51	20
2011	4887	733、737、738、734、319、320、321、CR2、ERJ、EM4、E90、M90、777	96	53	21

15-6 航 空 运 输

年　份	旅客流量（人）		货邮流量（吨）		折算吞吐量（人次）
	发运量	到达量	发运量	到达量	
1990	53853	46756	294	320	107431
1991	83758	72762	398	352	164853
1992	78926	74176	242	200	158013
1993	95791	93174	447	423	198632
1994	109403	112418	441	652	233965
1995	125575	127961	401	611	264780
1996	128630	132516	405	636	272713
1997	125138	130044	346	685	266638
1998	133246	140007	5143	604	337109
1999	140964	148433	17500	774	492441
2000	182146	194817	10759	869	506163
2001	218461	229785	3663	994	499990
2002	234444	243371	9037	1236	591959
2003	249505	258120	11705	1547	654869
2004	405920	413275	10805	2186	963539
2005	563337	537080	5457	3096	1195450
2006	776234	733409	5079	4563	1616776
2007	915482	923272	5860	6554	1976687
2008	1062383	1059522	5774	7537	2269805
2009	1451003	1447658	4962	9551	3059919
2010	1831990	1831393	7490	13185	3893107
2011	2165677	2165852	7508	17710	4611731

15-7 邮电业务总量

项目	单位	2010年	2011年	2011年比2010年增长%
邮电业务总量	**万元**	**478451**	**397954**	**-16.8**
邮政业务总量	万元	22455	21301	-5.1
函件	万件	1096.2	829.8	-24.3
#机要邮件	万件	11.9	11.7	-1.7
汇票	万张	44	48	9.1
杂志累计	万份	242	227	-6.2
报纸累计	万份	4419	5200	17.7
邮政储蓄余额	万元	356332	388173	8.9
集邮业务	万枚	543.0	598.9	10.3
电信业务总量	万元	455996	376653	-17.4
城市电话	户	672774	684225	1.7
#住宅电话	户	400933	390471	-2.6
乡村电话	户	30205	30756	1.8
#住宅电话	户	26399	26478	0.3
公用电话	部	73384	69249	-5.6
移动电话	万户	276.0	330.0	19.6
上网用户	户	283138	360902	27.5

15-8 邮 路

项 目	单 位	2010 年	2011 年
邮路总条数	**条**	**40**	**42**
自办汽车邮路	条	21	21
委办汽车邮路	条	10	11
其它邮路	条	9	10
城市投递段道条数	条	259	253
农村投递路线条数	条	106	105
步班投递路线条数	条	3	3
邮路总长度（单程）	**公里**	**1822**	**2053**
自办汽车邮路	公里	853	1046
委办汽车邮路	公里	542	597
其它邮路	公里	427	410
城市投递段道长度（单程）	公里	7959	8582
农村投递路线总长度（单程）	公里	7504	7504
步班投递路线总长度（单程）	公里	231	231

15-9 邮路长度

单位：公里

项目	邮路总长度	# 汽车邮路	城市投递段道	农村投递路线
总计	**2053**	**1643**	**8582**	**7504**
市辖区	1046	1046	8027	1038
土左旗	90	55	172	1918
托县	213		87	884
和林县	372	210	147	723
清水河县	215	215	65	1580
武川县	117	117	84	1361

15-10 邮电局(所)地区分布

单位：处

项目	2010年	# 设在农村	2011年	# 设在农村
总计	**116**	**42**	**107**	**45**
市辖区	65	8	60	9
土左旗	12	8	10	9
托县	11	8	11	8
和林县	10	8	9	8
清水河县	10	6	10	7
武川县	8	4	7	4

主要统计指标解释

铁路营业里程 指办理客货运输业务的铁路正线总长度。凡是全线或部分建成双线及以上的线路，以第一线的实际长度计算；复线、站线、段管线、岔线和特别用途线及不计算运费的联络线都不计算营业里程。铁路营业里程是反映铁路运输业基础设施发展水平的重要指标，也是计算客货周转量、运输密度和机车车辆运用效率等指标的基础资料。

公路里程 也称“公路通车里程”，是反映公路建设发展规模的重要指标，也是计算运输网密度等指标的基础资料；是指实际达到交通部制定的公路工程技术标准规定的等级的公路长度。它包括大中城市的郊区公路以及通过小城镇街道的公路里程，也包括桥梁、渡口的长度，但不包括城市的街道以及厂矿、林区和农业生产用道的里程。两条或多条公路共同经由同一路段，只计算一次，不得重复计算里程长度。

货（客）运量 指运输业实际运送的货物（旅客）数量。货运按吨计算，客运按人计算。货物不论运输距离长短，货物类别，均按实际重量统计；旅客不论行程远近或票价多少，均按一人一次作为客运量统计。半价票、小孩票也按一人统计。

货物（旅客）周转量 指运输业运送的货物（旅客）数量与其相应运输距离的乘积之总和。是反映运输业生产总成果的重要指标，也是编制和检查运输生产计划、计算运输效率、劳动生产率以及核算运输单位成本的主要基础资料。通常以吨公里和人公里为计算单位。计算货物周转量通常按发出站与到达站之间的最短距离，也就是计费距离计算。

邮电业务总量 指以货币表现的邮电部门用于传递信息和提供其它邮电服务的总量。它综合反映了一定时期邮电工作的总成果，是研究邮电业务量构成和发展趋势的重要指标。它用各种邮电分类业务量，如函件件数，电报份数，长话张数，市内电话和农村电话的平均户数，订销报刊累计份数等，分别乘以相应的平均单价（不变价），加总后再加上出租电路和设备的收入，代用户维护电话交换机和线路等设备的收入，其他业务收入求得。

邮电局所 指一切由邮电部门自办和委托其它单位或个人代办的，直接对外办理邮电业务的机构。包括邮电局、邮局、机要通信局、电报局、长途电话局、长途电信局、市内电话局、电信局及其分支局所等。

邮路 指不同地域之间，邮件、报刊运输和投递所经由的路线。邮路的通达范围、方式和构成，是反映邮政通信水平的主要标志。按照在邮政通信网中所起的作用，邮路分为：（1）干线邮路（或称一级邮路）。包括国际邮路和国内省会间邮路。（2）二级邮路。包括省内县市以上邮路和省际（除省会间外）县市以上邮路。（3）市区邮路。包括市区及城关区支局（所）以上邮路，局所到车站、码头、机场、报刊杂志社的邮路以及专设的信箱、信筒开取邮路。（4）农村邮路。包括县内及县际支局邮路以及专设投递线路。

第二部分　统计资料

批发零售贸易和餐饮业

16-1 历年社会消费品零售总额

单位:万元

年份	社会消费品零售额	# 批发零售贸易业	住宿和餐饮业
1949	2221	1630	119
1952	4656	3515	146
1957	10967	9190	535
1962	14570	12461	794
1965	15658	13981	561
1970	19808	18549	540
1975	27757	24060	940
1978	34217	29660	1159
1980	42704	36714	1710
1981	48982	40783	1739
1982	52515	42971	1912
1983	58296	46999	2167
1984	65258	50859	2540
1985	91138	66290	3039
1986	100032	75386	3416
1987	114328	88077	3405
1988	143875	113868	3820
1989	153225	123674	3698
1990	166473	136879	3396
1991	195009	160890	4658
1992	230674	183101	4380
1993	286054	211387	9284
1994	352850	262980	13427
1995	431396	303794	26112
1996	523577	448181	60325
1997	650806	553185	81224
1998	816762	710583	88175
1999	1017685	870120	127797

16-1续表

单位:万元

年　　份	社会消费品零售额	#批发零售贸易业	住宿和餐饮业
2000	1260912	1084384	155475
2001	1547139	1315069	208912
2002	1884416	1627771	231750
2003	2253761	1706892	518862
2004	2648169	1979304	633945
2005	3078430	2343560	734870
2006	3679937	2773721	906216
2007	4433505	3350421	1083084
2008	5539024	4758022	742229
2009	6412127	5528779	847157
2010	7585546	6587939	978296
2011	8900478	7867123	1033355

16-2　社会消费品零售总额

单位:万元

项　　　目	2010年	2011年	2011年比2010年增长%
社会消费品零售总额	7585546	8900478	17.6
按销售单位所在地分组			
城　镇	7026789	8130548	17.6
#城　区	6562060	7579969	17.3
乡　村	539446	769930	18.5
按行业分组			
批发零售贸易业	6587939	7867123	19.4
住宿和餐饮业	978296	1033355	5.6
其　他	19311		

16-3 批发零售贸易业商品销售总额和分类销售额

单位:万元

项目	销售合计	批发	零售
总计			
限额以上企业(单位)类值合计	8672377	4337309	4335068
粮油、食品、饮料、烟酒类	1950468	1315408	635060
# 粮油、食品类	1404263	863198	541065
# 粮油类	133394	111041	22353
肉禽蛋类	143380	70567	72813
水产品类	4864		4864
蔬菜类	5555		5555
干鲜果品类	6773		6773
饮料类	105117	57218	47899
烟酒类	441088	394993	46095
服装鞋帽、针、纺织品类	857811	110682	747129
# 服装类	540292	65459	474833
鞋帽类	207480	29931	177549
针、纺织品类	110039	15293	94746
化妆品类	43398		43398
金银珠宝类	336790	259742	77048
日用品类	114635	32468	82167
# 洗涤用品类	35671		35671
儿童玩具类	8640	10	8630
五金、电料类	25516	9276	16240
体育、娱乐用品类	32522	48	32474
书报杂志类	17217	9119	8098
电子出版物及音像制品类	5222		5222
家用电器及音像器材类	321620	109529	212091
中西药类	124923	77643	47280
# 西　药	89347	63431	25916
中草药及中成药	11613	5718	5895
文化办公用品类	146842	67165	79677
家具类	64114	247	63867
通讯器材类	51483	13226	38257
煤炭及制品类	817840	806204	11636
石油及制品类	1514241	782323	731918
化工材料及制品类	149034	149034	
金属材料类	230023	230023	
建筑及装潢材料类	164487	82145	82342
机电产品及设备类	103500	65230	38270
# 农机类	15121	15121	
汽车类	1451584	141202	1310382
其他类	149108	76595	72513
限额以下和个体户类值合计	21215982	17512043	3703939

16-4 限额以上批发和零售贸易业法人

指标名称	法人企业（个）	年末从业人数（人）	购进总额	#进口
总计	351	37472	89580043	1614924
批发业	154	10703	59350240	257794
#国有及国有控股	12	1380	11220192	
批发业按登记注册类型分组				
内资企业	152	10627	59184834	257794
国有企业	12	1380	11220192	
集体企业				
股份合作企业	1	15	28875	
有限责任公司	38	1844	8230653	201603
其他有限责任公司	38	1844	8230653	201603
股份有限公司	15	3486	10914881	
私营企业	61	2533	9842287	36751
#私营有限责任公司	55	2156	9350343	36751
私营股份有限公司	4	333	389244	
港澳台商投资企业	1	75	158010	
外商投资企业	1	1	7396	
中外合资经营企业	2	226	159595	66544
批发业按国民经济行业分组				
农畜产品批发业	4	272	10196806	
食品、饮料及烟草制品批发业	17	1913	8389724	
#米、面制品及食用油批发业	5	320	1266097	
烟草制品批发业	1	692	2211619	
纺织、服装及日用品批发业	6	895	1955957	
文化、体育用品及器材批发业	5	407	2821708	
医药及医疗器材批发业	11	474	1223605	124
矿产品、建材及化工产品批发业	73	5334	31833543	201479
#煤炭及制品批发业	45	2210	8274530	201479
石油及制品批发业	12	2863	18549184	
金属及金属矿批发业	8	83	1883206	
建材批发业	5	65	1835034	
化肥批发业	1	78	1258008	
机械设备、五金交电及电子产品批发	32	1333	2750506	
#汽车、摩托车及零配件批发业	2	45	93995	
家用电器批发业	6	132	370244	
贸易经纪与代理	2	15	97290	36751
其他批发业	4	60	81101	19440

企业商品购进、销售、库存总额

单位:千元

销售总额	批　发	#出　口	零　售	年末库存总　额	年末零售营业面积（平方米）
93537299	47101195	2745733	46436104	6982708	3341721
59334221	43946106	2725348	15388115	4052400	2575182
12024504	11437671		586833	972625	1150
59176915	43788800	2725348	15388115	4044300	2575182
12024504	11437671		586833	972625	1150
26482	26482			2393	400
8538404	8358774	2721594	179630	281874	120739
8538404	8358774	2721594	179630	281874	120739
9470889	4122090		5348799	1957807	99277
9928509	8768143		1161366	414856	2033042
9422893	8378406		1044487	340355	233842
410001	293122		116879	62920	1798200
149910	149910			8100	
7396	7396				
7396	7396				
10251304	6444976		3806328	70126	145640
9259718	7975994		1283724	941405	136812
795473	795473			744297	
3455488	3455488			137569	
1952188	1280371		671817	20443	60136
2869019	2869019	2464962		40091	
1249643	1127274	1663	122369	93480	12129
30531888	21110428	247576	9421460	2655854	2206406
8280237	6967842		1312395	578455	2019590
17018112	9392370		7625742	1730224	156766
1893370	1893370			14433	
1805690	1328708		476982	38269	30050
1267156	1267156			286052	
3034061	2951644		82417	219560	14009
90416	90382		34	11086	400
362886	362886			10020	
101951	101951	7393		4238	50
84449	84449	3754		7203	

16-4续表

项　　目	法人企业（个）	年末从业人数（人）	购进总额	#进　口
零　售　业	197	26769	30229803	1357130
# 国有及国有控股	11	2553	2950354	
零售业按登记注册类型分组				
内资企业	194	26113	29454218	1290586
国有企业	3	655	1861390	
股份合作企业	1	20	1082	
有限责任公司	48	9193	9144236	195008
其他有限责任公司	48	9193	9144236	195008
股份有限公司	12	1581	1307704	399653
私营企业	115	10779	16034393	695925
私营独资	6	699	1052907	36768
私营合伙	3	142	291987	
私营有限责任公司	100	9667	13843470	659157
私营股份有限公司	6	271	846029	
外商投资企业	1	430	615990	
零售业按国民经济行业分组				
综合零售业	15	9298	6273899	
# 百货零售业	11	6209	5374752	
超级市场零售业	4	3089	899147	
食品、饮料及烟草制品专门零售业	2	55	58946	
纺织、服装及日用品专门零售业	19	5471	2370094	
# 服装零售业	11	5264	2233287	
文化、体育用品及器材专门零售业	10	678	559761	
# 珠宝零售业	5	278	318464	
医药及医疗器材专门零售业	6	687	270983	45293
# 药品零售业	4	579	186705	
汽车、摩托车、燃料及零配件专门	103	5680	17045826	1307616
# 汽车零售业	89	4941	14766425	1307616
机动车燃料零售业	9	625	2196353	
家用电器及电子产品专门零售业	28	2285	3288580	
# 家用电器零售业	9	1417	2082824	
计算机、软件及辅助设备零售业	8	520	885250	
通讯设备零售业	9	280	248848	
五金、家具及室内装修材料专门零售业	11	2556	298668	
# 家具零售业	2	2429	97695	
按零售业态分组				
有店铺零售	196	26751	30195128	1357130

单位:千元

	销售总额	批　发	零　售	年末库存总额	年末零售营业面积(平方米)
	34203078	3155089	31047989	2930308	766539
	2926959	404470	2522489	90429	33930
	32362273	2185538	30176735	2822016	758539
	1884209		1884209	24733	5732
	1145089		1145089	336715	5552
	11164387	666955	10497432	610098	514570
	11164387	666955	10497432	610098	514570
	1145089		1145089	336715	5552
	16533562	1058599	15474963	1760436	211455
	1065758	56831	1008927	55179	29415
	272678		272678	19309	
	14336475	937208	13399267	1617728	181130
	858651	64560	794091	68220	910
	615990	615990			
	7172982	34085	7138897	260352	360689
	6147988		6147988	153973	331067
	1024994	34085	990909	106379	29622
	60384		60384	4369	5732
	3227900	39166	3188734	95700	154738
	3095301	1664	3093637	78630	154238
	494736	173610	321126	131598	11885
	269251	67637	201614	110025	1775
	248383	46137	202246	79816	3434
	157379		157379	47621	2330
	18607278	1470841	17136437	2125503	200845
	16309139	1417150	14891989	2045095	191869
	2182617		2182617	69923	3020
	3485842	950271	2535571	199952	24014
	2209924	813999	1395925	120151	20700
	892527	42251	850276	54849	120
	303765	94021	209744	22387	1194
	844199	440979	403220	19354	2662
	643895	390000	253895	3200	2102
	34173848	3155089	31018759	2919300	766299

16-5 住宿餐饮法人

项　　目	法人企业（个）	从业人数（人）	营业额	客房收入
总　计	190	20651	3571032	1099036
住 宿 业	74	10654	1806588	884823
按住宿行业中类分组				
旅游饭店	56	9769	1551903	695705
一般饭店	17	765	244815	185301
按登记注册类型分组				
内资企业	73	10094	1648982	826695
国有企业	13	3000	398663	173894
集体企业	2	200	29878	15152
股份合作企业	2	261	48086	20905
有限责任公司	15	2974	575136	243841
其他有限责任公司	15	2974	575136	243841
股份有限公司	6	520	69970	46191
私营企业	32	2474	414923	252928
私营独资企业	2	140	12868	6070
私营合伙企业				
私营有限责任公司	29	2254	391325	236128
私营股份有限公司	1	80	10730	10730
其他企业	3	665	112326	73784
港、澳、台商投资企业	1	560	157606	58128
港、澳、台商独资经营企业	1	560	157606	58128
按控股情况分组				
国有控股	16	3988	615042	227247
集体控股	3	761	206636	109300
私人控股	45	3857	630497	389289
港澳台商控股	1	560	157606	58128
其　他	7	1365	183767	92871
按经营形式分组				
独立门店	64	9916	1688091	793235
按星级分组				
五　星	5	3031	686648	287480
四　星	13	2802	393070	178976
三　星	18	2382	272305	136390
二　星	6	553	37957	22658
一　星				
其　他	32	1886	416608	259319

企业经营情况

单位：千元

餐费收入	商品销售收入	其他收入	客房数（间）	床位数（个）	餐位数（位）	年末餐饮营业面积（平方米）
2253581	65728	152687	14467	25213	83322	462907
790807	26039	104919	10826	18661	22810	153624
727496	25939	102763	9492	15866	20536	135550
59514			1279	2715	2274	18074
708073	16331	97883	10452	18169	20730	148074
174931	16190	33648	1975	3388	6583	36750
14726			178	403	201	4000
26172	5	1004	298	428	1242	3338
308152		23143	3446	5895	6194	30012
308152		23143	3446	5895	6194	30012
19957		3822	626	1029	681	5910
129324	136	32535	3202	5867	4979	58524
6352		446	202	394	600	10200
122972	136	32089	2810	5233	4379	48324
			190	240		
34811		3731	727	1159	850	9540
82734	9708	7036	374	492	2080	5550
82734	9708	7036	374	492	2080	5550
326413	16052	45330	2447	4076	8237	50035
92573		4763	1078	1803	2111	7230
200940	141	40127	5134	9187	6172	70851
82734	9708	7036	374	492	2080	5550
84235		6661	1619	2735	2830	17458
764874	26039	103943	9477	16325	21250	140609
358639	11478	29051	2657	4013	7284	20880
194003	36	20055	2293	3651	5025	44982
97129	14282	24504	2600	4842	3930	39436
14769		530	453	899	3050	14591
126267	243	30779	2823	5256	3521	33735

16-5续表

项　　目	法人企业（个）	从业人数（人）	营业额	客房收入
餐 饮 业	116	9997	1764444	214213
按餐饮行业中类分组				
正餐服务	112	9596	1644526	214213
快餐服务	1	160	31380	
饮料及冷饮服务	1	150	74000	
其他餐饮服务	2	91	14538	
按登记注册类型分组				
内资企业	113	9711	1714201	214213
国有企业	6	746	80887	37509
集体企业	2	120	13975	4423
有限责任公司	18	1810	339336	25126
其他有限责任公司	18	1810	339336	25126
股份有限公司	6	364	61023	9242
私营企业	62	4860	982112	95548
私营独资企业	6	249	113858	2500
私营合伙企业				
私营有限责任公司	49	4126	816321	84162
私营股份有限公司	7	485	51933	8886
其他企业	18	1701	229277	42365
港、澳、台商投资企业	1	81	6798	
港、澳、台商独资经营企业	1	81	6798	
外商投资企业	2	205	43445	
中外合资经营企业	1	45	12065	
外资企业	1	160	31380	
按控股情况分组				
国有控股	9	1241	159471	37509
集体控股	3	150	35475	4423
私人控股	89	7170	1378478	152401
港澳台商控股	1	81	6798	
其　　他	13	1195	152842	19880
按经营形式分组				
独立门店	106	9266	1671058	214213
连锁门店	1	126	17200	
其　　他	5	236	33362	

单位：千元

			客房数（间）	床位数（个）	餐位数（位）	年末餐饮营业面积（平方米）
餐费收入	商品销售收入	其他收入				
1462774	39689	47768	3641	6552	60512	309283
1407845	7589	14879	3641	6552	59498	304790
31380					694	1743
10000	32100	31900			30	600
13549		989			290	2150
1412531	39689	47768	3641	6552	59338	305390
42411	82	885	852	1442	3470	26200
8212		1340	107	209	760	4912
303552	1085	9573	532	938	9359	50261
303552	1085	9573	532	938	9359	50261
51781			178	340	2080	17600
812072	38522	35970	1797	3328	34688	169957
110612	746		52	112	2970	18908
658423	37776	35960	1327	2509	28438	120724
43037		10	418	707	3280	30325
186912			175	295	8781	36160
6798					390	500
6798					390	500
43445					784	3393
12065					90	1650
31380					694	1743
120995	82	885	852	1442	5302	32750
29712		1340	107	209	1060	5512
1151585	38522	35970	2312	4253	47651	242408
6798					390	500
122304	1085	9573	370	648	5415	26370
1370377	39689	46779	3641	6552	57644	293983
17200					500	3800
32373		989			740	3600

16-6 限额以上批发零售

指标名称	法人企业数(个)	流动资产合计	#存货	固定资产合计	固定资产原价
总计	350	28126830	5661135	3949475	6164184
批发业	154	14467082	3370690	2616113	4078775
按批发行业小类分组					
农畜产品批发	4	564535	71812	179645	209492
食品、饮料及烟草制品批发	17	2804493	1149141	692082	926417
纺织、服装及日用品批发	6	292096	185741	227978	230865
文化、体育用品及器材批发	5	277422	123126	194131	256602
医药及医疗器材批发	11	679099	97100	26734	31917
矿产品、建材及化工产品批发	73	8467315	1486657	1214503	2352110
机械设备、五金交电及电子产品批发	32	1259198	245671	76462	65809
贸易经纪与代理	2	82096	4238	1079	1333
其他批发	4	40828	7204	3499	4230
按登记注册类型分组					
内资企业	152	14442574	3359280	2611777	4070879
国有企业	12	2450787	918576	420056	653479
股份合作企业	1	2559	2393	18767	404
联营企业	1	24894		23	24
国有联营企业	1	24894		23	24
有限责任公司	38	2578507	496567	147587	187741
其他有限责任公司	38	2578507	496567	147587	187741
股份有限公司	15	2897547	537344	1006039	1222776
私营企业	61	3248903	867168	473599	1398188
私营合伙企业	2	24191	11595	291	686
私营有限责任公司	55	3043371	791894	389982	1210459
私营股份有限公司	4	181341	63679	83326	187043
其他企业	24	3239377	537232	545706	608267
港、澳、台商投资企业	1	17214	11410	4336	7896
合资经营企业(港或澳、台资)	1	17214	11410	4336	7896
外商投资企业	1	7294			
中外合资经营企业	1	7294			
按控股情况分组					
国有控股	22	2816880	968150	596610	989147
集体控股	4	1978232	416168	329171	338580
私人控股	109	7848617	1858042	1029322	1985206
其他	19	1823353	128330	661010	765842
按经营形式分组					
独立门店	121	13613657	3207008	2374112	3666180
连锁门店	1	9860	230	2590	6580
其他	32	843565	163452	239411	406015

贸易企业财务状况

单位：千元

累计折旧	# 本年折旧	在建工程	资产总计	流动负债合计	# 应付帐款	负债合计
2453469	617265	413529	37093292	25479381	4621855	27671019
1627080	451153	301530	19513231	12468121	2649953	13580390
31841	7866	8770	1143303	835663	177933	949215
247810	46499	30928	3984781	1682548	571388	1925937
4544	1092	1898	524376	116505	77758	399309
62471	9948		556149	244792	60863	244792
6139	2282	16871	750474	670429	419252	670464
1248924	376241	240535	11070291	7609995	718194	8077961
22823	6307	2528	1354801	1193639	594506	1198162
254	172		83175	80105	26247	80105
2274	746		45881	34445	3812	34445
1623520	450708	301530	19484387	12453837	2644719	13562565
240788	35653	24775	3276942	1473794	415769	1548188
292			21326	20731	20	20731
1	1		24917	18842		18842
1	1		24917	18842		18842
46772	7466	72343	3141594	2011986	623253	2200588
46772	7466	72343	3141594	2011986	623253	2200588
315654	24637	189162	4728157	2865083	354287	3317197
952978	345897	4426	4046143	2847221	798925	3178002
395	119		24484	22349	9231	22349
848866	245760	4426	3739240	2665727	707004	2996508
103717	100018		282419	159145	82690	159145
67035	37054	10824	4245308	3216180	452465	3279017
3560	445		21550	8151		11692
3560	445		21550	8151		11692
			7294	6133	5234	6133
			7294	6133	5234	6133
401495	37857	108255	4011806	1878447	487911	2041103
106588	13183	102374	2454395	2020746	130762	2021099
1008365	359312	72558	10334843	6421295	1722091	7263855
110632	40801	18343	2712187	2147633	309189	2254333
1450883	446436	217842	18161856	11624939	2342648	12645092
3990	350		12450	4330	1210	4330
172207	4367	83688	1338925	838852	306095	930968

16-6续表1

指标名称	所有者权益合计	实收资本			
			国家资本	集体资本	法人资本
总　计	9422273	4547277	534508	426824	2566623
批发业	5932841	2769930	444256	329024	1471285
按批发行业小类分组					
农畜产品批发	194088	144916			144916
食品、饮料及烟草制品批发	2058844	430112	122017	24868	191280
纺织、服装及日用品批发	125067	25350			6500
文化、体育用品及器材批发	311357	281514		267142	3500
医药及医疗器材批发	80010	52940	4900		36930
矿产品、建材及化工产品批发	2992330	1707311	306319	37014	1042748
机械设备、五金交电及电子产品批发	156639	112267	3500		45411
贸易经纪与代理	3070	4000			
其他批发	11436	11520	7520		
按登记注册类型分组					
内资企业	5921822	2763769	440756	329024	1469785
国有企业	1728754	373788	268408		103280
股份合作企业	595	500			
联营企业	6075	6080	6080		
国有联营企业	6075	6080	6080		
有限责任公司	941006	405814	1440	10000	292580
其他有限责任公司	941006	405814	1440	10000	292580
股份有限公司	1410960	787714	164828	319024	213716
私营企业	868141	443724			173834
私营合伙企业	2135	1680			
私营有限责任公司	742732	376111			147534
私营股份有限公司	123274	65933			26300
其他企业	966291	746149			686375
港、澳、台商投资企业	9858	5000	3500		1500
合资经营企业(港或澳、台资)	9858	5000	3500		1500
外商投资企业	1161	1161			
中外合资经营企业	1161	1161			
按控股情况分组					
国有控股	1970703	589236	444256		142880
集体控股	433296	356510		329024	
私人控股	3070988	1655541			1228765
其　他	457854	168643			99640
按经营形式分组					
独立门店	5516764	2460014	253408	319024	1420030
连锁门店	8120	3000	3000		
其　他	407957	306916	187848	10000	51255

单位：千元

		营业收入		营业成本		营业税金及附加
个人资本	外商资本		主营业务收入		主营业务成本	
1006722	12600	93586290	93018028	81653116	81321475	824060
525365		59934488	59772996	52632207	52385600	651414
		10276118	10276118	8583752	8583752	65404
91947		8785894	8762373	6825183	6814813	397474
18850		1958101	1958101	1496671	1496671	53245
10872		2858987	2836232	2792927	2781879	2871
11110		1234434	1232549	1080592	1080450	5161
321230		31646520	31571648	29031052	28810397	115686
63356		2988022	2949563	2647170	2643297	11447
4000		101951	101951	97219	96700	15
4000		84461	84461	77641	77641	111
524204		59775854	59614433	52189967	52243360	651145
2100		10769134	10744651	9696295	9694451	192757
500		27380	27380	26482	26482	19
		55062	55062	54644	54644	55
		55062	55062	54644	54644	55
101794		10604116	10603842	9305398	9262123	148497
101794		10604116	10603842	9305398	9262123	148497
90146		9611769	9533040	8805361	8741220	39089
269890		9928568	9885180	8877694	8751299	136119
1680		99768	99768	95800	95800	132
228577		9418799	9375411	8510534	8392665	101250
39633		410001	410001	271360	262834	34737
59774		18779825	18765278	15724093	15713141	134609
		149910	149910	134919	134919	56
		149910	149910	134919	134919	56
1161		8724	8653	7321	7321	213
1161		8724	8653	7321	7321	213
2100		16989775	16909044	15538327	15483390	197793
27486		1536823	1514342	1420344	1409296	2915
426776		26427178	26381515	22948424	22778688	427787
69003		14980712	14968095	12725112	12714226	22919
467552		52922011	52816838	46210398	46017403	622437
		66369	66369	59730	59730	150
57813		6946108	6889789	6362079	6308467	28827

16-6续表2

指标名称	主营业务税金及附加	其他业务利润	销售费用	管理费用	税金
总　计	815176	630172	2721359	2428140	235664
批发业	646905	155723	1512851	1081299	136432
按批发行业小类分组					
农畜产品批发	65404	2436	15916	23265	16
食品、饮料及烟草制品批发	395466	94632	217230	455516	26923
纺织、服装及日用品批发	53245	3471	63380	120974	24264
文化、体育用品及器材批发	423	9258	19051	45197	2878
医药及医疗器材批发	5161	1991	37321	17107	5600
矿产品、建材及化工产品批发	115633	11306	976746	351425	72788
机械设备、五金交电及电子产品批发	11447	32625	176333	64640	3882
贸易经纪与代理	15		1862	1233	49
其他批发	111	4	5012	1942	32
按登记注册类型分组					
内资企业	646636	155723	1511340	1073556	136305
国有企业	192704	8858	137532	242751	9599
股份合作企业	19		442	366	
联营企业	55			377	
国有联营企业	55			377	
有限责任公司	148497	-1230	438533	347260	38673
其他有限责任公司	148497	-1230	438533	347260	38673
股份有限公司	36641	97298	350496	129986	9290
私营企业	134111	44415	353381	140400	29065
私营合伙企业	132		1475	2175	12
私营有限责任公司	101250	44415	314296	119463	26257
私营股份有限公司	32729		37610	18762	2796
其他企业	134609	6382	230956	212416	49678
港、澳、台商投资企业	56		635	7510	69
合资经营企业(港或澳、台资)	56		635	7510	69
外商投资企业	213		876	233	58
中外合资经营企业	213		876	233	58
按控股情况分组					
国有控股	197740	8862	358783	275920	16225
集体控股	467	9349	48631	64732	2501
私人控股	425779	46993	984012	648598	112625
其　他	22919	90519	121425	92049	5081
按经营形式分组					
独立门店	617928	157345	1240710	1009887	120872
连锁门店	150		410	3041	510
其　他	28827	-1622	271731	68371	15050

单位：千元

差旅费	工会经费	财务费用	利息支出	资产减值损失	公允价值变动收益	投资收益
251165	17250	611944	454038	17575	-6853	232604
54415	10043	313181	222689	7451	-4859	225070
151		27761	10209			
12788	5109	88594	60201		-4859	2255
9915	2862	21649	19002			
1218	39	7916	1168	201		
675	99	4747	1728	593		
15059	1456	159375	129339	6657		222659
14587	467	755	799			
1	9	2088	-39			153
21	2	296	282			3
47295	9922	313106	222663	7451	-4859	225070
6206	2737	36862	16841	7157	-4859	2295
		71				
		-6	2			3
		-6	2			3
5306	641	97487	74023			39259
5306	641	97487	74023			39259
3527	224	70090	66142	201		181953
22134	1525	38646	12877			1560
191		-45	5			
21787	1433	28680	12121			1560
156	92	10011	751			
10122	4795	69956	52778	93		
7120	121	26	26			
7120	121	26	26			
		49				
		49				
14239	2960	53274	33778	7157	-4859	2298
2004	203	48555	50573	201		116
36817	6725	192036	122440	93		218436
1355	155	19316	15898			4220
43088	9353	298602	210815	7451	-4859	224798
2100	230	321	321			
9227	460	14258	11553			272

16-6续表3

指标名称	营业利润	补贴收入	营业外收入	利润总额	应交所得税
总　计	5953276	86484	96832	3496200	327106
批发业	4197267	73357	52321	2113899	176233
按批发行业小类分组					
农畜产品批发	1562456		2489	44394	1656
食品、饮料及烟草制品批发	882782	5357	39718	648713	125347
纺织、服装及日用品批发	205653		239	205892	4599
文化、体育用品及器材批发	-9177	161	2015	-7440	340
医药及医疗器材批发	89161		29	77714	2986
矿产品、建材及化工产品批发	1381004	65565	7550	1077487	34879
机械设备、五金交电及电子产品批发	85716	2274	137	67471	6426
贸易经纪与代理	206			202	
其他批发	-534		144	-534	
按登记注册类型分组					
内资企业	4190542	73357	52321	2107174	176233
国有企业	439488	4037	39969	476739	118351
股份合作企业					
联营企业	-5			-5	
国有联营企业	-5			-5	
有限责任公司	347855	9039	5059	329829	16213
其他有限责任公司	347855	9039	5059	329829	16213
股份有限公司	479397	58007	5051	422409	20784
私营企业	513318	2274	729	235539	8869
私营合伙企业	231			196	41
私营有限责任公司	465032		729	221608	8590
私营股份有限公司	48055	2274		13735	238
其他企业	2410489		1513	642663	12016
港、澳、台商投资企业	6764			6764	
合资经营企业(港或澳、台资)	6764			6764	
外商投资企业	-39			-39	
中外合资经营企业	-39			-39	
按控股情况分组					
国有控股	539081	4037	40536	541571	121790
集体控股	-48191	55949	2668	10253	3636
私人控股	1617738	11313	5850	1069419	37256
其　他	2088639	2058	3267	492656	13551
按经营形式分组					
独立门店	3997881	73357	50439	2017212	174653
连锁门店	2717			2717	
其　他	196669		1882	93970	1580

单位：千元

应付职工薪酬（本年贷方累计发生额）	应交增值税	土地和固定资产支出	土地购置	房屋和建筑物	机器设备	运输工具
1251877	1555808	382059	23518	197415	30303	56313
539556	553633	205170	23494	80150	17066	22806
11723	8172	548		346	19	173
154357	184854	16834	547	2148	751	3403
29582	3393	1742		1657	83	2
16861	1463	1517			154	1363
17254	14918	1320			15	1179
254407	300881	169509	22947	71429	15215	8890
52608	21977	12802		4570	770	6957
1043	17883	839				839
1721	92	59			59	
538096	553265	205170	23494	80150	17066	22806
136885	191672	17725	547	2148	427	4500
345	19					
87	1	23			23	
87	1	23			23	
76672	72407	3201			149	2934
76672	72407	3201			149	2934
167505	141338	4857			478	4330
107480	79487	15718		6227	819	8290
1030	495					
98255	59703	15718		6227	819	8290
8195	19289					
49122	68341	163646	22947	71775	15170	2752
1423	236					
1423	236					
37	132					
37	132					
253573	324001	19334	547	2148	584	5855
19780	2292	3335			154	3132
230942	206545	24908		8694	1673	13769
35261	20795	157593	22947	69308	14655	50
398552	481541	200070	23494	77683	16997	20265
378	451					
140626	71641	5100		2467	69	2541

16-6续表4

指标名称	法人企业数(个)	流动资产合计	存货	固定资产合计	固定资产原价
零售业	196	13659748	2290445	1333362	2085409
按零售行业小类分组					
综合零售	15	3764754	233210	347563	533752
百货零售	11	2965413	124743	318947	472133
超级市场零售	4	799341	108467	28616	61619
食品、饮料及烟草制品专门零售	2	31584	13318	11768	13294
纺织、服装及日用品专门零售	19	564271	96306	90354	381490
服装零售	11	475431	79140	89241	376588
文化、体育用品及器材专门零售	10	270453	106985	10010	16707
医药及医疗器材专门零售	6	162120	62331	7542	10828
药品零售	4	80723	30436	6019	8426
汽车、摩托车、燃料及零配件专门零售	103	7701042	1577358	678869	882655
汽车零售	89	7567021	1531069	568864	739801
机动车燃料零售	9	90587	32716	71726	103151
家用电器及电子产品专门零售	27	794026	156686	25892	39268
家用电器零售	9	522350	113613	7441	10679
计算机、软件及辅助设备零售	8	140993	24492	12005	17450
通信设备零售	8	74864	16016	5980	10580
五金、家具及室内装修材料专门零售	11	307668	30581	150528	193782
无店铺及其他零售	3	63830	13670	10836	13633
按登记注册类型分组					
内资企业	193	13383574	2178804	1296834	2040493
国有企业	3	138336	9010	69731	93215
集体企业	1	5932	909	146	1360
股份合作企业	1	2369	799	17	18
有限责任公司	48	3109411	714657	419247	772606
其他有限责任公司	48	3109411	714657	419247	772606
股份有限公司	12	643921	108178	38375	73858
私营企业	114	9121265	1264952	623720	903039
私营独资企业	6	233911	80254	19033	33222
私营合伙企业	3	20274	5520	31119	80892
私营有限责任公司	99	8461697	1101028	551308	764572
私营股份有限公司	6	405383	78150	22260	24353
其他企业	14	362340	80299	145598	196397
按控股情况分组					
国有控股	11	507990	87400	89109	131969
集体控股	7	651773	126120	20461	26142
私人控股	155	10932882	1585010	1057639	1516520
其　他	22	1330764	389501	130628	366877
按经营形式分组					
独立门店	158	12487553	2003720	1146079	1629900
连锁总店(总部)	1	34735	11051	5625	5836
其　他	30	914983	222946	167415	423486
按零售业态分组					
有店铺零售	195	13640121	2279437	1333345	2085338
超　市	4	59332	25887	8228	13958
专业店	71	5173353	837063	437867	601127
专卖店	85	3562528	1010965	342832	492230

单位：千元

累计折旧	本年折旧	在建工程	资产总计	流动负债合计	应付帐款	负债合计
826389	166112	111999	17580061	13011260	1971902	14090629
204931	45866	36170	4769435	3241890	620230	3904494
171928	41225	36170	3862120	2654733	393720	3248194
33003	4641		907315	587157	226510	656300
1646	36		43352	26096	11437	27897
294680	46703		1090197	955476	189232	961068
290890	46089		1000241	886123	187290	891613
7842	2151		284531	220669	94170	224329
3286	652		171749	123234	49608	123234
2407	652		87371	51499	30795	51499
251896	64244	72765	9794091	7371138	716366	7773233
182808	41193	72765	9535700	7284870	744398	7686100
67663	22865		171979	62647	-36917	63512
13386	2238		839955	588018	244959	589048
3248	619		535746	392882	123758	392882
5445	898		165034	99226	75268	99226
4600	641		82630	56558	30867	57588
45925	2494		499049	427242	41243	427902
2797	1728	3064	87702	57497	4657	59424
818001	161927	111722	17249163	12773136	1856445	13852505
59722	21958		208088	96084	16319	97885
1214	162		6079	213	165	213
1	1		2386	2356	1868	2356
380643	48456	45107	4298767	2830726	600343	3346442
380643	48456	45107	4298767	2830726	600343	3346442
36358	3708	874	738723	371211	117853	444734
285646	74488	47453	11431197	9010401	985227	9493240
14508	3367		301763	242567	36497	242567
49773	9231		94755	18825	8350	18825
218008	59536	47453	10481707	8373850	912885	8852927
3357	2354		552972	375159	27495	378921
54417	13154	18288	563923	462145	134670	467635
79098	24955	827	630209	419442	206471	421723
11589	3962	5693	1051132	1038921	83411	1039581
488342	115626	96016	14035289	10609511	1307067	11526980
238984	17384	9186	1573373	736611	281111	895570
521915	113460	94252	16142966	12083138	1544313	13159347
211	211		40649	15595	11956	15595
292319	41550		1153578	750417	319488	753577
826335	166103	111992	17554252	13001583	1967881	14079025
5730	3143		67849	36059	25179	36059
208106	49986	8458	6516828	4826424	497767	5131258
153035	51769	66381	4487409	3340376	625016	3443780

16-6续表5

指 标 名 称	所有者权益合 计	实收资本	国家资本	集体资本	法人资本
零 售 业	3489432	1777347	90252	97800	1095338
按零售行业小类分组					
综合零售	864941	428090			354560
百货零售	613926	312700			239200
超级市场零售	251015	115390			115360
食品、饮料及烟草制品专门零售	15455	7026	6526		
纺织、服装及日用品专门零售	129129	143005		50300	76678
服装零售	108628	130005		50000	74538
文化、体育用品及器材专门零售	60202	28915	500		15350
医药及医疗器材专门零售	48515	32230			14021
药品零售	35872	23030			14021
汽车、摩托车、燃料及零配件专门零售	2020858	950478	79726	43000	540218
汽车零售	1849600	805353	2042	43000	484277
机动车燃料零售	108467	85625	77684		3941
家用电器及电子产品专门零售	250907	122243	3500	4500	62511
家用电器零售	142864	50600		4500	40250
计算机、软件及辅助设备零售	65808	51182	3500		7800
通信设备零售	25042	16961			10961
五金、家具及室内装修材料专门零售	71147	47880			30200
无店铺及其他零售	28278	17480			1800
按登记注册类型分组					
内资企业	3396658	1746347	90252	97800	1077038
国有企业	110203	84010	81010		3000
集体企业	5866	300		300	
股份合作企业	30	30			21
有限责任公司	952325	606456	5742	80000	374700
其他有限责任公司	952325	606456	5742	80000	374700
股份有限公司	293989	131410			115710
私营企业	1937957	883344	3500	17500	560757
私营独资企业	59196	35710			27710
私营合伙企业	75930	6300			6300
私营有限责任公司	1628780	802051	3500	17500	498247
私营股份有限公司	174051	39283			28500
其他企业	96288	40797			22850
按控股情况分组					
国有控股	208486	124410	86752		23700
集体控股	11551	103400		80300	21900
私人控股	2508309	1251929	3500	17500	867678
其 他	677803	276608			173660
按经营形式分组					
独立门店	2983619	1484488	10226	97800	913557
连锁总店(总部)	25054	20000			14000
其 他	400001	232029	80026		131481
按零售业态分组					
有店铺零售	3475227	1775547	90252	97800	1093538
超 市	31790	22530			14021
专业店	1385570	592587	84510	17800	362957
专卖店	1043629	574494	5742	30000	266989

单位：千元

个人资本	外商资本	营业收入	主营业务收入	营业成本	主营业务成本	营业税金及附加
481357	12600	33651802	33245032	29020909	28935875	172646
73530		6921397	6709274	6097434	6059633	46833
73500		5759571	5640541	5104491	5097713	41011
30		1161826	1068733	992943	961920	5822
500		60384	60384	65906	65906	44
16027		3354510	3334755	2614559	2614459	33424
5467		3226171	3206416	2508718	2508718	33219
13065		497883	497737	443620	437880	4486
18209		265777	265343	193919	193894	1028
9009		157813	157379	116667	116642	736
274934	12600	18264567	18156942	16021846	15980508	73576
263434	12600	16210548	16103670	14105039	14064306	67730
4000		1935965	1935218	1815617	1815012	4471
51732		3374810	3308123	2857782	2857782	6628
5850		2172417	2107960	1834421	1834421	3653
39882		886914	886914	737489	737489	1970
6000		234001	233615	216066	216066	590
17680		844640	844640	674797	674767	6561
15680		67834	67834	51046	51046	66
481257		31765438	31385232	27570917	27485979	168346
		1604898	1604151	1516279	1515674	3832
		7295	7295	2906	2906	108
9		4514	4514	3387	3387	9
146014		10975134	10937778	9221862	9208003	71839
146014		10975134	10937778	9221862	9208003	71839
15700		1266932	1208726	1077718	1072088	10310
301587		16249610	15976316	14362236	14327022	52157
8000		975017	966054	841612	841111	7512
		272678	272678	218142	218142	186
282804		14125147	13860816	12619618	12584905	42756
10783		876768	876768	682864	682864	1703
17947		1657055	1646452	1386529	1356899	30091
13958		2546204	2531256	2352039	2351306	9576
1200		1203865	1203865	909801	909771	6644
363251		22966556	22679641	20346096	20261946	109028
102948		5822481	5725606	4605678	4605653	43931
450305	12600	27757161	27353859	23836832	23758171	158115
6000		65528	65528	49663	49663	285
20522		5365957	5362875	4737042	4730769	11667
481357	12600	33613875	33207105	28992054	28907020	172620
8509		160308	160308	106032	106032	5132
127320		12579971	12408503	10872152	10844594	67570
259163	12600	9320746	9297619	8123328	8109283	21052

16-6续表6

指 标 名 称	主营业务税金及附加	其他业务利润	销售费用	管理费用	税金
零售业	168271	474449	1208508	1346841	99232
按零售行业小类分组					
综合零售	42868	248620	226314	288945	19425
百货零售	40220	158947	119649	241038	16710
超级市场零售	2648	89673	106665	47907	2715
食品、饮料及烟草制品专门零售	44		789	5248	59
纺织、服装及日用品专门零售	33424	58896	71173	381068	21906
服装零售	33219	58671	63572	375292	21656
文化、体育用品及器材专门零售	4485	1191	20394	24785	757
医药及医疗器材专门零售	1028	1614	33559	19403	293
药品零售	736	1614	14619	12531	293
汽车、摩托车、燃料及零配件专门零售	73167	122570	557374	453306	48482
汽车零售	67321	122465	477001	441684	47838
机动车燃料零售	4471	95	75454	9404	226
家用电器及电子产品专门零售	6628	41492	241729	101354	7301
家用电器零售	3653	34608	201797	70418	378
计算机、软件及辅助设备零售	1970	1875	19022	20755	5846
通信设备零售	590	3165	10343	6462	923
五金、家具及室内装修材料专门零售	6561		49570	64064	933
无店铺及其他零售	66	66	7606	8668	76
按登记注册类型分组					
内资企业	163971	466418	1069461	1329704	99232
国有企业	3832		54266	11110	1342
集体企业	108		2238	656	4
股份合作企业	9			1143	11
有限责任公司	71043	129828	357041	681737	64536
其他有限责任公司	71043	129828	357041	681737	64536
股份有限公司	7158	75830	77138	51828	2093
私营企业	51752	238779	445622	503528	28802
私营独资企业	7512	8983	16268	33532	642
私营合伙企业	186		2763	26227	829
私营有限责任公司	42351	226158	375621	428318	26583
私营股份有限公司	1703	3638	50970	15451	748
其他企业	30069	21981	133156	79702	2444
按控股情况分组					
国有控股	8780	16447	105142	34652	2419
集体控股	6644	52612	26664	181007	786
私人控股	108601	290687	732293	769872	57679
其 他	40779	106672	309668	354062	38348
按经营形式分组					
独立门店	153740	419612	985797	1107490	87106
连锁总店(总部)	285	1169	7316	2560	127
其 他	11667	37932	139609	227368	11828
按零售业态分组					
有店铺零售	168245	474449	1201721	1342849	99203
超 市	5132	1205	22316	18504	227
专业店	67570	116621	494774	399495	45927
专卖店	20642	36808	367717	195500	10361

单位：千元

		财务费用		资产减值损失	公允价值变动收益	投资收益
差旅费	工会经费		利息支出			
196750	7207	298763	231349	10124	-1994	7534
3601	923	103166	82907	16		9741
3286	882	102245	82622			9741
315	41	921	285	16		
97	9	602	622			
132734	761	6432	1239	-10		406
132447	744	6369	1224	-10		406
4255	163	3018	1324	12		
220	53	1306	654			
220	53	273				
35628	4315	157362	129725	9964	-1994	-3243
30429	4146	156713	129581	9964	-1994	-3243
5129	146	117	70			
7097	617	9239	2221	142		
1143	96	4407	2187	142		
3605	433	4035	2			
2089	82	522	32			
12822	308	14834	10742			630
296	58	2804	1915			
196750	7207	295797	228726	7741	-1994	7534
199	67	8618	568			
20		22				
8	5					
126409	4741	74431	54570	5025	-1994	4570
126409	4741	74431	54570	5025	-1994	4570
9440	342	3179	1605	16		
59774	1954	194167	160074	2700		2334
1065	94	1795	504			334
24997	194	891	826			
29392	1626	186632	153532	2700		2000
4320	40	4849	5212			
900	98	15380	11909			630
771	268	14060	2660	12		
406	250	6998	944			
68475	2986	239780	196705	7581	-1994	7372
127098	3703	35061	28417	148		162
59674	6624	276524	227661	9351	-1994	7534
104	2	91				
136880	578	20392	3688	773		
196661	7154	298655	231329	10124	-1994	7534
137	43	90				
43759	4001	116560	93054	7546	-1994	-3405
20821	1295	58576	41272	2562		162

16-6续表7

指标名称	营业利润	补贴收入	营业外收入	利润总额	应交所得税
零售业	1756009	13127	44511	1382301	150873
按零售行业小类分组					
综合零售	246693	525	6303	250159	44911
百货零售	208364	525	3780	209336	42121
超级市场零售	38329		2523	40823	2790
食品、饮料及烟草制品专门零售	-12205	12502		254	
纺织、服装及日用品专门零售	287511	100	292	264306	1564
服装零售	278333		199	255040	1093
文化、体育用品及器材专门零售	8354		264	3391	324
医药及医疗器材专门零售	17767		22	17599	5360
药品零售	14192		22	14024	4315
汽车、摩托车、燃料及零配件专门零售	1042594		34598	712108	88873
汽车零售	1003909		34359	687129	88127
机动车燃料零售	30855		227	24602	629
家用电器及电子产品专门零售	132741		2196	113667	9791
家用电器零售	27730		436	28037	7612
计算机、软件及辅助设备零售	105518		1630	87138	1475
通信设备零售	2797		139	1805	344
五金、家具及室内装修材料专门零售	34844		836	23233	32
无店铺及其他零售	-2290			-2416	18
按登记注册类型分组					
内资企业	1503907	13127	44137	1340464	139496
国有企业	10651	12502	227	23334	246
集体企业	1365			1365	356
股份合作企业	-25		2	-23	4
有限责任公司	672902		25434	669640	57674
其他有限责任公司	672902		25434	669640	57674
股份有限公司	73149		1295	73110	192
私营企业	692638	625	16877	519895	76781
私营独资企业	75153		1394	76364	13822
私营合伙企业	24469				
私营有限责任公司	468447	625	15483	323367	62673
私营股份有限公司	124569			120164	286
其他企业	53227		302	53143	4243
按控股情况分组					
国有控股	33751	12502	15709	46487	3448
集体控股	125393		1189	125891	4248
私人控股	855003	625	19787	677220	94775
其　他	487069		7484	488204	37278
按经营形式分组					
独立门店	1487308	13127	42747	1136617	139108
连锁总店(总部)	6782		16	6776	1722
其　他	270229		1598	247204	9989
按零售业态分组					
有店铺零售	1757850	13127	44511	1384142	150873
超　市	9439		18	9359	1726
专业店	589186	12502	10415	495458	50235
专卖店	580309		27261	308423	44587

单位：千元

应付职工薪酬（本年贷方累计发生额）	应交增值税	土地和固定资产支出	土地购置	房屋和建筑物	机器设备	运输工具
712321	1002175	176889	24	117265	13237	33507
184062	334115	6813		3727	1225	1617
135418	226971	6813		3727	1225	1617
48644	107144					
446	200	1209		1184	25	
168989	35465	2261			3	375
162847	34230	2261			3	375
22243	1992	80				80
14603	13591	5898		4350	71	292
12359	5283	5898		4350	71	292
221654	563660	135666	24	89762	11110	30483
191292	526383	130400	24	89762	5844	30483
26871	35996	5254			5254	
80750	51084	2011		1100	372	539
60222	24162	10			10	
11687	23471	1933		1100	294	539
6757	1428	68			68	
15707	1602	22951		17142	431	121
3867	466					
676338	990111	176889	24	117265	13237	33507
29196	31903	6463		1184	5279	
2108	693					
424	76	18			18	
253687	365421	73673		45325	3163	21996
253687	365421	73673		45325	3163	21996
40862	27859	325			125	150
276955	554681	72896	24	53614	4500	10545
14158	37083					
5035	1373					
251438	510290	70082	24	53614	4500	7731
6324	5935	2814				2814
73106	9478	23514		17142	152	816
67055	48429	6463		1184	5279	
72746	12983	2091			3	
420351	884215	113708	24	81621	6774	15505
148223	51702	54627		34460	1181	18002
565821	921938	165358	24	112915	7614	33141
5772	1620	5835		4350	8	292
115173	70300	5696			5615	74
709660	1002172	176889	24	117265	13237	33507
14091	2041	5853		4350	26	292
198902	410459	113708		82139	8017	21308
141008	198541	26532	24	9907	3734	10019

16-7 星级住宿业和限额以

指标名称	法人企业数(个)	流动资产合计	存货	固定资产合计	固定资产原价
总计	**190**	**1525652**	**153630**	**2625502**	**3732127**
住宿业	74	973161	80450	1626486	2440962
按住宿行业中类分组					
旅游饭店	56	949915	76332	1574193	2357883
一般饭店	17	22115	3878	49771	83079
其他住宿服务	1	1131	240	2522	
按登记注册类型分组					
内资企业	73	868717	76184	1187174	1896981
国有企业	13	146474	23675	541081	773715
集体企业	2	9525	2815	9211	25168
股份合作企业	2	43259	2593	3369	11543
有限责任公司	15	475176	21542	502948	867370
其他有限责任公司	15	475176	21542	502948	867370
股份有限公司	6	14763	2527	18741	29845
私营企业	32	155023	17802	97638	165811
私营独资企业	2	1203	261	652	1047
私营有限责任公司	29	124610	13076	95596	162669
私营股份有限公司	1	29210	4465	1390	2095
其他企业	3	24497	5230	14186	23529
港、澳、台商投资企业	1	104444	4266	439312	543981
港、澳、台商独资经营企业	1	104444	4266	439312	543981
按控股情况分组					
国有控股	16	214598	34912	698887	1169473
集体控股	3	368413	7513	295907	394214
私人控股	45	203834	27411	118109	209451
港澳台商控股	1	104444	4266	439312	543981
其他	7	78919	6006	72375	120393
按经营形式分组					
独立门店	64	958790	79407	1597132	2394647
连锁总店(总部)	1	685	241	987	3251
连锁门店	3	9398	281	14314	23604
其他	6	4288	521	14053	19460
按星级分组					
五星	5	583193	32982	1034733	1491018
四星	13	214850	21906	388885	599604
三星	18	110444	16255	117503	216291
二星	6	7486	745	41708	59628
其他	32	57188	8562	43657	74421

上餐饮企业财务状况

单位：千元

累计折旧	# 本年折旧	在建工程	资产总计	流动负债合计	# 应付帐款	负债合计
1253988	**247108**	**107259**	**5044806**	**2025532**	**445028**	**3026879**
940946	158513	53752	3029136	906525	219626	1659890
906270	152761	53752	2931604	861307	213676	1571521
34676	5752		93496	34271	2788	73600
			4036	10947	3162	14769
804927	123968	22402	2424759	859207	208566	1339553
315709	33169	22392	744121	323675	91631	431902
15957	4037		30712	21186	6028	27586
8204	8128		49612	33887	11668	33887
364522	57849		1132972	241758	47902	511176
364522	57849		1132972	241758	47902	511176
17052	720		76630	17314	1652	47414
74140	16044	10	350075	210161	48367	276362
395	395	10	3785	3881	515	3881
73040	14944		315563	186485	47457	252686
705	705		30727	19795	395	19795
9343	4021		40637	11226	1318	11226
136019	34545	31350	604377	47318	11060	320337
136019	34545	31350	604377	47318	11060	320337
553661	55933	22392	1046498	425487	104950	539686
98307	30681		689734	89343	15001	313743
97409	21797	10	443023	252442	56125	321078
136019	34545	31350	604377	47318	11060	320337
53996	15073		240650	88121	31564	161232
918037	153794	53742	2910534	846591	210731	1569956
2264	2264		1771	1342	661	1342
9290	884		51065	29002	6694	29002
11355	1571	10	65766	29590	1540	59590
523768	91929	45946	1769540	210098	81375	765089
257691	37085	7796	667800	439125	81892	489352
100854	14283		337971	97721	27208	173615
17920	5217		49293	5765	2826	34075
40713	9999	10	204532	153816	26325	197759

16-7续表1

指标名称	所有者权益合计	实收资本	国家资本	集体资本	法人资本
总计	**2017927**	**1609579**	**368913**	**21367**	**733654**
住宿业	1369246	1036692	271774	830	369698
按住宿行业中类分组					
旅游饭店	1360083	1008969	268992	260	366998
一般饭店	19896	17723	2782	570	2700
其他住宿服务	-10733	10000			
按登记注册类型分组					
内资企业	1085206	707009	271774	830	369698
国有企业	312219	267507	261774		5733
集体企业	3126	830		830	
股份合作企业	15725	21110			21110
有限责任公司	621796	317540	10000		306060
其他有限责任公司	621796	317540	10000		306060
股份有限公司	29216	18025			5400
私营企业	73713	51648			21546
私营独资企业	-96	2500			500
私营有限责任公司	62877	48648			20546
私营股份有限公司	10932	500			500
其他企业	29411	30349			9849
港、澳、台商投资企业	284040	329683			
港、澳、台商独资经营企业	284040	329683			
按控股情况分组					
国有控股	506812	301856	271174		30682
集体控股	375991	257330		830	256500
私人控股	121945	91413			27106
港澳台商控股	284040	329683			
其他	79418	55810			55410
按经营形式分组					
独立门店	1340578	1008840	258492	830	357678
连锁总店(总部)	429	4152	282		3870
连锁门店	22063	15000	13000		1500
其他	6176	8700			6650
按星级分组					
五星	1004451	648594	32411		266500
四星	178448	246625	202300		31000
三星	164356	84787	33399		48317
二星	15218	20583	3664		13719
其他	6773	36103		830	10162

单位：千元

个人资本	港澳台资本	外商资本	营业收入	主营业务收入	营业成本	主营业务成本
154562	**330583**	**500**	**3535131**	**3527514**	**1531592**	**1481835**
64707	329683		1805583	1798377	658112	656401
43036	329683		1551456	1544457	561484	559973
11671			244257	244051	95369	95169
10000			9870	9869	1259	1259
64707			1647977	1640771	575005	573294
			396409	392576	210087	208576
			29878	29878	9843	9843
			48086	48086	12962	12962
1480			574032	572514	133781	133781
1480			574032	572514	133781	133781
12625			69970	69970	32146	32146
30102			417276	415421	131703	131503
2000			12868	12868	5681	5681
28102			393678	391823	125962	125762
			10730	10730	60	60
20500			112326	112326	44483	44483
	329683		157606	157606	83107	83107
	329683		157606	157606	83107	83107
			613084	607733	268385	266874
			206636	206636	29603	29603
64307			631450	629595	216992	216792
	329683		157606	157606	83107	83107
400			183767	183767	56588	56588
62157	329683		1687086	1679887	613822	613622
			5388	5388	5388	3877
500			62721	62721	25355	25355
2050			50388	50381	13547	13547
20000	329683		686648	685427	256197	256197
13325			388915	388915	138958	138958
3071			274311	268540	97529	97529
3200			38057	37957	22953	21342
25111			417652	417538	142475	142375

16-7续表2

指 标 名 称	营业税金及附加	主营业务税金及附加	其他业务利润	销售费用	管理费用
总　计	**189685**	**188012**	**9631**	**764976**	**711034**
住 宿 业	95472	95468	8917	393382	520008
按住宿行业中类分组					
旅游饭店	86292	86292	8903	366892	499129
一般饭店	8811	8807	14	23617	16859
其他住宿服务	369	369		2873	4020
按登记注册类型分组					
内资企业	86932	86928	8917	385769	459518
国有企业	22249	22249	3178	75315	81565
集体企业	1175	1175		8531	5104
股份合作企业	2943	2943	11	18635	12861
有限责任公司	31168	31168	1419	130642	252655
其他有限责任公司	31168	31168	1419	130642	252655
股份有限公司	3599	3599		16613	12624
私营企业	20628	20624	2080	112492	78570
私营独资企业	692	692		6187	928
私营有限责任公司	19066	19062	2080	103394	73932
私营股份有限公司	870	870		2911	3710
其他企业	5170	5170	2229	23541	16139
港、澳、台商投资企业	8540	8540		7613	60490
港、澳、台商独资经营企业	8540	8540		7613	60490
按控股情况分组					
国有控股	33897	33897	3475	118508	192866
集体控股	11234	11234		40345	99887
私人控股	30982	30978	4615	160534	114925
港澳台商控股	8540	8540		7613	60490
其　　他	9629	9629	827	61261	49028
按经营形式分组					
独立门店	89814	89810	8921	365603	497880
连锁总店(总部)	306	306			1193
连锁门店	2333	2333		8328	6797
其　　他	3019	3019	-4	19451	14138
按星级分组					
五　　星	38408	38408	2229	103960	266748
四　　星	22177	22177	1425	115178	113424
三　　星	13984	13984	4734	77056	65905
二　　星	2504	2502	1	5627	4945
其　　他	18399	18397	528	91561	68986

单位：千元

税　金	差旅费	工会经费	财务费用	#利息支出	资产减值损失	投资收益
28919	**10952**	**5793**	**25833**	**20314**	**-56**	**857**
10504	3073	1377	2398	10858	-199	737
9139	2471	1026	333	10268	-200	735
1005	601	350	1105	590	1	2
360	1	1	960			
10504	3073	1377	17827	10858	-199	737
3707	732	390	1141	155	-200	
12	21	9	9			
23	5	51	318	10		
3019	765	272	6249	4488		735
3019	765	272	6249	4488		735
230	233	110	2285	2009		
3258	1090	304	7349	4196	1	2
	40	7	135	80		
3258	1050	297	7140	4116	1	2
			74			
255	227	241	476			
			-15429			
			-15429			
4757	676	368	4240	3484	-200	
369	175	147	1514			
3629	1638	599	8415	4456	1	2
			-15429			
1438	478	223	3645	2917		735
9815	2719	1037	-108	8748	-199	737
			11			
429	140	273	179	108		
260	214	67	2316	2002		
1718	481	167	-10076	3330		
3844	738	324	3602	2092	-200	
2238	505	263	4213	2749		735
512	296	38	114	32	1	2
2192	1053	585	4545	237		

16-7续表3

指 标 名 称	营业利润	补贴收入	营业外收入	利润总额	应交所得税
总　计	**366370**	**1442**	**12824**	**224175**	**85047**
住 宿 业	140575	200	11050	106483	52762
按住宿行业中类分组					
旅游饭店	41676	200	10509	47661	1894
一般饭店	98511		541	58434	50772
其他住宿服务	388			388	96
按登记注册类型分组					
内资企业	127290	200	10521	92671	52762
国有企业	7108	200	8073	14245	291
集体企业	5216		23	672	
股份合作企业	378		31	407	
有限责任公司	20173		1623	21688	573
其他有限责任公司	20173		1623	21688	573
股份有限公司	2703		13	2134	470
私营企业	66966		758	51371	28873
私营独资企业	-755			-755	
私营有限责任公司	64616		758	49021	28873
私营股份有限公司	3105			3105	
其他企业	24746			2154	22555
港、澳、台商投资企业	13285		529	13812	
港、澳、台商独资经营企业	13285		529	13812	
按控股情况分组					
国有控股	-4977		8950	2995	353
集体控股	24053		125	19601	
私人控股	102569		767	63855	51779
港澳台商控股	13285		529	13812	
其　他	5178		669	5753	573
按经营形式分组					
独立门店	122939	200	10867	111101	30745
连锁总店(总部)	1		129		
连锁门店	19729		50	-2482	22017
其　他	-2094		4	-2136	
按星级分组					
五　星	32419		1518	33350	530
四　星	-2799		7654	4751	531
三　星	15322		1070	12784	636
二　星	3431		356	3202	176
其　他	92202	200	452	52396	50889

单位：千元

应付职工薪酬（本年贷方累计发生额）	应交增值税	土地和固定资产支出	房屋和建筑物	机器设备	运输工具	其他费用
609653	**19630**	**136070**	**68452**	**54448**	**6337**	**6833**
335725	15464	103987	45413	48253	4254	6067
315883	11648	103987	45413	48253	4254	6067
17250	3816					
2592						
288765	14976	103987	45413	48253	4254	6067
93752	7984	84482	45413	36030	2144	895
7180	838					
7692						
93468		5551		2549	2110	892
93468		5551		2549	2110	892
14165	1183					
53491	2971	513		513		
3124		87		87		
48867	2971	426		426		
1500						
19017	2000	13441		9161		4280
46960	488					
46960	488					
120771	9704	88986	45413	37532	4254	1787
34768	838					
91517	4234	14945		10665		4280
46960	488					
38622		56		56		
316684	15384	103900	45413	48166	4254	6067
3303						
6604	80					
9134		87		87		
140206	496	16588		9673	2110	4805
81160	1183	85472	45413	36972	2144	943
61535	7776	849		530		319
12221	2120					
40603	3889	1078		1078		

16-7续表4

指标名称	法人企业数（个）	流动资产合计	存货	固定资产合计	固定资产原价
餐饮业	116	552491	174914	999016	1291165
按餐饮行业中类分组					
正餐服务	112	533946	171672	969881	1261713
快餐服务	1	10976	2456	3781	3781
饮料及冷饮服务	1	1700		21000	21000
其他餐饮服务	2	5869	786	4354	4671
按登记注册类型分组					
内资企业	113	535834	171840	994922	1286264
国有企业	6	36302	5368	284767	334928
集体企业	2	5986	1454	13516	26298
股份合作企业	1	2140	769	908	1063
有限责任公司	18	193605	104019	327212	471092
其他有限责任公司	18	193605	104019	327212	471092
股份有限公司	6	7540	1963	7335	9499
私营企业	62	210508	52502	331166	400481
私营独资企业	6	14680	684	15542	17184
私营有限责任公司	49	181486	47795	308726	369991
私营股份有限公司	7	14342	4023	6898	13306
其他企业	18	79753	5765	30018	42903
港、澳、台商投资企业	1	1842	299	233	900
港、澳、台商独资经营企业	1	1842	299	233	900
外商投资企业	2	14815	2775	3861	4001
中外合资经营企业	1	3839	319	80	220
外资企业	1	10976	2456	3781	3781
按控股情况分组					
国有控股	9	69001	7291	302032	353941
集体控股	3	8067	2380	19442	33076
私人控股	89	310507	63983	416154	505129
港澳台商控股	1	1842	299	233	900
外商控股	1	10976	2456	3781	3781
其　他	13	152098	98505	257374	394338
按经营形式分组					
独立门店	106	531826	167812	985166	1272513
连锁总店(总部)	4	8011	2470	2542	3966
连锁门店	1	3388	1389	2810	3448
其　他	5	9266	3243	8498	11238

单位：千元

累计折旧	本年折旧	在建工程	资产总计	流动负债合计	应付帐款	负债合计
313042	88595	53507	2015670	1119007	225402	1366989
311244	87888	53507	1967919	1103545	219679	1351527
1481	566		14767	7268	2604	7268
			22700			
317	141		10284	8194	3119	8194
310754	87907	53507	1994600	1106386	218536	1354368
51856	7485	312	351030	176144	29816	204869
12782	1009	178	27174	8716	4179	16987
155	155		7852	9780		9780
146100	30489	52935	781930	568022	77084	737161
146100	30489	52935	781930	568022	77084	737161
3731	2166		18202	9186	6645	10434
81963	43047	82	677624	245946	69980	283037
7223	540		49372	13763	1043	13830
67293	41842	43	593992	223208	65291	260232
7447	665	39	34260	8975	3646	8975
14167	3556		130788	88592	30832	92100
667	102		2323	2453	1362	2453
667	102		2323	2453	1362	2453
1621	586		18747	10168	5504	10168
140	20		3980	2900	2900	2900
1481	566		14767	7268	2604	7268
53604	7519	312	413708	214772	37183	272229
14815	2619	178	35181	10334	5781	19853
103018	48486	82	938185	408969	105886	451276
667	102		2323	2453	1362	2453
1481	566		14767	7268	2604	7268
139457	29303	52935	611506	475211	72586	613910
308145	86181	53507	1957073	1069431	212042	1317413
1519	373		13772	10810	6756	10810
638	596		19552	14249	2600	14249
2740	1445		25273	24517	4004	24517

16-7续表5

指 标 名 称	所有者权益合计	实收资本	国家资本	集体资本	法人资本
餐饮业	648681	572887	97139	20537	363956
按餐饮行业中类分组					
正餐服务	616392	548607	97059	20537	362956
快餐服务	7499	500			
饮料及冷饮服务	22700	22700			
其他餐饮服务	2090	1080	80		1000
按登记注册类型分组					
内资企业	640232	571407	97059	20537	363956
国有企业	146161	111649	97059		14590
集体企业	10187	10097		9727	370
股份合作企业	-1928	1500			1500
有限责任公司	44769	194031			192667
其他有限责任公司	44769	194031			192667
股份有限公司	7768	5760		2600	3160
私营企业	394587	217348			131317
私营独资企业	35542	11400			8600
私营有限责任公司	333760	184158			114527
私营股份有限公司	25285	21790			8190
其他企业	38688	31022		8210	20352
港、澳、台商投资企业	-130	900			
港、澳、台商独资经营企业	-130	900			
外商投资企业	8579	580	80		
中外合资经营企业	1080	80	80		
外资企业	7499	500			
按控股情况分组					
国有控股	141479	122729	97139		25590
集体控股	15328	12697		12327	370
私人控股	486909	258510			169229
港澳台商控股	-130	900			
外商控股	7499	500			
其 他	-2404	177551		8210	168767
按经营形式分组					
独立门店	639660	562661	97139	20537	356346
连锁总店(总部)	2962	2326			310
连锁门店	5303	5000			5000
其 他	756	2900			2300

单位：千元

个人资本	港澳台资本	外商资本	营业收入	主营业务收入	营业成本	主营业务成本
89855	900	500	1729548	1729137	873480	825434
67155	900		1651630	1651219	836900	788854
		500	31380	31380	11385	11385
22700			32000	32000	19200	19200
			14538	14538	5995	5995
89855			1679305	1678894	853009	804963
			86961	86961	38230	38230
			13975	13975	6313	6313
			7591	7591	3035	3035
1364			339589	339579	205552	160166
1364			339589	339579	205552	160166
			61024	61023	29789	29788
86031			940879	940479	476923	474315
2800			114554	114554	56456	56456
69631			774322	774322	395035	392627
13600			52003	51603	25432	25232
2460			229286	229286	93167	93116
	900		6798	6798	3324	3324
	900		6798	6798	3324	3324
		500	43445	43445	17147	17147
			12065	12065	5762	5762
		500	31380	31380	11385	11385
			165554	165554	71727	71727
			35475	35475	18353	18353
89281			1337255	1336845	652897	650254
	900		6798	6798	3324	3324
		500	31380	31380	11385	11385
574			153086	153085	115794	70391
87239	900	500	1636161	1635751	829388	783751
2016			42825	42824	18035	18034
			17200	17200	6774	6774
600			33362	33362	19283	16875

16-7续表6

指 标 名 称	营业税金及附加	主营业务税金及附加	其他业务利润	销售费用	管理费用
餐 饮 业	94213	92544	714	371594	191026
按餐饮行业中类分组					
正餐服务	81979	80974	714	356651	188232
快餐服务	1649	1649		9241	1802
饮料及冷饮服务	9600	9600		290	150
其他餐饮服务	985	321		5412	842
按登记注册类型分组					
内资企业	91511	90506	714	355096	188807
国有企业	1355	1355		19857	29132
集体企业	686	686		5100	1272
股份合作企业	431	431		1355	3332
有限责任公司	19913	19911	9	111129	42016
其他有限责任公司	19913	19911	9	111129	42016
股份有限公司	2485	2484		12888	10078
私营企业	51417	51083	705	157988	75481
私营独资企业	4278	4278		3509	2691
私营有限责任公司	43604	43470	5	137562	68660
私营股份有限公司	3535	3335	700	16917	4130
其他企业	15224	14556		46779	27496
港、澳、台商投资企业	389	389		3103	251
港、澳、台商独资经营企业	389	389		3103	251
外商投资企业	2313	1649		13395	1968
中外合资经营企业	664			4154	166
外资企业	1649	1649		9241	1802
按控股情况分组					
国有控股	5769	5103		40877	42863
集体控股	1331	1331		5926	5600
私人控股	73750	73089	714	235580	113856
港澳台商控股	389	389		3103	251
外商控股	1649	1649		9241	1802
其 他	11325	10983		76867	26654
按经营形式分组					
独立门店	88464	86796	714	345313	178743
连锁总店(总部)	2542	2541		8606	7240
连锁门店	1050	1050		7601	1331
其 他	2157	2157		10074	3712

单位：千元

税　金	差旅费	工会经费	财务费用		资产减值损失	投资收益
				利息支出		
18415	7879	4416	23435	9456	143	120
18239	7728	4380	23395	9456	143	120
86	71	36				
60	80		40			
30						
18329	7808	4380	23395	9456	143	120
2247	127	156	163	27		
126	12	4	12	10		
			42			
2137	676	121	9591	3760	143	
2137	676	121	9591	3760	143	
2037	1394	1254	1046	872		120
9643	4754	2481	12209	4719		
326	160	82	501	249		
8705	4582	2319	10684	4226		
612	12	80	1024	244		
2139	845	364	332	68		
			40			
			40			
86	71	36				
86	71	36				
2247	227	156	3945	27	143	
1534	1404	1256	1035	873		120
11646	5370	2720	14064	4959		
			40			
86	71	36				
2902	807	248	4351	3597		
18274	7724	4315	22735	9246	143	120
63	64	6	203			
	4	92	206	210		
78	87	3	291			

16-7续表7

指 标 名 称	营业利润	补贴收入	营业外收入	利润总额	应交所得税
总　　计	**225795**	**1242**	**1774**	**117692**	**32285**
住 宿 业					
按住宿行业中类分组	213804	1242	1735	110365	30450
旅游饭店	7303		39	7342	1835
一般饭店	2720				
其他住宿服务	1968			-15	
按登记注册类型分组					
内资企业	216818	1242	1735	110659	30450
国有企业	-1776		67	-3573	
集体企业	592		2	594	
股份合作企业	-604			-604	
有限责任公司	-3368	800	1205	-4346	961
其他有限责任公司	-3368	800	1205	-4346	961
股份有限公司	4859			3052	210
私营企业	170108	440	267	104898	27964
私营独资企业	47119			22859	12082
私营有限责任公司	121324	440	219	80925	15639
私营股份有限公司	1665		48	1114	243
其他企业	47007	2	194	10638	1315
港、澳、台商投资企业	-309			-309	
港、澳、台商独资经营企业	-309			-309	
按控股情况分组	9286		39	7342	1835
国有控股	1983				
集体控股	7303		39	7342	1835
私人控股					
港澳台商控股	896		276	-2700	
其　　他	3350		2	3352	210
按经营形式分组	250716	442	493	147326	29735
独立门店	-309			-309	
连锁总店(总部)	7303		39	7342	1835
连锁门店	-36161	800	964	-37319	505
其　　他					
按星级分组	219104	1240	1747	117169	31900
五　　星	6200		8	15	227
四　　星	238		19	257	
三　　星	253	2		251	158
二　　星	3431		356	3202	176
其　　他	92202	200	452	52396	50889

单位：千元

应付职工薪酬（本年贷方累计发生额）	应交增值税	土地和固定资产支出	房屋和建筑物	机器设备	运输工具	其他费用
273928	**4166**	**32083**	**23039**	**6195**	**2083**	**766**
264488	4166	32020	23039	6132	2083	766
2790		63		63		
3600						
3050						
267462	4166	32012	23039	6124	2083	766
25205		27953	21559	5726	668	
2735						
2626						
53745	377	3899	1480	238	1415	766
53745	377	3899	1480	238	1415	766
10182	184					
131451	3325					
7233	629					
115387	2696					
8831						
41518	280	160		160		
1786		8		8		
1786		8		8		
4680		63		63		
1890						
2790		63		63		
41119		27953	21559	5726	668	
3815	184					
193064	3922	797	45	371	323	58
1786		8		8		
2790		63		63		
31354	60	3262	1435	27	1092	708
252024	3636	31526	23039	5984	1760	743
9063	530					
5377		557		211	323	23
7464						
12221	2120					
40603	3889	1078		1078		

主要统计指标解释

社会消费品零售额 指各种经济类型的批发零售贸易业、餐饮业、制造业和其他行业对城乡居民和社会集团的消费品零售额和农民对非农业居民零售额的总和。对居民的消费品零售额：指售给城乡居民用于生活消费的商品。对社会集团的消费品零售额：指售给机关、团体、部队、学校、企业、事业单位和城市街道居民委员会、农村村民委员会用公款购买的用作非生产、非经营使用的消费品。

社会消费品零售额包括：

1.售给城乡居民作为生活用的商品和修建房屋用的建筑材料。

2.售给机关、团体、学校、部队、企业、事业单位的职工食堂和旅店（招待所）附设专门供本店旅客食用，不对外营业的食堂的各种食品、燃料；企业、单位和国营农场直接售给本单位职工和职工食堂的自己生产的产品。

3.售给部队干部、战士生活用的粮食、副食品、衣着品、日用品、燃料。

4.售给来华的外国人、华侨、港澳台同胞的消费品（包括友谊商店、在海关前后设立的免税商店、外轮供应公司等）。

5.居民自费购买的中、西药品，中药材及医疗用品。

6.报社、出版社直接售给农民和社会集团的报纸、图书、杂志、集邮公司（包括邮局集邮专柜）出售的新、旧（代销的）纪念邮票、特种邮票、首日封、集邮册、集邮工具等。

7.旧货寄售商店（信托商店）自购、自销部分的商品零售额。

8.煤气公司、液化石油气站售给居民和社会集团的煤气灶具和罐装液化石油气。

9.农民售给非农业居民和社会集团的商品。

10.售给社会集团的办公用品、纸张、帐册、文印用品、计算工具、书报杂志和奖品；公共用品和纺织品、针织品；学校用的教学用品；文体用品；非专用的劳动保护用品，如工作服、套袖、围群、手套、毛巾、肥皂等；日用百货和杂品，包括职工食堂用的餐具、炊具、设备和清洁卫生工具等；家具、设备、日用电器、电讯设备、电影器材和照相器材等；取暖用的设备和燃料，防暑、降温的饮料；非生产经营用的交通工具如小轿车、面包车、工具车、卡车和油料；零星修理用的各种零配件、材料、工具、建筑材料等；举办各种招待会、茶话会、宴会用的烟酒茶和各种食品及馈赠的礼品；从公费医疗经费中开支的中、西药品、中药材和医疗器材以及其他非生产性设备和用品。

批发零售贸易、餐饮业统计限额以上标准：

1.批发业：主营业务收入在 2000 万元及以上。

2.零售业：主营业务收入在 500 万元及以上。

3.住宿业：主营业务收入在 200 万元及以上。

4.餐饮业：主营业务收入在 200 万元及以上。

商品销售总额 指对本企业以外的单位和个人出售（包括对国（境）外直接出口）的商品（包括售给本单位消费用的商品）。它反映批发零售贸易企业在国内市场上销售商品以及出口商品的总量。商品销售总额包括：对生产经营单位批发额、对批发零售贸易业批发额、出口额和对居民和社会集团商品零售额。

商品销售收入（营业收入） 指批发零售贸易企业商品销售收入、接受其他单位委托代销商品的收入和餐饮企业的营业收入（包括餐费收入、冷热饮收入、服务收入和其他收入）。

商品销售成本（营业成本） 指批发零售贸易企业已销商品应负担的进货原价和餐饮企业的原材料成本、商品进价成本。

商品销售税金及附加费（或营业税金及附加费） 指批发零售贸易企业销售商品应负担的税金和餐饮企业应由各项经营业务负担的税金及附加。包括营业税、城市维护建设税、出口关税和教育附加费等。

营业利润 指企业营业收入扣除成本、费用和各种产品销售税金及附加费（或营业税金及附加费）后的数额。

第二部分　统计资料

对外贸易和旅游业

17-1 历年对外贸易情况

单位:万美元

年　　份	进出口总额	#出　口　额
1990	199	197
1991	388	316
1992	890	490
1993	2271	1123
1994	2800	1168
1995	3644	2675
1996	3670	3449
1997	8541	4662
1998	5593	4338
1999	5736	4513
2000	57885	51172
2001	24290	16533
2002	37056	27881
2003	49023	36352
2004	45578	26728
2005	106455	59411
2006	73994	45810
2007	93952	63612
2008	89657	49012
2009	70656	34733
2010	150604	75912
2011	202456	102370

17-2 历年旅游事业

年份	旅游人数（人次）	#外国人	港澳同胞	营业收入（万元）
1990	9079	5755	3294	2841
1991	16158	8343	7815	3423
1992	20459	11620	6737	4225
1993	18449	11619	5505	6121
1994	19941	16158	2882	9477
1995	20838	17227	2065	10540
1996	22331	19727	1065	8718
1997	23225	20112	1275	10498
1998	25213	21937	1404	14055
1999	1246000	19715	8615	65443
2000	1667000	17017	6697	83959
2001	1830000	16042	1660	36061
2002	2107000	21992	941	37181
2003	1897000	10773	630	24770
2004	2622000	28266	693	294000
2005	3920000	39998	3499	466000
2006	4891000	59000	1003	692100
2007	6223000	83000	1421	934400
2008	6444200	77594	1173	1068100
2009	10337900	76190	6587	1453800
2010	13115400	81454	7116	1834700
2011	16054400	84645	9045	2266100

17-3 旅 游 事 业

项　　目	单　位	2010年	2011年	2011年比2010年增长%
接待旅游人数	**万人次**	**1311.54**	**1605.44**	**22.4**
#外 国 人	人次	81454	84645	3.9
港澳同胞	人次	7116	9045	27.1
台湾同胞	人次	5471	8653	58.2
旅游国别				
日　本	人次	9085	7180	-21.0
美　国	人次	6956	7451	7.1
新加坡	人次	2045	665	-67.5
澳大利亚	人次	1889	1709	-9.5
英　国	人次	2885	1852	-35.8
旅游部门经营情况				
旅游业总收入	亿元	183.47	226.61	23.5
旅游外汇收入	万美元	6881.85	8603.86	25.0
国内旅游收入	亿元	178.92	221.19	23.6

17-4 外国和港澳台地区在华实际投资

项目	新签协议		客商实际投资额(万美元)
	合同数(个)	客商投资额(万美元)	
直接投资合计	29	32016	88559
按投资方式分组			
中外合资企业	7	8416	19937
中外合作企业	4	852	4660
外资企业	16	22748	63962
按国民经济行业分组			
制造业	19	20187	72288
采掘业	2	1597	3056
房地产业	2		8204
批发零售业	2	391	187
餐饮业	2	4992	518
电力燃气生产供应业	2	4849	4306
按投资国别(地区)分组			
亚洲			
#香港	12	14042	26265
韩国	1	125	40
泰国	1	810	249
日本	2	368	526
新加坡	3	5957	3336
台湾	1		800
北美洲			
#美国	3	1949	4207
欧洲			
#英国	2	2572	16690
丹麦	2	5008	5538
法国	1	1185	2281
非洲			
#毛里求斯	1		28627

17-5 外商投资企业生产经营情况

项 目	单位个数（个）	亏损单位个数	销售(营业)收入（万元）	# 出口销售收入（万美元）
总计	135	72	4167505	39354
按投资方式分组				
中外合资企业	68	40	2111600	1510
中外合作企业	15	8	156207	124
外资企业	51	23	1899080	37720
外商投资股份制	1	1	618	
按国民经济行业分组				
农、林、牧、渔业	4	2	292151	106
制造业	72	34	3415881	39114
电力煤气及水的生产和供应业	6	2	66628	
建筑业	8	7	3024	
交通运输	2	1	397	
信息传输计算机服务和软件业	3	1	50599	
批发和零售业	17	11	209144	
住宿和餐饮业	9	3	36182	
房地产业	9	7	93280	
租赁和商务服务业	1	1	62	
居民服务和其他服务业	3	2	158	
按投资国别及地区分组				
亚洲	81	44	2259073	8781
# 香港	52	31	1848388	8152
印度尼西亚	2	1	29006	286
日本	11	3	113316	336
新加坡	5	3	217183	
韩国	2	1	1635	7
泰国	1		47526	
台湾	6	3	1888	
欧洲	26	16	714489	19038
# 丹麦	2	1	107513	1009
英国	11	7	536543	15738
德国	2	2	1309	14
法国	1		7204	
荷兰	1	1	2810	
希腊	1	1	121	
西班牙	1		6935	
瑞士	3	2	19749	2276
俄罗斯	1	1	60	
欧洲其他国家(地区)	3	1	32245	
北美洲	25	10	1183448	11085
# 加拿大	7	4	94891	11034
美国	18	6	1088557	51
大洋洲	2	1	9363	450
# 澳大利亚	2	1	9363	450

17-5续表1

项目	实交税金总额	#进出口关税	利润总额	净利润
总计	194738	13399	252815	220328
按投资方式分组				
中外合资企业	117038	5290	49905	42343
中外合作企业	5038		9028	7609
外资企业	72654	8109	193889	170384
外商投资股份制	8		-8	-8
按国民经济行业分组				
农、林、牧、渔业	13632		91671	78075
制造业	164952	13399	156286	138705
电力煤气及水的生产和供应业	1892		-4900	-5082
建筑业	12		-749	-756
交通运输	19		-3	-10
信息传输计算机服务和软件业	1328		5494	5448
批发和零售业	5613		3610	2684
住宿和餐饮业	4042		6560	6419
房地产业	3640		-5029	-5029
租赁和商务服务业	4		-23	-23
居民服务和其他服务业	4		-3	-3
按投资国别及地区分组				
亚洲	77907	7831	160658	132871
#香港	42782	3161	117029	95879
印度尼西亚	5220		-833	-1079
日本	382	1	3033	1618
新加坡	28578	4660	39435	35029
韩国	367	9	34	31
泰国	525		2974	2408
台湾	52		34	33
欧洲	29030	1661	53405	48721
#丹麦	9684	1373	-6338	-6338
英国	17529	278	58568	54428
德国	19		-146	-146
法国	508		89	89
荷兰	98		-7	-7
希腊	4		-63	-63
西班牙	268		914	526
瑞士	73		-2	-32
俄罗斯			-35	-34
欧洲其他国家(地区)	848		424	299
北美洲	87643	3917	38659	38644
#加拿大	373		-3541	-3544
美国	87270	3917	42200	42188
大洋洲	154		134	134
#澳大利亚	154		134	134

单位:万元

可供分配利润	# 外方应分利润	资产总额	负债总额	# 长期负债
436333	154266	4671377	2557736	519464
238362	51522	3026245	1834785	381977
7039	1031	178692	94896	11899
190932	101713	1465382	626958	125588
		1058	1096	
78170	3650	318015	75692	3123
337628	143579	3391690	1964716	442412
685	396	231725	169154	43579
1		4535	1980	3
53	36	2380	2327	135
8288	4270	122073	635	479
6915	724	257144	193591	21
6508	1612	81449	38208	29692
87		259638	111037	
		512	30	
		971	210	21
298971	57889	2297998	1231733	156025
256912	19987	2002238	1081223	125254
664	166	40563	17660	
3246	1912	71213	46172	28849
35624	35283	155581	80068	1902
		329	26	
2408	486	11738	4736	
117	54	13695	1432	20
57017	54282	732216	315658	94988
615	87	67229	47047	
54449	53086	589904	226194	93218
		2525	1417	
89	86	10936	3801	
		2110	310	
		186	183	
526		8046	3652	500
859	869	5806	4093	
		2338		
479	164	43136	28962	12700
80002	42095	1636054	1007922	267948
87		80320	72255	3
79915	42095	1555734	935667	267945
345		2717	400	
345		2717	400	

17-5续表2

项　　目	期末从业人员（人）	#外籍及港澳	从业人员劳动报酬
总　　计	28244	90	79220
按投资方式分组			
中外合资企业	17166	53	45632
中外合作企业	1688	3	7297
外资企业	9381	34	26269
外商投资股份制	9		22
按国民经济行业分组			
农、林、牧、渔业	1169	11	1514
制 造 业	22005	40	56737
电力煤气及水的生产和供应业	943	1	5522
建 筑 业	83	1	230
交通运输	41		134
信息传输计算机服务和软件业	553	1	4867
批发和零售业	1436	6	5084
住宿和餐饮业	1337	10	2578
房地产业	550	16	2401
租赁和商务服务业	73	2	38
居民服务和其他服务业	24	2	20
按投资国别及地区分组			
亚　　洲	11999	53	32964
#香　　港	9980	34	26689
印度尼西亚	200	1	624
日　　本	638	5	1325
新 加 坡	483	6	2290
韩　　国	9	1	24
泰　　国	213		1524
台　　湾	448	3	282
欧　　洲	4964	17	19013
#丹　　麦	792	4	5031
英　　国	2202	5	9060
德　　国	34		47
法　　国	468	1	2450
荷　　兰	80		610
希　　腊	25		23
西 班 牙	160		326
瑞　　士	422	1	718
俄 罗 斯	6		7
欧洲其他国家(地区)	775	6	740
北 美 洲	11016	20	26754
#加 拿 大	1158	4	1598
美　　国	9858	16	25156
大 洋 洲	239		410
#澳大利亚	239		410

单位:万元

#外籍及港澳台人员劳动报酬	注册资本		历年累计实际投资额	#外方累计实际投资额
	中方	外方(万美元)		
1023	669218	136437	1997785	129733
496	470686	62484	1184038	69437
298	24585	13293	105661	5455
230	173648	60637	707806	54818
	300	23	280	23
50	10548	1142	23136	1464
517	385031	89634	1499210	106490
161	38659	13305	110661	3733
	2719	478	6834	625
	230	8	615	58
99	6485	401	8373	401
143	160084	8363	198649	3621
25	38367	5847	87891	8893
28	24746	18032	60154	4222
	90	29	300	29
	260	17	464	17
448	324266	62356	767891	38863
243	341478	50127	689999	33279
13	15080	480	15500	450
103	1578	208	3268	207
30	4160	10052	43912	3510
		70	676	20
	100	433	3781	433
	1374	336	4938	312
569	118231	46354	595871	57486
380	27306	23848	241402	28848
6	72745	18861	314515	25271
	1555	139	2543	139
161	70	1330	2000	161
	91	40	470	40
	180	8	190	8
	1120	210	2862	210
	266	440	4318	466
	2800	350	5905	350
22	12098	1128	21666	1993
6	186372	27563	630743	33220
6	8444	2577	66971	7852
	177928	24985	563772	25368
	350	75	2500	75
	350	75	2500	75

主要统计指标解释

对外贸易　一个国家同其他国家的商品买卖的总和。世界各国之间的商品买卖，就是国际贸易。

对外贸易又称对外贸易商品流转，是指外贸部门通过买卖行为，把进出口商品从生产领域向消费领域转移的过程。从出口贸易讲，外贸部门把国内生产的商品转移到国外消费者的手中，一般需要经过出口商品的收购、调拨、加工、储存、成交和实际出口等许多业务环节。从进口贸易讲，外贸部门把国外生产的商品转移到国内消费者手中，一般需要经过进口商品的订货、交货、到货和拨交等许多业务环节。

进口　指直接从国外进口的商品和委托外贸部门代理进口的商品，不包括从国内有关单位（包括对外贸易部门和其他单位）购进的进口商品。对外贸易企业只统计自主经营进口的商品，不包括委托代理进口的商品。

出口　指直接向国（境）外出口商品和委托外贸部门代理出口的商品。不包括售给外贸部门出口或加工后出口的商品以及在国内市场以外所销售的商品。对外贸易企业只统计自主经营出口的商品，不包括受托代理出口的商品。

利用外资　指我国各级政府、部门、企业和其他经济组织通过对外借款、吸收外商直接投资以及用其他方式筹措的境外现汇、设备和技术等。

年末实有企业数　指年末在工商行政管理局注册登记的独资、合资、合作的企业、事业个数。不包括超过合同期年限，现归我方所有的三资企业。

主营业务收入　指企业从事某种主要生产、经营的经济活动所取得的业务收入。农业企业、工业企业为产品销售收入；建筑业企业为工程结算收入。农业企业、工业企业为产品销售收入；建筑业企业为工程结算收入；交通运输业企业为主营业务收入；批发零售贸易业企业为商品销售收入；餐饮业、金融业、服务业和旅游业企业为营业收入；房地产业、租赁业企业为经营收入。

利润总额　指企业在一定时期内实现盈利与亏损相抵后的总额。

客商实际投资额　指年度内客商实际投入企业的资本及境外借款。包括现汇、物资和其他形式的借款以及客商投资收益的再投资。

年末从业人数　指年度内在三资企业工作或劳动，并且取得劳动报酬或经营收入的全部人员。

旅游人数　包括入境国际旅游者人数、出境居民人数和国内旅游者人数。

（1）入境国际旅游者人数：指来中国参观、访问、旅行、探亲、访友、休养、考察、参加会议和从事经济、科技、文化、教育、宗教活动的外国人、华侨、港澳同胞和台湾同胞的人数。不包括外国在我国的常驻机构，如使领馆、通讯社、企业办事处的工作人员；来我国常住的外国专家、留学生以及在岸逗留不过夜的人员。

（2）出境居民人数：指大陆居民因公务活动或私人事务短期出境的人数。公务活动出境居民人数包括在国际交通工具上的中国服务员工，因私出境居民人数不包括在国际交通工具上的中国服务员工。

（3）国内旅游者人数：指我国大陆居民和在我国常住 1 年以上的外国人、华侨、港澳同胞离开常住地在境内其他地方的旅游设施内至少停留一夜，最长不超过 6 个月的人数。

旅游人天数　指旅游者在旅游目的地停留天数之和，天数按过夜数统计。一个旅游者过一夜为一人天。其公式为：

人天数 = 人数 × 逗留（过夜）天数

第二部分　统计资料

金融、信贷、保险

18-1 历年金融机构信贷

单位：万元

年　份	金融机构存款余额	#城乡居民储蓄余额	金融机构贷款余额
1949	2		4
1950	384	3.6	29
1951	758		304
1952	1369	77	642
1953	1944		2404
1954	3821		4032
1955	6184		5513
1956	6570		3624
1957	8295	770	5374
1958	42995		19647
1959	36855		15835
1960	51866		20955
1961	43504		22116
1962	37457	1042	17203
1963	36075		14861
1964	43435		12819
1965	40699	1423	15210
1966	36967		16385
1967	39015		18885
1968	37482		21327
1969	32976		25625
1970	47548	1803	31152
1971	45005		34014
1972	28793		35846
1973	38832		40790
1974	35661		46368
1975	39615	4654	47471
1976	38028		45120
1977	41410		47896
1978	87138	5496	52625

18-1续表

单位：万元

年 份	金融机构存款余额	#城乡居民储蓄余额	金融机构贷款余额
1979	106491	6869	58558
1980	46299	9620	46944
1981	51741	11978	50840
1982	59271	16072	55684
1983	80406	21356	61905
1984	99160	29471	70046
1985	116988	39087	108828
1986	141692	52975	148747
1987	157680	69038	178333
1988	209287	116795	307425
1989	234875	120597	243999
1990	292412	168000	339979
1991	373364	222298	406214
1992	472974	282253	490962
1993	562403	361745	593357
1994	731054	502134	697899
1995	883034	667223	840459
1996	1318918	841519	1150795
1997	1587741	996997	1328235
1998	1941725	1197932	1222064
1999	2731379	1396493	2078636
2000	3017675	1525076	2588899
2001	3678484	1722756	2872562
2002	4071960	2078403	3250175
2003	4786654	2554496	3872324
2004	6711675	3060359	7247443
2005	8038994	3795946	8739531
2006	10000775	4530845	9826447
2007	13177568	5113839	11805246
2008	16498303	6405628	14586104
2009	21257139	7758893	19704801
2010	26789189	9259156	25225210
2011	31882180	10536835	32018151

18-2 金融机构信贷

（年末余额）

单位：万元

项目	2010年	2011年	2011年比2010年增长%
各项存款	26818721	31882180	18.9
单位存款	14521934	18059219	24.4
个人存款	9276503	10596747	14.2
储蓄存款	9259156	10536835	13.8
财政性存款	2510240	2788891	11.1
临时性存款	69165	62055	-10.3
委托存款	38889	29945	-23.0
其他存款	401990	345323	-14.1
各项贷款	25199470	32018151	27.1
境内贷款	25199168	32017886	27.1
短期贷款	4904067	6957129	41.9
# 个人贷款及透支	730149	799042	9.4
单位普通贷款及透支	4069654	5968717	46.7
中长期贷款	20089958	24791923	23.4
# 个人贷款	2136408	3346864	56.7
单位普通贷款	17216913	20236510	17.5
其他类贷款	205143	268834	31.0
境外贷款	302	265	-12.3

18-3 保险业务情况

单位：万元

项目	2010年	2011年	2011年比2010年增长%
保费收入	371460	408959	10.1
人身保险	231640	214640	-7.3
财产保险	139820	194319	39.0
保险业务支出	94628	122070	29.0
人身保险	36636	44073	20.3
财产保险	57989	77997	34.5

主要统计指标解释

信贷资金 国家银行用于发放贷款的资金叫信贷资金。中国人民银行信贷资金的来源有各项存款，对国际金融机构负债、流通中货币、银行自有资金及当年结益等。信贷资金的运用有各项贷款、黄金占款、外汇占款、财政借款及在国际金融机构中的资产。

可保财产额 社会总财产额（包括固定资产和流动资产），剔除按保险公司财产保险条款规定不在保险范围内的财产额（如土地、货币等）和有自保能力不向保险公司投保单位的财产额，所余财产额。

保险金额 又叫承保额。它是保险人对被保险人负担损失补偿或约定给付的金额。它是保险合同上的最高责任额，也是计算保费的依据。

保费 又叫保险费。是保险人根据保险合同的有关规定，为被保险人取得因约定危险事故发生所造成的经济损失补偿（或给付）权利，付给保险人的代价。包括财产险和人身险储金收入。

赔款 保险事故发生后，经查证确属保险责任范围以内的保险标的损失，保险人根据保险合同的规定履行赔偿义务，给予被保险人的款项叫赔款。赔款可分已决赔款和未决赔款两种。

第二部分　统计资料

教育、科技及文化事业

19-1 教育事业基本情况

类　　别	单　位	2010年	2011年	2011年比2010年增长%
学 校 数				
普通高等院校	所	22	23	4.5
成人高等院校	所	1	1	
中等职业教育学校	所	65	65	
技工学校	所	3	3	
普通中学	所	125	122	-2.4
普通小学	所	361	341	-5.5
在校学生数				
普通高等院校	人	215275	222278	3.3
成人高等院校	人	32903	34775	5.7
中等职业教育学校	人	71637	66520	-7.1
技工学校	人	1083	904	-16.5
普通中学	人	156551	155421	-0.7
普通小学	人	177507	176940	-0.3
毕业生数				
普通高等院校	人	54405	53292	-2.0
成人高等院校	人	11737	12022	2.4
中等职业教育学校	人	16852	19737	17.1
技工学校	人	255	510	100.0
普通中学	人	48763	50370	3.3
普通小学	人	31948	30024	-6.0
专任教师数				
普通高等院校	人	12107	12245	1.1
成人高等院校	人	283	255	-9.9
中等职业教育学校	人	2115	2118	0.1
技工学校	人	122	120	-1.6
普通中学	人	9088	9858	8.5
普通小学	人	10201	9198	-9.8

19-2 高等学校基本情况

单位:所、人

类别	学校数	招生数	在校学生数	毕业生数	教职工数	#专任教师
普通高等院校	**23**	**64742**	**222278**	**53292**	**18978**	**12245**
内蒙古大学	1	5467	21404	3992	2907	1658
内蒙古工业大学	1	5834	23348	5687	2057	1430
内蒙古农业大学	1	8188	30715	6769	2603	1524
内蒙古医学院	1	3587	12743	2850	1292	782
内蒙古师范大学	1	8127	30670	6505	2393	1530
内蒙古财经学院	1	4899	18005	4544	1445	975
内蒙古建筑职业技术学院	1	2948	9314	2988	593	421
内蒙古丰州职业学院	1	643	2772	803	113	60
呼和浩特民族学院	1	2386	5955	1606	481	318
呼和浩特职业学院	1	3673	10028	3929	1058	723
内蒙古电子信息职业技术学院	1	3300	9790	2730	571	494
内蒙古机电职业技术学院	1	3807	10786	3072	622	495
内蒙古化工职业学院	1	3222	9314	2790	556	435
内蒙古商贸职业学院	1	3154	9513	2649	510	314
内蒙古警察职业学院	1	300	866		263	158
内蒙古体育职业学院	1	167	582	361	141	92
内蒙古科技职业学院	1	353	1438	547	136	56
内蒙古北方职业技术学院	1	647	2300	695	235	130
内蒙古经贸外语职业学院	1	540	2051	775	140	68
内蒙古大学创业学院	1	1370	4611		374	283
内蒙古师范大学鸿德学院	1	1490	5159		304	215
内蒙古轩元职业学院	1	282	556		112	45
内蒙古能源职业学院	1	358	358		72	39
成人高等院校	**1**	**16855**	**34775**	**12022**	**540**	**255**
内蒙古自治区广播电视学院	1	1249	2413	639	540	255

注：成人高校招生数、在校学生数、毕业生数均包括普通高校的成人学生数；学校数、教职工数、专任教师不计入其中。

19-3 普通高校研究生情况

单位：人

类别	招生数		在校学生数		毕业生数	
	2010年	2011年	2010年	2011年	2010年	2011年
总计	**4337**	**4701**	**11950**	**13041**	**2962**	**3459**
内蒙古大学	1506	1527	4115	4463	942	1160
内蒙古工业大学	691	717	1873	2032	487	529
内蒙古农业大学	668	809	2163	2239	660	643
内蒙古医学院	383	430	1057	1167	276	320
内蒙古师范大学	911	1035	2466	2721	568	766
内蒙古财经学院	178	183	276	419	29	41

19-4 各类在校学生数比例

单位：人

类别	平均每万人拥有在校学生数		平均每一专任教师负担学生数	
	2010年	2011年	2010年	2011年
大学生	1081	1107	20	21
中学生	755	713	17	16
小学生	773	762	17	19

19-5 中等职业教育学校基本情况

单位:所、人

类别	学校数	招生数	在校学生数	毕业生数	教职工数	
						# 专任教师
中等职业学校	**65**	**17451**	**66520**	**19737**	**3651**	**2118**
中等技术学校	42	13979	55272	14851	2174	1302
成人中等专业学校	6	254	1165	1170	109	85
职业高中学校	17	3218	10083	3716	1170	695
其他机构(教学点)	2				198	36

注：教学点不计校数。

19-6 中学基本情况

单位：所、人

类别	学校数	招生数		在校学生数		毕业生数		教职工数	
		初中	高中	初中	高中	初中	高中		#专任教师
总计	**122**	**31681**	**21179**	**95667**	**59754**	**32516**	**17854**	**13662**	**9858**
按学校性质分									
完全中学	39	12918	11982	39010	33397	13366	10078	5777	4160
高级中学	10		8483		24363		7136	1820	1315
十二年一贯制学校	3	667	714	1885	1994	606	640	496	343
初级中学	48	16643		50637		17128		4173	2942
九年一贯制学校	22	1453		4135		1416		1396	1098
按城乡分									
城区	75	20595	13651	60087	39336	19348	11755	8475	6328
镇区	31	9375	5893	30231	15957	11104	4970	4144	2825
乡村	16	1711	1635	5349	4461	2064	1129	1043	705

19-7 小学基本情况

单位：所、人

类别	学校数	招生数	在校学生数	毕业生数	教职工数	#专任教师
总计	**341**	**30980**	**176940**	**30024**	**11344**	**9198**
按部门分						
教育部门	323	27584	155849	26302	10739	8742
民办	18	3396	21091	3722	605	456
按城乡分						
城区	110	20717	115381	18292	5331	4650
镇区	62	7214	44893	8625	3572	2740
乡村	169	3049	16666	3107	2441	1808

19-8 中小学生升学情况

单位：人

项目	2010年	2011年	项目	2010年	2011年
小学当年毕业生	31948	30024	技工学校招生人数	522	581
初中招生人数	32725	31681	中专招收初中应届毕业生	12424	11741
小学毕业升学率（%）	102.4	105.5	初中毕业升学率（%）	124.7	112.2
初中当年毕业生	31104	32516	高中当年毕业生（含职业高中）	22470	21570
普通高中招生人数	20604	21179	# 考取高等学校人数	18916	20271
职业高中招收初中应届毕业生	5231	2968	高中毕业升学率（%）	84.2	94.0

19-9 技工学校基本情况

单位：所、人

类别	学校数	招生数	在校学生数	毕业生数	教职工数	# 专任教师
总计	**3**	**581**	**904**	**510**	**174**	**120**
内蒙古纺织技工学校	1	420	666	424	60	41
呼和浩特机床附件总厂技工学校	1	47	66	39	33	15
呼市技工学校	1	114	172	47	81	64

19-10 幼儿教育基本情况

单位：所、人

类别	园所个数	招生数	在园幼儿数	毕业生数	教职工数	# 专任教师
总计	**204**	**17997**	**42020**	**16373**	**4669**	**2572**
按部门分						
教育部门	33	5254	11721	5326	1219	772
其它部门	17	1549	5384	2282	678	328
民办	154	11194	24915	8765	2772	1472
按城乡分						
城区	119	9739	27378	11270	3578	1956
镇区	74	6955	12549	4247	960	551
乡村	11	1303	2093	856	131	65

19-11 特殊教育情况

单位：所、个、人

类别	学校数	班数	招生数	在校学生数	毕业生数	教职工数	#专任教师
总计	**5**	**35**	**49**	**278**	**26**	**121**	**97**
按类型分							
视力残疾		6	3	23	4		
听力残疾		17	11	154	21		
智力残疾		12	35	101	1		
按城乡分							
城区	3	26	22	208	20	89	76
镇区	2	9	27	70	6	32	21

19-12 博物馆、展览馆、文物保管所

项目	2010年				2011年			
	单位（个）	职工人数（人）	藏品件数（件）	参观人次数（千人次）	单位（个）	职工人数（人）	藏品件数（件）	参观人次数（千人次）
博物院（馆）	**5**	**305**	**158051**	**1454**	**5**	**328**	**178881**	**1688**
内蒙古博物院	1	193	133544	1280	1	225	154374	1400
内蒙古将军衙署博物院	1	55	4520	120	1	55	4520	180
呼和浩特市博物馆	1	39	11487	10	1	30	11487	20
托县博物馆	1	9	3100	4	1	9	3100	48
和林格尔县盛乐博物馆	1	9	5400	40	1	9	5400	40
展览馆	**2**	**144**			**2**	**150**		**10**
内蒙古展览馆	1	67			1	72		
呼和浩特市民族美术馆	1	77			1	78		10
文物保管所	**5**	**226**	**1765**	**59**	**5**	**260**	**1765**	**303**
呼和浩特市文物管理处	1	194	957	38	1	194	957	300
土左旗文管所	1	7	98		1	7	98	
和林县文管所	1	8	319	3	1	7	319	3
清水河县文管所	1	5	191		1	5	191	
武川县文管所	1	12	200	18	1	12	200	
内蒙古文物考古研究所	**1**	**46**	**14479**		**1**	**35**	**14479**	

19-13 出 版 事 业

项　　目	单 位	2011年	项　　目	单 位	2011年
出版单位	个	5	图　　书	种	2688
报　　纸	种	35	总 印 数	万册	5069
总 印 数	万份	14209	# 课　本	万册	4768
杂　　志	种	121	使用《中国标准书号》	万册	5213
总 印 数	万册	1096	不使用《中国标准书号》	万册	

19-14 公 共 图 书 馆

项　　目	机构个数（个）	职　工（人）	藏书件数（册、件）	建筑面积（平方米）	阅览室座席数（个）	流通情况（千人次）	# 书刊文献外借人次（千人次）	书刊文献外借册次（千册次）
总　　计	**10**	**337**	**2888117**	**35114**	**2845**	**391**	**271**	**363**
自治区级								
内蒙古图书馆	1	186	2196898	20500	1593	86	70	68
市　　级								
呼和浩特市图书馆	1	79	462371	7890	617	143	78	118
县（区）级								
新城区图书馆	1	10	41426	650	75	57	45	55
回民区图书馆	1	7	11400	800	60	10	8	13
玉泉区图书馆	1	5	34007	92		2	1	2
赛罕区图书馆	1	10	33022	1500	120	25	16	36
土左旗图书馆	1	10	23177	1270	130	23	17	28
托县图书馆	1	16	30750	1300	70	17	12	15
清水河县图书馆	1	4	12726	112	30	4	2	2
武川县图书馆	1	10	42340	1000	150	24	22	26

19-15 艺术表演团体

项目	团体数（个）	职工（人）	演出场次（场）	#农村演出场次	观众人次数（千人次）
总计	**14**	**965**	**2112**	**1313**	**2146**
按隶属关系分					
自治区级	6	504	610	240	698
市级	3	291	538	288	311
县（区）级	5	170	964	785	1137
按剧种分					
歌剧、舞剧、歌舞剧团	4	503	621	201	408
乌兰牧骑	5	186	949	753	1185
戏曲剧团	3	181	399	271	490
曲、杂、木、皮团	2	95	143	88	63

19-16 群众文化馆

项目	2010年			2011年		
	单位数（个）	馆舍面积（平方米）	职工（人）	单位数（个）	馆舍面积（平方米）	职工（人）
总计	**11**	**16172**	**226**	**11**	**16172**	**226**
自治区级						
内蒙古群众艺术馆	1	3571	46	1	3571	46
市级						
呼和浩特市群众艺术馆	1	3200	85	1	3200	85
县(区)级						
新城区文化馆	1	2000	9	1	2000	9
回民区文化馆	1	1500	14	1	1500	14
玉泉区文化馆	1		5	1		5
赛罕区文化馆	1	1000	19	1	1000	19
土左旗文化馆	1	2080	8	1	2080	8
托县文化馆	1	1600	13	1	1600	13
和林县文化馆	1	400	9	1	400	9
清水河县文化馆	1	546	8	1	546	8
武川县文化馆	1	275	10	1	275	10

19-17 广播电视情况

项目	单位	2011年	项目	单位	2011年
广播电台	**座**	**2**	**电视台**	**座**	**2**
中、短波发射台及转播台	座	2	1百瓦以上发射台及转播台	座	7
节目套数	套	16	节目套数	套	15
内蒙古人民广播电台			内蒙古电视台		
全年播音时间	时分	59776:00	全年播出时间	时分	60225:00
新闻资讯类节目	时分	8872:30	新闻资讯类节目	时分	7406:55
专题服务类节目	时分	21800:00	专题服务类节目	时分	9382:35
综合类节目	时分	13077:30	综艺益智类节目	时分	2864:30
广播剧类节目	时分	8974:00	影视剧类节目	时分	20274:45
广告类节目	时分	6662:00	广告类节目	时分	9755:15
其他类节目	时分	390:00	其他类节目	时分	10544:00
呼和浩特市人民广播电台			呼和浩特市电视台		
全年播音时间	时分	21334:00	全年播出时间	时分	19040:00
新闻资讯类节目	时分	5153:00	新闻资讯类节目	时分	2189:15
专题服务类节目	时分	7905:00	专题服务类节目	时分	3139:20
综艺类节目	时分	3920:00	综艺益智类节目	时分	1897:30
广播剧类节目	时分	730:00	影视剧类节目	时分	7427:55
广告类节目	时分	3261:00	广告类节目	时分	3614:00
其他类节目	时分	365:00	其他类节目	时分	772:00
			卫星地球站	**座**	**1**

19-18 大中型工业企业科技活动情况

项　　目	单位	2010年	2011年
企业单位情况			
企业单位数	个	67	70
# 有科技活动的企业数	个	18	23
科技活动人员情况			
科技活动人员	人	3649	4133
# 参加科技项目人员	人	2827	3161
# 高中级技术职称及无高中级职称大本以上人员	人	1404	1331
# 研究与试验发展（R&D）人员	人	1617	2157
科技活动经费情况			
科技活动经费支出总额	万元	115983	128090
科技活动经费内部支出	万元	112743	125079
# 研究与试验发展（R&D）经费支出	万元	28562	58045
# 新产品开发经费支出	万元	10487	47603
委托外单位开展科技活动经费	万元	3241	3011
全部科技项目情况			
科技项目数	项	341	315
# 研究与试验发展（R&D）项目	项	199	198
# 新产品开发项目	项	183	187
企业办科技机构情况			
企业办科技机构数	个	30	38
企业办科技机构活动人员	人	1486	1686
机构经费支出	万元	54093	51646
新产品情况			
新产品产值	万元	1375796	590236
新产品销售收入	万元	1345947	541490
自主知识产权情况			
专利申请数	件	251	419
# 发明专利	件	163	184
有效发明专利数	件	86	111
# 境外授权	件		
技术改造、技术获取情况			
技术改造经费支出	万元	122118	152300
技术引进经费支出	万元	13874	12218
引进技术的消化吸收经费支出	万元	7975	4682
购买国内技术经费支出	万元	2178	3398
政府相关政策落实情况			
研究开发费用加计扣除减免税	万元	1518	259
高新技术企业减免税	万元	1238	

19-19 工业企业科技活动情况

项　　目	单位	规模以上工业企业	#大中型工业企业
企业单位情况			
企业单位数	个	267	75
#有科技活动的企业数	个	40	24
科技活动人员情况			
科技活动人员	人	4560	4145
#参加科技项目人员	人	3506	3173
#高中级技术职称及无高中级职称大本以上人员	人	1458	1333
#研究与试验发展（R&D）人员	人	2277	2157
科技活动经费情况			
科技活动经费支出总额	万元	133667	128369
科技活动经费内部支出	万元	130542	125357
#研究与试验发展（R&D）经费支出	万元	60241	58045
#新产品开发经费支出	万元	51773	47888
委托外单位开展科技活动经费	万元	3125	3011
全部科技项目情况			
科技项目数	项	369	315
#研究与试验发展（R&D）项目	项	214	198
#新产品开发项目	项	221	187
企业办科技机构情况			
企业办科技机构数	个	52	39
企业办科技机构活动人员	人	1980	1698
机构经费支出	万元	54509	51646
新产品情况			
新产品产值	万元	657919	590356
新产品销售收入	万元	611935	541610
自主知识产权情况			
专利申请数	件	481	424
#发明专利	件	208	185
有效发明专利数	件	128	111
#境外授权	件	1	
技术改造、技术获取情况			
技术改造经费支出	万元	152300	152300
技术引进经费支出	万元	12218	12218
引进技术的消化吸收经费支出	万元	4682	4682
购买国内技术经费支出	万元	3398	3398
政府相关政策落实情况			
研究开发费用加计扣除减免税	万元	733	259
高新技术企业减免税	万元	230	

注：表中大中型工业企业按新的划分标准执行。

主要统计指标解释

普通高等学校 指按国家规定的审批程序批准举办通过全国统一招生考试招收高级中等学校毕业生和具有同等学历者实施高等教育培养高等专门人才的学校。包括大学、专门学院、专科学校和短期职业大学。

成人高等学校在校学生数 成人高等学校是指按照国务院有关规定，经省、自治区、直辖市人民政府、国务院有关部、委批准举办，招收高中毕业或同等学历者，利用脱产、半脱产、业余或函授多种形式对成人实施高等教育，培养相当普通高等学校专科毕业水平的专业人才，修业年限、课程设置和总学时相当二年以上的学校。包括广播电视大学、职业高等学校、管理干部学校、教育（教师进修）学校、独立设置的函授学院和高等学校举办的函授部、夜大学等。在校生数：是指具有学籍的注册学生总数。

毕业生数 指上学年度内具有学籍的学生学完教学计划规定的全部课程考试及格实际毕业的学生数。不包括结业生和肄业生数。

招生数 指新学年开学时一年级实际招收入学的新生数。不包括留级生和复学生数。

在校学生数 指学年初具有学籍的在校生总数。

学龄儿童入学率 指调查范围内已入小学学习的学龄儿童占校内外学龄儿童总数（包括弱智儿在内但不包括盲聋哑儿童）的比重。计算公式：

学龄儿童入学率＝已入学的小学学龄儿童数/校内外小学学龄儿童总数×100%

专任教师 指主要从事教学工作的人员。包括临时（一年以内）调去帮助做其他工作的教学人员。高等学校函授部、夜大学的专任教师和承担科研任务为担任教学工作仍属教师编制的人员应计入专任教师中。专任教师不包括调离教学岗位担任行政领导工作或其他工作的原教学人员。

平均每万人口学生数 指一个国家或一个地区各级各类学校学生数与同范围的人口总数（以万人为单位）之比。它反映一个国家或地区人民受教育的密度。计算公式为：

平均每万人口学生数＝学生数(人)/人口总数（万人）

平均每一教师负担学生数 指各级各类学校学年初在校学生数与专任教师数之比。它反映教师负担学生的教学工作量。计算公式为：

平均每一教师负担学生数＝学年初在校学生数/学年初专任教师数

中等职业教育学校 是指按国家规定的设置标准和审批程序批准建立的，招收初中（或部分高中）毕业生或同等学历者，实施中等职业技术教育，培养中等职业技术人才的学校。招收初中毕业生的，修业年限一般为三至四年；招收高中毕业生的，修业年限一般为二年至三年。包括中等专业学校、技工学校、职业中学（高中）等。

初中毕业生升学率 计算该升学率所用分子为高级中学招生数，包括；普通高中、职业高中、技工学校、普通中专招收初中毕业生数、普通中专举办的成人中专和成人中专招收的应届初中毕业生数，分母为初中毕业生人数。

文化事业机构 指从事专业文化工作和为专业文化工作服务的单独核算、独立建制的单位。不包括文化主管部门直属单位举办的其他行业和各部门的业余文化组织。

艺术表演团体 指从事戏曲、音乐、舞蹈、杂技等专业艺术表演有独立帐户实行单独核算的团体。不包括半工半艺、半农半艺的业余剧团。

艺术表演观众人数（人次） 指售票、包场演出或民族地区免费演出的艺术表演观众人次数。不包括彩排审查和内部观摩演出的观看人次数。

公共图书馆图书藏量 指图书馆已编目的古籍、图书、期刊、和报纸的合订本、小册子、手稿、以及缩微制品、录像带、录音带、光盘等听视文献资料数量总和。

第二部分　统计资料

体育、卫生及其他事业

20-1 体育事业基本情况

项　　目	单位	2010年	2011年
体育场地			
体 育 场		10	10
观众席位	个	98000	98000
体 育 馆	个	7	7
观众席位	个	16700	16700
游 泳 池	个	20	20
室　内	个	9	9
室　外	个	11	11
球类场地	个	732	732
# 有固定看台灯光球场	个	6	6
门 球 场	个	46	46
足 球 场	个	3	3
篮 球 场	个	552	552
排 球 场	个	125	125
室内外网球场馆	个	70	72
田 径 房	个	1	1
击剑房馆		1	1
举 重 馆		2	2
棋牌房馆	个	18	18
田 径 场	个	64	64
小运动场	个	107	107
射击场、室内射击场	个	6	6
台球房馆	个	19	19
赛 马 场	个	1	1
垒 球 馆	个		

20-1续表

项　　目	单位	2010年	2011年
乒乓球馆	个	12	12
摔柔房馆	个	6	6
健身房	个	65	65
篮球馆	个	10	10
保龄球房馆	个	6	7
武术房馆	个	1	1
羽毛球房馆	个	7	7
非标准场地	个	544	544
举办运动会情况			
举办运动会次数	次	60	80
体育学院(校)			
在校学生	人	1077	683
专职教练员	人	76	72
体育比赛获奖牌情况			
总　计	枚	257.5	7
金　牌	枚	132.5	1
国际、国家级	枚		1
自治区级	枚	132.5	
银　牌	枚	53	5
国际、国家级	枚	2	5
自治区级	枚	51	
铜　牌	枚	72	1
国际、国家级	枚	1	1
自治区级	枚	71	

20-2 卫生事业基本情况

项　　目	机构数（个）	床位数（张）	全部职工数（人）	#卫生技术人员
总　计	**1815**	**13037**	**22993**	**17005**
医院合计	**62**	**10721**	**13730**	**10655**
综合医院	37	7723	10896	8484
中医医院	9	940	1062	822
中西医结合医院	1	28	28	21
民族医院	2	67	57	57
专科医院	13	1962	1687	1271
口腔医院	1		96	81
传染病医院	1	200	282	198
妇产（科）医院	1	100	131	96
精神病医院	2	760	497	357
皮肤病医院	1	20	16	14
骨科医院	1	400	387	315
康复医院	1	350	131	82
其他专科医院	5	132	147	128
基层医疗卫生机构	**1697**	**1847**	**6412**	**4056**
社区服务中心（站）	154	960	1844	1628
卫生院	80	886	804	740
村卫生室	991		2142	112
门诊部	5	1	114	95
诊所、卫生所、医务室	467		1508	1481
专业公共卫生机构	**44**	**449**	**2692**	**2193**
疾病预防控制中心（防疫站）	12		890	680
专科疾病防治院（所、站）	4	11	154	119
健康教育所（站、中心）	2		22	12
妇幼保健院（所、站）	12	438	1056	911
急救中心（站）	1		23	12
采供血机构	1		106	76
卫生监督所（中心）	11		428	372
计划生育技术服务机构	1		13	11
其他卫生机构	**12**	**20**	**159**	**101**
疗养院	1	20	62	42
其他卫生机构	11		97	59

20-3 卫生技术人员分布

单位:人

	卫生技术人员	执业医师	执业助理医师	护师（士）	药师（士）	技师（士）	其他
总计	**17005**	**6385**	**664**	**6428**	**1198**	**998**	**1332**
医院合计	**10655**	**3889**	**155**	**4888**	**584**	**651**	**488**
综合医院	8484	3109	108	4088	403	473	303
中医医院	822	335	18	237	109	51	72
中西医结合医院	21	9	2	4	2	4	
民族医院	57	35		15	3	4	
专科医院	1271	401	17	544	67	119	113
口腔医院	81	45	3	27			6
传染病医院	198	76	3	69	20	18	12
妇产(科)医院	96	16	6	46	6	3	19
精神病医院	357	87	1	159	13	53	44
皮肤病医院	14	5		4	2	1	2
骨科医院	315	132	1	116	17	34	15
康复医院	82	8	1	58	3	5	7
其他专科医院	128	32	12	65	6	5	8
基层医疗卫生机构	**4056**	**1709**	**380**	**1017**	**563**	**127**	**260**
社区服务中心（站）	1628	636	99	576	181	72	64
卫生院	740	297	166	64	31	25	157
村卫生室	112	61	48	3			
门诊部	95	40	2	38	2	7	6
诊所、卫生所、医务室	1481	675	65	336	349	23	33
专业公共卫生机构	**2193**	**746**	**122**	**482**	**50**	**216**	**577**
疾病预防控制中心（防疫站）	680	313	48	36	12	129	142
专科疾病防治院（所、站）	119	46	11	24	3	17	18
健康教育所（站、中心）	12	1		2			9
妇幼保健院（所、站）	911	366	59	372	31	50	33
急救中心（站）	12	1	2	4		2	3
采供血机构	76	14	2	39	3	18	
卫生监督所	372						372
计划生育技术服务机构	11	5		5	1		
其他卫生机构	**101**	**41**	**7**	**41**	**1**	**4**	**7**
疗养院	42	20	1	17	1	3	
其他卫生机构	59	21	6	24		1	7

20-4 医疗机构门诊、住院及病床使用情况

项目	诊疗人次数（人次）	入院人数（人）	病床使用率（%）	出院者平均住院日（天）
总计	**8333953**	**276738**	**81.81**	**12.33**
医院合计	**3747081**	**244901**	**87.56**	**13.06**
综合医院	2918440	203260	88.22	12.56
中医医院	510411	20629	83.11	13.48
中西医结合医院	17722	127	6.24	5.02
民族医院	17900	3128	75.41	2.66
专科医院	282608	17757	88.87	19.06
口腔医院	44938			
传染病医院	1319726	5258	66.33	6.60
妇产（科）医院	642741	8789	28.16	7.20
精神病医院	79463	1	5.48	20.00
皮肤病医院	914459			
骨科医院	360082	17522	80.66	6.90
康复医院	3261	267	89.96	14.00
基层医疗卫生机构	**4183353**	**14048**	**57.53**	**6.95**
社区服务中心（站）	1319726	5258	66.32	6.61
卫生院	642741	8789	28.16	7.24
村卫生室	1226964			
门诊部	79463	1	5.48	20.00
诊所、卫生所、医务室	914459			
专业公共卫生机构	**389459**	**17789**	**80.89**	**7.01**
专科疾病防治院（所、站）	3261	267	89.96	14.00
妇幼保健院（所、站）	360082	17522	80.45	6.91
急救中心（站）	26116			
其他卫生机构	**14060**			
疗养院	14060			

20-5 婚姻情况

单位:对

项目	2010年	2011年	项目	2010年	2011年
准予登记结婚对数	21464	23917	每千人结婚对数	9.4	10.2
内地居民登记结婚对数	21406	23860	每千人离婚对数	1.37	1.48
涉外及华侨、港澳台登记结婚对数	58	57	平均每天结婚对数	58.8	65.5
离婚登记对数	3140	3485	平均每天离婚对数	8.6	9.5

20-6 基层工会情况

单位：个、人

项目	工会数	年末职工人数	#女职工	年末会员人数	#女会员
总计	**9671**	**697210**	**241256**	**697135**	**224028**
新城区	1615	60720	26541	60485	26541
回民区	1816	91624	26178	82276	23541
玉泉区	1440	62682	24814	59715	23188
赛罕区	1389	63114	19058	60358	18480
土左旗	670	55911	14100	54378	13451
托县	789	50050	11864	50005	11854
和林	573	42726	16929	42474	16917
清水河	389	35218	13348	35215	13348
武川	459	20791	3330	20738	3330
商贸农林水务工会	135	31457	17219	21223	8943
建筑建材公路运输工会	77	79433	19423	79368	15419
轻纺化工机电工会	35	42256	14746	40379	14263
直属机关工会	78	17292	4360	17227	4358
教科文卫工会	94	17502	7332	17437	7027
直属基层工会	112	26434	22014	55857	23368

20-7 妇女组织、工作情况

项　　目	单　位	2010年	2011年	项　　目	单　位	2010年	2011年
妇联机构	个	81	81	女职工委员会数	个	10	10
旗县以上	个	10	10	三八红旗集体		20	
乡镇街道	个	71	71	三八红旗手	个	60	
基层妇代会总数	个	1243	1224	巾帼建功标兵数	人		100
城　　市	个	240	221	维权法庭	个	6	6
农　　村	个	1003	1003	法律帮助机构	个	10	85
机关事业单位妇委会	个	65	65	巾帼创业带头人数	人		

20-8 共青团基本情况

单位:个、人

行　　业	基层团支部	14-35岁青年	#14-28岁	年末团员数	#少数民族	发展新团员	团员入党
总　　计	**3915**	**667364**	**483613**	**103745**	**15879**	**13567**	**1111**
农、林、牧、渔业	1059	248162	239574	19987	2150	1655	459
采掘业	4	21400	10802	105	4		
制造业	91	40616	30811	6230	235	18	12
电力煤气及水的生产和供应业	51	27631	18451	2078	123	8	3
建筑业	8	14987	5706	159	107	12	3
地质勘查、水利管理业	6	12709	2402	512	43	13	1
交通运输、仓储及邮电通讯业	36	38735	29896	156	19	7	3
批发零售贸易、餐饮业	26	31121	9913	9827	257	10	15
金融、保险业	8	15079	4919	6265	31	3	4
房地产业	4	16096	903	85	3		2
社会服务业	5	30986	10112	334	392	298	17
教育、文化艺术和广播影视事业	2476	111586	98643	53749	10414	9940	163
卫生、体育和社会福利事业	38	16923	6311	789	203	138	18
科学研究和综合技术服务业		15838	4022	119	55	11	2
国家机关、政党机关和社会团体	56	16595	6195	1778	1037	752	170
其　　他	47	8900	4953	1572	806	702	239

20-9 律师、公证、调解工作基本情况

项　　　　目	单 位	2010年	2011年	2011年比2010年增长%
律师工作				
律师事务所	个	41	41	
律　师	人	369	369	
专职律师	人	327	327	
兼职律师	人	42	42	
聘请担任常年法律顾问	家	300	342	14.0
民事、经济诉讼代理	件	1408	1775	26.1
刑事辩护及代理	件	420	608	44.8
非诉讼法律事务	件	71	135	90.1
涉外法律事务	件			
解答法律咨询	件	2960	3695	24.8
代写法律事务文书	件	1120	1934	72.7
公证工作				
公 证 处	个	5	5	
公证人员	人	71	121	70.4
#公 证 员	人	23	23	
公证员助理	人	48	48	
办理公证文书	件	71069	78532	10.5
人民调解工作				
专职司法助理员	人	223	223	
人民调解委员会	个	1476	1476	
调解人员	人	8359	8359	
调解民间纠纷	件	3034	4084	34.6

20-10 优抚安置、社会救济及殡葬情况

项　　目	单　位	2010年	2011年
优抚安置			
优抚安置单位	个	7	7
优抚安置单位职工人数	人	173	165
优抚对象总人口	人	5169	4933
# 伤残人员	人	2495	2084
烈士家属	人	173	170
牺牲病故军人家属	人	108	117
优抚优待对象户数	户	554	1633
优抚优待总金额	万元	184.6	1360.8
社会救济			
城镇居民最低生活保障人数	人	73938	71188
城镇居民低保资金	万元	24619.9	29155.4
农村居民最低生活保障人数	人	74946	73927
农村居民低保资金	万元	9062.2	12737.2
社会捐赠			
捐赠数额	万元	22.4	
捐赠衣被合计	万件		
城镇社区服务			
从业人员	个	4424	4424
城镇社区服务设施数	个	221	258
便民利民服务网点数	个	843	1216
社区服务志愿者组织数	个	170	269
社区服务志愿者人数	人	14561	
殡仪服务			
单位数	个	4	4
# 殡仪馆	个	2	2
职工人员	人	145	137
火 化 炉	座	7	7
全年处理遗体数	具	5446	5749

20-11 社会福利单位基本情况

项目	机构数（个）	职工人数（人）	床位（张）	年末在院（站）人数（人）
收养性福利单位				
光荣院	4	50	180	117
社会福利院	1	110	218	218
儿童福利院	1	92	309	309
社会福利医院	1	133	342	342
城镇老年福利机构	3	47	406	239
农村五保户供养服务机构	32	108	2123	1376
救助类单位	1	54		
社会福利企业	56	2168		

20-12 全社会用电量

单位：万千瓦时

项目	2011年	项目	2011年
全社会用电量	1434298	建筑业	21997
城乡居民生活用电	150005	交通运输、仓储、邮政业	56369
城市居民	87442	信息传输、计算机服务和软件业	10372
乡村居民	62563	商业、住宿和餐饮业	73508
全行业用电合计	1284293	金融、房地产、商务及居民服务业	12398
农、林、牧、渔业	112062	公共事业及管理组织	26938
工业	970649		

20-13 刑事案件、交通事故、火灾情况

项　　目	单　位	2010年	2011年
刑事案件			
立案数	件	17166	21478
市　区	件	14949	18657
旗　县	件	2217	2821
损失财物折款	万元	10225	15897
缴获财物折款	万元	662	413
破案率	%	30.4	24.2
交通事故			
次　数	起	697	679
市　区	起	354	347
旗　县	起	343	332
死　亡	人	177	133
市　区	人	86	66
旗　县	人	91	67
伤　人	人	736	815
市　区	人	355	266
旗　县	人	381	549
损失折款	万元	266	181
火灾情况			
发生数	起	2185	2407
死亡人数	人	8	6
伤人数	人	1	5
损失折款	万元	105	178
补充资料			
交通设施			
信号灯控制岗	处	143	189
可监控路口	处	138	158
消防设施			
消防队数	队	15	16
消防车辆	辆	101	102

20-14 城市环境污染状况

项目	单位	2010年	2011年
废水			
工业废水排放总量	万吨	2636	2476
工业废水排放达标量	万吨	2636	2476
工业废水化学需氧量排放量	吨	2853	8668
工业废水治理设施数	套	56	87
工业废水治理设施处理能力	万吨/日	17.00	14.88
废气			
工业废气排放总量	亿标立方米	1902	3359
燃烧过程中废气排放量	亿标立方米	1690	
生产工艺过程中废气排放量	亿标立方米	212	
工业二氧化硫排放量	吨	82813	107100
工业二氧化硫去除量	吨	224259	277409
工业烟（粉）尘排放量	吨	16956	25329
工业烟（粉）尘去除量	吨	1510608	4293539
一般工业固体废弃物			
工业固体废物产生量	万吨	826	886
工业固体废物排放量	吨		
工业固体废物贮存量	万吨	52	53
工业固体废物处置量	吨	454	475
工业固体废物综合利用量	万吨	319.8	357.4
工业固体废物综合利用率	%	38.7	40.3
工业增加值主要工业污染物排放强度			
废水	吨/万元	4.87	4.73
COD	吨/万元	0.001	0.001
SO_2	吨/万元	0.02	0.015
烟尘	吨/万元	0.003	0.003

注：因2011年环保统计原则、口径发生变化，故2010年与2011年数据不可比。

20-15 城市环境综合整治定量考核指标

项　　目	单　位	2010年	2011年
环境质量指标			
API指数小于等于100的天数占全年天数比例	%	95.62	95.07
可吸入颗粒物浓度年均值	毫克/立方米	0.066	0.076
二氧化硫浓度年均值	毫克/立方米	0.05	0.05
二氧化氮浓度年均值	毫克/立方米	0.03	0.04
集中式饮用水水源地水质达标率	%	100	100
城市地表水环境功能区水质达标率	%	100	100
区域环境噪声平均值	dB(A)	54.40	54.60
交通干线噪声平均值	dB(A)	69.00	69.30
污染控制指标			
清洁能源使用率	%	51.83	53.33
机动车环保定期检测率	%	80.12	80.10
工业固体废物处置利用率	%	93.70	93.97
危险废物集中处置率	%	100	100
重点工业企业工业废水排放达标率	%	100	100
重点工业企业工业烟尘排放达标率	%	100	100
重点工业企业工业二氧化硫排放达标率	%	100	100
重点工业企业工业粉尘排放达标率	%	100	100
环境建设指标			
城市生活污水集中处理	%	96.00	95.50
生活垃圾无害化处理率	%	97.88	97.99
建成区绿化覆盖率	%	35.69	36.00
环保投资指数	%	1.89	

主要统计指标解释

体育场 指有400米跑道(中心含足球场),有固定道牙,跑道6条以上,并有固定看台的室外田径场地。体育场按看台容纳观众人数分为:甲级 25000 人以上,乙级15000－25000人,丙级5000－15000人,丁级5000人以下。

体育馆 指有固定看台,可供篮球、排球、羽毛球、乒乓球、体操等项目训练比赛活动用的室内运动场地。体育馆按看台容纳观众人数分为:甲级6000人以上,乙级4000－6000人,丙级2000－4000人,丁级2000人以下。

医院 指设有固定床位,能收容病人住院并能为病人提供医疗、护理服务的医疗机构,包括县及县以上医院、农村乡卫生院和其他医疗。

床位数 指各级各类医院本年 10 月底的固定实有床位(非编制床位)。包括正规床、简易床、监护床和正在消毒、修理的床位及因扩建或大修理而停用的床位(按扩建或大修理前的床位计算),但不包括产科的新生儿床、库存床、临时增设的床位、病人家属的陪床、接产室的待产床等。

卫生技术人员 指卫生事业机构支付工资的全部固定职工和合同制职工中现任职务为卫生技术工作的专业人员。包括中医师、西医师、中西医结合高级医师、护师、中药师、西药师、检验师、其他技师、中医士、西医士、护士、助产士、中药剂师、西药剂士、检验士、其它技工、其它中医、护理员、中药剂员、西药剂员、检验员、其它初级卫生技术人员。

社会福利事业单位 指集中收养社会孤、老、残、幼的机构。包括由民政部门管理的社会福利院、儿童福利院、精神病人福利院和城镇集体办的福利院,以及农村集体举办的敬老院。

社会福利事业单位收养人数包括民政部门管理和城镇、农村集体举办的社会福利事业单位中收养的老人、少年儿童、缺乏生活自理能力的残疾人员和精神病人。

社会福利企业单位 指以安置城镇有一定劳动能力的盲、聋、哑和肢体残疾人员就业为目的,享受国家减免税待遇的国有或集体企业。包括福利工厂、福利商业和服务业、假肢厂和安置农场等单位。

城镇居民最低生活保障人数 指在城镇建立居民最低生活保障制度的地区,得到当地政府给予最低生活保障的非农业人口数,包括“三无对象”,失业人员和在职、下岗、退休人员等

农村居民最低生活保障人数 指在建立农村居民最低生活保障制度的地区,得到当地政府给予最低生活保障的农业人口数,

城镇社区服务设施数 指报告期末城镇街道办事处、居委会设立以非赢利为目的,为本社区居民服务,特别是为老年人、残疾人、儿童服务的社区服务中心、活动站、服务站、养老院、老年公寓、残疾人工疗站、残疾儿童日托所、家务服务站、婚姻介绍所等福利性设施以及职工社会保险管理服务的机构数。几种不同类型的社区服务单位,共用一个场所的,只能统计为一个社区服务设施。条件是:(1)独立核算单位;(2)有固定的从业人员(3)有一定的服务项目;(4)有一定的场所。

城镇便民利民服务网点数 指年末居委会建立的、方便社区居民生活服务的网点数。

刑事案件立案数 指年内发生并达到公安等司法部门规定的立案标准的刑事案。刑事案件是指需依法追究刑事责任并由公安等司法机关立案处理的案件。

火灾 指个人烧毁财物直接损失折款在50元以上;国家、集体烧毁财物直接损失折款在 100 元以上;因火灾死亡或重伤1人的火灾。

律师工作者 指受聘参加法律顾问处工作,提任法律顾问、刑(民)事代理人、刑事辩护人,办理非诉讼事件、解答法律询问、代写法律事务文书等主要从事律师业务的专职法律工作者和兼职律师。

公证人员 指在国家公证机关依法办理公证事务的司法人员。包括公证员、助理公证员和在公证处工作的其他人员。

办理公证文书 指公证处在一定时期内办结的公证文书件数。公证文书系按司法部规定或批准的格式制作。包括国内公证和涉外公证两部分。其中国内公证分为经济合同公证和民事法律关系公证两大类。

工业废水排放量 指经过企业厂区所有排放口排到企业外部的工业废水量。包括生产废水、外排的直接冷却水、超标排放的矿井地下水和与工业废水混排的厂区生活污水,不包括外排的间接冷却水(清污不分流的间接冷却水应计算在内)。

工业废水排放达标量 指各项指标都达到国家或地方排放标准的外排工业废水量,包括未经处理外排达标或经过处理后外排达标两部分。

工业固体废物综合利用量 指通过回收、加工、循环、交换等方式,从固体废物中提取或者使其转化为可以利用的资源、能源和其他原材料的固体废物量(包括当年利用往年的工业固体废物累计贮存量),如用作农业肥料、生产建筑材料、筑路等。综合利用量由原产生固体废物的单位统计。

工业粉尘排放量 指生产工艺过程中排放固体粉状物重量。

第二部分　统计资料

旗、县、区统计资料

21-1 新城区社会经济主要指标

指　　标	单　位	2010年	2011年	2011年比2010年增长%
行政区域土地面积	**平方公里**	**700**	**700**	
人口和就业				
年末总人口	人	361238	367522	1.7
#男　性	人	180372	183044	1.5
#乡村人口	人	49520	50265	1.5
年末总户数	户	124652	128464	3.1
#乡村户数	户	17931	18251	1.8
出生人口	人	3178	3326	4.7
死亡人口	人	1942	896	-53.9
全社会就业人员	人	326050	321905	-1.3
第一产业	人	35931	12838	-64.3
第二产业	人	87035	88416	1.6
第三产业	人	203084	220651	8.7
在岗职工人数	人	82253	82624	0.5
乡村劳动力	人	35931	35963	0.1
#农林牧渔业	人	20331	20513	0.9
国民经济综合指标				
地区生产总值	万元	3884080	4542096	12.2
第一产业	万元	16590	19836	4.8
第二产业	万元	511954	606861	10.3
#工　业	万元	232754	288015	15.9
第三产业	万元	3355536	3915399	12.5
人均生产总值	元	107521	121346	10.3
全社会固定资产投资	万元	1655814	1932889	16.7
按登记注册类型分				
#国　有	万元	706561	1047295	48.2
集　体	万元	32306	18300	-43.4
有限责任公司	万元	155911	73799	-52.7
股份有限公司	万元	64980	142968	120.0

21-1续表1

指　　标	单 位	2010年	2011年	2011年比2010年增长%
私营企业	万元	696056	642607	-7.7
外商及港澳台投资企业	万元			
按城乡渠道分				
城　镇	万元	1652714	1924969	16.5
农　村	万元	3100	7920	155.5
一般预算收入	万元	199576	392804	96.8
一般预算支出	万元	125107	147945	18.3
城乡居民储蓄存款余额	万元			
在岗职工工资总额	万元	350865	354734	1.1
在岗职工平均工资	元	41741	40289	-3.5
城镇居民人均可支配收入	元	27910	31741	13.7
农牧民人均纯收入	元	10619	12750	20.1
农村牧区经济				
耕地面积	公顷	9810	9364	-4.5
农作物总播种面积	公顷	6537	6534	
#粮食作物播种面积	公顷	5870	5852	-0.3
有效灌溉面积	公顷	4080	4080	
农牧业机械总动力	万千瓦	5.30	5.40	1.9
化肥施用折纯量	吨	147	147	
农村用电量	万千瓦小时	1285	1401	9.0
农林牧渔业总产值	万元	29803	35840	20.3
粮食产量	吨	19470	15178	-22.0
油料产量	吨	89	84	-5.6
甜菜产量	吨			
猪牛羊肉产量	吨	1861	1797	-3.4
#猪肉产量	吨	1120	1120	
牛肉产量	吨	261	197	-24.5
羊肉产量	吨	480	480	

21-1续表2

指　　标	单 位	2010年	2011年	2011年比2010年增长%
羊毛产量	吨	63	69	9.5
年末牲畜存栏头数	万头只	7.44	7.60	2.2
# 大牲畜	万头只	1.41	1.40	-0.7
羊	万只	4.21	4.40	4.5
猪	万头	1.82	1.80	-1.1
规模以上工业				
工业企业单位数	个	30	21	-30.0
# 内资企业	个	28	21	-25.0
工业总产值	万元	449344	540917	20.4
内资企业	万元	447945	540917	20.8
国有企业	万元	365649	468385	28.1
集体企业	万元	605		-100.0
股份合作企业	万元			
联营企业	万元			
有限责任公司	万元	38392	22423	-41.6
股份有限公司	万元	335		-100.0
私营企业	万元	42965	50109	16.6
其他企业	万元			
港澳台商投资企业	万元	864		-100.0
外商投资企业	万元	535		-100.0
工业企业增加值	万元			16.3
工业企业资产总计	万元	655383	643725	-1.8
工业企业负债合计	万元	506456	490985	-3.1
工业企业产品销售收入	万元	457667	534945	16.9
工业企业利润总额	万元	35921	308843	759.8
建筑业				
建筑企业单位数	个	61	61	
建筑企业从业人员	人	35881	25685	-28.4
建筑业总产值	万元	817506	882635	8.0

21-1续表3

指　　标	单位	2010年	2011年	2011年比2010年增长%
交通运输邮电通信业				
公路里程	公里			
邮电业务总量	万元			
本地电话用户	户			
国内贸易				
社会消费品零售总额	万元	2321000	2687731	15.8
#城　镇	万元	2321000	2687731	15.8
#城　区	万元	2321000	2687731	15.8
乡　村	万元			
科技教育卫生				
各类专业技术人员	人	4107	4088	-0.5
幼儿园数	所	27	28	3.7
学龄儿童入学率	%	100.0	100.0	
小学学校数	所	45	43	-4.4
小学专任教师数	人	2081	1827	-12.2
小学在校学生数	人	38889	40507	4.2
普通中学学校数	所	22	22	
普通中学专任教师数	人	2120	2115	-0.2
初中在校学生数	人	18707	19058	1.9
高中在校学生数	人	14060	14505	3.2
卫生机构数	所	18	21	16.7
#医　院	所	15	19	26.7
卫生院	所	3	2	-33.3
床位数	张	2257	2183	-3.3
#医　院	张	2227		-100.0
卫生院	张	30		-100.0
卫生技术人员	人	3056	3445	12.7
#医　院	人	1920		-100.0
卫生院	人	30		-100.0

21-2 回民区社会经济主要指标

指　　标	单　位	2010年	2011年	2011年比2010年增长%
行政区域土地面积	**平方公里**	**175**	**175**	
人口和就业				
年末总人口	人	237351	239331	0.8
# 男　性	人	119357	120039	0.6
# 乡村人口	人	48113	48624	1.1
年末总户数	户	85127	86753	1.9
# 乡村户数	户	14665	14735	0.5
出生人口	人	2007	2094	4.3
死亡人口	人	983	1022	4.0
全社会就业人员	人	169318	170706	0.8
第一产业	人	4666	4701	0.8
第二产业	人	54510	55048	1.0
第三产业	人	110142	110957	0.7
在岗职工人数	人	41615	42103	1.2
乡村劳动力	人	39200	41516	5.9
# 农林牧渔业	人	5000	4907	-1.9
国民经济综合指标				
地区生产总值	万元	2321449	2700461	11.5
第一产业	万元	4204	4945	3.1
第二产业	万元	415748	512154	14.9
# 工　业	万元	273648	358686	22.7
第三产业	万元	1901497	2183362	10.8
人均生产总值	元	97806	113302	10.6
全社会固定资产投资	万元	621927	737474	18.6
按登记注册类型分				
# 国　有	万元	348433	288449	-17.2
集　体	万元			
有限责任公司	万元	62982	207238	229.0
股份有限公司	万元	12800	900	-93.0

21-2续表1

指　　标	单 位	2010年	2011年	2011年比2010年增长%
私营企业	万元	188362	223787	18.8
外商及港澳台投资企业	万元	7000	12100	72.9
按城乡渠道分				
城　镇	万元	621667	737474	18.6
农　村	万元	260		-100.0
一般预算收入	万元	96625	101918	5.5
一般预算支出	万元	80501	129539	60.9
城乡居民储蓄存款余额	万元			
在岗职工工资总额	万元	150515	154241	2.5
在岗职工平均工资	元	35478	38093	7.4
城镇居民人均可支配收入	元	24230	27908	15.2
农牧民人均纯收入	元	10855	13100	20.7
农村牧区经济				
耕地面积	公顷	1073	786	-26.7
农作物总播种面积	公顷	828	786	-5.1
# 粮食作物播种面积	公顷	760	731	-3.8
有效灌溉面积	公顷	500	470	-6.0
农牧业机械总动力	万千瓦	0.80	0.62	-22.5
化肥施用折纯量	吨	145	129	-11.0
农村用电量	万千瓦小时	1903	2013	5.8
农林牧渔业总产值	万元	7445	8949	20.2
粮食产量	吨	3476	3611	3.9
油料产量	吨	7	17	142.9
甜菜产量	吨			
猪牛羊肉产量	吨	704	396	-43.8
# 猪肉产量	吨	440	185	-58.0
牛肉产量	吨	180	148	-17.8
羊肉产量	吨	84	63	-25.0

21-2续表2

指　　标	单 位	2010年	2011年	2011年比2010年增长%
羊毛产量	吨			
年末牲畜存栏头数	万头只	1.28	0.71	-44.5
# 大牲畜	万头只	0.27	0.30	11.1
羊	万只	0.34	0.27	-20.6
猪	万头	0.67	0.41	-38.8
规模以上工业				
工业企业单位数	个	27	17	-37.0
# 内资企业	个	24	14	-41.7
工业总产值	万元	460734	589297	27.9
内资企业	万元	266977	374719	40.4
国有企业	万元	56663	58057	2.5
集体企业	万元			
股份合作企业	万元			
联营企业	万元			
有限责任公司	万元	30924	66408	114.7
股份有限公司	万元	63360	102769	62.2
私营企业	万元	116030	147485	27.1
其他企业	万元			
港澳台商投资企业	万元	48518	210488	333.8
外商投资企业	万元	145239	4090	-97.2
工业企业增加值	万元			24.8
工业企业资产总计	万元	971501	1086593	11.8
工业企业负债合计	万元	716557	907561	26.7
工业企业产品销售收入	万元	412462	567690	37.6
工业企业利润总额	万元	59460	6685	-88.8
建筑业				
建筑企业单位数	个	35	39	11.4
建筑企业从业人员	人	24123	11432	-52.6
建筑业总产值	万元	358736	259172	-27.8

21-2续表3

指　　标	单　位	2010年	2011年	2011年比2010年增长%
交通运输邮电通信业				
公路里程	公里			
邮电业务总量	万元			
本地电话用户	户			
国内贸易				
社会消费品零售总额	万元	2342172	2738237	16.9
#城　镇	万元	621667	645274	3.8
#城　区	万元	621407	644968	3.8
乡　村	万元	260	310	19.2
科技教育卫生				
各类专业技术人员	人	8215	8424	2.5
幼儿园数	所	36	36	
学龄儿童入学率	%	100.0	100.0	
小学学校数	所	35	35	
小学专任教师数	人	966	986	2.1
小学在校学生数	人	21239	21351	0.5
普通中学学校数	所	20	20	
普通中学专任教师数	人	1597	1612	0.9
初中在校学生数	人	14948	15109	1.1
高中在校学生数	人	12350	12420	0.6
卫生机构数	所	169	169	
#医　院	所	18	18	
卫生院	所	1	1	
床位数	张	4363	4401	0.9
#医　院	张	4353	4391	0.9
卫生院	张	10	10	
卫生技术人员	人	5202	5301	1.9
#医　院	人	5187	5207	0.4
卫生院	人	15	15	

21-3 玉泉区社会经济主要指标

指　　　　标	单　位	2010年	2011年	2011年比2010年增长%
行政区域土地面积	**平方公里**	**207**	**207**	
人口和就业				
年末总人口	人	198610	201257	1.3
# 男　性	人	100186	101211	1.0
# 乡村人口	人	50010	50456	0.9
年末总户数	户	77002	78951	2.5
# 乡村户数	户	18581	19521	5.1
出生人口	人	2105	1794	-14.8
死亡人口	人	819	668	-18.4
全社会就业人员	人	98920	98930	
第一产业	人	14448	13670	-5.4
第二产业	人	29710	29728	0.1
第三产业	人	54762	55532	1.4
在岗职工人数	人	18678	18717	0.2
乡村劳动力	人	20073	22207	10.6
# 农林牧渔业	人	14194	13670	-3.7
国民经济综合指标				
地区生产总值	万元	1837763	2187637	12.8
第一产业	万元	22406	27100	6.0
第二产业	万元	657796	803975	14.2
# 工　业	万元	522696	655365	17.4
第三产业	万元	1157561	1356562	12.2
人均生产总值	元	93252	109418	11.2
全社会固定资产投资	万元	1101468	991885	-9.9
按登记注册类型分				
# 国　有	万元	323569	322224	-0.4
集　体	万元	51409	15000	-70.8
有限责任公司	万元	340751	340077	-0.2
股份有限公司	万元	90111	30435	-66.2

21-3续表1

指　　标	单　位	2010年	2011年	2011年比2010年增长%
私营企业	万元	234893	279874	19.1
外商及港澳台投资企业	万元		3465	
按城乡渠道分				
城　镇	万元	1101468	991885	-9.9
农　村	万元			
一般预算收入	万元	83746	98646	17.8
一般预算支出	万元	68179	79436	16.5
城乡居民储蓄存款余额	万元			
在岗职工工资总额	万元	70402	81573	15.9
在岗职工平均工资	元	37364	40032	7.1
城镇居民人均可支配收入	元	23316	27084	16.2
农牧民人均纯收入	元	10619	12750	20.1
农村牧区经济				
耕地面积	公顷	8599	8537	-0.7
农作物总播种面积	公顷	5079	4932	-2.9
# 粮食作物播种面积	公顷	3796	3881	2.2
有效灌溉面积	公顷	4283	5252	22.6
农牧业机械总动力	万千瓦	6.80	7.07	4.0
化肥施用折纯量	吨	1162	2852	145.4
农村用电量	万千瓦小时	1085	1053	-2.9
农林牧渔业总产值	万元	39417	47062	19.4
粮食产量	吨	37793	39352	4.1
油料产量	吨	104	83	-20.2
甜菜产量	吨			
猪牛羊肉产量	吨	1529	1494	-2.3
# 猪肉产量	吨	716	683	-4.6
牛肉产量	吨	662	662	
羊肉产量	吨	151	149	-1.3

21-3续表2

指　　标	单 位	2010年	2011年	2011年比2010年增长%
羊毛产量	吨	27	36	33.3
年末牲畜存栏头数	万头只	3.25	2.80	-13.8
# 大牲畜	万头只	1.71	2.20	28.7
羊	万只	1.03	1.03	
猪	万头	0.51	0.61	19.6
规模以上工业				
工业企业单位数	个	21	16	-23.8
# 内资企业	个	21	16	-23.8
工业总产值	万元	128178	142582	11.2
内资企业	万元	128178	142582	11.2
国有企业	万元	2569		-100.0
集体企业	万元	840	2046	143.6
股份合作企业	万元			
联营企业	万元			
有限责任公司	万元	14214	22541	58.6
股份有限公司	万元	41002	48400	18.0
私营企业	万元	69554	67265	-3.3
其他企业	万元		2330	
港澳台商投资企业	万元			
外商投资企业	万元			
工业企业增加值	万元			18.2
工业企业资产总计	万元	138178	131888	-4.6
工业企业负债合计	万元	96948	94157	-2.9
工业企业产品销售收入	万元	112249	133405	18.9
工业企业利润总额	万元	11543	15979	38.4
建筑业				
建筑企业单位数	个	31	32	3.2
建筑企业从业人员	人	6226	5682	-8.7
建筑业总产值	万元	164363	221445	34.7

21-3续表3

指　　标	单　位	2010年	2011年	2011年比2010年增长%
交通运输邮电通信业				
公路里程	公里			
邮电业务总量	万元			
本地电话用户	户			
国内贸易				
社会消费品零售总额	万元	1205693	1387749	15.1
#城　镇	万元	1143137	1317928	15.3
#城　区	万元	1143137	1317928	15.3
乡　村	万元	62556	69821	11.6
科技教育卫生				
各类专业技术人员	人	3109	2537	-18.4
幼儿园数	所	26	24	-7.7
学龄儿童入学率	%	100.0	100.0	
小学学校数	所	35	34	-2.9
小学专任教师数	人	1077	1001	-7.1
小学在校学生数	人	21155	22714	7.4
普通中学学校数	所	15	12	-20.0
普通中学专任教师数	人	938	820	-12.6
初中在校学生数	人	7570	7172	-5.3
高中在校学生数	人	5540	3819	-31.1
卫生机构数	所	221	221	
#医　院	所	14	15	7.1
卫生院	所	2	2	
床位数	张	660	665	0.8
#医　院	张	600	605	0.8
卫生院	张	30	30	
卫生技术人员	人	615	703	14.3
#医　院	人	595	683	14.8
卫生院	人	20	20	

21-4 赛罕区社会经济主要指标

指标	单位	2010年	2011年	2011年比2010年增长%
行政区域土地面积	**平方公里**	**1025**	**1025**	
人口和就业				
年末总人口	人	408401	416897	2.1
#男　性	人	206391	210160	1.8
#乡村人口	人	138317	138317	0.1
年末总户数	户	137026	143078	4.4
#乡村户数	户	42116	42226	0.3
出生人口	人	4066	4387	7.9
死亡人口	人	2479	762	-69.3
全社会就业人员	人	122100	128833	5.5
第一产业	人	45761	44800	-2.1
第二产业	人	20914	21443	2.5
第三产业	人	55425	62590	12.9
在岗职工人数	人	84003	87415	0.1
乡村从业人员	人	66931	67462	0.1
#农林牧渔业	人	45761	44800	-2.1
国民经济综合指标				
地区生产总值	万元	3140978	3703155	11.6
第一产业	万元	163511	195594	4.9
第二产业	万元	757309	870547	7.2
#工　业	万元	495009	576771	9.1
第三产业	万元	2220158	2637014	13.6
人均生产总值	元	77547	89741	9.5
全社会固定资产投资	万元	1784285	2158587	21.0
按登记注册类型分				
#国　有	万元	564437	769396	36.3
集　体	万元	91510	117085	27.9
有限责任公司	万元	282328	431167	52.7
股份有限公司	万元	16329	30452	86.5

21-4续表1

指　　标	单位	2010年	2011年	2011年比2010年增长%
私营企业	万元	759521	804287	5.9
外商及港澳台投资企业	万元	60860	4800	-92.1
按城乡渠道分				
城　镇	万元	1782285	2158587	21.1
农　村	万元	2000		-100.0
地方财政收入	万元	192612	256485	33.2
地方财政支出	万元	164471	215180	30.8
城乡居民储蓄存款余额	万元			
在岗职工工资总额	万元	377937	444755	17.7
在岗职工平均工资	元	43414	47332	9.0
城镇居民人均可支配收入	元	26990	30808	14.1
农牧民人均纯收入	元	10421	12372	18.7
农村牧区经济				
耕地面积	公顷	44697	44697	
农作物总播种面积	公顷	32478	32216	-0.8
# 粮食作物播种面积	公顷	22598	23421	3.6
有效灌溉面积	公顷	20200	23303	15.4
农牧业机械总动力	万千瓦	17.00	27	59.4
化肥施用折纯量	吨	10086	10439	3.5
农村用电量	万千瓦小时	7086	7368	4.0
农林牧渔业总产值	万元	293273	352659	20.2
粮食产量	吨	106215	90929	-14.4
油料产量	吨	115	104	-9.6
甜菜产量	吨			
猪牛羊肉产量	吨	11020	8410	-23.7
# 猪肉产量	吨	3174	3174	
牛肉产量	吨	7359	4749	-35.5
羊肉产量	吨	487	487	

21-4续表2

指　　标	单位	20010年	2011年	2011年比2010年增长%
羊毛产量	吨	105	93	-11.4
年末牲畜存栏头数	万头只	25.25	26.34	4.3
# 大牲畜	万头只	16.16	17.15	6.1
羊	万只	5.45	5.45	
猪	万头	3.64	3.74	2.7
规模以上工业				
工业企业单位数	个	39	24	-38.5
# 内资企业	个	36	21	-41.7
工业总产值	万元	1495490	1613114	7.9
内资企业	万元	1446929	1561221	7.9
国有企业	万元	497149	596455	20.0
集体企业	万元	2261	4430	95.9
股份合作企业	万元	21411		-100.0
联营企业	万元			
有限责任公司	万元	122607	233937	90.8
股份有限公司	万元	741138	709832	-4.2
私营企业	万元	62363	16568	-73.4
其他企业	万元			
港澳台商投资企业	万元	2450	2050	-16.3
外商投资企业	万元	46111	49844	8.1
工业企业增加值	万元			4.2
工业企业资产总计	万元	2316529	3077922	32.9
工业企业负债合计	万元	1326644	1760964	32.7
工业企业产品销售收入	万元	1453078	1588593	9.3
工业企业利润总额	万元	117974	53032	-55.0
建筑业				
建筑企业单位数	个	57	71	24.6
建筑企业从业人员	人	47751	22249	-13.6
建筑业总产值	万元	563517	643363	14.2

21-4续表3

指　　标	单位	2010年	2011年	2011年比2010年增长%
交通运输邮电通信业	万元			
公路里程	公里			
邮电业务总量	万元			
本地电话用户	户			
国内贸易				
社会消费品零售总额	万元	953512	1202702	26.1
# 城　镇	万元	728008	885051	21.6
# 城　区	万元	728008	885051	21.6
乡　村	万元	225504	317651	40.9
科技教育卫生				
各类专业技术人员	人	25189	25213	0.1
幼儿园数	所	25	32	28.0
学龄儿童入学率	%	100.0	100.0	
小学学校数	所	74	45	-39.2
小学专任教师数	人	1903	1554	-18.3
小学在校学生数	人	39401	39686	0.7
普通中学学校数	所	24	24	
普通中学专任教师数	人	1539	2313	50.3
初中在校学生数	人	21257	22755	7.0
高中在校学生数	人	10154	10610	4.5
卫生机构数	所	46	46	
# 医　院	所	22	22	
卫生院	所	7	7	
床位数	张	2754	2735	-0.7
# 医　院	张	2695	2676	-0.7
卫生院	张	39	39	
卫生技术人员	人	3527	3589	1.8
# 医　院	人	2836	2898	2.2
卫生院	人	43	43	

21-5 土默特左旗社会经济主要指标

指　　标	单　位	2010年	2011年	2011年比2010年增长%
行政区域土地面积	**平方公里**	**2779**	**2779**	
人口和就业				
年末总人口	人	363739	367036	0.9
# 男　性	人	190537	191995	0.8
# 乡村人口	人	297871	289576	-2.8
年末总户数	户	116672	120160	3.0
# 乡村户数	户	77029	77145	0.2
出生人口	人	4763	4258	-10.6
死亡人口	人	4107	636	-84.5
全社会就业人员	人	189882	190122	0.1
第一产业	人	116467	113452	2.6
第二产业	人	34298	34492	0.6
第三产业	人	39097	42178	7.9
在岗职工人数	人	17203	17276	0.4
乡村劳动力	人	156297	158537	1.4
# 农林牧渔业	人	112530	96318	-14.4
国民经济综合指标				
地区生产总值	万元	1511753	1833467	13.6
第一产业	万元	294278	353890	5.4
第二产业	万元	595945	777695	22.0
# 工　业	万元	509845	691595	27.0
第三产业	万元	621530	701882	9.3
人均生产总值	元	41607	50179	12.9
全社会固定资产投资	万元	546943	563103	3.0
按登记注册类型分				
# 国　有	万元	126441	274521	117.1
集　体	万元	1435	600	-58.2
有限责任公司	万元	330317	264132	-20.0
股份有限公司	万元			

21-5续表1

指　　标	单 位	2010年	2011年	2011年比2010年增长%
私营企业	万元	69450	23700	-65.9
外商及港澳台投资企业	万元			
按城乡渠道分				
城　镇	万元	546943	563103	3.0
农　村	万元			
一般预算收入	万元	70228	77566	10.4
一般预算支出	万元	142292	187679	31.9
城乡居民储蓄存款余额	万元	276289	345640	25.1
在岗职工工资总额	万元	49354	68405	38.6
在岗职工平均工资	元	27860	37301	33.9
城镇居民人均可支配收入	元	18530	21555	16.3
农牧民人均纯收入	元	9558	10880	13.8
农村牧区经济				
耕地面积	公顷	114479	114479	
农作物总播种面积	公顷	81198	81546	0.4
# 粮食作物播种面积	公顷	58465	58953	0.8
有效灌溉面积	公顷	83088	83088	
农牧业机械总动力	万千瓦	52.70	59.90	13.7
化肥施用折纯量	吨	24918	28299	13.6
农村用电量	万千瓦小时	10600	10620	0.2
农林牧渔业总产值	万元	526792	634485	20.4
粮食产量	吨	441228	425614	-3.5
油料产量	吨	15306	17473	14.2
甜菜产量	吨	29407	23169	-21.2
猪牛羊肉产量	吨	25872	25952	0.3
# 猪肉产量	吨	9060	9322	2.9
牛肉产量	吨	10574	11574	9.5
羊肉产量	吨	3578	5056	41.3

21-5续表2

指　　　　标	单　位	2010年	2011年	2011年比2010年增长%
羊毛产量	吨	526	576	9.5
年末牲畜存栏头数	万头只	61.05	61.42	0.6
# 大牲畜	万头只	26.12	25.99	-0.5
羊	万只	25.19	25.69	2.0
猪	万头	9.73	9.73	
规模以上工业				
工业企业单位数	个	39	38	-2.6
# 内资企业	个	34	33	-2.9
工业总产值	万元	696935	1022905	46.8
内资企业	万元	543366	665155	22.4
国有企业	万元			
集体企业	万元			
股份合作企业	万元			
联营企业	万元			
有限责任公司	万元	366159	477509	30.4
股份有限公司	万元	40504	27232	-32.8
私营企业	万元	136703	160413	17.3
其他企业	万元			
港澳台商投资企业	万元	45127	267197	492.1
外商投资企业	万元	108442	90553	-16.5
工业企业增加值	万元			30.1
工业企业资产总计	万元	690833	1007552	45.8
工业企业负债合计	万元	418548	576371	37.7
工业企业产品销售收入	万元	690012	1025815	48.7
工业企业利润总额	万元	38666	163684	323.3
建筑业				
建筑企业单位数	个	3	3	
建筑企业从业人员	人	779	703	-9.8
建筑业总产值	万元	22615	21099	-6.7

21-5续表3

指　　标	单 位	2010年	2011年	2011年比2010年增长%
交通运输邮电通信业				
公路里程	公里	1314	1314	
邮电业务总量	万元	11397	12467	9.4
本地电话用户	户	25670	24320	-5.3
国内贸易				
社会消费品零售总额	万元	197232	231966	17.6
#城　镇	万元	127609	150082	17.6
#城　区	万元	76565	90049	17.6
乡　村	万元	69623	81884	17.6
科技教育卫生				
各类专业技术人员	人	5026	5085	1.2
幼儿园数	所	6	33	450.0
学龄儿童入学率	%	100.0	100.0	
小学学校数	所	88	88	
小学专任教师数	人	1605	1446	9.9
小学在校学生数	人	18189	16798	-7.7
普通中学学校数	所	17	16	-5.9
普通中学专任教师数	人	878	776	-11.6
初中在校学生数	人	9626	8554	-11.1
高中在校学生数	人	4882	5026	3.0
卫生机构数	所	26	26	
#医　院	所	2	2	
卫生院	所	16	16	
床位数	张	565	565	
#医　院	张	322	334	3.7
卫生院	张	198	209	5.6
卫生技术人员	人	574	599	4.4
#医　院	人	292	292	
卫生院	人	199	178	-10.6

21-6 托克托县社会经济主要指标

指　　标	单　位	2010年	2011年	2011年比2010年增长%
行政区域土地面积	**平方公里**	**1313**	**1313**	
人口和就业				
年末总人口	人	205758	207109	0.7
#男　性	人	105216	105790	0.5
#乡村人口	人	149371	150529	0.8
年末总户数	户	76755	78848	2.7
#乡村户数	户	40353	40994	1.6
出生人口	人	3532	2472	-30.0
死亡人口	人	2822	477	-83.1
全社会就业人员	人	116374	115107	-1.1
第一产业	人	57594	53907	-6.4
第二产业	人	25100	26200	4.4
第三产业	人	33680	35000	3.9
在岗职工人数	人	18339	19442	6.0
乡村劳动力	人	85819	86146	0.4
#农林牧渔业	人	57594	53907	-6.4
国民经济综合指标				
地区生产总值	万元	1729310	2071804	12.1
第一产业	万元	152792	182300	4.6
第二产业	万元	1291111	1553843	12.6
#工　业	万元	1207511	1470243	14.0
第三产业	万元	285407	335661	13.6
人均生产总值	元	84045	100362	11.4
全社会固定资产投资	万元	305416	416639	36.4
按登记注册类型分				
#国　有	万元	136418	186001	36.3
集　体	万元	6160		
有限责任公司	万元	57208	175991	207.6
股份有限公司	万元	5200	16800	223.1

21-6续表1

指　　标	单 位	2010年	2011年	2011年比2010年增长%
私营企业	万元	98430	9278	-90.6
外商及港澳台投资企业	万元		9278	
按城乡渠道分				
城　镇	万元	303616	396652	30.6
农　村	万元	1800	19987	1010.4
一般预算收入	万元	80873	91883	13.6
一般预算支出	万元	137044	164605	20.1
城乡居民储蓄存款余额	万元	220831	257133	16.4
在岗职工工资总额	万元	68539	78052	13.9
在岗职工平均工资	元	35547	40161	13.0
城镇居民人均可支配收入	元	20090	23132	15.1
农牧民人均纯收入	元	9454	10688	13.1
农村牧区经济				
耕地面积	公顷	68000	67013	-1.5
农作物总播种面积	公顷	53289	54738	2.7
# 粮食作物播种面积	公顷	37564	38030	1.2
有效灌溉面积	公顷	39700	42200	6.3
农牧业机械总动力	万千瓦	39.57	40.64	2.7
化肥施用折纯量	吨	33920	35204	3.8
农村用电量	万千瓦小时	5794	6075	4.8
农林牧渔业总产值	万元	270975	326361	20.4
粮食产量	吨	233724	241195	3.2
油料产量	吨	5378	6073	12.9
甜菜产量	吨	2813	2993	6.4
猪牛羊肉产量	吨	12435	13435	8.0
# 猪肉产量	吨	4740	4740	
牛肉产量	吨	4329	5329	23.1
羊肉产量	吨	3366	3366	

21-6续表2

指　　标	单　位	2010年	2011年	2011年比2010年增长%
羊毛产量	吨	842	848	0.7
年末牲畜存栏头数	万头只	30.67	30.99	1.0
# 大牲畜	万头只	11.39	11.18	-1.8
羊	万只	16.63	17.13	3.0
猪	万头	2.65	2.68	1.1
规模以上工业				
工业企业单位数	个	29	27	-6.9
# 内资企业	个	26	24	-7.7
工业总产值	万元	2785674	3008845	8.0
内资企业	万元	2281763	2376676	4.2
国有企业	万元	5841	22355	282.7
集体企业	万元			
股份合作企业	万元	3173	5000	57.6
联营企业	万元			
有限责任公司	万元	1694861	1441010	-15.0
股份有限公司	万元			
私营企业	万元	577888	894154	54.7
其他企业	万元		14157	
港澳台商投资企业	万元	420491	545663	29.8
外商投资企业	万元	83420	86506	3.7
工业企业增加值	万元			14.0
工业企业资产总计	万元	2706882	2758752	1.9
工业企业负债合计	万元	1992129	2030120	1.9
工业企业产品销售收入	万元	2611939	2801208	7.2
工业企业利润总额	万元	608028	602295	-0.9
建筑业				
建筑企业单位数	个	7	10	42.9
建筑企业从业人员	人	3608	4152	15.1
建筑业总产值	万元	38259	45236	18.2

21-6续表3

指　　　　标	单　位	2010年	2011年	2011年比2010年增长%
交通运输邮电通信业				
公路里程	公里	955	955	
邮电业务总量	万元	3449	3917	13.6
本地电话用户	户	15800	17000	7.6
国内贸易				
社会消费品零售总额	万元	144798	172876	19.4
#城　镇		115838	138000	19.1
#城　区	万元	92671	110000	18.7
乡　村	万元	28960	34876	20.4
科技教育卫生				
各类专业技术人员	人	3148	3162	0.4
幼儿园数	所	20	22	10.0
学龄儿童入学率	%	100.0	100.0	
小学学校数	所	17	17	
小学专任教师数	人	685	679	-0.9
小学在校学生数	人	12900	12706	-1.5
普通中学学校数	所	5	5	
普通中学专任教师数	人	690	705	2.2
初中在校学生数	人	7182	6965	-3.0
高中在校学生数	人	4326	4262	-1.5
卫生机构数	所	11	11	
#医　院	所	2	2	
卫生院	所	9	9	
床位数	张	202	441	118.3
#医　院	张	154	362	135.1
卫生院	张	48	79	64.6
卫生技术人员	人	331	401	21.1
#医　院	人	204	251	23.0
卫生院	人	127	150	18.1

21-7 和林格尔县社会经济主要指标

指　　标	单　位	2010年	2011年	2011年比2010年增长%
行政区域土地面积	**平方公里**	**3401**	**3401**	
人口和就业				
年末总人口	人	198351	200397	1.0
# 男　性	人	104169	105107	0.9
# 乡村人口	人	151831	151465	-0.2
年末总户数	户	73177	75217	2.8
# 乡村户数	户	39000	40119	2.9
出生人口	人	3249	2708	-16.7
死亡人口	人	2039	323	-84.2
全社会就业人员	人	110657	112300	1.5
第一产业	人	64859	65128	0.4
第二产业	人	21285	21550	1.2
第三产业	人	24513	25622	4.5
在岗职工人数	人	18744	19548	4.3
乡村劳动力	人	80847	82537	2.1
# 农林牧渔业	人	64859	65128	0.4
国民经济综合指标				
地区生产总值	万元	1291979	1455727	5.5
第一产业	万元	174243	207152	4.2
第二产业	万元	794211	868503	2.3
# 工　业	万元	724511	800894	3.5
第三产业	万元	323525	380072	13.9
人均生产总值	元	65372	73015	4.5
全社会固定资产投资	万元	715224	715388	
按登记注册类型分				
# 国　有	万元	351931	494820	40.6
集　体	万元			
有限责任公司	万元	340496	215138	-36.8
股份有限公司	万元			

21-3续表1

指　　标	单位	2010年	2011年	2011年比2010年增长%
私营企业	万元	234893	279874	19.1
外商及港澳台投资企业	万元		3465	
按城乡渠道分				
城　镇	万元	1101468	991885	-9.9
农　村	万元			
一般预算收入	万元	83746	98646	17.8
一般预算支出	万元	68179	79436	16.5
城乡居民储蓄存款余额	万元			
在岗职工工资总额	万元	70402	81573	15.9
在岗职工平均工资	元	37364	40032	7.1
城镇居民人均可支配收入	元	23316	27084	16.2
农牧民人均纯收入	元	10619	12750	20.1
农村牧区经济				
耕地面积	公顷	8599	8537	-0.7
农作物总播种面积	公顷	5079	4932	-2.9
# 粮食作物播种面积	公顷	3796	3881	2.2
有效灌溉面积	公顷	4283	5252	22.6
农牧业机械总动力	万千瓦	6.80	7.07	4.0
化肥施用折纯量	吨	1162	2852	145.4
农村用电量	万千瓦小时	1085	1053	-2.9
农林牧渔业总产值	万元	39417	47062	19.4
粮食产量	吨	37793	39352	4.1
油料产量	吨	104	83	-20.2
甜菜产量	吨			
猪牛羊肉产量	吨	1529	1494	-2.3
# 猪肉产量	吨	716	683	-4.6
牛肉产量	吨	662	662	
羊肉产量	吨	151	149	-1.3

21-7续表2

指　　标	单　位	2010年	2011年	2011年比2010年增长%
羊毛产量	吨	1299	806	-38.0
年末牲畜存栏头数	万头只	61.68	62.59	1.5
# 大牲畜	万头只	15.98	15.99	0.1
羊	万只	41.45	42.45	2.4
猪	万头	4.25	4.15	-2.4
规模以上工业				
工业企业单位数	个	28	31	10.7
# 内资企业	个	23	26	13.0
工业总产值	万元	1982361	2119399	6.9
内资企业	万元	939180	923534	-1.7
国有企业	万元			
集体企业	万元			
股份合作企业	万元			
联营企业	万元			
有限责任公司	万元	156910	200459	27.8
股份有限公司	万元	81651	79474	-2.7
私营企业	万元	700619	643601	-8.1
其他企业	万元			
港澳台商投资企业	万元	14222	77275	443.3
外商投资企业	万元	1028959	1118590	8.7
工业企业增加值	万元			-0.4
工业企业资产总计	万元	1639043	1852023	13.0
工业企业负债合计	万元	1051324	1184779	12.7
工业企业产品销售收入	万元	1869292	2058783	10.1
工业企业利润总额	万元	300331	251054	-16.4
建筑业				
建筑企业单位数	个	2	2	
建筑企业从业人员	人	113	315	178.8
建筑业总产值	万元	4460	4320	-3.1

21-7续表3

指 标	单 位	2010年	2011年	2011年比2010年增长%
交通运输邮电通信业				
公路里程	公里	893	893	
邮电业务总量	万元	8908	10042	12.7
本地电话用户	户	21300	25000	17.4
国内贸易				
社会消费品零售总额	万元	134401	157981	17.5
#城 镇	万元	120961	142283	17.6
#城 区	万元	107655	126632	17.6
乡 村	万元	13440	15698	16.8
科技教育卫生				
各类专业技术人员	人	2662	2662	
幼儿园数	所	5	8	60.0
学龄儿童入学率	%	99.9	100.0	0.1
小学学校数	所	36	36	
小学专任教师数	人	578	551	-4.7
小学在校学生数	人	8614	7727	-10.3
普通中学学校数	所	5	5	
普通中学专任教师数	人	656	609	-7.2
初中在校学生数	人	6249	5683	-9.1
高中在校学生数	人	4328	4286	-1.0
卫生机构数	所	28	27	-3.6
#医 院	所	1	1	
卫生院	所	13	12	-7.7
床位数	张	246	254	3.3
#医 院	张	100	100	
卫生院	张	137	154	12.4
卫生技术人员	人	359	315	-12.3
#医 院	人	128	110	-14.1
卫生院	人	106	94	-11.3

21-8 清水河县社会经济主要指标

指　　标	单 位	2010年	2011年	2011年比2010年增长%
行政区域土地面积	**平方公里**	**2859**	**2859**	
人口和就业				
年末总人口	人	146009	147007	0.7
#男　性	人	75824	76360	0.7
#乡村人口	人	96625	88101	-8.8
年末总户数	户	52490	54096	3.1
#乡村户数	户	25029	24593	-1.7
出生人口	人	2592	1855	-28.4
死亡人口	人	1570	224	-85.7
全社会就业人员	人	58973	57616	-2.3
第一产业	人	35675	32928	-7.7
第二产业	人	7704	7826	1.6
第三产业	人	15594	16862	8.1
在岗职工人数	人	7628	8642	13.3
乡村劳动力	人	53550	50003	-6.6
#农林牧渔业	人	35675	32596	-8.6
国民经济综合指标				
地区生产总值	万元	401469	492813	15.9
第一产业	万元	43952	53629	7.0
第二产业	万元	189224	235228	16.1
#工　业	万元	150124	196128	22.3
第三产业	万元	168293	203956	18.0
人均生产总值	元	27568	33637	15.2
全社会固定资产投资	万元	163453	199878	22.3
按登记注册类型分				
#国　有	万元	64568	98491	52.5
集　体	万元	1021	1000	-2.1
有限责任公司	万元	92742	88279	-4.8
股份有限公司	万元			

21-8续表1

指　　标	单位	2010年	2011年	2011年比2010年增长%
私营企业	万元	5122	7948	55.2
外商及港澳台投资企业	万元			
按城乡渠道分				
城　镇	万元	163453	199878	22.3
农　村	万元			
一般预算收入	万元	18076	21187	17.2
一般预算支出	万元	76003	96653	27.2
城乡居民储蓄存款余额	万元	140712	169657	20.6
在岗职工工资总额	万元	24361	31311	28.5
在岗职工平均工资	元	32067	37213	16.0
城镇居民人均可支配收入	元	16340	19188	17.4
农牧民人均纯收入	元	4863	5350	10.0
农村牧区经济				
耕地面积	公顷	62738	62629	-0.2
农作物总播种面积	公顷	62675	62639	-0.1
# 粮食作物播种面积	公顷	42012	41872	-0.3
有效灌溉面积	公顷	2144	2104	-1.9
农牧业机械总动力	万千瓦	13.4	15.1	12.8
化肥施用折纯量	吨	11257	11256	
农村用电量	万千瓦小时	908	973	7.2
农林牧渔业总产值	万元	75357	88912	18.0
粮食产量	吨	54382	62010	14.0
油料产量	吨	11136	12036	8.1
甜菜产量	吨			
猪牛羊肉产量	吨	9611	9849	2.5
# 猪肉产量	吨	2305	2305	
牛肉产量	吨	440	429	-2.5
羊肉产量	吨	6866	7115	3.6

21-8续表2

指　　标	单　位	2010年	2011年	2011年比2010年增长%
羊毛产量	吨	648	653	0.8
年末牲畜存栏头数	万头只	32.70	32.67	-0.1
# 大牲畜	万头只	1.95	1.95	
羊	万只	27.09	27.08	
猪	万头	3.66	3.64	-0.5
规模以上工业				
工业企业单位数	个	16	15	-6.3
# 内资企业	个	15	14	-6.7
工业总产值	万元	191167	304951	59.5
内资企业	万元	188964	302596	60.1
国有企业	万元			
集体企业	万元	7754	4493	-42.1
股份合作企业	万元			
联营企业	万元			
有限责任公司	万元	54756	198861	263.2
股份有限公司	万元	95320	96873	1.6
私营企业	万元	31134	2369	-92.4
其他企业	万元			
港澳台商投资企业	万元			
外商投资企业	万元	2203	2355	8.9
工业企业增加值	万元			24.3
工业企业资产总计	万元	134457	259871	93.3
工业企业负债合计	万元	59353	156401	163.5
工业企业产品销售收入	万元	184627	291938	58.1
工业企业利润总额	万元	26533	43949	65.6
建筑业				
建筑企业单位数	个	1	1	
建筑企业从业人员	人	95	115	21.1
建筑业总产值	万元	2184	2612	19.6

21-8续表3

指　　标	单 位	2010年	2011年	2011年比2010年增长%
交通运输邮电通信业				
公路里程	公里	1006	596	-40.8
邮电业务总量	万元	5843	5593	-4.3
本地电话用户	户	14500	9922	-31.6
国内贸易				
社会消费品零售总额	万元	33000	41908	27.0
#城　镇	万元	23430	30174	28.8
#城　区	万元	11406	14485	27.0
乡　村	万元	9570	11734	22.6
科技教育卫生				
各类专业技术人员	人	1833	1856	1.3
幼儿园数	所	2	2	
学龄儿童入学率	%	100	100	
小学学校数	所	34	21	-38.2
小学专任教师数	人	541	491	-9.2
小学在校学生数	人	6754	6538	-3.2
普通中学学校数	所	6	4	-33.3
普通中学专任教师数	人	433	312	-27.9
初中在校学生数	人	4483	3999	-10.8
高中在校学生数	人	3051	3200	4.9
卫生机构数	所	19	19	
#医　院	所	1	1	
卫生院	所	14	14	
床位数	张	260	286	10.0
#医　院	张	130	130	
卫生院	张	127	127	
卫生技术人员	人	336	336	
#医　院	人	102	104	2.0
卫生院	人	53	51	-3.8

21-9 武川县社会经济主要指标

指　　标	单　位	2010年	2011年	2011年比2010年增长%
行政区域土地面积	**平方公里**	**4885**	**4885**	
人口和就业				
年末总人口	人	176112	176007	-0.1
# 男　性	人	93337	92817	-0.6
# 乡村人口	人	128978	127585	-1.1
年末总户数	户	59459	62004	4.3
# 乡村户数	户	34809	34386	-1.2
出生人口	人	1733	1592	-8.1
死亡人口	人	1281	482	-62.4
全社会就业人员	人	85531	82813	-3.2
第一产业	人	57367	54974	-4.2
第二产业	人	9878	9825	-0.5
第三产业	人	18286	18014	-1.5
在岗职工人数	人	8923	9476	6.2
乡村劳动力	人	72316	69616	-3.7
# 农林牧渔业	人	56986	54605	-4.2
国民经济综合指标				
地区生产总值	万元	449535	545630	13.9
第一产业	万元	41294	49999	6.2
第二产业	万元	252570	310445	14.9
# 工　业	万元	190470	248345	22.1
第三产业	万元	155671	185186	14.4
人均生产总值	元	25531	30991	13.9
全社会固定资产投资	万元	451760	530293	17.4
按登记注册类型分				
# 国　有	万元	266291	266395	
集　体	万元	2577	300	-88.4
有限责任公司	万元	100662	203651	102.3
股份有限公司	万元	3100	6000	93.5

21-9续表1

指　　标	单 位	2010年	2011年	2011年比2010年增长%
私营企业	万元	45930	53550	16.6
外商及港澳台投资企业	万元	1500		-100.0
按城乡渠道分				
城　镇	万元	450271	512097	13.7
农　村	万元	1489	18196	1122.0
一般预算收入	万元	23431	25659	9.5
一般预算支出	万元	96045	114837	19.6
城乡居民储蓄存款余额	万元	141106	166423	17.9
在岗职工工资总额	万元	25505	29841	17.0
在岗职工平均工资	元	28549	33032	15.7
城镇居民人均可支配收入	元	15490	18357	18.5
农牧民人均纯收入	元	4990.7	5355	7.3
农村牧区经济				
耕地面积	公顷	144831	144877	
农作物总播种面积	公顷	131122	132806	1.3
# 粮食作物播种面积	公顷	98466	98518	0.1
有效灌溉面积	公顷	13320	13380	0.5
农牧业机械总动力	万千瓦	27.98	28.84	3.1
化肥施用折纯量	吨	14311	14311	
农村用电量	万千瓦小时	2292	2292	
农林牧渔业总产值	万元	69170	80281	16.1
粮食产量	吨	84350	161303	91.2
油料产量	吨	1287	13537	951.8
甜菜产量	吨		315	
猪牛羊肉产量	吨	6434	6458	0.4
# 猪肉产量	吨	2145	2171	1.2
牛肉产量	吨	889	868	-2.4
羊肉产量	吨	3400	3419	0.6

21-9续表2

指　　标	单 位	2010年	2011年	2011年比2010年增长%
羊毛产量	吨	684	582	-14.9
年末牲畜存栏头数	万头只	38.64	38.97	0.9
# 大牲畜	万头只	1.36	1.18	-13.2
羊	万只	34.87	35.31	1.3
猪	万头	2.41	2.48	2.9
规模以上工业				
工业企业单位数	个	30	24	-20.0
# 内资企业	个	30	24	-20.0
工业总产值	万元	203013	267112	31.6
内资企业	万元	203013	267112	31.6
国有企业	万元		26549	
集体企业	万元			
股份合作企业	万元			
联营企业	万元			
有限责任公司	万元	131113	156233	19.2
股份有限公司	万元			
私营企业	万元	64233	84330	31.3
其他企业	万元			
港澳台商投资企业	万元			
外商投资企业	万元			
工业企业增加值	万元			24.0
工业企业资产总计	万元	387941	552865	42.5
工业企业负债合计	万元	272154	390523	43.5
工业企业产品销售收入	万元	211430	256558	21.3
工业企业利润总额	万元	27874	34442	23.6
建筑业				
建筑企业单位数	个	1	1	
建筑企业从业人员	人	106	59	-44.3
建筑业总产值	万元	1128	767	-32.0

21-9续表3

指　　标	单 位	2010年	2011年	2011年比2010年增长%
交通运输邮电通信业				
公路里程	公里	844	947	12.3
邮电业务总量	万元	3527	3726	5.6
本地电话用户	户	15781	15502	-1.8
国内贸易				
社会消费品零售总额	万元	52645	66938	27.1
#城　镇	万元	34940	44583	27.6
#城　区	万元	32114	40832	27.1
乡　村	万元	17705	22354	26.3
科技教育卫生				
各类专业技术人员	人	2498	2578	3.2
幼儿园数	所	17	16	-5.9
学龄儿童入学率	%	100	100	
小学学校数	所	22	22	
小学专任教师数	人	789	760	-3.7
小学在校学生数	人	8362	7386	-11.7
普通中学学校数	所	10	10	
普通中学专任教师数	人	522	509	-2.5
初中在校学生数	人	5177	4953	-4.3
高中在校学生数	人	2209	2372	7.4
卫生机构数	所	23	23	
#医　院	所	2	2	
卫生院	所	18	18	
床位数	张	282	282	
#医　院	张	179	179	
卫生院	张	103	103	
卫生技术人员	人	466	483	3.6
#医　院	人	184	189	2.7
卫生院	人	282	294	4.3

第二部分　统计资料

省会城市主要经济指标

22-1 各省会城市行政区划、土地面积和户籍人口

（2011年）

城　市	行政区划		土地面积（平方公里）	户籍人口（万人）
	辖区数（个）	辖县数（个）		
呼和浩特	**4**	**5**	**17224**	**232.26**
南　宁	6	6	22112	711.49
乌鲁木齐	7	1	13788	249.35
银　川	6	1	9025	162.22
西　安	9	4	10108	791.83
兰　州	5	3	13086	323.30
西　宁	4	3	7649	197.42
成　都	9	10	12121	1163.28
贵　阳	6	4	8043	376.12
昆　明	5	9	21013	544.04
石家庄	6	17	15848	997.29
太　原	6	4	6988	365.02
沈　阳	9	4	12860	722.69
长　春	4	6	20571	761.80
合　肥	4	3	11430	706.13
福　州	5	8	11968	649.41
南　昌	5	4	7402	504.95
济　南	6	4	8177	606.64
郑　州	6	6	7446	758.91
长　沙	5	4	11816	656.62
武　汉	13		8494	827.24
广　州	10	2	7434	814.58
杭　州	8	5	16596	695.71
南　京	11	2	6587	636.36
哈尔滨	8	10	53068	993.30
海　口	4		2305	209.73

22-2 各省会城市地区生产总值

单位：亿元

城　　市	2011年	位　次	2011年比2010年增长%	位　次
呼和浩特	**2177.26**	**19**	**11.3**	**22**
南　宁	2211.51	18	13.5	10
乌鲁木齐	1700.00	21	17.1	1
银　川	974.79	24	12.0	19
西　安	3864.21	13	13.8	9
兰　州	1360.03	23	15.0	5
西　宁	770.70	25	15.0	5
成　都	6854.58	3	15.2	4
贵　阳	1383.07	22	17.1	1
昆　明	2509.58	17	14.0	8
石家庄	4082.60	11	12.0	19
太　原	2080.12	20	9.9	26
沈　阳	5914.90	6	12.3	15
长　春	4003.10	12	13.3	11
合　肥	3636.60	15	15.4	3
福　州	3734.78	14	13.0	13
南　昌	2688.87	16	13.0	13
济　南	4406.29	9	10.6	24
郑　州	4912.66	8	13.2	12
长　沙	5619.33	7	14.5	7
武　汉	6536.81	4	12.1	18
广　州	12303.12	1	11.0	23
杭　州	7011.80	2	10.1	25
南　京	6145.52	5	12.0	19
哈尔滨	4243.40	10	12.3	15
海　口	712.75	26	12.3	15

22-3 各省会城市第一产业增加值

单位：亿元

城　市	2011年	位 次	2011年比2010年增长%	位 次
呼和浩特	**109.44**	**19**	**5.1**	**9**
南　宁	306.31	5	5.7	7
乌鲁木齐	21.00	26	6.0	6
银　川	46.66	22	4.9	11
西　安	173.14	14	6.7	2
兰　州	40.00	23	5.2	8
西　宁	27.41	25	5.1	9
成　都	327.30	3	3.7	20
贵　阳	62.55	20	2.8	25
昆　明	133.83	17	6.1	5
石家庄	414.90	2	4.3	14
太　原	33.88	24	3.1	23
沈　阳	279.10	7	6.5	3
长　春	290.10	6	4.7	12
合　肥	208.20	11	3.5	22
福　州	325.09	4	4.0	17
南　昌	134.80	16	4.2	15
济　南	237.86	9	4.4	13
郑　州	131.66	18	3.7	20
长　沙	252.11	8	4.0	17
武　汉	192.00	13	4.0	17
广　州	203.06	12	3.1	23
杭　州	236.07	10	2.5	26
南　京	163.61	15	4.1	16
哈尔滨	447.20	1	7.0	1
海　口	48.16	21	6.5	3

22-4 各省会城市第二产业增加值

单位：亿元

城　市	2011年	位 次	2011年比2010年增长%	位 次
呼和浩特	**789.99**	**20**	**10.7**	**25**
南　宁	846.34	19	19.7	4
乌鲁木齐	782.00	21	14.3	16
银　川	528.85	24	16.9	8
西　安	1697.16	14	16.4	10
兰　州	656.55	22	16.3	11
西　宁	411.28	25	18.4	5
成　都	3143.86	4	19.8	2
贵　阳	586.84	23	21.3	1
昆　明	1161.18	17	16.7	9
石家庄	2031.90	10	13.6	19
太　原	949.19	18	11.6	23
沈　阳	3027.60	6	14.0	17
长　春	2092.70	9	14.9	14
合　肥	2002.20	11	19.8	2
福　州	1737.50	13	16.0	12
南　昌	1579.29	16	13.9	18
济　南	1828.97	12	11.7	22
郑　州	2898.43	7	17.1	7
长　沙	3151.68	3	18.3	6
武　汉	3119.66	5	15.5	13
广　州	4532.52	1	11.5	24
杭　州	3322.15	2	9.8	26
南　京	2760.99	8	12.3	21
哈尔滨	1647.20	15	14.4	15
海　口	177.91	26	13.5	20

22-5 各省会城市工业增加值

单位：亿元

城　市	2011年	位 次	2011年比2010年增长%	位 次
呼和浩特	**651.43**	**20**	**11.9**	**23**
南　宁	629.33	21	20.0	6
乌鲁木齐	675.00	19	14.5	16
银　川	402.53	24	17.9	8
西　安	1189.61	16	16.2	10
兰　州	497.25	22	15.2	14
西　宁	356.28	25	20.3	5
成　都	2610.80	5	20.5	3
贵　阳	454.90	23	22.3	2
昆　明	848.89	17	15.5	12
石家庄	1808.70	9	13.5	19
太　原	708.47	18	11.9	23
沈　阳	2726.50	3	14.0	17
长　春	1784.30	10	15.0	15
合　肥	1560.40	11	22.4	1
福　州	1390.05	13	16.1	11
南　昌	1223.72	14	15.5	12
济　南	1507.88	12	12.2	22
郑　州	2590.29	7	19.1	7
长　沙	2662.47	4	20.4	4
武　汉	2594.66	6	16.7	9
广　州	4096.14	1	11.5	25
杭　州	2939.14	2	11.1	26
南　京	2390.51	8	13.0	20
哈尔滨	1197.20	15	14.0	17
海　口	123.56	26	13.0	20

22-6 各省会城市第三产业增加值

单位：亿元

城市	2011年	位次	2011年比2010年增长%	位次
呼和浩特	**1277.83**	**16**	**12.2**	**10**
南宁	1058.85	19	11.1	17
乌鲁木齐	897.00	21	19.6	1
银川	399.28	25	7.2	26
西安	1993.91	10	12.1	11
兰州	663.48	23	14.3	3
西宁	332.01	26	12.0	13
成都	3383.42	3	12.4	6
贵阳	733.68	22	15.2	2
昆明	1214.57	17	12.3	8
石家庄	1635.80	13	12.1	11
太原	1097.05	18	8.7	24
沈阳	2608.20	6	11.0	18
长春	1620.20	14	13.0	4
合肥	1426.20	15	11.4	16
福州	1672.19	12	11.7	15
南昌	974.78	20	12.8	5
济南	2339.46	7	10.3	22
郑州	1882.57	11	8.5	25
长沙	2215.54	8	10.7	21
武汉	3225.15	4	9.6	23
广州	7567.54	1	11.0	18
杭州	3453.58	2	11.0	18
南京	3220.91	5	12.3	8
哈尔滨	2149.00	9	12.0	13
海口	486.68	24	12.4	6

22-7 各省会城市规模以上工业增加值

单位：亿元

城　市	2011年比2010年增长%	位 次
呼和浩特	**11.4**	**26**
南　宁	23.6	1
乌鲁木齐	14.5	17
银　川	18.0	7
西　安	17.2	10
兰　州	15.0	16
西　宁	17.6	9
成　都	22.3	4
贵　阳	23.1	3
昆　明	16.6	12
石家庄	16.2	13
太　原	12.2	24
沈　阳	16.0	14
长　春	13.3	20
合　肥	23.5	2
福　州	16.8	11
南　昌	18.0	7
济　南	13.1	21
郑　州	22.0	5
长　沙	22.0	5
武　汉	16.0	14
广　州	12.0	25
杭　州	12.7	23
南　京	13.0	22
哈尔滨	14.0	18
海　口	13.7	19

22-8 各省会城市城镇固定资产投资

单位：亿元

城　市	2011年	位 次	2011年比2010年增长%	位 次
呼和浩特	**1031.68**	**20**	**17.1**	**24**
南　宁	1950.86	17	37.6	3
乌鲁木齐	636.17	24	27.2	10
银　川	733.85	23	28.8	9
西　安	3352.12	8	30.2	7
兰　州	950.99	22	57.2	1
西　宁	528.01	25	31.0	5
成　都	5006.02	1	19.2	22
贵　阳	1600.59	19	57.1	2
昆　明	2701.11	14	25.0	18
石家庄	3027.00	10	26.0	15
太　原	1024.14	21	25.1	16
沈　阳	4560.60	2	29.2	8
长　春	2433.40	15	30.3	6
合　肥	3360.03	7	26.7	11
福　州	2720.28	13	23.2	19
南　昌	2002.66	16	26.1	13
济　南	1934.30	18	18.1	23
郑　州	2900.04	12	25.1	16
长　沙	3510.24	5	26.1	13
武　汉	4255.16	3	22.1	20
广　州	3413.58	6	10.0	26
杭　州	3105.16	9	17.1	24
南　京	3757.25	4	21.5	21
哈尔滨	3012.00	11	32.1	4
海　口	404.60	26	26.2	12

22-9 各省会城市房地产投资

单位：亿元

城　市	2011年	位 次	2011年比2010年增长%	位 次
呼和浩特	**344.49**	**19**	**35.4**	**9**
南　宁	377.16	18	18.8	22
乌鲁木齐	195.57	23	34.3	10
银　川	207.67	22	29.1	14
西　安	1002.67	6	19.0	21
兰　州	159.67	24	46.2	4
西　宁	117.29	26	22.9	17
成　都	1595.64	2	24.8	16
贵　阳	467.36	17	50.5	2
昆　明	625.97	14	42.1	6
石家庄	789.10	12	46.7	3
太　原	312.08	20	29.4	13
沈　阳	1684.70	1	16.2	24
长　春	666.40	13	22.8	18
合　肥	880.29	11	10.4	25
福　州	956.45	7	42.6	5
南　昌	279.66	21	21.5	19
济　南	527.20	16	8.8	26
郑　州	923.64	8	19.2	20
长　沙	886.92	10	29.6	12
武　汉	1274.17	5	25.2	15
广　州	1306.74	3	32.8	11
杭　州	1302.27	4	36.2	8
南　京	896.73	9	18.8	22
哈尔滨	562.00	15	55.8	1
海　口	145.14	25	39.8	7

22-10 各省会城市社会消费品零售总额

单位：亿元

城 市	2011年	位 次	2011年比2010年增长%	位 次
呼和浩特	**890.05**	**20**	**17.6**	**19**
南 宁	1073.15	17	18.5	9
乌鲁木齐	695.03	21	23.3	1
银 川	274.47	25	19.2	6
西 安	1935.18	11	20.1	3
兰 州	639.72	22	17.4	22
西 宁	271.29	26	17.1	25
成 都	2861.28	3	18.4	11
贵 阳	584.33	23	20.5	2
昆 明	1271.73	15	20.0	4
石家庄	1663.00	13	18.0	14
太 原	973.29	18	17.9	17
沈 阳	2426.90	6	17.5	20
长 春	1512.20	14	17.5	20
合 肥	1111.12	16	19.0	7
福 州	1896.77	12	19.9	5
南 昌	928.34	19	18.5	9
济 南	2023.10	9	17.3	24
郑 州	1987.11	10	18.4	11
长 沙	2125.91	7	18.0	14
武 汉	2959.04	2	18.0	14
广 州	5243.02	1	17.1	25
杭 州	2548.36	5	18.7	8
南 京	2670.30	4	17.8	18
哈尔滨	2070.40	8	17.4	22
海 口	387.18	24	18.1	13

22-11 各省会城市进口总值

单位：亿美元

城市	2011年	位次	2011年比2010年增长%	位次
呼和浩特	**10.01**	**24**	**34.0**	**10**
南宁	25.10	22	13.9	23
乌鲁木齐	90.30	15	50.9	5
银川	12.10	23	21.2	18
西安	125.78	10	21.0	19
兰州	6.50	26	163.7	2
西宁	8.16	25	22.3	16
成都	379.06	4	53.9	4
贵阳	37.69	21	65.6	3
昆明	120.22	12	18.3	21
石家庄	141.70	9	27.7	12
太原	85.34	16	7.9	25
沈阳	106.20	13	35.2	9
长春	173.40	7	31.2	11
合肥	123.09	11	20.9	20
福州	347.25	5	41.2	7
南昌	78.84	17	48.6	6
济南	104.02	14	40.4	8
郑州	159.96	8	210.1	1
长沙	74.89	18	23.1	15
武汉	227.90	6	25.9	13
广州	1161.72	1	12.0	24
杭州	639.70	2	22.2	17
南京	573.44	3	25.8	14
哈尔滨	51.20	19	16.6	22
海口	39.36	20	-0.3	26

22-12 各省会城市出口总值

单位：亿美元

城　　市	2011年	位 次	2011年比2010年增长%	位 次
呼和浩特	**10.24**	**24**	**34.9**	**9**
南　　宁	16.62	21	4.8	26
乌鲁木齐	66.96	10	50.9	5
银　　川	8.14	25	20.5	16
西　　安	58.04	13	9.2	25
兰　　州	12.30	23	34.7	10
西　　宁	5.94	26	49.8	6
成　　都	229.56	5	65.5	3
贵　　阳	27.80	18	92.9	2
昆　　明	66.03	11	24.0	13
石 家 庄	70.80	9	22.3	15
太　　原	35.05	17	11.9	24
沈　　阳	48.30	15	18.4	17
长　　春	22.70	19	13.3	22
合　　肥	78.20	8	34.0	11
福　　州	241.31	4	47.9	8
南　　昌	56.57	14	53.9	4
济　　南	60.48	12	49.1	7
郑　　州	96.38	7	178.8	1
长　　沙	40.84	16	15.0	21
武　　汉	117.33	6	34.0	11
广　　州	564.73	1	16.7	19
杭　　州	415.20	2	17.5	18
南　　京	308.65	3	24.0	13
哈 尔 滨	22.60	20	13.1	23
海　　口	15.21	22	16.4	20

22-13 各省会城市地方财政一般预算收入

单位：亿元

城市	2011年	位次	2011年比2010年增长%	位次
呼和浩特	**151.43**	**22**	**19.5**	**24**
南宁	186.29	20	19.3	25
乌鲁木齐	206.20	17	39.5	4
银川	96.62	23	50.7	2
西安	318.55	12	31.7	8
兰州	86.44	24	27.8	14
西宁	45.25	26	31.1	9
成都	680.71	3	30.1	10
贵阳	187.14	18	37.3	5
昆明	317.69	13	25.2	18
石家庄	221.20	16	35.2	6
太原	174.72	21	26.2	17
沈阳	620.10	6	33.3	7
长春	288.60	15	59.6	1
合肥	338.51	9	21.1	21
福州	320.04	11	29.1	13
南昌	187.03	19	27.7	15
济南	325.40	10	22.3	20
郑州	502.31	7	29.9	11
长沙	407.56	8	29.7	12
武汉	673.26	4	40.0	3
广州	979.47	1	20.5	23
杭州	785.15	2	17.0	26
南京	635.00	5	22.4	19
哈尔滨	300.30	14	27.0	16
海口	60.93	25	21.0	22

22-14 各省会城市金融机构存款余额

单位：亿元

城市	2011年	位次	2011年比2010年增长%	位次
呼和浩特	**3188.22**	**23**	**18.9**	**3**
南宁	4728.14	19	17.9	5
乌鲁木齐	4080.50	20	12.2	14
银川	1810.20	26	13.3	12
西安	10430.27	6	17.0	7
兰州	3833.55	21	18.5	4
西宁	1864.88	25	14.9	8
成都	17098.00	3	12.8	13
贵阳	3603.65	22	19.5	2
昆明	7554.89	11	12.2	14
石家庄	6715.30	13	10.5	18
太原	7585.04	10	9.5	22
沈阳	8895.70	8	10.2	20
长春	5568.20	17	11.8	16
合肥	5756.30	16	17.4	6
福州	6706.94	14	13.6	10
南昌	5083.20	18	20.1	1
济南	8275.80	9	10.3	19
郑州	8964.87	7	13.6	10
长沙	7294.24	12	14.5	9
武汉	11356.47	5	8.7	24
广州	25791.70	1	10.7	17
杭州	18155.44	2	8.5	25
南京	13945.92	4	10.0	21
哈尔滨	6551.90	15	9.5	22
海口	2307.69	24	4.9	26

22-15 各省会城市城乡居民储蓄存款余额

单位：亿元

城　市	2011年	位 次	2011年比2010年增长%	位 次
呼和浩特	**1053.68**	**23**	**13.8**	**11**
南　宁	1581.03	19	15.3	7
乌鲁木齐	1470.34	20	16.6	5
银　川	725.26	25	14.3	10
西　安	4155.65	4	14.7	9
兰　州	1287.46	21	12.5	15
西　宁	674.97	26	17.2	3
成　都	5945.00	2	17.4	2
贵　阳	1251.04	22	15.2	8
昆　明	2615.65	13	12.4	18
石家庄	3243.60	9	11.4	23
太　原	2667.11	12	12.9	13
沈　阳	3729.50	7	12.3	19
长　春	2337.80	17	13.6	12
合　肥	1689.54	18	16.8	4
福　州	2542.27	14	9.8	26
南　昌	3000.12	10	20.5	1
济　南	2427.50	16	11.5	22
郑　州	3252.10	8	12.5	15
长　沙	2506.06	15	16.4	6
武　汉	3995.29	5	12.5	15
广　州	10032.62	1	10.4	25
杭　州	5487.14	3	11.6	21
南　京	3910.20	6	12.2	20
哈尔滨	2896.60	11	12.8	14
海　口	840.86	24	10.7	24

22-16 各省会城市金融机构贷款余额

单位：亿元

城 市	2011年	位 次	2011年比2010年增长%	位 次
呼和浩特	**3201.82**	**20**	**27.1**	**1**
南 宁	4845.07	16	16.9	13
乌鲁木齐	2553.98	23	21.8	3
银 川	1945.42	25	18.6	8
西 安	7564.93	5	17.1	12
兰 州	2917.88	22	23.7	2
西 宁	1845.83	26	19.7	5
成 都	13767.00	3	14.6	17
贵 阳	3012.86	21	17.3	11
昆 明	7288.05	6	12.2	21
石家庄	3659.80	19	12.5	20
太 原	5657.37	12	13.1	19
沈 阳	6889.00	9	16.1	15
长 春	5156.00	14	14.8	16
合 肥	5256.93	13	19.1	6
福 州	5835.43	11	18.6	8
南 昌	4065.31	17	16.8	14
济 南	6893.70	8	9.2	23
郑 州	6112.78	10	8.9	25
长 沙	7261.87	7	17.5	10
武 汉	9468.61	4	13.6	18
广 州	16333.43	1	9.2	23
杭 州	15888.92	2	10.9	22
南 京	3910.20	18	7.3	26
哈尔滨	4873.30	15	18.8	7
海 口	2067.72	24	21.7	4

22-17 各省会城市城镇居民人均可支配收入

单位：元

城　市	2011年	位 次	2011年比2010年增长%	位 次
呼和浩特	**28877**	**5**	**14.7**	**10**
南　宁	20622	16	10.9	26
乌鲁木齐	16141	24	12.1	25
银　川	19481	22	14.1	13
西　安	25981	8	16.8	4
兰　州	15953	25	13.5	18
西　宁	15842	26	12.5	22
成　都	23932	9	14.9	9
贵　阳	19420	23	17.0	3
昆　明	21966	14	16.4	6
石家庄	20534	17	12.3	23
太　原	20149	19	16.8	4
沈　阳	23320	11	13.5	18
长　春	20487	18	14.3	12
合　肥	22459	13	17.9	2
福　州	26633	7	14.6	11
南　昌	20741	15	13.5	18
济　南	28892	4	14.1	13
郑　州	22477	12	16.0	8
长　沙	27163	6	16.3	7
武　汉	23738	10	14.1	13
广　州	34438	1	12.3	23
杭　州	34065	2	13.4	21
南　京	32200	3	13.7	17
哈尔滨	20031	20	14.1	13
海　口	19730	21	18.0	1

22-18 各省会城市农民人均纯收入

单位：元

城　　市	2011年	位　次	2011年比2010年增长%	位　次
呼和浩特	**10038**	**9**	**14.8**	**21**
南　　宁	5848	23	16.8	16
乌鲁木齐				
银　　川	7070	20	14.8	21
西　　安	9788	12	26.3	1
兰　　州				
西　　宁	6634	22	21.4	3
成　　都	9895	10	20.6	4
贵　　阳	7381	19	23.5	2
昆　　明	6985	21	20.2	5
石 家 庄	7822	17	18.9	9
太　　原	8888	14	16.8	16
沈　　阳	11575	5	15.5	20
长　　春	7400	18	12.0	23
合　　肥	7862	16	18.7	10
福　　州	10107	8	18.3	11
南　　昌	8484	15	17.9	13
济　　南	10412	7	16.9	15
郑　　州	11050	6	19.8	6
长　　沙	13400	3	19.6	8
武　　汉	9814	11	18.3	11
广　　州	14700	2	16.0	18
杭　　州	15245	1	15.6	19
南　　京	13108	4	17.8	14
哈 尔 滨	9608	13	19.8	6
海　　口				

第三部分　法规与规章

呼和浩特市餐厨垃圾无害化处置管理办法

第一条 为防治餐厨垃圾对环境造成污染，保障人民群众身体健康，维护市容环境卫生，促进餐厨垃圾无害化处理和综合利用，依据《中华人民共和国固体废物污染环境防治法》等相关法律、法规，结合本市实际，制定本办法。

第二条 本办法所称的餐厨垃圾，是指除居民日常生活以外的食品加工、餐饮服务等活动产生的食品废料、食物残余、过期食品（不包括废弃食用油脂）。

第三条 本市市区范围内餐厨垃圾的收运、处置及其相关管理活动适用本办法。

第四条 市环境保护行政管理部门是本市餐厨垃圾无害化处置工作的主管部门，市废弃食用油脂管理办公室负责餐厨垃圾无害化处置的日常监督管理工作。

卫生、城乡建设、农牧、食药监管、城管、工商、质量技术监督等部门，按照各自职责协同做好餐厨垃圾无害化处置工作。

第五条 本市提倡通过净菜上市、改进食品加工工艺、文明用餐等方式减少餐厨垃圾。

对餐厨垃圾无害化处置和资源化利用方面做出显著成绩的单位和个人，市人民政府应当给予表彰和奖励。

第六条 餐厨垃圾产生单位应当将餐厨垃圾与其他生活垃圾分类收集存放，不得随意倾倒、堆放餐厨垃圾。

第七条 餐厨垃圾产生单位应当根据餐厨垃圾的种类和数量，按照规定的标准缴纳餐厨垃圾收运处置费。

餐厨垃圾收运处置费缴费标准由市财政、发展改革行政管理部门会同环境保护行政管理部门另行制定。

第八条 市环境保护行政主管部门应当通过招标等公开方式确定餐厨垃圾收运、处置单位，颁发服务许可证，同时向社会公布收运、处置单位的名称和经营场所。

未取得服务许可证的单位或者个人，禁止从事餐厨垃圾的收运、处置服务。

第九条 餐厨垃圾收运、处置单位应当遵守下列规定：

（一）与餐厨垃圾产生单位签订收运协议，确定收运时间、地点、种类、数量，并按时收运餐厨垃圾，做到日产日清；

（二）建立收运台帐，定期向市环境保护行政主管部门报告餐厨垃圾收运状况；

（三）收运餐厨垃圾的车辆必须密闭化运输，沿途不得泄露、遗洒，并保持车体干净整洁；

（四）餐厨垃圾处置场所符合国家或地方环境保护有关规定，并自觉维护处置场所周围的市容环境卫生；

（五）采取有效的污染防治措施，进行无害化处置或者综合利用时污染物排放应当达到国家环境保护标准；

（六）餐厨垃圾处置单位生产的产品应当符合国家规定的相关标准。

第十条 餐厨垃圾产生单位必须向有资质的处置单位提供所产生的餐厨垃圾，不得将餐厨垃圾提供给本办法第八条规定以外的单位或个人。

第十一条 禁止将餐厨垃圾直接作为畜禽饲料。

第十二条 任何单位和个人都有权对违反餐厨垃圾管理规定的单位和个人进行投诉和举报。

环境保护行政主管部门在接到举报和投诉后，应当及时到现场调查、处理，并将处理结果告知举报或者投诉人。

第十三条 违反本办法规定，具有下列行为之一的，由环境保护行政主管部门责令限期改正，逾期未改正的，处以500元以上1000元以下罚款：

（一）餐厨垃圾产生单位将餐厨垃圾与其他生活垃圾混放、混装的；

（二）将餐厨垃圾擅自倾倒的；

（三）餐厨垃圾收运单位未定时定点收运、日产日清餐厨垃圾的；

（四）收运、处置单位未建立收运、处置台账的。

第十四条 违反本办法规定，餐厨垃圾产生单位将餐厨垃圾提供给不具备收运、处置服务许可证的单位收运、处置的，由环境保护行政主管部门责令限期改正，逾期不改正的，处500元以上1000元以下罚款。

第十五条 违反本办法规定，不具备餐厨垃圾收运服务许可证从事餐厨垃圾收运的，由环境保护行政主管部门没收餐厨垃圾，并处1000元以上3000元以下罚款。

第十六条 违反本办法规定，使用密闭不严的车辆收运餐厨垃圾或沿途洒漏餐厨垃圾的，由城市管理部门按照《呼和浩特市市容环境卫生管理条例》及相关规定予以处理。

第十七条 违反本办法规定，餐厨垃圾处置单位生产的产品不符合国家规定标准的，由质量技术监督、农牧等部门依照相关法律、法规的规定予以处理。

第十八条 违反本办法规定，将餐厨垃圾直接作为畜禽饲料的，由农牧行政主管部门依据相关法律、法规的规定予以处理。

第十九条 环境保护和其他相关部门及其工作人员在餐厨垃圾无害化处置管理工作中玩忽职守、滥用职权、徇私舞弊的，由所在单位或者上级行政主管部门依法给予行政处分。

第二十条 市环境保护行政主管部门可以根据本办法制定实施细则。

第二十一条 各旗县餐厨垃圾处置管理参照本办法执行。

第二十二条 本办法自 2011 年 7 月 1 日起施行。

呼和浩特市城镇职工基本医疗保险市级统筹实施办法

第一章 总 则

第一条 为提高城镇职工基本医疗保险统筹层次，增强城镇职工基本医疗保险基金抗风险能力，进一步提高医疗保险待遇水平，方便参保人员就医，根据《中华人民共和国社会保险法》和有关法律法规规定，结合我市实际，制定本办法。

第二条 城镇职工基本医疗保险市级统筹原则：

（一）城镇职工基本医疗保险的筹资标准和保障水平与经济社会发展水平相适应；

（二）城镇职工基本医疗保险实行市级统筹，市和旗县统一征费标准，统一保险待遇水平、统一经办流程，统一信息系统。医疗保险基金市本级和旗县分级管理和责任分担；

（三）坚持基本医疗保险费由用人单位和个人共同负担，以收定支、收支平衡的原则；坚持实行社会统筹与个人账户相结合的原则。

第三条 国家公务员在参加基本医疗保险的基础上，享受医疗补助政策。

参保企业在参加基本医疗保险的基础上，可以为职工建立企业补充医疗保险。补充医疗保险费在工资总额4%以内的部分，从职工福利费中列支，福利费不足列支的部分，经同级财政部门核准后列入成本。补充医疗保险基金由参保企业自行管理。

第四条 城镇职工在参加基本医疗保险的同时，应当参加城镇职工大额医疗保险。

第五条 本办法适用于本市行政区域内所有用人单位和职工以及灵活就业人员，具体范围如下：

（一）各类企业（包括在城镇注册和经营的乡镇企业）及其职工；

（二）国家机关、事业组织、社会团体及其职工；

（三）民办非企业单位及其职工；

（四）个体经济组织经营者及其从业人员；

（五）与用人单位签订劳动合同的外来务工人员；

（六）灵活就业人员；

（七）法律、法规规定的其他单位和人员。

驻本市的中直企业、自治区区属企业和呼和浩特铁路局等单位及其职工按照属地管理原则，统一参加本市城镇职工基本医疗保险。

第六条 市、旗县人力资源和社会保障部门是本市医疗保险工作的主管部门。市和各旗县医疗保险经办机构具体负责本辖区内医疗保险业务工作。

发展改革、财政、卫生、食药监管、审计、工商等有关部门，按照各自职责协同做好本办法的实施工作。

第二章 基本医疗保险基金筹集

第七条 用人单位应当向参保地医疗保险经办机构办理基本医疗保险申报手续，同时提供营业执照或者批准成立的文件、组织机构代码证书、开户银行账号、参保人员名册及电子文档。

参保单位依法终止基本医疗保险关系或者基本医疗保险登记事项发生变更的，应当自终止或者变更之日起 30 个工作日内到参保地医疗保险经办机构办理注销或者变更手续。

第八条 基本医疗保险费缴费基数每年核定一次，年度内不做调整。初次参保人员以本人上月工资收入为基数缴纳基本医疗保险费。

第九条 基本医疗保险费由用人单位和职工双方共同缴纳，灵活就业等个体参保人员，基本医疗保险费由参保个人缴纳。职工上年度工资收入低于本市上年度在岗职工平均工资80%的，以本市上年度在岗职工平均工资 80%作为缴费基数；高于本市上年度在岗职工平均工资 300%以上部分，不作为缴费基数。

（一）参保单位以上年度全部职工工资总额为基数，按 6%缴纳基本医疗保险费。

（二）单位参保人员以本人上年度工资收入为基数，按 2%缴纳基本医疗保险费，由所在单位从工资中代扣代缴。

（三）个体参保人员以本市上年度在岗职工平均工资的 80%至 300%为基数，可按上述用人单位和职工统账结合 8%的标准缴纳基本医疗保险费；也可按住院统筹 4.5%的标准缴纳基本医疗保险费。

随着经济发展和工资收入提高，经市人民政府审批，基本医疗保险征缴费率可作相应调整。

第十条 基本医疗保险费应当在每月 15 日前缴纳，也可以按季度、年度预缴。

第十一条 参保企业依法宣告破产的，应当优先清偿欠缴的基本医疗保险费，并在清算资产时以本市上年度在岗职工平均工资的 80%为基数，按规定比例为在职职工留足一年的基本医疗保险费。

第十二条 基本医疗保险统筹基金实行“市级统筹、分级管理、计划控制、定额调剂”的管理办法。城镇职工基本医疗保险费、大额医疗保险费和公务员医疗补助经费实行分级收支管理。

第十三条 建立城镇职工基本医疗保险统筹基金调剂金制度。调剂金按各旗县上年度基本医疗保险费征缴任务的 5%提取，市本级按 2%提取。市级调剂金历年结余达到本年度征缴基金收入的 15%时暂停提取。调剂金未能及时上解的，实行年终考核一票否决制度。

第十四条 调剂金在全市统筹地区统筹基金不足支付、出现缺口时调剂使用，并坚持风险共济与地方责任相结合的原则。统筹基金缺口先由当地历年结余基金解决，不足部分再由调剂金解决。

第十五条 市医疗保险经办机构负责调剂金的管理工作，建立内部审计制度，定期公布调剂金收支情况。调剂金纳入市财政专户管理，单独建账，专款专用。

第十六条 基本医疗保险费不能减免，任何单位和个人不得以任何理由拒缴或者少缴。

第三章 基本医疗保险待遇

第十七条 参加城镇职工基本医疗保险的人员达到国家法定退休年龄时，缴费年限达到以下规定年限的，不再缴纳基本医疗保险费：

（一）2004 年 12 月 31 日前参保的人员，连续缴费年限不低于 12 年。

（二）2005 年 1 月 1 日至 2009 年 11 月 30 日参保的人员，连续缴费年限不低于 15 年。

（三）2009 年 12 月 1 日后参保的人员，连续缴费年限不低于 20 年。

第十八条 办理退休手续的参保人员，其本人实际连续缴费年限未达到本办法第十七条规定的最低缴费年限的，按照下列标准缴足所余年限的基本医疗保险费：

（一）单位参保人员退休，以本市上年度在岗职工平均工资 80%为基数，按 6%由参保单位一次性缴足所余年限的基本医疗保险费。

（二）个体参保人员退休，以本市上年度在岗职工平均工资 80%为基数，按 6%由本人一次性缴足所余年限的基本医疗保险费。

住院医疗费用	在职人员统筹基金支付比例			退休人员统筹基金支付比例		
	三甲	三乙	其他	三甲	三乙	其他
起付线以上—20000元	88%	90%	92%	89%	91%	93%
20001以上—50000元	90%	92%	95%	91%	93%	95%
50001元以上	95%	96%	98%	96%	97%	98%

（三）一次性缴费确有困难的个体参保人员，可按在职职工缴费标准逐年缴费，享受退休人员参保待遇。缴足所余年限后，不再缴费。

第十九条 与原单位解除劳动关系的参保人员，应当在解除劳动关系后 6 个月内办理医疗保险接续手续，其参保缴费年限连续计算。逾期未办理的，视为重新参保。重新参保人员以前缴费年限合并计算。

第二十条 初次参加本市城镇职工基本医疗保险的单位职工、个体参保人员和重新参保人员，设立 6 个月等待期。自参保或重新参保之日起，连续缴费满 6 个月后方可享受基本医疗保险待遇。等待期内不划分个人账户。

参保人员在本市范围内流动就业的，不设等待期，缴费年限合并计算。

第二十一条 基本医疗保险统筹基金起付标准、支付比例和最高支付限额的具体标准如下：

（一）参保人员在定点医疗机构一年内首次住院治疗统筹基金的起付标准为：三级甲等医院为 500 元，三级乙等医院为 300 元，二级甲等及以下医院为 150 元；二次住院治疗起付标准降低 30%，第三次及以后住院的不设起付标准。

（二）基本医疗保险统筹基金一个年度内支付的医疗费用最高限额为

19 万元。个人负担部分符合大额医疗保险相关规定的由大额医疗补充保险再次按规定比例报销。大额医疗保险基金一个年度最高支付限额为12万元。

（三）统筹基金起付标准以上，最高支付限额以下，符合政策规定的部分，按照下表所列比例支付，其余部分由参保人员个人支付。

基本医疗保险统筹基金起付标准、支付比例、最高支付限额，随职工年平均工资变化和基金节余情况作相应调整。

第二十二条 参保人员住院治疗期间，按医嘱使用《药品目录》所列乙类药品和基本医疗保险支付部分费用的诊疗项目，经参保地医疗保险经办机构批准后，其费用先由本人自付10%，其余部分由医疗保险统筹基金和个人按规定比例支付。

参保人员在抢救期间，可按医嘱先行使用血液制品、蛋白类制品，但应当在使用后 5 个工作日内到参保地医疗保险经办机构补办核准手续。其费用先由个人支付 20%，其余部分由统筹基金和个人按规定比例支付。

一次性特殊医用材料实行限价管理。参保人员住院治疗期间使用的一次性特殊医用材料其费用先由个人支付 10%，其余部分由统筹基金和个人按规定比例支付。费用在 3000 元以上的，应当由参保地医疗保险经办机构批准。

第二十三条 参保人员因技术、设备条件所限，诊断不明或者治疗确有困难需转往市内其他定点医疗机构住院治疗的，由原医疗机构出具转院意见，转院前后发生的医疗费用按一次住院费用结算。

参保人员因内蒙古医院、内蒙古医学院第一附属医院和内蒙古中蒙医院的医疗技术、设备条件所限，诊断不明或者治疗确有困难需转往外地医院住院治疗的，由上述医疗机构出具转院意见，经参保地医疗保险经办机构批准转入外省市三级以上基本医疗保险定点医院住院治疗。所发生的符合基本医疗保险统筹基金支付范围的医疗费用，凭医疗保险证历、社会保障卡、转院审批表、病历资料、费用汇总明细、诊断证明、医疗费用结算单到参保地医疗保险经办机构审核报销。基本医疗保险统筹基金支付比例在第二十一条第一款第（三）项的基础上降低 10%。

第二十四条 长期异地居住的退休人员和参保单位分支机构驻外在一年以上的参保人员，由本人选择当地两所不同等级的基本医疗保险定点医疗机构，并向参保地医疗保险经办机构备案。所发生的医疗费用，持有关凭证到参保地医疗保险经办机构办理报销手续。住院医疗费支付比例按照本市住院标准执行。需要转院治疗的，医疗费用报销标准按照转外地医院住院标准执行。

第二十五条 参保人员因公出差或者探亲期间患急病，应当到县级以上公立医院就诊，方可凭相关凭证到参保地医疗保险经办机构办理报销手续。医疗费报销标准按照转外地医院住院标准执行。

第二十六条 参保单位和参保人员欠缴基本医疗保险费的，从欠费的当月起停止享受基本医疗保险待遇和划分个人账户；参保单位和参保人员在 3 个月内补缴的，从补缴次月起恢复享受基本医疗保险待遇，补划个人账户。

欠费超过 3 个月以上 6 个月以下的，参保单位和参保人员按规定补缴欠费后，补划个人账户，缴费年限连续计算，欠费期间发生的医疗费用统筹基金不予支付。

第四章 个人账户与基金使用

第二十七条 城镇职工基本医疗保险基金由统筹基金和个人账户构成。统筹基金和个人账户分别核算，不得相互挤占，具体办法如下：

（一）按照统账结合参保的单位参保人员，其本人缴纳的基本医疗保险费全部划入个人帐户；参保单位缴纳的基本医疗保险费分为两部分，一部分用于建立统筹基金，另一部分按规定比例划入个人账户。

（二）按照统账结合参保的个体参保人员，其所缴纳的基本医疗保险费除按照规定比例划入个人账户外，其余部分划入统筹基金。

（三）按照住院统筹参保的个体参保人员，其所缴纳的基本医疗保险费全部划入统筹基金，不设个人账户。

第二十八条 统筹基金主要用于支付参保患者的住院或者紧急抢救所产生的医疗费用和门诊统筹医疗费用及经批准的特殊慢性病门诊医疗费用。

城镇职工基本医疗保险用药、检查、治疗必须严格执行国家和自治区的《药品目录》、《诊疗项目目录》和《医疗服务设施范围和支付标准》，超出“三个目录”规定范围的医疗费用统筹基金不予支付。

第二十九条 按照统账结合参保的人员，根据不同年龄段确定个人账户划入比例，具体标准如下：

（一）参保单位缴费部分划入个人帐户的比例为，年龄在 45 周岁以下(含 45 周岁)的，以本人上年度工资收入为基数，按 1% 的比例划入个人账户；年龄在 45 周岁以上至退休的，以本人上年度工资收入为基数，按 1.2% 的比例划入个人账户。

（二）选择统账结合的个体参保人员按照实际缴费数额，以上述单位缴费划入个人账户比例与职工个人缴费账户比例之和，年龄在45周岁以下(含45周岁)的,直接按3%的比例划入个人账户；年龄在45周岁以上至退休的,直接按3.2%的比例划入个人账户。

（三）退休人员以本人上年度退休金或养老金为基数，按3.4%的比例划入个人账户。

以上标准按照参保人员实足年龄自动调整个人账户比例。

第三十条 个人账户主要用于支付：

（一）在定点医疗机构门诊就医发生的医疗费用和持门诊外配处方在定点零售药店购药产生的药费；

（二）统筹基金起付标准以下的医疗费用；

（三）统筹基金起付标准以上，最高支付限额以下由本人负担的医疗费用；

（四）统筹基金最高支付限额以上的医疗费用；

（五）法律、法规规定的其它费用。

第三十一条 下列医疗费用不纳入基本医疗保险基金支付范围：

（一）应当从工伤保险和生育保险基金中支付的；

（二）应当由第三人负担的；

（三）突发公共卫生事件由政府统一组织救治的；

（四）在境外就医的（包括港澳台地区）。

第三十二条 基本医疗保险统筹基金的银行计息办法如下：

（一）当年筹集的基本医疗保险基金按照活期存款利率计息；

（二）上年度结转的基金本息，按照3个月期整存整取银行存款利率计息；

（三）存入财政专户的积累资金，比照3年期零存整取储蓄存款利率计息，并不低于该档次利率水平。

第三十三条 参保人员个人账户的本金和利息为个人所有，可以结转使用和依法继承。

第三十四条 各级医疗保险经办机构要建立健全基本医疗保险基金、大额医疗保险基金和公务员医疗补助经费的预决算制度、财务会计制度、基金超支预警报告制度和内部管理制度。

基本医疗保险统筹基金、个人账户由参保地医疗保险经办机构统一管理，纳入同级财政专户，实行收支两条线，专款专用，任何单位和个人不得挤占挪用。

第三十五条 参保人员有权对基本医疗保险基金运营情况实施监督，也有权向参保单位和医疗保险经办机构查询本人的个人账户资金收支情况。

第三十六条 建立医疗保险基金监督机制。人力资源和社会保障、财政部门按照各自职责，对医疗保险基金运行情况进行监督管理;审计部门要定期对医疗保险经办机构的基金收支情况和管理情况实施监督；同级人民政府成立由政府有关部门代表、用人单位代表、医疗机构代表、工会代表和有关专家参加的医疗保险基金监督委员会，掌握、分析医疗保险基金的收支、管理和投资运营情况，对医疗保险工作提出意见和建议，实施全面监督。

第五章 特殊慢性病门诊治疗管理

第三十七条 城镇职工基本医疗保险实行特殊慢性病门诊治疗病种准入制。参保人员申请特殊慢性病门诊治疗待遇，应当符合规定的病种范围。

第三十八条 基本医疗保险特殊慢性病门诊治疗病种分为甲、乙两类。对患有甲类特殊慢性病申请门诊治疗的参保人员实行不定期鉴定。对患有乙类特殊慢性病申请门诊治疗的参保人员实行定期鉴定。

第三十九条 参保人员初次申请特殊慢性病门诊治疗待遇，须持三级以上基本医疗保险定点医院的病情诊断书、病历复印件及相关检查化验结果，并由定点医院执业医师填写《呼和浩特市城镇职工基本医疗保险特殊慢性病门诊治疗申请表》，经定点医院医保科初审后报参保地医疗保险经办机构备案。参保人员同时患有两种或者两种以上特殊慢性病的，以鉴定为支付标准高的病种予以确认。

第四十条 参保地医疗保险经办机构受理参保人员申报材料后，应当组织临床医学专家对参保人员申报的材料统一进行鉴定，对符合条件的，发放《特殊慢性病门诊治疗手册》。

已经审定的特殊慢性病门诊治疗参保患者，两年内不再重新申报。

第四十一条 甲类部分特殊慢性病门诊治疗和乙类特殊慢性病门诊治疗按照病种实行限额支付管理。乙类特殊慢性病门诊治疗参保人员，根据确认的病种，门诊医疗费用在起付标准以上、最高支付标准限额以下，统筹基金按规定比例支付。参保人员特殊慢性病门诊医疗费用和因病住院治疗费用以及门诊统筹医疗费用年度最高支付限额为19万元。

第六章 基本医疗保险服务管理

第四十二条 市本级和各旗县医疗保险经办机构与有服务资格和条件的定点单位就服务范围、服务内容、服务质量、费用结算办法以及费用审核与控制办法等内容签订管理服务协议，明确双方的责任，并按照分级管理的原则分别与定点单位直接结算医疗费和药费。应当由统筹基金支付的医疗费，由定点单位记帐；参保人员支付部分由本人与定点单位结算。

第四十三条 参保人员可以选择任何定点医疗机构就医，也可持定点医疗机构出据的外配处方在任何定点零售药店购药。

第四十四条 定点医疗机构和定点零售药店应当使用符合金保工程建设规范和医疗保险核心平台标准的医疗保险计算机管理系统。

第四十五条 各旗县统筹地区整合现有的医疗保险信息资源，依托"社会保障卡"的应用和"金保工程"的实施，规范程序开发、数据接口、基础数据及功能模块等内容，做到系统互通、资源共享，实行本市范围内经办机构与就医地定点医疗机构直接联网结算。

第七章 法律责任

第四十六条 用人单位不办理医疗保险登记的，由人力资源和社会保障部门责令限期改正；逾期不改正的，对用人单位处应缴医疗保险费数额一倍以上三倍以下的罚款，对其直接负责的主管人员和其他直接责任人员处500元以上3000元以下的罚款。

第四十七条 用人单位未按时足额缴纳医疗保险费的，由人力资源和社会保障部门责令限期缴纳或补足，并自欠缴之日起，按日加收万分之五的滞纳金；逾期仍不缴纳的，处欠缴数额一倍以上三倍以下的罚款。

第四十八条 定点单位以欺诈、伪造证明材料或者其他手段骗取医疗保险基金支出的，由人力资源和社会保障部门责令退回骗取的医疗保险基金，处骗取金额二倍以上五倍以下的罚款，并与医疗保险经办机构解除服务协议；直接负责的主管人员和其他直接责任人员有执业资格的，由相关部门依法吊销其执业资格。

第四十九条 参保人员以欺诈、伪造证明材料或者其他手段骗取医疗保险待遇的，由人力资源和社会保障部门责令退回骗取的医疗保险基金，处骗取金额二倍以上五倍以下的罚款。

第五十条 医疗保险经办机构及工作人员有下列行为之一的，由其行政主管部门责令改正；给医疗保险基金、用人单位或者个人造成损失的，依法承担赔偿责任；对直接负责的主管人员和其他直接责任人员依法给予处分。

（一）未履行医疗保险法定职责的；

（二）未将医疗保险基金存入财政专户的；

（三）克扣或者拒不按时支付医疗保险待遇的；

（四）丢失或者篡改缴费记录、享受医疗保险待遇记录等医疗保险数据、个人权益记录的；

（五）有违反医疗保险法律、法规规定的其他行为的。

第五十一条 医疗保险经办机构擅自更改医疗保险缴费基数、费率，导致少收或者多收医疗保险费的，由人力资源和社会保障部门责令其追缴应当缴纳或者退还不应当缴纳的医疗保险费；对直接负责的主管人员和其他直接责任人员依法给予处分。

第八章 附 则

第五十二条 离休干部、老红军和文革中致残人员医疗待遇不变，医疗费用按原资金渠道解决，资金确有困难的，由同级人民政府帮助解决。

第五十三条 1-6级的革命伤残军人按规定参加城镇职工基本医疗保险，所发生的医疗费用在按城镇职工基本医疗保险有关规定支付比例的基础上，由民政部门给予救助。

第五十四条 市人力资源和社会保障部门可以依据本办法制定相关配套政策，报市人民政府批准后实施。

第五十五条 本办法自2011年7月1日起施行。《呼和浩特市城镇职工基本医疗保险实施办法》（市人民政府令第14号）同时废止。

呼和浩特市气象条例

第一条 为了发展本市气象事业，规范气象工作，准确、及时地发布气象信息，防御气象灾害，合理开发利用和保护气候资源，为经济建设、国防建设、社会发展和人民生活提供气象服务，依据《中华人民共和国气象法》、《内蒙古自治区气象条例》等法律、法规，结合本市实际，制定本条例。

第二条 在本市行政区域内从事气象探测、预报、服务和气象灾害防御、气候资源开发利用、气象科学技术研究以及气象信息传播等活动，应当遵守本条例。

第三条 市、旗县区气象主管机构在上级气象主管机构和本级人民政府的领导下，负责本行政区域的气象工作。

其他部门所属的气象台站，应当接受同级气象主管机构对其气象工作的指导、监督和行业管理。

第四条 市、旗县区人民政府应当加强对气象工作的领导，将气象事业纳入同级国民经济和社会发展规划，地方气象事业所需经费纳入同级财政预算，并根据经济社会发展水平和气象事业发展的需要，逐步增加投入。

第五条 地方气象事业和气象服务：

（一）气象探测、通信、灾害监测与防御、警报、信息、科研教育等工作及其台站基础设施建设、维护；

（二）为农牧业生产、生态环境保护、城乡建设、气候区划和气候资源开发利用等开展应用气候工作；

（三）农牧业气象科技服务、气象灾害防御技术的研究和推广应用等；

（四）人工影响天气和气象灾害防御；

（五）重大社会活动的气象服务；

（六）市、旗县区人民政府确定的其他项目。

第六条 市、旗县区人民政府有关部门应当采取多种形式，向社会宣传普及气象知识，提高公众的防灾减灾意识和能力。

市、旗县区人民政府对在气象工作中做出突出贡献的组织和个人，应当给予奖励。

第七条 市、旗县区人民政府应当加强对气象探测环境的保护，将保护范围纳入城乡规划。

规划、国土资源、城乡建设等部门应当配合气象主管机构依法对气象探测环境进行保护。

任何组织和个人不得破坏气象探测环境。

第八条 气象台站的探测场地、仪器、设备和气象通信的电路、信道、无线电专用频道及有关设施依法受国家保护，任何组织和个人不得损毁、干扰、侵占或者擅自移动。

气象设施因不可抗力遭受破坏时，当地人民政府应当采取紧急措施，确保气象设施正常运行。

第九条 气象台站站址及其设施的安置应当保持稳定，未经依法批准，任何组织或者个人不得迁移。确需迁移的，按照国家有关规定办理相关审批手续。

新建、改建和扩建气象台站和设施，应当符合气象探测环境和设施的保护标准。

第十条 气象主管机构及所属气象台站负责统一发布本行政区域内的气象预报、灾害性天气警报。其他任何组织或者个人不得向社会发布公众气象预报、灾害性天气警报。

气象台站应当按照规定的权限、时限和业务流程发布预警信号，标明气象台站的名称和发布时间，并指明气象灾害预警的区域。

气象主管机构及其所属气象台站应当提高公众气象预报和灾害性天气警报的准确性、及时性和服务水平。

第十一条 广播、电视和市人民政府指定的报纸、网站，应当安排专门播发或者刊登气象预报和灾害性天气警报的时间、频道、版面，按时发布由当地气象主管机构所属气象台站制作的气象预报、灾害性天气警报及文字内容，及时增播、插播具有重大影响的灾害性天气警报和补充、订正的气象预报。

发布形式与内容未经气象台站同意，不得改动。

第十二条 气象主管机构所属气象台站在确保公益性气象无偿服务的前提下，可以依法开展气象有偿服务，与各类媒体、信息载体签订气象服务协议，获取的收益应当用于发展气象事业。

第十三条 市、旗县区人民政府领导本行政区域内的气象灾害防御工作，编制气象灾害防御规划，制定应急预案。根据气象台站提供的天气预报、灾害性天气警报，及时采取防御措施。

第十四条 气象主管机构应当会同其他相关部门建立气象灾害信息共享平台，依法、及时、准确提供防御气象灾害及次生、衍生灾害所需的信息。

第十五条 市、旗县区人民政府应当结合当地实际，开展增雨（雪）、消雨（雪）、防雹、防霜、消雾等人工影响天气工作。相关部门按照职责分工，配合气象主管机构做好人工影响天气工作。

第十六条 气象主管机构商同级有关部门编制本行政区域的人工影响天气工作计划，报同级人民政府批准后实施。

第十七条 从事人工影响天气作业的组织和人员，应当取得自治区气象主管机构颁发的资质证、资格证，方可从事人工影响天气作业。

第十八条 实施人工影响天气作业，应当严格遵守国务院气象主管机构规定的作业规范和操作规程，使用符合技术标准的作业设备，在批准的空域和时限内进行。

第十九条 下列场所和设施应当安装雷电防护装置，并接受安全检测。雷电防护装置应当与主体工程同时设计、同时施工、同时投入使用。

（一）国家规定的一、二、三类

防雷建（构）筑物；

（二）易遭受雷击的矿区、道路交通设施；

（三）易燃易爆物质的生产、储存、运输、销售等场所和设施；

（四）电子信息系统、安全监控系统、电力系统、通讯和广播电视设施；

（五）露天大型娱乐、游乐、体育、学校、医院等人员密集场所的设施；

（六）法律、法规规定其他应当安装雷电防护装置的场所和设施。

第二十条 有关部门对新建、改建、扩建建（构）筑物设计文件进行审查时，应当就雷电防护装置的设计征求气象主管机构的意见；对新建、改建、扩建建（构）筑物进行竣工验收，应当同时验收雷电防护装置并有气象主管机构参加。

雷电易发区内的矿区、旅游景点或者投入使用的建（构）筑物、设施需要单独安装雷电防护装置的，雷电防护装置的设计审核和竣工验收由气象主管机构负责。

雷电防护装置投入使用后，按照国家有关规定实行定期检测制度。

第二十一条 市气象主管机构对施放气球单位实行资质管理制度，应当定期向社会公布取得《施放气球资质证》的单位。取得《施放气球资质证》的单位，从事施放气球活动必须提出申请，经批准后方可实施。

任何组织和个人，不得接受无《施放气球资质证》单位的施放气球服务。

第二十二条 违反本条例第七条、第八条规定，在气象探测环境保护范围内从事危害气象探测环境活动的，侵占、损毁或者未经批准擅自移动气象设施的，由气象主管机构按照权限责令停止违法行为，限期恢复原状或者采取其他补救措施，可以并处五万元罚款。

第二十三条 违反本条例第十条规定，擅自向社会发布公众气象预报、灾害性天气警报的，由气象主管机构给予警告，责令限期改正；拒不改正的，处一万元以上五万元以下罚款。

第二十四条 违反本条例第十七条规定，未取得自治区气象主管机构颁发的资质证、资格证实施人工影响天气作业的，或者使用不符合国务院气象主管机构要求的技术标准的作业设备的，由气象主管机构给予警告，责令限期改正；拒不改正的，处十万元罚款；给他人造成损失的，依法承担赔偿责任。

第二十五条 违反本条例第十九条规定，有下列行为之一的，由气象主管机构给予警告，责令限期改正；拒不改正的，处三万元罚款。

（一）应当安装雷电防护装置而拒不安装的；

（二）安装雷电防护装置后拒不接受防雷安全检测的；

（三）安装的雷电防护装置检测不合格的；

（四）需要独立安装雷电防护装置未经气象主管机构审核擅自安装的；

（五）需要独立安装雷电防护装置竣工未经气象主管机构验收合格擅自投入使用的。

第二十六条 违反本条例第二十一条规定，有下列行为之一的，由气象主管机构给予警告，责令限期改正；拒不改正的，处一万元以上五万元以下罚款；给他人造成损失的，依法承担赔偿责任。

（一）未取得《施放气球资质证》从事施放气球活动的；

（二）未经批准擅自施放或者违反批准范围施放的；

（三）接受无《施放气球资质证》单位施放气球服务的。

第二十七条 气象主管机构及其所属气象台站工作人员玩忽职守，导致重大漏报、错报气象预报、灾害性天气警报，以及丢失或者毁坏原始气象探测资料、伪造气象资料的，依法给予行政处分；致使国家利益和人民生命财产遭受重大损失，构成犯罪的，依法追究刑事责任。

第二十八条 本条例自 2011 年 5 月 1 日起施行。

呼和浩特市国防教育条例

第一条 为了普及和加强国防教育，增强全民的国防观念，促进国防建设和社会主义精神文明建设，弘扬爱国主义精神，根据《中华人民共和国国防法》、《中华人民共和国国防教育法》及有关法律、法规，结合本市实际，制定本条例。

第二条 国防教育贯彻全民参与、长期坚持、讲求实效的方针，实行经常教育和集中教育相结合、普及教育和重点教育相结合、理论教育和行为教育相结合的原则，针对不同对象，确定相应的教育内容，分类组织实施。

第三条 市和旗县区人民政府领导本行政区域内的国防教育工作。驻地军事机关协助和支持地方人民政府开展国防教育。

第四条 市人民政府以国防教育联席会议的形式实施对国防教育的组织领导。联席会议每年至少召开一次，召集人由市长或者副市长担任。

联席会议的具体工作由市人民政府国防教育工作机构承办。

第五条 市和旗县区人民政府国防教育工作机构负责组织、指导、协调和检查本行政区域内的国防教育工作。其主要工作职责是：

（一）宣传、贯彻国防教育的法律、法规；

（二）制定和组织实施国防教育工作规划和计划；

（三）组织、协调各有关部门开展国防教育工作；

（四）组织、协调有关部门做好国防教育专兼职教员的选拔、培训、管理工作；

（五）组织、协调上级国防教育工作机构对本行政区域内开展国防教育情况的检查、考核、评估工作；

（六）总结推广国防教育工作经验、表彰国防教育先进典型；

（七）承办有关国防教育的其他工作。

第六条 有关行政部门和单位结合各自职能履行下列职责：

（一）教育行政部门应当将国防教育列入教育工作计划，加强对学校国防教育的组织、指导、监督和考核；

（二）民政、人力资源和社会保障、司法行政部门应当结合拥军优属、安置转业复员退伍军人、法制宣传开展国防教育活动；

（三）文化、新闻出版、广播电影电视部门应当根据形势和任务的需要，做好国防教育宣传工作；

（四）广播电台、电视台、报社、政府信息网络等媒体应当开设国防教育栏目和专题节目，宣传和普及国防教育知识；

（五）工会、共产主义青年团、妇女联合会以及其他有关社会团体，协助各级人民政府开展多种形式的国防教育活动；

（六）征兵、国防科研生产、国民经济动员、人民防空、国防交通、军事设施保护、邮政、通讯等工作的主管部门，应当依照有关法律法规的规定开展国防教育工作。

第七条 国防教育分为重点教育和普及教育。对国家机关、社会团体的工作人员，企业事业单位、基层群众性自治组织的负责人，民兵和预备役人员，高等院校、高级中学和相当于高级中学的学生进行重点教育；对其他人员进行普及教育。

国家机关、社会团体、学校和其他企业事业单位负责人，应当履行国防教育的组织领导责任，并带头参加国防教育活动。

第八条 重点教育的对象应当学习国防理论、国防建设、国防科技、国防法律法规、国防形势与任务和武装力量建设等知识，并掌握一定的军事技能。

普及教育的对象应当学习国防历史、国防常识、国防形势、国防法律法规、国家安全、公共安全和民族团结等基本知识。

第九条 国家机关、社会团体应当根据工作性质和特点，通过短期培训、专题讲座、国防形势报告会、过军事活动日等形式，每年开展国防教育活动不少于两次。

第十条 负责培训国家机关工作人员的教育机构，应当将国防教育纳入培训计划，设置适当的国防教育课程。

第十一条 高等学校应当设置适当的国防教育课程，把军事训练纳入学校的教学计划，实施常规管理。

高级中学或者相当于高级中学的学校应当在有关课程中增加国防教育内容，并将军事训练纳入社会实践中进行。

学校组织军事训练活动应当采取措施，加强安全保障。

第十二条 小学和初级中学应当将国防教育的内容纳入有关课程，采取课堂教学与课外教学相结合的方法，通过少年军校、军事夏令营等形式对学生进行国防教育。

第十三条 企业事业单位应当将国防教育列入职工教育计划，结合政治教育、职业道德教育、业务培训、文化体育等活动对职工进行国防教育。

第十四条 民兵、预备役人员应当结合政治教育、组织整顿、军事训练、执行勤务、征兵工作以及重大节日进行国防教育。

第十五条 基层群众性自治组织应当将国防教育纳入社区、农村社会主义精神文明建设中，结合征兵、拥军优属、以及纪念日、重大节日和民族传统节日对居民、村民进行国防教育。

第十六条 每年九月的第三个星期六为全民国防教育日。

各级国防教育工作机构可以利用全民国防教育日组织举办国防教育报告会、国防知识竞赛、文艺演出、参观国防教育基地等多种活动形式集中开展国防教育。

第十七条 市和旗县区人民政府应当根据国防教育的需要在财政预算中保障国防教育的所需经费。

国家机关、社会团体、事业单位开展国防教育的所需经费在本单位的预算经费内列支；企业开展国防教育所需经费，在本单位职工教育经费中列支。

学校组织学生军事训练所需的经费，按照国家有关规定执行。

第十八条 市和旗县区人民政府鼓励社会组织或者个人以捐资、捐物等形式资助国防教育事业，支持国防教育工作。

第十九条 市和旗县区人民政府应当加强对国防教育基地的规划、建设和管理，并为其发挥作用提供必要的保障。

具有国防教育功能的烈士陵园、革命遗址遗迹、博物馆、文化馆、青少年素质教育基地、科学技术教育基地、爱国主义教育示范基地、革命人物纪念场馆、国防教育园等场所，应当采取多种形式为公民接受国防教育提供服务，对有组织的国防教育活动实施免费或者给予优惠。

第二十条 鼓励和支持相关部门利用各种广告设施发布国防教育公益广告。广告管理部门和其他相关部门应当提供必要的便利条件。

第二十一条 市和旗县区人民政府国防教育工作机构根据本地区本部门的特点和实际情况，依据国防教育大纲，编写宣传材料，利用音像、电子读物、网络等现代化教育教学手段，宣传和普及国防知识。

第二十二条 市国防教育工作机构负责组织、协调有关单位从热爱国防教育事业、具备国防知识和必要的军事技能人员中选拔专兼职教员。根据需要聘用军地有关专家学者，组建国防教育讲师团，为普及和加强国防教育提供师资保障。

第二十三条 本行政区域内的军事机关应当根据需要和可能，为驻地有组织的国防教育活动提供必要的军事训练场地和设施。

在国庆节、建军节和全民国防教育日，经批准的军营可以向社会开放。

第二十四条 市和旗县区人民政府对在国防教育工作中做出显著成绩的单位和个人，应当给予表彰和奖励。

第二十五条 有下列行为之一的，依照《中华人民共和国国防教育法》的有关规定处理：

（一）拒不开展国防教育活动的；

（二）挪用、克扣国防教育经费的；

（三）干扰、妨碍国防教育工作和活动秩序的；

（四）负责国防教育的国家工作人员玩忽职守，滥用职权、徇私舞弊的。

第二十六条 本条例自 2011 年 3 月 1 日起施行。

呼和浩特市科学技术奖励办法

第一章 总则

第一条 为了鼓励科学技术创新，激发广大科技工作者的创造性，实施科教兴市和人才强市战略，推进创新型城市建设，根据国家、自治区科学技术奖励有关规定，结合本市实际，制定本办法。

第二条 科学技术奖励工作应贯彻“自主创新、重点跨越、支撑发展、引领未来”的方针，鼓励原始创新、集成创新和引进消化吸收再创新，促进科技成果转化和产业化，推动科学技术进步。

第三条 市人民政府设立“呼和浩特市科学技术奖”，奖励在科学技术活动中，为全市科技、经济和社会发展做出突出贡献的公民、组织。

市科学技术奖分设科教兴市市长特别奖、引进人才科技贡献奖和科学技术进步奖。根据科技发展的需要,经市人民政府批准,可增设科学技术奖奖项。

科教兴市市长特别奖不分等级，每两年奖励一次，授奖名额不超过 2 人(可以空缺)。引进人才科技贡献奖不分等级，每两年奖励一次，授奖名额不超过 5 人(可以空缺)。科学技术进步奖分为一等奖、二等奖、三等奖 3 个等级，每年奖励一次，每次授奖项目总数不超过 60 项。

第四条 市科学技术奖的推荐、评审、授奖等活动，坚持公开、公平、公正的原则。

第五条 市科技行政主管部门负责全市科学技术奖评审的组织工作和

自治区科学技术奖的推荐工作。市科技行政主管部门下设的科学技术奖励工作机构，负责科技奖励的日常工作。

第二章 奖励范围和评审标准

第六条 科教兴市市长特别奖授予在近3年为全市科学技术进步做出重大贡献，具备下列条件之一的科技人员：

(一)在原始创新中取得重大成果，即候选人在应用基础研究方面取得重大发现，丰富和拓展了学科理论，具有重要的学术和应用价值，或者拥有自主知识产权的核心技术，在新产品、新工艺、新装备、新材料、消除环境污染、提高资源利用等方面有独特的发明创造，处于国际领先地位，在我市应用,创造重大经济和社会效益，对科学技术发展和社会进步做出了重大贡献；

(二)在集成创新和引进吸收再创新中取得重大突破，即候选人在经济社会领域取得重大技术发明、技术创新，并积极推动科技成果转化和实现产业化，极大地推动该领域的技术进步，或者在我市重点产业、重大工程、重要科技攻关和企业技术改造中，以及引进、消化、吸收高科技产品、技术项目过程中，创造性地解决关键性技术难题，处于国际领先地位，取得重大经济或社会效益，对促进全市经济和社会发展做出了重大贡献。

第七条 引进人才科技贡献奖授予外地来本市工作或创业,近3年在科技促进经济发展中做出重要贡献，具备下列条件之一的科技人员：

(一)在原始创新中取得重要成果，即候选人拥有自主知识产权的核心技术，或者在新产品、新工艺、新装备、新材料、消除环境污染、提高资源利用等方面有独特的发明创造，处于国内领先地位，在我市应用,产生显著经济、社会效益；

(二)在集成创新和引进消化吸收再创新中取得重要突破，即候选人在我市重点产业、重大工程、重要科技攻关和企业技术改造中，以及引进、消化、吸收高科技产品、技术项目过程中，创造性地解决关键性技术难题，处于国内领先地位，并取得显著经济、社会效益。

第八条 候选人的成果和贡献不足以反映科教兴市市长特别奖和引进人才科技贡献奖水平时，该评审年度可以空缺。

第九条 科学技术进步奖授予在全市应用基础研究、科学技术创新、科技成果转化、高新技术产业化、社会公益性科学技术事业及其他科学技术工作中，在下列方面做出突出贡献的公民、组织：

(一)在实施科学技术开发项目中，实现重大科学技术创新、科学技术成果转化，创造显著经济效益的。“科学技术开发项目”是指在科学研究、技术开发、应用推广项目中，完成具有重要市场价值的产品、技术、工艺、材料、设计和生物品种及其应用推广的；

(二)在实施高新技术及其产业化项目中，采用国内外高新技术，经消化、吸收，形成规模生产，在调整产业结构中起到重要作用，并取得显著经济、社会效益的；

(三)在实施社会公益项目中，从事科学技术基础性工作和社会公益性科学技术事业，经过实践检验创造显著社会效益的。“社会公益项目”是指在标准、计量、科技信息、决策咨询、科技档案等科学技术基础性工作和环境保护、医疗卫生、自然资源调查和合理利用、软科学、自然灾害监测预报和防治等社会公益性科学技术事业取得重要成果及其应用推广的；

(四)在实施重大工程项目中，应用先进科学技术，推动技术创新，保障工程达到国内先进水平的。“重大工程项目”是指列入市级以上经济、社会发展计划的重大综合性基本建设工程和科学技术工程等。

第十条 申报科学技术进步奖的项目主要完成人应当具备下列条件之一：

(一)在项目总体技术方案设计中做出重要贡献；

(二)在关键技术和疑难问题解决中做出重要技术创新；

(三)在科学技术成果转化和推广应用过程中做出创造性贡献；

(四)在高新技术产业化方面做出重要贡献。

在科学技术活动中仅从事行政组织管理和辅助服务的工作人员，不得作为市科学技术奖的候选人。

第十一条 科学技术进步奖的候选项目完成单位，应当是在项目研制、开发、投产应用和推广过程中提供技术、设备和人员等条件，对项目的完成起到主要作用的完成单位。

第十二条 科学技术进步奖授奖等级按照以下标准进行综合评定：

(一)科学技术开发、应用推广项目

在技术上有重大创新，总体技术水平、主要技术经济指标达到国内先进水平，并接近国内领先水平，科技成果转化应用推广程度高，取得重大的经济效益，在本行政区域内对本行业的技术进步和产业结构优化升级有重大作用的，可以评为一等奖；

在技术上有较大创新，总体技术水平、主要技术经济指标达到自治区内领先水平，并接近国内先进水平，科技成果转化应用推广程度较高，取得较大的经济效益，在本行政区域内对本行业的技术进步和产业结构调整有较大作用的，可以评为二等奖；

在技术上有一定创新，总体技术水平、主要技术经济指标达到自治区内先进水平，并接近自治区内领先水平，科技成果得到转化，取得一定的经济效益，在本行政区域内对本行业的技术进步和产业结构调整有明显作用的，可以评为三等奖。

(二)高新技术产业化项目

在采用国内外高新技术实施产业化工作中，对消化、吸收高新技术等方面有重大创新，技术难度大，取得了重大经济、社会效益，对本行政区域内该行业的科技进步和产业结构优化升级有重大作用的，可以评为一等奖；

在采用国内外高新技术实施产业化工作中，对消化、吸收高新技术等方面有较大创新，技术难度较大，取得了显著的经济、社会效益，对本行政区域内该行业的科技进步和产业结构优化升级有较大作用的，可以评为二等奖；

在采用国内外高新技术实施产业化工作中，对消化、吸收高新技术等方面有一定创新，有一定的技术难度，取得了较显著的经济、社会效益，对本行政区域内该行业的科技进步和产业结构优化升级有一定作用的，可以评为三等奖。

(三)社会公益项目

在技术上有重大创新，技术难度大，总体技术水平、主要技术经济指标达到国内先进水平，并接近国内领先水平，并且在本行政区域内得到广泛应用，取得了重大社会效益，对科技进步和社会发展有重大意义的，可以评为一等奖；

在技术上有较大创新，技术难度较大，总体技术水平、主要技术经济指标达到自治区内领先水平，并接近国内先进水平，并在本行政区域内较大范围应用，取得了较大社会效益，对科技进步和社会发展有较大意义的，可以评为二等奖；

在技术上有一定创新，有一定技术难度，总体技术水平、主要技术经济指标达到了自治区先进水平，并接近自治区领先水平，已经得到应用，取得了一定社会效益，对科技进步和社会发展有一定意义的，可以评为三等奖。

(四)重大工程项目

开展技术协作攻关，在技术和系统管理方面有重大创新，技术难度和工程复杂程度大，总体技术水平、主要技术指标达到了国内先进水平，并接近国内领先水平，取得了重大经济效益或社会效益，对推动本行政区域内该行业的科技进步有重大意义的，可以评为一等奖；

开展技术协作攻关，在技术和系统管理方面有较大创新，技术难度和工程复杂程度较大，总体技术水平、主要技术经济指标达到了自治区领先水平，并接近国内先进水平，取得了较大经济效益或社会效益，对推动本行政区域内该行业的科技进步有较大意义的，可以评为二等奖；

开展技术协作攻关，在技术和系统管理方面有一定创新，有一定技术难度和工程复杂程度，总体技术水平、主要技术经济指标达到了自治区先进水平，并接近自治区领先水平，取得了一定经济效益或社会效益，对推动本行政区域内该行业的科技进步有一定意义的，可以评为三等奖。

第三章 评审机构和职责

第十三条 市人民政府设立市科学技术奖励委员会。奖励委员会设委员11-15人，其中主任委员1人，副主任委员1-2人，秘书长1人，副秘书长1人。奖励委员会成员由科技、教育、经济、卫生等领域的专家、学者和有关行政部门负责人组成。委员人选由市科技行政主管部门提出，报市人民政府批准，实行聘任制，每届任期4年。

奖励委员会的主要职责是：

(一)聘请有关专家组成专业评审委员会；

(二)审定专业评审委员会的评审结果；

(三)为完善我市科技奖励工作提供意见和建议；

(四)研究、解决市科学技术奖评审工作的重大问题。

第十四条 奖励委员会根据当年评审工作需要，设立若干专业评审委员会。专业评审委员会设主任委员1人，副主任委员1人，委员若干人。委员实行聘任制，任期2年。

专业评审委员会的主要职责是：

(一)负责评审本专业范围内的市科学技术奖；

(二)向奖励委员会报告评审结果；

(三)对本专业评审范围内出现的有关问题进行处理；

(四)对完善市科技奖励工作提出建议。

第十五条 专业评审委员会委员应当具备下列条件：

(一)学识渊博，熟悉本领域国内外科学技术发展动态，有丰富的专业知识和实践经验，有较强的综合判断能力，具有高级技术职称；

(二)有较高的政策水平和良好的职业道德；

(三)从事科学研究、技术开发工作；

(四)身体健康，年龄一般不超过65周岁。

第十六条 参与市科学技术奖评审工作的有关人员应当对评审情况和项目技术内容等严格保密，与候选人或项目完成人有近亲属或直接利害关系的，应当回避。

第四章　申报推荐

第十七条　申报市科学技术奖，由申报人或组织提出，经所在单位审核同意，一般按行政隶属关系，申报推荐。

科教兴市市长特别奖和引进人才科技贡献奖实行限额推荐，同一年度不重复授奖。几个单位共同完成的项目，申报科学技术进步奖时，由主持单位负责，联合协作单位共同申报。

第十八条　科教兴市市长特别奖和引进人才科技贡献奖由各旗、县、区人民政府，市各有关部门、开发区管委会、市属高等院校推荐。科学技术进步奖由各旗、县、区科技行政主管部门，市各有关部门、开发区管委会、市属高等院校推荐。

中央和自治区驻呼单位可以直接向市科技行政主管部门推荐；市内无主管部门的单位、个人可以通过所在地人民政府或科技行政主管部门推荐；为本市科学技术做出重大贡献的非本市单位，直接向市科技行政主管部门申报。

推荐单位对申报市科学技术奖的人选和项目，应当根据有关方面的科技专家对其科技成果的评价结论和建议，择优推荐。

第十九条　有下列情形之一的，不得申报市科学技术奖：

(一)在知识产权及有关完成单位、完成人员等方面存在争议，而且尚未解决的；

(二)已获得国家或者自治区科学技术奖和其他盟市级科学技术奖励的个人或项目；

(三)按照相关法律、法规规定未获得行政主管部门批准和许可的，且直接关系到人身和社会安全、公共利益的项目，如动植物新品种、食品、医疗器械、基因工程技术和产品等。

第二十条　未获奖的候选人、候选单位，如果其完成的项目或者在此后的研究开发活动中取得新的实质性进展，并符合本办法规定条件的，可以按照规定的程序重新推荐。

第二十一条　申报市科学技术奖应当报送下列材料：

(一)科教兴市市长特别奖和引进人才科技贡献奖：

1.推荐申报书；　2.申报人成就综述报告；　3.效益证明；　4.科研成就证明材料等。

(二)科学技术进步奖：

1.推荐申报书；　2.技术工作总结；3.试验研究报告；　4.推广应用证明或经济(社会)效益证明；5.科学技术成果鉴定证书或其它科学技术评价证明等。

第二十二条　申报市科学技术奖的公民、组织，应当按有关规定交纳评审费。

第五章　评审程序

第二十三条　推荐单位应当在规定的时间内向市科技行政主管部门奖励工作机构提交申报推荐材料。市科技奖励工作机构负责对申报推荐材料进行形式审查。对不符合规定的材料，可以要求申报推荐单位在规定时间内补正，逾期不补正或者经补正仍不符合规定的，不提交评审，并退回申报推荐材料。

第二十四条　形式审查合格的，由科技奖励工作机构提交相应的专家评审委员会进行初评。各专家评审委员会向奖励委员会汇报评审结果。

第二十五条　市科学技术奖评审时，奖励委员会和各专家评审委员会以会议方式进行表决，其规定如下：

(一)奖励委员会的审定会议和专家评审委员会的评审会议，应当有三分之二以上(含三分之二)委员出席，方可举行；

(二)表决采取无记名投票方式。表决结果应当经过全体委员的二分之一(不含二分之一)以上同意，方为有效。

第二十六条　奖励委员会负责科教兴市市长特别奖、引进人才科技贡献奖和科学技术进步奖的终审工作。奖励委员会对各专家评审委员会的初评结果进行审定，评出获奖人选或获奖项目及奖励等级，并作出决议。

奖励委员会审定的结果向社会公示。

第六章　异议及其处理

第二十七条　市科学技术奖评审工作接受社会监督，实行异议制度。

任何单位或个人对市科学技术奖候选人、候选单位及其项目持有异议的，应当在评审结果公示之日起30日内向市科技奖励工作机构提出，逾期提出且无正当理由的不予受理。

第二十八条　提出异议的单位或者个人应当提供书面形式的异议材料，以及必要的证明材料。个人提出异议的，应当在异议材料上签署真实姓名和联系方式；单位提出异议的，应当加盖单位公章。

第二十九条　异议分为实质性异议和非实质性异议。凡对涉及候选人、候选单位所完成项目的创新性、先进性、实用性等，以及申报材料不实所提出的异议为实质性异议；对候选人、候选单位及其排序的异议，为非实质性异议。

第三十条　市科技奖励工作机构在接到异议材料后，应当对异议内容进行审查，如果异议内容符合本办法第三十八条规定，并能提供充分证据的，予以受理。

第三十一条　实质性异议由市科技奖励工作机构负责协调，有关推荐单位协助进行处理。奖励机构认为必要时，可以组织专家进行调查，提出处理意见。

非实质性异议由推荐单位负责协调，提出初步处理意见报市科技奖励工作机构审核。涉及跨部门的异议处理，由市科技奖励工作机构负责协调，提出处理意见。

推荐单位在规定时间内未提出调查、核实报告和处理意见的，该候选人或候选项目不提交评审。

第七章 授奖

第三十二条 市科技行政主管部门对奖励委员会做出的获奖人员、项目及等级的决议进行审核，报市人民政府批准。

第三十三条 科教兴市市长特别奖由市长签署并颁发奖励证书和奖金，奖金数额为每人税后30万元。

引进人才科技贡献奖由市长签署并颁发奖励证书和奖金，奖金数额为每人税后20万元。

科学技术进步奖，由市人民政府颁发奖状、证书和奖金。奖金数额分别为：一等奖税后10万元，二等奖税后5万元，三等奖税后2万元。对获奖项目的授奖人数实行限额，其中一等奖每项授奖人数不超过9人，二等奖每项不超过7人，三等奖每项不超过5人。奖金仅用于奖励项目完成人，获奖单位不得扣留，鼓励获奖单位对项目完成人员给予奖励。

第三十四条 科学技术奖励经费从市应用技术研究开发专项经费中列支。

第八章 纪律和责任

第三十五条 剽窃、侵夺他人科学技术成果的，或者以其他不正当手段骗取市科学技术奖的，由市科技行政主管部门报市人民政府批准后撤销奖励，追回奖励证书和奖金。

第三十六条 被推荐单位和个人提供虚假数据、材料，协助他人骗取市科学技术奖的，由市科技行政主管部门通报批评；情节严重的，暂停或者取消其推荐资格；对负有直接责任的主管人员和其他责任人员，由有关部门给予行政处分。

第三十七条 参与市科学技术奖评审活动及有关工作的人员在评审活动中弄虚作假、徇私舞弊的，取消其参与评审活动的资格并由有关部门给予行政处分。

第九章 附则

第三十八条 本办法自2011年10月1日起施行。2003年9月24日公布，2003年11月1日起施行的《呼和浩特市科学技术进步奖励办法》（呼和浩特市人民政府令第31号）同时废止。

呼和浩特市客运出租汽车管理条例

第一章 总则

第一条 为规范客运出租汽车(以下简称出租汽车)营运管理，维护出租汽车市场秩序，提高出租汽车营运服务质量，保障出租汽车经营者、驾驶员、乘客的合法权益，根据国家有关法律、法规，结合本市实际，制定本条例。

第二条 本条例适用于本市行政区域内出租汽车的经营、管理和其他相关活动。

第三条 市、旗(县)人民政府交通运输行政主管部门负责组织领导本行政区域内的出租汽车管理工作。市、旗(县)道路运输管理机构负责具体实施出租汽车管理工作。

发展和改革、公安、财政、人力资源和社会保障、城乡建设、规划、卫生、环保、城市管理、安全生产监管、质量技术监督、工商、税务等部门，按照各自的职责，做好出租汽车行业的管理工作。

第四条 市人民政府应当把出租汽车行业发展纳入城市公共交通规划。市交通运输行政主管部门根据城市公共交通规划，编制出租汽车行业发展规划，报市人民政府批准后施行。

第五条 出租汽车经营者和驾驶员，应当安全营运，文明服务，规范经营，依法纳税，公平竞争。

第六条 道路运输管理机构应当采用先进科技手段，加强信息化建设，提高管理水平。

出租汽车经营者、驾驶员在自愿基础上可以加入依法设立的行业协会、同业商会或者自律性组织，以加强行业协调和自我管理。

道路运输管理机构应当积极引导、鼓励出租汽车行业协会、同业商会或者自律性组织参与社会公益事业。

第二章　经营许可

第七条　出租汽车经营者应当按照本条例规定，在取得出租汽车道路运输经营许可证和道路运输证后，方可从事客运出租业务。

第八条　本市出租汽车经营权实行公开和期限制度。经营权的公开和期限制度由市人民政府另行制定。

第九条　经营者按照市人民政府规定的条件取得出租汽车经营权后，道路运输管理机构应当在二十日内核发道路运输经营许可证。

第十条　取得道路运输经营许可证的经营者对车辆可以实行承包经营，并签订承包合同。合同应当明确约定承包的方式、期限、结算方式、社会保险费用缴纳以及其他依法需要约定的权利义务事项。

合同应当使用道路运输管理机构监制的规范文本。

第十一条　出租汽车经营者持下列材料到道路运输管理机构办理道路运输证：

(一)道路运输经营许可证；

(二)营业执照；

(三)税务登记证；

(四)车辆登记证书、行驶证；

(五)机动车交通事故责任强制保险、车辆第三者责任保险和承运人责任险等手续；

(六)计价器的检定合格证书；

(七)油气两用燃料汽车或燃气汽车须提供压力容器（车用气瓶）使用注册登记证及气瓶定期检验合格证；

(八)法律、法规规定的其他材料。

道路运输管理机构接到前款规定的材料后，应当在二十日内核发道路运输证。

第三章　出租汽车和驾驶员管理

第十二条　本条例所称的出租汽车是指依法取得营运资格，设置客运服务标志，按照乘客意愿提供客运服务，并且按照里程和时间收费的核定载客量(含驾驶员)为九座以下的小型客车。

第十三条　出租汽车应当符合下列营运规定：

(一)整车技术性能符合国家标准《营运车辆综合性能要求和检验方法》的要求；

(二)新投入营运或者更新的出租汽车，应当是新车；

(三)车身内外整洁完好，车厢内无杂物异味，前车门外侧粘贴出租汽车所属公司名称或者标记；

(四)车顶上装有道路运输管理机构统一监制的出租汽车标志灯，车尾标有监督举报电话；

(五)在车内指定位置安装经法定检定机构检定合格的计价器；

(六)油气两用燃料汽车或燃气汽车随车气瓶应符合国家有关规定要求；

(七)车窗玻璃齐全，清洁明亮无破损、无遮蔽物，后车门玻璃粘贴有里程票价表和收费规定；

(八)服务监督卡置于车内指定位置；

(九）车辆的行李箱整洁、照明有效，有可供乘客放置行李物品的空间；

(十)车内应当配置消防器材；

(十一)应当安装和使用符合国家标准的具有行驶记录功能的卫星定位装置等防护设施。

第十四条　经营者应当按照国家车辆报废年限规定和车辆使用状况及时更新车辆。更新前应当向道路运输管理机构申报，经审核后方可更新。

第十五条　出租汽车驾驶员应当符合下列条件：

(一)取得小型客车以上机动车驾驶证并具有二年以上驾龄；

(二)三年内无重大以上交通事故责任记录或者未被吊销出租汽车驾驶员从业资格证；

(三)年龄不超过六十周岁，具有初中毕业以上文化程度；

(四)无传染性疾病，身体健康；

(五)经道路运输管理机构培训考试合格，取得出租汽车驾驶员从业资格证；

(六)法律、法规规定的其他条件。

第十六条　出租汽车驾驶员在经营活动中应当遵守下列规定：

(一)随车携带道路运输证、驾驶员从业资格证；

(二)仪表端庄，服装整洁，态度热情，语言文明；

(三)出租汽车空车待租时，驾驶员应当显示“空车”标志，在允许乘车的站点和路段载客；

(四)出租汽车载客后，应当按乘客要求的路线行驶；乘客未提出要求的，选择合理路线行驶；确需绕路行驶时，应当提前向乘客说明情况；

(五)应当依照计价器显示的数额收取租费，并主动出具税务部门监制的出租汽车专用发票；

(六)进入出租汽车候车站的，按规定上下乘客和停车候客、出站登记，不得私自招揽乘客；

(七)按照实际需要或者乘客意愿使用车辆空调设备；

(八)乘客租车前往城区外的，驾驶员应当到公安机关设置的出城登记处登记；

(九)拾到乘客遗失的钱物，应当及时交还乘客或者交到有关部门；

(十)在上下班出行高峰以外的时段交接班或者添加燃料。

第十七条　出租汽车驾驶员每日

出车前、收车后和交接班时应当对车辆安全技术指标、服务设施、车内卫生、车辆消毒等进行检查，确保符合规定的标准。

第十八条 出租汽车驾驶员应当优先运送老、幼、病、残、孕、现役军人乘客，需要帮助的，应当提供帮助。

第十九条 出租汽车驾驶员在见义勇为、拾金不昧、抢险救急、救死扶伤等方面事迹突出的，由出租汽车行业协会报请市人民政府有关部门予以表彰和奖励。

第四章 营运管理

第二十条 道路运输管理机构要加强日常监督管理，对道路运输经营许可证、道路运输证按照有关规定审验。

第二十一条 道路运输管理机构对驾驶员从业资格证定期审验，并对持有从业资格证的驾驶员开展继续教育培训，从业资格证未经定期审验或者经审验不合格的自行失效。

第二十二条 本市出租汽车应当在指定的区域内经营，不得提供起点、终点均不在指定区域内的客运服务。

非本市出租汽车不得提供起点、终点均在本市行政区域内的客运服务。

第二十三条 道路运输管理机构应当会同市规划、城市管理、公安交通管理等部门在宾馆、饭店、医院、大型商场、旅游景点等公共场所和大型客流集散地设置出租汽车专用乘降站，机场、车站应当设置出租汽车候车站，并向出租汽车开放。道路运输管理机构应当派工作人员驻站对出租汽车经营秩序进行监督管理。

市区繁华商业街道应当设立出租汽车临时乘降点，统一在乘降点上下乘客。其它未设临时乘降点的路段，在不影响行人和车辆正常通行时，乘客可以招手租车。

第二十四条 出租汽车租费标准应当执行价格主管部门核定的起租价和车公里运价，不得擅自提价和改变计费方法。

出租汽车租费标准确需调整的，应当根据出租汽车经营成本的变化情况，由交通运输行政主管部门提出申请，经价格主管部门依照法定程序审批后公布执行。

第二十五条 出租汽车经营者确需停止营运的，应当提前五日向道路运输管理机构提出申请；出租汽车驾驶员确需停止营运的，应当提前七日向所属出租汽车经营者提出申请。未经批准不得擅自停运。

第二十六条 出租汽车经营者、驾驶员不得有下列行为：

(一)擅自改动计价器等出租汽车设施、设备和服务标志；

(二)除本条例第二十五条规定的情形外，拒载或者甩客；

(三)未经乘客同意招揽他人同乘；

(四)在驾驶出租汽车过程中拨打、接听手持电话；

(五)擅自安放车载对讲设施；

(六)利用车载对讲设施传播与营运无关的信息；

(七)将出租汽车交给未取得出租汽车驾驶员从业资格证的人员营运；

(八)在上下班出行高峰时段以交接班或者添加燃料等为由拒载；

(九)擅自粘贴、悬挂广告、宣传品和其他个性化装饰。

第二十七条 乘客有下列情形之一的，出租汽车驾驶员可以拒绝或者中途终止服务：

(一)要求进入交通管理禁行路段、交通管制路段行驶的；

(二)要求超员或者超速行驶的；

(三)携带物品超过车辆行李箱的容积或者负荷的；

(四)携带易燃、易爆、有毒等危险物品的；

(五)携带污损车辆物品或者宠物的；

(六)不愿按规定的计费标准支付租费或者不愿承担经过依法收费的设施和路段发生的费用的；

(七)在禁止乘车的路段要求租车的；

(八)污辱、谩骂驾驶员的；

(九)其他违反出租汽车管理、道路交通管理和治安管理规定行为的。

第二十八条 有下列情形之一的，乘客可以拒绝支付租费：

(一)出租汽车无计价器、不使用计价器或者计价器显示金额不清的；

(二)出租汽车在起步价里程内发生故障或者事故，无法完成运送服务的；

(三)驾驶员未经乘客允许另载他人的。

第二十九条 出租汽车营运中，驾驶员和乘客应当遵守城市管理和环境卫生管理的有关规定，禁止在车内吸烟和向车外抛弃物品。

第三十条 乘客、驾驶员及经营者对违反本条例的行为，有权向道路运输管理机构投诉。

第三十一条 道路运输管理机构应当建立投诉受理制度，公布投诉地址、电话、信箱或者电子邮箱，接受乘客、驾驶员及经营者的投诉。

道路运输管理机构自接到投诉之日起十日内将处理结果告知投诉人，因特殊情况需要延长的，经道路运输管理机构负责人批准可以延长十日。

道路运输管理机构对不属于其职责范围内的投诉，应当及时移交有关部门处理。

第三十二条 被投诉人对投诉有异议的，应当自收到通知之日起三日内向发出通知的机构提出答辩意见和有关证明材料。

第五章 出租汽车公司管理

第三十三条 本市出租汽车营运实行公司化管理。出租汽车公司应当是依法注册的企业，有符合规定的办公场所和管理人员，并遵守下列规定：

(一)制定和健全营运安全、客运服务、奖惩、员工岗位培训等管理制度；

(二)组织经营者、驾驶员进行业务和相关技能、法律法规和职业道德的学习教育；

(三)协助相关部门做好日常监督检查和投诉处理、失物查找以及营运车辆调度；

(四)根据承包合同约定，提供周到的服务；

(五)按规定的标准收取服务费。

第三十四条 出租汽车公司应当依法成立工会组织，维护出租汽车驾驶员的合法权益。

第三十五条 出租汽车公司应当设立专职安全员，并报道路运输管理机构备案。

专职安全员应当定期检查各项安全防范措施实施情况，保证营运安全。

第三十六条 道路运输管理机构加强对出租汽车公司的营运管理，实行车辆违章记录制度。

第三十七条 道路运输管理机构应当对出租汽车公司进行质量信誉考核，按照规范经营、安全营运、服务质量、合同履行、培训教育等情况，实行优胜劣汰的管理机制。

第三十八条 出租汽车行业协会应当定期组织对出租汽车公司遵守法律、法规、规章的情况和客运服务质量的社会评议，评议结果向社会公布。

第六章 法律责任

第三十九条 违反本条例规定，擅自安装出租汽车牌照、顶灯、计价器假冒出租汽车的，由道路运输管理机构暂扣车辆，没收违法所得和出租汽车专用设备，并处 5 万元罚款。对举报、投诉假冒出租汽车营运并经查实的，应当给予奖励。

第四十条 违反本条例规定，未取得本市道路运输经营许可证、道路运输证的机动车辆从事出租汽车营运的，由道路运输管理机构责令停止违法行为；拒不改正的，可以暂扣车辆，没收违法所得，并处 5000 元以上 2 万元以下罚款。

第四十一条 违反本条例规定，本市出租汽车提供起点、终点均不在指定区域内的客运服务的，由道路运输管理机构暂扣车辆，处 1000 元以上 5000 元以下罚款。一年内被查处三次的，吊销出租汽车驾驶员从业资格证。

第四十二条 道路运输管理机构暂扣车辆不得超过七日，特殊情况经道路运输管理机构负责人批准，最长不得超过二十日。

第四十三条 违反本条例规定，有下列行为之一的，由道路运输管理机构责令改正，并处 100 元以上 500 元以下罚款；拒不改正仍投入营运的，暂扣道路运输证，暂扣期限不得超过十五日：

(一)未按规定安装营运设施的；

(二)擅自改动除计价器以外的营运设施、设备和服务标志的；

(三)未按规定检验整车技术性能或者检验不合格的；

(四)车内营运设施污损，不宜载客的；

(五)未按规定消毒或者车容不整洁、车内卫生不符合规定的；

(六)未在规定位置设置、张贴公司名称、价目表，服务监督卡、监督举报电话的；

(七)营运中不携带道路运输证或者驾驶员从业资格证的；

(八)擅自粘贴、悬挂广告、宣传品的。

第四十四条 出租汽车驾驶员违反本条例规定，由道路运输管理机构按下列规定予以处罚：

(一)拾到乘客遗失的钱物不交还乘客或者不交到有关部门的，责令退还，记录营运违章一次；

(二)故意刁难、辱骂乘客的，责令其向乘客赔礼道歉，记录营运违章一次；

(三)故意绕路行驶的，责令退还租费，处 200 元以上 1000 元以下罚款，记录营运违章一次；

(四)得知乘客去向拒绝载客或无正当理由中断载客服务的拒载行为，处 500 元以上 1000 元以下罚款，记录营运违章一次；

(五)出租汽车载客后，未经乘客同意另载他人的，责令双倍退还租费，处 500 元以上 1000 元以下罚款，记录营运违章一次；

(六)在出租汽车候车站不服从驻站道路运输管理机构工作人员管理，私自招揽乘客或者不按要求停靠、待客、载客、登记的，处 500 元以上 1000 元以下罚款，记录营运违章一次；

(七)擅自提价或者改变计费方法的，责令退还租费，处 500 元以上 1000 元以下罚款，记录营运违章一次，责令停业十五日；

一年内被查处三次的，吊销其道路运输证。

违反前款规定，一年内被记录营运违章三次的出租汽车驾驶员，吊销其从业资格证。

第四十五条 出租汽车经营者或者驾驶员违反本条例规定，由道路运输管理机构按下列规定予以处罚：

(一)将出租汽车交由未取得出租汽车驾驶员从业资格证的人员营运

的，处500元以上1000元以下罚款；

(二)道路运输经营许可证、道路运输证、驾驶员从业资格证未经定期审验或者无驾驶员从业资格证从事出租汽车营运的，暂扣道路运输证十五日，处300元以上1000元以下罚款；

(三)逃避道路运输管理机构工作人员监督检查或者阻碍道路运输管理机构工作人员执行公务的，处200元以上1000元以下罚款；情节严重的，责令停业十五日；

(四)未经批准擅自停运的，责令改正；拒不改正的，责令停业十五日；情节严重的，吊销道路运输证和驾驶员从业资格证。

第四十六条 在出租汽车上擅自安放车载对讲设施或者利用车载对讲设施传播与营运无关的信息，依照无线电管理的有关规定处罚。

第四十七条 出租汽车公司疏于管理，所属出租汽车三个月内违章车辆台次达到该公司车辆总数百分之五的，由道路运输管理机构责令限期整改，并处5000元以上1万元以下罚款。

第四十八条 交通运输行政主管部门、道路运输管理机构的工作人员在执行职务时有下列行为之一的，由其所在单位或者上级有关部门给予行政处分：

(一)违反法定的条件或者程序实施行政许可的；

(二)无法定依据收费、罚款，不按规定使用罚没收据，截留、私分或者变相私分罚没收入的；

(三)违法扣押或者超期扣押车辆的；

(四)使用或者损毁扣押财物的；

(五)索取或者收受他人财物，或者谋取其他非法利益的；

(六)参与或者变相参与客运出租汽车经营活动的；

(七)发现违法行为不依法查处的；

(八)徇私舞弊，包庇纵容非法营运的；

(九)对投诉超过规定期限未做出处理、答复的；

(十)乘坐出租汽车不付租费等其他滥用职权、以权谋私侵害经营者、驾驶员利益的；

(十一)其他违法行为。

第七章 附则

第四十九条 本条例自2011年6月1日起施行。

呼和浩特市市容环境卫生管理条例

第一章 总 则

第一条 为了加强市容环境卫生管理，维护城市的文明、整洁、优美，保障居民身心健康，促进社会主义现代化首府城市的建设，根据有关法律、法规，结合本市实际，制定本条例。

第二条 本条例适用于市辖区的城市化地区、经济开发区以及工业园区。

第三条 本市市容环境卫生管理工作实行统一领导、分级管理、多方参与、公众监督的原则，坚持管理与服务、教育与处罚相结合。

第四条 市城市管理行政执法部门负责本市市容环境卫生工作。

区城市管理行政执法部门和街道办事处以及乡、镇人民政府负责本辖区的市容环境卫生监督管理工作。

市、区城市管理行政执法部门的监察机构，按照本条例的规定，对违反市容环境卫生管理和其他城市管理相关规定、有碍市容市貌的行为，集中行使行政处罚权。

规划、建设、环保、公安、工商、文化、商务、卫生、食品药品监督等行政管理部门按照各自职责，配合做好市容环境卫生管理工作。

第五条 市、区人民政府应当将市容环境卫生事业纳入国民经济和社会发展计划。市城市管理行政执法部门应当组织编制市容环境卫生专项规划，并纳入城乡总体规划。市、区人民政府应当完善市容环境卫生设施，保障市容环境卫生事业建设需要的经费。

第六条 城市管理行政执法部门应当会同广播电影电视、新闻出版、文化、教育、卫生等部门加强市容环境卫生宣传教育工作，提高公民维护市容环境卫生的意识。

广播、电视、报刊、网络等宣传媒体和公共场所的广告应当安排市容环境卫生方面的公益性宣传内容。

第七条 任何单位和个人都有维护市容环境卫生的义务，并有权对有损市容环境卫生的行为进行举报、投诉。

第二章 市容管理

第八条 本市实行市容环境卫生

责任区制度。市容环境卫生责任区的具体范围、责任和要求，由区城市管理行政执法部门按照规定标准划分确定，与市容环境卫生责任人签订责任书。

市容环境卫生责任区是指有关单位和个人所有、使用或者管理的建筑物、构筑物或者其他设施、场所及其一定范围内的区域。

第九条 市容环境卫生责任区的责任要求：

（一）保持市容整洁，无乱设摊、乱搭建、乱张贴、乱涂写、乱刻画、乱吊挂、乱堆放等行为；

（二）保持环境卫生整洁，无暴露垃圾、粪便、污水、污迹，无渣土，无蚊蝇孳生地等；

（三）按照有关规定设置环境卫生设施，并保持其整洁、完好。

第十条 城市管理行政执法部门应当加强对责任区市容环境卫生的监督管理，并定期组织检查。

市容环境卫生责任人对责任区内违反市容环境卫生管理规定的行为，有权予以制止，并可以要求城市管理行政执法部门及其监察机构处理。

第十一条 建筑物、构筑物和其他设施应当保持整洁、完好、美观，并与周围环境相协调。主要道路两侧和景观区域内的建筑物、构筑物和其他设施的所有者、使用者或者管理者应当定期进行整修、清洗或者粉刷。

违反本条规定的，责令限期改正；逾期未改正的，处以整修、清洗或者粉刷所需费用一倍以下的罚款。

第十二条 禁止有碍市容的下列行为：

（一）在道路两侧建筑物、构筑物上及其门前、窗外、阳台、屋顶堆放和吊挂不符合市容市貌标准物品的；

（二）炉口、烟囱、排污口向街面和居民住宅排污的；

（三）在道路、铁路沿线两侧搭建房屋、棚亭(围墙)、围垦和设置牌匾、收购点的；

（四）在建筑物退让地带、城市绿地、文化体育用地、旅游风景名胜地摆摊设点、堆放杂物的。

违反本条规定，有以上行为之一的，责令限期改正；逾期未改正的，处50元以上500元以下的罚款；有第三项行为的，经区级以上人民政府批准，强制拆除。

第十三条 画廊、报栏、交通标志、候车亭、垃圾箱等设施，应当整洁美观、安全牢固，不得有碍市容观瞻。设置单位应当定期维修、更新，保持其完好。

违反本条第一款规定的，责令限期更新；逾期未更新的，经区级以上人民政府批准，强制拆除。

第十四条 不得在电杆、树木、居民住宅和其他公共设施上涂写、刻画和张贴、悬挂各种广告、宣传品。不得在道路、广场等公共场所随意散发广告和宣传品。

违反本条规定的，对实施者予以警告，责令改正，可以并处200元以上2000元以下的罚款；对组织实施的单位和个人处3000元以上3万元以下的罚款。

第十五条 主要道路两侧和景观区域内的建筑物、构筑物和其他设施，应当按照规划要求设置景观灯光设施。

景观灯光设施应当保持完好，并按照规定的时间启闭。

违反本条第二款规定的，责令改正；拒不改正的，处200元以上1000元以下的罚款。

第十六条 园林绿地、道路两侧新建的建筑物临街一侧，应当按照道路街景规划的要求选用透景、半透景的围墙、栅栏或者绿篱、花坛(池)、草坪等作为分界。

道路两侧建筑物临街一侧的现有围墙不符合前款要求的，应当按照道路街景规划要求或者有关规定予以改建。

透景围墙内外应当保持环境整洁、美观。

违反本条规定的，责令限期改建；逾期未改建的，经区级以上人民政府批准，强制拆除。

第十七条 禁止主要道路两侧和景观区域的居民住宅破墙开店。其他建筑物和其他区域的居民住宅未经规划主管部门批准，不得改变建筑物立面结构。未经批准已经破墙开店的，必须恢复原状；建筑物进行门面装修，应当符合市容市貌标准。

违反本条规定的，责令限期改正；逾期未改正的，处2000元以上1万元以下的罚款。

第十八条 禁止在道路、桥梁、人行天桥、地下通道、广场及其他公共场所设摊经营和堆放物品。露天烧烤摊点及其他临时经营摊点应当在市城市管理行政执法部门划定的区域、时间段内经营，并符合本条例第九条的规定。

道路两侧和广场周围建筑物、构筑物内的经营者不得擅自搭设檐蓬、遮阳布或者超出门窗和外墙设摊经营、堆放物品。

违反本条规定的，责令改正；拒不改正的，暂扣其违法经营、堆放、搭设的物品，可以处500元以上5000元以下的罚款。

第十九条 机关、团体、学校、企事业单位及个体工商户，应当负责责任区的卫生、绿化、美化，并承担清雪铲冰任务。

违反本条规定的，责令改正，可以并处100元以上1000元以下的罚款。

第二十条 城市户外广告设施应当按照批准的位置、形式、规格、色调、材料和时限设置。

设置单位应当定期维修、更新，保持户外广告设施整洁、美观、安全、牢固，不得有碍市容观瞻。

违反本条规定的，责令限期改正；逾期未改正的，经区级以上人民政府批准，强制拆除，可以并处 500 元以上 2000 元以下的罚款。

第二十一条 户外广告设施闲置、空置的，不得有碍市容观瞻。

设置单位应当按照有关规定利用闲置、空置户外广告设施做公益性宣传或者自行拆除。

违反本条第一款规定的，处 500 元以上 2000 元以下的罚款。

第二十二条 本市行驶的机动车应当保持容貌整洁。利用机动车张贴、设置广告或者宣传品的，应当保持整洁、完好，出现陈旧、污损的，应当及时清洗、更换。

违反本条规定的，责令改正。

第二十三条 任何单位和个人不得在街道两侧搭建建筑物、构筑物或者其他设施。因建设等特殊需要，搭建临时性建筑物、构筑物或者其他设施的，应当按照有关规定办理审批手续，期满立即拆除，并清理现场。

违反本条规定的，责令限期拆除；逾期未拆除的，经区级以上人民政府批准，强制拆除，可以并处临时建设工程造价一倍以下的罚款。

第二十四条 城乡规划确定的城市道路、广场、公园、绿地等公共设施，任何单位或者个人不得擅自改变用途。

违反本条规定的，责令限期恢复原状或者采取其他补救措施，并处 1000 元以上 5000 元以下的罚款。

第二十五条 禁止下列损害城市道路两侧行道树及绿化隔离带内树木和花草的行为：

（一）利用树木搭建建筑物、牵绳挂物、倚靠重物、钉、刻、削树木的；

（二）随意攀树折枝、采摘花果、剪采枝条等损坏树木的；

（三）在绿地内摆摊设点、停放车辆、倾倒垃圾污水、堆放废弃物的；

（四）未经园林管理部门批准，砍伐、移植树木或者破坏绿地的。

违反本条第一、二、三项规定的，处 100 元以上 500 元以下的罚款，造成损失的依法承担赔偿责任。

违反本条第四项规定的，责令赔偿损失，处 3000 元以上 5000 元以下的罚款。

第二十六条 城市管理行政执法部门负责市区道沿石以上停车场的统一管理，停车场的设置应当符合城乡规划和设置技术标准的要求。

未经批准不得设置停车场。

任何单位和个人不得擅自改变经批准建成的停车场使用功能或者将停车位挪作他用。

非机动车应当按照规定的地点停放，不得有碍市容观瞻。

违反本条第二款规定的，责令停止经营，没收违法所得，可以并处 5000 元以上 1 万元以下的罚款。

违反本条第三款规定的，责令恢复原状，可以并处 5000 元以上 2 万元以下的罚款。

违反本条第四款规定的，处 10 元以上 50 元以下的罚款。

第三章 环境卫生管理

第二十七条 任何单位和个人都应当维护公共环境卫生，禁止下列影响环境卫生的行为：

（一）随地吐痰、便溺的；

（二）乱扔果皮、纸屑、烟蒂、口香糖的；

（三）乱扔一次性餐具、塑料袋和其他包装物的；

（四）乱丢废电池等特殊废弃物的；

（五）乱倒垃圾、污水、粪便，乱扔动物尸体的；

（六）在露天场所和垃圾收集容器内焚烧树叶、垃圾的。

违反本条规定，有以上行为之一的，责令改正，可以对个人处 10 元以下罚款，对单位处 50 元以上 500 元以下的罚款。

第二十八条 居民应当自觉维护居住区的整洁，按照规定将生活垃圾装袋放到指定地点。居民住宅的装修垃圾，应当在指定的地点堆放，并承担清运费用。

临街商铺的装修垃圾，应当做到随产随清，不得占道堆放。

违反本条第一款规定的，责令改正；拒不改正的，对居民处 50 元以下的罚款；无法确定行为人的，由市容环境卫生责任人负责清运。

违反本条第二款规定的，责令限期改正；拒不改正的，处 300 元以上 500 元以下的罚款。

第二十九条 集市贸易市场的管理单位应当保持场内和周围环境整洁，按照垃圾日产生量设置垃圾收集容器，并做到垃圾日产日清。

集市贸易市场内的摊贩应当自备垃圾收集容器，并保持摊位和经营场地周围的整洁，将垃圾装袋放到指定地点。

违反本条第一款规定的，责令限期改正；逾期未改正的，处 1000 元以下的罚款。

违反本条第二款规定的，处 50 元以下的罚款。

第三十条 公共绿地应当保持整洁、美观，养护单位应当及时清除绿地内的垃圾杂物。

在道路两侧栽培和修剪树木、花卉等作业所产生的枝叶、泥土，作业单位应当及时清除。

违反本条第二款规定的，责令限期改正，可以并处 100 元以上 1000 元以下的罚款。

第三十一条 施工单位应当在建设工地设置符合规定要求的封闭式围挡、临时厕所和生活垃圾收集容器，并保持整洁、完好，建设工地车辆出入口应当硬化。

施工单位不得擅自在建设工地围

挡外堆放建筑垃圾和建筑材料，不得向建设工地外排放污水、散落粉尘。施工中产生的各类垃圾应当堆放在固定地点，并及时清运。

建设工程竣工后，施工单位应当及时拆除施工临时设施，平整建设工地，清除建筑垃圾及其他废弃物。

违反本条规定的，责令限期改正；逾期未改正的，处 1000 元以上 5000 元以下的罚款。

第三十二条 从事车辆清洗、修理，以及废品收购和废弃物接纳作业的，应当保持经营场所周围环境卫生整洁，采取措施防止污水外流或者废弃物向外散落。

违反本条规定的，责令改正，并处 100 元以上 1000 元以下的罚款。

第三十三条 举办节庆、文化、体育等活动，经批准临时占用道路及其他公共场所的，应当保持周围环境卫生整洁，及时清除临时设置的设施和产生的废弃物。

临街单位应当及时清理燃放烟花爆竹产生的纸屑等废弃物，保持环境卫生整洁。

违反本条规定的，责令改正，并处 300 元以上 1000 元以下的罚款。

第三十四条 禁止在市辖区的城市化地区饲养猪、羊、牛、兔、鸡、鸭、鹅、食用鸽等畜禽。

居民饲养宠物不得影响环境卫生，对宠物在道路和其他公共场所产生的粪便应当即时自行清除。

违反本条第一款规定的，责令限期处理，可以并处 50 元以上 500 元以下的罚款。

违反本条第二款规定的，责令改正；拒不改正的，处 50 元以下的罚款。

第三十五条 本市按照减量化、资源化和无害化的原则对生活垃圾、建筑垃圾等废弃物进行有偿处理，采取有效措施减少废弃物的产生，积极开展垃圾分类收集和综合利用，提高生活垃圾等废弃物的无害化处理水平。

第三十六条 居民产生的生活垃圾和未接入污水处理系统的粪便，由环境卫生管理部门统一组织有偿收集、运输。

单位产生的废弃物，由单位负责收集、运输或者委托环境卫生作业服务单位有偿收集、运输。

废弃物的集中处置，由环境卫生管理部门统一组织实施。

第三十七条 生活垃圾必须实行袋装化。逐步实行生活垃圾的分类投放、收集、运输和处置。

生活垃圾分类投放、收集的标准和方法，由市城市管理行政执法部门制定并予以公告。

第三十八条 产生医疗垃圾及其他有毒有害废弃物的单位应当按照有关规定单独处置，不得混入生活垃圾。

违反本条规定将医疗垃圾混入生活垃圾的，责令限期改正，可以并处 1000 元以上 1 万元以下的罚款；逾期未改正的，处 1 万元以上 3 万元以下的罚款；将有毒有害废弃物混入生活垃圾的，责令限期改正，处 1 万元以上 10 万元以下的罚款。

第三十九条 生活垃圾应当由批准设立的垃圾处理场(厂)或者处理设施处置。处置生活垃圾，应当遵守城市环境卫生质量标准和有关规范。

违反本条规定，随意处置生活垃圾的，责令立即改正；拒不改正的，处 5000 元以上 3 万元以下的罚款。

第四十条 环境卫生管理部门应当按照方便居民的原则，规定生活垃圾和粪便投放、倾倒的时间、地点和方式。

化粪池和储粪井粪便外溢时，产权单位、管理单位和使用人要在 24 小时内处理和疏通，不及时处理和疏通影响环境卫生的，对产权单位、管理单位或者使用人处 500 元以上 2000 元以下的罚款。

第四十一条 市城市管理行政执法部门负责对全市的建筑垃圾收集、运输、处置实行统一管理。

第四十二条 处置建筑垃圾的单位，应当向城市管理行政执法部门提出申请，获得城市建筑垃圾处置核准后，方可处置。

违反本条规定的，责令限期改正，给予警告，可以处 1 万元以上 10 万元以下的罚款。

第四十三条 施工单位不得将建筑垃圾交给个人或者未经核准从事建筑垃圾运输的单位处置。

违反本条规定的，责令限期改正，给予警告，处 1 万元以上 10 万元以下的罚款。

第四十四条 处置建筑垃圾的单位在运输建筑垃圾时，不得丢弃、遗撒建筑垃圾。

违反本条规定的，责令限期改正，给予警告，处 5000 元以上 5 万元以下的罚款。

第四十五条 任何单位和个人不得随意倾倒、抛撒或者堆放建筑垃圾，不得将建筑垃圾混入生活垃圾，不得将危险废物混入建筑垃圾，不得擅自设立弃置场受纳建筑垃圾。

违反本条规定，随意倾倒、抛撒或者堆放建筑垃圾的，责令限期改正，给予警告，对单位处 5000 元以上 5 万元以下的罚款，对个人处 200 元以下的罚款。

违反本条规定，将建筑垃圾混入生活垃圾或者将危险废物混入建筑垃圾的，责令限期改正，给予警告，对单位处 3000 元以下的罚款，对个人处 200 元以下的罚款。

违反本条规定，擅自设立弃置场受纳建筑垃圾的，责令限期改正，给予警告，对单位处 5000 元以上 1 万元以下的罚款，对个人处 3000 元以下的罚款。

第四十六条 经营城市垃圾粪便收集、清运、处置等环境卫生作业的服务企业和从事车辆清洗的单位和个人，必须取得市城市管理行政执法部门核发的资质证书，方可从业。

第四十七条 从事市容环境卫生作业服务，应当遵循环境卫生作业服务规范，达到市容市貌标准和城市环境卫生质量标准。

道路和公共场所的清扫、保洁，应当在规定的时间进行，减少对道路交通和市民休息的影响，减少对环境的污染。

第四章环境卫生设施建设与管理

第四十八条 城市管理行政执法部门应当根据国家环境卫生设施设置标准和本市市容环境卫生专项规划，编制垃圾转运站、垃圾粪便处理厂(场)、公共厕所、环境卫生工作场所、车辆等环境卫生设施的建设专项规划和实施计划。

环境卫生管理部门应当根据前款规定加快公共厕所及其他环境卫生设施的建设，以保证居民生活的需要。

第四十九条 编制新区开发、旧区改造等区域性综合开发建设规划方案，应当包含设置环境卫生设施的内容，并征求城市管理行政执法部门的意见。

从事综合开发建设的，应当按照市容环境卫生专项规划和环境卫生设施设置规定及设置标准配套建设环境卫生设施。

违反本条二款规定的，责令其补建，并处环境卫生设施建设费用一倍以下的罚款。

第五十条 机场、车站等交通集散地和大型商场、文化体育设施、旅游景点及其他人流集散场所，应当按照市容环境卫生专项规划和环境卫生设施设置规定及设置标准，配套建设公共厕所和其他环境卫生设施，并设置垃圾收集容器。

违反本条规定的，责令其补建；并对未设置垃圾收集容器的，处50元以上 500 元以下的罚款；对未配套建设公共厕所和其他环境卫生设施的，处建设费用一倍以下的罚款。

第五十一条 建设项目配套的公共厕所及其他环境卫生设施，必须与主体工程同时设计、同时施工、同时投入使用。

配套建设的公共厕所及其他环境卫生设施竣工验收合格后，方可投入使用。环境卫生管理部门应当参加验收。

第五十二条 禁止任何单位和个人擅自占用、拆除、迁移、改建、封闭公共厕所及其他环境卫生设施。因建设等特殊原因确需拆除、迁移、改建、封闭公共厕所及其他环境卫生设施的，应当经环境卫生管理部门同意；拆除、封闭的公共厕所及其他环境卫生设施，应当按照现行卫生标准补建。

规划确定的环境卫生设施用地，不得挪作他用。

违反本条规定的，责令限期补建；逾期未补建的，处建设费用一倍以下的罚款。

第五章 其他规定

第五十三条 城市管理行政执法部门及其监察机构应当建立市容环境卫生投诉受理制度并公布投诉电话。

城市管理行政执法部门及其监察机构应当自受理投诉之日起 15 日内将处理意见答复投诉人。

第五十四条 本条例规定由城市管理行政执法部门监察机构行使的行政处罚权，其他部门不得再行使。

第五十五条 按照本条例规定应当设置环境卫生设施和提供服务的区域，未设置或者未提供的，不得对行为人实施处罚。

第五十六条 城市管理行政执法部门及其监察机构和管理人员应当依法履行职责，文明执法，实行执法责任制和过错追究制。有下列行为之一的，根据情节轻重给予批评教育或者行政处分；造成损失的，依法承担赔偿责任；构成犯罪的，依法追究刑事责任。

（一）未出示证件、未按照规定着装执法的；

（二）未使用规定的行政执法文书和罚没专用收据的；

（三）粗暴执法致使公民、法人和其他组织及公共利益受到损害的；

（四）打骂、侮辱当事人的；

（五）未实行罚缴分离制度的；

（六）侵占或者私分暂扣物品的；

（七）滥用职权、徇私枉法，随意处罚当事人的；

（八）玩忽职守、以权谋私、贪污受贿的；

（九）应当受理的投诉事项不予受理或者应当查处的违法行为不予查处的。

第五十七条 侮辱、殴打市容环境卫生管理人员或者拒绝、阻挠其执行职务，违反《中华人民共和国治安管理处罚法》的，由公安部门予以处罚；构成犯罪的，依法追究刑事责任。

第五十八条 本条例规定的罚款，当事人逾期不履行的，每日按罚款数额的百分之三加处罚款。

第六章 附 则

第五十九条 旗县市容环境卫生管理可以参照本条例执行。

第六十条 本条例自 2011 年 9 月 1 日起施行。2002 年 7 月 3 日呼和浩特市第十一届人民代表大会常务委员会第二十九次会议通过，2002 年 8 月 2 日内蒙古自治区第九届人民代表大会常务委员会第三十一次会议批准的《呼和浩特市市容环境卫生管理条例》同时废止。

第四部分　社会经济大事记

呼和浩特2011年社会经济大事记

1月

4日　我市召开2011年重点项目储备工作会议。市委副书记、代市长王波主持会议并讲话。他强调，要进一步加大招商引资力度，大力引进国内外企业来我市投资，跟踪做好项目可行性研究及土地报批、规划选址和环评等各项前期工作，真抓实干，采取有力措施，把项目建设作为发展载体，加大项目投资力度，以工业发展带动全市经济发展。各旗县区、开发区、发改委、经委、建委、交通局、水务局等部门相关负责人参加会议。市领导赵江涛、吕慧生、刚布和、张赢出席会议。

▲我市共有8家景区（点）通过A级景区评定验收。其中：神泉生态旅游景区被国家旅游局评定为国家4A级旅游景区；白石生态旅游景区、哈达门高原牧场、蒙古风情园、清·固伦格靖公主府、乌兰夫故居被评定为国家3A级旅游景区；云滚洞旅游度假山庄、将军衙署被评定为国家2A级旅游景区。

5日　市政协十一届四次会议在内蒙古人民会堂隆重开幕。300多名市政协委员参加了大会。市政协主席张彭慧、副主席彭皓方、张润锁、云普选、崔世清、银孝、鲁剑钧、陈曼莉、张赢、秘书长孙德旺出席大会。自治区党委常委、市委书记韩志然，自治区政协副主席牛广明应邀出席会议。我市领导王波、吴一微、兰恩华出席会议。市政协副主席张润锁主持大会。

6日　呼和浩特市第十三届人民代表大会第四次会议在内蒙古人民会堂隆重开幕。来自全市各条战线的300多名人大代表肩负着全市人民的重托参加了大会。大会主席团常务主席、执行主席韩志然、兰恩华、刘俊清、李岳清、吕景瑞、邢燕菊、吴安俊、宋晓刚出席大会。汤爱军、王波、张彭慧出席会议。市委副书记、代市长王波代表市政府向大会作《政府工作报告》。《政府工作报告》共分三个部分：一是“十一五”时期经济社会发展情况；二是《呼和浩特市国民经济和社会发展第十二个五年规划纲要（草案）》说明；三是2011年的政府工作。《呼和浩特市国民经济和社会发展第十二个五年规划纲要（草案）》也一并提交大会审议。

▲市委副书记、代市长王波参加了赛罕区代表团和土左旗代表团的分组审议，王波指出，要紧紧围绕“十二五”奋斗目标，认真总结发展经验，推进两个一流首府建设不断取得新成绩。

▲和林县政府与香港浩源国际控股有限公司正式签订“浩源碳纤维产业园”项目。市领导王波、吕慧生、刚布和、郭召来出席签约仪式，和林县四大班子和经济开发区，市发改委、经信委、科技局、招商局、环保局、规划局等相关部门负责人参加签约仪式。副市长吕慧生主持签约仪式。

7日　呼和浩特市2011年老干部迎新春联谊会举行。自治区党委常委、市委书记韩志然出席联谊会。市委副书记、代市长王波代表市委、市政府致新年贺词。市领导吴一微、张彭慧、兰恩华、狄瑞明出席联谊会。市委组织部部长刘俊清主持联谊会。

▲市党政领导与出席市政协十一届四次会议的委员代表举行座谈会，来自各界别的20名委员代表带着大家普遍关注的问题，分别围绕市区交通基础设施建设、地方资金支持中小企业发展等焦点话题与市领导进行交流。市政协主席张彭慧主持座谈会。市领导王波、兰恩华、赵江涛、云建东、刘菊茹、贾英祥、孙建华、刚布和出席座谈会。市政协副主席彭皓方、张润锁、崔世清、银孝、鲁剑钧、陈曼莉、张赢、秘书长孙德旺出席座谈会。

▲市委副书记、代市长王波分别参加了新城区代表团、回民区代表团的分组审议，和代表们共同审议《政府工作报告》，围绕“十二五”奋斗目标，共谋首府发展新思路。

7日-8日　中国新能源产业经济发展年会在北京举行。在会上，我市获得“2010中国最具投资价值新能源城市”和“中国低碳政府榜样”两项殊荣。

9日　政协呼和浩特市第十一届委员会第四次会议圆满完成各项议程，胜利闭幕。市政协主席主持大会并发表讲话。市政协副主席彭皓方、张润锁、云普选、崔世清、银孝、鲁剑钧、陈曼莉、张赢、秘书长孙德旺参加了大会。自治区党委常委、市委书记韩志然、自治区政协副主席牛广明应邀出席会议。我市党政军领导王波、吴一微、白光荣、兰恩华出席大会。张彭慧在闭幕会上讲了话。市政协原主席刘香芸，原副主席李绍华出席会议。全国政协驻呼委员、自治区政协驻呼常委、市各有关部门负责同志出席了会议。

▲市委副书记、代市长王波主持召开了市政府第32次常务会议，专题研究了各代表团审议政府工作报告、“十二五”规划纲要以及计划、财政报告修改意见。副市长赵江涛、刘菊茹、吕慧生、云公和、白金祥、贾英祥、刚布和、市政府巡视员高炜明以及市政府办公厅、市发改委、交通局、房产局、旅游局、财政局等相关部门负责人参加了会议。

▲我市举行银企迎春座谈会、联谊会。市委、市政府领导与金融企业界代表欢聚一堂，共议首府发展大计。市领导韩志然、王波、兰恩华、赵江涛、狄瑞明、吕慧生出席会议。自治区人大常委会委员、呼和浩特市经济发展高级顾问汤爱军出席会议。自治区金融办主任宋亮出席会议。副市长刚布和主持会议。王波代表市委、市政府对金融企业界的朋友一年来给予呼市经济社会发展的支持表示感谢。

10日　市十三届人大四次会议举行第三次全体会议。经全体代表投票选举，王波当选为呼和浩特市人民政府市长，刘敏、孙建国当选为呼和浩特市第十三届人民代表大会常务委员会副主任，王伟当选为呼和浩特市中级人民法院院长。大会由主席团常务主席、执行主席兰恩华主持。本次大会执行主席韩志然、吴一微、刘俊清、李岳清、吕景瑞、邢燕菊、吴安俊、宋晓刚出席大会。汤爱军、张彭慧等出席大会。新当选市长王波讲话。

▲呼和浩特市第十三届人民代表大会第四次会议圆满完成各项议程，在内蒙古人民会堂胜利闭幕。会议表决通过了关于政府工作报告的决议、关于呼和浩特市国民经济和社会发展第十二个五年规划纲要的决议、关于呼和浩特市2010年国民经济和社会发展计划执行情况与2011年国民经济和社会发展计划的决议、关于呼和浩特市2010年财政预算执行情况和2011年市本级财政预算的决议；表决通过了关于呼和浩特市人大常委会工作报告的决议、关于呼和浩特市中级人民法院工作报告的决议、关于呼和浩特市人民检察院工作报告的决议。大会主席团常务主席、执行主席吴一微主持大会并讲话。大会主席团常务主席、执行主席韩志然、兰恩华、刘俊清、李岳清、吕景瑞、邢燕菊、吴安俊、刘敏、孙建国、宋晓刚出席大会。自治区人大副主任云秀梅应邀出席大会。汤爱军、王波、张彭慧、白光荣出席会议。出席会议的还有：刘香芸、韩钊、赛娜、刘惠、李鹤、朝鲁、赵江涛、云丽珠、王恒俊、云建东、狄瑞明、刘菊茹、吕慧生、云公和、贾英祥、孙建华、刚布和、高炜明、彭皓方、银孝、鲁剑钧、陈曼莉、张赢、李博宏、王伟、云布俊及主席团其他成员。

11日　市委统战部、市工商联组织召开座谈会，邀请全市非公有制经济代表人士，共商全市非公有制经济发展前景。市委副书记、市长王波出席会议并讲话。市委副书记兰恩华、市委常委、统战部部长云建东，市人大副主任李岳清、刘敏，副市长孙建华、刚布和，市政府副巡视员郭召来出席会议。副市长吕慧生主持了座谈会。

▲市慈善总会召开2010年工作总结暨表彰大会。自治区人大常委会委员、市慈善总会会长汤爱军，市人大主任吴一微，市委常委、常务副市长赵江涛等出席会议。汤爱军在会上对慈善总会2010年的工作进行了总结并部署了2011年的工作。赵江涛代表市政府为获奖单位及个人颁奖并讲话。

▲副市长刘菊茹在相关部门负责人的陪同下，先后深入回民区和玉泉区的部分困难家庭进行走访慰问。

▲呼和浩特会展协会工作会议召开。会议总结了过去三年呼和浩特会展协会取得的成绩，安排部署了下一阶段的重点工作。副市长云公和出席会议。

▲2010年呼和浩特市全年空气质量优良天数349天，较2009年优良天数346天增加了3天，连续两年取得了在北方15个省会（首府）城市中排名第一名的好成绩。

▲自治区党委常委、市委书记韩志然，在自治区总工会副主席李建军，自治区民政厅副厅长王守俭，自治区人力资源和社会保障厅副厅长王燕峰及市领导刘惠、赵江涛、狄瑞明、贾英祥的陪同下，对我市公安民警、武警官兵、劳动模范、低保户、环卫工人、一线医务工作者以及呼市穆斯林老年公寓的老人进行了亲切的慰问。

12日　呼和浩特市2011年党政军迎新春联谊会在喜来登酒店隆重举行。自治区党委常委、市委书记、市双拥工作领导小组组长韩志然出席联谊会。市委副书记、市长、市双拥工作领导小组副组长王波出席会议并代表市委、市政府和全市各族人民群众，向驻呼部队指战员和武警部队官兵致以新春的祝愿，向全市老红军战士、烈军属、革命伤残军人、军队离退休干部、转业复员退伍军人致以亲切的慰问，向多年来关心和支持呼市双拥工作的各级领导表示衷心的感谢。他希望在今后的工作中，继续加强党政军民的紧密团结，不懈奋斗，以优异成绩迎接建党90周年。呼和浩特警备区政委白光荣出席联谊会并致辞。市领导吴一微、张彭慧、赵江涛、刘俊清、王恒俊、狄瑞明、李岳清、刘敏出席联谊会。市委副书记兰恩华主持联谊会。

▲市人大与市政府、市中级人民法院和检察院召开领导联席会议。会议由市人大主任吴一微主持。市领导王波、赵江涛、李岳清、吴安俊、刘敏、白金祥、贾英祥、刚布和及“一

府两院”有关部门负责人出席会议。

▲市红十字会2011年“红十字博爱送万家”活动启动仪式举行。市领导兰恩华、刘俊清、刘菊茹、彭皓方、鲁剑钧及我市部分直属机关单位代表、受助群众代表、市及旗县区红十字会工作人员参加了启动仪式。

▲全市食品药品监督管理工作会议召开。会议总结了2010年的工作，并全面部署2011年食品药品监管工作。自治区食品药品监督管理局副局长罗黔英、副市长刘菊茹、市政协副主席鲁剑钧出席会议。

13日　自治区副主席刘新乐在副市长刘菊茹、自治区及呼市两级药监、农牧、卫生、工商、质监等食品安全成员单位有关负责人的陪同下，先后来到内蒙古美通无公害物流中心、石羊桥幸福瓜果批发市场、万达广场华润万家超市、内蒙古锦江国际大酒店，深入食品流通、销售、使用企业，对节日期间食品安全情况进行检查。

14日　根据中国科学技术部《关于认定汇龙森科技北京有限公司等67家单位为国家科技企业孵化器的通知》，呼和浩特留学人员创业园被正式认定为国家科技企业孵化器，这是呼和浩特市第一个也是目前唯一一个国家级留学人员创业园。

▲中国侨联副主席乔卫在副市长刘菊茹的陪同下，看望慰问了我市贫困归侨侨眷。

▲市慈善总会联合大召寺举办了“大召寺2011年‘慈善情暖万家’送温暖活动”。自治区人大常委会委员、市慈善总会会长汤爱军出席。

▲副市长白金祥在市委老干部局等相关负责人的陪同下亲切看望了我市离休老干部却金扎布和任忠隆同志，并给他们送去了慰问金、慰问品以及新春的祝福。

▲由市政府、民政局、回民区等相关负责人组成的慰问组先后走访了回民区小府村、一家村、段家窑、坝口子村等地的低保户、优抚对象、五保户、灾民、企业军转干部等11户困难家庭并送上大米、食用油、棉被和慰问金，帮助他们解决生活上的实际困难。

▲市残联工作人员代表市委、市政府来到了武川县，为当地贫困残疾人送去了慰问金，带去了党和政府的温暖。

▲呼和浩特市党外知识分子联谊会举办新年联谊活动。市领导朝鲁、云建东、白金祥、张润锁、银孝、鲁剑钧、陈曼莉出席联谊活动。

▲全市道路交通安全专项整治工作会议召开，副市长、公安局局长贾英祥出席会议并要求各旗县区政府和相关职能部门，要将道路交通安全整治列入重要议事日程，加强领导，强化措施，落实责任，同时要认真落实国务院、自治区有关道路交通安全工作的要求，设立专项整治工作领导小组，加强协调，尽职尽责，以保证公路降事故、干线保畅通，春运期间不发生特大交通事故和涉及营运车辆的重大交通事故。市公安局交警支队、交通局、农牧业局、建委、安监局及各旗县区相关负责人出席了会议。

16日　自治区人大代表、自治区党委书记胡春华参加了自治区十一届人大四次会议呼和浩特市代表团分组审议，他指出，要认真审议报告，仔细领会报告精神，在加快发展的同时，转变经济发展方式，坚持走富民强区之路，通过五年时间逐步实现人民收入增长与经济增长同步。

▲自治区人大代表、市委副书记、市长王波参加了自治区十一届人大四次会议呼和浩特市代表团分组审议，他强调，呼和浩特市虽然自己和自己比取得很大成绩，但和建设“两个一流”首府要求还有很大差距，这就要求我们“十二五”时期要付出更多努力。他建议自治区在再生资源项目、托电五期、煤制天然气项目、总部基地建设等方面给予呼市大力支持。

17日　呼和浩特市青年联合会、呼和浩特青年企业家协会新春联谊会举行。市领导刘菊茹、银孝、陈曼莉出席联谊会。

18日　市委副书记、市长王波在副市长、市公安局局长贾英祥，市政府副巡视员牧峰以及市老干局、民政局、劳动和社会保障局等相关部门主要负责人的陪同下深入基层，对我市消防官兵、一线民警、低保户、企业员工以及长期在我市工作生活的老干部、老红军进行了慰问，送去了慰问金及党和政府的关怀，并致以新春佳节的祝福。

▲市委常委、宣传部部长云丽珠，副市长刘菊茹在相关部门负责人的陪同下，先后来到呼和浩特日报社、市第二医院、市电视台、市电台和呼市中蒙医院进行了慰问，并送去了慰问品和慰问金。

▲副市长孙建华在市总工会等有关部门负责人的陪同下，深入到市供排水管网发展公司、供电局、公交总公司第一汽车公司、光明热源厂、呼和浩特中燃城市燃气发展有限公司进行春节慰问，为一线职工送去慰问金和慰问品。

▲我市召开了深化医药卫生体制改革培训会议。副市长刘菊茹出席会议并讲话。

▲我市召开第一次水利普查工作动员会议。副市长云公和出席会议。市建委、水务局、统计局、发改委、财政局、农牧业局、环保局、国土资源管理局等11个成员单位及全市9个旗县区分管负责人参加会议。

19日　市委常委、政法委书记李鹤，副市长、市公安局局长贾英祥在市总工会、市公安局相关部门负责人的陪同下，深入市公安局、交警支队、防暴支队对一线民警进行了节前走访慰问，并为他们送去了慰问金和慰问品。

20日　全市政法暨信访工作会议召开。自治区党委常委、市委书记韩志然出席会议并讲话。他要求全市各级党委、政府和政法机关，一定要坚决贯彻中央和自治区党委要求，毫不放松地抓好政法和维护稳定工作，进一步增强责任感和敏锐性，高度警惕、严密防范、严厉打击各种破坏活动，切实担负起主政一方的政治责任，确保首府社会大局稳定和谐。市委副书记、市长王波与各旗县区领导签订了维稳、综治责任状，会议对我市政法、维稳先进集体、个人进行了表彰。市领导王恒俊、狄瑞明、吴安俊、孙建国、贾英祥、鲁剑钧及政法部门负责人出席了会议。

▲市委常委、副市长赵江涛在呼和浩特警备区、市民政局等相关部门负责人的陪同下，来到北京军区汽车第28团、武警内蒙古总队、内蒙古军区253医院和北京军区毕克齐空军场站进行慰问，向我市所有驻军部队表示衷心感谢，并致以新春的美好祝愿。

▲我市组织23个部门召开全市打击侵犯知识产权和制售假冒伪劣商品专项行动领导小组会议，研究部署打击侵犯知识产权和制售假冒伪劣商品专项行动重点任务。副市长云公和出席会议。

21日　副市长云公和一行在有关人员的陪同下，先后到内蒙古森林总队和呼市气象局进行慰问，并为他们送去了慰问金和新春的美好祝愿。

▲全市宣传思想文化工作会议举行。会议传达了全国宣传部长会议和全区宣传思想文化工作会议精神。总结了我市2010年的宣传思想文化工作，研究部署了2011年的工作。市委副书记兰恩华，市委常委、宣传部部长云丽珠，市委常委、土左旗旗委书记王恒俊，副市长白金祥出席会议。

23日　全区教育工作电视电话会议在我市召开。会议学习贯彻了全国教育工作会议精神，总结交流了我区教育工作经验，分析研究了当前教育工作面临的新情况、新问题，部署了《内蒙古自治区中长期教育改革和发展规划纲要》。市领导狄瑞明、白金祥、刚布和出席了呼和浩特分会场的会议。

23日-28日　自治区党委常委、市委书记韩志然，市委副书记、市长王波一行赴北京拜访了在我市投资合作的重点企业集团。韩志然一行先后拜访了北京控股集团、中国石油天然气集团、中国华能集团、中国海洋石油总公司、天津中环集团、中国大唐集团、神华集团、中国航天科技集团、重庆力帆集团、北京能源投资集团、中粮集团和北京燕京啤酒集团等企业集团，就40亿立方米煤制气，500万吨炼油扩能改造及二期500万吨炼油工程、30万吨合成氨、60万吨大颗粒尿素等重点项目的谋划和实施进行了充分的洽谈、沟通和交流。

26日　由呼和浩特市地税局主办的市地方税务系统迎接中国共产党成立90周年《红色之路》歌舞演出在内蒙古人民会堂隆重上演。自治区党委常委、市委书记韩志然，市委副书记、市长王波发来贺电，对地税系统全体干部职工表示亲切问候，并祝贺《红色之路》演出圆满成功。自治区创先争优活动第五督导组组长刘怀北，自治区地方税务局党组书记、局长苗银柱应邀出席。市领导白光荣、李鹤、赵江涛、云丽珠、吕慧生、贾英祥、银孝出席并观看了演出。

▲由市总工会举办了2011年呼市劳模迎新春联谊会。会上，市委副书记兰恩华当选为呼市劳模协会名誉会长。副市长刘菊茹、市政协副主席鲁剑钧出席联谊会。

28日　副市长白金祥对我市文化庙会准备情况和文化市场经营场所的安全情况进行了视察。他要求组织文化庙会灯展的各相关部门要认真做好防火防电工作，并注意在人群密集地方进行积极疏导，保障市民的人身安全，确保人民群众过一个欢乐祥和的春节。

29日　自治区副主席布小林、副市长云公和率自治区、呼市两级工商、文化、商务等12个部门深入到大学路图书音像市场、维多利商厦、超市和华联超市金兴店，对我市开展打击侵犯知识产权和制售假冒伪劣商品集中整治活动情况进行检查。

30日　自治区副主席赵双连一行深入我市玉泉区交校社区、王府井商厦的美食广场、内蒙古西部天然气股份有限公司金川末站对我市春节期间的安全工作进行视察。自治区政府副秘书长张国良及自治区安全生产监督管理局、内蒙古消防总队等部门负责人陪同视察。

▲副市长刘菊茹在市政府外事侨务办有关负责人陪同下，看望慰问了蒙古国归侨、市第四职业中学退休职工郑良业和侨眷、蒙古国归侨张贵生，向他们致以新春的问候和良好的祝愿。

▲副市长、市公安局局长贾英祥等到呼市劳教所，向工作在一线的干警表示慰问，并送去了慰问金。

31日　呼和浩特市2011年各族各界迎新春联谊会举行。自治区党委常委、市委书记韩志然致辞，市委副书记、市长王波主持联谊会。市人大主任吴一微，市政协主席张彭慧，市委常委、呼和浩特警备区司令员潘平，呼和浩特警备区政委白光荣，市委副书记兰恩华及市委、市人大、市政府、市政协领导，市各旗县区、经济技术开发区、工业园区、各委办局负责人，驻呼解放军、武警指战员、政法干警代表，教育、科技、文化、卫生、体育界代表，宗教界、民主党派、工商联、党外人士代表，劳动模范、企业家代表等参加联谊会。

▲副市长刘菊茹在市卫生局有关

负责人的陪同下，到赛罕区太平庄中心卫生院和市120医疗急救指挥中心，对节日期间坚守岗位、辛勤工作的医护人员进行了慰问。

2月

1日　副市长刚布和深入到我市内蒙古三联化工集团、呼和浩特长途客运站和胜利街的零散炮摊进行春节期间安全生产工作视察。刚布和要求各有关部门进一步加大安全生产工作力度，保障人民生命、财产安全。

8日　由市委、市政府主办，市文化局、玉泉区区委区政府承办的呼和浩特市2011年春节、元宵节文化庙会在大召广场开幕。数千名群众参观。自治区人大原副主任陈瑞清、副市长白金祥出席开幕式。

9日　自治区党委常委、市委书记韩志然在市领导狄瑞明、贾英祥、孙建华的陪同下，亲切看望和慰问了节日期间仍坚守一线工作岗位的消防官兵、环卫工人和自来水公司员工，送上了慰问金，并向他们致以新春美好的祝福，感谢他们为安定、祥和、整洁的节日环境作出的贡献。

11日　市委召开第77次常委(扩大）会议。会议研究确定了2011年城市建设的主要任务。自治区党委常委、市委书记韩志然主持会议并作重要讲话。市委副书记、市长王波就首府城市建设从“提升居住品质、完善基础设施、优化公共空间、推进新区建设”四个方面讲了话。市领导吴一微、张彭慧、兰恩华、刘惠、朝鲁、赵江涛、刘俊清、云丽珠、王恒俊、云建东、狄瑞明、潘平、刘敏、吕慧生、孙建华、郭召来、银孝、张赢及相关部门负责人参加了会议。

12日　2011中国·呼和浩特全国医药保健品交易会在内蒙古展览馆开幕。来自吉林省、河北省等全国32个省、市、自治区的2600多名企业代表参展。自治区及我市领导王素毅、雷·额尔德尼、连辑、肖黎声、张彭慧、吕景瑞、刘敏、云公和以及自治区团委书记常志刚出席开幕式并剪彩。

13日　市委副书记、市长王波在副市长孙建华的陪同下，来到敕勒川跨小黑河桥、园二路跨河桥、滨河北路、东二环延伸段跨小黑河大桥、世纪五路西段、兴安路延伸段跨小黑河大桥、昭乌达路与南二环交汇处、昭君路与南二环交汇处、呼武公路出城口等地，详细了解了城市道路桥梁建设改造情况。市建委、规划局、市容局、水务局、园林局、市政局、城发公司等有关部门和单位主要负责人陪同。

15日　市委副书记、市长王波主持召开市长碰头会，听取了各分管副市长2011年工作思路和工作重点汇报，对今后一个时期政府各项重点工作进行安排部署。王波就城市建设、服务业发展、民生改善、农业发展建设以及维护社会稳定、转变机关工作作风，就业培训、违规占道经营治理等重点工作进行了部署。副市长赵江涛、刘菊茹、吕慧生、云公和、白金祥、贾英祥、孙建华、刚布和以及市政府秘书长、副秘书长、市政府办公厅相关负责人参加了会议。

▲全市人口计生工作领导小组会议召开。市委副书记兰恩华出席会议并要求各旗县区有关单位，要切实提高思想认识，不断增强做好人口计生工作的责任感和紧迫感，要认真履行职责，加大投入力度，强化考评督查，统筹做好全市的人口和计生工作。副市长刘菊茹出席会议。

▲市政府副巡视员、市环保局局长郭召来主持召开呼市环保局全局系统干部工作会议。会议主要围绕污染物减排任务、企业达标排放专项行动、农村环保百例工程、污水处理厂建设、煤炭物流园区建设调度和推进“创模”和环保工作等进行了部署。

16日　市委副书记、市长王波深入新城区，就经济社会发展情况和2011年重点工作安排进行调研。他指出，要紧紧抓住新时期的发展机遇，进一步提升城市建设管理水平，发挥比较优势，促进地区经济社会发展再创新的辉煌。市委常委、新城区区委书记刘惠及市政府办公厅、市发改委、经委、建委、规划局、水务局等相关部门主要负责人陪同调研。

17日　今天是中国传统的元宵佳节。市领导韩志然、王波、吴一微、张彭慧、刘惠、狄瑞明、白金祥、贾英祥等先后来到新城区政府广场、玉泉区大召广场、宝尔汗佛塔、五塔寺、观音寺、赛罕区、回民区政府广场等地，与广大市民一起赏花灯、逛庙会、看社火、赏歌舞，共同庆祝元宵佳节。

18日　我市召开“转变工作作风、强化服务意识、打造一流首府机关形象”专项活动动员大会。副市长赵江涛在讲话中要求，干部职工要牢固树立“态度决定一切、细节决定成败”的意识，以对人民群众高度负责的态度，进一步提升公信力和执行力，着力打造一流服务型政府，以新的作为推动全市经济社会又好又快发展。市领导王波、朝鲁、吴安俊、吕慧生、白金祥、孙建华、刚布和出席会议。市各委办局、直属企事业单位相关负责人参加了大会。会议由副市长刘菊茹主持。

▲呼市公安消防支队武川县中队因公牺牲战士张旭追悼会在呼市殡仪馆举行。自治区消防总队机关干部、培训基地在培大学生教官、呼市消防支队官兵及社会各界群众300余人前来吊唁。自治区副主席、公安厅厅长赵黎平、副市长云公和等有关领导出席。自治区、呼市两级政府及自治区、呼市相关单位送来了鲜花和花圈。

21日　自治区党委常委、市委书记韩志然会见了由蒙古国肯特省省长额尔顿巴特尔率领的蒙古国肯特省代表团一行，双方在亲切友好的气氛中进行了交流。市领导狄瑞明、白金祥参加了会见。

21日-22日　自治区发改委副主任杨崇义一行莅临我市，在市委副书记、市长王波的陪同下先后来到土左旗昌德和蔬菜生产基地、土左旗北什轴村圣牧千头牧场、土左旗万家沟水库，以及赛罕区根堡村、舍必崖村等地，实地调研了解了我市蔬菜基地、奶牛养殖基地及水利设施建设情况，并召开座谈会听取了汇报。市领导王恒俊、吕景瑞、刘敏、吕慧生、高炜明、银孝及相关部门主要负责人等陪同。

22日　全市公安机关2011年工作部署会议召开。市委常委、政法委书记李鹤出席会议并讲话。副市长、市公安局局长贾英祥对2010年全市公安工作进行了总结，并对2011年公安工作进行了部署。

▲全市交通工作暨交通系统党建和精神文明建设工作会议召开。副市长刚布和出席会议并在讲话中要求，交通系统要抓好高速公路通道建设，加快干线路网升级改造，组织实施好村通沥清水泥路工程，进一步完善交通运输网络，加强行业管理，加快结构调整，转变发展方式，提升服务保障水平。市政协副主席陈曼莉出席会议。

23日　自治区党委常委、市委书记韩志然在市领导刘惠、狄瑞明、孙建华以及有关部门负责人的陪同下，先后视察了新城区一家村城中村改造项目、阿尔泰游乐园、少年宫新址建设项目、北出城口改造项目、呼和浩特市文化广场项目、鄂尔多斯广场项目、金宇新天地广场项目、红星美凯龙项目、环城水系玉泉区段改造情况和火车站（东站）广场及周边改造情况等。

▲国家土地督察北京局副局长牛珏一行对我市国土资源管理与使用情况进行督察，并召开土地例行督察整改工作座谈会。市委常委、常务副市长赵江涛主持会议。副市长刚布和出席会议。

24日　全市国家安全工作会议召开。会议认真总结了2010年全市国家安全工作，研究部署了2011年工作任务，并提出了“十二五”的主要奋斗目标。副市长、市公安局局长贾英祥出席会议并讲话，他要求全市各单位、各部门要狠抓支持，配合国家安全工作的各项具体措施的落实，共同打好维护国家安全和社会政治稳定的人民战争。市领导潘平、孙建国、贾英祥、鲁剑钧以及市国家安全局、中级人民法院、检察院负责人出席了会议。

▲全市教育系统2011年上半年工作会议召开。会议贯彻落实全国、全区教育工作会议精神，总结了2010年我市教育发展成绩，安排部署今年的教育工作。副市长刘菊茹出席会议并讲话，她要求各地区、各部门、各学校要抓好教育改革，促进民生和教育内涵发展；抓好学校管理，提升育人水平；抓好教学科研，提升教学能力；抓好作风建设，提升育人环境。特别要重视校园安全工作，健全长效机制，防患于未然；继续完成好“校安工程”剩余工程，高质量完成目标任务。

▲2011年全市工商工作会议召开。副市长吕慧生出席会议并讲话。他希望全市工商部门紧紧围绕我市发展大局，按照做大总量、加快集聚的总体要求和市委、市政府的决策部署，要高度关注民生，扎实做好消费维权工作，全力维护首府社会的和谐与稳定，再接再厉，为实现我市经济社会跨越发展做出新的更大贡献。

25日　市委副书记、市长王波在副市长刚布和、市政府副巡视员牧峰以及相关部门主要负责人的陪同下赴中国航天科工集团第六研究院实地考察了41所复合材料项目、359厂机械加工能力、金岗重工空冷设备、风机塔筒生产线项目、389厂军工产品总装及测试、F-12高强有机纤维项目等，并召开座谈会听取汇报。王波指出，要发挥比较优势，挖掘市场潜力，把握机遇将装备制造园区做大做强。

▲呼和浩特市维稳工作会议召开。会议要求各地区、各有关部门要认清形势，进一步增强做好维稳工作的政治责任感和工作紧迫感；要夯实维稳基层基础工作，拓展维稳系统各项工作的深度和广度，注意发现深层次问题；要强化“预警、防范、打击、处置”等能力，要在推进社会矛盾化解、社会管理创新、公正廉洁执法三项任务上有所突破。

▲由锡林郭勒盟盟委副书记武文元率领的锡林郭勒盟党政考察团莅呼考察。考察团一行先后考察了天野化工聚甲醛项目、神舟硅业多晶硅项目、中环光伏单晶硅项目、日月太阳能电池组件项目。市委常委、秘书长狄瑞明，市政府副巡视员牧峰，以及市经委、发改委、国土局的相关负责人陪同考察。

28日　内蒙古自治区“和谐内蒙古·减排在行动：‘十一五’减排责任兑现颁奖晚会”在乌兰恰特大剧院举行。包头市人民政府、呼和浩特市人民政府、赤峰市人民政府作为全区“‘十一五’减排突出奖”获奖单位，受到自治区人民政府的隆重表彰。

▲张家口至呼和浩特客运专线、呼和浩特至准格尔至鄂尔多斯铁路建设动员大会暨呼和浩特火车东站开通运营仪式在新建呼和浩特火车东站站前广场隆重举行。自治区党委书记胡春华宣布张呼客运专线、呼准鄂铁路建设工作正式启动，呼和浩特火车东站正式开通运营。自治区党委副书记、自治区主席巴特尔在仪式上讲话。铁道部副部长卢春房出席仪式。自治区及我市领导潘逸阳、韩志然、符太增、柳秀、杨成旺、王波、刘惠、狄瑞明、

孙建华等出席仪式。自治区副主席赵双连主持仪式。

3月

1日　自治区党委胡春华在自治区党委常委、自治区副主席潘逸阳，自治区党委常委、市委书记韩志然、自治区党委常委、秘书长符太增、市委副书记、市长王波，市领导刘惠、赵江涛、狄瑞明、孙建华以及自治区和呼市有关部门负责人的陪同下，先后来到呼和浩特市青少年活动中心项目、新城区“新城家园”经济适用房及廉租房项目、呼和浩特北出城口拆迁建设工程、玉泉区五里营城中村改造项目、自治区党政新区周边拆迁和如意行政商务金融中心区规划建设工程等现场，详细考察呼和浩特市城市建设和重点项目进展情况。他强调，要进一步加快城市改造建设步伐，加大保障性住房建设力度，在推进城市快速发展中切实维护好群众权益、保护好群众利益。

▲自治区交通厅厅长江维一行在市委常委、土左旗旗委书记王恒俊，副市长刚布和的陪同下，赴土左旗考察了金山至塔布赛公路基本路线和走向及恼木汗、保同河农村公路和村道建设情况。

▲市领导刘惠、朝鲁、云丽珠、吴安俊、刘敏、刘菊茹、白金祥、张润锁、鲁剑钧、陈曼莉、张赢在市检察院检察长云布俊陪同下，到内蒙古展览馆参观了“全国检察机关惩治和预防渎职侵权犯罪展览·内蒙古”展览。

2日　自治区党委常委、市委书记韩志然、自治区人民检察院检察长邢宝玉及市领导李鹤、云建东、狄瑞明、云公和等同志来到内蒙古展览馆，参观了由最高人民检察院主办、内蒙古自治区人民检察院承办的“全国检察机关惩治和预防渎职侵权犯罪展览·内蒙古”展览。

▲市委副书记、市长王波主持召开全市现代服务业园区规划建设工作调度会议，听取了市规划局等部门关于现代服务业园区（白塔国际物流园区）和盛乐服务业聚集区规划建设情况的汇报。王波强调，各地区及有关部门要高度重视现代服务业聚集区的建设，树立竞争意识，从大局出发，认真规划统筹。要打造融资平台和运作平台，重点项目重点推进，力争在现代服务业发展方面取得新进展。副市长吕慧生出席会议。

▲2011年全市创建国家卫生城市工作调度会召开，副市长刘菊茹出席会议并讲话。她指出，各有关部门要根据各自承担的任务制定相应的整改方案和整改措施，及时解决市容环境卫生、健康教育、城中村及城乡结合部卫生治理等方面的问题，做好充分准备迎接自治区和全国的检查验收工作，确保我市创建国家卫生城市工作圆满成功。

3日　市委召开第79次常委（扩大）会议，自治区党委常委、市委书记韩志然在会上传达了自治区党委书记胡春华3月1日视察我市城市建设工作时的重要讲话精神。他要求各有关部门要认真领会和贯彻讲话精神，进一步优化服务环境，切实加快城市建设力度，确保完成首府建设任务。市领导王波、张彭慧、兰恩华、刘惠、李鹤、朝鲁、刘俊清、云丽珠、王恒俊、云建东、狄瑞明、潘平、刘菊茹、吕慧生、云公和、孙建华、郭召来、银孝、张赢及相关部门负责人参加了会议。

▲全市环境保护工作会议召开。自治区党委常委、市委书记韩志然出席会议并讲话。他要求各级各部门要高度重视环境保护工作，增强环保意识，进一步加快污水处理厂、医疗垃圾处理、中水回用等工程的建设进度，在国家环保部的支持下，合力攻坚，争取通过国家环保模范城市的验收。市委副书记、市长王波就落实好今年的环境保护工作讲了具体意见。市领导张彭慧、吕慧生、郭召来出席会议。自治区环保厅厅长苏青应邀出席会议。副市长吕慧生代表市政府与各旗县区、开发区及委办局签订了环保目标责任状。

▲全市气象工作会议召开。会议总结了“十一五”以及2010年全市气象工作，安排部署了今后一个时期全市气象工作。副市长云公和出席会议并讲话。他要求各级气象部门要全力做好气象防灾减灾管理工作，大力加强农牧业气象服务体系和农村牧区气象灾害防御体系建设，切实提高人工影响天气作业水平。

▲自治区交通厅厅长江维在副市长刚布和的陪同下，对托县农村公路建设进行了全面调研。调研组一行视察了呼市至托县高速公路、新建乡村四级客运站中滩汽车站和园区新建的二级汽车站、双河镇城镇道路建设以及托电通村路水泥路建设情况等。

4日　全市党委换届暨组织工作会议召开。自治区党委常委、市委书记韩志然出席会议并就认真贯彻落实中央和自治区党委的要求，确保换届工作风清气正、圆满完成讲了话。市委副书记、市长王波主持会议。市委副书记兰恩华在会上传达了中央和自治区领导关于严肃换届纪律，保证换届风清气正的讲话精神。市委常委、新城区区委书记刘惠、市委常委、纪委书记朝鲁，市委常委、组织部部长刘俊清，市委常委、土左旗旗委书记王恒俊，市委常委、秘书长狄瑞明出席会议。

▲呼和浩特·2011年“春风行动”启动仪式暨大型政策宣传和现场招聘洽谈会在新华广场举行。在活动现场，142家用人单位提供138个工种、4702个就业岗位。广大求职者和各类企事业用人单位在现场进行双向选择、交流洽谈。自治区副主席连辑，自治区

政府副秘书长孙惠民、市委常委、副市长赵江涛出席启动仪式。

▲全市统战工作会议召开。会议的主要任务是，深入学习贯彻全国和全区统战部长会议精神，总结2010年工作，部署2011年任务，动员统一战线各界力量，为“十二五”规划实施做贡献。市领导张彭慧、兰恩华、王恒俊、云建东、孙建国、云公和出席会议。

▲全市地税工作暨党风廉政建设工作会议召开。会议就今年全市地税工作任务进行安排，对首府地税党风廉政建设工作实现新跨越提出具体要求。副市长吕慧生出席会议并讲话。他要求在新的阶段，地税系统要开拓进取、扎实工作，努力完成各项税收工作任务。

▲2011年全市防凌工作会议在托县举行。副市长云公和出席会议并要求各有关部门要认真落实各项防凌措施，扎实落实防凌行政首长负责制和防凌岗位责任制，进一步建立健全指挥调度、分工协作、巡堤查险、请示汇报、调度命令等制度，确保防凌重点地区和重点设施的安全。呼和浩特警备区参谋长王自成出席会议。

5日　2010年市直属事业单位考试考核安置城镇退役士兵考试在呼市第二中学举行。市委常委、副市长赵江涛巡视考场。

7日　全市干部大会召开。会议传达了自治区党委书记胡春华在呼和浩特视察城市建设时的讲话精神和自治区党委书记胡春华、自治区党委副书记、自治区主席巴特尔在全区盟市厅局领导干部社会管理及其创新专题研讨班上的讲话精神。自治区党委常委、市委书记韩志然出席会议并作重要讲话。市领导张彭慧、兰恩华、王恒俊、云建东、狄瑞明、白金祥、贾英祥、孙建华、刚布和、崔世清、鲁剑钧出席会议。会议由市委常委、政法委书记李鹤主持。市人大、政府、政协相关部门主要负责人出席会议。

▲市领导云公和、高炜明在市水务局、防汛办及有关旗县区防汛办、武装部等相关部门负责人陪同下，深入黄河内蒙古托县险工段、清水河县险工段实地检查防凌准备情况。市领导要求，防凌前线指挥部和两县防汛指挥部要全面检查封堵黄河呼市段的19处穿堤涵闸，要安排专人昼夜巡堤查险，重点地段重点防守，要认真做好黄河滩地村庄及无堤段村庄的防守及村民的撤退、转移和安置等各项准备工作，确保黄河安全度凌。

8日　全市经济工作会议召开。会议分析了当前的经济形势、部署了今年主要工作任务，客观分析了我市面临的发展机遇和有利条件，提出了今年总体经济社会发展的主要预期目标。自治区党委常委、市委书记韩志然、市委副书记、市长王波出席会议并分别作重要讲话。王波指出各地区、各部门一定要把确定的项目盯紧抓好，并力争更大的投入。要着力提高新型工业化发展水平，推动产业化升级和规模扩张，全力以赴推动工业大发展、快发展。市领导吴一微、张彭慧、刘惠、狄瑞明、吕慧生、刚布和、孙建国、刘菊茹、云公和、白金祥、贾英祥、孙建华、张赢、李博宏出席会议。市委副书记兰恩华主持会议。

▲2011年呼和浩特市城市建设管理工作暨再掀首府城市建设新高潮动员大会召开。自治区党委常委、市委书记韩志然出席会议并作重要讲话。市委副书记、市长王波主持会议并讲话，他指出，各级各部门要解放思想、迅速行动，全面掀起城市建设新高潮；要科学组织，周密部署，全力加快城市建设进度，要转变作风、真抓实干，下大力气抓好各项任务的落实；要强化责任、层层分解目标任务，定人、定时间、定任务、定职责，确保各项城建任务的全面完成。会上，副市长孙建华代表市政府作了全市城市建设管理工作报告，对任务进行了安排部署并与各旗县区签订了责任状。市建委、新城区的主要领导分别代表市直有关部门和各旗县区政府作了表态发言。市领导吴一微、张彭慧、刘惠、朝鲁、狄瑞明、孙建国、吕慧生、刚布和出席会议。市相关部门、各旗县区主要负责人等参加了会议。

9日　市政府召开了加强春季森林防火工作会议。副市长云公和出席会议并要求各地要深刻剖析当前森林防火的不利因素，采取果断措施，狠抓野外火源管理工作，并采取必要的防范措施严防发生森林火灾。各级森林防火指挥部和林业主管部门要加强督促检查，严肃查处火灾案件，要加强值班备勤，确保防火信息畅通。会上云公和与各旗县区、市有关部门签订了防火责任状。市政协副主席、林业局局长张赢出席会议。

10日　自治区党委常委、市委书记韩志然主持召开全市城区绿化和环城水系建设专题协调会。韩志然强调，今年首府要重点抓好城区绿化工作，要发动全市群众积极参与到广泛的植树造林、庭院绿化工作中来，立刻掀起绿化祖国、绿化首府的生态建设新高潮，把首府建设成为绿色宜居的现代化城市。市领导狄瑞明、邢燕菊、孙建华、郭召来、银孝及相关部门负责人参加会议。

▲2011年全市消防工作会议召开。会议要求，各级政府、各有关部门、各企业单位必须充分认识做好当前消防工作的重要性和紧迫性，科学谋划“十二五”期间消防事业的发展布局，力争在近年内使全市的火灾防控水平上升到一个新台阶。市领导刘敏、贾英祥、鲁剑钧出席会议。

14日　我市召开临空物流园区规划讨论会。会议就我市依托白塔机场建设临空物流园区的规划、设计和可行性等问题进行了讨论。市领导吕慧生、银孝出席会议。

15日　自治区率先向全国郑重承诺：让“放心乳粉从内蒙古做起”。国家质检总局副局长蒲长城应邀出席内蒙古质监局组织开展的“放心乳粉从内蒙古做起”活动启动仪式，自治区及我市领导刘新乐、刘菊茹出席启动仪式。

▲市委副书记兰恩华主持召开全市农村工作会议。会议全面总结2010年全市农村工作，并对今年的农业和农村工作任务进行安排和部署。会上，副市长云公和代表市政府与各旗县区政府签订了2011年农村工作目标责任状。市领导吕景瑞、张赢出席会议。

▲今天是国际消费者权益日。自治区和我市两级工商部门、消费者协会等在新华广场联合举办了以“消费与民主”为主题的集宣传、维权、服务等多项内容于一体的“3·15”大型活动。自治区工商局局长王玉英，我市领导刘敏、吕慧生、陈曼莉出席。

▲市委常委、常务副市长赵江涛主持召开了全市转变工作作风专项活动领导小组第一次例会。会议要求，各级各部门要进一步提高认识，强化督查指导，深刻查摆剖析，确保此次专项活动不走过场，对顶风违纪行为实施行政问责。

▲全市残疾人工作会议暨残联五届六次全体会议召开，此次会议的主要任务是传达贯彻自治区残疾人工作会议精神，并总结了2010年全市残疾人工作，研究部署了2011年残疾人工作任务。市委常委、常务副市长赵江涛，市政协副主席鲁剑钧出席会议。

16日　全市民政工作暨民政系统反腐倡廉工作会议召开。市委常委、副市长赵江涛出席会议并讲话。他希望各级民政部门要增强责任感和紧迫感，要以保障基本民生、加强社会管理为重点，狠抓各项工作的落实，全面提升民政服务和保障，努力建设法治民政、责任民政、效能民政，以公平、公正、亲民、爱民的实际行动，切实提高民政部门的公信力和人民群众的满意度，进一步转变工作作风，发挥部门协调作用，开创民政部门的新局面。市政协副主席鲁剑钧出席会议。

17日　我市召开传达贯彻全国“两会”精神干部大会。会议传达了全国“两会”精神，以及胡锦涛总书记在参加十一届全国人大四次会议内蒙古代表团审议时的重要讲话精神和自治区党委书记胡春华在自治区直属机关干部大会上的重要讲话精神。自治区党委常委、市委书记韩志然出席会议并就学习贯彻全国“两会”特别是胡锦涛总书记的重要讲话精神，切实抓好我市今年各项工作作重要讲话。市领导王波、吴一微、张彭慧、潘平、白光荣、兰恩华及全国人大代表、政协委员汤爱军、李文阁、刘二堂、莎娜、郭占春参加大会。市领导刘惠、朝鲁、刘俊清、云丽珠、王恒俊、狄瑞明、刘菊茹、白金祥、贾英祥、孙建华、刚布和、彭皓方、鲁剑钧及市旗县区委办局负责人参加了会议。

▲自治区党委常委、市委书记韩志然主持召开市委第十届委员会第81次常委（议军）会议。市委副书记、市长王波出席会议并讲话，他指出抓好武装工作，全力支持部队和国防建设，是各级党委政府义不容辞的职责。就呼和浩特而言，部队和预备役作为地方经济建设发展中不可缺少的重要力量发挥了积极的作用，地方政府要支持部队发展事项，要利用地方培训资源将警备区和人武部干部纳入培训计划，培养军地两用人才，要积极参与部队的基础建设，进一步加大维护军事设施的力度，将军地合用设施纳入计划，逐步完善各项配套设施，要多渠道、多元化拓宽就业渠道，做好部队的后勤保障。市党政军领导吴一微、张彭慧、兰恩华、刘惠、刘俊清、云丽珠、王恒俊、狄瑞明、潘平、白光荣、银孝出席会议。呼和浩特警备区参谋长王自成、呼和浩特警备区政治部主任韩秋岐以及我市相关部门主要负责人参加会议。

▲我市召开工业和信息化暨安全生产工作会议。市委副书记、市长王波出席会议并讲话，他指出，经济技术开发区管委会班子成员、各旗县区及相关部门负责人要“两手抓”工业，一手抓现有支柱产业，帮扶现有企业做好规划，促进产业延伸、升级；另一手抓新项目，要采取多种措施，全力促进新项目开工建设。副市长刚布和主持会议。市领导牧峰出席会议。

▲全市民族宗教蒙古语文工作会议召开。会上市委常委、统战部部长云建东就做好今年的民族宗教蒙古语文工作提出要切实加强党对民族宗教蒙古语文工作的领导，进一步提高我市民族宗教蒙古语文工作的科学化水平等三点意见。市领导刘敏、云公和、陈曼莉出席会议。自治区民委副主任曹艳荣应邀出席会议。

▲全市文化工作会议召开。会议对2010年全市文化工作和文化执法工作给予充分肯定。对2011年的工作进行了全面部署。副市长白金祥出席会议。

16日　自治区参加2010年上海世博会总结表彰大会召开。会上，作为2010年上海世博会唯一指定乳制品、伊利集团获得先进集体奖，伊利集团执行总裁张剑秋荣获先进个人奖。

18日　第五届中国民族商品交易会召开第一次工作例会。市委副书记兰恩华主持会议。副市长云公和在会上明确了第五届中国民族商品交易会我市相关地区、部门和单位工作任务。市政协副主席陈曼莉出席会议。

21日　市委副书记、市长王波赴金宇保灵生物药品公司进行视察，同时出席了内蒙古金山开发区瑞隆重工风机塔筒和煤矿掘进机扩建项目开工仪式。市领导王恒俊、吕慧生、刚布和、牧峰、郭召来、张赢等陪同。

▲呼和浩特市2011年人力资源和社会保障工作会议召开。市委常委、常务副市长赵江涛出席会议，并就在充分肯定“十一五”时期我市人力资源和社会保障工作成绩的同时，对在工作中存在的问题，需要采取哪些措施加以解决讲了话。会上赵江涛代表市政府与各旗县区有关负责人签订了2011年人力资源和社会保障工作责任状。市委副书记兰恩华，市人大副主任刘敏，市政协副主席鲁剑钧出席会议。自治区人力资源和社会保障厅副厅长王燕峰应邀出席。

21日—22日　中共中央政治局常委、国务院副总理李克强来到内蒙古自治区考察。李克强先后来到包头市、呼和浩特市，深入企业车间、研究院所，走进城镇社区、乡村农舍，重点就民族地区“十二五”规划实施、经济发展和民生工程建设进行考察。

22日　市委常委、呼和浩特警备区司令员潘平，副市长云公和在市水务局、防汛办、预备役30师等相关部门主要负责人陪同下，先后深入到黄河托县什四份子险工段和黄河清水河县喇嘛湾沿黄公路段，实地检查防凌工作情况。

▲全市审计工作会议召开。副市长吕慧生出席会议并讲话。吕慧生强调，各级审计机关要在财政、民生项目资金、国家和地方政府重大投资项目方面，从审计职能出发，强化预算安排、资金分配、资金管理的全程监督，防止拨付不及时和挤占、挪用现象的发生，提高项目管理水平和投资效益。市人大副主任刘敏，市政协副主席银孝出席会议。

▲全市国土资源工作会议召开。会议研究决定：我市国土资源管理部门将启动土地利用年度计划指标与耕地保护和执法检查挂钩机制，优化土地供应结构，提高土地利用率。副市长刚布和出席会议。

▲由亚洲食品信息中心、国际冷链联盟联合主办的2011亚太食品饮料绿色科技峰会在上海盛大开幕。伊利集团从近百家企业中脱颖而出，荣获“亚太绿色经济杰出贡献奖”称号，成为中国乳品行业内的唯一获奖者。同时，伊利集团董事长潘刚荣膺“亚太绿色经济杰出领袖奖”。

▲呼和浩特经济技术开发区经济工作会议召开。市政府副巡视员牧峰、呼和浩特经济技术开发区管委会主任李博宏出席会议。

23日　全市人口和计划生育工作会议在市政府召开。会上市委副书记兰恩华宣读了《关于兑现2010年度旗县区党政主要领导和相关部门人口和计划生育目标管理责任书的表彰决定》。副市长刘菊茹代表市政府与各旗县区和相关部门签订2011年人口和计划生育目标责任书。会议由市委副书记、市长王波主持。王波在会上要求，全市各级党委、政府要切实把人口和计划生育工作摆在重要的位置，采取更加有效措施，努力把人口计生各项目标任务落到实处。市领导彭皓方出席会议。

▲市委副书记、市长王波在市经济技术开发区管委会主任李博宏及相关部门主要负责人的陪同下深入如意开发区，就总部基地建设进展情况进行视察。王波一行实地了解了腾飞路两侧拆迁改造以及西蒙奈伦广场等施工项目建设情况。他强调指出，要进一步加大工程建设力度，高品位、高标准规划施工，为下一步吸引企业入驻创造条件。

▲市委副书记、市长王波在副市长孙建华以及市四区和相关部门主要负责人的陪同下深入市四区的海拉尔东街、兴安北路、爱民路、呼伦北路、工农兵路、战备路、海西路、通道北街、云中路、昭君路、鄂尔多斯大街、公园西路、新建西街、昭乌达路、兴安南路等路段，实地察看了市四区市容综合管理情况。王波指出，要巩固并提升市容市貌管理成效，进一步加强市民环境意识的引导、严惩重罚违规行为，为群众创造更加宜居的生活环境。

24日　市委副书记、市长王波在副市长孙建华以及市建委、规划局、园林局等相关部门主要负责人的陪同下，实地查看了成吉思汗公园、北出城口、公主府公园、呼伦路全线、春度公园等地绿化、建设情况。王波强调指出，要充分发挥城市园林景观的观赏和休闲作用，为市民提供更加宜居的生活空间。要严厉打击私搭乱建行为，进一步加强严管街的治理整顿，提升道路的品位和功能。

▲全市机构编制工作会议召开。会议传达了全国、全区编办主任会议精神，回顾总结了全市2010年的机构编制工作，并对2011年工作进行了具体部署。市委常委、副市长赵江涛出席会议并讲话。他强调，此次会议的重点是贯彻全区机构编制工作会议精神，着力深化行政管理体制改革和机构改革，加强机构编制管理，不断提高机构编制工作的整体水平，推动首府经济社会又好又快发展。市领导兰恩华、刘俊清、狄瑞明参加会议。

▲副市长云公和、市政协副主席张赢一行来到乌素图国家森林公园、新城区古路板村防火检查站等地视察森林防火工作。副市长云公和指出，新城区是全市森林防火重点区，森林覆盖率高，区政府要加大投入，把队伍建设和装备建设放在首位，建立起一支高效的森林消防队伍。把专业队伍、消防器材管理好、使用好。同时要加强培训、提高专业人员素质，搞好应急预案。要做好重点地段、重点时节的森林防火工作，确保工作万无一失。

25日　以全国人大常委会委员、财经委副主任牟新生为首的全国人大保障性住房建设调研组一行6人莅呼，就我市开展保障性住房建设有关情况进行了调研。调研组一行先后实地察看了新城区“新城家园”、回民区“时代华城”、赛罕区“美佳花园”经济适用房及廉租住房项目，同时视察了玉泉区公共租赁住房和棚户区改造项目，认真听取了各个项目负责人关于项目的介绍，并对部分入住居民的生活情况进行了详细了解。自治区领导郝益东、刘敏、孙建华等陪同。副市长孙建华就我市开展保障性住房建设的有关情况进行了现场汇报。

▲公安部政治部批复，追授呼市消防支队武川县中队攻坚班班长张旭为革命烈士。

▲市委副书记、市长王波在副市长吕慧生、贾英祥以及相关部门负责人的陪同下，深入到赛罕区公安分局腾飞路派出所、市公安局特警支队、玉泉区石东路派出所以及市公安局刑警支队DNA实验室，详细了解了公安警力装备以及工作、生活情况。王波强调指出，要进一步加强公安队伍管理，增强使命感、责任感，为维护良好的社会秩序，建设平安首府做出新的贡献。

▲全市体育工作会议暨参加自治区十二运会总结大会举行。会议对各旗县区“十一五”和2010年落实全市体育工作目标实施监控和考核办法综合考评结果和考核结果进行了通报，并对2010年全市群众体育先进单位和先进个人进行了表彰。副市长刘菊茹、市政协副主席彭皓方出席会议。

28日　武川县与内蒙古百荣茂农产品仓储有限公司在内蒙古饭店举行马铃薯仓储物流交易市场签约仪式。自治区供销合作社党组书记、理事会主任薄连根出席签约仪式。副市长云公和、市政府副巡视员郭召来出席签约仪式。

▲2011年全市卫生暨健康教育工作会议召开。副市长刘菊茹出席会议并讲话。她充分肯定了我市卫生工作“十一五”期间的成绩。同时明确了今年我市卫生工作的重点。突出抓好深化医改五项重点工作，坚持预防为主方针，进一步提升公共卫生服务能力，全面推进卫生事业科学发展，为保障全市各族人民身体健康、促进经济事业又好又快发展做出新的更大的贡献。

29日　全区道路交通安全工作会议召开。会议提出，进一步强化城市交通、高速公路秩序管理，通过专项整治保障道路畅通。自治区副主席、自治区公安厅厅长赵黎平，副市长、公安局局长贾英祥出席会议。

▲呼和浩特市2011年清明节期间管理服务工作会议召开。会议对市委宣传部、市民政、公安、交警、消防等部门在清明节期间群众祭扫活动中承担的工作任务进行了部署。市委常委、副市长赵江涛出席了会议并就切实做好清明节期间的各项工作讲了话。

▲“呼和浩特——南昌——三亚”航线首航仪式在呼和浩特白塔国际机场航站楼二楼进港大厅举行。副市长吕慧生出席仪式。30日国家人力资源和社会保障部副部长胡晓义一行莅呼，就我市人力资源和社会保障工作情况进行了调研。调研组一行来到市第一医院，并深入病房详细询问了住院病人参加医疗保险和养老保险情况，认真听取了大家对社会保障体系建设方面的意见建议。自治区副主席连辑，自治区党委组织部副部长、人力资源和社会保障厅厅长于永泉，市委常委、新城区区委书记刘惠、市委常委、秘书长狄瑞明、副市长刘菊茹陪同。

▲由自治区党委宣传部、市委、市政府、中国市场学会、中国社科院经济研究所主办，如意工业园区党委、管委会承办的中国·呼和浩特如意总部经济论坛举行。国务院参事、全国政协常委任玉岭，中国社会科学院经济研究所所长裴长洪出席论坛并演讲。自治区人大常委会委员、呼市经济社会发展高级顾问汤爱军出席论坛。市委副书记、市长王波出席论坛并致辞。市领导张彭慧、兰恩华、李岳清、刘敏、刘菊茹、云公和、贾英祥、刚布和、张润锁、陈曼莉及呼和浩特经济技术开发区管委会主任李博宏出席论坛。来自北京、呼和浩特、鄂尔多斯等地的专家学者及各盟市驻呼办、知名总部企业代表200余人出席论坛。

30日　国家人力资源和社会保障部副部长胡晓义一行莅呼，就我市人力资源和社会保障工作情况进行了调研。调研组一行来到市第一医院，并深入病房详细询问了住院病人参加医疗保险和养老保险情况，认真听取了大家对社会保障体系建设方面的意见建议。自治区副主席连辑，自治区党委组织部副部长、人力资源和社会保障厅厅长于永泉，市委常委、新城区区委书记刘惠、市委常委、秘书长狄瑞明、副市长刘菊茹陪同。

▲由自治区党委宣传部、市委、市政府、中国市场学会、中国社科院经济研究所主办，如意工业园区党委、管委会承办的中国·呼和浩特如意总部经济论坛举行。国务院参事、全国政协常委任玉岭，中国社会科学院经济研究所所长裴长洪出席论坛并演讲。自治区人大常委会委员、呼市经济社会发展高级顾问汤爱军出席论坛。市委副书记、市长王波出席论坛并致辞。市领导张彭慧、兰恩华、李岳清、刘敏、刘菊茹、云公和、贾英祥、刚布和、张润锁、陈曼莉及呼和浩特经济技术开发区管委会主任李博宏出席论坛。来自北京、呼和浩特、鄂尔多斯等地的专家学者及各盟市驻呼办、知名总部企业代表200余人出席论坛。

31日　呼和浩特市红十字会召

开第四届理事会第二次会议暨2011年工作会议。会上宣布市委副书记、市长王波，市委副书记兰恩华分别担任呼和浩特市红十字会第四届理事会名誉会长、名誉副会长，并增补金满义、朱焱等 8 名理事。市领导兰恩华、刘菊茹、彭皓方、鲁剑钧出席。

▲全市城市管理现场会在新城区召开。市委常委、新城区区委书记刘惠、副市长孙建华参加会议。孙建华要求市容管理部门要充分认识到加强城市管理的重要意义，加大资金投入，完善市容环卫基础设施建设，要加强队伍建设，形成动态机制，不断注入新鲜血液，要切实加强监管考核力度，标本兼治，突出重点，建立精细化、长效化的管理模式。

▲副市长云公和在有关部门负责人陪同下，深入和林县盛乐园区对我市放心早餐承办企业—平泽食品有限公司生产车间，参观了公司原料库、食品加工车间、冷藏库、包装区等处，并详细询问了公司运行情况，他要求企业要严把食品质量安全关，通过进一步调整产品口味、丰富早餐种类，来赢得更多的消费者，真正把放心早餐工程做成利民、惠民的民生工程。

▲自治区及我市民政局清明节安全文明祭扫工作领导小组深入我市各公墓和陵园进行督促检查。领导小组一行先后到内蒙古革命烈士陵园、古林人文纪念园以及松鹤园，详细了解了公墓、陵园的准备情况，仔细检查了应急疏散通道、护栏、消防等设施设备。

4月

1 日　全市政务服务工作会议召开。自治区党委常委、市委书记韩志然、市委副书记、市长王波出席会议并分别作重要讲话。王波在会上充分肯定了市政务服务中心的工作成绩。他要求，各部门要进一步提高认识，毫不放松地抓好政务服务工作，要理清思路，突出重点，全力推进政务服务工作再上新台阶。市领导朝鲁、狄瑞明、吴安俊、鲁剑钧出席会议。会议由市委常委、常务副市长赵江涛主持。

2 日　今天是第四届世界孤独症日。市残联正式将孤独症儿童康复训练中心与聋儿听力语言康复训练中心合并为“呼市残联残疾儿童康复训练基地”。

4 日　2010 年度呼和浩特市建筑结构“青山杯”工程评选活动揭晓。呼和浩特市房地产市场交易中心、新城国际（长乐湾）住宅小区 5#住宅楼、绿地中央广场三期 A3#楼、托县医院住院楼 4 项工程被评为 2010 年度呼和浩特市建筑结构“青山杯”工程。

▲我市新命名了呼市六中、回民区青少年学生活动中心等 15 个申报单位为呼和浩特市青少年科技示范学校和青少年科技教育基地。

▲我市召开第一次农牧业综合行政执法工作会议，确定今年为“农牧业综合执法年”，并以种子、农药、肥料、兽药、农机、水产苗种、饲料及饲料添加剂为检查重点，确保不发生因假劣农资引发的重大农产品质量安全事件，农资打假重大案件查处率要达 100%。

6 日　我市召开发展和改革工作暨加快固定资产投资动员大会。会议确定：我市要着眼于投资和项目建设，全力抓好固定资产投资工作，要以重大项目的引进建设为抓手，促进产业结构优化调整。市人大副主任刘敏、副市长吕慧生、市政协副主席陈曼莉出席会议。

7 日　全市禁毒工作会议召开。会议确定：禁毒工作要以遏制毒品来源、遏制毒品危害、遏制新吸毒人员滋生、防范娱乐服务场所涉毒、杜绝抑制毒化学品流入非法渠道等问题为目标，强化全民禁毒、防毒、拒毒意识，深入推进禁毒斗争，为首府禁毒工作实现跨越式进步，构建和谐首府做出新的贡献。市领导贾英祥、鲁剑钧等出席会议。

▲自治区党委常委、市委书记韩志然、市委副书记、市长王波在天津会见了海航集团北方总部（天津）公司董事长兼天津航空有限责任公司董事长李维艰。市领导狄瑞明、吕慧生、孙建华参加会见。

7 日—8 日　由自治区党委常委、市委书记韩志然，市委副书记、市长王波率领的呼和浩特市党政考察团赴天津学习考察。天津市委副书记、滨海新区区委书记何立峰、市委常委、市委教育工委书记苟利军，副市长李文喜，市政协副主席、市委统战部部长刘长喜等分别会见和陪同考察。考察团一行先后来到天津津湾广场、天津市规划展览馆、海河意式风情区，天津市文化中心、铁路天津西站交通枢纽工程建设现场、滨海高新区软件与服务外包产业基地、力神电池股份有限公司、赛象科技有限公司、梅江会展中心、海河天石航码头、空客 A320 天津总装公司、中新天津生态城、东疆保税港区、国家超级计算天津中心，于家堡金融区，对天津市的产业发展、结构调整、城市规划建设等进行了学习考察。市领导刘惠、朝鲁、赵江涛、王恒俊、云建东、狄瑞明、刘菊茹、吕慧生、孙建华、刚布和、张赢及相关部门负责人参加学习考察。

▲由农业部产品质量安全中心副主任罗斌带队的国务院食品安全整顿工作评估考核组莅临我市，在自治区及我市食品安全成员单位负责人的陪同下，深入赛罕区金河镇碾格图村奶站、金河镇舍必崖村奶站和呼市瑞天隆食品有限公司，实地检查了奶站防疫消毒、运输销售、监测管理和屠宰出厂登记、检疫检验等情况，并详细询问了企业生产经营情况。

9 日　由自治区党委常委、市委书记韩志然，市委副书记、市长王波率领的呼和浩特市考察团结束了在天津的学习考察后，在北京内蒙古大厦召开赴津考察总结大会。韩志然、王波作重要讲话。会上来自市四区及相关部门的考察团成员认真座谈并畅谈了考察感受，同时结合各自实际提出了各地区、各部门的工作思路和想法。韩志然强调，效率、效果是检验、是结果，今年的首府城市建设要做到定人、定任务、定时限，落实责任问责制，在行动、思路、办法、效率上一定要有新突破。王波强调，各级干部要增强事业心，要有高度责任心和承担重任的勇气，要转变观念，尽职尽责，要加强落实力和执行力，要有创业的激情和不畏困难、克服困难的精神，为首府的经济建设和繁荣发展做出不懈努力。市领导刘惠、朝鲁、赵江涛、王恒俊、云建东、狄瑞明、刘菊茹、吕慧生、孙建华、张赢参加总结大会。

10日-14日　副市长刘菊茹带领我市科技人员就和林格尔国家农业科技园区建设事宜赴沈阳沈北国家农业科技园区、湖南望城国家农业科技园区考察学习。

12日　自治区党委常委、纪委书记张力来到我市政务服务中心，就深化行政审批制度改革、创新政务服务、推进政府信息公开等工作进行视察。市领导朝鲁、赵江涛陪同视察。

▲市委副书记、市长王波在市政协副主席、市林业局局长张赢的陪同下，对金盛路和京藏高速公路呼市段绿化工作进展情况进行了实地视察。王波一行视察了金盛路两侧农田防护林建设工程，他强调，对金盛路一定要进行高标准、高档次的绿化建设，使其实现三季有花、四季常青的景观效果。王波一行来到京藏高速公路呼市段绿化工程施工现场，他详细了解了工程建设情况后，要求各有关部门要积极行动起来，加强各项工作的落实，确保公路绿化工程项目的顺利推进。

▲全市档案工作会议召开。自治区档案局副局长李岱应邀出席。市委常委、秘书长狄瑞明、副市长白金祥出席会议。白金祥在会上要求各级党委、政府要继续优化环境，加大支持力度，促进档案事业再上新台阶，实现同步、协调发展，努力在新起点上开创首府档案事业的新局面，为首府经济社会又好又快发展做出贡献。

▲全市道路交通安全工作会议召开。会议指出，新形势下道路交通安全工作需要不断创新，要通过不断的创新来打开瓶颈，冲出束缚、实现突破，推动道路交通安全工作取得跨越式发展。副市长、公安局局长贾英祥出席会议。

13日　2011年全市人工影响天气工作会议召开。会议对“十一五”期间我市人工影响天气工作进行了总结回顾，并安排部署了今年的工作任务。副市长孙建华出席会议并就如何实现“打造一流首府城市建设、建设一流首府经济”目标讲了话。

15日　自治区及呼市党政军领导与首府群众在位于回民区攸攸板镇段家窑行政村小毛忽洞村境内的自治区党政军机关义务植树基地共同参加今春义务植树活动。自治区党委副书记、自治区主席巴特尔与其他党政军领导及首府地区的学生、武警官兵、干部群众一起，共同栽下一颗颗小树，为大青山再次增添了一片片新绿。自治区和我市党政军领导任亚平、吴合春、韩志然、符太增、曹征海、柳秀、董恒宇、郑福田、车华松、郧建华、高红光、张永田、吴一微、潘平、刘俊清、云建东、狄瑞明、刘敏、云公和、白金祥、孙建华、刚布和、彭皓方、崔世清、张赢、韩秋岐等与机关干部、武警官兵一起参加了义务植树。

▲自治区党委常委、组织部部长李佳一行莅呼，就我市旗县区（乡镇）党委换届工作进行了调研指导，并召开了座谈会。自治区党委组织部副巡视员、自治区党代表联络办公室主任樊忠主持座谈会。市领导兰恩华、刘惠、朝鲁、刘俊清、王恒俊、孙建国出席会议。

▲四年一届的体育盛事——呼和浩特市第四届残疾人运动会开幕。来自9个旗县区、特殊教育学校等11个代表队的354名残疾人运动员参加运动会竞技比赛。市领导兰恩华、赵江涛、鲁剑钧出席开幕式。

18日　呼和浩特如意总部基地启动暨国际金融大厦奠基仪式在如意开发区举行。市委副书记、市长王波，市人大主任吴一微，市委副书记兰恩华、市委常委、纪检委书记朝鲁，市人大副主任李岳清，副市长吕慧生、孙建华出席开工奠基仪式。

19日　自治区党委常委、市委书记韩志然在市领导刘惠、狄瑞明、孙建华、郭召来、银孝、张赢以及有关部门负责人等的陪同下，先后来到北出城口、工农兵路南口街心游园、小黑河玉泉区段西段、锡林南路南段和锡林公园、金盛路、丰州路、环城水系新城区段滨河路、成吉思汗公园等地，对这些路段的绿化进展情况进行了实地视察指导，并乘车视察了南二环路锡林南路南口至呼伦南路南口段绿化进展情况。

▲市委副书记、市长王波在副市长吕慧生、刚布和及市发改委、财政、交通、规划、城建委等相关部门负责人陪同下，就我市公共交通和出租车经营情况、存在问题和下一步发展思路进行集中调研。他强调，企业一定要做好专业规划，科学高效地利用好有限的城市资源；要深化改革，搞活机制，不断提高管理和服务水平。

▲市委副书记、市长王波在副市长孙建华陪同下，来到海东路跨东河桥、成吉思汗大街跨东河桥、海拉尔大街公安厅十字路口、内蒙古医院十字路口、钢铁大桥等地就市四区和水

务局分别负责的环城河水系治理情况和正在施工的雨污水管网改造工作进展情况进行了视察。市四区及市建委、规划局、市政局、园林局、水务局、供排水管网公司、市容局相关单位主要负责人陪同。

▲国家水利部黄河水利委员会水资源管理与调度局副局长袁东良率领的国家水利部节水型社会建设试点中期评估组莅临我市，对我市节水型社会建设试点工作情况进行评估。评估组一行深入辛辛板污水处理厂、金川伊利金海工业园区、呼和浩特假日酒店、实地查看了节水型社会示范点及水资源工程，详细了解了污水处理建设、企业节水管理等情况。副市长云公和及市水务局、国土局、城建委等有关部门负责人出席呼市节水型社会建设试点中期评估会。

▲《呼和浩特革命老区》编审委员会召开审稿会议，会上，编审委员会介绍了《呼和浩特革命老区》这本书的编辑工作情况、书的结构情况、基本内容，与会人员提出了许多建设性的意见和建议。市委副书记兰恩华、副市长白金祥出席会议。兰恩华要求，要迅速做好《呼和浩特革命老区》的定稿及后续出版发行工作，充分利用《呼和浩特革命老区》一书，大力开展宣传教育，在大学生、青少年中开展革命历史学习教育，在公务员中开展转变工作作风座谈，进一步增强首府人的自豪感和凝聚力。

20 日　自治区党委书记胡春华在新城宾馆会见了 TCL 集团股份有限公司董事长兼 CEO 李东生。李东生此次来我区主要就新上 100 万台液晶电视生产线等事宜进行沟通和洽谈。自治区党委常委、自治区副主席潘逸阳，自治区发改委主任梁铁成，呼市市委副书记、市长王波参加会见。

▲TCL 集团董事长兼 CEO 李东生一行就扩大投资项目等事宜莅呼考察，与市领导王波、刚布和进行了座谈，并深入到 TCL 内蒙古王牌电器有限公司、TCL 呼和浩特移动有限公司、呼和浩特空港物流园区等地进行了考察。在如意开发区管委会举行的座谈中，市委副书记、市长王波简要介绍了呼和浩特市经济社会发展情况。他表示，呼市市委、市政府对 TCL 集团扩大投资项目等事宜非常重视，将全力支持企业的建设发展，责无旁贷地为企业做好服务。希望 TCL 集团在呼扩大投资项目等事宜能够早日实施。

21 日　内蒙古电力（集团）有限责任公司董事长、党委书记刘锦一行深入我市，就呼和浩特电网建设及“十二五”呼和浩特电网规划等事宜听取市政府意见。市委副书记、市长王波主持座谈会。王波要求相关部门将呼和浩特“十二五”经济社会发展总体规划和电力专业规划进行有效衔接，实现资源的合理利用，同时成立电力设施领导小组，针对问题及时召开联席会进行解决。市领导吕慧生、孙建华、刚布和以及市四区和市相关部门主要负责人参加了会议。

22 日　我市召开临空物流园区规划讨论会，市建委、发改委、规划局以及市土地收储中心等十几家相关单位负责人，就我市白塔国际物流园区和盛乐物流园区的规划建设等问题进行讨论。副市长吕慧生出席会议。

▲由市政府和内蒙古民航机场集团主办的 2011 呼和浩特物流发展论坛召开。副市长吕慧生、市政协副主席张润锁出席。吕慧生就调整产业结构完善城市功能；营造现代物流业发展的良好环境讲了话。中国物流与采购联合会副会长贺登才、中国民航管理干部学院特聘专家田保华等分别就我国物流业发展的趋势、规划与政策和依托空港的产业链和服务链等主题作了演讲，并与参会代表进行了交流。

▲由自治区党委宣传部、自治区公安厅政治部、自治区公安消防总队联合组织的张旭同志先进事迹报告会在我市举行。呼市公安局、消防支队官兵代表，内蒙古工业大学、农业大学等院校的学生代表和群众代表 500 多人聆听了报告。报告会后，副市长、公安局局长贾英祥接见了报告团成员。

▲今年是全民义务植树活动开展 30 周年。首府地区 1300 多名干部群众来到土左旗沙尔沁镇东水泉村东的金盛路上参加义务植树活动。自治区党委常委、市委书记韩志然，市人大主任吴一微、市政协主席张彭慧以及市领导兰恩华、朝鲁、云建东、狄瑞明、潘平、刘敏、云公和、贾英祥、鲁剑钧等与首府地区的机关干部、解放军和武警官兵、市民群众一起参加义务植树活动，共同栽下国槐、新疆杨、榆树、槐树等各类树木千余种。

23 日　内蒙古高职教育园区后勤服务暨失地农民就业安置园区举行隆重的开园庆典仪式。市委副书记、市长王波，副市长孙建华出席庆典仪式。自治区教育厅厅长李东升应邀出席。

25 日　市委副书记、市长王波主持召开全市经济形势分析会，会议总结了首府一季度经济形势，并对下一步相关工作进行了部署。王波强调，各地区、各部门在今后工作中要充分调动全市广大干部职工的工作积极性，发扬精、严、细、巧的工作作风，尽职尽责，全力推动首府各项经济工作的顺利进行。市领导赵江涛、吕慧生、云公和、刚布和、银孝出席会议。

▲我市组织收听收看中央开展“党政机关公务用车问题专项治理工作和清理规范庆典、研讨会、论坛活动工作电视电话会议”。副市长孙建华出席呼市分会场的会议。

▲2011 年呼和浩特市“扫黄打非”工作会议召开。市委常委、宣传部部长云丽珠出席会议并讲话。她就把握好“扫黄打非”工作的着力点，提出了要继续把打击侵犯知识产权和制售

假冒伪劣商品专项行动推进到底等四项工作。副市长、市“扫黄打非”工作领导小组组长白金祥与 9 个旗县区负责人签订了《呼和浩特市文化市场管理及综合执法工作责任书》。

▲国家民委党组书记杨传堂一行在自治区党委常委、统战部部长王素毅，副市长白金祥的陪同下先后来到伊利全球奶粉样板工厂和伊利新工业园调研。杨传堂希望伊利集团在安全生产、稳定运行的基础上，继续做大做强，提高产品在全球的知名度，为民族工业的发展做出贡献。

▲内蒙古首家私募股权基金——内蒙古永安信股权投资基金成立大会在我市召开。自治区及我市领导王素毅、郝益东、张彭慧、兰恩华、赵江涛、李岳清、刘敏、刘菊茹、陈曼莉出席成立大会。自治区政协原副主席许柏年出席成立大会。

▲少先队呼市五届二次全委会议举行。副市长刘菊茹出席会议并讲话。她强调，今后各级团委、教育系统和少工委成员单位要继续加强对少先队工作的领导，支持少先队工作，加强少先队基础建设，管理培训好少先队辅导员，不断研究少先队的活动，切实提升首府少先队工作水平。

27 日　自治区党委召开全区党员领导干部反腐倡廉警示教育电视电话会议。自治区党委书记胡春华出席会议并作重要讲话。自治区党委副书记、自治区主席巴特尔主持会议。自治区党委常委、纪委书记张力通报并剖析了自治区党委原副秘书长、自治区党委防范和处理邪教问题领导小组办公室原主任白志明、鄂尔多斯市乌审旗财政局原局长乌云其木及呼和浩特市市委原副秘书长张志新违纪违法案件。自治区党委常委、市委书记韩志然及市领导朝鲁、刘俊清、狄瑞明、吴安俊、刘菊茹、贾英祥、张润锁、银孝、张赢在我市分会场出席会议。

▲京新高速公路韩家营（蒙晋界）至呼和浩特工程开工誓师大会举行。自治区党委书记胡春华出席并宣布工程开工。自治区党委副书记、自治区主席巴特尔讲话。自治区和我市领导韩志然、符太增、雷·额尔德尼、赵双连、杨成旺、赵江涛、狄瑞明出席开工仪式。

▲全区质量工作会议召开。今年质监部门按照“原料来源、产品流向未查清不放过；问题产品未召回、未处理的不放过；不法企业未受到惩处的不放过等“五不放过”要求，加大对质量违法案件的处罚力度。自治区及我市领导连辑、刘菊茹出席会议。国家质检总局质量司副司长马思宇应邀出席。

▲内蒙古聚德鑫有色金属有限责任公司年产 5100 吨电解镍项目在武川经济开发区开工建设。市委常委、常务副市长赵江涛出席开工奠基仪式。

28 日　自治区副主席赵双连会见了中兴能源有限公司总裁于涌一行，双方就中兴能源在呼投资建设多晶硅提纯项目情况进行了座谈。市委副书记、市长王波，副市长吕慧生参加座谈。

▲自治区发改委主任梁铁城莅临我市，深入呼和浩特市政务服务中心进行调研。他表示呼市政务服务中心运行良好，今后尽可能在项目、资金、政策等方面支持呼市的经济建设、力推首府又好又快发展。市领导赵江涛、刚布和陪同调研。

▲赛罕区 2011 年城中村改造村民安置工程开工奠基仪式在小台什村举行。副市长孙建华出席奠基仪式。

▲中国·呼和浩特留学人员创业园及国家级科技企业孵化器创业大厦开工仪式在如意开发区举行。呼和浩特经济技术开发区管委会主任李博宏出席开工仪式。

29 日　玉泉区城中村改造暨重点项目开工奠基仪式举行，自治区党委常委、市委书记韩志然，市委常委、秘书长狄瑞明，副市长孙建华出席奠基仪式。

▲由内蒙古大牧场食品科技有限责任公司投资的年产 1120 吨蒙餐工业化食品项目一期工程在盛乐工业园区正式开工。全国政协常委、内蒙古工商联主席田震，副市长刚布和出席奠基仪式。

30 日　自治区党委书记胡春华在自治区及我市领导韩志然、符太增、王波、赵江涛、狄瑞明及相关部门负责人陪同下，先后来到乌兰察布东街街道办事处、中专路街道办事处、大学西街街道办事处和大学东街街道办事处调研。他详细询问了街道办事处人员配备、基础设施等基本情况，认真了解了街道社区管理中存在的困难和问题，并与街道工作人员探讨加强社会管理、创新服务体制机制等方面的新思路、新办法。他强调，要适应形势发展变化，大力加强城市街道社区建设，积极推进社会管理创新，不断提升街道办事处的管理和服务水平。

5 月

3 日　市委常委、常务副市长赵江涛在副市长孙建华以及市城建委、水务局、交警支队等相关部门负责人的陪同下，对我市城市中心区路桥设施和地下管网改造建设进展情况进行了调研。调研组先后来到海拉尔大街、昭乌达路、乌兰察布街、鼓楼立交桥等路段道路改造建设现场。赵江涛认真了解施工进展情况以及施工中存在的问题，并要求施工单位要采取各种保障十字路口畅通的措施，确保车辆正常通行。交警部门要加强警力，多采取措施，保障道路畅通。

4 日　自治区党委常委、市委书记韩志然在呼市纪念“五四”运动 92 周年暨群英表彰大会召开之前亲切接见了第三届“呼和浩特市青年五四奖章”等受表彰人员。市领导王波、吴一微、张彭慧、潘平、兰恩华、刘俊清、云丽珠、狄瑞明、刘菊茹等陪同，并与受表彰人员合影留念。自治区团委书记常志刚应邀出席表彰大会。市领导吴一微、张彭慧、潘平、兰恩华、刘菊茹出席表彰大会。

▲自治区党委常委、自治区副主席、自治区政务公开领导小组组长潘逸阳视察了呼市政务服务中心。市委副书记、市长王波陪同视察。

▲从今日起，由市劳动保障监察支队牵头，建委、房产等多个部门参与，对全市建筑工地开展执法检查。内容包括建筑工地劳动合同签订、工资支付、参加各项社会保险、建设领域农民工工资保障金缴纳情况等。

▲呼市国家 A 级旅游景区授牌仪式暨旅游摄影大赛举行。我市 7 家旅游景区被授予国家 3A 级旅游景区和国家 2A 级旅游景区。其中，东方甘迪尔蒙古风情园、白石生态旅游度假区、固伦恪靖公主府博物院、乌兰夫故居、哈达门高山牧场为 3A 景区；云滚洞避暑山庄、将军衙署博物院为 2A 景区。

5 日　全市防震减灾工作会议召开。副市长白金祥出席会议并要求，各级政府和各部门要强化措施、突出重点，加强防震减灾的基础性工作，要明确职责，确保各部门工作到位，切实加大对防震减灾事业的投入，完善投入体系，立足创新，强化防震减灾宣传，提高全社会防震减灾意识。市政协副主席鲁剑钧出席会议。自治区地震局副局长曹刚应邀出席会议。

6 日　国家 863 重大科技专项——万头奶牛科技产业化示范牧场项目签字仪式在和林县盛乐经济园区蒙牛集团总部举行。

▲由呼和浩特市营养师协会和赛罕区大学东路办事处主办的我市首家社区营养健康咨询服务中心——大学东路街道社区营养健康咨询服务中心在望兴园社区成立，并举行了揭牌仪式。

▲市公安局召开新闻发布会，通报今年以来全市公安机关案件侦破情况。副市长、市公安局局长贾英祥出席会议。

▲自治区党委常委、市委书记韩志然、市委副书记、市长王波率呼市党政代表团赴鄂尔多斯市、就城市建设、工业发展、城乡统筹等进行考察。呼市党政代表团一行在鄂尔多斯市市委书记云光中，市委副书记、代市长廉素等陪同下，实地考察了伊金霍洛旗母亲公园、鄂尔多斯市装备制造基地、鄂尔多斯植物园、游乐园、动物园、昆都仑景观河工程、吉劳庆湿地生态保护工程、罕台川中心公园、东胜区城乡统筹示范园区等项目。经友好协商，王波和廉素分别代表呼和浩特市人民政府和鄂尔多斯市人民政府签订了煤炭资源配置、黄河水权置换、天然气股权转让等方面的两市战略合作框架协议。我市领导狄瑞明、刘菊茹、吕慧生及呼市经济技术开发区、市发改委等有关部门负责人随同考察。鄂尔多斯市市委副书记巴建光、市委常委、秘书长白智，副市长李世镕、付万惠陪同考察。

8 日　市委副书记、市长王波在市委常委、新城区区委书记刘惠、副市长孙建华陪同下赴市四区先后视察了赛罕区小台什村拆迁指挥部、小台什村安置房建设现场、后巧报村，玉泉区五里营村、辛辛板村，回民区厂汉板村拆迁指挥中心，新城区府兴营村拆迁现场、南店村等城中村改造建设现场。王波要求，要坚定城中村改造的信心不动摇，切实把这个为民办好事、办实事的项目坚定地向前推进，在拆迁过程中要多想办法、多沟通，真正做到和谐拆迁，把好事做好、把实事办实，高标准、高质量地完成工作任务。

▲自治区和呼市两级发改委在民族商场举办 12358 价格举报电话开通 10 周年宣传活动。副市长吕慧生出席。

9 日　自治区党委常委、自治区副主席潘逸阳赴土左旗金山开发区，就工业园区建设及新能源建设情况进行考察。潘逸阳在市委副书记、市长王波、市委常委、土左旗旗委书记王恒俊的陪同下，先后深入到金山热电厂、内蒙古鲁阳节能材料有限公司、丹麦维斯塔斯集团风力系统（中国）有限公司进行参观。自治区及我市发改委、经信委等相关部门主要负责人陪同考察。

▲以自治区国土资源厅巡视员孔燕燕为组长的自治区沿黄沿线经济带重点产业发展督查组一行莅临我市，深入内蒙古天浩纸业股份有限公司、内蒙古精诚高压绝缘子有限责任公司等项目园区对沿黄沿线带重点产业建设，园区发展建设等情况进行检查指导，并就有关问题提出了指导意见。副市长吕慧生出席情况汇报会。

10 日　“纪念乌兰夫同志诞辰 105 周年书画艺术展”在乌兰夫纪念馆正式开展，全国人大常委会副委员长乌云其木格和全国人大常委会原副委员长布赫发来贺信、贺词。自治区党委副书记、自治区政协主席任亚平出席开展仪式并讲话。市委副书记兰恩华主持开展仪式，市领导邢燕菊、白金祥出席仪式。

▲自治区党委常委、自治区主席潘逸阳一行赴托克托工业园区，深入到内蒙古大唐国际再生资源开发有限公司，就工业园区建设和产业发展等情况进行调研。副市长刚布和及市发改委、市经委、托县有关负责人等陪同调研。

▲2011 年第十一届中国国际有机食品和绿色食品博览会在北京举办，伊利集团的“金典有机奶”荣获国际有机食品金奖。这是中国乳品行业首款获此殊荣的产品。填补了我国乳品行业没有有机产品的空白。

11 日　自治区党委常委、市委书记韩志然在市领导狄瑞明、银孝、张赢以及市农牧业局、市发改委等有关部门负责人的陪同下，先后到内蒙古永业富民生物科技有限责任公司，哈乐镇东营子村、泉掌子村、三合泉村中棚项目区及“一镇二带三线”生态工程项目区、绿金家园住宅小区、青山休闲广场、可镇和谐诚等地，对武川县马铃薯中棚种植项目和武川县城市建设、生态建设等情况进行了实地视察。韩志然指出，武川县种植业发展一定要坚持走设施避灾农业之路，保障农民增产增收。“一镇两带三线”生态工程是打造首府北部绿色屏障的重要举措，要加大专项资金支持力度，保质保量完成建设任务。

▲由市卫生局、市总工会联合组织的庆祝 5·12 国际护士节文艺演出暨“优质护理服务示范工程”活动表彰大会举行。自治区卫生厅厅长毕力夫，副市长刘菊茹出席。

▲自治区沿黄沿线经济带重点产业发展督查组就我市沿黄沿线重点产业发展情况与我市领导交换意见。自治区国土资源厅巡视员孔燕燕，副市长吕慧生出席会议。

▲由桂林市委常委、副市长、宣传部部长陈丽华率领的“走进内蒙古——桂林旅游大篷车”促销团抵达我市举行旅游推介会。市领导白金祥出席推介会并讲话，他希望两地旅游企业以此次推介为契机，把双方的旅游产品优势转化为经济优势，共同开拓市场，互送客源，实现双方经济互赢。

12 日　自治区党委常委、市委书记韩志然在市领导狄瑞明、银孝、张赢及有关部门负责人陪同下，先后到清水河县宏河镇永兴村、城关镇八龙湾蔬菜生产基地、城关镇百合花园、清水河河道治理工程现场等地，实现视察了清水河县城镇建设、设施农业建设等情况。韩志然指出，要进一步加快城镇建设步伐和工业发展速度，逐步扩大设施农业面积，提高设施农业层次，设施农业要和山区人口转移收缩结合起来，让老区群众都尽快过上富裕、幸福、美满的生活。

▲自治区、呼市减灾委在新华广场联合启动了 2011 年“防灾减灾日”宣传周活动。市领导白光荣、赵江涛、吴安俊、鲁剑钧出席活动。自治区减灾委员会、民政厅、气象局、红十字会、地震局等有关部门负责人出席活动。

▲全市社会扶贫工作总结表彰暨动员大会召开。市委副书记兰恩华出席会议并讲话。副市长白金祥在会上全面总结了我市 2010 年社会扶贫工作，并对今后的工作进行了全面的安排部署。会议还对 2010 年度在全市社会扶贫工作中做出突出贡献的先进集体和个人进行了表彰奖励。

▲副市长孙建华在市城建委、质监站、房产管理局、住房保障中心及市四区主要负责人陪同下，先后到新城区塔利小区公租房项目、回民区蒙利源住宅小区经济适用房和廉租房项目、玉泉区云中花园廉租房项目、玉泉区怡景萃华林经济适用房项目，玉泉区盛世东元经济适用房项目，赛罕区东达景苑经济适用房和廉租房项目的建设现场，主要就保障性住房建设的质量安全问题进行了实地视察和指导。

▲市委常委、呼和浩特警备区司令员、市国防动员委员会常务副主任潘平带领工作组到市国动委国防教育办公室和市人防办进行了检查。潘平强调，今后市国教办应不断深化活动主题，通过手机短信、网络等多种渠道开展形式多样的宣传教育活动，同时扩大教育人群的范围，使更多的市民参与到国防教育活动中，让市民对国防有更深刻的认识、增强全民国防意识。

▲呼和浩特市保障性住房建设、城中村和老旧住宅小区改造工作会议召开。自治区住建厅副厅长姜振友、副市长孙建华出席会议。孙建华就切实做好保障性住房工作讲了话。

14 日　为庆祝中国共产党成立 90 周年，由自治区政协书画院主办的“融意常在大山中”柴建国、刘杰、田林屹山水画展在内蒙古博物院开展。自治区政协副主席杨成旺、副市长刘菊茹出席开展仪式。

15 日　今天是“全国助残日”。由市残联举办的“百户农村贫困残疾人危旧房改造暨千名残疾人无障碍建设”启动仪式在土左旗举行。市领导兰恩华、赵江涛、王恒俊出席启动仪式。

▲2011 年内蒙古科技活动周暨全区第十六届科普活动宣传周启动仪式在首府新华广场正式拉开帷幕。自治区科技厅厅长徐凤君、副市长刘菊茹出席启动仪式。自治区科技厅、市科技局主要负责人及自治区驻呼高校、企事业单位、科研院所等 60 余家单位参加了启动仪式。

17 日　回民区举行海亮广场二期——海亮·又一城和攸攸板镇村民住宅小区项目开工奠基仪式。市领导韩志然、兰恩华、朝鲁、赵江涛、云建东、狄瑞明、潘平参加仪式，并为工程开工奠基。

▲我市召开建设领域开展农民工工资支付情况专项检查工作部署会议。会议要求，从即日起至 7 月底，在全市范围内采取日常巡查、举报投诉调查、大案专查和深入建筑工地现场集中检查相结合的方式，开展建设领域农民工工资支付检查，以维护农民工合法权益，有效防止和妥善处置因拖欠农民工工资引发的信访问题和群体性事件，规范我市建筑用工市场，确保首府劳动关系和谐稳定。

▲全区法院“反规避执行专项活动”宣传周暨呼市两级法院集中宣传活动启动仪式在新华广场举行。自治区高级人民法院院长胡毅峰、市委常委、政法委书记李鹤，副市长贾英祥、呼市中级人民法院院长王伟、呼市人

民检察院检察长云布俊等参加了启动仪式。

▲市委常委、常务副市长赵江涛在内蒙古饭店会见了香港贸易发展局中国内地总代表吴子衡一行。赵江涛代表市委、市政府对吴子衡一行表示欢迎，并详细介绍了自治区及我市近几年的经济发展状况。吴子衡希望香港在能源、食品、机械、IT 业、金融业、物流业等生产服务领域来内蒙古发展的基础上，与呼和浩特多交流、多沟通，进一步促进两地发展。

17 日—18 日　由全国人大副委员长周铁农率领的全国人大食品安全执法检查组莅临我市，对我市贯彻落实《中华人民共和国食品安全法》等情况进行了执法检查。检查组先后来到伊利敕勒川精品奶源基地、内蒙古蒙伊萨食品有限公司以及华润万家超市等地，详细检查了我市乳制品生产、收购和运输情况，并对超市的进货渠道和索证索票工作以及流通领域商品进行了抽查。自治区及我市领导巴特尔、韩志然、呼尔查、刘新乐、兰恩华、狄瑞明、李岳清、吴安俊、刘菊茹及有关部门负责人分别陪同检查和参加汇报。副市长刘菊茹对我市贯彻食品安全法情况作了汇报。周铁农希望通过这次检查，形成一些能够切实解决问题的意见和建议，促使我国食品安全状况得到根本好转。

18 日　赛罕区在位于金河镇羊盖板村南举行万头奶牛牧场开工奠基仪式。副市长云公和出席奠基仪式。

▲由呼市公安局、司法局联合开展的 110 接处警与人民调解相衔接的“公调对接”机制试点工作会议举行。副市长贾英祥出席会议并讲话。

▲我市召开妇女儿童发展纲要终期监测评估汇报会。副市长、市妇女儿童工作委员会主任刘菊茹出席会议。

20 日　由市商务局主办、内蒙古民族商场承办的“中华老字号”授匾仪式在民族商场举行。市人大副主任李岳清、副市长云公和出席仪式。

▲市现代服务业园区建设指挥部工作汇报会召开。会议对市现代服务业园区建设指挥部前一阶段的工作情况进行了汇报，并对下一步工作进行安排部署。副市长吕慧生、市政协副主席银孝、市经济技术开发区管委会主任李博宏出席会议。

22 日　呼和浩特市精神残疾人“阳光家园”乔迁新居。自治区卫生厅厅长毕立夫、副市长刘菊茹出席启动仪式。

23 日　第十二届中国·呼和浩特昭君文化节例会召开。市委常委、宣传部部长云丽珠、副市长白金祥出席会议。

▲2011 年呼和浩特市普通高等学校招生考试工作会议召开，会议对我市今年高考考前、考中、考后各环节考务工作进行了详细、严谨的部署。副市长刘菊茹出席会议并要求各地区、各部门要认清形势，摆正位置，确保高考万无一失。要严肃考风考纪，确保考试公平；要继续深化招生考试环境治理；市招办与各成员单位密切协调，做好交通、供电、卫生、环保等工作；教育部门要抓好监考员队伍的建设及培训工作，加强考生诚信教育；加强宣传，优化服务环境，形成良好的高考氛围。

24 日—26 日　“第六届乳酸菌与健康国际研讨会暨 2011 年 CIFST 乳酸菌分会年会”在杭州召开。伊利 QQ 星儿童成长酸奶，大果粒超级水果系列酸奶均获得创新产品奖。伊利集团也成为唯一一家推荐两支产品全部获奖的乳品企业。

▲全市 2011 年粮食直补已发放完毕。此项补贴使 9 个旗县区的 26.4 万农户、104.8 人得到实惠。

25 日　呼和浩特托克托春华供水有限责任公司水厂正式运营。副市长云公和出席运营剪彩仪式。

26 日　内蒙古地震灾害综合应急救援演练在我市举行。自治区副主席、公安厅厅长赵黎平、副市长白金祥、贾英祥、孙建华等观看了演练。

27 日　全区深化政务公开推进政务服务工作现场会在我市召开。自治区党委常委、自治区副主席潘逸阳出席电视电话会议并讲话。市委常委、常务副市长赵江涛代表呼市市委、市政府作了题为《锐意改革创新、奋力开拓进取，不断开创政务服务工作新局面》的典型经验发言。锡林郭勒盟、敖汉旗和自治区财政厅也分别从不同角度介绍了深化政务公开、加强政务服务、推进行政审批制度改革等方面的经验。

30 日　今年 6 月是第十个“全国安全生产月”，今年活动的主题为“安全责任、重在落实”。我市举行了 2011 年“全国安全生产月”启动仪式。拉开了首府“全国安全生产月”系列活动的序幕。

31 日　副市长刘菊茹在市教育局有关负责人陪同下，来到呼市蒙古族幼儿园、回民区回族第一幼儿园，为孩子们送上节日的礼物，并与他们共同度过“六一”儿童节。

6 月

1 日　自治区及我市领导胡春华、韩志然、符太增、狄瑞明等来到呼市儿童福利院，看望慰问了这里的孤残儿童，并为孩子们送上了节日礼物，和孩子们共同欢度六一国际儿童节。

▲自治区党委副书记、自治区主席巴特尔在市委副书记、市长王波陪同下到新城区第二幼儿园与孩子们共同欢度节日。并给孩子们带去了节日的礼物。巴特尔希望各级各部门要加强对幼儿园及周边环境的卫生防疫、食品安全、交通安全、治安防控等方面的安全管理，积极营造学前教育发展的良好社会环境，让孩子们在平安

和谐的环境中快乐成长。市领导刘惠陪同慰问。

▲自治区党委常委、市委书记韩志然在市领导狄瑞明、刘菊茹陪同下，到呼和浩特市民族实验学校、新城区第二幼儿园与孩子们共同欢庆六一儿童节。韩志然希望孩子们好好学习、天天向上，将来为祖国、家乡的建设做出贡献。韩志然一行把节日礼物送给了孩子们，并为他们送上了十万元慰问金。

▲市委副书记、市长王波主持召开专题会议，就我市高考有关工作进行了安排部署。王波要求各相关职能部门要切实把高考考务工作作为当前重要的任务抓紧抓实，各方面工作要周密考虑，各环节要具体落实，确保考试工作顺利进行，万无一失，为考生营造良好的高考环境。副市长刘菊茹、孙建华出席会议。

2 日　市政府召开全市矿业治理整顿工作动员大会。会议决定对我市辖内各类矿山、交通干线和城市周围砂石采场和煤炭物流中心等进行专项治理整顿。副市长刚布和出席会议并就具体整治措施讲了话。

▲我市召开重点公路建设征地拆迁工作调度会。市委常委、常务副市长赵江涛，副市长刚布和、市政协副主席张赢出席会议。赵江涛在会上要求，各部门一定要高度重视、加强领导，决不能耽误工期，要加大工作力度，严格执行拆迁政策，严厉打击私搭乱建行为。对在拆迁中存在的问题，要认真分析，采取有效办法，找准突破点，按照补贴标准，依法分步解决，确保如期完成任务。

3 日　市委副书记、市长王波在副市长刚布和，呼和浩特经济技术开发区管委会党工委书记李建平、管委会主任李博宏陪同下，赴呼和浩特经济技术开发区进行了调研。在听取相关汇报后，王波对呼和浩特经济技术开发区上半年的各项工作给予肯定，并就下一步工作提出了要求。市发改委、经信委、国土资源局等相关部门主要负责人参加调研。

▲我市召开深化医药卫生体制改革工作会议，落实全区医改工作会议精神，总结我市前一阶段医改的进展和成效，深入分析当前面临形势，并安排部署今后医改的各项工作任务。市委常委、常务副市长赵江涛，副市长刘菊茹参加会议。

4 日　市委副书记、市长王波主持召开白塔空港物流园区建设工作调度会。在听取白塔空港物流园区筹备处工作情况汇报后，王波要求，要加快物流园区建设进度，借鉴其他城市在建章立制、发展规划、产业定位等方面的先进经验，同时要抓紧基础设施建设、谋划招商引资，通过政府优惠政策支持，引进规模大、起点高的现代化企业，从而推动园区整体建设向前迈进。副市长吕慧生、市政协副主席银孝，呼和浩特经济技术开发区党工委书记李建平出席会议。

7 日　以香港贸易发展局总裁林天福为团长的香港经贸代表团50余人莅临呼市，对呼市的经济发展和市场商机进行了实地考察。代表团一行先后来到蒙牛六期、蒙牛澳亚国际牧场、维多利购物中心等地进行了实地考察。代表们详细了解了蒙牛产品的种类、生产工艺、销售情况、企业管理及企业文化等。副市长吕慧生及相关部门负责人等陪同考察。

▲市委副书记、市长王波在香格里拉大酒店会见了率领香港经贸代表团来内蒙古考察香港的香港贸易发展局总裁林天福，双方进行了诚挚友好的会谈。副市长吕慧生、云公和参加了会见。

8 日　中国科协下发了《关于命名2011—2015 年度全国科普示范县（市、区）的决定》，我市新城区、赛罕区、回民区、托克托县四个县区名列其中，被命名为“2011—2015 年度全国科普示范县（市、区）”。

▲第三届“品味 2011 · 我最信赖的食品品牌”评选在北京云南大厦进行颁奖，伊利集团继去年后再次荣获乳制品奶粉类值得信赖的食品品牌。

▲科技部正式批准我市为国家创新型试点城市。

9 日　市委副书记、市长王波主持召开市长办公会议，就全市数字化城管、小城镇建设工作进行了专题研究和部署。王波强调，在全市小城镇建设过程中，要对各旗县政府所在地以及工业集中区、大学周边进行重点建设，优先发展道路、给排水、电力、通讯、对外交通以及环境建设，力争实现同城化发展。市领导孙建华、银孝参加会议。

9 日-10 日　市人大常委会组织部分常委会委员和市人大代表对我市工业经济发展情况进行了为期两天的工作视察。视察组一行先后赴利乐包装（呼和浩特）有限公司、内蒙古日月太阳能有限公司、内蒙古中拓铝业股份有限公司、内蒙古精诚高压绝缘子有限公司、山东鲁阳陶瓷纤维有限公司、呼和浩特众环集团有限公司进行了实地视察，详细了解了各企业投资、建设、生产、运行、销售等情况。市人大主任吴一微、副主任吴安俊、刘敏、孙建国、秘书长宋晓刚参加视察。副市长刚布和等陪同视察。

10 日　自治区党委常委、市委书记韩志然主持召开创建国家环保模范城市有关工作专题会议。韩志然要求，各相关部门要各尽其责，抓紧落实，责任到人，在保证工程质量的前提下加快相关项目施工速度，确保全市创模重点工程如期完工，对城区的垃圾死角和河道污水要加紧清理，要进一步加大中水回用力度，城区绿化用水要全部使用中水，环保部门要切实运用行政、法律手段，尽快拆除水源井周边不符合环保要求的建筑物和堆放物。市领导狄瑞明、吕慧生、孙建华、刚布和、郭召来、银孝出席会议。

11 日　中国社科院经济所和首都经贸大学联合发布首个《中国城市生活质量指数报告》，在全国 30 个省会城市排行中，广州排名第一，我市排名第五。

▲庆祝中国共产党建党 90 周年暨青城山水画院成立仪式在呼和浩特市民族美术馆举行，青城山水画院山水画展同时在呼和浩特市民族美术馆开展。市领导云丽珠、白金祥出席活动。

▲“让小天使飞起来”捐赠爱心书箱和向两位重病患者捐赠医疗费仪式暨呼和浩特名城地产、房地产开盘仪式在新城区维也纳广场举行。市领导刘菊茹、白金祥出席捐赠仪式。

▲2011 年呼和浩特市中学生田径运动会在托县开幕。副市长刘菊茹出席开幕式。

▲新城区都市观光农业成果暨香岛第二届花卉果蔬观赏采摘节在新城区古路板村举行。众多首府市民前去采摘游园。副市长云公和出席采摘节。

12 日　由中国科协和财政部组织评审并公示的 2011 年“全国科普惠农兴村先进单位”及“全国科普惠农兴村带头人”公布，呼和浩特市少数民族科普工作队、和林格尔县城关镇大南沟蔬菜种植协会、赛罕区金河镇根堡村蔬菜示范基地，托克托县科普惠农养殖示范基地 4 家单位被授予“全国科普惠农兴村先进单位称号，武川县得胜沟乡东坡村杨福龙被授予“全国科普惠农兴村带头人”称号。

▲今日 17 时许，如意开发区发生一起满载 27 吨盐酸清洗剂的货车与一辆面包车相撞，导致两人死亡，3 人受伤的重大交通事故。事故发生后，副市长刚布和带领市安监局、环保局、如意开发区南区相关负责人亲临现场指挥，市交警支队立即启动了《处置危险化学品交通事故预案》，交队领导及时组织有关人员一起参加了消防及救援工作，并进行现场勘查、交通管制。

13 日—14 日　市委副书记、市长王波先后深入到清水河县宏河镇小学生公寓楼项目、城关镇八龙湾蔬菜生产基地、清水河县完全中学项目、清水河县百合花园住宅小区项目、清水河河道整治工程、城关镇滨海大桥项目等地进行调研，认真听取了相关负责人的情况介绍，并就存在问题与相关人员进行了探讨交流。王波指出，从今年清水河县经济社会发展情况来看，全县团结一心谋发展，经济社会呈现出欣欣向荣的发展势头。下一步，清水河县要以迎接全市两个文明建设经验交流会在本县召开为抓手，以会促创、以会促建，促进经济社会各项事业全面协调发展。

14 日　自治区和我市同时启动为期一周的以“人人关心食品安全，家家享受健康生活”为主题的宣传活动，开展“食品安全进企业、进学校、进农村、进社区”活动。

15 日　由中共呼和浩特市委员会、市人民政府主办，市委宣传部、市直机关党工委、市总工会承办的“展首府风采为党旗增辉”呼和浩特地区纪念中国共产党成立 90 周年歌咏大会举行。来自我市机关、学校及各企事业单位的 25 个合唱团讴歌党的光辉业绩，奏响了新时代奋进的凯歌。自治区党委常委、市委书记韩志然及市领导王波、吴一微、张彭慧、潘平、兰恩华、朝鲁、赵江涛、刘俊清、云丽珠、王恒俊、云建东、狄瑞明、刘菊茹、吕慧生、白金祥、贾英祥、郭召来、崔世清、银孝出席大会。呼和浩特经济技术开发区管委会主任李博宏、市中级人民法院院长王伟，市人民检察院检察长云布俊出席大会。

▲市委副书记、市长王波在副市长孙建华的陪同下，对首府城市道路、桥梁建设情况进行了实地视察。王波一行先后视察了远经二路北、海拉尔大街跨东河桥、海拉尔东街、新华大街与兴安路交叉路口处、新华大街新世纪节点处、海拉尔西街跨河桥、经一路、腾飞路南段、新建东街等市政道路、桥梁建设进展情况。

16 日　江西省副省长洪礼和一行莅临我市，在自治区党委常委、自治区副主席潘逸阳，市委副书记、市长王波的陪同下进行考察。考察团此行的目的是学习借鉴自治区工业和开放型经济工作的先进经验，进一步加强双方经贸合作，实现优势互补。考察团一行参观了内蒙古博物院。

▲市委副书记、市长王波在副市长孙建华的陪同下，对市四区负责的小街巷维修改造工作进展情况进行了实地视察。王波一行先后视察了赛罕区的丰泽园西巷、东影南路、新希望路、双树巷；玉泉区的迎春巷、五塔寺东街北巷、大召广场西巷；回民区的民康巷、光明路北巷、通河巷、东寺巷、营坊道；新城区的车站后街、十四中东巷、十四中西巷等地。王波每到一处都详细询问了小街巷道路及地下管网的改造情况，针对各条小街巷的现状提出了改造意见。

▲副市长吕慧生在市政府副巡视员、市环保局局长郭召来等的陪同下，到齐鲁制药（内蒙古）有限公司，对该公司生物制药产品在生产过程中所采取的环保措施和排污设备进行了现场检查。吕慧生先后实地查看了齐鲁制药（内蒙古）有限公司泰乐发酵车间、监控室、二级排污沉淀池等地，并详细了解了企业的情况。

▲由公安部与中央电视台共同举办的第四届“我最喜爱的人民警察”评选揭晓，市公安局赛罕区分局刑警大队副大队长吴洪涛荣获特别奖。

17 日　TCL 集团与呼和浩特市“模组整机一体化项目”签约仪式举行。TCL 集团董事长李东生、TCL 集团高级副总裁、TCL 多媒体 CEO 赵忠尧出席签约仪式。市委副书记、市长王波，市人大副主任刘敏，副市长吕慧生、刚布和，市政府副巡视员郭召来，市政协副主席银孝，呼和浩特经济技术开发区管委会主任李博宏出席。王波代表市委、市政府对项目的正式签约表示热烈祝贺。王波强调，在我市建设液晶电视生产基地，是TCL集团立足自身优势、适应市场需求、推进企业可持续发展的战略选择，市委、市政府要尽全力为企业发展和项目建设创造良好的服务环境。希望TCL集团能够把呼和浩特作为重点发展地区，加快项目建设进度，加大在呼和浩特的企业发展力度。吕慧生与赵忠尧分别代表双方签订了《合作协议》。

▲副市长吕慧生在市发改委、建委、规划局、安监局、水务局等有关部门负责人的陪同下前往中国石油呼和浩特石化公司对500万吨/年炼油扩能改造项目工程进行视察。

20日　自治区党委常委、市委书记韩志然，市委副书记、市长王波会见了创维集团董事局主席张学斌，双方进行了诚挚友好的会谈。市领导狄瑞明、吕慧生、刚布和参加了会见。

21日　由呼和浩特市老区建设促进会编写的《呼和浩特革命老区》一书出版发行。今日举行了该书出版发行座谈会。全国人大常委会原副委员长布赫为该书题写书名，国家民族事务委员会主任杨晶为该书作序。自治区党委常委、市委书记韩志然，市委副书记、市长王波，市人大主任吴一微、市政协主席张彭慧分别为该书题词。书稿初成之后，兰恩华、邢燕菊、白金祥、银孝等市领导审阅文稿，并提出宝贵意见。

▲市委副书记、市长王波主持召开市长办公会，专题研究第十二届中国·呼和浩特昭君文化节活动相关事宜。王波要求，各级各部门要进一步提高认识，以强烈的责任感和主人翁意识明确任务细化责任，扎实有效地将工作做好。精心组织策划，精炼活动内容，做到主题活动精彩纷呈，重大活动特色鲜明、安全稳定。市领导云丽珠、狄瑞明、云公和、白金祥、贾英祥参加会议。

20日—21日　以乌海市市委副书记、纪委书记包钢为首的乌海市考察团一行莅临我市，就我市经济社会发展、城市建设及政务公开等工作进行了参观考察。考察团一行先后深入到蒙牛乳业（集团）高智能化生产基地、蒙牛澳亚示范牧场、内蒙古神舟硅业有限公司等地进行实地参观。市委副书记兰恩华，市委常委、常务副市长赵江涛，市纪委副书记李建春、白冰等陪同考察。

21日　副市长吕慧生、刚布和，呼和浩特经济技术开发区管委会主任李博宏等与创维集团董事局主席张学斌进行项目洽谈。

22日　自治区党委常委、市委书记韩志然会见利乐公司全球总裁兼首席执行官杨德森一行，双方进行了友好的会谈。韩志然对杨德森再次来呼和浩特表示欢迎，并详细介绍了我市近年来经济社会发展情况。市委常委、秘书长狄瑞明、副市长刚布和，呼和浩特经济技术开发区管委会主任李博宏参加了会见。

▲市委副书记、市长王波在市委常委、新城区区委书记刘惠陪同下深入新城区，就固定资产投资和项目建设情况进行调研。王波一行先后深入到香岛生态观光农业园项目、鸿盛工业园区金三角塑料光纤项目、成吉思汗中央广场等地，详细了解了各项目建设运营情况。王波指出，要进一步加大项目的引进和建设力度，严格城市管理，促进地区经济社会又好又快发展。

▲我市召开创建国家卫生城市工作调度会。市委常委、常务副市长赵江涛在讲话中要求各部门高度重视创卫工作，强化措施，加大投入、加强管理、广泛宣传、坚定信心，务必打赢创建国家卫生城市这场攻坚战。副市长刘菊茹在听取各部门的汇报后，对今后一个时期的创卫工作提出了几点建议。市四区、市卫生局及城管局、城建委、水务局、环保局、民政局等有关单位和部门的分管负责人参加会议。

23日　市委副书记、市长王波赴和林县，就固定资产投资和项目建设进行调研。王波一行先后深入到燕京啤酒、正缘现代化蛋鸡示范场、大牧场食品以及大红城煤炭物流园区等项目区域，详细了解了项目的建设和运营情况。他指出，和林县要在固定资产投资上下大力气，进一步增强主动性和积极性，千方百计抓好项目建设，借鉴发达地区食品加工业的先进经验，全力以赴促进食品工业园区的建设发展。副市长吕慧生陪同调研。

▲副市长贾英祥就玉泉区城中村改造拆迁工作进行调研。贾英祥一行分别到南八里村、辛辛板村、西二道河村和范家营村的拆迁现场，了解玉泉区各城中村改造拆迁情况。他指出，城中村改造就是改善群众居住环境，提高群众生活品位，既要加快拆迁进度，又要妥善处理矛盾。要进一步保护好群众的利益，保持好拆迁态势，实现经济繁荣发展。

24日　全市庆祝中国共产党成立90周年暨表彰大会在市党政大楼1号会议厅隆重召开。自治区党委常委、市委书记韩志然作重要讲话，市委副书记、市长王波主持大会。市领导吴一微、张彭慧、潘平、兰恩华、刘惠、赵江涛、刘俊清、王恒俊、狄瑞明、吕景瑞、刘敏、孙建国、刘菊茹、云公和、贾英祥、彭皓方、崔世清、张赢等出席大会。

▲全市经济协作工作会议召开，会上通报了我市1-5月份招商引资完成情况，对下半年工作和即将召开的呼洽会相关工作作了部署。副市长吕慧生出席会议并指出，要增强做好经协工作的紧迫感，要以机构成立为契

机，继续拓展招商引资、区域合作、服务在呼企业、优化投资环境，推动经济工作再上一个新台阶。

26 日　2011 年呼和浩特市面向社会公开招考聘用事业单位工作人员开考。市委常委、常务副市长赵江涛、市人大副主任吴安俊、市政协副主席鲁剑钧，市纪委副书记李建春巡视了考场。自治区人力资源和社会保障厅副厅长王顺应邀巡视了考场。

▲今天是第 17 个国际禁毒日。呼市禁毒委与自治区女子强制隔离戒毒所联合举行“拒绝毒品、走向新生”主题宣传教育活动。戒毒学员家属及社会爱心人士等一同参加。副市长、市公安局局长贾英祥及自治区和呼市有关部门负责人出席。

28 日　全球第二大液体食品无菌卷筒包装材料供应商纷美包装有限公司在中国的第二家公司——纷美包装内蒙古有限公司一期投产暨二期工程启动仪式在和林格尔县举行。市领导朝鲁、吕慧生、鲁剑钧出席启动仪式。

▲位于赛罕区南二环的金盛国际家居盛大开业。副市长吕慧生出席开业典礼并致辞。

▲由中国经营报社主办、华晨宝马汽车有限公司联合主办的“问道十二五——BMW 中经智库全国行”论坛第四站在呼举行。副市长白金祥出席并致辞。

▲全市防汛抗旱工作会议召开，安排部署我市防汛抗旱工作。副市长孙建华、呼和浩特警备区参谋长王自成、自治区防汛办副主任闫新光出席会议。会上，孙建华与旗县区政府负责人签订责任状。

29 日　呼和浩特市个体劳动者私营企业协会第六次会员代表大会召开。副市长吕慧生、市政协副主席陈曼莉出席会议。自治区工商局副局长王爱萍应邀出席。

▲市政府与常州渔夫动漫有限公司关于国家民族文化创意产业基地项目座谈会在香格里拉大酒店举行。副市长吕慧生出席。

▲市委、市政府在“七一”期间开展了慰问我市离休老干部活动，为全市 1800 余名离休老干部发了慰问信并送去纪念建党 90 周年纪念表，送去了党的温暖和关怀。

7 月

1 日　市公交总公司于今日正式开通 100 路公交车，为建党 90 周年献礼。

▲庆祝中国共产党成立 90 周年大会在北京隆重举行。我市四大班子领导和机关工作人员及我市各族各界干部群众集中收听收看了大会现场直播。

▲从今日起我市启动用人单位遵守劳动用工和社会保险法律法规情况专项检查。

▲由呼和浩特市财政局主办、旗县区财政局、武警呼市支队、部分驻呼部队和呼市民间歌舞团等单位协办的庆祝建党 90 周年“军民永远跟党走”军地文艺汇演在呼和浩特财政局隆重举行。市委副书记、市长王波，市政协主席张彭慧、呼和浩特警备区政委白光荣，市人大副主任刘敏，副市长吕慧生、市政协副主席银孝，武警内蒙古总队副参谋长佟海勇及呼市公安消防支队、呼和浩特警备区、武警呼市支队、预备役 88 团、高炮团有关领导、各旗县区财政局负责人等出席了庆祝活动。

▲我市城镇职工基本医疗保险从今日起实行特殊慢性病门诊治疗病种准入制。参保人员申请特殊慢性病门诊治疗待遇，应当符合规定的病种范围。参保人员特殊慢性病门诊医疗费和因病住院治疗费用以及门诊统筹医疗费年度最高支付限额为 19 万元。

1 日-2 日　由市爱卫办特邀的自治区及包头市、鄂尔多斯市相关部门的专家，就健康教育、食品安全、传染病防治和病媒生物防治等呼市创建国家卫生城市的工作分 5 组进行了暗访。结果显示，首府创卫工作总体在不断向前推进，但专家们也发现了一些问题亟待解决和完善。副市长刘菊茹在市政府举行的座谈会上，与各位专家就暗访的情况进行了交流。她对专家组对首府创卫工作的支持和提出的宝贵意见表示感谢。她同时指出，各有关单位一定要按照创卫工作的标准进行整改，把各项工作做细、做实，为迎接自治区及国家专家组的检查做好准备。

2 日　以全国双拥工作领导小组成员单位成员、民政部优抚安置局局长邹铭为组长的“全国双拥模范城（县）”检查考核组莅临我市，就我市开展全国双拥模范城创建工作进行检查考核。检查考核组先后赴革命烈士陵园、武警内蒙古总队呼市支队、呼和浩特公交总公司、新城区海东路办事处军区社区、呼和浩特市国教中心等地进行实地检查。呼和浩特警备区政委白光荣、市委副书记兰恩华，市委常委、副市长赵江涛等陪同检查。

4 日　市委常委、常务副市长赵江涛主持召开第五届中国民族商品交易会第二次工作会议。各相关部门在会上汇报了所承担的工作进展情况。赵江涛对第五届中国民族商品交易会的前期准备情况给予肯定。他希望各部门再接再厉，共同努力，把民交会办的圆满成功。

▲市委常委、常务副市长赵江涛亲切会见了来访的俄联邦图瓦共和国政府主席卡拉奥拉一行，双方进行了友好的座谈交流。图瓦共和国文化部长多嘎克及市委办公厅、市建委负责人参加会见。

▲呼和浩特市经济协作局正式揭牌。

5 日　2011 年全国现代戏优秀剧目——由呼和浩特市民间歌舞剧团精

心排演的大型二人台现代剧《花开花落》在北京民族文化宫大剧院演出。全国人大副委员长司马义·铁力瓦尔地，全国政协副主席李兆焯，国家新闻出版总署副署长孙寿山，全国政协教文卫体委员会副主任张秋俭、蒋效愚，中国国电集团有限公司党委书记、副总经理乔保平，自治区文化厅副厅长赵新明，市委副书记、市长王波，市委常委、宣传部部长云丽珠等领导和首都各界观众一起观看了演出。

▲中华海外联谊会常务理事、美国冠军集团董事长梁冠军率中华海外联谊会考察团一行47人，在自治区党委常委、统战部部长王素毅的陪同下来到伊利集团，分别参观了伊利敕勒川精品奶源基地和伊利新工业园。

6日　我市调整工伤职工伤残津贴生活护理费及供养亲属抚恤金待遇。

▲由自治区农牧业厅、市政府主办，市农牧业局、土左旗政府承办的2011年黄河流域内蒙古呼和浩特段渔业资源增殖放流行动暨哈素海第三届放鱼节在哈素海启动，共投放各类鱼苗、鱼种110万尾。副市长云公和，市政府副巡视员高炜明出席启动仪式。

▲中共中央政治局委员、全国政协副主席王刚带领全国政协调研组莅临我市，就加快转变经济发展方式，促进经济社会又好又快发展进行调研。王刚一行在自治区党委副书记、自治区主席巴特尔，自治区党委副书记、自治区政协主席任亚平、市委副书记、市长王波，市政协主席张彭慧等陪同下，深入蒙牛乳业（集团）六期工程液态奶生产线，王刚详细询问了企业的生产、销售情况以及奶源收购和运输情况、全国政协机关党组书记、副秘书长孙怀山，全国政协经济委员会副主任、国家发展和改革委员会原副主任、国家能源局原局长张国宝，全国政协教科文卫体委员会副主任、中国文联副主席、文化部原副部长陈晓光，全国政协人口资源环境委员会驻会副主任庄国荣，民建中央副主席、环境保护部副部长吴晓青，中粮集团董事长宁高宁，全国工商联副主席、大连万达集团股份有限公司董事长、总裁王健林，全国工商联副主席、泛海集团有限公司董事长、总裁卢志强、中国书法家协会主席张海和国家一级演员、中国广播艺术团艺术总监、中国曲艺家协会副主席冯巩陪同调研。

▲全国少数民族自治区首府市政协工作联系会第十八次会议在呼举行。来自南宁市、拉萨市、银川市、乌鲁木齐市政协代表来到呼和浩特，围绕提高人民政协工作的科学化水平，探讨交流各首府市政协在履行职能和加强自身建设方面的经验和做法，进一步推进政协事业的新发展。自治区政协副主席郑福田应邀出席会议。市政协主席张彭慧，市委副书记兰恩华，市委常委、常务副市长赵江涛，市委常委、统战部部长云建东出席会议。张彭慧致辞，兰恩华讲话，赵江涛介绍了呼和浩特市经济社会发展情况。市政协副主席彭皓方、张润锁、云普选、崔世清、银孝、鲁剑钧、陈曼莉、张赢、秘书长孙德旺出席会议。

▲我市召开创建国家卫生城市暗访情况通报会，就暗访情况进行了通报，并针对暗访中发现的问题以红色训诫通知书的方式下发给各有关单位和部门，要求各有关单位和部门抓紧时间对照国家卫生城市标准进行整改。副市长刘菊茹出席并主持了通报会。

▲副市长刚布和在内蒙古饭店会见了中国美国商会会长孟克文率领的中国美国商会商务考察团一行，双方进行了友好交流。刚布和代表市委、市政府对考察团一行对我市投资环境的考察表示欢迎和感谢，并简要介绍了我市的地理位置、投资环境、资源交通、工业发展以及下一步的经济发展前景。

7日　市政府组织召开严厉打击非法添加和滥用食品添加剂专项整治工作联席会议，会议通报我市严厉打击非法添加和滥用食品添加剂专项整治工作开展情况，并部署下一阶段工作。副市长刘菊茹出席会议并就保障食品安全提出了几点要求。

▲副市长云公和在市农牧业局、气象局等相关部门负责人的陪同下来到和林县，对该县目前农业旱情进行了视察。

▲副市长、市公安局局长贾英祥深入武川县调研并主持召开上秃亥乡圪奔村扶贫协调会议。贾英祥先后来到圪奔村委会和武川县高效节水灌溉示范园、旱作农业示范园进行实地调研。贾英祥在协调会上要求市级各对口帮扶单位要树立大局意识和责任意识，做一些实实在在的基础性的工作，为所帮扶地区群众脱贫致富创造条件。

9日　由自治区人口和计划生育委员会主办，呼和浩特市人口和计划生育委员会承办的纪念第22个“7·11”世界人口日，呼和浩特地区“伊生泰”杯新型家庭人口文化才艺展示暨孕产妇爱心服务车发车仪式举行。副市长刘菊茹出席活动。

11日　自治区党委书记胡春华在自治区及我市领导韩志然、符太增、郑福田、王波、王恒俊、狄瑞明、云公和、张润锁、银孝以及自治区、呼市相关部门负责人的陪同下，先后赴赛罕区金河镇根堡村蔬菜基地、土左旗毕克齐镇昌德和蔬菜基地进行实地视察，详细了解了基地的建设情况、种植成本、流通环节以及在建设中所存在的问题等。胡春华指出，呼市在今后的工作中要按既定目标，加强自身蔬菜基地建设，降低蔬菜成本，畅通蔬菜流通渠道，切实保障群众生活需要。

▲全市校园及周边治安整治领导小组会议暨校舍安全第五次调度会召开，会议专题研究了无证幼儿园管理工作，通报了中小学校舍安全工程进展情况，并对下一阶段工作进行了部署。副市长刘菊茹出席会议并讲话。她要求各地区各部门必须将校园周边安全作为一项常规工作常抓不懈，要建立两级政府、三级管理、四级管理模式，实施分级管理，明确属地管理；要按照学前教育三年规划目标，规范幼儿教育发展，加强幼儿园监管，对不合格的幼儿园联合相关部门予以取缔；教育部门和发改委要协调沟通，争取资金将幼儿教育提上日程，使首府教育协调发展。

12 日　市委召开全市干部大会，传达了中央和自治区党委关于学习贯彻胡锦涛总书记“七一”重要讲话的要求，传达了自治区党委八届十五次全委（扩大）会议精神，自治区党委常委、市委书记韩志然，市委副书记、市长王波分别作重要讲话，对我市经济社会发展工作进行了总结部署。市人大主任吴一微、市政协主席张彭慧参加会议。市委副书记兰恩华主持会议。

▲2011 年第二季度呼和浩特市城市管理工作现场会在回民区召开。副市长孙建华、市政协副主席陈曼莉参加现场会。孙建华一行先后到丁香路、车站后街、聚隆长街、先锋北巷、展南巷、创业路、兴安南路、石羊桥南路、东五十家街、滨河公园、宽巷子西口、营坊道、金锐家居商场门前、公园西路垃圾转运站等地，就小街巷改造、便民市场建设及规范管理、老旧小区改造和水冲公厕、垃圾转运站建设情况进行观摩。观摩结束后，与会人员进行了座谈。孙建华就今后一个时期城市建设和管理工作对各有关单位和部门提出了要创新思路，全面加强市容环境综合整治工作等四项要求。市人大、市政协及市城建委、市政工程管理局、公安局、交警支队、市四区等有关单位和部门主要负责人参加了会议。

13 日　市委副书记、市长王波会见了呼和浩特铁路局局长杨宇栋一行，双方进行了诚挚友好的会谈。呼铁局副局长于文峰、王连春、副市长刚布和及市发改委、市经信委负责人参加了会见。

14 日　市委副书记、市长王波在香格里拉大酒店会见了由湛江市委副书记、市长阮日生率领的前来参加第五届民交会暨第十二届昭君文化节的湛江市代表团一行。会见中双方一致表示，要以此为契机，进一步加强沟通合作，实现优势互补，实现互利双赢。湛江市委常委、副市长赵志辉、呼市市委常委、副市长刚布和参加了会见。

▲“倡导绿色新能源、引领时尚新科技”呼和浩特市新能源客车运行启动仪式在新华广场举行。50 辆崭新的 1 路、72 路新能源客车从新华广场正式发车运行。市领导王波、刘敏、吕慧生、刚布和、银孝出席启动仪式并试乘新能源客车。

15 日　第五届中国民族商品交易会暨第十二届中国·呼和浩特昭君文化节在呼和浩特体育场隆重开幕。第十届全国政协副主席李蒙、中国市场学会会长俞晓松以及部分国家有关部委办局、社会团体、高等院校、科研院所等负责人参加了开幕式。自治区及我市领导巴特尔、任亚平、吴合春、刘志刚、韩志然、李佳、符太增、雷·额尔德尼、连辑、牛广明、王波、吴一微、张彭慧、白光荣等出席了开幕式。市委副书记、市长王波主持开幕式并致辞，王波首先代表市委、市政府和全市 287 万各族人民，向出席开幕式晚会的各级领导和国内外来宾表示热烈的欢迎和崇高的敬意。自治区党委常委、市委书记韩志然用蒙汉两种语言宣布：第五届中国民族商品交易文艺晚会暨第十二届中国·呼和浩特昭君文化节开幕。开幕式晚会由三个篇章组成，分别是《草原的天堂》、《温暖的故乡》、《绿色的畅想》。

▲第五届中国民族商品交易会暨第三届中国·呼和浩特国际汽车展览会在内蒙古国际会展中心隆重开馆。第十届全国政协副主席李蒙，中国市场学会会长俞晓松、中国市场学会理事长高铁生，香港驻京办主任曹万泰，中国科学院院士何祚庥，中国纺织工业总公司总经理刘贤福，中国汽车工业国际合作总公司总裁林海临出席开馆仪式。自治区及我市领导胡春华、巴特尔、任亚平、韩志然、符太增、雷·额尔德尼、牛广明、王波、吴一微、张彭慧、兰恩华、赵江涛、狄瑞明、孙建国、云公和出席开馆仪式。市委副书记、市长王波首先在欢迎仪式上致欢迎辞，王波说，作为民交会的东道主，呼和浩特以诚挚、热情、周到的服务，全力把本届民交会办出特色、办出水平、办出成效。他希望与会嘉宾充分利用这一平台，进一步扩大交流合作，努力促进好项目、大项目，为民族地区共同发展注入活力，为中国西部地区经济腾飞作出积极贡献。俞晓松在致辞中说，作为目前国内唯一的民族商品交易会，举办四届以来，办会水平和影响力日益提升，希望民交会能真正成为民族商品和文化交流的高水平盛会。李蒙宣布第五届中国民族商品交易会暨第三届中国·呼和浩特国际汽车展览会开幕。

▲第五届民交会暨第十二届昭君文化节招待宴会举行。中国市长学会会长俞晓松，全国人大农业与农村委员会原主任刘明祖，住房和城乡建设部原部长林汉雄，中国市场学会理事长高铁生，中国社会科学院副院长高全立，中纪委驻交通运输部纪检组组长杨利民，中纪委驻卫生部纪检组组长李熙，中国科学院院士何祚庥，全

国友协副会长冯佐库，香港驻京办主任曹万泰，新闻出版总署党组成员、副署长孙寿山，中国文化促进会副主席金坚范，武警总部原政委张秀夫，解放军总后勤部原副部长左建昌，北京军区联勤部副政委李平，总参谋部直属南京陆军学院原政委张海天，中国贸促会会务部副部长堵泽田，中国汽车工业国际合作总公司总裁林海临，中国市场学会秘书长吴涤心，以及其他部委办局、社会团体、高等院校、科研院所、新闻媒体，各兄弟友好城市代表团的代表出席招待宴会。自治区及我市领导任亚平、韩志然、雷·额尔德尼、吴一微、张彭慧以及自治区有关委办厅局、呼市四大班子领导出席招待宴会。招待宴会由市委副书记、市长王波主持。自治区党委常委、市委书记韩志然致祝酒词。

▲市委副书记、市长王波会见了前来我市参加第五届民交会的企业家代表。王波首先代表市委、市政府对企业家来呼市参加民交会表示欢迎。他简要介绍了呼市历史、政治、经济发展情况，希望各位企业家能够把呼和浩特作为投资创业的战略重点，积极参与呼和浩特的现代化建设，为边疆民族地区的繁荣发展做出新的更大贡献。副市长白金祥参加会见。

▲自治区党委常委、市委书记韩志然，市委副书记、市长王波会见了第五届中国民族商品交易会暨第十二届中国·呼和浩特昭君文化节主承办单位负责人以及各省市党政代表团代表。中国市场学会会长俞晓松、中国市场学会理事长高铁生、香港驻京办主任曹万泰出席会见。韩志然首先代表市委、市政府向前来参会的各省市党政代表团以及主承办单位负责人表示欢迎。王波在讲话中希望与会人员来呼期间多走走看看，对我市经济社会发展提出宝贵意见。市领导狄瑞明、云公和参加了会见。

▲2011 年呼和浩特投资贸易洽谈会开幕式及项目签约仪式举行。中国科学院院士何祚庥，工业与信息部电子贸促会常务副会长龚晓峰，云南省昆明市副市长朱永杨，新疆维吾尔自治区和田地区行政公署副专员马劲出席会议。自治区人大副主任呼尔查出席会议。市领导王波、吴一微、张彭慧及呼和浩特经济技术开发区管委会主任李博宏出席会议。本届洽谈会共有达成合作意向的 30 个项目进行签约，共协议引进国内外资金 549.8 亿元人民币。会议由副市长吕慧生主持。

16 日　由市委、市政府主办，呼和浩特经济协作局承办的2011 呼和浩特投资贸易洽谈会——新能源产业论坛举行。中国科学院院士何祚庥出席会议。副市长吕慧生出席会议。

▲呼和浩特 2011 乳业发展国际论坛主论坛举行。中国奶业协会名誉会长、农业部原常务副部长刘成果，中国人民大学农村与农业发展学院党委书记、副院长孔祥智，新西兰驻华使馆农业参赞康宁（NeiI Kennington），爱尔兰驻华使馆商务参赞巴克利（AIan BuchIey），自治区农牧业厅副厅长翟琇，内蒙古奶联科技有限公司总经理李正洪参加论坛。副市长云公和出席，并在论坛上作了主旨演讲，市政府副巡视员高炜明、市政协副主席陈曼莉参加了论坛。

▲由市政府主办，市经济协作局承办的首届区域经济合作研讨会——2011 呼和浩特投资贸易洽谈会在我市召开。副市长白金祥出席会议并讲话。

17 日　北控集团煤炭资源配置会议在我市召开。副市长吕慧生出席会议并讲话。锡盟盟委副书记武文元出席会议。

18 日　自治区党委、政府召开上半年经济形势分析电视电话会议，总结分析上半年全区经济社会发展情况，部署下半年工作任务。自治区党委书记、自治区人大主任胡春华就切实抓好《国务院支持内蒙古经济又好又快发展若干意见》的落实，讲了具体意见。自治区党委副书记、自治区政府主席巴特尔在会上部署了抓好农牧业生产、确保农业丰收；抓好项目建设，确保工业投资稳定增长等五项重要工作。自治区党委常委、市委书记韩志然，市委副书记、市长王波，市人大主任吴一微，市政协主席张彭慧以及市领导兰恩华、赵江涛、刘俊清、云丽珠、云建东、贾英祥、银孝、张赢、呼和浩特经济技术开发区管委会主任李博宏，市检察院检察长云布俊在我市分会场出席会议。

▲呼和浩特市慈善总会设立的“慈善信访接待日”正式启动。

19 日　市委副书记、市长王波在回民区区委、区政府主要负责人的陪同下，深入到中山西路吕祖庙社区、钢铁路西机务段社区以及海西路综合路社区等地进行视察，每到一处王波都要认真了解社区机构设置、工作人员状况、社区管辖范围等，并和社区工作人员亲切交谈，询问工作开展情况。王波指出，要充分发挥基层组织的作用，建立上下联动的预警系统，做好矛盾化解，同时抓好社会化管理工作，实现管理的细致化、系统化。

20 日　自治区党委常委、市委书记韩志然在市领导兰恩华、朝鲁、狄瑞明、孙建华以及相关部门负责人的陪同下先后对玉泉区鄂尔多斯广场、二十六中新建教学楼、呼和浩特文化产业园等项目进展情况进行了实地视察。他强调指出，要进一步加大在建改造项目的工作力度，在城市建设改造过程中要最大限度地保证群众利益，不断完善旧城区城市功能，努力改善居民生活环境，提升城市品位。

▲市政府与内蒙古电力（集团）公司举行座谈会，双方就共同努力推进呼和浩特电网建设进度进行深入交流。

21 日　自治区党委常委、市委书记韩志然在市领导兰恩华、朝鲁、狄瑞明、孙建华以及相关部门负责人的陪同下先后实地视察了回民区阿拉伯时尚广场工程建设进展情况及清真大寺广场拆迁建设情况、营坊道小街巷改造情况、环城水系回民区段综合整治改造工程进展情况、扎达盖河滨河绿地拆迁建设工程进展情况、北出城口拆迁改造工程进展情况，厂汉板村城中村改造工程进展情况、成吉思汗西街两侧绿化及辅道建设进展情况、新华西街棚户区拆迁改造进展情况。韩志然对回民区的工作给予了充分肯定，他希望回民区要加大力度，稳妥操作，力争高水平做好各项城市建设项目，在城市改造建设的同时，进一步推进商业、民生等工程发展，全面提升回民区整体发展水平。

▲昭君文化节相约青城群星演唱会在内蒙古体育馆举行。本次演唱会以“赞美青城、弘扬慈善”为主题，并从每张入场券中提取10元作为慈善基金。自治区人大常委会委员、市慈善总会会长汤爱军，市领导张彭慧、赵江涛、云丽珠、刘菊茹、白金祥、鲁剑钧观看了演出。

▲市委常委、纪委书记朝鲁，市委常委、常务副市长赵江涛主持召开武川县可镇2011年市级社会扶贫协调会。赵江涛在讲话中强调，今年的扶贫工作要在农村人畜饮水、修路、教育、医疗设施等方面加大基础设施投入，并尽可能纳入到全市的部署规划中，争取扩大扶贫项目，同时要借助各部门的共同努力，尽快改善该地区贫困现状。

22日　内蒙古医院举行了门诊楼暨住院楼C座开工奠基仪式。自治区及我市领导巴特尔、呼尔查、刘新乐、娜仁、牛广明、杨成旺、王波、贾英祥和自治区、我市相关部门负责人参加开工奠基仪式。

▲市委副书记、市长王波主持召开2011年上半年经济运行分析会。会议听取了我市上半年经济形势分析暨呼和浩特市贯彻落实《国务院关于进一步促进内蒙古经济社会又好又快发展的若干意见》的情况汇报。在听取与会人员发言后，王波就下半年经济工作提出了三点意见，即：一是认清形势，找准差距，进一步增强做好经济工作的责任感和紧迫感。二是振奋精神，鼓足干劲，全力以赴做好下半年经济工作。三是抢抓机遇，细化任务，全面抓好《国务院关于进一步促进内蒙古经济又快又好发展的若干意见》的贯彻落实。市委常委、常务副市长赵江涛，副市长刘菊茹、吕慧生、云公和、贾英祥，市政府副巡视员郭召来，市政协副主席银孝、张赢，呼和浩特经济技术开发区主任李博宏出席会议。

▲中央储备粮呼和浩特直属库面粉厂投产剪彩仪式在首府举行。自治区及我市领导布小林、王波、云公和出席剪彩仪式。中国储备粮管理总公司副总经理刘新江出席。

▲无限极2011世界行走日活动走进青城，来自首府各界的约6000余名群众与世界射击冠军纪海平一起共同行走健身，行走队伍从如意广场出发，沿三纬路、四纬路，转向东二环，再经新华东街、腾飞路，最后返回到如意广场，全程约5公里。市领导兰恩华、狄瑞明、刘菊茹出席活动。

24日　2011呼和浩特草原星空大会开幕。本次大会同时也是第十二届昭君文化节的系列活动之一。这次大会的主题为“清凉草原，观星天堂，欢聚草原，共享星空”，活动地点分别在呼市市区和辉腾锡勒草原。副市长刘菊茹、市政协副主席陈曼莉出席开幕式。

25日　市委常委、常务副市长赵江涛来到内蒙古军区预备役88团参加军事日活动，并与团队官兵进行座谈。赵江涛代表市委、市政府对内蒙古军区预备役88团全体官兵致以节日的问候，他要求地方各级党委、政府以及编兵单位多为预备役解决实际问题，军地双方共同努力，把预备役工作抓实抓好。

▲我市成立自治区首家科技创新创业非营利性社团组织——市科技创新创业协会。副市长刘菊茹出席会议并对协会今后的发展方向提出要求。

▲全市创模验收动员会召开。会上，市政府副巡视员、市环保局局长郭召来就我市创模迎检工作进行了汇报，重点就需要加强的几项工作作了进一步说明。与会的各旗县区、委办局有关负责人作了表态发言。副市长吕慧生出席会议并要求各部门要按照“谁主管，谁负责”的原则，加强协调和配合，对各自承担的指标任务和各个打分点分值进行自查，确保每项指标顺利通过验收。

26日　市委副书记、市长王波在副市长孙建华以及市住房保障房屋管理局、市建委和市四区相关负责人陪同下视察我市保障性住房项目。王波一行先后视察了新城区鸿盛工业园区公租房项目；毫沁营镇一家村城中村改造项目；回民区时代华城经济适用房、廉租房建设项目；攸攸板村明珠丽景小区城中村改造项目；玉泉区康居家园公租房建设项目食府花园棚户区改造项目；赛罕区小台村城中村改造项目。王波强调，要立足于我市实际，更多地提供小户型、功能齐全、质量可靠的住房，努力提高设计水平，合理配置内部空间，尽量完善生活功能，创造安全、适用、健康的居住环境。

27日　市委副书记、市长王波在内蒙古饭店会见了中国国际电子商务中心主任刘俊生一行，双方在友好的气氛中交谈。王波首先代表市委、市政府对刘俊生一行来呼表示热烈欢迎。他简要介绍了呼市近年来经济社会发展情况和“十二五”规划的具体目标。希望中国国际电子商务中心能够把新产业、新理念带到呼和浩特市，呼市政府将竭诚为企业提供最优质的服务。副市长吕慧生参加了会见。

▲副市长刘菊茹在市爱卫办、卫生局、工商局、房产局、城建委、城市管理行政执法局、食药监局、民政局、交通局以及市四区等有关单位和部门负责人陪同下，就我市创建国家卫生城市工作进展情况进行了实地视察。

28日　自治区党委常委、市委书记韩志然在市领导兰恩华、狄瑞明、孙建华以及相关部门负责人的陪同下先后实地视察了赛罕区先锋社区老旧小区节能保温改造工程、伊泰北巷、展览馆南巷、新桥靠北街小街巷改造工程、创业路便民市场建设情况、桥靠西街景观街整治工程、小黑河赛罕区段综合治理情况、大台什村安置房建设情况等。韩志然强调，赛罕区要进一步完善城市功能，加强城市管理，提高城市管理水平，努力打造出一个城市景观与文化有机融合、人与自然和谐统一的城市新区。

▲为庆祝中国共产党建党90周年并纪念农村信用社成立60周年、自治区农村信用社联合社举办了系列庆典仪式。自治区副主席布小林、副市长白金祥出席庆典仪式。

▲第八届全国少数民族自治区首府中院审判工作交流会在呼市举行。会议的主题是坚持“为大局服务、为人民司法”，构建能动司法机制，探索建立落实能动司法的工作制度和机制。内蒙古自治区高级人民法院党组书记、院长胡毅峰，市人大主任吴一微，副市长刘菊茹、呼市中级人民法院院长王伟及自治区和我市有关部门负责人出席会议。

▲内蒙古广银铝业有限公司50万吨铝加工项目开工奠基仪式在托克托工业园区举行。市委副书记、市长王波、副市长吕慧生出席开工奠基仪式。副市长刚布和主持开工奠基仪式。王波一行还参观了入驻托克托工业园区的内蒙古宇嘉实业有限公司、内蒙古托克托县蒙丰特钢有限公司、内蒙古大唐国际再生资源开发有限公司和内蒙古中宝能源有限公司的重点建设项目。

29日　自治区党委常委、市委书记韩志然、市委副书记、市长王波会见了香港嘉里集团董事长郭鹤年，双方在亲切友好的气氛中进行了交谈。韩志然首先代表市委、市政府及全市人民向郭鹤年一行的到来表示热烈欢迎，并向郭鹤年简要介绍了近几年来呼市经济社会的发展情况。郭鹤年表示嘉里集团将进一步参与内蒙古的经济建设，实现企业与地区的互惠双赢。市领导狄瑞明、吕慧生及有关部门负责人参加了会见。

▲慈善总会二届一次常务理事会暨慈善基金会成立大会召开。自治区人大常委会委员、市慈善总会会长汤爱军出席会议。自治区民政厅副巡视员、自治区慈善总会秘书长波特奇应邀出席会议。市人大副主任孙建国、市政协副主席云普选出席会议。

▲副市长刘菊茹对我市乳品生产企业进行了检查。检查组先后来到内蒙古欧式蒙牛食品有限公司、内蒙古久鼎食品有限责任公司、呼和浩特市天美华乳食品有限责任公司，对乳品生产环节进行了实地检查。每到一处刘菊茹一行走进厂区、生产加工车间、化验室、检验室详细询问及查看原料购进源头、生产管理技术、人员配备、企业自检、监督检查等情况。刘菊茹要求，乳品生产企业一定要把好每一道关口，确保奶源安全，要增强企业的自律意识，生产消费者信得过的产品。

▲财政部党组书记、部长谢旭人一行来到我市，就保障性安居工程、基层财政所建设情况等进行考察。自治区及我市领导胡春华、潘逸阳、韩志然、符太增、王波、吕慧生、孙建华、银孝等陪同考察。财政部党组成员、部长助理胡静林陪同考察。谢旭人一行先后深入到赛罕区金河镇农业综合开发中低产田改造项目区、金河镇中心卫生院、金河镇财政所、玉泉区“康居家园”公共租赁住房项目建设工地、市财政局以及财政部驻内蒙古财政监察专员办等场所，详细了解了当地农业综合开发、医改工作进展、基层财政所建设，以及保障性安居工程建设等情况。

8月

1日　自治区副主席刘新乐一行在市委常委、新城区区委书记刘惠、副市长孙建华的陪同下，就我市保障性住房建设工作情况进行了视察指导。刘新乐一行先后视察了玉泉区康居家园公租房小区、玉泉区小黑河城中村改造项目、新城区塔利公租房小区工地，并深入到武川县实地查看了棚户区改造建设项目、廉租房建设项目等。刘新乐要求，保障性住房建设要切实严把质量关，做到安全施工，将保障性住房建设的质量放在第一位，把每个保障性住房项目建成配套完善、功能齐全、质量过硬的优质放心工程，把这个为民办实事的民心工程办实办好。孙建华就我市开展保障性住房建设的有关情况进行了现场汇报。

▲由澳门特别行政区行政长官崔世安带队的澳门经贸代表团来到我市，就我市经济社会发展情况和旅游业发展情况进行考察。中央人民政府驻澳门特别行政区联络办公室主任白志健参加考察，自治区党委书记、自治区人大主任胡春华、自治区党委常委、市委书记韩志然、市委常委、秘书长狄瑞明陪同考察。

2日　自治区党委常委、市委书记韩志然主持召开市委第87次常委会，分析上半年全市经济运行情况。市领导王波、兰恩华、刘惠、李鹤、朝鲁、赵江涛、刘俊清、云丽珠、王恒俊、云建东、狄瑞明出席了会议。市委副书记、市长王波在听取了市发改委关于今年上半年我市经济形势运行分析报告后讲话指出，在看到上半年取得成绩的同时，还要看到发展中存在的一些问题，王波要求，在下半年的工作中各地区、各部门要全力以赴抓项目，补短板，加大总部经济建设力度，对接好产业转移，抓好《国务院关于进一步促进内蒙古经济社会又好又快发展的若干意见》相关事项的对接和项目的承担工作，争取我市下半年经济发展再上一个新台阶。韩志然在总结讲话中要求各地区一定要完成或超额完成年初制定的各项目标任务。要继续加大城市改造和建设力度，抓紧抓好环城水系和国家环保模范城市的建设工作；从优解决好低收入人群的生产生活问题。要进一步振奋精神，改进作风、扎实工作，把各方面工作完成好、落实好，用实际行动迎接党代会的召开。

▲中国科协下发了《关于命名2011—2015年度全国科普示范县（市、区）的决定》，我市新城区、赛罕区、回民区、托克托县名列其中。

▲全国省会市疾控中心流行病协作组第22次会议在我市召开。来自全国23个省会市疾病预防控制中心及兄弟单位的134人参加了会议。副市长刘菊茹出席会议。

3日　自治区党委常委、市委书记韩志然在市领导兰恩华、刘惠、狄瑞明、银孝以及有关部门负责人的陪同下，先后实地视察了新城区新泰乐河湾项目建设情况、新城区公租房塔利项目建设情况、东河体育公园项目建设情况、东河河道改造工程进展情况、一家村拆迁改造进展情况，北垣街街景整治工程建设情况、车站后街小街巷改造情况、太伟方恒广场项目建设情况、聚隆长食全食美便民市场建设情况、三十四中校安工程建设情况。韩志然强调，新城区今年上半年工作良好，在今后的工作中，要调动全体干部群众的积极性，进一步加大工作力度，在保证质量和安全的前提下，全面完成各项建设任务，为打造“两个一流”首府城市做出贡献。

▲以自治区人大副主任郝益东为组长的自治区人大调研组来到我市，就我市城市房屋拆迁法律法规贯彻实施情况和城镇排水、道路基础设施建设情况进行专题调研。市人大主任吴一微、市人大副主任邢燕菊，副市长孙建华分别参加汇报和实地调研。

▲我市首辆机动车排气移动遥感检测车上路检测。自治区环保厅厅长苏青在我市领导赵江涛、郭召来陪同下，实地视察了首辆机动车排气移动遥感检测上路检测情况。

4日　以自治区人大副主任赵忠为组长的自治区人大执法检查组莅临我市，就我市贯彻执行《中华人民共和国农产品质量安全法》情况进行执法检查。市人大主任吴一微、市人大副主任吕景瑞、副市长云公和分别参加汇报会和陪同实地检查。

▲由市委宣传部、市委讲师团主办、市社会扶贫工作促进会承办的“青城大讲坛”——《当前经济形势及未来发展思考》专题报告会举行。国务院参事室参事汤敏博士围绕国际国内经济形势及我国经济社会未来发展的主题作了报告。市领导兰恩华、云丽珠、狄瑞明、吴安俊、刘敏、刘菊茹、张润锁、鲁剑钧，市各部委办局有关负责人、各旗县区区委常委、宣传部部长、理论宣传骨干、市扶贫办工作人员等聆听报告会。

4日—5日　自治区督查组组长、民政厅副厅长王守检、自治区党委督查室调研员任桂忠等一行来到我市，就我市落实自治区“十二件实事”和“十项民生工程”中民政工作进展情况进行督查。市委常委、常务副市长赵江涛主持汇报会。

5日　由中国观赏石协会、市文化局、市体育局主办、《呼和浩特晚报》等单位协办的中国·呼和浩特首届奇石文化博览会在呼和浩特体育场开幕。自治区及我市领导伏来旺、云公和出席开幕式。

▲我市组织召开了创建国家卫生城市专项整治工作部署会。市委常委、常务副市长赵江涛出席会议并就下一步工作进行了部署。他要求，各有关单位和部门要进一步强化责任，狠抓落实。要深刻认识创卫的意义，细化整改内容、责人到人；加强协调配合、加强监督检查。副市长刘菊茹主持了会议。

▲市领导吕慧生、郭召来在市环保局、建委、水务局、经委、市容局、市四区政府、金川工业园区、城发公司主要负责人陪同下，对我市环城水系的河道截污、注水、绿化、滨河路建设情况、京城固废中心、章盖营污水厂等处进行了现场督查。吕慧生在肯定成绩的同时，对存在的问题以及今后的工作进行了部署。

▲全市安全生产工作现场会召开。副市长刚布和在市建委、经信委、安监局、公安局、交通局、教育局、国土资源局及各旗县区、经济技术开发区等有关部门负责人陪同下，先后深入到首府国际金融大厦工地、长途客运北站、内蒙古冀东水泥有限公司等地进行现场检查。在全市安全生产工作会议上，刚布和要求要以“零事故”为努力目标，精心组织、周密安排、加大隐患排查和执法力度，落实责任、协调配合，为我市安全生产形势持续稳定好转做出贡献。

6日　自治区庆祝全国第三个“全民健身日”暨呼和浩特市全民健身展示大会在呼和浩特体育场举行。广播体操表演、健身气功展示等活动依次进行。市领导赵江涛、彭皓方出席启动仪式。

6日—8日　2011年呼和浩特市面向社会为市四区公开招考聘用190

名社区工作人员的面试工作在赛罕区民族中学进行。市委常委、常务副市长赵江涛巡视了考场。

7 日　一部记录了自治区公安战线卓越领导人毕力格巴图尔同志近半个世纪革命生涯的《毕力格巴图尔——永不消逝的记忆》一书，在呼和浩特市举行首发式。自治区党委常委、政法委书记邢云，自治区党委常委、秘书长符太增、自治区副主席、公安厅党委书记、厅长赵黎平，自治区检察院检察长邢宝玉及副市长、市公安局局长贾英祥等出席首发式。

8 日　第三届全区残疾人职业技能竞赛举行。我市盲人选手赵志刚以娴熟的按摩技法和扎实的操作知识获得盲人保健按摩比赛第一名。

▲中国国际妇女儿童产业博览会在京开幕。会上蒙牛未来星儿童成长奶与白金佳智婴幼儿配方奶粉分别斩获“优秀产品奖”、“新产品奖”，蒙牛集团赢得“展会特别奖”。

▲第 25 届全国省会城市、大城市政府咨询工作会议在我市举行。国务院发展研究中心副主任韩俊，国务院发展研究中心市场经济研究所所长任兴洲出席会议。市委副书记兰恩华出席会议并讲话。副市长吕慧生主持会议。

▲“以每天锻炼一小时，幸福生活一辈子”为主题的“全民健身日”健身游园会在满都海公园举行。

▲副市长贾英祥及市司法局、市公安局等有关部门负责人等一行十余人，视察了市四区“公调对接”试点工作开展情况。贾英祥一行先后在赛罕区中专路派出所、人民路派出所、玉泉区昭君路派出所、回民区新华西街派出所、新城区成吉思汗大街派出所实地察看了调解室的办公条件等情况。他对公安和司法行政机关提出：要充分整合资源，形成合力，发挥整体效能，切实为人民群众做好化解社会矛盾工作，努力将矛盾纠纷化解在萌芽状态等要求。

9 日　副市长、市公安局局长贾英祥带队，对赛罕区人民路“公调对接”人民调解室的工作进行检查指导。

▲市领导高炜明一行就土左旗蔬菜保护地建设情况进行了视察。高炜明一行首先实地察看了兵州亥农业示范园区在建的高效日光温室，他强调，要在保证工程质量的前提下，加快建设进度，减少建设成本，合理规划，逐步形成规模，形成市场，要把蔬菜基地建设作为保障供应的根本举措，加大投入力度，健全蔬菜生产服务体系，努力新建一批标准较高、规模较大的蔬菜基地，切实增强本地蔬菜的供给能力，让群众吃上量足、质优、价格合理的放心菜。

10 日　全市科学技术奖励暨建设国家创新型城市动员大会召开。会议提出，到 2015 年，我市在自治区率先建成创新体系建全、创新要素聚集、自主创新能力强、创新产业突出、创新效益显著、服务功能完善、具有鲜明地区特色的国家创新型城市。会议安排部署了我市创建国家新型城市的主要发展目标、建设内容和重点任务，号召各级部门团结一心，协调联动，开拓进取，扎实工作，确保国家创新城市建设工作顺利推进。自治区党委常委、市委书记韩志然，市委副书记、市长王波作重要讲话。市领导吴一微、张彭慧、狄瑞明、刘菊茹、刚布和出席会议。市委常委、组织部部长刘俊清主持会议。

▲全市社会管理创新工作会议举行。会议对赛罕区巧报派出所流动暂住人口管理服务经验进行推广，并将这一作法作为全市社会管理创新的模式。市领导兰恩华、吴安俊、贾英祥、鲁剑钧出席会议。

▲由西安市副市长钱引安带队的西安旅游推介团一行来到我市，诚邀青城儿女游览西安世园会，体验和谐、低碳、环保的绿色人生。市领导云公和出席旅游推介会并致辞。

▲内蒙古呼运集团有限公司下属分公司在无证私自违法拆除自有产权的东库街平房过程中，与房屋住户魏某发生冲突，魏某在冲突中拔刀捅伤两名人员，并引燃了事先准备好的燃料，造成其本人和 6 名拆迁人员不同程度的烧伤。事件发生后，市委副书记、市长王波作出批示，要求迅速查明情况，依法依规认真处理，并主持召开由市公安局、市拆迁办等相关部门和新城区区委、区政府负责人参加的工作协调会。

12 日　市委副书记、市长王波赴金川工业园区进行调研。王波一行先后到金川工业园区阜丰生物科技有限公司、齐鲁制药有限公司、众环数控机床装备有限公司、精诚绝缘子有限公司等地，就企业运行情况进行了实地调研。王波强调，金川工业园区要认真思考园区的定位及规划，通过实现与裕隆工业园区、金川工业园区南区北区的联合，逐步形成工业园区的联合体和利益共同体，在产业规划、布局上要大力发展金融、物流、装备制造等无污染的产业，同时要不断加大园区的基础设施建设和项目入园力度，进一步提升金川工业园区的档次和规模。呼和浩特经济技术开发区党工委书记、市水务局局长李建平以及市发改委、经信委、规划局、国土资源局等有关单位和部门主要负责人陪同。

15 日　我市在全区依法治区工作会议上，荣获全区“五五”普法依法治理先进盟市和先进模范两项大奖。

15 日—17 日　全国人大原副委员长在自治区及我市领导雷·额尔德尼、柳秀、杭桂林、王波、兰恩华、王恒俊、狄瑞明等分别陪同下，在我市考察。布赫一行先后来到大盛魁文化产业创意园、南湖湿地公园、大青山革命烈士陵园、土左旗民族中学、详细了解我市城市建设、文化事业发展等情况。

16 日　自治区党委书记胡春华在自治区及我市领导韩志然、符太增、赵双连、王波、刘惠、狄瑞明、刚布和、张赢以及中国三峡集团总经理陈飞等的陪同下，实地视察了呼和浩特抽水蓄能电站的建设情况，并详细听取了有关负责人的工作汇报。胡春华指出：呼和浩特抽水蓄能电站建设，是内蒙古实现电力多元化发展的项目之一，有关部门要积极支持项目建设，保证工程按期建成，并争取把该项目建设成为示范工程，实现企业地方互利双赢。

▲中国·呼和浩特少数民族文化旅游艺术节在内蒙古乌兰恰特剧院隆重开幕。全国人大原副委员长布赫、国家民委副主任丹珠昂奔、国家文化部副部长杨志今以及来自各兄弟省市的有关领导出席了开幕式。自治区及我市领导巴特尔、韩志然、雷·额尔德尼、柳秀、刘新乐、董恒宇等出席了开幕式。市委副书记、市长王波主持了开幕式。

▲自治区人大常委会委员、呼市慈善总会会长汤爱军带领慈善总会的工作人员深入到赛罕区贫困家庭，看望两名今年刚刚考上大学的贫困大学生，为他们每人送去 5000 元慰问金，并鼓励他们好好学习，报效祖国。

▲副市长刘菊茹就我市部分科技重大专项备选项目进行调研。刘菊茹一行先后赴内蒙古超高压供电局、内蒙古永业农丰生物技术有限责任公司、呼市昌德和农牧业科技发展有限公司和内蒙古奶联科技有限公司，重点视察了 500KV 输电线路故障定位系统开发技术项目、农牧业生态循环一体化建设项目和资源——能源——有机肥发酵沼气项目的研发情况。

17日—18日　科技部党组成员、中纪委驻科技部纪检组组长郭向远一行来到我市，在市委副书记、市长王波、自治区科技厅厅长徐凤君、副市长刘菊茹的陪同下，先后深入细致地考察了赛罕区根堡村润和公司设施农业物联网项目、金桥开发区中环光伏公司单晶硅生产项目、鸿盛园区航天拓力公司高强有机纤维新材料项目、金三角公司塑料光线新材料项目、众环集团大型机床功能部件研发生产项目，并实地参观了内蒙古博物院以及市城建规划展览馆。

18 日　呼和浩特市慈善总会与兴业银行呼和浩特分行 2011 年度“慈善圆梦”大学生座谈会暨助学金现场发放仪式举行。自治区人大常委会委员、呼市慈善总会会长汤爱军出席助学金发放仪式。

▲副市长吕慧生会见了曙光公司副总裁邵宗有一行，双方就“云计算”的发展趋势及需求状况进行了探讨交流。

▲市委副书记、市长王波一行在京与北京能源投资（集团）有限公司党委书记、董事长陆海军，总经理郭明星进行座谈，双方就呼和浩特市盛乐现代服务业集聚区热电联产项目情况进行了充分交流，并就加强合作，促进项目进展达成共识，表示将通力合作把呼和浩特建设成中国的云产业中心。内蒙古电力（集团）有限责任公司总经理张福生、京能集团副总经理王永亮、副市长吕慧生参加座谈。

20 日　由中国致公党中央委员会主办，中国致公党中央留学人员委员会、中国技术创业协会留学人员创业园联盟、呼和浩特经济技术开发区管委会承办，呼和浩特留学人员创业园管理服务中心协办的“2011 年中国发展论坛·呼和浩特论坛”在呼和浩特如意工业园管委会举行。本届论坛主题为：呼包鄂区域经济发展与高效人才引进。中国致公党中央副主席、全国人大常委会委员严以新，自治区政协副主席、民盟内蒙古区委主席董恒宇，市政协主席张彭慧，副市长刘菊茹，呼和浩特经济技术开发区管委会主任李博宏出席论坛。

▲内蒙古云曙碧公益事业基金会、市慈善总会 2011 年度“慈善圆梦”贫困大学生救助助学金发放仪式举行，来自 9 个旗县区的 27 名贫困大学生每人获得 5000 元救助金。自治区红十字会名誉会长、云曙碧公益事业基金会名誉理事长云曙碧，自治区人大常委会委员、呼市慈善总会会长汤爱军、副市长刘菊茹、市政协副主席鲁剑钧出席仪式。

24 日　呼和浩特市第十三届人民代表大会常务委员会第二十六次会议通过，决定免去：刘菊茹的呼和浩特市人民政府副市长职务。决定任命：王恒俊为呼和浩特市人民政府副市长。

25 日　以液晶模组整机一体化为核心的 TCL 内蒙古液晶产业园开工奠基仪式在新城区鸿盛工业园举行。自治区及我市领导巴特尔、潘逸阳、韩志然、王波、刘惠、狄瑞明、刘敏、刘菊茹、孙建华、张赢出席奠基仪式。呼和浩特经济技术开发区管委会主任李博宏出席奠基仪式。副市长刚布和主持奠基仪式。

▲全市集中开展查处取缔无证无照经营行为专项行动动员大会召开。副市长吕慧生出席会议并就扎实做好查处取缔工作讲了话。自治区工商局有关负责人出席会议。

▲由国家文化部、国家旅游局、国家民族事务委员会、自治区政府主办，自治区文化厅、民族事务委员会、市政府共同承办的“中国·呼和浩特少数民族文化旅游艺术活动”——全国少数民族地区自然风光摄影展开展。市领导白金祥、彭皓方以及自治区旅游局有关负责人出席开展仪式。

▲呼和浩特市文化市场综合执法局举行成立揭牌仪式。副市长白金祥出席。

26 日　上海绿地云峰集团与土

左旗政府举行晋丰元煤化物流园区项目投资签约仪式。上海市人大副主任胡延照出席签约仪式。自治区人大副主任、自治区总工会主席云秀梅出席签约仪式。市领导王波、王恒俊、刘敏、刚布和、陈曼莉出席签约仪式。

▲呼和浩特市第二届“慈善为民、青城有爱”慈善文艺晚会在呼市民族剧场倾情演出。自治区人大常委会委员、市慈善总会会长汤爱军及市领导赵江涛、云丽珠、狄瑞明、刘菊茹、银孝、鲁剑钧出席。

▲位于呼和浩特铁路东客站西北方向、南店村滨水小区东侧的新城区东河学校正式开工奠基。市领导刘惠、刘菊茹、李岳清、陈曼莉出席奠基仪式。

▲全市污水处理厂建设运行及减排工作现场会在武川县召开。市政府副巡视员、市环保局局长郭召来主持会议。郭召来要求，各旗县区要把污水处理厂建设运行作为一项民生工程，相关部门要高度重视，帮助解决各类困难；污水处理厂的运行要履行职责，协调落实，确保完成减排任务。

28 日　中国共产党呼和浩特市第十一次代表大会在内蒙古人民会堂隆重开幕。来自首府各族各界的 400 余名代表参加了大会。大会主席团常务委员会成员韩志然、王波、兰恩华、刘惠、赵江涛、吴艳刚、云丽珠、王恒俊、云建东、狄瑞明、潘平、张平江出席大会。长期在我市工作的老同志云志安和主席团其他成员参加了大会。大会由王波主持。韩志然代表中共呼和浩特市第十届委员会向大会作题为《深入贯彻落实科学发展观，坚持富民与强市同步，为实现首府经济社会发展新跨越而奋斗》的报告，报告分三部分，分别是：重要跨越的五年；今后五年的任务与展望；加强和改进党的建设，为实现新跨越提供坚强保证。

29 日　王波同志参加了市第十一次党代会新城区代表团对市委工作报告的讨论。他指出，今后五年首府发展蓝图已经绘出，新城区要充分发挥地区资源优势，加快城区建设规划，增加教育等民生投入力度，不断提升城区软实力。

30 日　蒙古国青年代表团来呼访问。代表团成员参观了伊利集团新工业园。市领导王恒俊以及自治区、呼市两级团委有关负责人陪同参观。

31 日　以全国人大内务司法委员会副主任委员刘振华为首的全国人大执法检查组，对我市实施《妇女权益保障法》的情况进行考察。自治区人大副主任柳秀陪同考察。市领导王恒俊汇报了我市贯彻落实《妇女权益保障法》的情况。市人大副主任吴安俊主持座谈会。市委组织部、市总工会、市卫生局等部门详细介绍了各自贯彻落实《妇女权益保障法》的情况。

▲由文化部、国家民委、国家旅游局、自治区政府共同主办，市政府、自治区文化厅、自治区民委、自治区旅游局承办的“中国·呼和浩特少数民族文化旅游艺术节”——全国少数民族地区民族服饰展示专场演出在乌兰恰特大剧院举行。市领导张彭慧、刘菊茹、刘敏、白金祥、彭皓方出席并观看演出。

9 月

1 日　中国呼和浩特少数民族文化旅游艺术节在呼和浩特民族剧场闭幕。自治区副主席刘新乐宣布中国呼和浩特少数民族文化旅游艺术节闭幕。市委常委、宣传部部长刘菊茹致闭幕词，闭幕式文艺晚会由副市长白金祥主持。

2 日　南昌市红谷滩新区“七城会”赛前接洽团到呼，就我市参加“七城会”相关事宜进行座谈。副市长王恒俊出席座谈会。王恒俊在座谈中简要介绍了我市经济发展基本概况及我市参加“七城会”的相关情况。

3 日　呼和浩特·托克托第二届“黄河旅游文化节”拉开帷幕。赛龙舟、钓鱼比赛、采摘葡萄、品尝地道的农家菜等可玩、可看、可吃的项目丰富多彩。市领导兰恩华、白金祥出席开幕式暨文艺焰火晚会。

▲我市知名旅行社老总云集呼和浩特·托克托第二届“黄河旅游文化节”之旅游精品项目推介会，与托县人一同推介当地的自然风光游、历史文化游和现代工业游。

6 日　副市长吕慧生对我市创模重点工作进行了检查。吕慧生在市环保、城建委、水务局、经委、公安局等相关单位负责人的陪同下深入到京城固废中心，对其供电情况进行了检查，现场与有关单位进行了协调。解决了其供电输入等问题；还查看了金河饮用水厂周边环境，对周边沟子板村的环境卫生、道路整修进行了部署，分别向玉泉区政府、水务局等单位下达了任务；并针对章盖营至金山电厂 1000 米再生水利用管网建设工程，提出了工作思路和解决办法。同时，吕慧生还对南二环交通堵塞、施工及车辆扬尘等问题进行了检查。他要求，各部门要充分发挥主观能动性，积极想办法，不等不靠，切实在短时间内解决问题，迎接国家对我市的创模验收。

7 日　全市两个文明建设经验交流会暨清水河县现场会召开全体会议，会议表彰了未成年人思想道德建设先进集体和先进工作者，全面总结了近年来全市两个文明建设工作，对今后一个时期的主要任务和当前的工作进行了全面部署。自治区党委常委、市委书记韩志然，市委副书记、市长王波分别作重要讲话，自治区党委宣传部副部长、文明办主任郭宇出席会议，市领导吴一微、张彭慧、兰恩华、刘菊茹及市委、市人大、市政府、市政协有关领导、民主党派负责人，市各有关部门负责人等参加了会议。

▲呼和浩特市教育大会暨庆祝教师节表彰会召开。会议全面回顾和总结我市“十一五”教育事业发展取得的成就，表彰奖励教育系统涌现出的先进集体和先进个人，安排部署今后一个时期全市教育改革和任务，推动全市教育事业科学发展。自治区党委常委、市委书记韩志然及市领导王波、吴一微、张彭慧、兰恩华、刘菊茹、狄瑞明、康存耀、王恒俊出席会议。自治区教育厅厅长李东升应邀出席会议。会议由市委副书记、政法委书记兰恩华主持。

▲自治区召开加强和改进工商联工作电视电话会议，深入学习贯彻中央关于加强和改进新形势下工商联工作的决策部署，总结交流经验，研究部署今后一个时期内蒙古工商联工作。中央统战部副部长、全国工商联党组书记、第一副主席全哲洙、自治区党委书记、自治区人大主任胡春华出席会议并讲话。自治区党委副书记、自治区主席巴特尔主持会议。全国工商联副主席王文彪出席会议，自治区党委常委、统战部部长王素毅对全区工商联工作作具体部署。市委常委、常务副市长赵江涛，市委常委、统战部部长云建东在呼和浩特分会场出席会议。市人大副主任、工商联主席李岳清在主会场出席会议。

▲呼和浩特民族学院揭牌庆典仪式举行。自治区领导胡春华、任亚平、符太增、柳秀、连辑、伏来旺、娜仁出席庆典仪式。

▲由自治区政协副主席郑福平带领的自治区政协视察团一行来呼，视察了我市保障性住房建设情况。视察团一行首先听取了我市保障性住房建设情况的汇报，还实地视察了玉泉区“康居家园”公共租赁住房建设项目。市领导孙建华、张润锁、商振东等陪同视察。老年基金会捐赠内蒙古师范大学附属盛乐实验学校建设项目签字仪式在内蒙古师范大学盛乐校区举行。自治区及我市领导连辑、肖黎声、吕慧生、王恒俊等出席签字仪式。

9 日　全区水利工作电视电话会议召开。自治区党委书记、自治区人大主任胡春华、自治区党委副书记、自治区主席巴特尔出席会议并讲话。自治区党委常委、宣传部部长乌兰，自治区党委常委曹征海出席会议。自治区党委常委、市委书记韩志然及市领导兰恩华、赵江涛、刘菊茹、狄瑞明、刘文玉等在呼和浩特分会场出席会议。

▲呼和浩特市第一医院建院 90 周年暨新大楼落成庆典仪式举行。自治区及我市领导云秀梅、刘新乐、牛广明、张彭慧、兰恩华、刘菊茹、王恒俊、银孝等出席庆典仪式。自治区卫生厅党委书记、厅长毕力夫、自治区卫生厅副厅长、内蒙古医院院长欧阳晓晖、自治区卫生厅副厅长张文庭应邀出席庆典仪式。

13 日　自治区党委常委、市委书记韩志然在市领导狄瑞明、银孝、张赢以及相关部门负责人的陪同下，深入武川县，先后实地视察了哈乐镇东营子中棚种植项目区、泉掌子中棚种植项目区、三合泉中棚种植项目区、可镇生活垃圾无害化处理工程、可镇碧水龙城住宅小区、阳光小镇住宅区以及腾飞公园等项目的建设情况。韩志然指出，武川县要总结好中棚种植经验，加大实施避灾农业发展力度，进一步完善城镇基础设施和功能，促进农民增收致富，提升城镇宜居水平。

▲武川县可镇污水处理厂、垃圾处理场和集中供热工程正式投入运行。自治区党委常委、市委书记韩志然及市领导狄瑞明、郭召来、银孝、张赢等参加了运行庆典剪彩仪式。

14 日　副市长王恒俊在市卫生局有关负责人陪同下，深入我市卫生系统调研指导工作。王恒俊一行实地视察了呼市第二医院、妇幼保健医院和口腔医院。他指出，我市卫生事业是重大的民生工程，近几年取得了非常大的成绩，但是面临问题、难题也不少，希望卫生系统的工作人员要及时看到工作中的不足，共同努力推动卫生事业各项工作更好更快发展。15 日呼和浩特市第六中学举行庆祝建校五十五周年大会。自治区政协副主席肖黎声，副市长王恒俊出席庆祝大会。

▲副市长王恒俊在市教育局有关负责人陪同下，深入我市第六中学、土默特学校、二中、土默特中学及青少年活动中心，就我市基础教育、民族教育、校外教育以及近年来教育改革与发展等情况进行了实地调研。

16 日　内蒙古工业大学举行建校 60 周年庆祝大会。自治区领导胡春华、巴特尔、任亚平、邢云、符太增、雷·额尔德尼、连辑、韩振祥及自治区高级人民法院院长胡毅峰，副市长白金祥等出席庆祝大会。

▲全市集中整治“两非”专项行动工作会议召开。会议研究部署了全市集中整治“两非”专项行动，并就全面完成今年人口和计划生育目标管理责任制各项工作进行了安排部署。副市长王恒俊出席会议并就如何开展好整治“两非”专项行动的工作讲了话。

17 日　今天是我国第十一个全民国防教育日。这次国防教育日活动的主题是：“依法开展国防教育，增强公民国防观念”。呼和浩特警备区和市政府办公厅组织市区有关部门在新华广场和市属旗县政府所在地同时展开国防教育活动。广大人民群众自觉参与并接受了这次国防教育活动。市委常委、呼和浩特警备区司令员潘平与军事机关干部、市四区武装部负责人一同来到新华广场，为群众讲解国防知识、发放国防教育材料。

▲万铭总部基地项目开工奠基仪式在如意开发区举行。市委常委、副市长赵江涛，呼和浩特经济开发区管委会主任李博宏出席奠基仪式。

18日　伊利集团凭借“益生菌应用和产品开发”项目分别获得“国家引进国外智力示范单位”和“自治区引进国外智力示范单位”称号。

19日　自治区党委常委、市委书记韩志然主持召开市委中心组（2011）第5次（扩大）学习会。会上，市委宣传部副部长赵前宽传达了《中共中央、国务院转发〈国家发改委关于上半年经济形势和做好下半年经济工作的建议〉通知》（中发〔2011〕13号）的有关精神；内蒙古党校公共管理教研部主任、教授李树林从成绩与问题、源起与根源、内容与思路三个方面，就如何加强和创新社会管理进行了专题讲座；市委副书记兰恩华、副市长贾英祥分别结合自身工作浅谈了对加强和创新社会管理的认识及开展相关工作的经验、做法与近期打算。韩志然指出，要进一步加强和创新社会管理，要运用政治、经济、科技等一切手段，把社会管理好、实现社会稳定，人民安康。市领导吴一微、张彭慧、赵江涛、吴艳刚、云建东、狄瑞明、张平江、刘文玉、孙建华、银孝及相关部门负责人参加了学习会。

▲托县在广西南宁市召开了呼和浩特市托克托县招商项目推介会。副市长吕慧生及托县相关负责人参加了项目推介会。广西投资集团有限公司、广银铝业有限公司、广东佛山南海东汇箱包铝业有限公司、广东立宏铝业有限公司等广西、广东两地19家企业参加了项目推介会。推介会上，吕慧生和托县负责人就呼市市情、托县县情、区位优势以及西部少数民族地区招商引资优惠政策作了详细介绍。20日市委常委、副市长赵江涛深入中专路街道各社区进行调研指导。赵江涛先后深入到中专路社区、巨海社区等地。全面了解社区各项政策落实、经费保障、阵地建设、为民服务等方面的情况。他指出：社区工作要注重整合资源，应积极将一些社会组织想办法整合起来，促使社区逐步形成管理有序、服务完善、文明祥和的社会生活共同体。

21日　由自治区副主席赵双连、自治区政协副主席董恒宇带领的自治区西部盟市经济工作座谈会检查督导组在我市调研指导工作。检查督导组一行在我市领导赵江涛、狄瑞明、刘文玉陪同下，先后来到中国石油呼和浩特石化公司、金桥经济技术开发区如意工业园区、金川工业园区、内蒙古金山经济开发区等地，实地查看了中石油年产500万吨炼油扩能改造项目、内蒙古中环光伏材料有限公司单晶硅材料二期及二期扩能项目等。

22日　副市长吕慧生在市发改委、建委、规划局、工商局、供电局、土地收储中心及白塔空港物流园区筹备处等有关部门负责人的陪同下，深入白塔空港物流园区进行视察。市政协副主席银孝陪同视察。

23日　自治区党委常委、市委书记韩志然、市委副书记、市长王波等会见了江西赛维LDK太阳能有限公司董事长彭小峰一行。副市长吕慧生简要介绍了我市经济社会各项事业、特别是光伏产业的发展现状。内蒙古电力（集团）有限责任公司总经理张福生，市领导狄瑞明、王恒俊、刚布和及相关部门负责人参加了会见。

▲市委副书记、市长王波就新城区和赛罕区道路桥梁、园林绿化等城市建设项目进展情况进行了实地视察。王波一行先后来到腾飞路北段、展南路、东护城河南街、车站后街、兴安北路、一家村、火车东客站北街、远经二路、敕勒川公园、敕勒川大桥、东河河床等地进行了实地走访和视察。市规划局、市城建委、市土地收储中心、市城发公司、市园林局、市城市管理行政执法局、市政工程管理局以及市四区等有关单位和部门主要负责人陪同视察。

▲市政府与北京能源投资（集团）有限公司、内蒙古电力（集团）有限责任公司正式签署了内蒙古京能盛乐热电联产项目三方战略合作框架协议。市委副书记、市长王波简要介绍了呼市近年来经济社会发展情况以及我市大力发展电力能源产业的有利条件。副市长吕慧生代表市政府与京能、蒙电相关负责人签署了框架协议。北京能源投资（集团）有限公司党委书记、董事长陆海军，内蒙古电力（集团）有限责任公司总经理张福生参加签约仪式。副市长刚布和主持签约仪式，市领导刘文玉、银孝出席了签约仪式。

▲北京市西城区区委书记王宁率领的党政代表团一行莅呼，就我市城市建设和教育发展情况进行了参观考察。考察团一行在市委常委、副市长赵江涛陪同下，先后前往玉泉区大召寺、赛罕区金桥开发区、呼市城市规划展览馆进行了实地考察。

▲全市迎接创模验收工作协调会议召开。市领导狄瑞明、吕慧生、郭召来出席会议。

▲全市节能与新能源汽车示范推广领导小组第二次工作会议召开。副市长吕慧生出席会议。

▲全市纪念“巾帼建功”活动20周年表彰大会召开。会议对在“巾帼建功”活动开展20年来涌现出来的先进集体和先进个人进行了表彰，并对我市今后一个时期“巾帼建功”活动的重点进行了部署。副市长云公和、市政协副主席陈曼莉出席会议。

24日　市委副书记、市长王波就玉泉区和回民区道路桥梁、园林绿化等城市建设项目进展情况赴玉泉区和回民区实地视察。王波一行先后来到锡林路大桥、锡林公园、迎春巷、成吉思汗大街、光明路等地就城市道路桥梁、园林绿化、环城水系建设进展情况进行了实地走访和视察。王波对市四区今年城市建设工作给予了充分肯定，并对今后城建工作进行了部署。

▲呼市农作物品种（牧草）与栽培技术研究洽谈会在和林县召开。会议以“为了呼市农业——农作物品种和栽培技术”为主题，邀请专家学者现场解答问题，同时有关方面还就农作物品种和栽培技术等领域的课题进行了项目洽谈。副市长王恒俊出席洽谈会并希望科技、农业、财政等部门要规范运行、和谐管理、双效兼顾，使合创中心在我市农业生产实践中多出成果。市领导银孝出席洽谈会。

25 日　市委副书记、市长王波在副市长吕慧生以及市发改委、城建委、规划局等有关部门负责人陪同下赴白塔空港物流园区进行调研。王波一行来到白塔空港物流园区基础设施路网建设现场，先后视察了海拉尔东街、成吉思汗东街和永兴路、永安路，并听取了道路建设和拆迁情况汇报，视察了园区首个入驻项目——利丰汽车公司，实地了解了黑土凹村民安置小区建设情况。

26 日　我市举行了乌兰夫纪念馆被中央纪委监察部授予首批全国廉政教育基地揭匾仪式。自治区党委常委、纪委书记张力，自治区党委常委、市委书记韩志然共同为乌兰夫纪念馆——全国廉政教育基地揭匾。中央纪委宣教室教育处处长陈江华，市领导王波、吴一微、潘平、赵江涛、刘菊茹、狄瑞明、陈曼莉、张赢、李博宏、王伟出席揭匾仪式。自治区及我市领导还与各级党员干部一起参观了《乌兰夫同志光辉的一生展览》。

▲财政部党组成员、副部长张少春一行在市委副书记、市长王波的陪同下，参观调研了内蒙古神舟硅业有限责任公司。

▲康师傅饮品投资（中国）有限公司饮品项目入驻和林格尔经济开发区，并举行项目合作签约仪式。副市长刚布和出席签约仪式。

27 日　呼和浩特市创建国家环境保护模范城市考核验收现场检查结果通报会在新城宾馆举行。以国家环保部总工程师万本太带队的国家环保部验收组专家、学者对于我市创模所取得的成绩给予充分肯定，呼和浩特的创模经验为北方城市建立起了新模式。市委副书记、市长王波在会上就国家环保验收组专家学者提出的意见，对下一步创卫工作进行了部署。市领导韩志然、刘菊茹、狄瑞明、吕慧生、郭召来参加通报会。自治区环保厅厅长苏青应邀出席会议并讲话。

▲国家环保部总工程师万本太带队的呼和浩特创建国家环境保护模范城市考核验收组在自治区党委常委、市委书记韩志然，市委常委、秘书长狄瑞明及副市长吕慧生的陪同下，在我市参观考察了蒙牛澳亚国际牧场、蒙牛六期、南湖湿地公园。

▲首届内蒙古环首府及友邻地区警务协作会议在呼和浩特市举行，来自内蒙古环首府地区的呼、包、鄂及友邻地区晋、冀、陕等部分市（区）公安机关 60 余人参加会议。自治区公安厅副厅长周黎明、副市长贾英祥出席会议。

▲副市长云公和在相关部门负责人的陪同下，来到武川县二份子乡白彦花行政村包扶点详细了解了该村的生产生活情况。

▲副市长王恒俊一行赴市科技局调研指导全市工作。王恒俊指出，在新形势下，我市科技工作要找准核心、抓住重点，对事关全市经济发展、社会进步的关键方面予以重点支撑，力争将我市率先建成特色鲜明的国家创新型城市，推动全市经济社会步入创新驱动轨道。

28 日　我市召开全市干部大会。会议传达了全区第七次精神文明建设经验交流会和自治区西部盟市经济工作座谈会的主要精神，并就今年后几个月的工作进行了安排部署。自治区党委常委、市委书记韩志然，市委副书记、市长王波分别作重要讲话。市人大主任吴一微、市政协主席张彭慧出席会议。市委常委、常务副市长赵江涛主持了大会。

▲由市直机关党工委主办，市地税局协办的市直机关庆祝中华人民共和国成立 62 周年文艺演出在市党政办公大楼一号厅举行。市领导韩志然、王波、吴一微、张彭慧、潘平、赵江涛、刘菊茹、狄瑞明、云公和等观看了演出。

29 日　自治区党委常委、市委书记韩志然在市领导赵江涛、孙建华、银孝以及市教育局、规划局等相关部门负责人的陪同下，来到呼和浩特职业学院新校区，实地视察了呼和浩特职业学院铁道学院、机电学院的教学和实训情况，并参观学院的景观湖、图书馆、绿化园林、体育场、学生餐厅。韩志然指出，呼和浩特职业学院要办出特色、办出影响力，要立足本地，不断加大人才培养力度和师资教学建设水平，走改革发展之路，努力把学院建设成为一流院校，为首府经济建设和社会发展做出更大贡献。

▲自治区副主席赵双连深入我市，对人员密集场所、建筑工地、交通部门安全生产和管理等工作情况进行检查。赵双连先后深入到万达广场、润宇建材城、内蒙古科技馆工程建筑工地和市交通指挥中心，听取了各有关部门和单位对消防安全管理、检查制度、消防安全隐患排查、人员密集场所防止踩踏、建筑施工安全标准化、道路运输车辆动态监管等方面的情况汇报。他指出，各有关部门和单位要高度重视安全生产工作，认真落实好各项管理制度并积极开展隐患排查，坚决遏制各类重特大事故的发生，确保群众过一个平安、祥和的国庆节。自治区政府副秘书长张国良，自治区安全生产监督管理局局长张院忠、自治区交通运输厅副厅长戴贵及内蒙古消防总队和我市有关部门负责人陪同检查。市委常委、新城区区委书记刘

惠，副市长刚布和陪同视察。

30日　全国大中城市社科联第二十二次工作会议在黑龙江省佳木斯市召开。来自全国26个省、自治区的140个大中城市社科联的代表近300人参加了会议。呼和浩特市社科联作为大会主席团成员参加了会议。会议决定，授予呼和浩特市社科联等98个单位“全国大中城市先进社科联”称号。同时呼和浩特市有两名同志荣获“全国大中城市先进社科工作者”称号。

10月

8日　副市长王恒俊对全市体育工作进行了调研指导。王恒俊首先听取了市体育局负责人对我市体育系统基本情况、业务工作开展情况等方面的汇报后，分别到市人民体育场、市体育彩票管理中心、市体校、呼和浩特体育场、呼和浩特市体育中心等地进行了实地走访调研。王恒俊对我市近几年体育工作给予了充分肯定，并对今后工作提出了具体意见。

▲由自治区商务厅市场运行处有关负责人率领的自治区食品安全督查组一行，对我市2011年食品安全工作情况进行了督查。督查组一行实地检查了内蒙古和盛生态育林有限公司、七盛牧场奶站、金河镇根堡村无公害蔬菜生产基地、内蒙古久鼎食品有限公司、中粮可口可乐内蒙古有限公司、和林县万联超市、北京华联超市金兴店、华润万家超市、内蒙古平泽食品有限责任公司、和林县巨华宾馆、华晨大酒店和内蒙古农业大学西区食堂等十多家食品企业。重点了解了相关购销台账、索证索票记录及各项食品安全工作制度的落实情况等。听取了市政府今年食品安全工作汇报，就有关情况与市政府、有关部门交换了意见。

9日　市委副书记、市长王波主持召开市长办公会议，专题研究蔬菜地建设情况。会议听取了市农牧业局等相关部门负责人就蔬菜基地建设及产销情况的汇报。王波指出，要下大力气抓好“菜篮子”这一重要民生工程，市财政要连续五年每年投入1亿元资金，确保10万亩蔬菜基地建设顺利完成；要狠抓流通环节，发挥大市场的作用确保群众均衡吃菜。

▲市委常委、常务副市长赵江涛在市民政局、人力资源和社会保障局、城市管理行政执法局等单位负责人的陪同下，深入玉泉区石东路街道苁蓉社区、长和廊街道观音庙社区、兴隆巷街道清泉街社区参观，详细了解了各社区居委会的办公基础设施条件和社区服务等情况，同时围绕社区建设管理工作，与各社区居委会负责人进行了交流。

▲国防大学战略研究所副所长孟祥青教授应邀来到我市，作了一场题为《当前国际形势与我国安全环境》的精彩专题报告。市领导张彭慧、兰恩华、刘惠、赵江涛、狄瑞明、刘文玉、孙建国、刚布和、彭皓方、鲁剑钧、陈曼莉等与市直机关广大党员干部聆听了形势报告。市委常委、呼和浩特警备区司令员潘平主持报告会。

10日　市委副书记、市长王波会见了北京控股集团副董事长、北京燃气集团董事长周思一行，双方就推进内蒙古托克托煤制天燃气项目进行了洽谈交流。市领导吕慧生、刚布和参加了会见。

▲全市征兵工作会议召开。会议总结了去年工作，部署了今冬征兵任务。市委常委、副市长赵江涛出席会议并要求各部门要深入搞好征兵宣传动员，把好思想考察关，把好学历审查关。各旗县区要切实采取有力措施，想方设法提高农村义务兵优待金额。圆满完成好我市今冬征兵工作任务。呼和浩特警备区司令员潘平、警备区参谋长王自成，警备区政治部主任韩秋岐等出席会议。赵江涛代表市政府与各旗县区政府负责人签订了征兵责任状。

▲“硅砂资源利用国家重点实验室（内蒙古风积沙资源利用研究中心）”正式落户呼和浩特留学人员创业园。国务院参事石定寰，内蒙古沙产业草产业协会会长防沙治沙协会会长夏日，自治区科技厅厅长徐凤君应邀出席揭牌仪式。副市长刚布和、呼和浩特经济技术开发区管委会主任李博宏出席揭牌仪式。

11日　呼和浩特市环城水系主体建设工程、金盛路道路·绿化工程等重点城市建设项目竣工并举行剪彩仪式。市领导韩志然、王波、吴一微、张彭慧、兰恩华等参加现场观摩和工程竣工剪彩仪式。

▲自治区党委常委曹征海深入武川县对马铃薯收获销售情况进行调研。曹征海在自治区农牧业厅、商务厅等有关部门负责人及副市长云公和的陪同下，先后实地视察了武川县哈乐镇大前地村马铃薯种植大户、金三角园区大型马铃薯窖储基地、内蒙古三联淀粉制品公司、可镇天力兔村农户，深入了解了武川县马铃薯种植、销售、储存、加工及产业化发展等情况。

12日　国家发改委副主任、国务院医改办主任孙志刚一行来我区督察医药卫生体制改革情况，督察组一行在自治区卫生厅厅长毕立夫、副市长王恒俊等的陪同下对玉泉区兴隆巷社区卫生服务中心医改五项重点工作进展情况等进行了了解。

▲呼市第十四中“CCTV中学生频道教学实验基地”揭牌仪式举行。副市长王恒俊出席揭牌仪式。

▲第十三届中国专利奖评审结果公布，伊利集团申报的“一种低乳糖奶的制备方法”专利，荣获第十三届中国专利优秀奖。

13日　北京市西城区教委与赛罕区政府举行了共同办学签约仪式。赛罕区政府与北京四中联合办学、新建一所全日制办公完全中学。拟定校名为北京四中呼和浩特分校。市委副书记、市长王波出席。自治区党委组织部副部长王喆、自治区教育厅副厅长姚云峰出席签约仪式。

14日　副市长孙建华在市四区、市公用局及首府四大供热企业等有关单位和部门主要负责人的陪同下，实地视察了首府供热的准备情况。孙建华一行先后到原城建委供暖处二车间拆并整合工程施工现场、富泰热力公司光明热源厂、中蒙医院拆并整合工程施工现场、城建委供暖处四车间、晟泰热力公司阳光馨苑拆并整合工程施工现场了解相关情况。

▲北京经济技术开发区“园中园”（北京产业园区）入驻如意新区建设项目签约仪式在北京举行。市委副书记、市长王波，副市长吕慧生，呼和浩特经济技术开发区党工委书记李建平和管委会主任李博宏出席签约仪式。

17日　自治区党委常委、市委书记韩志然在市领导狄瑞明、孙建国、刚布和、郭召来以及市委办公厅、市发改委、市水务局等相关部门主要负责人的陪同下，赴托克托县就重点工作进行了视察。韩志然先后视察了托县新镇区规划建设情况、托县北部防砷防氟供水工程项目、托克托工业园区污水处理厂技术改造工程项目、内蒙古大唐国际再生资源开发有限公司一、二、三期项目及内蒙古托克托蒙丰特钢有限公司石油套管等项目，实地了解了各项目建设生产情况。韩志然指出，托县要牢牢抓住自治区沿黄沿线产业带和城镇群战略，合理布局加快发展，争取早日建成呼包鄂区域性新兴中等城市和呼和浩特市次中心城市。

18日　我市2011年防范打击非法集资宣传周活动启动仪式在新华广场举行。市委常委、常务副市长赵江涛出席启动仪式并就做好防范和打击非法集资工作，维护我市经济金融秩序稳定与安全，促进社会和谐提出了几点要求。市政协副主席崔世清出席启动仪式。

▲副市长孙建华赴呼和浩特热电厂就该厂各项供热工作运行情况进行了实地视察。市城建委、市公用事业管理局、市交警支队及富泰、城发等供热企业主要负责人陪同视察。

▲呼和浩特市国家投资粮油仓储设施建设项目竣工仪式在内蒙古呼和浩特新城国家粮食储备库（呼市第一粮食仓库）举行。副市长云公和以及自治区、呼市两级发改委、粮食局等相关部门负责人出席竣工仪式。

▲全市农村减排现场观摩总结会举行。会议安排部署农村减排工作，以推动《呼和浩特市人民政府关于加强农村环境保护工作的实施意见》的落实。市政府副巡视员、市环保局局长郭召来出席会议并讲话。

19日　总投资22亿元的清真大寺广场竣工。市领导兰恩华、云丽珠、孙建华、崔世清出席剪彩仪式。

▲市委常委、副市长赵江涛深入到中山西路吕祖庙社区、通道路三顺店社区、钢铁路西机务段社区等地，全面了解社区各项政策落实、阵地建设、为民服务等方面的情况。赵江涛询问了各街道办事处及社区干部在工作中遇到的突出问题，并就下一步如何更好地促进社区建设向大家征求意见和建议。

20日　市政府召开首府社区建设工作调研座谈会，市委常委、副市长赵江涛与来自玉泉区、赛罕区、新城区、回民区四区社区办及相关部门负责人就下一步如何加强社区工作建设进行了座谈。他指出各部门要充分调动群众参与社区建设的积极性，进一步实现社区居民的自我管理、自我教育、自我服务和自我监督社区的能力。要强化社区服务意识，进一步解放思想，真正做到为老百姓服务。

▲市委常委、副市长赵江涛在市民政局、人力资源和社会保障局、城市管理行政执法局等单位负责人的陪同下，深入新城区展北社区、军区社区、中山社区参观，详细了解了各社区居委会的办公基础设施条件和社区服务等情况，同时围绕社区建设管理工作，与各社区居委会负责人进行了交流探讨。

▲呼和浩特如意总部基地建设汇报会在如意工业园区管委会召开。近30家项目单位代表在会上介绍了项目建设进展情况。副市长孙建华出席会议并要求各项目单位依法依规建设。按照土地招拍挂程序和项目的规划论证严格进行。精心组织施工，使项目外观形象和内部功能经得起时间考验。

▲新城区新城家园廉租房钥匙发放仪式举行。214户城市低保户中特困户居民领到了廉租房的钥匙。市委常委、新城区区委书记刘惠，市委常委、副市长赵江涛出席发放仪式。

21日　副市长王恒俊在香格里拉大酒店会见了前来内蒙古参观访问的美国佐治亚洲布伦瑞克市代表团一行，并与布伦瑞克市市长布莱恩·汤普森进行了会谈。王恒俊向代表团简要介绍了呼市近年来经济社会发展情况和工业产业布局及特点等。他希望布伦瑞克市和呼和浩特市能够加强联系与合作，共同促进双方的发展。

▲市农牧业局召开办理政协委员提案座谈会，就十一届政协四次会议委员提案办理情况进行汇报。副市长云公和，市政协副主席崔世清出席座谈会。

▲自治区党委常委、市委书记韩志然会见了香港新闻联主席、《大公报》董事长兼社长姜在忠及亚洲电视、成报等香港知名媒体负责人。市委常委、副市长赵江涛，市委常委、秘书长狄瑞明参加了会见。

22日　市委副书记、市长王波在

副市长孙建华等的陪同下对全市城区供热情况进行了视察。王波一行先后来到如意开发区热源厂、金桥热电厂、光明热源厂，并深入到供变电小区锅炉房、市民政局救助站锅炉房，认真查看了各企业目前的供热状况，听取了供热过程中存在的困难和问题。他指出，各级各部门要进一步增强做好供热工作的紧迫感和责任感，抢时间、抓进度，尽快解决剩余100余万平方米未供暖区域居民的实际问题，全力以赴确保群众温暖过冬。

24日　副市长孙建华实地视察了首府新区道路桥梁建设工作情况。孙建华一行先后来到东客站西路、白塔物流园区、敕勒川大街跨东河桥、东二环跨小黑河桥、忽必烈路、兴安路跨小黑河桥、呼伦路跨小黑河桥等地，就新城区桥梁、道路等市政基础设施建设情况进行了实地视察。市城建委、规划局、土地收储中心、市政工程管理局、城发公司及新城区、赛罕区等相关单位的主要负责人陪同视察。

25日　中国联通与呼和浩特市人民政府签署协议，中国联通西北（呼和浩特）基地项目正式落户我市鸿盛工业园区。市委副书记、市长王波与中国联合网络通信有限公司副总裁朱立军代表双方签约。中国联通集团公司党组书记、董事长常小兵，自治区及我市领导胡春华、韩志然、赵双连、王波、刘惠、狄瑞明参加会见并与市领导孙建国、陈曼莉共同出席签约仪式。副市长吕慧生主持签约仪式。

▲我市召开“打四黑除四害”专项行动领导小组会议，听取了前一阶段的工作汇报，并安排部署了下一阶段的工作。市委副书记、政法委书记兰恩华主持会议并讲话。副市长、市公安局局长贾英祥出席会议并就下一步工作进行了安排部署。他要求，下一阶段各相关部门要明确自身职责，分解工作任务，多措并举，扎实深入地开展好专项行动。市中级人民法院院长王伟出席会议。

▲由国家卫生部副部长陈啸宏任组长的国务院食品安全督查组到我市检查指导工作。检查组一行先后检查了内蒙古锦江国际大酒店、华润万家超市、内蒙古香岛生态农业开发有限公司、内蒙古利诚实业有限公司等处，通过听取汇报，采取实地查看、查阅档案等明查暗访形式，对企业的食品安全情况进行了认真检查。副市长王恒俊以及市食品药品监督管理局、卫生局、工商局、质量技术监督局的有关负责人陪同检查。

▲我市免费发放《就业失业登记证》。

26日　市委副书记、市长王波主持召开市长办公会议，就营造热烈氛围、喜迎自治区第九次党代会胜利召开相关事宜进行专题研究部署。市领导刘菊茹、贾英祥、孙建华出席会议。

▲全市农村集体经济组织“三资”清理登记工作动员大会召开。会议就我市开展农村集体经济组织“三资”清理登记工作进行动员并作具体部署。市委常委、纪委书记吴艳刚出席会议并讲话。副市长云公和主持会议。

27日　以自治区人大副主任呼尔查为组长的自治区人大调研组来到我市，对我市广播电视“村村通”工程进行调研。调研组一行先后来到武川县广播电视机房、武川县得胜沟乡前营子村、黑沙兔村、大青山乡五道沟村进行了实地调研，并听取了市广播电视部门负责人的工作汇报。市委副书记、市长王波，市人大副主任李岳清及相关部门负责人陪同调研。

▲市委常委、市长赵江涛就“转变工作作风，强化服务意识，打造一流首府机关形象”专项活动开展情况，深入到市国土资源局进行调研。市国土资源局负责人就本单位专项活动开展情况进行了汇报。赵江涛要求，下一步工作中，要切实提高认识，增强转变作风的自觉性，多做换位思考，努力改善工作氛围，强化中心意识，简化办事程序，提高办事效率。

▲呼市儿童福利院被民政部授予全国社会工作人才队伍建设试点示范单位。呼市儿童福利院举行揭牌仪式。市委常委、副市长赵江涛为获得全国社会工作人才队伍建设试点示范单位的呼市儿童福利院揭牌。

28日　我市召开全市干部大会，会议传达贯彻了自治区党委八届十九次全委（扩大）会议精神，并对当前我市工作作出安排部署。自治区党委常委、市委书记韩志然在会上作重要讲话，市委副书记、市长王波传达了自治区党委八届十九次全委（扩大）会议精神，并对当前我市工作作了安排部署。市领导吴一微、张彭慧、潘平、兰恩华参加会议。

▲自治区人大常委会委员、市慈善总会会长汤爱军深入到玉泉区清泉街社区，就社区为老服务情况进行调研，并对特困人员进行了慰问。

29日　第二届中国民族节庆峰会暨“2011优秀民族节庆”授牌仪式，在北京全国政协礼堂隆重举行。我市举办的第十二届中国·呼和浩特昭君文化节荣获“2011优秀民族节庆”奖。

30日　2011年全市秋冬季森林防火工作会议召开。市政协副主席、市林业局局长张赢出席会议并讲话，他要求，各地区、各部门要全力以赴做好今年秋冬季森林防火工作，各有关部门要切实加强防火基础设施建设，确保扑火物资、装备和防火队员到位，落实好森林防火责任制，努力解决森林防火工作中出现的各种困难和问题。

11月

1日　赛维LDK一期30000吨高纯硅项目在土左旗金山开发区举行开工奠基仪式。赛维LDK控股集团董事长兼首席执行官彭小峰，自治区及我市领导赵双连、王波、兰恩华、狄瑞明、康存耀、王恒俊、刚布和及中国光伏联盟、多晶硅产业战略联盟、国家开发银行、内蒙古电力集团等相关企业、部门负责人参加开工奠基仪式。奠基仪式由副市长吕慧生主持。

▲呼和浩特市征兵办在新华广场开展了征兵宣传活动。内蒙古军区司令员刘志刚，副司令员海力斯、副政委周宝莹、副参谋长张英奎，市委常委、呼和浩特警备区司令员潘平，政委白光荣及呼和浩特市征兵办公室相关负责人到现场为群众解答咨询。

2 日　自治区党委常委、市委书记韩志然在视察我市重点工业企业时强调，要从推进科学发展、富民强市的高度，坚持不懈地抓好项目建设，加快转变经济发展方式，着力培育壮大企业，认真实施“双百亿工程”，保持投资持续稳定增长，努力推动首府经济社会发展实现新跨越。市领导狄瑞明、刚布和以及有关部门负责人陪同调研。

▲市政府与中国科学院北京分院科技合作签约仪式暨产学研合作交流会召开。中国科学院北京分院副院长李静带领15位科技专家，赴我市签署全面合作协议。这标志着我市与中科院北京分院科技合作的全面开始。自治区科技厅厅长徐凤君应邀出席会议，副市长王恒俊出席会议。

3 日　中国呼和浩特市“乌兰巴托周”活动开幕式暨蒙古国商品展销会、“乌兰巴托图片展”开馆仪式在内蒙古展览馆举行。市委副书记、市长王波，副市长王恒俊与乌兰巴托市第一副市长巴·巴特尔照日格，乌兰巴托市第28任市长、国家大呼拉尔议员策·巴特巴雅尔，乌兰巴托市政府办公厅主任策·保利德赛罕共同为开幕式、开馆式剪彩。随后，市委副书记、市长王波在内蒙古饭店会见了以乌兰巴托市第一副市长巴·巴特尔照日格为团长的蒙古国乌兰巴托市政府代表团一行。乌兰巴托市第28任市长、国家大呼拉尔议员策·巴特巴雅尔，乌兰巴托市政府办公厅主任策·保利德赛罕及我市领导王恒俊等参加会见。并举行欢迎晚宴，欢迎来呼举办中国呼和浩特市“乌兰巴托周”的乌兰巴托市政府代表团，我市领导韩志然、狄瑞明、吴安俊、王恒俊等出席欢迎宴会。

▲市委常委、常务副市长赵江涛3-6日，率团赴深圳参加第十届中国国际人才交流大会。会议期间，我市以展览洽谈、高端招聘为主，宣传经济社会发展成果、重大产业项目以及海内外高层次人才需求信息和人才政策。

4 日　副市长贾英祥出席全市维稳信访工作调度会议，并对自治区第九次党代会期间维稳信访工作进行安排部署。

▲副市长孙建华率市四区及市有关部门负责同志对全市市容环卫管理、小街巷改造建设、便民市场、垃圾转运站进行实地视察，并主持召开我市2011年城市建设管理暨迎接自治区第 9 次党代会市容环卫整治工作现场会。

5 日　中央宣讲团党的十七届六中全会精神报告会在自治区党政办公新区会议中心多功能厅举行。中央宣讲团成员、国家广电总局副局长李伟作宣讲报告。自治区党委常委、宣传部部长乌兰主持报告会。全区各盟市分别设立电视电话分会场，市领导吴一微、兰恩华、刘惠、刘菊茹、吴艳刚、潘平、刘文玉、贾英祥、孙建华、张润锁、陈曼莉及市有关部门负责人在呼和浩特分会场参加会议。

6 日　纪念新华社建社 80 周年“大美内蒙古”成就摄影展在内蒙古博物院隆重开展。自治区及我市领导胡春华、任亚平、李佳、乌兰、符太增、雷·额尔德尼、张如平、兰恩华等参加首展剪彩仪式，并参观了“大美内蒙古”成就摄影展。

7 日　市委副书记、市长王波主持召开市征兵领导小组工作会议，专题研究了2011年冬季征兵工作有关事宜。市委常委、呼和浩特警备区司令员潘平，市委常委、副市长赵江涛参加会议。

8 日　自治区消防总队和呼市消防支队在新华广场举行了以“全民消防·生命至上”为主题的“119”消防日大型宣传活动。自治区及我市领导任亚平、赵黎平、贾英祥、鲁剑钧参加了启动仪式。

▲自治区党委常委、市委书记韩志然会见了中国移动通信集团公司董事长王建宙一行，双方就在我市建立中国移动通信集团（呼和浩特）数据中心项目相关事宜进行了深入交流。市领导王波、狄瑞明、刘文玉、吕慧生、刚布和会见时在座。中国移动通信集团总裁李跃参加会见。

9 日　副市长王恒俊赴市广播电视局调研，听取市广电局工作汇报，要求市广播电视部门围绕全市发展大局，发挥正确的舆论引导作用，注重创新，加强行业管理，确保安全播出工作，推动广电事业健康发展。同日赴职业学院调研，听取学院工作汇报，实地了解铁道学院、机电学院实训情况，参观学院图书馆、景观湖、体育场和学生餐厅。

▲副市长孙建华率市城建委、环保局、城发投资公司、玉泉区政府、赛罕区政府有关负责同志对市垃圾无害化处理场、京城固体废物处置有限公司进行实地调研，先后参观了化验室、计量室、医疗废物处置中心、电子垃圾处置站、垃圾填埋和焚烧作业区等，并就以上两个垃圾处置单位目前在生产过程中存在的问题进行安排部署。

10 日　“十二五”期间，为进一步提升首府科技创新能力，我市重点确定了 16 个科技重大研究专项和 44

个研究课题开展攻关。确定的16个科技重大专项为创新体系建设、新能源产业技术创新、新材料产业技术创新、生物医药产业关键技术研究与示范、电子信息新产品开发及产业化、节能减排与循环经济关键技术攻关、乳品加工关键技术研究与应用、装备制造业关键技术研究与应用、冶金化工关键技术研究与应用、优势农作物与园艺品种选育及配套栽培技术研究、生态农业技术集成与应用、现代畜牧业先进技术集成与应用、绿色农畜产品生产体系及关键技术研究与应用、资源有效利用与生态环境改善、蒙医药研究与蒙药标准化、电动汽车生产基地与试点城市建设。

11日　副市长吕慧生考察中国电信（上海）信息园区，就建设运营情况进行调研。中国电信内蒙古分公司萨音高瓦副总经理及相关部门领导陪同考察。

11日—13日　以“节庆展示城市软实力”为主题的第七届中国节庆产业年会在成都市举行。中国节庆产业年会已经连续举办了七届，是国内最具影响力和行业号召力的节庆盛会。年会期间举行的2011年度中国节庆产业金手指颁奖盛典，中国·呼和浩特昭君文化节被评为“十大品牌节庆”之一。

14日　由中央政法委宣教室宣教处处长徐龙刚带队，《求是》杂志社、中央人民广播电台、光明日报等14家中央新闻媒体记者组成的中央媒体采访团来呼，就我市社会管理创新工作情况进行采访，并与自治区、呼市两级政法委、综治办的相关负责人进行了座谈。市委副书记、政法委书记兰恩华，市政协副主席鲁剑钧出席座谈会。

▲市委常委、常务副市长赵江涛接待来我市儿童福利院参观访问的瑞典二公主玛德莲、世界儿童基金会副秘书长安娜吉尔、半边天基金会中国区执行主任艾琳一行。

15日　副市长云公和就市林业局购置办公大楼有关工作及粮食局部分买断工龄职工上访问题进行研究。

17日　自治区党委常委、组织部部长李鹏新深入新城区就社区建设、党建工作和经济发展等情况进行调研。自治区党委常委、市委书记那顺孟和，市委副书记、政法委书记兰恩华，市委常委、新城区区委书记刘惠，市委常委、秘书长狄瑞明，市委常委、组织部部长张平江及有关部门负责人陪同调研。

▲呼和浩特市召开全市干部大会，宣布自治区党委关于呼和浩特市委主要领导调整的决定。自治区党委副书记李佳，自治区党委常委、组织部部长李鹏新出席会议并作重要讲话。会议由市委副书记、市长王波主持。会上，李鹏新宣读了自治区党委关于呼和浩特市委主要领导调整的《通知》。经中央批准，并经自治区第九次党代会选举，那顺孟和同志任自治区党委常委，韩志然同志不再担任自治区党委常委，另行安排任用。自治区九届党委第一次常委会根据工作需要，决定韩志然同志不再担任呼和浩特市委书记职务，那顺孟和同志兼任呼和浩特市委书记。

18日　呼和浩特市召开副厅级以上领导干部会议，宣布自治区党委关于呼和浩特市人民政府主要领导调整的决定。自治区党委常委、呼和浩特市委书记那顺孟和主持会议并作重要讲话。自治区副主席王波，自治区党委组织部副部长董树君，自治区党委组织部副巡视员樊忠出席会议。会上，樊忠宣读了自治区党委《关于秦义、王波同志职务任免的通知》。自治区党委决定，秦义同志任呼和浩特市委委员，常委、副书记，提名为呼和浩特市市长人选。王波同志不再担任呼和浩特市委副书记、常委、委员，提名免去呼和浩特市市长职务。

20日　副市长王恒俊出席中国移动第三届动力100杯乒乓球赛闭幕式。

21日　副市长贾英祥参加自治区公安厅社会治安集中打击整治督导检查汇报会，就我市社会治安集中打击整治工作开展情况作汇报，并陪同督导组检查玉泉区公安分局昭君路派出所执法规范化建设情况。

22日　自治区党委常委、市委书记那顺孟和会见了TCL集团董事长李东生一行，双方围绕在建的TCL300万台液晶电视模组整机一体化项目进行了亲切会谈。市委副书记、代市长秦义，市委常委、秘书长狄瑞明，副市长吕慧生、刚布和出席会见。

▲副市长刚布和参加自治区政府关于治理京藏高速公路拥堵问题会议。

23日　副市长吕慧生陪同自治区环保厅督查组督查我市加快转变经济发展方式工作情况，陪同国家工商总局督查组检查我市食品市场安全监管情况。

▲副市长刚布和参加国家稀土生产秩序专项行动联合检查组督查自治区稀土整治工作落实情况汇报会。

24日　副市长云公和赴托县、土左旗视察蔬菜基地、牧场园区、人畜饮水等工程建设情况。

25日　由光明日报社、内蒙古自治区党委创先争优活动领导小组及呼和浩特市委主办的“基层党代表创先争优活动座谈会”在呼和浩特举行。会上，6名基层党代表围绕如何充分发挥党代表作用、立足岗位创先争优进行了深入交流；中央党校马克思主义理论教研部教授李俊伟作了精彩点评；中央创先争优活动领导小组办公室副主任姜培茂充分肯定了内蒙古自治区创先争优工作取得的成绩，并提出下一步深入推进创先争优工作的思路举措。自治区党委常委曹征海，光明日报社副总编辑李春林，自治区党委组织部副部长、自治区党委创先争优活动领导小组副组长、办公室主任荣天厚，市委常委、组织部部长、市委创先争优活动领导小组组长张平江出席会议。

▲市委常委、常务副市长赵江涛主持召开全市整治非法集资问题专项行动工作会议。会议传达全国、全区打击和处置非法集资工作会议精神，分析我市当前形势，并就我市整治非法集资专项行动工作进行安排部署。

▲副市长王恒俊陪同国家质检总局局长支树平一行，赴内蒙古金海伊利乳业有限公司调研，参观伊利集团发展状况展示厅和婴幼儿乳粉生产车间，听取伊利集团关于坚持科技创新、保障产品质量、履行社会责任等方面的工作汇报。

27日　市委常委、常务副市长赵江涛参加全区防范和化解金融风险工作会议，并就我市规范民间融资和防范化解金融风险作表态发言。

28日　市委副书记、代市长秦义在副市长孙建华、市政府副巡视员牧峰等陪同下，对全市供热工作进行视察时强调指出，城区供热作为重要的民生工作与群众生活密切相关，各级各部门一定要树立全局意识和服务意识，进一步增强做好供热工作的紧迫感和责任感，克服困难、强化措施，以人民群众满意为宗旨，确保把温暖送到千家万户。

▲市委副书记、代市长秦义在副市长刚布和等陪同下对我市公交工作进行视察时强调指出，城市公共交通作为一项保障和改善民生的重要内容，事关市民基本生产生活需求，相关部门要进一步提升服务、完善管理，让智能化公共交通为群众出行提供便捷。

▲首次全区城市社区科普工作现场经验交流会在我市召开，会议总结了我区城市社区科普工作，研究和部署了当前和今后一个时期的城市社区科普工作。市委副书记、政法委书记兰恩华，副市长王恒俊出席会议。贾英祥副市长上午1、出席2011年我市消防工作责任制检查验收汇报会。2、组织召开会议，就近期赛罕区、玉泉区赴京非正常上访、拖欠农民工工资和供暖引发的上访相关事宜进行通报，并研究制定解决措施。

29日　中国民生银行呼和浩特分行开业盛典在呼举行。自治区及我市领导任亚平、布小林、韩振祥、秦义、刘惠、赵江涛、康存耀、鲁剑钧出席庆典仪式。中国民生银行监事会主席乔志敏出席庆典仪式。市委副书记、代市长秦义并与分行行长王南平签订战略合作协议。民生银行呼和浩特分行是中国民生银行第31家分行和第二家少数民族地区分行，也是我市继引进华夏、交通、浦发、招商、中信、兴业、光大、渣打、包商、鄂尔多斯等银行之后，又一家开业的全国性股份制商业银行。

30日　自治区党委常委、市委书记那顺孟和主持召开了我市重大项目推进领导小组第一次专题会议，分析形势，查找问题，部署下一步工作。会议要求，要统一思想，提高认识，狠抓工作落实，进一步推进全市重大项目的建设进度。市领导秦义、狄瑞明、吕慧生、刚布和、郭召来、银孝、张赢出席会议。

12月

1日　自治区党委常委、市委书记那顺孟和，市委副书记、代市长秦义会见了江西赛维LDK集团董事长彭小峰一行，双方就在呼投资建设内蒙古赛维硅科技生产项目相关事宜进行了深入友好交流。市领导狄瑞明、康存耀、吕慧生、刚布和参加会见。

▲自治区党委常委、市委书记那顺孟和在赛罕区调研时强调，赛罕区发展思路清晰，发展潜力大、前景好，赛罕区要站在新的历史起点上，作为新的城市中心主战场，加大招大商、招好项目的力度，抓好规模化养殖和设施农业建设等各项工作，争取在赛罕区这片土地上描绘出更新更美的画卷。市领导狄瑞明、孙建华、刚布和及有关部门负责人陪同调研。

2日　自治区党委常委、市委书记那顺孟和在土左旗调研时强调，土左旗区域优势、后发优势明显，在今后的工作中一定要把招商引资作为金山开发区的重中之重，把金山开发区打造成呼市重要的重点工业项目承接区和聚集区，要大力发展现代农牧业，用蒙元文化全面打造察素齐镇，提高小城镇建设的档次和水平，彰显出民族特色和品位。市领导狄瑞明、康存耀、刚布和及有关部门负责人陪同调研。副市长吕慧生接待中国电信集团公司领导一行赴和林县盛乐现代服务业集聚区考察，会见北京金融街投资（集团）有限公司王功伟董事长一行。

3日　自治区党委常委、市委书记那顺孟和赴托县调研，对托县新镇区规划建设、大唐国际、石药集团等进行调研，副市长孙建华陪同并参加调研工作座谈会。

4日　自治区党委常委、市委书记那顺孟和在新城区调研时强调，新城区要认清自己的角色和定位，作为呼市主城区，要成为呼市高端产业的重点承接区，呼市总部经济的重点打造区，现代服务业的重点发展区，呼市社会服务管理的创新示范区。市领导刘惠、狄瑞明、孙建华、刚布和及有关部门负责人陪同调研。

▲市委副书记、代市长秦义会见了中国三峡集团副总经理毕亚雄一行，双方就呼和浩特抽水蓄能电站建设相关事宜进行了交流。市领导刚布和、张赢参加会见。

▲全市公安机关“四长”练兵比武表彰大会在呼举行。自治区及我市领导赵黎平、兰恩华、吴安俊、贾英祥、鲁剑钧出席了表彰大会。

5 日　市委书记那顺孟和在市领导狄瑞明、孙建华、张嬴及有关部门负责人的陪同下，实地参观了海亮广场二期、清真大寺广场、成吉思汗西街绿化建设工程、北出城口街景综合整治工程、攸攸板村村民回迁小区等项目，并参加调研工作座谈会。

▲市委副书记、代市长秦义在市领导刘惠、赵江涛、银孝及有关部门负责人的陪同下对我市社区建设及市民政福利园进行视察时强调，要充分发挥社区组织在维护社会稳定中的“安全阀”作用，进一步加强建设、完善管理，为创新社会化管理奠定扎实基础；要创建良好的民政事业服务平台，进一步促进社会福利事业的发展。

▲2011 年呼和浩特地区“优秀志愿者、优秀志愿者组织、优秀志愿者服务活动支持单位”评选表彰大会召开，自治区妇联主席陈羽、自治区团委副书记李忠增、自治区社会扶贫工作促进会副会长芮俊良、自治区社会扶贫促进会副会长籍蒙出席会议。市委副书记、政法委书记兰恩华，市委常委、宣传部部长刘菊茹，市人大常委会副主任邢燕菊出席会议。此次共评选出马岚等优秀志愿者 21 名，友成呼和浩特市志愿者驿站等优秀志愿者组织 11 个，润宇扶贫助学基金管理委员会等优秀志愿者服务活动支持单位 5 个。

6 日　市委副书记、代市长秦义主持召开市长办公会议，听取我市工业经济运行情况汇报。副市长刚布和，市政府秘书长周强，市经信委、发改委、统计局等部门负责同志参加会议。秦义代市长强调指出各部门对当前全市工业经济发展态势，从情况上掌握清楚，从思想认识上保持着清醒的头脑，就如何准确把握和定位全市今后工业经济发展，开始进行思考符合我市工业经济发展的思路。面对我市当前工业经济发展现状，达到工业经济发展预期目标，要立足于两个方面：一要坚定信心，强化企业服务意识，挖掘现有企业的潜力；二要把抓项目作为工作的主要抓手，按照那顺孟和书记按总体规划、上下结合、各个突破的要求，各旗县区、各部门要把握新机遇，把注意力转移到抓项目落地、抓项目建设、抓项目投产运行上来。

▲我市召开军队转业干部安置工作会议，安排部署 2011 年度全市军队转业干部安置工作任务。市委常委、副市长赵江涛出席会议并讲话。

7 日　自治区党委常委、市委书记那顺孟和，市委副书记、代市长秦义在内蒙古饭店会见了北京能源投资（集团）有限公司董事长陆海军、北京能源投资（集团）有限公司总经理郭明星一行，双方就京能公司在呼市项目投资情况进行了洽谈和交流。市领导狄瑞明、刘文玉、刚布和会见时在座。

▲自治区党委常委、市委书记那顺孟和在玉泉区调研时强调，玉泉区要打造呼和浩特新的黄金商业圈，打造呼和浩特最重要的文化旅游产业强区，努力把玉泉区建设成为经济发展、功能完善、生态宜居、特色鲜明的一流首府城区。市领导狄瑞明、孙建华、刚布和及有关部门负责人陪同调研。

▲全市维稳工作会议在呼举行，市委副书记、政法委书记兰恩华，副市长、市公安局局长贾英祥及政法部门负责人等出席会议。会议的主要任务是：认真贯彻落实我市维稳工作的新要求、新指示，深入分析当前社会稳定工作面临的形势和问题，安排部署今后一个时期的维稳工作，为我市经济社会发展营造良好的政治环境和社会环境。

▲自治区关工委主任王维山、王长聚，内蒙古老干局副局长吴云霞、副秘书长满都拉，市政府副市长王恒俊，市关工委主任张祥云、副主任李洁，老干局副局长、秘书长张新民以及各盟市关工委主任、副主任等一行 60 余人在新城区有关负责人陪同下来到西街街道星火巷社区居委会对社区关系下一代工作情况进行调研。

8 日　自治区党委常委、市委书记那顺孟和，市委副书记、代市长秦义会见了大唐国际党组书记、总经理曹景山一行，双方就加快推进托电五期、粉煤灰综合利用稀土铝合金示范三期项目建设进行了交流。市领导狄瑞明、吕慧生、刚布和参加会见。

▲自治区党委常委、纪委书记张力在呼和浩特市政务服务中心考察指导工作时指出，呼市的政务服务中心建成以来，在市委、市政府的大力支持下，在提高行政机关办事效率、展示首府行政机关形象方面发挥了重要作用。今后要坚定不移地推动政务公开、深化政务服务工作，为呼市经济社会发展提供坚强的体制机制保障。自治区党委常委、市委书记那顺孟和，市委常委、副市长赵江涛，市委常委、纪委书记吴艳刚，市委常委、秘书长狄瑞明及相关部门负责人陪同考察。自治区纪委副书记、监察厅厅长李杰，自治区纪委常委、监察厅副厅长乔建东等随同考察。

9 日　自治区党委常委、市委书记那顺孟和赴清水河县调研，先后考察了清水河县工业园区规划建设总体情况，以及内蒙古运昇业煤改质和金属镁复合生产等项目。今年我市粮食实施“三个百万”工程（玉米高产创建推广 100 万亩、马铃薯脱毒种薯一级以上种薯推广 100 万亩、节水灌溉及旱作农业综合技术集成推广 100 万亩）效果显著，确保了我市实现粮食稳定增产、粮食产量灾年不减、平年增产、好年丰收的目标，“三个百万”工程共为我市增加粮食产量 2105 万吨，在大旱之年为稳定全市粮食产量发挥了巨大作用。市领导狄瑞明、刘文玉、刚布和、银孝及相关部门负责人陪同调研。

▲副市长王恒俊深入市蒙古族学校，实地考察校安工程，就学校宿舍、食堂、操场、礼堂等建设管理情况听取学校工作汇报，要求传承发扬学校传统和办学特色，加强管理，努力提高教育教学质量，在优先发展民族教育的政策支持下，建设成首府乃至全区的示范性民族学校。

10日　自治区党委常委、市委书记那顺孟和在和林县调研时强调，和林县要打造内蒙古最重要的绿色食品加工园区、内蒙古乃至全国重要的云计算产业基地、呼市重要的现代煤炭物流园区、北方重要的石材加工集散园区或物流园区、呼市重要的现代农牧业示范基地，百尺竿头更进一步，争取在县域经济发展上实现更大的突破。市领导狄瑞明、刘文玉、刚布和、银孝及相关部门负责人陪同调研。

▲我市举行2011年新兵入伍欢送会，首批新兵起运奔赴第一线。自治区征兵办公室主任、内蒙古军区副参谋长李乃刚，市委常委、呼和浩特警备区司令员潘平，呼和浩特警备区政治部主任韩秋岐以及市征兵领导小组相关负责人前往送行。市征兵办公室主任、呼和浩特警备区参谋长王自成主持欢送会。市委常委、常务副市长赵江涛赴火车站参加新兵入伍欢送大会并讲话。

11日　自治区党委常委、市委书记那顺孟和在武川县调研时强调，要解放思想、转变观念，坚持收缩转移、集中集约发展，加快推进工业化进程，出精品创特色做好城镇规划建设，把武川县打造成真正意义上的首府后花园和全国重要的马铃薯种薯繁育基地。市领导狄瑞明、刚布和、银孝及相关部门负责人陪同调研。

12日　自治区党委常委、市委书记那顺孟和在呼和浩特经济技术开发区调研时强调，开发区要明确功能定位和主攻方向，拓展新的发展空间，打造新的高标准工业园区，要围绕招商，围绕项目，进一步释放出开发区领导干部干事创业的动力和活力，解放思想，开拓创新，二次创业，再创辉煌。市领导狄瑞明、吕慧生、刚布和及有关部门负责人陪同调研。

▲市委副书记、代市长秦义在赛罕区调研时强调指出，要把群众利益放在首位，将城中村改造做成人民满意的民生工程；要进一步加大蔬菜基地建设力度，在促进农民增收的同时保障百姓的菜篮子问题；要进一步推进光伏产业基地建设，完善产业链条，全力支持入区企业发展壮大。

13日　自治区党委常委、市委书记那顺孟和，市委副书记、代市长秦义与创维集团董事局主席兼首席执行官张学斌就创维产能扩建和模组整机一体化项目建设相关事宜进行了亲切友好地会谈。市领导狄瑞明、刚布和以及市经济技术开发区党工委书记、市水务局党委书记李建平参加会见。

▲市委副书记、代市长秦义在市领导刘惠及市政府相关部门主要负责人陪同下赴新城区调研时强调指出，要依托现有资源优势加快推进高新技术产业的发展，促进地区产业升级；要进一步完善民生项目的管理机制，让实事惠民。

14日　自治区党委常委、市委书记那顺孟和会见了冀东水泥集团董事长张增光一行，双方就后续矿源问题以及其他资源领域的合作事宜进行了交流。市领导狄瑞明、刚布和、郭召来及相关部门主要负责人参加会见。

▲市委副书记、代市长秦义在市政府相关部门主要负责人的陪同下赴回民区调研时强调指出，要进一步加快旧城区改造提升的步伐，高档次规划、高标准建设，让辖区居民同等享受改革开放的成果；要进一步完善社区在社会化管理中的服务职能和管理职能，服务于民、方便于民。赴回民区进行调研，市政府秘书长周强，市发改委、城建委、规划局主要负责人及市政府办公厅有关人员陪同调研。

15日　市委副书记、代市长秦义主持召开市政府第40次常务会议，审议并原则通过《呼和浩特市本级其它事业单位绩效工资实施方案（送审稿）》；听取市数字化城管办公室关于市防空防灾应急指挥中心基建工作进展情况汇报。副市长赵江涛、吕慧生、云公和、王恒俊、贾英祥、孙建华，市政府副巡视员郭召来，政府秘书长周强及各市长助理出席会议，市人大副主任吴安俊、市政协副主席银孝及市有关部门负责同志列席会议。

▲国际干细胞产业发展高峰论坛在呼开幕，2007年诺贝尔医学奖得主马丁·伊文思，中国科学院院士、同济大学校长裴钢，国家“863”计划组织器官工程重大专项总体专家组组长、首席科学家、军事医学科学院输血医学研究所所长裴雪涛，国家“973”重大科学计划（干细胞资源库与关键技术平台建设项目）首席科学家、同济大学医学院院长徐国彤等出席。自治区党委常委、市委书记那顺孟和在欢迎晚宴上致辞。市领导秦义、刘惠、赵江涛、狄瑞明、张平江、王恒俊出席。

16日　市委副书记、代市长秦义主持召开市长办公会议，专题听取我市农民工工资清欠工作情况汇报，研究部署近期农民工工资清欠工作，保证元旦、春节期间社会稳定，不出现因拖欠农民工工资引发的群体性事件。副市长赵江涛、贾英祥，市政府秘书长周强、副秘书长王魁彪，市四区政府及市城建委、人力资源和社会保障局、房产局、工商局、工会、信访局等部门负责同志参加会议。秦市长强调指出，我市农民工工资清欠工作从今年4月份开始，经过各相关部门积极努力，已初步建立联动机制，清欠工作取得一定成效，总体好于去年，但是，从反映情况看，我市拖欠农民工工资问题仍不容忽视，特别是元旦、春节临近，各地区、各有关部门要尽最大努力解决拖欠农民工工资问题。并要求各地区、各部门要加强重视，继续排查，加大清欠力度，确保元旦、春节前农民工工资基本无拖欠，不发生因拖欠农民工工资引发的群体性事件，千方百计解决农民工工资问题。同时各地区、各有关部门要建立健全解决拖欠农民工工资的长效机制，实现解决农民工工资问题的制度化、规范化、法制化。

17 日　副市长孙建华主持召开会议，专题听取《呼和浩特市综合交通规划(2010-2020)》总体及终期成果的汇报。

18 日　中国民主建国会呼和浩特市委员会召开第六次代表大会。自治区人大常委会副主任、中国民主建国会内蒙古区委主委郝益东应邀出席开幕式。我市领导兰恩华、云建东、刘敏、彭皓方、张润锁、鲁剑钧等出席了开幕式。会议选举陈曼莉为中国民主建国会呼和浩特市第六届委员会主任委员，选举李虹、包海军、薛荣跃为中国民主建国会呼和浩特市第六届委员会副主任委员。

19 日　市委常委、常务副市长赵江涛向自治区法制办依法行政考核组汇报我市依法行政工作。

20 日　副市长孙建华主持召开会议，专题研究自治区建行综合办公楼建设、新建变电站选址建设、结合 2012 年我市中心城区道路改造实施电缆入地相关事宜，强调指出：一是电缆入地工程要提前准备材料的采购和招投标工作，确保明年尽早开工；二是今后新建道路、桥梁工程，由市城乡建设委对设计方案统一组织评审和审查，各项设计条件符合规范性要求方可开工建设；三是道路改造中要加强各种新型材料的使用，便道及侧石的铺装要注重美观精致，注意色彩的选取和搭配。

21 日　市十三届人大常委会第二十九次会议召开并举行第一次全体会议。市人大常委会主任吴一微主持会议，市人大常委会副主任吕景瑞、邢燕菊、吴安俊、刘敏、孙建国，秘书长宋晓刚及常委会委员共 34 人出席会议。市人民政府副市长白金祥、孙建华，市中级人民法院院长王伟，市人民检察院检察长云布俊及市人大常委会、市人民政府有关部门负责人、旗县区人大常委会负责人和特邀的市人大代表列席会议。

▲市委常委、常务副市长赵江涛出席我市事业单位实施绩效工资工作会议并作重要讲话，就我市事业单位实施绩效工资工作过程中需要把握的关键问题以及做好实施过程中的监督检查和稳定工作作出部署。

22 日　副市长王恒俊出席市第一医院远程医疗中心启动剪彩仪式。

23 日　中国民族商品交易会在会展经济论坛、2011 年度中国会展经济研讨会上荣获“2011 年度中国十佳品牌展会项目”称号。

24 日　北京市委常委、常务副市长吉林一行 30 余人莅临呼市，就北京市与呼市区域合作项目进行了考察。自治区及我市领导潘逸阳、那顺孟和、狄瑞明、王恒俊以及区、市有关部门负责人陪同考察。

25 日　中国民主促进会呼和浩特市第五次代表大会开幕。自治区政协副主席、民进内蒙古区委主委郑福田应邀出席开幕式。我市领导兰恩华、云建东、王恒俊、彭皓方、陈曼莉、张赢等出席开幕式。市政协副主席、民进呼市委员会主委张润锁代表中国民主促进会呼和浩特市第四届委员会作了工作报告。

26 日　市委副书记、代市长秦义主持召开市长办公会议，专题研究我市 2012 年城市建设项目实施方案。副市长孙建华，市政府秘书长周强，副秘书长李晓东，市四区政府及有关部门负责同志参加会议。秦义代市长详细听取了市四区及有关部门对实施方案的意见，指出前期工作做的比较扎实，既体现了我市坚持打造“两个一流首府”对城建工作的要求，也体现了我市建设力度不减，抓住当前建设黄金期的要求，总体同意该实施方案。会后，各地区、各部门要围绕实施方案做好项目和规划的衔接；要做好项目和项目之间的对接；在按照城建三大项目分类的基础上，再按照市四区进行分类。秦义代市长强调，2012 年城建工作要立足以下几点：一是要确保政府在城建中的投入 100%落实到位。二是要把能让城市建设水平、城市管理水平得到大的提升的项目作为重点。三是市区两级政府要加大城市建设中老旧小区建设，保障房建设，城市管网改造，供水、供热建设，城市管理等涉及民生项目的建设力度，要使老百姓能切身感受到城市建设带来的变化和实惠。四是城市建设要在大的规划的前提下，不断提高城市建设、管理水平。五是确保所有城建项目的工程质量，不能出现因质量问题而发生事故。六是支持有条件、有能力的地区和部门发挥积极性和主动性，在原有任务的基础上，尽可能的扩大任务量和实施范围，同时，市政府建立城建项目奖励机制。

▲中国民主促进会呼和浩特市第五次代表大会圆满闭幕，会议选举产生了新一届委员会。民进内蒙古区委副主委陈其俊、市委常委、统战部部长云建东出席闭幕式。会议选举张润锁为民进呼和浩特市第五届委员会主任委员，选举王钰国、刘利军、索英镌、李文平为副主任委员。

27 日　副市长吕慧生主持召开会议，听取中国移动、电信、联通三大运营商项目负责人关于各自数据中心西北基地项目规划及前期工作进展情况的汇报，并着重对推进我市云计算基地建设，确保 2012 年上半年开工等相关工作进行研究。市发改委、经信委、国土局等部门及项目所在地新城区、和林县有关领导参加了会议，并就如何推进工作提出建设性的意见和建议。

▲中国国民党革命委员会呼和浩特市第六次代表大会召开。自治区及我市领导肖黎声、兰恩华、云建东、孙建国、王恒俊、彭皓方、张润锁、崔世清、鲁剑钧、陈曼莉等出席大会。市政协副主席、民革呼市委员会主委彭皓方代表中国国民党革命委员会呼和浩特市第五届委员会作了工作报告。

28 日　中国国民党革命委员会呼和浩特市第六次代表大会圆满闭幕，会议选举产生了新一届委员会。自治区政协副主席、民革内蒙古区委主委肖黎声，市委常委、统战部部长云建东，市政协副主席彭皓方出席闭幕式。会议选举孙清宾为民革呼和浩特市第六届委员会主任委员，选举杜淑贞、王虎林、段八旺、张伟华为副主任委员。

29 日　市委副书记、代市长秦义主持召开市长办公会议，就落实我市部分工业项目存在的问题进行专题研究。副市长刚布和，市政府秘书长周强、副秘书长郭成岗，部分旗县区及有关部门负责同志参加会议。会议听取了市发改委关于那顺孟和书记、秦义代市长赴京拜访企业有关情况、托县蒙丰特钢项目配置武川后卜子铁矿等事项、武川县冀东水泥项目配置巨金山石灰岩矿等事项、赛罕区神舟硅业、中环光伏土地价款返还等事项的汇报，有关部门负责同志就配合解决工业项目落地存在问题提出意见。秦市长强调指出，面对当前比较复杂、不确定因素多的经济环境下，各旗县区、各部门更要坚定不移地抓项目、抓投资，扩大内需，保持经济平稳较快增长，确保经济不出现下滑。我市已经储备了一些有发展前景的项目，各旗县区、各部门要坚定不移地、一环扣一环的将这些项目抓住，加快推进，要尽最大努力解决工业企业落地、建设等存在的问题。

▲今年，呼和浩特市被国家商务部确定为标准化菜市场示范工程试点城市，国家对呼和浩特市标准化菜市场示范工程项目给予 2000 万元资金支持，项目支持资金已于 12 月下旬正式下达。

30 日　市委副书记、代市长秦义在副市长刚布和的陪同下，深入到呼和浩特市火车站、呼和浩特长途汽车站、北京华联金太店等公众聚集场所、人员密集场所开展节前安全大检查。市公安局、消防支队、交警支队、安监局、交通局、商务局等相关部门负责人陪同。秦义代市长详细询问了火车站和长途汽车站安检管理、消防疏散、GPS 监控平台运行、商场内部消防设施运行、旅客运输现状、面临的主要安全问题以及在遇到突发事件时的处理和应急措施等情况，强调指出，各相关部门负责人要充分认清做好元旦、春节期间安全保卫工作的重要意义，不能有丝毫松懈，真正在消除隐患上下功夫，要深入开展细致的安全大检查，确保节日期间的安全和稳定。

▲九三学社呼和浩特市第五次代表大会闭幕，会议选举产生了新一届委员会。九三学社内蒙古区委副主委边占喜、林琳、徐建新出席闭幕式。会议选举吕秋娥为九三学社呼和浩特市第五届委员会主任委员，选举陈娟、田建军、李志根、冬云为副主任委员。

31 日　今年市长热线受理办公室围绕市委、市政府的中心工作，积极为群众排忧解难、反映社情民意，全年共受理群众来电来信 23092 件，其中，市长热线电话“12345”受理 20426 件，已办结 19773 件，办结率为 96.8%；市长电子信箱受理 2588 件，已经办结 2519 件，办结率为 97.3%；市领导批示 78 件，全部办结。

中国统计出版社最新图书简目

(仅供参考，以最后出书为准)

统计资料

中国统计年鉴-2012
中国统计摘要-2012
国际统计年鉴-2012
2012中国发展报告
中国第三产业统计年鉴-2012
中国区域经济统计年鉴-2012
中国劳动统计年鉴-2012
中国社会统计年鉴-2012
中国城市统计年鉴-2009
中国建筑业统计年鉴-2012
中国人口和就业统计年鉴-2012
中国工业经济统计年鉴-2012
中国商品交易市场统计年鉴-2012
中国房地产统计年鉴-2012
中国能源统计年鉴-2012
中国民政统计年鉴-2012
中国贸易外经统计年鉴-2012
2012中国地区经济监测报告
中国科技统计年鉴-2012
中国农村统计年鉴-2012
中国农产品价格调查年鉴-2012
中国高技术产业统计年鉴-2012
中国教育经费统计年鉴-2010
中国农村贫困监测报告-2012
全国农产品成本收益资料汇编-2012
中国科学技术协会统计年鉴-2012
工业企业科技活动资料-2012
大中型批发零售和住宿餐饮企业统计年鉴-2012
中国农村住户调查年鉴-2012（中、英文）
中国城市(镇)生活与价格年鉴-2012
中国县（市）社会经济统计年鉴-2012
第二次全国R&D资源清查资料汇编一工业企业卷
中国农村全面建设小康监测报告-2012
第二次全国R&D资源清查资料汇编一综合卷
中国民族统计年鉴2011、2012
中国零售和餐饮连锁企业统计年鉴-2012
2010年中国第六次人口普查公报

2012年省级综合统计年鉴系列

北京 大津 河北 山西 内蒙古
辽宁 吉林 黑龙江 上海 江苏
浙江 安徽 福建 江西 山东
河南 湖北 湖南 广东 广西
海南 重庆 四川 贵州 云南
西藏 陕西 甘肃 青海 宁夏
新疆 新疆生产建设兵团

2012年市(县)级综合统计年鉴系列

天津滨海新区
石家庄 唐山 邯郸 太原 大同
长治 阳泉 晋城 朔州 晋中
运城 忻州 临汾 呼和浩特
包头 沈阳 大连 长春 吉林市
四平 哈尔滨 黑龙江垦区
上海浦东新区
苏州 无锡 常州 徐州 南通
盐城 镇江 江阴 丹阳
杭州 宁波 绍兴 台州 温州
金华 嘉兴 衢州
合肥 福州 福州经济技术开发区
厦门经济特区 南昌 上饶
济南 青岛 潍坊 郑州
洛阳 三门峡 南阳 武汉 宜昌
十堰 荆州 荆门 咸宁 长沙 广州
东莞 惠州 深圳 桂林 南宁
柳州 来宾 河池 海口 成都 绵阳
贵阳 昆明 庆阳 西安
兰州 银川 乌鲁木齐

2010年人口普查资料系列

中国2010年人口普查资料
北京 天津 河北 山西 内蒙古
辽宁 吉林 黑龙江 上海 江苏
浙江 安徽 福建 江西 山东
河南 湖北 湖南 广东 广西
海南 重庆 四川 贵州 云南
西藏 陕西 甘肃 青海 宁夏
新疆 新疆生产建设兵团
河南省各市2010年人口普查资料丛书
中国分县2010年人口普查资料
中国分乡镇、街道2010年人口普查资料
中国分民族2010年人口普查资料

“十一五”规划教材

非参数统计　医学统计学
概率论与数理统计　统计学
现代金融投资统计分析
多元统计分析　经济计量学教程
应用时间序列分析
统计指数理论及应用
统计数据处理概论
质量管理统计方法　社会统计学
多元统计分析实验
企业经营管理统计
市场调查与预测
统计学原理（非统计专业使用）
统计学:从数据到结论
国民经济核算教程(国民经济统计
概率论与数理统计(经济、管理类专业使

重点图书

挑大学选专业2012—高考志愿填报指南　挑大学选专业2012—考研择校指南